# 主要国の環境とエネルギーをめぐる比較政治

## 持続可能社会への選択

太田 宏

東信堂

# はじめに

福島第一原発事故から四年半以上経過しているが、事故の収束に向けての道のりは未だに気の遠くなるほど長くて険しい。また、日本では、持続可能な社会形成という長期的な視点に立脚し、十分な社会的議論を経た国民的合意に基づくエネルギー選択がなされていない。本書の議論は、持続可能なエネルギー選択が地球の気候変動問題と社会ならびに国家の安全保障問題を解く鍵であり、エネルギー消費の節約（省エネ）、脱炭素あるいは低炭素社会の形成、純国産である再生可能自然エネルギーへの可能な限りの転換がこれらすべての問題の改善につながる、というものである。

国際社会は、経済成長維持のためのエネルギー生産と消費の拡大と温室効果ガス排出の大幅削減という、相反する政策目標の同時達成を求められる「新エネルギー危機」に直面している。本書刊行時の年の暮れに、国際社会は、パリで開催された国連気候会議において、長期的な目標として、産業革命以前の地球の平均気温と比べて二℃よりかなり低い気温上昇に抑えることと、一・五℃の気温上昇に抑えるよう努力することに合意した。この合意は、すべての国に対して各々の能力に応じた温室効果ガスの排出削減への貢献を公約する、法的拘束力のある国際的文書である1。国際社会は、過去に産業公害を克服した日本に対して、気候変動緩和のためのリーダーシップを期待している。しかし実際のところ、ドイツやデンマークなどのＥＵ諸国や二国で全世界の四〇％以上の二酸化炭素を排出している中国と米国が、国際社会の議論をリードしている。

デンマークは、温室効果ガスの排出を大幅に削減するとともに経済成長を達成していて、二〇五〇年を目標に脱炭素社会を目指している。ドイツは、一時期原発の延命策を採っていたが、福島原発事故後、脱原発の「エネルギー転換」政策に舵を切り、デンマークと同様に再生可能エネルギーを重視した持続可能な社会を目指している。両国の共通点は、十分な社会的議論を通して国民的合意を形成しつつ将来にわたる自国のエネルギーを選択していることである。他方、未だに石炭に大きく依存して高度経済成長を続ける中国や、シェールガスなどの豊富な非在来型の化石燃料が自国で産出可能な米国には、脱炭素社会への舵きりはかなり困難な選択である。それでも、中国は今や世界最大のソーラーパネル生産国であり、中国と米国の風力発電市場は将来的に世界の約四〇％を占めると言われている。米国における行政府と立法府との間の対立によって連邦政府レベルの気候政策は確立されていないものの、州・市町村や大統領府による独自の政策によって、自国の中・長期の温室効果ガス削減目標を達成する可能性が高い。中国でも近い将来の排出量取引制度の導入を計画していて、実質的な温室効果ガス削減に向けたエネルギー政策への革新の可能性を示唆している。

東日本大震災に伴う未曾有の福島第一原発事故を契機に、日本のみならず人類社会に対して、エネルギー政策について、さらに人間社会のあり方について根本的な問いかけがなされた。本書では、主要国の各々異なったエネルギー政策と気候政策の比較検討を通して、これらの問いへの答えを模索した。本書のテーマである気候政策とエネルギー政策の相互連関に関する研究は、筆者のライフワーク研究の一つであり、本書は、これまでの研究と半年間の研究休暇を利用したノルウェー、デンマーク、ドイツなどでの調査研究の成果である。
最後に、研究休暇を与えてくれた早稲田大学、客員研究員として受け入れてくれたフリチョフ・ナンセン研究所やベルリン自由大学、そして本書の課題や草稿に対して多くの教示やコメントを寄せてくれた海外や日本の方々、本書の出版を引き受けてくれた東信堂、さらに家族の支援に対して、この場を借りて感謝の念を表したい。

二〇一五年一二月一四日

太田　宏

1　二〇一五年一二月一二日、国連気候変動枠組条約第二一回締約国会議で採択（ＣＯＰ21）。FCCC/CP/2015/L.9/Rev.1, http://unfccc.int/resource/docs/2015/cop21/eng/l09r01.pdf

主要国の環境とエネルギーをめぐる比較政治――持続可能社会への選択／目次

| | |
|---|---|
| **IKI** | 国際気候イニシアティブ（独） |
| **ILO** | 国際労働機関 |
| **IMF** | 国際通貨基金 |
| **IMO** | 国際海事機関 |
| **INC** | 国連気候枠組条約に関する政府間交渉 |
| **INFOTERRA** | 国際環境情報源照会制度 |
| **IPCC** | 気候変動に関する政府間パネル |
| **IRENA** | 国際再生可能エネルギー機関 |
| **IRPTC** | 国際有害化学物質登録制度 |
| **ISEP** | 環境エネルギー政策研究所（日） |
| **ISO** | 独立系運用者 |
| **ITC** | 国際貿易委員会 |
| **IUCN** | 国際自然保護連合 |
| **LED** | 発光ダイオード |
| **LNG** | 液化天然ガス |
| **JI** | 共同実施 |
| **MAB（計画）** | 人間と生物圏（計画） |
| **MEF** | エネルギーと気候に関する主要経済国フォーラム |
| **MEM** | エネルギー安全保障と気候変動に関する主要経済国会合 |
| **MGDs** | ミレニアム開発目標 |
| **MOIP** | 輸入割当制度 |
| **MOP** | 国連気候変動枠組条約議定書締約国会合 |
| **MOX** | 混合酸化物 |
| **NDA** | 原子炉廃炉庁（英） |
| **NEDO** | 通商産業省工業技術院（現新エネルギー産業技術総合開発機構）（日） |
| **NEPA** | 連邦環境政策法（米） |
| **NIMBY** | ニンビー（“Not in my back yard”：地域住民エゴ） |
| **NOAA** | 海洋大気局（米） |
| **NOx** | 窒素酸化物 |
| **OAPEC** | アラブ石油輸出国機構 |
| **ODS** | オゾン層破壊物質 |
| **OECD** | 経済協力開発機構 |
| **OOA** | 原子力発電情報組織（米） |
| **OPEC** | 石油輸出国機構 |
| **OVE** | 再生可能エネルギー（情報）組織 |
| **PIC（条約）** | 特定有害化学物質と農薬の国際取引における事前通知・承認の手続き（に関するロッテルダム条約） |
| **POPs（条約）** | 残留性有機汚染物質（に関するストックホルム条約） |
| **PSO** | 公共サービス義務（デ） |
| **PTBT** | 部分的核実験停止条約 |
| **REN21** | 二一世紀のための再生可能エネルギー政策ネットワーク |
| **RGGI** | 地域の温室効果ガス・イニシアティブ |
| **SBI** | 国連気候変動枠組条約実施のための補助機関 |
| **SBSTA** | 国連気候変動枠組条約の科学上及び技術上の助言に関する補助機関 |
| **SDGs** | 持続可能な開発目標 |
| **SOx** | 硫黄酸化物 |
| **SPD** | 社会民主党（独） |
| **TSO** | 送電システム管理会社（独） |
| **TMI** | スリーマイル・アイランド |
| **UNCHD** | 国連環境開発会議 |
| **UNEP** | 国連環境計画 |
| **UNESCO** | 国連教育科学文化機関 |
| **UNFCCC** | 国連気候変動枠組条約 |
| **USEIA** | 米国エネルギー情報局 |
| **VE** | 再生可能エネルギー（情報）組織 |
| **WCED** | 環境と開発に関する世界委員会 |
| **WEC** | 世界エネルギー評議会 |
| **WEO** | World Energy Outlook : 国際エネルギー機関（IEA）報告書 |
| **WHO** | 世界保健機関 |
| **WG** | 気候変動に関する政府間パネル評価報告書作業部会 |
| **WS** | 気候変動に関する政府間パネル評価報告作業の流れ |
| **WMO** | 世界気象機関 |
| **WSSD** | 持続可能な開発に関する世界首脳会議 |
| **WTO** | 世界貿易機関 |
| **WWF** | 世界野生生物基金（現世界自然環境基金） |

# 【略　語　表】

| | |
|---|---|
| **ADP** | 強化された行動のためのダーバン・プラットフォーム特別作業部会 |
| **AFOLU** | 農業・林業その他の土地利用 |
| **AOSIS** | 小島嶼国連合 |
| **APEC** | アジア太平洋経済協力会議 |
| **APP** | クリーン開発と気候に関するアジア太平洋パートナーシップ |
| **AR** | 気候変動に関する政府間パネル評価報告書 |
| **AWG-KP** | 京都議定書に基づく国連気候変動枠組条約附属書I国の更なる約束に関する特別作業部会 |
| **AWG-LSA** | 国連気候変動枠組条約に基づく長期的協力行動に関する特別作業部会 |
| **BaU** | 基準排出 |
| **BRICS** | ブラジル・ロシア・インド・中国・南アフリカ（これら新興大国の総称） |
| **BSE** | 牛海綿状脳症（狂牛病） |
| **C&T** | キャップ・アンド・トレード |
| **CAT** | 代替技術センター（研究所名） |
| **CAFE** | 自動車燃料効率 |
| **CBM** | コールベッドメタン：炭層メタン |
| **CCS** | 炭素隔離貯留 |
| **CCWG** | 米中気候変動作業グループ |
| **CDM** | クリーン開発メカニズム |
| **CDU** | キリスト教民主同盟（独） |
| **CEB** | 生物の多様性に関する条約 |
| **CEQ** | 環境問題諮問委員会（米） |
| **CERs** | 認証排出削減 |
| **CFCs** | クロロフルオロカーボン：フロンガス |
| **CHP** | コジェネレーション：熱電併給 |
| **CITES** | 絶滅の恐れのある野生動植物の種の国際取引に関する条約：ワシントン条約 |
| **CMP** | 京都議定書締約国会合 |
| **CNPC** | 中國石油天然気集団 |
| **$CO_2$** | 二酸化炭素 |
| **COP** | 国連気候変動枠組条約締約国会議 |
| **CP V** | 集光型太陽光発電 |
| **CSD** | 持続可能な開発委員会 |
| **CSI** | クリア・スカイズ・イニシアティブ（米） |
| **CSU** | キリスト教社会同盟（独） |
| **DGNW** | ドイツ持続可能建築協会 |
| **DSO** | 配電システム管理会社（独） |
| **EEC** | 欧州経済共同体 |
| **EEG** | 再生エネルギー法（独） |
| **EOU** | エネルギー情報委員会（デ） |
| **EPA** | 連邦環境保護庁（米） |
| **EPIA** | 欧州太陽光発電協会 |
| **ET** | 排出量取引 |
| **ETS** | 排出量取引制度 |
| **EU** | 欧州連合 |
| **EV** | 電気自動車 |
| **FAO** | 国連食糧農業機関 |
| **FBR** | 高速増殖炉 |
| **FDP** | 自由民主党（独） |
| **FIP（制度）** | フィード・イン・プレミアム（制度） |
| **FIT** | 固定価格買い取り（フィード・イン・タリフ）制度 |
| **GATT** | 関税と貿易に関する一般協定 |
| **GCCI** | 地球気候変動イニシアティブ |
| **GDP** | 国内総生産 |
| **GEMS** | 地球環境モニタリングシステム |
| **GPS** | 全地球位置測定システム |
| **GRID** | 地球資源情報データベース |
| **GWEC** | 世界風力エネルギー協議会 |
| **HCFC** | ハイドロクロロフルオロカーボン |
| **HFCs** | ハイドロフルオロカーボン |
| **HV** | ハイブリッド車 |
| **HVDC** | 高圧直流 |
| **ICSU** | 国際科学会議 |
| **IEA** | 国際エネルギー機関 |
| **IEF** | 国際エネルギー・フォーラム |
| **IGY** | 国際地球観測年 |

# 主要国の環境とエネルギーをめぐる比較政治

## ――持続可能社会への選択

# 序章

私たち現代人は、産業革命以降、人類史上稀に見る繁栄を謳歌しているが、これはひとえに石炭・石油・天然ガス等の化石燃料に負うところが大きい。ことに第一次から第二次世界大戦にかけて、固形燃料の石炭から液体燃料として使用しやすく運搬も容易な石油にエネルギー転換してから、少なくとも先進工業国に暮らす私たちの生活は飛躍的に便利で快適なものになった。しかし、この石油を中心とした「化石燃料文明」の代償が非常に大きいことも次第に認識されるようになってきた[1]。一九七〇年代には、化石燃料の燃焼によって工場や自動車から排出される硫黄酸化物（$SO_x$）や窒素酸化物（$NO_x$）による大気汚染が、水質汚濁や自然破壊等の環境問題とともに、欧米諸国や日本で深刻な社会・政治問題に発展した。そして、八〇年代後半から九〇年代初頭にかけて、化石燃料の燃焼から排出される二酸化炭素（$CO_2$）が主な温室効果ガスとして人為的な地球の温暖化を促進し、地球の気候システムを乱しているとして、気候変動問題が世界的な政治課題になった。

二一世紀になって、エネルギー問題と気候変動問題に代表される地球規模の環境問題との相互連関が一層鮮明になってきた。二〇一〇年の世界のＧＤＰ（国内総生産）は約六三・五兆ドルに達した[2]。経済協力開発機構（ＯＥＣＤ）によれば、二一世紀半ばまでの世界のＧＤＰの伸び率は年率三％前半だと予想されるので（OECD, 2012）、世界のＧＤ

Pは、二〇年後の二〇三〇年にはその倍の一二七兆ドルほどになると推計できる。さらに、その二〇年後の五〇年には世界のGDPの規模は現在の四倍になると予想される。また、国際エネルギー機関（International Energy Agency: IEA）の三五年時点の一次エネルギー需要の見通しでは、一一年に八二%を占めていた化石燃料の割合は減るとしているが、それでも化石燃料は一次エネルギー需要の六四〜八〇%を占めると予測している（IEA, 2013a, p.57）。世界の自動車台数も現在の一〇億台から二〇年後には二〇億台以上に増加する見込みである（Sperling and Gordon, 2009）。新興経済国が牽引するグローバル経済の急拡大がエネルギー需要の急増の引き金になっているが、はたしてこれだけの経済成長を支えるだけの資源を今後とも供給できるのだろうか。と同時に、今後のエネルギー供給においても化石燃料が大きな比重を占めるということであれば、$CO_2$の排出も急増することになる。はたして私たち人類は、気候変動を緩和するために、五〇年までの地球の平均気温上昇を二℃以下に抑えるという国際的な目標を達成できるのだろうか。

現在、国際社会は「新エネルギー危機」に直面している。今回のエネルギー危機は、エネルギーの安定供給を確保するという従来のエネルギー安全保障の観点に加えて、相反する政策目標を同時に達成しなければならないことから生じている。すなわち、世界経済の成長を維持するためにエネルギーの供給を増やさなければならない一方、温室効果ガスの排出を大幅に削減する必要にも迫られている。二〇〇二年に南アフリカのヨハネスバーグで持続可能な発展に関する世界首脳会議が開催され、国際社会は経済成長と環境保全を同時に達成することを再確認した。この国際的に共有された目標に因んで、新エネルギー危機を「ヨハネスバーグの方程式」と呼ぶこともある（Chevalier, 2009）。いずれにせよ、この危機を乗り切ってこの方程式の最適解を導き出すために、私たちは、どのようなエネルギーをどのように供給するのか、$CO_2$をどれだけ排出できるのか、あるいは$CO_2$の排出をどれだけ抑えられるか、という難題に取り組まねばならない。原子力エネルギー利用も選択肢の一つではあるが、一九七九年のスリーマイル・アイランドの炉心溶融直前の原発事故、八六年のチェルノブイリ原子力発電所四号炉暴走・炉心溶融事故、そして二〇一一年の福島第一原子力発電所の三つの原子炉溶融事故に際して、世界の多くの人々は、原発の安全性に対する懸念を強く抱くようになった。また、現在建設中で二〇年操業予定のフィンランドのオンカロ地層処分場[3]と地層処分の候補地として選定されたスウェーデンのフォルスマルク以外、今のところ他の国において高レベル放射性廃棄物の最終処分場は決まっていない。多くの高レベル放射性廃棄物の最終処分の目途が立っていない以上、また、オンカロの最終処分場の例で分かるように、一〇万年以上も安全に管理しなければならない危険な廃棄物を子々孫々に残すことで（Madsen, 2010）、原子力エネルギー利用は、現世代間のみならず将来世代間との衡平も視野に入れる持続可能な発展[4]に相応しいとは言えないのではないだろうか。したがって、ヨハネスバーグの方程式を解くためには、少なくとも高レベル放射性廃棄物の最終処分場を確保することと将来的に原発に依存しないことを大前提として、原子力エネルギー利用を過渡的なエネルギー源と位置づけ、多種多様な再生可能自然エネルギーの利用を飛躍的に増やしつつ、エネルギー需要面での様々な省エネルギー策、地域間あるいは国家間のエネルギー需給調整システム構築などを通して、化石燃料依存の低減あるいは化石燃料そのものからの脱却を目指した大規模なエネルギー転換が求められる。そのためには、現在の社会経済制度を根本的に改革する必要があり、強力な政治的リーダーシップによる一大事業を遂行せねばならない。こうした事業を成功させるためには、産業界、労働界、市民社会や個人レベルなどあらゆる社会層からの支持が不可欠である。

　エネルギー問題と環境問題が相互連関する領域は、近代日本のエコロジストであった南方熊楠が指摘した萃点《すいてん》に相当するのだろう。それは、あらゆる関係が収斂する場、そこを見れば全体の繋がりが見えてくる点である（南方、

一九七一、三六四〜六頁；鶴見、一九八一、八四、二二二、二三二頁）。新エネルギー危機あるいはヨハネスバーグ方程式が意味することは、ただ単にエネルギー問題と環境問題が交差する点ではなく、この交差点の中央に立って四方を眺めれば現代の人類文明のあり方全体とその行く末が見渡せる、という萃点を意味している。現代人類文明の将来は、この交差点からどちらの方向に進むかによって大きく左右される。経済成長重視のエネルギー政策を選択するのか、原子力依存型の脱化石燃料政策を選択するのか、現実的で実現可能なエネルギーの「ベストミックス」（含む原発の段階的廃止）を選択するのか、脱原発および脱化石燃料達成のためにエネルギーの効率化と再生可能自然エネルギーへの大胆な転換を選択するのか。しかし、世界政府不在の国際社会では世界全体で統一されたエネルギー政策を選択することは不可能で、変化の激しい国際政治経済状況の下、各国は自国の自然・地理的かつ社会・経済的条件の制約を受けながら個別にエネルギー選択を行い、その結果として世界全体のエネルギー選択の方向性が決まってくる。以上のことを踏まえ、本書の大きな目標は、主要国のエネルギー政策と気候変動緩和策（あるいは地球温暖化防止策）[5]を糸口に、新エネルギー危機への世界的対応の傾向と人類文明の行く末を推し量ることである。

本書の構成について簡単に触れておこう。第一部のエネルギー問題と政治学を構成する第一章では理論的枠組みを紹介するが、それは、本書で取り上げる主要国における国内のエネルギー政策と地球の気候変動問題に対する各国の国際交渉上の態度について分析するためのものである。政治学の学問分野における国際関係論と比較政治論双方の視点を加味したものであるが、理論的な議論にあまり興味のない読者は次章から読み始めてもよいだろう。第二章では、一九七〇年代の石油危機とエネルギーの安全保障問題を扱っている。この章では、まず、石油と安全保障問題との関わりについてその歴史的な背景を概観する。次に、エネルギー安全保障について概念整理をした上で、ピークオイル論争についてその現代的な意義について触れる。

第二部では環境問題とエネルギー問題が中心テーマとなるが、そのうちの第三章では、地球の気候変動問題が国際政治課題化した経緯を簡単に振り返る。この章ではまず、科学者らが地球の温暖化問題を「発見」した経緯を概観し、国際的な機関による地球規模の気候変動についての最新の影響評価を見た上で、国連気候変動枠組条約や京都議定書を中心とした国際的な協力体制の現状を見る。そして、現在の国際的な取り組み状況を踏まえて、将来的な地球気候の安定化のために今後どれほどの温室効果ガス排出削減が必要となるのか、国連総会の補助機関の一つである国連環境計画（United Nations Environmetal Programm: ＵＮＥＰ）の報告書や国際エネルギー機関の将来のエネルギー需給シナリオに基づいて把握する。第四章では持続可能な社会とエネルギー選択について考察する。まず、持続可能な発展という概念が誕生した経緯とその意味内容について考える。その上で、持続可能な発展のためのエネルギー選択ということで、現在すでに利用可能な省エネ技術等で脱化石燃料の社会の形成が可能であるかどうかを検討する。

第三部では、主要国の新エネルギー対策について、本書で取り上げた国のエネルギー政策と気候変動問題への取り組みについて個別的に検討する。第五章から第九章まで、それぞれ日本、中国、米国、デンマーク、そしてドイツの新エネルギー対策を見る。中国以外は石油危機後のエネルギー政策と気候変動対策を概観し、中国に関しては、改革開放政策以後の経済成長、そのなかでも、二〇〇〇年代に高度経済成長期に入った中国のエネルギー政策と国際的な気候変動問題に関連する取り組みについて見る。第一〇章の結論では、全体の内容をまとめつつ、分析の対象となった主要国の新エネルギー対策について考察を加える。その際、各国の政策ならびに気候変動問題に関する国際交渉の立場の違いを生み出している要因を指摘する。

## 注

1　衣類、プラスチック、肥料などの石油の他の用途の代替品の有無も問題ではあるが、本書では化石燃料の燃焼に伴う地球の温暖化問題に焦点を絞る。

2　因みに、二〇一二年の世界のGDPは、約七一・九兆ドル（世界銀行のデータバンクを参照 http://search.worldbank.org/all?qterm=world+gdp）。

3　フィンランド大使館のウェブサイト中の「フィンランドの核廃棄物：安眠場所を求めて」によれば、オンカロ最終処分場での放射能漏れは少なくとも一〇万年は防げる、ということである。因みに、高レベル放射性廃棄物である使用済み核燃料は、その回りを耐水性のバター状のベントナイト粘土で覆われた黒鉛鋳鉄製のカプセルに入れられた後、地下四二〇m地点に埋められ、一八〇万年は安定していた非感温性の花崗岩の自然のバリアで守られる。しかし、フィンランド政府も、永遠に壊れることのない建造物が人類史上これまでに作られたことがない、と絶対的安全性を保障しているわけではない。http://www.finland.or.jp/public/default.aspx?contentid=231845

4　「持続可能な発展とは、将来世代がそのニーズを満たすための能力を損なうことなく、現世代のニーズを満たす発展である」["Sustainable development is development that meets the needs of the present without compromising the ability of future generations to meet their own needs" (WCED, 1987, p. 43)]。

5　世界的には気候変動（climate change）という用語が普及しているが、日本国内では同問題を地球温暖化（global warming）問題という表現で捉えることが一般的なので、本書では両方の用語を交互に使用する。

第一部

# エネルギー問題と政治学

# 第一章　新エネルギー危機と政治学の視座

本書が分析対象にするのは、一九七〇年代の石油危機を出発点として、主に環境問題が国際政治課題に設定された九〇年代初頭から現在の新エネルギー危機に至る期間である。そして本書は、この期間内におけるエネルギー政策と環境政策の相互作用を分析対象にするが、以下の三つのことを前提に挙げる。第一に、環境問題の国際政治課題化は、九二年六月にブラジルのリオデジャネイロで開催の国連環境開発会議（ＵＮＣＥＤ：別名、地球サミットあるいはリオ・サミット）が採択（九四年発効）した国連気候変動枠組条約（United Nations Framwork Convention on Climate Change: ＵＮＦＣＣＣ）によって確実なものになり、九七年に採択された京都議定書（二〇〇五年発効）とともに、中・長期的な温室効果ガス削減に向けた国際的協力体制（気候レジーム）が、主要国のエネルギー政策と環境政策に影響を与えていること。第二に、この気候レジームの究極の目的である地球気候の安定化のために、$CO_2$に代表される人為的な温室効果ガス排出削減を柱とする気候変動の緩和政策とエネルギー政策を不可分のものとし、低炭素（排出）社会が持続可能な社会の一つの明瞭なモデルとして捉えられるようになった、ということ。最後に、一つのエネルギー需給体制が確立するまでにはかなり時間がかかり、それが確立される過程で強固な既得権益集団を形成するので、気候変動緩和に配慮したエネルギー政策は、七〇年代の石油危機以降のエネルギー政策に大いに制約され、新たなエネルギー需給体制構築には時間がかかるばかりか変革に対する強い抵抗を受ける、という前提である。こうした前提を置きながら、本書は、基本的に国際関係論と比較政治学の視座からエネルギー政策と気候変動緩和政策の相互作用を分析する。

国際安全保障や国際政治経済問題同様、国際環境問題あるいは地球規模の環境問題においても、国家間の協力を形成・強化していくことは容易ではない。主権国家から構成された分権的な国際社会において、一体どのように国際的な問題の解決が図られるのか、誰がどのように政策課題を設定し、また、その優先順位を決定するのか。国際的政策協調はどのように形成・強化されるのかが問われる。

国際環境問題は、安全保障問題や政治経済問題と比較して国家間の利害対立や行為者間の思想的対立が少ない問題である、と一般的に理解されている。例えば、生物の多様性の保全の重要性に対して、どの国の政府も異議を唱えないだろうし、保守・革新の区別なくどの政党も生物多様性の保全を政策綱領に掲げるであろう。にもかかわらず、国際環境問題は容易に改善されない。その理由として、解決の緊急性を伴う安全保障問題や経済問題と異なり、環境問題には慢性病的な側面があり、早期の対策が取られにくいこと、また、環境が改善されたとしても具体的な利益を把握しにくい（Davenport, 2006, p.16）、ということが挙げられる。こうした理由以外にも、問題の構造的な側面として、国際的あるいは地球規模の環境問題が、国際公共財の性質を帯びたもの（成層圏のオゾン層や地球の気候システムなど）や、国際社会の共有資源（「コモンズの悲劇」状況にある公海の漁業資源など）というものもあり、分権的な国際社会における維持・管理が難しいからである（Olson, 1965; Hardin, 1968; 太田 2001）[1]。

世界政府不在を大前提に国際環境問題に関する国際協力の形成と強化の問題を考察する上で、リベラル学派の新・制度論（Young, 1994）の議論がこれまで中心的な役割を果たしてきている。この議論によれば、分権的で中央政府不在（アナーキー）の国際社会において集合行為形成の困難は、特定の環境問題領域に関わる国際環境レジームによって克服され得る[2]。これに対して現実主義者は、大国あるいは覇権国が自らの国家利益の増進のために国際協力体制を形成するのであって、国際レジームはその目的達成のための付随的な存在であり、大国の利益に寄与しなくなると当該レジームは役割を終える（Strange, 1983; Mearsheimer, 1994-5）、と論じる。こうした現実主義者の議論に対して、新・制度論者は、国際レジームは、アナーキーな国際状況下で、互いの戦略的相互依存関係が将来も継続することを前提に、協力することによって得られる互いの利益を明確にし、意思決定過程の透明化を図り、取引費用の低減に寄与することによって国際協力体制の形成と維持を可能にし、国際レジームを立ち上げた覇権国の利益増進に役立たなくなっても存続する、と反論する（Keohane, 1984; Oye, 1986; Haas, Keohane, and Levy, 1993）。

次に、ある国際問題に取り組むために国際協力体制（国際レジーム）が形成された後、その体制が当該の問題解決に役立つかどうかということが問われる。それは取りも直さずレジームの有効性を問うことにつながる。有効性については、その定義や確認の仕方（指標化や測定法なども含む）について多様な議論がある（Haas, Keohane, and Levy, 1993; Underdal and Young, 2004; Stokke, 2012; Ohta and Ishii, 2013）。オラン・ヤングは、国際レジームがその参加国に対して何らかの行動の変化をもたらすことを大前提に、レジームの有効性を以下の六つに分類している。つまり、㈠「効用の変更をもたらすレジーム」；㈡「協力を促進するレジーム」；㈢「権威を与えるレジーム」；㈣「学習を促進するレジーム」；㈤「役割を明確にするレジーム」；㈥「国内の再編の仲介をするレジーム」（Young, 1999, pp. 19-27）、という分類である。

上記のヤングの国際レジームの有効性の議論は、最後の「国内の再編の仲介をするレジーム」によって示唆されている国際レジームと国内諸勢力間の相互作用の経路以外、国際レジームがその参加国に与える影響の一方向の因果経路を研究の対象としている。分析的枠組みとしては非常に明瞭で、国際レジームの有効性に関する諸仮説さらには理論構築に大いに寄与するだろうが、現実の国際レジームを通した国際環境協力の実態は、上述の要素が混在している。さらに言えば、本論で扱っている気候変動緩和レジーム（以下、気候レジーム）[3]の有効性について考察するとき、この気候レジームが上述のヤングのどの国際レジームの類型に当てはまるのか、あるいは二つ以上の類型の特徴をあわせ持った国際レジームなのかを特定するのは、それほど簡単なことではない。また、気候レジームの現状を観察する限り、国際レジームという国家間協力のための制度はできているものの、気候変動緩和に向けた国際協力体制が強化されているあるいは問題解決に有効に機能しているとは言い難い。さらに、京都議定書の非締約国である米国と、現在の国際協力の枠組みでは温室効果ガス排出削減義務を負っていない中国、インド、ブラジルなどの新興経済国の存在を考えると、国際制度としての気候レジームが参加国の行動に変化をもたらす、という因果経路よりもむしろ逆方向の因果経路あるいは国際合意形成交渉過程での双方向の因果経路、すなわち相互作用に着目する必要がある（Oberthür and Gehring, 2006）。

要するに、基本となる条約と議定書からなる国際環境レジームは固定的なものではなく、当該レジームの有効性を左右する大国の行動によって大いに変化し、レジームが強化される場合もあれば弱体化する場合もあると見る方がより現実的だ、ということである。また、国際交渉の過程でレジームの目的の核心部分に関する合意が、大国の意向を大いに取り入れたものとなり、最終的なレジームが問題解決に対する有効性を欠くこともある。以上のことは、特に、米国の反対によって国連気候変動枠組条約（一九九二年採択、九四年発効）が期限付きの$CO_2$排出削減の数値目標を設定できなかったことと、京都議定書の枠組みから二〇〇一年に米国が離脱した気候レジームに当てはまる。

以上のことを踏まえ、気候レジームに関する本論の理論的な立場は、国内政治経済と国際交渉の相互作用に焦点を当てるものである。議論の基礎となる考え方は、国際合意形成交渉における国際政治と国内政治の二つのレベル・ゲームの理論的枠組み（Putnam, 1988）を基本にしつつ、国際合意の内容と実施を大きく左右する大国と他の国々との間の国際交渉の相互作用の結果として、レジームの有効性を捉える（Sebenius, 1991, 1992）、というものである。大国とは、国内総生産（ＧＤＰ）と温室効果ガスの排出量の多さによって規定され[4]、大国の行動は、気候レジームに参加する場合の国内の政治経済的な費用とレジーム参加の便益に対する考慮によって基本的に決まる、と考える。しかし、費用便益計算には多くの困難を伴うのみならず[5]、実際の国際交渉でいちいち詳細な計算が行われるわけでもない。米国の連邦政府の例では、協定が成立した場合のコストとしなかった場合のコストが主に勘案される（Davenport, 2006, p. 36）。

新・制度論に立脚する国際協力研究は、概ね共通利益認識を大前提にして、国際的合意の遵守の問題を中心に、どのように集合行為問題を克服してレジームを強化するか、という方向で議論する（Chayes and Chayes, 1998; Weiss and Jacobson, 2000; Faure and Lefevere, 2005）。しかし、このアプローチでは、こと気候レジームに関しては、現実の国際協力の状況を必ずしも的確に捉えられていない。むしろ、ダヴェンポートが論じるように、レジーム参加に対する各国の異なる利益を前提に、国際合意形成過程での大国の行動からレジームの現状を分析する方が、現実の国際協力の実情により即しているとともに、協力が促進されない要因分析も可能になる。大国は、国際的合意を受け入れることによる国内政策調整の政治経済的費用が高いと判断すれば、米国のように国際協力から離脱する。

しかし、大国である米国であっても、国際合意によって成立した国際レジームの存在そのものを左右するわけではない。事実、米国は、二〇〇一年三月に京都議定書を批准しないと宣言したが、気候レジーム推進派諸国のゆるやかな政策連合によって、時間はかかったものの、議定書は〇五年二月に発効した。また、新たな科学的知見の発見や科学的不確実性の減少（学習）を通して、あるいは小島嶼国の「窮状」の支援に賛同する多くの気候レジーム参加国の合意（正当性）によって、自国の利益に必ずしもそぐわない状況にあっても、大国が国際合意を受け入れる可能性はある。また、大国の国内的選好が「不変」であるわけでもない。国際的な技術開発競争や省エネ製品市場獲得競争などの外的要因によって触発された大国内の政治経済状況の変化の結果として、気候変動政策が変更する可能性も十分にある。事実、発足当初のオバマ政権にはそうした動きが顕著であった（太田、二〇〇九）。さらに、大国の自国内で生態系的脆弱性に対する認識の高まり（例えば、〇五年のハリケーン・カトリーナや一二年のハリケーン・サンディなどによる大被害）によって、国内的な費用便益に対する考えが変わり、気候レジームにより積極的に関わる可能性も否定できない（生態的脆弱性と対応コストの関係については後述）（Cannavò, 2008; Sprinz and Weiß, 2001）6。

以上の内容をまとめ、気候レジームとその有効性に影響を与える大国との相互作用に限って、仮説的言説を提示すれば、以下のようになる。

- 気候レジームが真に問題を解決するためには大国の参加が不可欠であるが、大国の行動は国際協定に合意する場合の費用と便益に対する考慮に依拠する。
- レジームの有効性は、大国と他のレジーム参加国との間の国際交渉の結果によって決まるが、大国といえども国際合意によって成立したレジームの存在そのものを左右できるわけではない。
- 国際交渉過程において、気候変動問題に関する新しい知識や知見（学習）、気候変動に対して脆弱な低開発の国々（小島嶼国など）に対する配慮（公正や衡平性の配慮：正当性）、あるいは大国以外の国々の政策連合が、大国の意に反して国際合意を前進させる場合がある。しかし、その場合でも、大国の積極的な合意がなければ、レジームは強化されない。つまり、レジームの有効性は高まらない。
- 気候レジームに対して外在的要因である、革新的技術開発競争や省エネ技術製品の市場獲得競争が、大国の国内政治経済状況に影響を与え、国内の政治経済勢力の再編につながり、大国の行動の変化を引き起こす可能性がある。

・　大国内の気候変動に対する脆弱性の意識が高まれば、同様に国内の気候変動政策の変更を促す可能性がある。

確かに、米国や中国のような温室効果ガス大排出国（二国で世界の排出の四〇％以上）がその排出を大幅に削減しなければ気候変動を緩和することはできないので、こうした大国の動向が気候レジームの有効性を左右する。しかし、他の主要国は、大国と同様に国内の政治経済ならびに社会状況の制約を受けながら、この地球規模の環境問題に対して、非常に異なった国内政策を立案してそれを実施している。特に、ヨハネスバーグの方程式を解く気候変動緩和のためのエネルギー政策において、積極的な国と消極的な国との違いが際立っている。例えば、脱化石燃料あるいは脱原発を掲げて再生可能エネルギー導入を促進しているデンマークやドイツと、再生可能自然エネルギー導入が遅れ、未曾有の福島第一原発事故を経験してもなお原子力を主要なエネルギー源に位置づけている日本とでは、国内のエネルギー政策と気候変動問題の国際交渉の立場において大いに異なる。中国は、国連気候変動枠組条約と京都議定書からなる気候レジームにおいては、「共通だが差異のある責任」原則に則って削減義務を負っていないので直接的な比較の対象外になるが、世界第一の温室効果ガス排出国として決して無視できない国である。いずれにせよ、削減義務を負っている他の先進工業国であるデンマーク、ドイツ、日本、米国のエネルギー政策と気候レジームに対する立場や態度は大いに異なっている、ということは注目に値する。この違いは一体どこからくるのだろうか。これが本書の基本的な問いの一つである。

この疑問は、以下の点を考慮するとさらに興味深いものとなる。本書で扱う中国以外のすべての先進工業国は、一九七〇年代に二度の石油危機に直面したにもかかわらず、それ以後異なったエネルギー政策を選択し、そのことが気候変動問題に対する立場と態度を規定しているのである。何がどのように異なるのだろうか。

## 議論―その一　主要国のエネルギーおよび気候緩和政策決定要因分析

まず、着目するのが、これらの国々の石油危機後のエネルギー政策を左右する自然・地理的条件と主要なエネルギー選択との関係である。最も分かりやすい自然・地理的条件は、各国内の化石燃料産出量と再生可能エネルギー導入量である。石油危機に直面した先進工業国は一様に、エネルギー政策立案の原則である㈠エネルギー源の多様化、㈡エネルギー効率の向上を追求する必要に迫られたが（Yergin, 2011, p. 716）、本書で取り上げる主要国のエネルギー政策には違いが見られる（詳細については後述）。なぜなのか。

日本もデンマークも第一次石油危機の直前、自国では石油はほとんど産出されず、海外の石油に大きく依存していた。日本は石油依存の低減のために原子力エネルギー利用促進に大きく舵を切ったが、デンマークは結局、自然エネルギー（特に、風力やバイオマスの普及）を推進して原子力エネルギー利用を断念した7。確かに、デンマークは風力発電に適した自然・地理的条件に恵まれているが、日本でも風力、ソーラー（太陽熱利用および太陽光発電）、地熱、国土の六割以上を占める森林など、利用可能な再生可能自然エネルギーが豊富に存在する。

日本とドイツの間にも、石油危機以降のエネルギー政策の違いが見受けられるが、両国の間には多くの共通点がある。第二次世界大戦後、両国ともに、エネルギー多消費の重化学工業に牽引された高度経済成長を達成する一方、その副産物である激甚な公害に苦しんだ。また、冷戦下の両国では、反戦・平和や反原発運動が盛んであった。しかし、ドイツは、日本とは異なり、石炭という化石燃料が国内で多く産出されるにもかかわらず、積極的に再生可能自然エネルギーの利用と脱原発の道を選んだ。さらにドイツに関しては、一九八六年のチェルノブイリ原発事故の影響が大きかったと言えるであろうが、福島原発事故後、その当事者である日本よりドイツの方がはるかに積極的に脱原発を選択したのはなぜか。

米国や中国は、自国で石油や石炭などの化石燃料が豊富に産出できるという点で日本、デンマークそしてドイツとは異なる。米国は「石油文明」を開花させた国であると同時に、世界に冠たる車社会なので、国内のエネルギー政策は化石燃料が中心で、再生可能エネルギー利用は促進されないことは容易に想像できる。ただし、二度の石油危機に際して、ガソリンなどの供給不足問題に象徴されるように、中東地域を中心に海外からの石油の輸入が増大していて、エネルギー安全保障の観点から、また、ドイツや日本等の西側の同盟国への石油の安定供給を保つためにも、一九七〇年代末以降、中東への関わりを深めて行くことになる。他方、原子力エネルギー利用については、米国は世界で最大の核兵器保有国であるとともに原子力発電所の数でも世界一であるが、ペンシルベニア州のスリーマイル・アイランド（ＴＭＩ）の原発事故後、原子力発電所は新設されていない。他方、中国がエネルギー消費国として世界政治経済に影響を与えるようになるのは、七八年以降の改革開放政策以後、特に、二一世紀初頭から高度経済成長し始めてからである。事実、中国は九〇年代初めまで石油の純輸出国であったが、二〇〇九年に世界第二位の原油と石油製品の輸入国になった。とはいうものの基本的には、発電を中心に国内産の石炭が中国の一次エネルギーの大半を占めている。

こうして見てくると、石油危機後にエネルギー源の多様化を追求しなければならないという同じ条件の下にあった、日本、デンマーク、ドイツ、米国に関しては、各々の自然・地理的条件の違いのみでは、各国のエネルギー選択の必然性は導き出されない。他の要因、例えば、各国内の政治・経済ならびに社会的要因を加えてエネルギー選択の違いを分析する必要がある。本書では、これらの説明要因（独立変数）として、政治的リーダーシップ、官僚政治、産業・ビジネスの利益団体、ＮＧＯ・市民、世論等を導入して、これらの要因の力関係が反映された結果として、各国の最終的なエネルギー選択を捉えることにする。

## 議論―その二　気候変動緩和政策を左右する要因分析

主要国が気候変動緩和のためのエネルギー政策を採択するときの原則は、各国に共通するものである。石油危機後のエネルギー政策の原則である、㈠エネルギー源の多様化、㈡エネルギー効率の向上、そして㈢持続可能性である（Yergin, 2011, p. 716）。以上の原則に基づいて、各国は、エネルギー安全保障の立場から海外の化石燃料などのエネルギー源への依存を減らすとか、政治的なリスクの大きい国や地域からの輸入を減らすよう努力する。次に、可能な限りエネルギー効率を上げ、少しでも輸入するエネルギーを減らすこともエネルギー安全保障上有効な政策である。最後に、主に温室効果ガスの排出の少ないエネルギー源（石炭から石油そして天然ガスあるいは原子力）を選択しつつ再生可能エネルギーの使用を拡大して、気候変動の緩和に寄与して持続可能な発展を目指す、ということが各国のエネルギー政策の原則である（これらの原則はヨハネスバーグ方程式の解でもある）。

以上の三つの原則が各国の気候変動緩和のためのエネルギー政策を規定するわけだが、気候変動からの脅威とエネルギー政策を中心とした気候変動緩和策の費用が気候レジームをめぐる国際交渉における各国の立場を左右することも考えられる。一般的に、気候変動問題をめぐる国際交渉を国内要因から説明する視点から見れば、一国の生態的な脆弱性の程度や地球温暖化対策費用は、その国の国際交渉の立場を決定する重要な要素である（Sprinz and Weiß, 2001）。一国の生態的脆弱性が高ければ高いほど、また、温暖化対策費用が低ければ低いほど、その国は国際交渉の推進国（a "pusher" state）あるいは指導国（a "lead" state）になる可能性が高くなる。その反対に、生態的脆弱性が低ければ低いほど、また、対策費用が高ければ高いほど、その国は妨害国（a "dragger" state）あるいは拒否国（a "veto" state）になる可能性が高くなる。他方、生態的脆弱性と対策費用がともに高ければ、指導国と拒否国の仲介国（an "intermediate" state）あるいは支持国（a "support" state）にとどまる可能性が高い。最後に、生態的脆弱性が低く対策費用が高い場合は、傍観国（a "bystander" state）あるいは決定を左右する国（a "swing" state）になると想定される[8]。

この議論に即して、まず、自然・地理的条件である主要国の生態的脆弱性に着目してみる。一国の生態的脆弱性を厳密に規定するためには各国の自然・地理的特性について総合的な検討を要するが、本書では、大陸国か島国かという単純な区分に基づいて主要国の脆弱性を分類する。つまり、下記のマトリックス図（**図1―1**）において、中国、米国、ドイツは大陸国と分類され、日本とデンマークは島国と分類されている。もちろん、中国と米国では、沿岸部に多くの大都市が存在していて、二〇一二年に世界的な大都市ニューヨーク市をハリケーン・サンディが襲って大洪水被害をもたらしたことは記憶に新しい。ただ、それでも、周囲を海に囲まれた日本やデンマークに比べれば、中国と米国には大陸内部にも多くの都市が存在し、沿岸部が壊滅的な被害を受けた場合にも内陸部の方に代替地を確保することが可能である。もう一つの各国の国際交渉の立場を規定する国内要因は、気候変動緩和のためのエネルギー政策を採用する際の政治経済的コストである。この政治経済的コストに関しては炭素一トン削減するための費用を基準にすることが可能である。例えば、生態的脆弱性が低くて気候緩和政策コストが高ければ国際的交渉においては消極的な態度を取ることが予想される。反対に脆弱性が高くて同コストが低ければ国際交渉では積極的な態度を取ることになる（ここで取り上げる主要国には当てはまらないが、島嶼国が例として挙げられる）。脆弱性が低くて対策コストが高ければ阻害国あるいは拒否国になる可能性が高い。脆弱性と対策コストがともに高い国（日本やデンマーク）

は、対策コストの高さから主導国にならず、他国のイニシアティブに呼応して気候レジームを支持する国になる可能性が高い。脆弱性も低く対策コストも低い国は、拒否国か傍観国になる可能性が高い。以上を図式化すれば以下の通りである（図1―1）。

さて、上記の国内要因に基づく主要国の気候レジームの立場や態度についての予測は当たっているのだろうか。詳細については次節以降で言及するが、生態的脆弱性と対策コストがともに低い中国と、前者の要件は低いが後者は高い米国に関しては、概ね当たっていて、中国が傍観的態度を、米国は拒否的態度を取っている。しかし、ドイツとデンマークそして日本については必ずしも予想通りの行動パターンを取っているわけではない。この「脆弱性と対策コスト」モデルから類推するなら、ドイツは本来米国と同様に、拒否国あるいは阻害国として振る舞うことが予想されるが、同国は気候レジーム制定そして強化の過程を通して、また、再生可能エネルギー導入に関して、主導国であり続けている。同様に、デンマークもリーダー的存在として、気候レジームの強化と再生可能エネルギー導入に積極的である。他方、日本は国連気候変動枠組条約締結から京都議定書採択までは気候レジームの形成や強化を支持してきたが、京都議定書の第一約束期間（二〇〇八～一二）以降の国際的協力枠組みの形成に関する国際交渉（二〇年以降至現在）では、拒否的な立場に大きく後退している。したがって、ドイツ、デンマークそして日本の気候レジームにおける立場や態度についてのさらな

| | | 生態的脆弱性 | |
|---|---|---|---|
| | | 低 | 高 |
| コスト | 低 | 中国 | （島嶼国等） |
| | 高 | 米国<br>ドイツ | 日本<br>デンマーク |

図1－1　生態的脆弱性と気候変動緩和政策コスト

る説明が必要である。

中国と米国のこれまでの行動パターンについては既述の通りだが、世界最大の温室効果ガス排出国になった中国は、もはや傍観者でいられなくなっている。国内の大気汚染問題も温暖化とともに多くの民衆の一大関心事項になっている。これらのことを考慮すれば、中国は国内で有効な大気汚染対策を実施しなければならないばかりか世界最大の排出国として、気候レジームにおいてもそれなりの責任を取らざるを得ない状況にある。米国についても補足説明を要する。なぜなら、米国は、気候変動問題の科学的研究、政策上のイノベーション（排出権取引等）、そして技術開発で世界をリードしているにもかかわらず、また、オバマ政権も気候レジームについて積極的な言説を表明しているにもかかわらず、新興経済国が削減義務を負っていないことを理由に、これまで気候レジームの強化に連邦政府として関わっていないからである。さらに、上述したように、中国と米国が気候問題に積極的かつ真剣に取り組まない限り、国際協力は有効なものにならないことは言を待たない。

外交政策の国内要因からの説明あるいは国際関係と国内政治の相互作用に関する研究は数多くある（Gourevitch, 1978; Putnam, 1988; Milner, 1997）。国際政治と国内政治の相互作用の研究である本章の分析枠組みは、二つのレベル・ゲーム論に基づきつつ、国内要因からの説明に重点を置いたものとなる。政府を代表する交渉団は、各国国内で批准あるいは支持され得る暫定的な協定を取り結ぶ。したがって、国際交渉に関する国内政治論議は極めて重要である。国内政治には「単に行政府官僚や制度的取り決めだけではなく、政党、社会階級、（経済的・非経済的）利益団体、立法者、世論や選挙さえ」含まれる（Putnam, 1988, p. 437）。国内政治と国際交渉が交差する部分は「ウィン - セット」（“win-set”）であり、国内の意思決定者（レベル二）の間で合意を獲得し得る国際的な（レベル一の）協定あるいは合意の可能な範囲を意味する（Putnam, 1988, p. 437）。ただ、この理論は米国の外交政策決定過程をモデルにしたものであり、本書で扱う同国以外の国々の国際条約の批准過程を必ずしも反映したものではないので、その他の国の政治過程に対してはこの理論的枠組みをそのまま適応するものではない。また、気候変動問題には他の政治経済問題や社会問題にはない問題の特殊性もある。したがって、同問題に関する国内政治過程と国際交渉過程を同時に分析するためには、以下の要因も考慮する必要がある。

各国の国際交渉上の立場を国内要因で説明する議論は、物質的費用便益分析を超えた認識論的要素も加味する必要がある。なぜならば、温暖化対策費用に対する認識はエネルギー多消費型の産業と「グリーン」な産業との間で、経済・産業関係の省庁と環境省庁との間で、あるいは経済団体と環境保護団体の間で異なるからである。また、気候変動政策を促進する強い政治的リーダーシップの不在状況では、温暖化対策費用を過大評価する傾向にある産業・ビジネス連合は、環境保護団体に比べて比較的よりよく組織化され、活動資金にも恵まれしかも政策決定者との関係も緊密であるので、政府の政策決定過程における影響力という点では環境保護団体を圧倒する。その反対に、もし緑の党が存在して環境政策立案に関わるなら、あるいは環境保護団体がよく組織化され活動資金も豊富なら、政府の政策決定過程において、短期的に高い温暖化対策費用と予防的措置の観点に立脚した長期的な利益との比較検討を促進するかもしれない。その結果、政府の高い対策費用という認識が将来の大損害に比べれば比較的安いという認識へと変わり、最終的には一国の国際交渉での立場が、支持的なものから指導的なものに変わることもあり得る。

以上の議論に基づいて、ポスト京都をめぐる主要国の国内政治と外交の立場は、以下の六つの説明要因と二つの規定要因あるいは媒介変数（パラメーター）によって説明される。すなわち、六つの説明要因とは、政治的リーダーシップ（含む緑の党の有無）、官僚政治（関係省庁間の政治あるいは政策論争など）、経済利益団体、環境保護団体、世論、そして、石油危機以後のエネルギー政策とそれによって形成された国内のエネルギー需給システムとそれを支える既得権益集団の構造的要因である。これらの説明要因の相対的な力関係が「ウィン－セット」の大きさを左右し、その結果として、主要国の国際交渉の立場が指導的であったり支持的なものであったりする。政治的なリーダーシップも重要な要素で、政策起業家あるいは政策仲介人といわれる政治家が存在しているかいないか（Walker 1974, 1981; Kingdom, 1984）、また、政治的に影響力のある「環境保護に関心のある」政治家や緑の党が存在するかしないかということも、「ウィン－セット」の大きさに影響する。政策起業家である政治家や政党の影響力が大きければ大きいほど、「ウィン－セット」の大きさはより大きくなる、と推定できる9。これに関連して、官僚政治は政治的リーダーシップの相対的強弱やその有無に左右される、と推定できる。例えば、強い政治的リーダーシップは、経済官僚と環境官僚との間の「縄張り争い」を治めて、環境保護政策を推進することも可能となろう。また、外務官僚は、環境問題に造詣が深い政治家あるいは環境問題への関心の強い政治家が環境大臣あるいは外務大臣に就任していれば、経済官僚と環境官僚間の政策上の違いを調整しつつ、国際交渉において指導力を発揮する。

既存のエネルギー供給システムを支える経済団体と自然エネルギーの普及や脱原発を求める環境保護団体も「ウィン－セット」の大きさを決定する不可欠の要素である。政治家も官僚も経済団体や環境保護団体からの圧力を無視できない。気候変動問題に関して言えば、経済団体からの圧力は一般的に「ウィン－セット」のサイズを小さくする傾向にあるのに対して、世論からの強い支持を得ている環境保護団体の圧力は「ウィン－セット」のサイズを大きくして、政府に対して気候変動問題に関する国際的合意形成を促す、と推定できる。

最後に、石油危機後の主要国のエネルギー政策および新エネルギー危機（ヨハネスバーグ方程式を解くための）対策に影響を与える軍事紛争・政治的混乱・世界の石油価格の変動・エネルギー開発に関する技術進歩などの外在的要因（パラメーターあるいは媒介変数）も無視できない。前述した通り、エネルギー政策の三原則、すなわち、エネルギー源の多様化、エネルギー効率の向上、持続可能性のうち、第一番目の原則は、特に、化石燃料に関連する政治的リスクの回避を念頭に置いている。一九七三～四年の第一次石油危機（第四次中東戦争やＯＰＥＣの禁輸政策）、七九年から八〇年の第二次石油危機（イラン革命）、九〇年初頭の石油市場の混乱（湾岸戦争）、そして二〇〇三年以降のイラク戦争による石油市場価格の高騰、一〇年以降の「アラブの春」における産油国内の政治社会的混乱など、中東の産油国間の軍事紛争や政治的混乱が世界の石油価格に大きな影響を与えてきた。他方、一九八〇年代の石油価格の安値基調やアジア通貨危機やリーマン・ショックなどは、石油危機以降投資が拡大した再生可能エネルギー開発やエネルギー効率の向上努力に水を差した。また、昨今のシェールガス開発における技術開発が、主要国の新エネルギー政策に影響を与える可能性がある。

また、国内あるいは国際的な政治・経済状況の変化やエネルギーの選択問題に関連する一大事件や深刻な自然災害、さらに科学的知見の蓄積や普及などの観念的な状況の変化も、パラメーターとして各国の気候変動政策に影響する。例えば、日本のバブル経済期と一九九七年のアジア通貨危機の時を比べれば、明らかに前者の時代の方が、日本の国際的な財政的支援を中心とした気候変動外交は活発であった。石油依存からの脱却のため原子力エネルギー開発を要とした国内のエネルギー政策は、日本の気候変動政策における構造的パラメーターを設定してきたが、福島第一原子力発電所の事故以後、気候変動緩和策の決め手であった原子力エネルギー促進策は大衆の厳しい懐疑の目にさらされている。ドイツでは八六年のチェルノブイリ原発事故が国内のエネルギー政策に大きな影響を与え脱原発の道を志向し、福島第一原発事故で脱原発の選択を一層鮮明にした。ニューオリンズなどに甚大な被害をもたらしたハリケーン・カトリーナとリタ、さらにニューヨーク市などを襲ったハリケーン・サンディは、気候変動問題に対する米国民の懸念を高めた。科学的な知識の進歩や地球の気候変動に関する最新の知見等は、同問題に対する政策を促進する潜在的な影響力を持っている。気候変動に関する政府間パネル（Intergovernmental Panel on Climate Change: IPCC）という「認識共同体」（Haas, 1990; Adler and Haas, 1992）は、気候変動の科学的影響評価等を通して、これまで問題設定の過程で主要なアクターとしてその影響力を発揮すると見られてきたが、国際交渉が行き詰まっている現状を打開するためにも重要な役割を担っていると言えよう。

以上の本書全体の議論を整理すれば以下のように図式化できる（**図1―2**）。

一九七〇年代の石油危機を契機とした各国のエネルギー政策は、各国の自然・地理的条件の違い、すなわち、化石燃料が国内で多く産出される国とそうでない国では、エネルギー選択の中身に多少の違いが見受けられる。しかし、エネルギー安全保障（詳細は後述）の観点から、基本的にエネルギー源の多様化とエネルギー効率の向上を政策の根幹に据える。ただ、この段階でも各国間で再生可能エネルギー導入の違いが生じる。そして、さらに国内外の状況の変化に影響されながら、九〇年代以降の気候変動問題の国際政治化によって明確になってきた新エネルギー危機（ヨハネスバーグの方程式）対策の基底をなす再生可能エネルギー導入の割合において、各国間のエネルギー選択には決定的な違いが生じ、それに伴い気候変動緩和のための国際的な協力体制に対する立場にも大きな違いが認められる。それは、各国の中・長期の温室効果ガス削減目標に具体的に現れている。各国の自然・地理的条件である生態的脆弱性の高低と気候変動緩和対策費用の多寡が、各国の新エネルギー危機への対応を左右していることは否定できないが、それだけでは本書で扱う国の間の対応の違いを説明し切れない。

各国のヨハネスバーグ方程式の解答の違いは、一九七〇年代のエネルギー危機以後のエネルギー政策とその実施過程で形成されたエネルギー需給体制とそれを支える既得権益集団からなる構造的要因が新エネルギー危機対策を制約していることに起因している。しかし、構築されたシステムは主たる行為者によって変更可能である。国内外

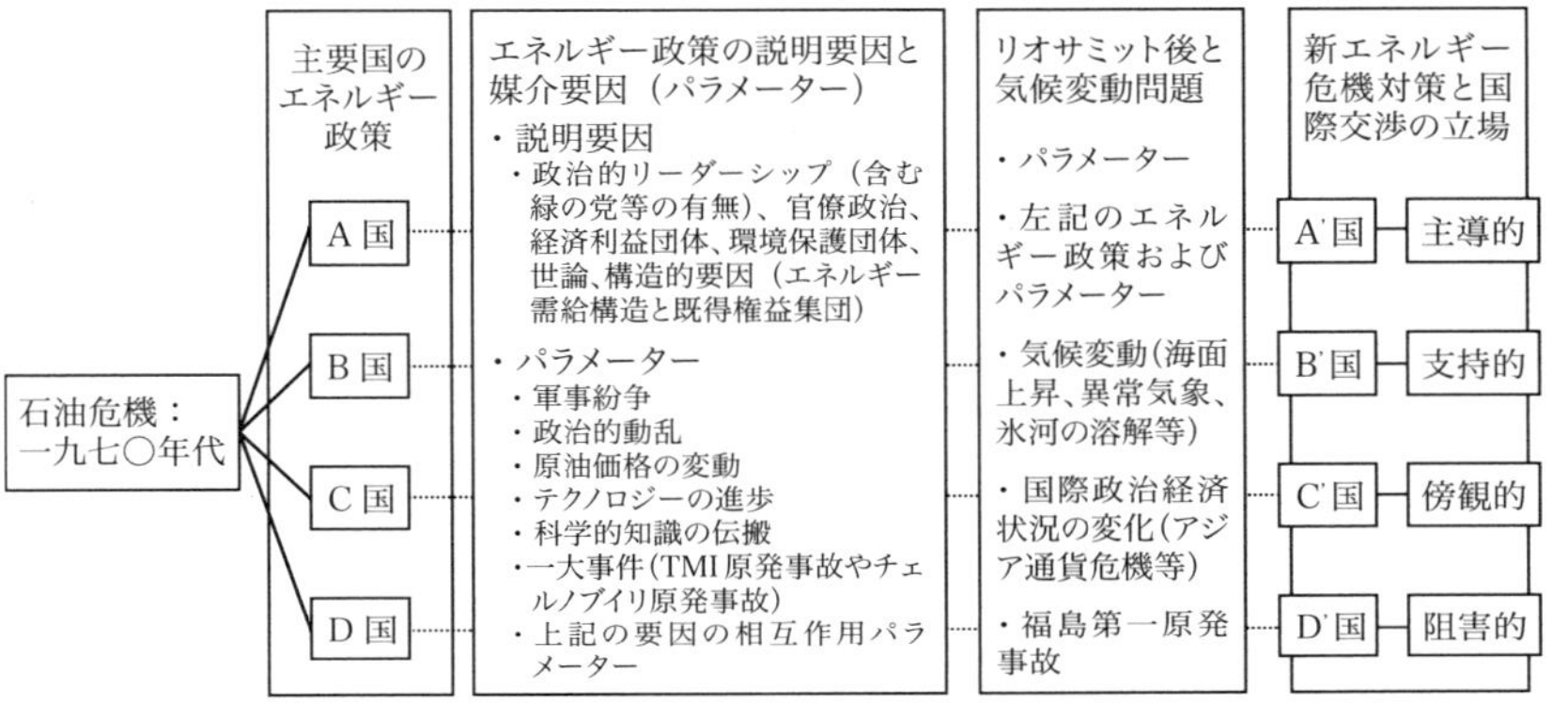


図１－２　本書の議論の見取り図

の様々な政治経済および社会的変化の影響を受けながら、政治家や政党、官僚、経済団体、環境NGO／市民、そして世論は、互いの相互作用を通して、エネルギー源の多様化、エネルギー効率の向上、そして持続可能なエネルギー選択を基本とした新エネルギー危機対応のためのシステム構築に寄与することが可能である。とはいうものの、すべての国がヨハネスバーグ方程式の最適解を得ているわけでない。現時点では、本書のために考察したデンマークとドイツが持続可能なエネルギー転換への方向に力強く歩み出している。中国と米国は国内の化石燃料が他国に比べて豊富なことがエネルギー転換への障害となっていることと、各々異なった状況ではあるが、新エネルギー危機克服のための経済的かつ政治的コストが高すぎて、大胆なエネルギー転換に踏み切れていない。日本は、未曾有の原発事故を経験して、多くの市民が自国のエネルギー政策の問題点を十二分に認識したにもかかわらず、自国と類似点の多いドイツのように思い切ったエネルギー転換を選択していない。ドイツは強力な政治的リーダーシップと国民的議論を通した社会全体でのエネルギー選択が行われているが、日本には両者が欠けている。そのため、既存の電力供給システムに代表される構造的障害の除去あるいは大改革が本格化していない。

以上の議論のために、特に、主要国のエネルギー政策と気候変動緩和策については、対象国の政策文書などを参照しながら、エネルギーおよび気候政策決定過程を詳細に記述するプロセス・トレーシングの方法を用いて検討する[10]。また、実際の気候レジームの形成と強化（あるいは弱体化）の過程を可能な限り跡づけることによって、各国のエネルギー政策と気候変動緩和のための国際協力の立場についても考察する。

**注**

1　その他、成層圏のオゾン層の破壊問題や地球の気候変動問題を、ともに「グローバル・コモンズの悲劇」あるいは「大気の悲劇」とみなす議論もある（Soroos, 1997; Buck, 1998）。

2　レジームとは、「国際関係の特定の分野における明示的、あるいはインプリシットな（implicit）、原理、規範、ルール、そして意思決定過程の手続きのセットであり、それを中心として行為者の期待が収斂していくもの」であると定義される（Krasner, 1983, p. 2; 山本、一九九六、五頁）。

3　国連気候変動枠組条約（ＵＮＦＣＣＣ）と京都議定書は気候緩和に関する協定であるが、実際の問題として気候変動への適応も大きな問題である。

4　ドレズナー（Drezner, 2007）の大国の定義を参考にしているが、彼は、ＧＤＰなどの経済指標と国内市場の大きさを大国の主要件としている。

5　気候変動問題に関する費用便益計算の困難さとして、関連するあらゆる費用と便益を特定すること、市場メカニズムによる評価によらずに費用と便益の価格を設定すること、さらには割引率の設定問題にも関わる長期的な利益と短期的なコストの比較の難しさなどが挙げられる（Davenport, 2006, p. 35）。

6　スプリンツとワイスは、国の生態系的（気候変動に対する）脆弱性の大小と（気候変動の）緩和費用の多寡によって、国の国際交渉の立場が、レジームの推進者（pushers）、中間派（intermediates）、傍観者（bystanders）、そして妨害者（draggers）に分かれる（Sprinz and Weiß, 2001）、と想定している（Sprinz and Weiß, 2001）。

7　ただし、第八章で詳しく見るように、デンマークは一九八〇年代以降北海油田の開発に力を入れ、九〇年代後半には再生可能エネルギーと北海の石油と天然ガス等によってエネルギー自給率一〇〇％を達成する。さらに、その後二〇一一年に、五〇年までに脱化石燃料社会の確立をエネルギー政策の目標にしていることは注目に値する。

8 「推進」、「仲介」、「妨害」、「傍観」という表現はスプリンツとヴァートランタによって（Sprinz and Vaahtoranta, 1994）、「指導」、「支持」、「決定を左右」、「拒否」という表現はポーターとブラウンによって使用される（Chasek et al., 2010）。

9 紙幅の関係上本章でこの点に触れることはできないが、筆者の他の論文に詳細な記述がある（Ohta 1995, 2000, 2005）。

10 本書の方法論のプロセス・トレーシングに関しては、ジョージとベネットによるこの方法論に関する著書を参照（George and Bennett, 2005）。

# 第二章　石油危機とエネルギー安全保障

文明の発展が人類の手にしたエネルギー資源と密接に関係していることは周知の事実である。人類は、火を手にしてから樹木を調理や暖房のための日常生活用の燃料や雨露をしのぐ建築資材として活用して、飛躍的に文明を発展させてきた。と同時に、古代からエネルギー資源やその他の資源を濫用するかあるいは持続可能な方法で利用するかが、文明の崩壊と存続を分けてきたことも指摘されている（Diamond, 2005; Ponting, 1991）。近代の米国社会では、開拓による樹木の広範囲の伐採が原生自然を破壊しているとして自然保護を訴える立場の保存主義者（preservationists）と、人類の発展のための合理的な資源の活用を唱える立場の保全主義者（conservationists）の間で激しい論争が繰り広げられた（Merchant, 2007; Muir, 1988; Pinchot, 1974/1998）。また、蒸気機関などの発明で石炭をエネルギー源として工作機械や動力源として広範囲に活用するようになると産業革命が起こり、文明は飛躍的に発展した。しかし、その悪しき副産物の一つとしてロンドンやマンチェスターの工業地帯の人々は大気汚染に苦しみ、一八五三年に英国で最初の「煙害阻止法」が成立した（McCormick, 1989）。その後、第一次世界大戦から第二次世界大戦を経て、人類は石炭から石油へと炭化水素資源の間でエネルギー転換を果たしてきた。

文明のさらなる発展のための石油の利用は、石炭利用よりさらに一層、人類の物質的豊かさへの欲望を駆り立ててきたとともに、それから得られる富や利権を守るために熾烈な争いも繰り返してきた。石油王のロックフェラーが照明用の石油の利用によって巨万の富を築いた、ということを知ることは驚きであるとともに、それまでの鯨油の使用により大型のクジラを絶滅の淵に追いやった人間の無限の欲望の恐ろしさを感じざるを得ない。特に、マッコウクジラから取れる鯨油は適度によく燃え、その炎は柔らかくて目に優しく、甘くて心地よいにおいを醸し出す。また、鯨油はロウソクより運びやすく、用途も家庭用の照明から街灯やさらには灯台の光源として利用されたばかりでなく、織物工場での毛織物の洗浄や、機械の潤滑油としてあるいは建設産業においてペンキの下地としても使用された（Tertzakian, 2007, pp. 12-3）。まさに現代の石油のように用途が広かった。しかし、鯨油の利用が広まれば広まるほど、とりわけマッコウクジラの個体数は激減し、漁師はマッコウクジラを追って海の果てまで航海しなければならなくなるとともにリスクも大きくなり、鯨油の価格も高騰した。ちょうどその頃、石油から灯油を精製する技術が商業化されるようになり、やがて鯨油に取って代わるようになった。また、その頃、南北戦争が終わり「石油ブーム」が起こっていた。ロックフェラーは、ガソリンやナフサなども含まれるものなど、当時売られていた灯油のなかには火を近づけると爆発する製品もあったなかで、品質を保証する「スタンダード」（標準）灯油を売る会社としてスタンダード石油会社を設立した。同社は、石油精製事業に投資するとともに、精製業者の乱立で製品価格が下がる状況下、強引かつ狡猾な方法で他社の買収を通して市場を独占して石油産業を発展させていった（Yergin, 1991, pp. 35-55）。やがて、石油の汎用性が見出され、石油は、それを間接的に燃やして発電するだけではなく、プラスチックあるいは農業用肥料などの原材料や車などの動力源として、現代文明を支えるようになった。しかし、石油は、社会的にも政治的にも不安定な地域に偏在していて、安定かつ安全な供給が当初から問題となっていた。また、石油もマッコウクジラと同様有限な資源であるのみならず、石油は再生不能な資源であることも忘れてはならない。

もちろん、天然ガスや石炭など他の炭化水素資源も存在するし、原子力エネルギー利用の選択もあるが、各々新たな問題を生み出してしまう。前者の選択には気候変動問題の解決策にならないという根本的な問題があり、後者には高レベル放射性廃棄物の処分方法が確立されていないことや核兵器の拡散の懸念など多くの未解決の問題が存在する。次章以降での議論となるが、T型フォード車が世に出てガソリンを燃焼させる内燃機関のエンジン車が普及する前、電気自動車の方がガソリン車より有望視されていた。ただ、電気自動車には電気の供給方法や蓄電および蓄電池の重さに難点があった。ヘンリー・フォードが、エジソン・イルミネーティング社主任技師として働いていた時、ガソリンで走る「原動機付き四輪車」を制作し、トーマス・エジソンからその技術に対する太鼓判を押されるまで、フォード自身ガソリン車の将来については半信半疑だった（Yergin, 2011, pp. 665-6）。その主な理由は、一八九〇年代末頃にはガソリンエンジン自動車は将来の選択肢とはなっていなかった。しかし、現代では気候変動問題と技術の発展により、電気自動車の方がその将来性を期待されている。その主な理由は、ガソリンエンジン自動車の燃料効率は非常に悪く、燃料としてのガソリンのわずか〇・五％ほどが実際に人を移動させるのに使われているにすぎないからである（Lovins and RMI, 2011, p. 18）。時代はめぐって、ガソリン車より電気自動車が有望視されるようになるとともに、炭化水素文明と言うべきものの終焉を議論する時代となり、人類のエネルギー源として、古代あるいは中世のように自然エネルギーに回帰する時代の到来と言えるかもしれない。しかし、その未来は、決して暗黒で不便で汚い世界ではなく、明るく便利できれいな世界である。そうした世界を思い描く前に、現代の石油を中心とした炭化水素時代について、特に、将来のより望ましいエネルギー選択を考えるためにも、まず、エネルギーの安全保障問題という視座からエネルギー問題を捉えておこう。

## 第一節　石油と安全保障問題

エネルギー資源と安全保障問題の関連性が強烈に意識されるようになったのは、第一次世界大戦前後の時代であった。ドイツの海軍増強を含む軍備拡張に脅威を抱いていた英国の海軍初代提督のジョン・A・フィッシャーは、一八八二年という早い時期に政府に対して、船隊の動力源を石炭から石油に転換する必要性を勧告していた。当時は優良で豊富なウェールズ産石炭を用いていたので、フィッシャーの友人であったウィンストン・チャーチルをはじめとして誰もこの助言には耳を傾けなかった。しかし、一九一一年七月一日にドイツの小型砲艦が当時フランスの植民地であったモロッコのアガディール港に送り込まれた事件に際して、同年末に海軍大臣に就任したチャーチルは、ドイツ海軍の軍備拡張の脅威に対処するために艦船の燃料資源を石炭から石油へ転換することを決意したのであった。石油燃料を使用すれば船艦の機動性は飛躍的に高まるのみならず行動範囲も広くなり、ドイツ艦隊に対する優位性を保つことができるためである（Yergin, 1991, pp. 11-2; 2011, pp. 264-5; Terzakian, 2007, pp. 35-6）[1]。しかし同時に、英国にとって石油に依存する危うさも認識された。自国から九七〇〇㎞も離れたペルシャ（現イラン）の石油に依存しなければならなかったからである。チャーチルは石油の輸送航路という生命線の防衛体制も整える必要があった。当然のごとく、政情不安定なイランに戦略的資源を依存することや長いライフライン防衛の危険性を指摘する批判が議会でも巻き起こった。こうした批判に応えて、一九一三年七月、チャーチルは、「われわれは、決して一つの品質、一つのプロセス、一つの国、一つのルート、一つの油田に依存してはならない。石油の安全性と確実性は、多様さのみに存在する」（Yergin, 2011, p. 265）という現在のエネルギー安全保障の鉄則とも言うべき名言を吐いている。第一次世界大戦の終結時には、石油が戦略的資源であることが大国の間では等しく認識された。

第二次世界大戦でも戦略物質としての石油のサプライチェーンを確保することが死活問題となった。一九三〇年代後半における日本のエネルギー消費全体に占める石油の割合はわずか七％ではあったが、その用途のほとんどが軍事と船舶輸送であった。当時日本国内における石油生産は国内消費の七％を満たすのみで、後は輸入に頼っていて、米国からの輸入が八〇％、オランダ領東インド諸島から一〇％輸入していた（Yergin, 1991, p. 307）。日本は自家撞着に陥っていた。軍艦や軍用機の燃料としての石油の大部分を米国に依存する一方で、安全保障と自立を目指すための「大東亜共栄圏」の樹立を追求すればするほど米国との軍事的対決の危険性が高まっていった[2]。日中戦争が泥沼化するなか、三九年九月のドイツのポーランド侵攻によってヨーロッパでの大戦が勃発し、ナチスドイツ軍が破竹の勢いでベルギー、オランダ、フランスを制圧していった。日本政府は四〇年六月、南方への進出を決定し、フランスのヴィシー政権に対して、仏領インドシナへの日本軍の進駐の承認と東インド諸島の資源供給を保証することを求めた。大西洋と太平洋での二方面の戦線で戦うことを恐れていた米国のルーズベルト大統領は、日本を挑発しないように対日石油禁輸策の採用を躊躇していたが、日本軍のインドシナへの進攻、日独伊の三国同盟締結をうけて、四〇年九月二六日にすべての鉄とくず鉄の日本への輸出を禁止した[3]。さらに、四一年六月、ドイツ軍がソ連に突如進攻して独ソの全面戦争が始まると、日本政府の指導者らは、ナチスドイツの攻勢に乗じてシベリアの一部を占領するべきか、南方戦略に集中するべきか、という選択肢について激論を交わした末、後者を選択した。同年七月二四日、カムラン湾の沖に日本の軍艦が進出し、南部ベトナムの占領に向けての準備を始めた。こうした日本の動きに対して、七月二五日、ルーズベルト大統領は、米国内の日本資産の凍結を命じた。日本の米国銀行への預金はすべて石油の購入に充てられていたので、日本の資産凍結は事実上の石油禁輸を意味した。英国も米国に追随し、資産の凍結とボルネオとオランダ領インド諸島からの対日石油輸出を禁止した。日本は、七月二八日、南部インドシナへの進攻を開始し、七月末までに南部インドシナの占領は完了した。米国の実質的な対日石油禁輸政策が太平洋戦争の直接の引き金にはなってはいないが、日本国内の戦略的石油資源の備蓄が二年ほどしかない状態で、当時すでに大国であった米国との戦争を覚悟しなければならない状況に、日本は自らを追い詰めていった。最終的に同年一二月八日（米国では一二月七日）、日本は真珠湾攻撃の奇襲作戦によって米国に戦争を仕掛け、石油やその他の天然資源の確保のため、香港、シンガポール、フィリピンに進攻する一方、タイに上陸してシンガポールを目指してマレーを攻撃したのであった。これが大東亜共栄圏構想の崩壊の始まりであった。戦略的な石油資源の安定供給を確保するために国内外の人々によって払われた代償は、あまりに大きかった。

他方、米国政府は、英国がドイツとの熾烈な闘いを展開中、第二次世界大戦の戦時需要の急増で石油の国内生産が逼迫していたので、サウジアラビア、クウェート、バーレーンでの石油生産を促進するために大手の石油会社に対して石油生産や精製設備の建設のための投資を促していた。アラムコが中心となった米国企業のコンソーシアムが、サウジアラビア東部から地中海の港湾をつなぐ石油パイプラインを建設し、サウジの石油をヨーロッパ市場に供給することが可能になった。これはサウジの利益になったので、パイプライン敷設はサウジと米国の特別な関係構築の礎になった（Terzakian, 2007, pp. 52-3）。こうして戦後の米国の石油資本の中東での優位性が高まるとともに、米国政府もその権益を擁護するために、また、中東の石油への依存度が高まるにしたがって、「国益」と「米国人のライフスタイル」を守るという「大義」の下に、中東への介入を深めて行くことになったのである。

第二次世界大戦後、世界石油資本のセブンシスターズのうちアメリカ系石油会社（エクソン、シェブロン、モービル、ガルフ、テキサコ）は、世界の石油埋蔵量の四〇％以上を支配するようになった（Terzakian, 2007, pp. 53-4）[4]。その支配に対する不満は、ことに産油国の間にくすぶっていたが、消費国の利害にも関係していた。ヤーギンによれば（Yergin, 1991, pp. 431-3）、多くの石油が埋蔵されている土地を所有する産油国はいわば地主で、石油会社は賃貸料を支払って契約に基づいて土地を耕す小作人に相当する。産油国は領土の地下に眠る炭化水素資源に対する主権を有するが、石油会社がそれを掘り当てないと価値が生じない。問題の核心は、資源から得られる利益すなわちレント（取り分）をどのように分配するかである。大手の石油会社は探査技術を持ち、探査技師を雇い、多くの投資を行ってリスクを背負いながら、石油を掘り当て、生産・加工して販売して利益を挙げる。こうして地主の資産価値は上がるが、小作人の賃貸料は初めに支払ったレートでいいのか、発見された油田の価値にしたがって値上げされるべきものかどうかが問題となる。しかし、発見された油田の資産価値が大きければ大きいほど、単なる経済的な問題ではなく、政治的な対立も生じてくる。特に、第二次世界大戦後にそうした傾向が強くなった。つまり、産油国では、自国内の資源に対する主権の主張、国家建設の要請、外国人に対抗するナショナリズムの高揚などが前面に出て、外国人によって国家資源が搾取され、そのために国の開発が遅れ、政治も腐敗させられている、といった植民地主義批判の具体的な標的として、外国資本による石油資源等の支配が問題視されるようになってきた。石油会社の観点からすれば、多大の投資と大変な努力の積み重ね、数々の資金投入の失敗、その他多くのリスクを冒した結果による油田の発見、そして最終的に膨大な富の創出であって、決して産油国の資源を搾取しているわけではないということになる。これに対して消費国は、自国の工業化にとって石油・天然ガスなどは戦略的価値を有する資源であって、手頃な価格で安定的な炭化水素資源の供給は安全保障上の課題になってきた。結局のところ、石油価格は油田等の開発コストに見合った価格で売る必要があるが、市場を混乱に招くような高値では売れない。そこで、生産・加工コスト、製品価格、利潤の間のバランスを維持するために、実際のところカルテルを形成したわけではなかったが、セブンシスターズらの国際石油資本（メジャーズ）は協力し合って互いの利益の擁護を図った。産油国との利権交渉では、セブンシスターズは、石油探査や開発の技術力（上流）、製品加工能力（中流）と市場販売力（下流）に関する専門性と資本力で優位に立っていた。

ところが、第二次世界大戦前後、「植民地支配」からの解放のため、外国資本の支配による自国の資源開発に対する批判が多くの発展途上の産油国の間で起こってきた。軍事独裁やクーデターを繰り返していたベネズエラでもそうした動きが起こった。メジャーズのなかで主にニュージャージー・スタンダード石油とシェル石油が、当時世界で最も重要なベネズエラの油田開発利権を所有していた。また、米国政府は、第二次世界大戦中にメキシコ政府の石油産業の国有化に直面して、ベネズエラでの米企業の利権の保護を望んだ。ニュージャージー・スタンダードは、ベネズエラ政府のレント再配分要求を受け、社内で受け入れ反対意見も含め激しい議論が展開された。しかし、同社が戦前ナチスと関係していたことや反トラスト法違反で米国の司法省から追求されていたこともあり、時のルーズベルト政権は、同社がベネズエラ政府と協力しないと何が起きても支援しないという方針を立てていた。四方八方で矢面に立たされた同社は、各種の利権料や税金の支払いを引き合いに出し、ベネズエラ政府の石油開発から得られる利益を会社の純利益と同じにするという、いわゆる利益折半の新原則を基礎に解決を図ることにした。これを受けて、一九四三年三月、ベネズエラ議会はこの利益折半原則を盛り込んだ新石油法を可決した[5]。その後、政権が代わって四五年にベネズエラのレントの改善を図るために税法を抜本的に改正した。その結果、四八年のベネズエラの石油収入は四二年の六倍に増えた。こうして、ベネズエラで生まれた利益折半原則は、五〇年一二月にサウジアラビアとアラムコとの間で調印された利益折半協定に見られるように（Yergin, 1991, p. 447）、中東の石油の利権の取り扱いに関しても一つの規範として確立されていった。

一九五九年二月、メジャーズは中東産油国政府の了承を得ず、同地域のアラビアンライトの原油価格を一バレル当たり二・〇八ドルから一・九〇ドルに引き下げた。これに対して、同年四月、アラブ連盟はカイロで第一回アラブ石油会議を開催して、石油会社が原油価格を改訂する場合は産油国政府と事前に協議することを求める決議を採択した。しかし、翌年八月、メジャーズは産油国との事前協議なしで、アラビアンライトの価格を一バレル当たり一・九〇ドルから一・八〇ドルに再び引き下げた。ついに、六〇年九月、イラン、イラク、クウェート、サウジアラビア、ベネズエラがバグダッドで一堂に会して、メジャーズに対抗して共同行動を採ることなどを目的に、石油輸出機構（Organization of Petroleum Exporting Countries: OPEC）を設立した[6]。しかし、発足当初は注目されたが、OPECの存在とその活動が、産油諸国自身による資源に対する「主権」の主張を国際社会あるいはメジャーズに対して認めさせるにはほど遠い状態であった。それどころか、OPECはジュネーブに創設されたが、スイス政府はこの団体設立の真意や意義を疑問視して国際的な地位に相応しい外交的地位を与えなかったので、六五年にOPECは、国際的な団体の受け入れに熱心だったオーストリアのウィーンに本部を移すほどであった（Yergin, 1991, p. 633）。こうした状況を打破してメジャーズとの立場を逆転させるような成果は、エジプトのナセル大統領とナセルのアラブ統一の夢に取り付かれた風変わりな指導者によってもたらされた。

それは、リビアのムアンマル・アル・カダフィ大佐であった。カダフィは、一九六九年九月一日軍事クーデターを起こし、革命評議会を発足して権力を掌握し、リビア国内の英米軍基地の接収、多数のイタリア人の追放、すべてのカトリック教会の閉鎖、そして反クーデター未然防止などに成功し、翌年一月から国内で操業する二一の石油会社との闘いに立ち向かった[7]。初めはメジャーズの一つであるエクソンの子会社のエッソ・リビアに圧力をかけて原油の公示価格の値上げを要求したがうまくいかなかった。そこで、リビアの油田のみに依存していたオキシデンタル・ペトロリアムに目を付けた。オキシデンタルはカリフォルニアの小さな石油会社で、六五年にリビアの前イドリス国王から利権を獲得した。そして、最新地震探鉱法のおかげで、モービル石油のベースキャンプがあった地点のすぐ下に、世界で最も埋蔵量（三〇億バレル）が多くしかも良質の原油を擁する油田の一つを掘り当てていた。また、六七年の六日戦争によってスエズ運河が封鎖され、ヨーロッパ市場に近いリビアの石油の価値が一層上がった。この好機を捉えるために、砂漠に全長一三〇マイルのパイプラインを一年以内で敷設して、石油利権を獲得して二年ほどでヨーロッパ市場に石油を出荷するようになった。その結果、オキシデンタル・ペトロリアムは日量八〇万バレル以上を生産する世界第六位の石油会社に一気に成長していた。

カダフィも機を見るに敏であった[8]。リビアはヨーロッパで消費される石油の三〇%を供給していて、スエズ運河は閉鎖されたままで、他の地域からの供給が減っていた。また、サウジアラビア東部州ラスタヌラ（Ras Tanura）からヨルダンを経てレバノンのシドン（Sidon）に至る全長七五四マイルのパイプラインであるタップラインでの事故によって、日量五〇万バレルのサウジアラビア産石油のヨーロッパへの輸出が止まった。この好機を逃さず、七〇年の春、カダフィはオキシデンタルに対して、石油生産を日量八〇万バレルから五〇万バレルほどに削減するよう命じ、その履行を監視するために警察官を派遣した。リビア内の他の石油会社にも生産の削減が命じられたが、リビアの油田にのみ依存していたオキシデンタル社が最も厳しい状況に置かれた。スエズ運河の閉鎖、タップラインの事故、そしてリビアの石油生産の削減などによって、世界から一日に一三〇万バレルの石油の供給が急に断たれ、国際石油市場は逼迫した。地中海をはさんでヨーロッパ市場と向かい合うリビアは、オキシデンタルとの間で契約内容についての更改交渉に関して非常に優位な立場に立った。同社の代表であるアーマンド・ハマーは粘り強くカダフィ政権と交渉したが、結局、リビアは油田使用料と税金の二〇%の値上げを勝ち取り、オキシデンタルは操業権を確保した。他の石油会社も九月末までにリビアの要求を受け入れた。さらに、原油の公示価格は三〇セント値上がりし、リビア側の利益配分率は五〇％から五五％に引き上げられた。このカダフィの外国の石油会社に対する勝利は、他の産油国を勇気づけるものであり、ＯＰＥＣ創設の目標であった自国の石油資源に対する主権的権利の主張と石油価格等の支配要求に弾みがついた。再び、産油国とメジャーズの関係の潮目が大きく変わった。一九四〇年代に確立された利益折半の原則は破棄され、リビアでの成功を機に、他の産油国も次々とレントを上げていった。

産油国の攻勢と世界的な石油の消費の急増に直面して、メジャーズと小規模の独立系石油企業二三社は、一九七〇年ニューヨークに集まり、ＯＰＥＣに対して共同で交渉に当たることを決定した（Terzakian, 2007, pp. 73-4）。かつてはメジャーズが産油国に対して一方的に「適正石油価格」を決めていたが、今や立場は逆転した。パワーバランスが産油国側にシフトしたと言える。また、米国は六〇年代を通して、国内の石油産業を保護するために輸入割当制度（ＭＯＩＰ）等の政策によって、中東などの良質で安価な石油の輸入を制限して国内石油を保護し、雇用も維持した。その結果、七〇年の米国の石油価格は一バレル三・一八ドルだったのに対して、国際的な石油価格は一バレル一・三〇ドルであった。しかし、七〇年初頭までに米国内での石油の生産がピークに達し、国内需要を国内産の石油ではまかないきれず、石油の輸入量も増加した。一九七三年四月、ニクソン大統領は石油割当制度の撤廃に踏み切った（Yergin, 1991, p. 590）。これを機に、米国の買い手は一気に国際市場に駆け込んだ。折しも、六〇年代から七〇年代に入り、日本やドイツなどは戦後の高度経済成長によって石油の需要を急増させていた。世界の石油の需給は非常に逼迫していた。一九七〇年までは米国以外の生産余力は日量三〇〇万バレルほどで、そのほとんどが中東の石油であった。それが七三年になると、世界の総需要の約三％にしか相当しない日量一五〇万バレルと、七〇年の半分に減ってしまっていた。それだけではなく、リビアやクウェートなどの中東数カ国が生産削減をしていたので、実質的な世界の生産余力は日量わずか五〇万バレルで、自由主義経済圏の消費量のわずか一％であった（Yergin, 1991, p. 586）。いつ爆発的な変化が起こってもおかしくない水準であった。

ユダヤ教の祭日のヨム・キプルに当たる一九七三年一〇月六日、石油会社の代表とＯＰＥＣの代表がウィーンで原油価格などについて協議を開始する直前、エジプト軍とシリア軍がイスラエルを奇襲攻撃して、第四次中東戦争あるいは一〇月戦争が勃発した（Tertzakian, 2007, pp. 74-5）。中東戦争のなかで最も激しい戦闘が三国間で繰り広げられるなか、価格交渉に際して、石油会社の代表は公示価格の一五％増である一バレル当たり約四五セントの引き上げ案を提示した一方、ＯＰＥＣ側は一〇〇％増の一バレル当たり三ドルの引き上げを要求した（Yergin, 1991, p. 601）。両者の提案はあまりにかけ離れていた。とりわけ、石油会社側としては大口需要家である先進工業国の政府と十分に協議しなければ、妥協の糸口も見出せないほどの開きであった。結局、石油会社代表が、米国、ヨーロッパ諸国そして日本政府に打診したところ、ＯＰＥＣがどこまで妥協できるか見極められるまで具体的な譲歩を示すべきではないということで、会議は中止となった。

一〇月戦争でソ連の支援を受けていたシリアとエジプトは優勢でイスラエルは劣勢に立たされていた。米国はあからさまにイスラエルを支援することを控えていたが、イスラエルからの支援の要請もあり、同国の支援に踏み切った。夜陰にまぎれた空輸による支援を実施しようとしたが、天候不順が影響して白日の下の支援となってしまったこと、そして一〇月一九日にニクソン政権が二二億ドルの軍需物資援助を公に提言したことなど、米国によるイスラエル支援が鮮明になった。これを受けて、同日、リビアが米国への石油の禁輸を宣言するとともに、その翌日、サウジアラビアまでも米国への禁輸を決定した（Yergin, 1991, p. 608）。アラブ諸国の禁輸が始まる前の一年間で石油のスポット価格はすでに一バレル四ドルから一〇ドルへと上昇していたが、禁輸によって二六ドルに高騰した（Tertzakian, 2007, pp.

74-5）。国際社会に激震が走った。それまでの安い石油に支えられた経済成長の終焉であった。

一九七三〜四年の石油危機以後、産油国、そのなかでも最大の産油国のサウジアラビアがその生産量を調整することによって、世界の原油価格設定者になった。それとともに、OPEC加盟国諸国は、エネルギー供給の面でも、また、石油・天然ガス価格の高騰から得られたオイル・ダラーによる国際金融や投資の面でも、国際政治経済の舞台で重要な役割を演じるようになった。確かに、産油国は六〇年にOPECの設立時の目的にあったように、自国の資源に対する主権的な権利を擁護しつつ経済的な利益も得られるようになったが、主要な産油国内の社会・政治的な不安定は世界のエネルギー供給にとって重大なリスク要因となった。

サウジアラビアとともに世界の二大産油国の一つであるイランで起こったイスラム革命が、まさにその危険性を世界に示した9。一九七〇年代半ば、石油価格の急騰によって国庫が膨らみ、イランは石油収入を消化できない状況になってきた。オイル・ダラーは法外で無計画な近代化計画に投資されるか、その配分をめぐる争いあるいは浪費や腐敗の温床となり、経済的混乱や社会的あるいは政治的緊張を生み出す原因になっていた。「石油国家」の典型とされるOPEC加盟国の一つであるベネズエラで起こったことと同様のことがイランでも起こっていた（Karl, 1997）。地方から都市部への人口流入の急増と都市部での上下水道・電気・ガスなどの基本的サービス不足や鉄道や道路のインフラの未整備、農業生産の減少と食糧輸入の急増、物価の高騰などすべてが国民の怒りや不満を助長することであった。イラン国民はパーレビ国王による統治とその性急な近代化路線に不満と反感を抱くようになった。

こうした国民の不満と反感の声を代弁したのがフランスに亡命中のルーホッラー・ホメイニ師であった。モハンマド・レザー・シャー（パーレビ）の近代化政策の「白色革命」に反対して六三年に投獄され、翌年にイランから追放され、トルコそして六五年にイラクに移った。そしてシーア派の聖地ナジャフで「ヴェラーヤテ・ファキーフ」（イスラム法学者による統治）論を説いて（桜井、二〇〇六、一〇二〜八）、反法制運動を呼びかけたが、七八年にイラクから追放されてパリ郊外に移って同運動を続け[10]、イランの反体制派の教祖的存在となる。武器などのハードな手段ではなく、フェースブックやツィッターなどのソーシャルネットワークによるソフトな手段が、二〇一一年チュニジアから始まった「アラブの春」の嵐を巻き起こした状況に似て、ホメイニ師の扇動的な演説の録音テープがイスラム革命前夜のイラン国内を駆け巡っていた。イラン国内ではホメイニ支持者らが大規模なデモや油田でのストライキを連日展開して社会的混乱が日増しに増大していった。イランの秘密警察サバクによる民衆の抑圧は残虐で、イランは国際的な人権侵害の批判を浴びていたので、シャーはデモやストライキを力ずくで抑えようとはせず、自由な政治活動を容認するような態度を採った（Yergin, 1991, p. 676）。しかし、事態は悪化の一途をたどり、政権には統治能力がないことが明白になっていった。一九七八年一二月末、シャーは、政府執行部内で連立政権を樹立した後に、病気療養を理由としてイランから離れることが決まった。最終的に翌年の二月一日にホメイニ師がテヘランに戻って来たのとほぼ入れ違いに、二月一六日にシャーはテヘラン空港から飛び立った。これがパーレビ王朝の終焉であった。

イランの石油産業は、シャーがイランから逃げ出す以前、すでに非常事態に直面していた。イランの油田地帯にあるマスジット・イ・スレイマン油田は、イラン石油供給会社のオスコ（Ｏｓｃｏ）が経営していた。オスコの本部は、アバダンから北に八〇マイルのアフワーズに設置されていたが、ここに一九七八年一〇月に油田でストライキを行ったイラン人が本部ビルに入り込んだ。一一月までにその人数は二〇〇名ほどになり、ビルの廊下を占拠した。このようなストライキはイランの石油生産を激減させた。世界第二位の石油輸出国であるイランは、日産五五〇万バレルのうち八〇％以上に当たる四五〇万バレルを輸出していたが、一一月初旬までに輸出量は一日一〇〇万バレル以下に減少した。シャーは最後の手段である軍の導入を決意し、オスコ本部にも進駐したが強制的にデモ参加労働者を排除しなかった。そして、ついに一二月二五日のクリスマスの日までに、イランの石油輸出は完全に途絶え、翌年の一九七九年秋まで途絶えた（Yergin, 1991, p. 689）。サウジアラビアは、自ら決めていた日産八五〇万バレルの上限を超えて、七八年の暮れまでに日産一〇五〇万バレル、七九年の第一四半期には日産一〇一〇万バレルを生産した。そして、他のOPEC加盟国も増産したが、イランからの石油の輸出が絶える以前より二〇〇万バレル供給不足になった。ただ、当時の石油需要が一日五〇〇〇万バレルだったので、この二〇〇万バレルの不足は一日の需要分のわずか四％であった。しかし、石油価格は一バレル一三ドルから三四ドルまで急騰した。ヤーギンによれば、価格高騰の要因は、石油会社や消費国が備蓄用に石油のパニック買いに走った結果、三〇〇万バレルが追加的に市場から消えたためだとしている（Yergin, 1991, pp. 684-7）。いずれにせよ、第二次石油危機が前回の危機からの回復を図ろうとしていた世界経済に再び冷水を浴びせた。

奇しくも負の連鎖のごとく、石油依存からの脱却の手段の一つとしていた原子力エネルギー利用という選択肢に対しても警鐘が鳴らされた。一九七九年三月二八日、米国ペンシルベニア州ハリスバーク近郊のスリーマイル・アイランド原発で深刻な事故が発生した。今回の石油危機はさらに一層困難な課題を工業社会に突きつける一方、米国の人々は前回の危機の時と同様、ガソリンスタンドに長蛇の列を作って順番を待った。日本でも激震が走った。なぜならば、第一次石油危機以降、イランの石油の依存度を高め、七八年までに国内需要の二〇％をイランから輸入していたためだ。ただ、第一次石油危機からの学習効果もあり、深夜のテレビ放送の自粛やガソリンスタンドの日曜祝日休業などの省エネ対策が浸透していた。また、当時の大平首相らは夏には半袖のジャケットを羽織っていたが、現在の温暖化対策のクールビズに比べ、お世辞にもファッション性があるとは言えなかった。

一方、イランをめぐる状況はさらに悪化した。一九七九年一一月四日、イランの「学生」がテヘランの米国大使館に押し入り、同国大使館員を人質に取る事件が起こった。最終的に人質として囚われた大使館員は五〇名であったが、ホメイニ師主導の反米キャンペーンが終了するまでのおよそ一五カ月間、この人質事件は続いた。途中、八〇年四月、当時のカーター大統領はヘリコプターによる人質救出作戦を敢行したが、作戦中のヘリコプターの事故などで作戦の中止を余儀なくされた。ところが、革命後のイラン自体も、各勢力間の抗争や少数民族の反乱によって、極度の混乱状態に陥っており、この米国大使館人質事件を契機に国際的にも孤立状態に陥った。このような状況のなか、八〇年九月二二日にイラク軍がイランに大々的に進攻しイラン・イラク戦争が始まった。この戦争は、八八年九月まで続くのだが、イラクのサダム・フセイン大統領は、シーア派によるイスラム革命のイラクへの波及を防ぐとともに、この機に長年の係争であった領土（特に、シャットルアラブ川全域の支配権）を奪い返し、湾岸地域における自己の主導的地位の確立を目指した。

さらに、話は少し前後するが、一九七九年一二月にソ連がイランの隣国のアフガニスタンに進攻していた。前回の第一次石油危機を助長した第四次中東戦争でエジプトとシリアを支援したソ連が、今度は湾岸への進出のために中東での自由民主主義諸国の権益を奪取しようとしているのではないか、と恐れられた。一九八〇年一月二三日の一般教書演説で、カーター大統領は、後日カーター・ドクトリンとして知られる中東政策の方針を発表した。同大統領は、ソ連のアフガニスタン侵攻によってソ連軍がインド洋から三〇〇マイルの地点に、そしてホルムズ海峡の近くに戦略的な拠点を得て、中東の石油の自由な輸送に対する脅威となったとして、「われわれは自らの立場を明確にする。ペルシャ湾地域を支配しようとするいかなる外的勢力による企ても、アメリカ合衆国の極めて重要な権益に対する挑戦とみなし、そのような挑戦を、軍事力を含む必要なあらゆる手段を用いて退ける」（Carter, 1980）、と宣言した。これは歴代の米国大統領が採ってきた中東政策を明確に表現したものであったが、緊急事態の発生を想定した軍事力の展開によって、中東の石油や天然ガスの安全輸送を確保しよう、という米国のこの地域での関与が一層明確になった。

要するに、一九七〇年代始め頃に米国での石油生産がピークを迎えて中東の石油への依存度が高まるとともに、第一次・第二次石油危機そしてソ連のアフガニスタン侵攻などに遭遇し、石油の安全で安定した供給を確保するために、米国は、政治的ならびに軍事的にも中東への関与を深めていった。米国は、石油タンカーがホルムズ海峡を安全に航行できるために、米国艦隊を派遣する費用も含め、膨大な軍事費を費やしてきた。米国の国防省はこうした年間の費用を公表していないが、同国の会計監査院の推計によれば、戦争の費用を除外した中東の石油の安定供給維持のための九〇年の防衛関連支出は約三三〇億ドルで、インフレーション率を加味すると五二〇億ドル（二〇〇七年時点のドルの価値に相当）になる（USGAO, 1991; Gorelick, 2010, pp. 12-3）[11]。さらに、ゴアリックの指摘によれば、米国は二〇〇八年まで毎年平均約七億七五〇〇万バレルの石油を中東から輸入していたので、その安全供給のための常備軍の派遣費のみを加算して毎年約五〇〇億ドルとして計算すると、少なくとも二〇〇八年までの中東からの輸入石油価格は一バレル当たり六五ドルになり、BPが公表する一八六一年以来の平均石油価格である二八ドルの倍以上の価格になる（Gorelick, 2010, pp. 12-3）。このことは米国民の税金によって本来の価格より安く石油を同国民に提供してきたことを意味するだけではなく、日本を含む西側諸国に対しても安価な石油の安定供給を確保して、米国の西側同盟国の経済的発展を助けて、民主主義の市場経済陣営の結束を高めるためにも一役買っていたのであった。しかし、日本がただ乗りしていたのではなく、例えば、日本国民の税金から湾岸戦争のための拠出金として、当時九〇億ドル（一兆一七〇〇億円相当）を拠出した。当然のことだが、中東の石油の安定供給を確保するための米国主導の武力紛争などを考慮に入れると（Klare, 2004; 2001）、石油価格はさらに高いものとなろう[12]。

将来の安定したエネルギー供給を考える場合、中東の石油の価格のみを考慮すればよい、という話でもない。社会・政治的リスクも十分に考える必要がある。中東地域には紛争の種が多く蒔かれていて、この地域の石油や天然ガスへの過度の依存は非常に危険である。例えば、イスラエルとパレスチナの対立、シオニズムと汎アラブ主義の対立、ユダヤ教・イスラム教・キリスト教間の対立、スンニ派対シーア派などのイスラム教内の宗派対立、世俗主義と聖職者主義間の揺れ動き、近代化・西欧主義とイスラム復古主義の対立、王制や強権政権対民主化運動、急進主義者と穏健主義の抗争、イスラム原理主義者、テロリスト、そしてイラン・イラク戦争、湾岸戦争、シリアの内戦など、社会的にも政治的にも多くの対立の火種を抱え、実際に多くの軍事紛争が起こっている。つまるところ、特に炭化水素資源に恵まれた中東地域は、多くの歴史的・社会的・政治的要因が複雑に絡み合った問題が未解決のまま、資源の豊かさゆえの社会や政治経済制度の未発達［"paradox of plenty"(Karl, 1997)］によって非常に不安定な地域である。こうしたことを十二分に理解した上で、将来のエネルギー政策を熟考する必要がある。

## 第二節　エネルギー安全保障

化石燃料のうち特に石油は、政情の不安定な特定地域の国々に偏在し、それを大量に消費する国々には必ずしも存在せず、往々にして後者が前者から輸入することになる。石油という戦略的エネルギー資源が主要貿易産品となり、石油代替エネルギー開発が遅れていて海外の資源に依存する国を脆弱にし、典型的な「脆弱な相互依存関係」に基づく非対象な力関係が生じ（Keohane and Nye, 1989）、エネルギー問題が安全保障の問題として最重要課題に格上げ（*securitize*）

される（Buzan, et al., 1998）。さらに、一九八〇年代後半以来、化石燃料の消費に伴うＣＯ２の排出による人為的な地球温暖化に起因する気候変動問題がエネルギー安全保障の議論に入る込むようになった。もはやエネルギー安全保障の政策目標として、単に手頃な値段のエネルギーの安定供給を確保することだけを念頭に置けばよい、ということではなくなった。

まず、バーガットのエネルギー安全保障概念に関する以下の整理を参考にして、その意味内容を簡単に確認しておこう（Bahgat, 2011, pp. 2-3）。第一に、抽象的な概念規定によれば、エネルギー安全保障が得られているのは、「一国としてすべてであるいは大半の市民とビジネスが、深刻なリスクや重大なサービスの途絶が近い将来に起こる心配がなく、手頃な値段で十分なエネルギーが入手可能」な状態である（Barton et al., 2004, p. 4）。これに対して、エネルギー政策の実践的な観点に立脚したヤーギンによれば、エネルギー安全保障政策のための基本原則は、多様性、弾性——「安全保障上のゆとり」——、良質で時宜を得た情報、消費者同士ならびに消費者と生産者間の共同、国際エネルギー機関（ＩＥＡ）体制を拡大して中国とインドを含めること、インフラとサプライチェーンを含めること、強健な市場と柔軟性、エネルギーと気候変動問題の両方のための効率性向上の重要性、投資の流れ、そして研究開発、技術的進歩ならびに新しい技術である（Yergin, 2007, pp. 3-4）。

また、ＩＥＡのエネルギー安全保障対策と気候政策の統合を勧告するレポートによれば、エネルギー不安（insecurity）は、物理的にエネルギーの入手が困難であること、あるいは競争力のない価格か過度の価格変動が人々の快適な暮らし向きに与える影響に起因し、さらに、特定の資源に依存しすぎるとそれだけエネルギー安全保障は確保し難くなる（IEA, 2007, p. 12）。このレポート自体の目的は、エネルギー安全保障対策と気候変動緩和策の統合に関して具体的な政策提言を行うものではなく、両者に関して体系的かつ数量的な評価を可能とするエネルギー安全保障指標を提示することである。とはいうものの、化石燃料への依存率の低減とエネルギー資源の多様化は、気候緩和策にも有効であることがこのレポートから読み取れる。

さらに、他の多くのエネルギー政策の専門家は、エネルギー問題を短期と長期のリスクに分けて考える（Egenhofer et al., 2004; Chevalier, 2009）。短期のリスクは、事故、テロリストの攻撃、極端な天候条件あるいは送配電網の技術的機能不全による供給不足に関連している。長期のリスクは、長期の適切なエネルギーの供給、市場への供給のためのインフラ整備、政治的、経済的、その他の不可抗力的な重大なリスク（ハリケーンや地震・津波などの自然災害など）に対する戦略的な安全保障の枠組みに関連している。

上記のエネルギー安全保障の様々な定義の共通点は、この概念が多次元の概念で、生産国と消費国ならびに国内外の企業の協力を組み入れているところにある（Bahgat, 2011, p. 3）。また、現代のエネルギー安全保障は、生産国と消費国間の国際関係にとどまらず、民営・準国営などのエネルギー産業、エネルギーを必要とするあらゆる産業、エネルギーを消費する産業や一般消費者からなるグローバルな相互依存関係の文脈で理解される必要がある。どの国にとっても「エネルギーの自給」を追求することは不可能かつ非効率な選択になっていて、政策目標はむしろ「エネルギー安全保障」である。ただ、後述するように、化石燃料に依存し続けることは、この資源の有限性と気候変動問題の深刻化に伴って、人類社会にとって望ましい選択ではなくなってきた。現在、エネルギー源の多様化も含め、持続可能なエネルギーへの転換が求められているが、エネルギーの安定供給や気候変動の緩和のためには、国際的な協力が不可欠である。そこで、まず、ＩＥＡの設立経緯を簡単に振り返りながら、エネルギーの安全保障のための国際的な協力体制の形成過程を概観しておこう。

一九七三〜四年第一次石油危機の最中、米国務省長官のヘンリー・キッシンジャーは、七三年一二月一二日、ロンドンにおける巡礼者協会（Pilgrims Society）での講演で、当時のエネルギー危機が「一九五七年のソ連の人工衛星スプートニク打ち上げ成功と同等の挑戦である」として国際的な協力のために新しいエネルギー機関の設立を提案した（Scott, 1994, pp. 43-6）。しかし、キッシンジャーは石油危機の原因がただ単にアラブ＝イスラエル戦争の産物ではなく、「世界的な需要の爆発的な増大が供給のインセンティブより上回っているという必然的な結果」であるとし、エネルギー危機のための長期的な解決は、「生産者に生産のためのインセンティブを提供し、消費者が既存の供給をもっと合理的に使用し、そして代替エネルギー資源を開発する大規模な努力にある」（Scott, 1994, p. 44）と石油危機の根底にある原因を見抜いていた。キッシンジャーは国際的なエネルギー機関設立の準備のために、ヨーロッパや北米諸国と日本によって「エネルギー行動グループ」（"Energy Action Group"）を形成することを提案した。

米国は迅速に動いて、一九七四年二月一一日〜一三日に、欧米諸国と日本を含む一三カ国の主要エネルギー消費国の閣僚級代表や欧州経済共同体（EEC）とOECDの代表が出席したワシントン・エネルギー会議を開催した13。同会議によってエネルギー調整グループ（Energy Coordinating Group: ECG）が設置され、新たにオーストリア、スペイン、スウェーデン、スイスそしてトルコが参加して、七四年三月から一一月にかけてベルギーで会合を重ねた。その結果、国際エネルギー機関（IEA）を設置するというOECD理事会の決定草案と国際エネルギー計画協定（Agreement on an International Energy Program: IEP）が提案され、前者は七四年一一月一五日に、後者はその三日後に、フランス、フィンランド、ギリシャの棄権はあったものの、OECD理事会において全会一致で採択された（Scott, 1994, pp. 46-59）。IEAを通しての情報交換や政策協調によって、また、IEPによる加盟国に対する緊急事態に備えた戦略的石油備蓄の義務付けと、流通途絶などが生じた場合、加盟国間でエネルギーを供給し合って世界経済の機能を維持して深刻な経済不況を回避しよう、というゆるやかな国際的なエネルギー政策協調体制が形成された。

エネルギー政策全般に関するＩＥＡの現在の活動目標は四つのＥに集約できる。すなわち、エネルギー安全保障（Energy security）――あらゆるエネルギー部門内の多様性、効率性そして柔軟性を促進すること――、経済発展（Economic development）――ＩＥＡ加盟国に安定したエネルギー供給を保障して、経済成長を助長しエネルギー貧困をなくすために自由市場を促進すること――、環境意識（Enviromental awareness）――気候変動問題に取り組むための選択肢の国際的な知識を強化すること――、そして世界的な関与（Engagement worldwide）――共有されるエネルギーと環境問題の解決策を見出すために、特に、大生産国（ロシアなど）と大消費国（中国やインドなど）である非加盟国に密接に働きかける14、ということである。より具体的にその活動内容や取り組むべき課題を見てみると、石油・ガス供給途絶等の緊急時への準備および対応、主要エネルギーの市場分析、中長期のエネルギー需給見通し、エネルギー源の多様化、電力セキュリティの確保、エネルギー技術・開発協力の促進、省エネルギーの研究・普及、加盟国のエネルギー政策の相互審査、そして非加盟国との協力などが挙げられる。

ＩＥＡの緊急対応措置として加盟国に義務づけている石油備蓄量は、二〇一三年時点で約一三億バレルである（Stelter and Nishida, 2013, p. 18）。今日までにこの戦略的備蓄が緊急に放出されたことが三回あった（Yergin, 2011, p. 273）。一九九〇年八月のイラク軍のクウェート侵略で始まった湾岸危機が翌年一月に戦争へとエスカレートする前に、ＩＥＡは加盟国の戦略的石油備蓄の放出を調整した。次は、戦争ではなく自然災害が原因で、二〇〇五年八月下旬のハリケーン・カトリーナと同年九月下旬のハリケーン・リタがメキシコ湾を直撃した時であった。この二つの巨大なハリケーンは、現代の複雑なエネルギーのサプライチェーンのすべてが互いに結びついていること、そしてそれがすべて崩壊したことを如実に示した。メキシコ湾の石油と天然ガス生産設備と海底のパイプライン、そして陸上のエネルギー基地、製油所、天然ガス加工施設、長距離パイプラインそして電力が互いに一つのシステムとして統合されている。しかし、電源を失うとすべてが機能しなくなることが明白になった（Yergin, 2011, pp. 265-6）。因みに、福島第一原発事故での地震と津波による全電源喪失も安全システムの機能不全による未曾有の三つの原子炉の炉心溶融と放射能漏れという最悪の事故をもたらした。ＩＥＡ加盟国による戦略的石油備蓄の三回目の放出は、リビアの内戦勃発による長期の供給の減少と価格の高騰が世界経済に与える悪影響を回避するためであった。三回目に関しては、エネルギー専門家の間でも予想外の予防的な対応であったようで、公式には原油価格高騰を抑制する目的から戦略的石油備蓄の放出を行ったものではないものの、米国でのガソリンの値上がりによる消費の冷え込み懸念、ＥＵの財政危機のギリシャからイタリアやスペインへの拡大懸念、原油値上がりの新興国経済への影響などが世界経済に与える悪影響を未然に防ぐ（前田、二〇一一、四頁）、という目的の可能性も指摘されている。

ＩＥＡは、一九七〇年代の設立当初における産油国との対立状況とは異なり、九〇年代の初め頃からＩＥＡ非加盟国や産油国との対話を促進するようになった。一九七三年一〇月の第四次中東戦争は、中東の産油国と消費国である先進工業国との対立関係を決定づけたのとは対照的に、九一年の湾岸戦争は、ＩＥＡやＯＰＥＣの垣根を超えた生産国と消費国間の協力関係の萌芽を生み出した。事実、湾岸戦争によってイラクとクウェートの生産が減少すると、その減少分をサウジアラビアが補った。また、サウジの油田をイラク軍の攻撃から守るために、サウジアラビア主導で数カ国が多国籍軍に参加した。この戦争を契機に、生産国と消費国の間で、エネルギー安全保障と国際石油市場の安定が両者共通の利益であるという認識が芽生えてきた。実は、生産国と消費国が対話を通して原油価格などの安定化を図ろうという試みは、フランスのイニシアティブによって七五年にすでに試みられたが、なかなか成果が上がらず、八〇年代にはこうした試みが中断していた。しかし、湾岸戦争直後、フランスとベネズエラの共同提案で、ＩＥＡとＯＰＥＣの枠組みを外して、また、原油の生産量や価格を議題にしないということで、九一年七月にパリで第一回の国際エネルギー・フォーラム（International Energy Forum: ＩＥＦ）が開催された[15]。一九九四年にウィーンで、ＩＥＡ事務局長がＯＰＥＣ事務局長と秘密裏に会談して、エネルギー安全保障、投資制度、原油価格の変動問題などについて意見交換した（Yergin, 2011, p. 274）。二〇〇〇年一一月、サウジアラビアのリヤドで開催された第七回ＩＥＦで、サウジが様々なレベルでの石油やガスの生産国と消費国の対話を継続するために常設の事務局をリヤドに設置することを提案したのを受けて、〇二年九月に大阪で開催された第八回ＩＥＦで事務局設置が決定し、事務所は〇五年一一月にリヤドに設置された（外務省、二〇一三）。以上のように、世界の石油とガスの生産と消費の九〇％を占める国々が参加する国際エネルギー・フォーラムを通して、生産国と消費国の対話は制度化されてきた。

ただ、両者の対話が石油の健全な需給関係と価格の安定に寄与するかどうかは、常に試される。例えば、二〇〇八年の原油価格の高騰の時には、市場の安定化に寄与した。しかし、一一年の石油市場の混乱の際には、サウジアラビア対イランとベネズエラとの対立が表面化して、制度化された対話の秩序形成効果は疑わしいものであった（Yergin, 2011, p. 275）。ヤーギンのエネルギー安全保障の基本原則によれば、まず、エネルギー供給源の多様化は必須である。なぜならば、供給源やエネルギー源の多様化は、供給の途絶の影響を緩和し消費国と生産国両者にとって有益な安定した市場を維持することを可能にするからである。弾力性原則に関しては、生産国での十分な予備生産能力の維持やサプライチェーンの各分野での十分な備蓄は、危機的な状況になっても柔軟に対応できる弾力性を確保できる。良質な情報とデータは、一九七〇年代の石油危機の際に起こった、風説や根拠のない資源供給途絶の恐怖から生じた消費者のパニック買い付け行動（例：日本の消費者のトイレットペーパーの買い占め行動）を抑えることができる。強健で大規模な国際エネルギー市場は、一時的な需給のアンバランスを素早く是正すると同時に、経済的衝撃を吸収してシステム全体の安定性を即時に回復することによってエネルギー安全保障に寄与するだろう（Yergin, 2011, pp. 275-7;

2007, pp. 3-4)。しかし、まだ、重要な大消費国がこの対話の枠組みに正式に参加していない。中国とインドである。IEAへの加盟の条件は、経済協力開発機構（OECD）加盟国であり、石油の備蓄基準（前年の一日当たり石油純輸入量の九〇日分）を満たし、供給途絶あるいは切迫した状況に対して調整された緊急対応措置（Co-ordinated Emergency Response Measures: CERM）で迅速かつ柔軟に対応することである。また、そうした対応を保証する法律と実施体制が整い、そうした制度の下にすべての石油会社が情報を提供することなどである[16]。IEAは中国やインドなどの非加盟の消費国との政策対話を行ってきているが、両国がOECD加盟国になる見通しはまだ立っていないので、正式なIEA加盟国になって現在の二八加盟国とともに国際的なエネルギー政策協調をはかることになっていない[17]。しかし、二〇〇九年以来世界の最大のエネルギー輸入国になっている中国とそれを追走するインドは、少なくとも非加盟国として世界のエネルギー需給の安定化に寄与する必要のあることは言を俟たない。

すでに指摘したように、安全で安定したエネルギー供給を確保するためには、その生産から最終消費までのサプライチェーンの全過程において安全保障体制の整備が必要となる。すなわち、陸上の油田や油井、海底油田開発基地、石油・天然ガス貯蔵施設、製油所や天然ガス加工施設、港の諸施設、発電施設、高圧送電線、変電所、配電線など、広範囲かつ多種多様な施設やサービスに対する警備や防護対策が要求される。さらに、石油や液化天然ガス（LNG）の輸送に特有なこととして、ホルムズ海峡、マラッカ海峡、ボスポラス海峡などの海上航路における深刻な隘路（chokepoints：チョークポイント）の航行の問題がある（Yergin, 2011, pp. 280-3）。世界で売買されている石油のおよそ二〇%がペルシャ湾とインド洋を隔てるホルムズ海峡を通過する。二〇〇九年〜一〇年では一日平均約一五九〇万バレルの石油が、一一年には一日約一七〇〇万バレルの石油がここを航行した（U.S.EIA, 2012）。もう一つの重要なチョークポイントは、マレーシアとインドネシアのスマトラ島の間の狭いマラッカ海峡である。最も狭いところで六五㎞ほどしかなく、海賊やテロリストなどが暗躍するこの海峡を、一日約一四〇〇万バレルの原油と世界的に売買されるＬＮＧの三分の二を運搬するタンカーが航行する。日本と韓国が消費する石油の八〇％、中国の消費量の約四〇％がこのチョークポイントを航行して運ばれる（Yergin, 2011, p. 282）。言い換えれば、年間六万隻の運搬船がマラッカ海峡を航行する。もしこの海峡が封鎖されたのなら、世界の船隊の半分近くがインドネシアのバリ島とロンボック島の間のロンボック海峡、もしくはスマトラ島とジャワ島の間のスンダ海峡を迂回しなければならなくなる（USEIA, 2012）[18]。さらに黒海とマルマラ海を結ぶボスポラス海峡とマルマラ海と地中海を結ぶダーダネルス海峡（全長約六四㎞）からなるトルコ海峡も重要なチョークポイントである。ボスポラス海峡は全長三〇㎞で広いところでも三・七㎞しかなく、最も狭い箇所は七〇〇ｍである。二〇一〇年のデータでは、推計一日二九〇万バレルの炭化水素資源（そのほとんどが原油）がトルコ海峡を航行した。一年間に五五〇〇隻のタンカーを含む五万隻の船がこの海峡を通過していて、世界で最も交通量の多いチョークポイントの一つである（USEIA, 2012）。米国のエネルギー情報局（United States Energy Information Administration: ＵＳＥＩＡ）によれば、この他にも、スエズ運河、アラビア半島南西部のイエメンと東アフリカのエリトリア、ジブチ国境付近のバブ・エル・マンデブ海峡、パナマ運河、そしてロシアの原油の輸出によって重要性が増しているデンマーク海峡などが重要な石油・天然ガスのチョークポイントになっている。ただ、スエズ運河とパナマ運河の地域には、それぞれスメド・パイプライン（輸送容量一日約二三五万バレル）とトランス・パナマ・パイプライン（輸送容量一日約六〇万バレル）が建設されていて、狭い運河を航行できないタンカーなどの補完をしている。いずれせよ、どのチョークポイントも海賊やテロリストの妨害によって、安全かつ安定的供給が常に脅かされている。国際的な協力の枠組みの強化が増々必要になってきている。

　ここで少し視点を変えて、中東の石油の依存から脱却してエネルギー安全保障を強化するための原子力エネルギー利用について、日本の例を引き合いに出しながら簡単に考察しておこう（第五章で詳述）。

日本のエネルギー政策において原子力の占める地位が著しく高まったのは、一九七〇年代に二度にわたって起こった石油危機であった。エネルギーの安定供給を確保するため、つまり、エネルギーの安全保障の観点から、石油の依存度を減らすとともに石油代替エネルギー供給拡大が総合エネルギー政策の重要課題となった。エネルギー問題が安全保障問題に関連づけられることによって、総合エネルギー政策は、単に通産省の政策課題ではなく、国家の重要課題に位置づけられるようになった。特に、七九年の第二次石油危機を契機に、総合エネルギー政策は、日本政府の最高意思決定機関である閣議で決定されるという、国家政策の最重要課題の一つとして権威づけられるようになった。また、エネルギーの安定供給（つまり安全保障）を確保するための石油代替エネルギーの開発と導入の促進が重要課題となり、原子力発電が重視される意思決定過程が制度化されていくことになる。

日本政府は、エネルギーの自立のための原子力エネルギーという「準」国産エネルギー源の獲得のため、長きにわたり核燃料サイクルの確立を目指してきた[19]。その要をなすのが、ウラン燃料を使用した軽水炉の使用済み核燃料からプルトニウムを取り出すことのできる再処理工場である。そして、日本は、そのプルトニウムを燃料とする高速増殖炉で使用した以上のプルトニウムを抽出して、循環する閉じた核燃料サイクルを確立することを「国策」としてきたが、ことごとく失敗している。例えば、一九六八年に決定された高速増殖炉開発計画の完成目標年度は七六年であったが、それから三九年経った現在に至っても完成の目処が全く立っていない。動力炉・核燃料開発事業団（動燃）が、六七年に高速増殖炉開発を始めてから九六年までの三〇年間の開発関連費用だけでも一兆二〇四四億円にのぼった（吉岡、二〇一一、二〇三頁）[20]。また、八一年から操業を開始した動燃の使用済み核燃料の東海村再処理工場の年間の設計処理能力は二一〇トンで、一〇〇万kWhの原子炉七基分の処理能力しかない。しかし実際には、事故の続発で原子炉三基分の年間九〇トンの処理能力しか発揮できていない（同上、一九三〜四頁）。青森県六ヶ所村に建設中の再処理工場はまだ操業していないが、政府の二〇〇四年時点の試算では当時の操業開始予定の〇六年から四六年末まで四〇年間運転するとして、総事業費の見積もり額は、一八兆八九〇〇億円であった。しかし、高速増殖炉が存在しなければ再処理工場から抽出されたプルトニウムは不必要になる。政府はプルサーマル発電を促進してウランとプルトニウムをまぜたMOX（混合酸化物）燃料として軽水炉原発でプルトニウムを燃やそうとしているが、全体の一割ほどしか利用できない。こうした現状を無視して、現在既に日本に蓄積された四〇トンを超えるプルトニウムの在庫［長崎型（六㎏）プルトニウム原発の約六六七〇発分］に再処理によって得られるプルトニウムをさらに追加するということは、世界の核不拡散レジームにとって大きな懸念材料となることであろう。核燃料サイクルの確立を断念して、使用済み核燃料を直接処分した方が、経済的にも安全保障上も望ましい選択と言えそうである。

日本における原子力エネルギー利用をめぐる諸状況は困難を極めている。一九九〇年後半以降原発の建設が頭打ちとなっていたことに加えて、九五年一二月八日の高速増殖炉もんじゅの冷却剤のナトリウム漏洩による火災事故などの度重なる原発事故や、九九年九月三〇日の茨城県東海村のＪＣＯウラン加工工場臨界事故[21]などの深刻な事故などにより、核燃料サイクルの確立が非現実的になってきた。また、七四年の導入以来強化されてきた電源三法（電源開発促進税法、電源開発促進対策特別会計法、電源用施設周辺地域整備法）に基づき、原発立地の促進を図ってきたが、現在、新たな原発の建設が極めて困難になり、原子力政策自体が行き詰まっている。

それでも二一世紀初期の「原子力ルネサンス」と言われた時期に、世界的に原発への回帰が期待されたが、その期待は長続きしなかった。この原子力への回帰の動きは、石油と天然ガスの価格の高騰と供給の不安定さ、ウクライナ問題でロシアが資源外交の手段としてドイツをはじめとしてヨーロッパ諸国への天然ガスの供給を一時止めたこと、気候変動対策、そして一九八六年のチェルノブイリ原発事故以来過酷事故が発生していなかったことで、原発の安全性が向上しているという印象が世界的に広がっていたことが要因として考えられる。しかしそれでも、原発の建設コストの高騰と長引く建設期間、原発事故の可能性や核燃料輸送の安全確保や原発そのものに対するテロ攻撃の懸念、未解決の放射能廃棄物の処理方法や最終処分場の確定の難しさ、そして核拡散問題など（Bahgat, 2011, pp. 8-10）、原子力エネルギー利用に関しては問題が山積であり、エネルギー安全保障を強化するどころか、安全保障上の問題をかえって増やすのではないか、という懸念も高まってきた。そんななか、技術立国を目指し、世界でも最新鋭の技術を集積していてしかも安全管理も万全であるとして、原発事故など起こり得ないとしていた日本で、全電源喪失による三つの原子炉の炉心溶融という未曾有の原発事故が起きたのである。しかし、日本でこれまでに人類が経験したことのない最悪の原発事故が起こる以前から、世界において原子力がその潜在能力を発揮することはない、と見られていた。原子力エネルギー利用に肯定的な国際機関のＩＥＡの予測でさえも、世界の一次エネルギーミックス中に占める原子力の割合は、二〇〇八年の六％から三〇年には五％へと減少し、発電のためのエネルギー源としての割合も同じ時期、一六％から一〇％に減少すると見られている（IEA, 2008b, p. 39）。一九五〇年代と六〇年代頃まで、「平和のための原子力」（“Atom for Peace”）として輝かしい未来の夢のエネルギーとして宣伝された原子力ではあったが、このエネルギー源は安全で持続可能なエネルギーである、という意義付けに対する疑念が世界的に広まっている。

最後に、原子力エネルギーの平和的利用法である巨大発電施設に関する問題点に触れておこう。エネルギー安全保障における新たな脅威は、大型発電所を結ぶ広域の送配電網システムに内在している。現在の電化社会では、通信、金融、上下水道、石油やガスの供給システム、陸上交通や航空管制など、私たちの日常生活において安定した電力供給は不可欠なものになっている。二〇〇三年八月に運転管理の悪かった原子力発電所の停止によってオハイオ州の送電線が過負荷になり、それに起因する故障が連鎖的に広がって広域停電が発生したことがあった。その影響はトロントからニューヨーク市にまで及び、五〇〇〇万人が電力の供給を失い、一三の空港の閉鎖や五〇～一四〇億ドルの経済的損失をもたらした（Lovins and RMI, 2011, p. 178）。この事故の教訓は、送電網の系統障害の影響が電力需要の集中している地域に及ばないようにしなければならないということだが、基本的に広域にわたる送電システムは非常に脆弱だということである。

二〇〇九年、米国の安全保障当局と電力供給会社がエネルギー省や国防省と連携して、電力供給系へのテロ攻撃などをシミュレーションしたところによれば、超高圧変圧器、変電所、さらには電力供給制御・通信システムが攻撃に対して非常に脆弱であることが判明している。特に、後者の安全対策が不十分なら、サイバー攻撃によって電力供給が大混乱に陥る恐れが非常に高いことも知られている。一〇〇万kW級の火力発電所や原子力発電所の故障や大規模送電線の事故による電力の喪失の社会や経済に与える影響は、優先度の高い安全保障問題となりつつある。停電の九八～九九％は送配電系統の事故であり、さらにその九〇％以上が天候、機器の故障、ネズミなど小動物に起因しているので（Lovins and RMI, 2011, p. 180）、こうした被害を想定した対策が必要である。しかし、最も根本的な安全対策は、大規模発電と長距離送電への依存度を減らして、可能な限り地域分散型の発電と送配電網を整備することである。要するに、大規模集中型の電力供給体制から小規模分散型の電力供給体制への移行が、電化社会に向かっている社会にとって、根本的なエネルギー安全保障対策の重要な柱の一つである。

以上が石油危機を契機に世界的な共通課題となったエネルギー安全保障問題に関する主な論点である。この他、二〇一〇年四月に起こった、米国ルイジアナ州沿岸から八〇kmのメキシコ湾沖で操業していた海底油田開発プラットフォームの爆発事故や相次ぐ大型石油タンカーの座礁に伴う原油の漏洩事故などの環境汚染に関わる安全問題などもあるが、紙幅の制約上ここでは触れない。それより、エネルギー安全保障に関して、増大するエネルギー需要をどのように満たしていくのか、という問題に対する議論が近年活発に行われてきているので、その議論を次節で整理しておきたい。その議論の核心的疑問は、いつ石油の供給が需要を下回るのか、ということである。

## 第三節　ピークオイル論争

石油の枯渇説（あるいはピークオイル説）は今に始まったことではない。エネルギー問題に造詣の深いD・ヤーギンによれば、石油の枯渇説はこれまでに五度起こった。ペンシルベニア州の地質研究所の研究者が一八八五年に、石油は一時的なうたかたの資源だと警告を発したのが、最初の石油の枯渇に関する言説であった。第二の石油の枯渇言説は、石油の戦略的重要性が認識されるようになった第一次世界大戦後に起こった。この世界大戦が始まった一九一四年から二〇年の間に、米国における登録自動車台数が五倍に増加し、同国の鉱山局長が、今後二年ないし五年で国内の石油生産はピークに達し、その後生産は落ち込むと宣言した。しかし、その後の技術開発、特に、地震探査技術の発達によって、米国やその他の国で大規模油田が発見されるようになり、石油の枯渇説は立ち消えとなった。第三回目の枯渇説の登場は、第二次世界大戦後に米国が石油輸入国に転落した頃であり、世界的な石油の需要の高まりで石油の枯渇の懸念が広まった。しかし、中東の大規模油田の発見によってすぐに石油供給過剰になるとともに、石油の枯渇説は消え去った。次の石油枯渇説は、七〇年代初頭、とりわけローマ・クラブの『成長の限界』

による資源の枯渇と環境破壊が人類文明を破局に導く、という警告に代表される。一九七三年に始まった石油危機の到来によって、石油の枯渇説が実証されたかのような気運が一時期世界中に広まったが、アラスカや北海での大規模油田開発や先進工業国の石油使用の効率化や省エネ政策、さらには石炭や原子力などへの転換によって、数年後に石油は供給過多になった。その後、八六年の原油価格の暴落、九〇年から始まった湾岸危機から翌年の湾岸戦争で原油価格は高騰、九七年のアジア通貨危機に際して価格は暴落というように石油価格は上下に変動したものの、新たなエネルギー危機をもたらすことはなかった。しかし、二一世紀に入って原油価格は再び上昇し始め、五度目の石油の枯渇説が登場した(Yergin, 2011, pp. 229-33)。ただ、米国などにおけるシェールオイルやシェールガスの増産によって、近年、原油価格は安値で推移している。

石油という希少な資源の枯渇問題は、植物や動物の死骸から何百万年もかけて形成されてきた化石燃料の一つである石油を人類が数百年の間に使い切ってしまうかどうか、という問題である。石油のような有限な資源にとって枯渇問題は回避できない問題であるが、石油資源の専門家の関心事項は次の四つの疑問に集約される。すなわち、存在する石油のうちどれぐらいが使用可能なのか、油田の新しい発見の傾向はどのようなものか、世界の石油消費の予想はどれくらいか、いつ石油の時代の終焉はやってくるのか (Gorelick, 2010, p. 3)、という疑問である。こうした疑問のなかで、特に、石油の時代の終わりについて、学術誌、業界のレポート、評論や一般的な図書、マスコミなどで色々と議論されてきた。ただ、資源問題の専門家は、いつ最後の一バレルの石油が生産されるのかではなく、石油生産のピークはいつやってくるのかと問う。この問いの含意は、石油生産のピークが石油時代の終焉の始まりであり、供給が需要に追いつかなくなった需給の転換点を示すということである。さらに、オイル生産がピークに差しかかったということは、石油を基盤とした社会の根本的な構造改革が急務になってきたことを示唆する、という議論にもつながる（Gorelick, 2010, pp. 3-4; Tertzakian, 2007, pp. 5-8）。

こうした石油の枯渇問題をめぐる専門家の議論のなかでしばしば言及されるピークオイル説は、一九五六年に、米国の地質学者のマリオン・キング・ハバートが、同国の石油生産が七〇年代にピークに達すると予測したことから始まる（Hubbert, 1956）。当初は信用されなかったが、実際に予測とほぼ近い結果となったことによって彼の予測の手法が有効であるとみなされた。やがて世界の資源状況の予測へと応用され、世界的なピークオイル論争へと発展した。そのハバートの予測は、米国の石油の究極可採資源量を現実的な一五〇〇億バレルと楽観的な二〇〇〇億バレルの一定量に固定し、原油生産率の時間ごとの変化を左右対称のベル型となるロジスティック曲線で描いて（**図2—1**）22、各々一九六五年頃と七〇年頃に生産のピークが到来すると予測したものであった（Hubbert, 1956, pp. 15-27; 本村・本田、二〇〇七、一八～九頁）23。その際、米国の当時の原油生産履歴によれば、原油の生産曲線は発見曲線をある程度の時間の遅れ（一〇～一一年）で後追いしていたので、それに基づいて将来の原油生産のピークを予想していた（Hubbert, 1959, p. 18; 本村・本田、二〇〇七、一八頁、Deffeys, 2001, p. 146）。

ハバートの問題意識は、有限な資源に依存しすぎている産業社会の脆弱性であった。ある意味、ローマ・クラブの『成長の限界』やエーリックらの人口爆発論グループに代表される「生き残り論者」（"survivalists"）らと同じ考えを抱いていたと言える（Dryzek, 2005）。ハバートも指数関数的な世界人口の増加の圧力の下、有限な地球資源の過度の搾取は不可避と考えていた（Gorelick, 2010, p. 5）。また、これまであまり触れられていないが、一九五六年のピークオイル論文で、石油の代替として原子力エネルギー利用を推奨していたことも付言しておく必要があろう。そのハバートは、七二年～六年の間に、一兆三五〇〇億バレルと二兆一〇〇〇億バレルの世界の究極可採資源量に基づいて、九五～六年、二〇〇〇年に世界の原油生産はピークに達すると予想していた（Gorelick, 2010, p. 8）。もし彼が米国地質研究所の

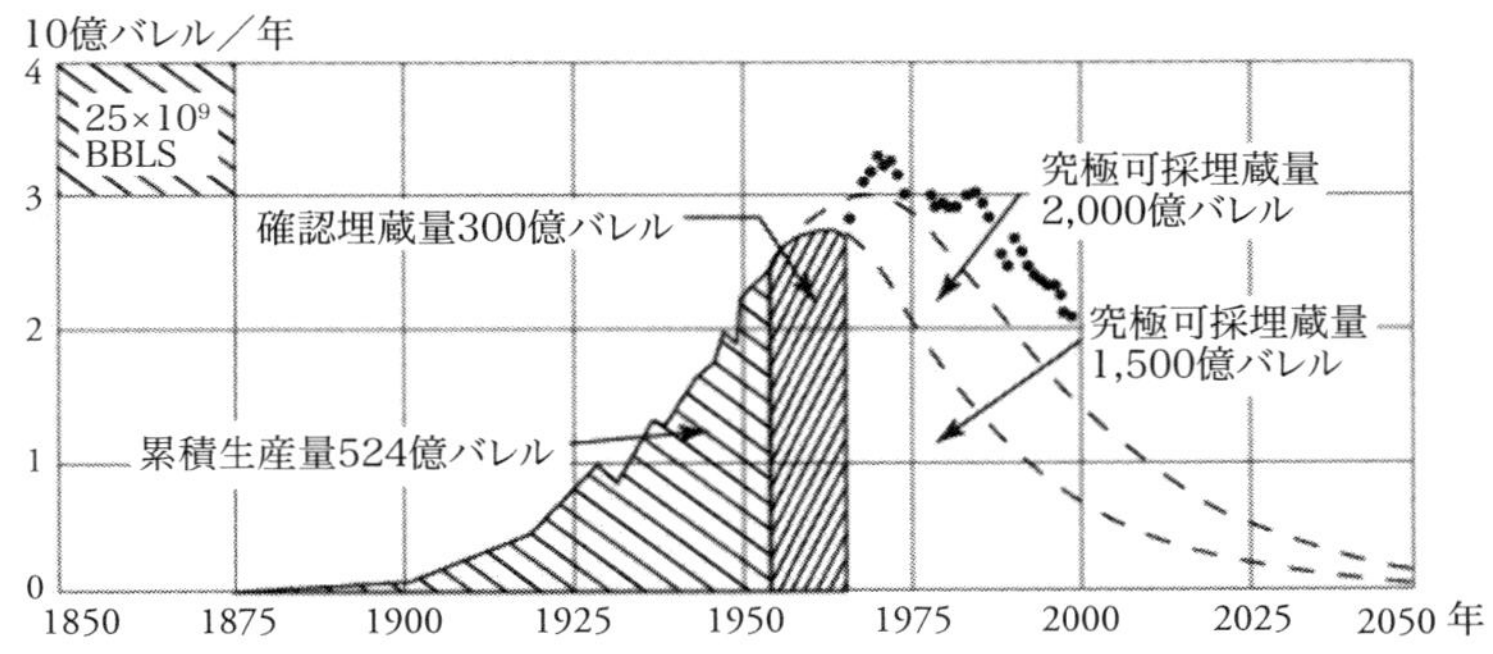


図２－１　ハバートによる米国の原油生産予測
注：＊はその後の生産実績
出所：Hubbert (1956) のグラフに対する本村・本田（2007、18 頁）修正。

二〇〇〇年の究極可採資源量である三兆二一〇億バレルの推計値（USGS, 2000）を利用していたら、ピークオイルは〇五年頃になると予想していたであろう。その後、C・J・キャンベルやディフェイスらがハバートの予測の手法を受け継いでピークオイル論を展開してきた。

ハバートのピークオイル論に対する批判は、ロジスティック曲線の採用の問題点と予測の基礎となる埋蔵量の捉え方という方法論に対して向けられてきた。彼の議論の支持者のディフェイスも認めているように、過去のデータを基にロジスティック曲線を適用した将来予想は必ずしも現実の動向を正確に反映しない（Deffeys, 2001, pp. 140-6）、ということである。また、油田の発見曲線や生産曲線が必ず左右対称のベル型になるとは限らないことも指摘されている（Yergin, 2011, p. 239; 本村・本田、二〇〇七、二〇頁）。もう一つの批判は、ハバートが埋蔵量を固定的なものと理解していることに対して向けられている。ヤーギンは、ハバートは技術の発達や原油価格シグナルが油田の発見や生産に与える影響を分析に加えていない、と指摘している（Yergin, 2011, pp. 236-7）。さらに、技術の発展や価格に加えて、インフラ整備や石油開発投資、そしてこれらの要素間の相互作用も加味した「複雑系」として動的に資源量を捉える必要があることを指摘する批判もある（本村、本田、二〇〇七、二一一頁）。

しかし、こうした批判はハバートが提示した根本的な問題である特定の有限な資源に依存しすぎる社会の脆弱性を否定するものではないとともに、ある時点で供給が需要を下回るようになることを否定するものでもない。異論があったのは、ピークオイルがいつ到来するかについてであった。大きく分けて、もうピークを過ぎたという悲観的な見方から、大方の予測である二〇二五年頃をピークの到来時期とするもの、さらに五〇年頃を予想する楽観的な見方もある（Gorelick, 2010 p. 4）。こうした違いを生み出す主な要因は、各々の予測の基本となる資源量の前提が異なることにある。例えば、ハバートの後継者の一人で、「ピークオイルとガスの研究のための協会」（Association for the Study of Peak Oil and Gas: ＡＳＰＯ）の立ち上げに関与し[24]、二〇〇〇年代前半のピークオイル論争の火付け役となったコリン・Ｊ・キャンベルは、原油の世界の既生産量八〇〇〇億バレル、確認埋蔵量八五〇〇億バレル、未発見埋蔵量一五〇〇億バレルの計一兆八〇〇〇億バレルの究極可採資源量を用いて、原油生産のピークが一〇年頃に到来すると予測した（Campbell and Laherrère, 1998）。このキャンベルとラエレールの総石油資源量は、他の評価に比べて非常に少ない数値であった。

これに対して、米国の地質調査所（United States Geologicai Survey: ＵＳＧＳ）は、前述したように、二〇〇〇年の資源評価報告書で世界の究極可採資源量を三兆二一〇億バレルとしていた。そのうち、累計既生産量を七一〇〇億バレル、確認埋蔵量を八九一〇億バレル、埋蔵量成長を六八八〇億バレル、そして未発見（期待）資源量を七三二〇億バレルと推計していた（USGS, 2000）。キャンベルらとＵＳＧＳの究極可採資源量についての数値の違いは、埋蔵量成長を含めるかどうかということと、未発見埋蔵量の推計値の多寡である。特に埋蔵量成長に関しては、本村らが強調するように、キャンベルの究極可採資源量の推計値には全く含まれていない。埋蔵量成長とは、採掘現場で油田の埋蔵量が時とともに増大することを意味する。その主な要因は、原油の分布拡大による油田の拡大、新規油層の発見、原油価格や経済性の変化による油田に対する評価の変更、回収率の向上など（本村、二〇一三、二三頁）である。ただ、二〇〇〇年以降ＵＳＧＳは総合的な資源評価をしておらず、それから一五年近く経った現在の究極可採資源量の推計値は示されていない。二〇一二年の世界資源評価では、未発見埋蔵量について前回より少ない約五六五三億バレルの推計値を出しているにすぎない（USGS, 2012）。いずれにせよ、ＵＳＧＳの二〇〇〇年の究極可採資源量を採用すると、ピークオイルの時期はキャンベルらとの予測時期より遅れることになる。ピークオイル論は、一見すると非常に科学的な予測に基づくという印象を受けるが、その予測の前提となる基本的なデータは確実性を欠き、主観的な判断の入り込む余地があるということを認識した上で、様々な石油生産ピーク予測とその意味することをごく簡単に検討しておこう。

米国エネルギー省の国立エネルギー技術研究所（National Energy Technology Laboratory: ＮＥＴＬ）からピークオイル論に関する研究委託を受けたハーシュらによる二〇〇五年の報告書は、主要なピークオイル説の検討とリスクマネージメントの観点からエネルギー安全保障問題にも通じる提言をしていて興味深い（Hirsch et al., 2005）[25]。ハーシュらの報告書では、一二ほどのピークオイル説に関する論文や著書を検討し、二〇一〇年以前にピークが到来するというもの、一〇年以降になるとするもの、そして二〇年以降あるいは明らかなピークはないとするものに分けている。二〇一〇年以前とするもので主なものは、元石油会社の地質学者のディフェイス(Deffeyes, 2001)、カリフォルニア工科大学のグッドウシュタイン(Goodstein, 2004)そして元石油会社の地質学者のキャンベル（Campbell and Laherrére, 1998）らの文献を参照している。二つ目のグループには、一〇年以降とする世界エネルギー評議会（WEC, 2003）とピークオイルを一六年と予測した米国エネルギー情報局（USEIA, 2000）などの報告書が含まれている。最後の二〇年以降のピークを予測した文献には、エネルギー問題コンサルタントグループであるケンブリッジ・エネルギー・リサーチ協会（Cambridge Energy Research Associate: ＣＥＲＡ）の二〇年以降にピークオイルを予測したもの（Jackson, et al., 2004）や確認できるピークオイルはないというもの（Lynch, 2003）を参照している。

ハーシュらの報告書は、ピークオイル説は米国や世界にとって前例のないリスク管理の問題を提示するとし、それが到来する一〇年以上前に緩和策を採らないと、液体燃料価格と価格変動率（price volatility）の劇的な上昇がこれまで経験したことのない経済的、社会的、政治的コストを引き起こすだろう、と結論づけている。また、同報告書によれば、世界の従来型の石油（在来型および非在来型については後述）生産のピーク問題の緩和は、ピークオイルがいつ到来するか特定できないので、典型的なリスク管理問題を提示する。すなわち、もし生産のピークが長く遅れた場合に、採られた緩和策は必要以上に早すぎたということになる一方、もしピークが差し迫った状況であれば、時宜を得た対応に失敗した損害は甚大になる、というジレンマが存在する。

このジレンマを解消するためには、ピークが来る前に緩和策を計画して実施するための賢明かつ慎重なリスク管理が求められる。報告書は、ピークオイル説に関するさらなる詳細な定量分析と緩和戦略の模索が必要であるとしながら、緩和対策の鍵を握るのは、運輸部門のエネルギー効率を飛躍的に向上させるとともに、石油代替燃料の生産施設やインフラの整備である、と指摘している。世界的な石油の需要の急増に対処するためには、一〇年以上にわたる世界的な規模の緩和策の集中的な実施が必要であるが、既存の技術で十分に対応できるとした上で、時宜を得た積極的なリスク管理が不可欠であることを強調している。最後に、ハーシュらの報告書が運輸部門に特に言及している背景には、二〇〇三年当時、世界における一日当たりの石油の消費量は八〇〇〇万バレルで、米国が一日当りに二〇〇〇万バレル消費し、そのうち三分の二が運輸部門であった、という事情がある。

しかし、ここに来てピークオイル説自体が問われるような世界の資源状況になってきた。その主な理由は、在来型の石油・天然ガス資源と非在来型資源との間の垣根が低くなり、後者が前者に含まれるような状況になってきて、化石燃料全体の生産量の増大をもたらしているからである。すなわち、二〇〇〇年代になって、安くて良質の軽質スウィート原油などの在来型の炭化水素資源の価格が高騰し始めて、それまでコストがかかりすぎていた非在来型の資源開発の採算が取れるようになったこと、掘削や精錬技術も急速の発展を遂げてきたこと、そして新興経済国の高度経済成長に伴うエネルギー需要の急増に応える必要も非在来型炭化水素資源の増産を促しているためである。

在来型石油とは、液状で油層圧が作用する地下に存在するものであり、天然ガスは多くの場合石油の上に閉じ込められていて下方に向けて圧力をかけ、石油の下を流れる水が上方圧力をかけている。こうした貯留層に存在する石油や天然ガスは、圧力によって坑井から自噴するので、比較的コストも安く生産できる。そのなかでも特に、軽質スウィート原油と呼ばれる流動性に富み硫黄分を含まないものが安くて良質なものである。それに対して、非在来型炭化水素資源は貯留層の圧力によって自噴するようなものではなく、他の方法で採取しなければならない。非在来型炭化水素資源は往々にして採取されにくい状態で存在しているので、その採取のためには高度な技術と高い費用がかかる。例えば、非在来型石油は、石油成分を含む固形状の砂や頁岩または個体状のタールや瀝青（ビチューメン）の鉱床などのなかに存在する[26]。

一九七〇年代の石油危機を契機に中東の石油への依存からの脱却を目指して、多くのＯＥＣＤ諸国は、原子力エネルギー開発を促進しつつ、八〇年代の北海油田やメキシコ湾の開発、さらには深海油田の開発などを経て、二〇〇〇年代に入って非在来型炭化水素開発に力を注いでいる。前述したように、今世紀になってから再び石油価格が高騰し出し、「安い石油の時代の終焉」が現実味を帯び、非在来型炭化水素資源に依存せざるを得なくなったことは事実であろう。それと同時に、そうした開発を可能にする水平坑井掘削と多段階水圧破砕（multi-stage hydraulic fracturing）技術が進歩して、低浸透（tight）層からの石油やガスの採取の経済採算性も改善されたことも（本村、二〇一三、八頁；Yergin,

2011, p. 261）、非在来型炭化水素資源開発に拍車をかけている。そのなかでも、特に、カナダのオイルサンド（あるいはタールサンド）や米国でのシェールオイルやシェールガス開発が際立っている。

まず、世界の非在来型炭化水素資源開発の現況を概観しておこう。二〇一三年版の国際エネルギー機関（ＩＥＡ）の『世界のエネルギー見通し』におけるタイプ別の資源量によれば（IEA, 2013a, p. 421）、重油・瀝青（ビチューメン）は、〇五年の一兆バレルから、一三年報告では一兆八八〇〇億バレルへと増大している。また、石油になるまでの熟成度に達していないケロジェン（油母頁岩）を多く含むオイルシェールは、〇五年では八〇〇〇億バレルであったのが、一三年では一兆七〇〇億バレルへと少し増大した。タイトオイル（ＩＥＡの報告書では“Light tight oil: LTO”）とも呼ばれるシェールオイル[27]の技術的残存可採資源量（Remaining technically recoverable oil resources）は三四五〇億バレルと推計されている。因みに、一三年のＩＥＡ報告は、天然液化ガスを含む残存する採取可能な在来型石油の量を二兆六七〇〇億バレルと推計している。さらに、最近の油価の高騰は総確認埋蔵量の増加をもたらし、現在、一兆七〇〇〇億バレルに達していて、これまでに生産した量よりも多くなっている。在来型油田などの発見は年に一四〇億バレルで、発見される油田の平均的な規模は五〇〇億バレルである。

世界の天然ガスの資源量についても非在来型ガスの資源量が注目されている。二〇一一年のＩＥＡ天然ガスのレポートは、在来型ガスとともにタイトガス、シェールガス、コールベッドメタン（Coal bed methane: ＣＢＭあるいは炭層メタン）[28]などについても推計を行っている。同レポートによれば、在来型ガスの世界の総究極可採資源量は一京四二六七兆立方フィート（cf）（約四〇四兆㎥）で、主要産地は、ロシア、イラン、カタール、トルクメニスタンである。最も多い非在来型ガスはタイトガスで、世界で合計二京八六〇五兆 cf（約八一〇兆㎥）と推計され、その可採年数は二五三年ということである。主な産地は北米やアジア太平洋地域である。その次に多いシェールガスの推計値は、七二〇四兆cf（約二〇四兆㎥）で、在来型天然ガスの約半分である。CBMについてはロシアやウクライナなどの炭田で開発が始まったばかりで、推計値は四七兆㎥ほどである（IEA, 2011c, pp. 45-65; 本村、二〇一三、一三頁）。

要するに、在来型の石油価格の高騰と技術革新によって、非在来型の石油・ガスの採掘の経済的採算性が取れるようになって、世界的な炭化水素の資源量が増大傾向にある、ということである。次に、こうした開発の先鞭をつけたカナダのオイルサンドと米国のシェールオイルおよびシェールガスの開発状況を簡単に見て、本書のテーマに関連する環境問題との相互作用における課題について検討しておく。

一九八〇年代の半ばにカナダは原油の確認埋蔵量を五〇億バレルから一八〇〇億バレルに引き上げ、原油の世界第二位の埋蔵量を誇る国になった。カナダのアルバータ州北西部でオイルサンドが発見されたためであった。砂岩と粘土に粘性の強いビチューメンを含んだものがオイルサンドでタールサンドとも呼ばれている。このオイルサンドの採掘が現実味を帯びてきたのは九〇年代末で、この資源の八〇％が存在する地中深くに、天然ガスを使って超高温の蒸気を注入し、アスファルトに似た硬いビチューメンを液化させて、温水とともに油井を通して地上に送り出す技術が開発されてからである。こうした技術開発を誘引するためには九七年以降、合計一二〇〇億ドル以上の投資を必要としたが、二〇〇〇年の日産六〇万バレルから、一〇年には一五〇万バレルへと急増した。二〇二〇年には日産四〇〇万バレルまで増産される、という予測もある。いずれにせよ、採取されたビチューメンは、軽質のスウィート原油に近い高品質の合成石油に転換・精錬されて、ガソリン、ディーゼル、ジェット燃料やその他の石油製品に加工される。可採埋蔵量一七五〇億バレルは、推定埋蔵量である一兆八〇〇〇バレルの一〇％にすぎないので、さらなる技術開発が進めば、膨大な炭化水素資源をカナダは入手したことになる。

しかし、オイルサンドの開発には課題もある。環境条件の劣悪な寒冷地での大規模開発ということで生産コストが非常に高いという問題やその採取過程で環境問題を引き起こしていることも懸念材料である。例えば、レゲットはエネルギー専門誌の二〇〇四年一一月の『ペトレアム・レヴュー』(*The Petroleum Review*)[29]から引用しながら、オイルサンドを日産二二〇万バレル生産するためには二五〇億バレルの水が必要となることを指摘している (Leggett, 2005, p. 71)。また、同じ箇所で、地表に露出しているサンドオイルから一バレルの石油を抽出するためには、二トンの砂を掘り出して巨大な洗浄機で砂から石油を分離し、その残りかすを広大な泥地に廃棄しなければならないことにも言及している。ヤーギンによれば、オイルサンド開発の足跡が残されているのはテキサス州とほぼ同じ広さのアルバータ州の約二三〇平方マイル (約五九六㎢) というごく限られた地域のことであるとしているが (Yergin, 2011, p. 256)、彼の言うように楽観視していいのか疑問が残る。さらに、レゲットもヤーギンも認めているように、より深刻な問題は、生産過程で排出される$CO_2$が通常の石油生産過程で放出されるより多いということである。前述したように、地下に埋蔵されているオイルサンドを取り出すために二〇〇℃ほどの高温の蒸気を注入しナフサのような溶剤を使用するが、その際、膨大な量の天然ガスを消費して大量の水を熱しているためである。ヤーギンが指摘するように、在来型と非在来型の炭化水素による$CO_2$排出量の影響評価をする場合は、産出されたときから内燃機関などのエンジン内で燃やされ、排気管から排出される$CO_2$の総排出量を測定する必要がある。実際の調査では、オイルサンド一バレル当たりの$CO_2$の排出量は、米国で使用される平均的な石油一バレル当たりの排出量より五〜一五%多いにすぎない、ということである (Yergin, 2011, p. 257)。しかし、より根本的な問題は、良質の石油を非在来型資源から取り出すために大量の在来型ガスを使用して環境も汚染する、という現実社会のあり方とそれを担う私たちの営みである。ここまでして石油を入手しなければならない現代社会を問題にすべきだろう。

　米国のシェールオイルとシェールガスの開発は二一世紀になって急拡大している。特に、後者に関しては、ここ数年「シェールガス革命」と過大に評価されてきた嫌いがあり、その実態が明らかになりつつある。米国のシェールオイルの本格的な開発は、バッケン（Bakken）と呼ばれる広大な石油層で始まり、米国のノースダコタ州とサウスダコタ州からモンタナ州、そしてカナダのサスカチュワン州とマニトバ州に広がるウィルストン盆地である。長い間、日産数バレルほどの小規模開発が続いたが、二〇〇〇年代になってシェールガス開発の技術である水平坑井や多段階水圧破砕技術の応用によって、〇五年には日産一万バレルから一二年の日産五七万バレルへと、生産量が爆発的に増加した。同年の全米におけるシェールオイル（あるいはタイトオイル）の総生産量は日産二一〇万バレルで、在来型も含めた全体の石油生産量の二四%を占める（Yergin, 2011, pp. 261-3; 本村、二〇一三、一二頁）。

他方、米国における「シェールガス革命」の引き金となったのは、テキサス州バーネット（Barnett）でのシェールガス開発で、その成功例が全国に広まったと言われている。前述の採取技術のブレークスルーとガス市場やインフラ整備、税制面での優遇など、ハードおよびソフト面での環境整備もシェールガス生産拡大を後押しした。テキサス州のバーネット以外にも、カンザス州のフェイエットビル（Fayetteville）や北東部のマーシェラス（Marcellus）、ルイジアナ州のハイネスビル（Haynesville）などで開発が進んでいる（伊原、二〇一二、三〇〜三四頁）。伊原によれば、全米のシェールガスの埋蔵量は五〇〇兆cf（一四兆㎥）以上あるとされ、〇九年時点の在来型天然ガスの確認残存埋蔵量の二四〇兆cf（六兆八〇〇〇万㎥）の倍以上の量である。因みに、同年の世界の天然ガスの確認残存埋蔵量の六四〇〇兆cf（一八一兆㎥）である。米国では、非在来型ガス生産が全米の天然ガス産出量の半分以上になるとともに、〇九年には、米国のガスの生産量（二〇・六兆cf）がロシアの生産量（二〇・五兆cf）を上回って世界一になった（同上、三七頁）。ただ、在来型の垂直井から自然噴出する天然ガスの採掘コストが一〇〇〇立方フィート（mcf）当たり約一ドルであるのに対し、マーシェラス、バーネット－コア、ハイネスビルで採取されるシェールガスのそれは三〜四ドル／mcfである。

二〇一二年の天然ガスの市場価格が一〇〇万ＢＴＵ当たり二ドルという低価格でもシェールガス生産が続けられたが、その理由はシェールガスと同時に産出されるエタンや市場で需要の多い天然ガス液（natural gas liquids: ＮＧＬ）のおかげである。バーネット－ノンコア（non-core）やフェイエットビルの産出コストは五～六ドル／mcfと割高で、生産を維持するために開発資産を売却するとか天然ガス液採掘に力を入れている（同上）、ということである。

さらに、最近では米国の「シェールガス革命」はリーマン・ショックをもたらしたサブプライムローンによる不動産バブルと似ている、という指摘もある（小野、二〇一三）。シェールガス開発を引っ張ってきたのはオイルメジャーではなくて中堅企業であるが、それを資金的に支えてきたのがニューヨークのウォール街の投資銀行という構図のなかでの話である。投資銀行は、鉱区の市場価値を高めて販売することやベンチャー企業設立などに関与することによって手数料収入を得るほか、資金提供する企業の市場価値を高めて社債発行や企業合併を斡旋して大きな利益を得ることもできる。シェールガス開発の中堅企業は、株価維持や借入金に対する売上高の比率をできる限りプラスに保つために生産を拡大する。その結果として過剰生産を引き起こして、シェールガスの市場価格を押し下げているのであって、決して生産コストが安いからではない。既述のように、水圧粉砕（フラクチャリング）と呼ばれているシェールガスの採取方法は、地表からボーリング坑井を地中深くで水平に曲げて、周囲の硬い頁岩に割れ目を作ってガスを回収するものである。また、上記の箇所では触れていなかったが、フラクチャリングの作業のため、超大型タンクローリーで数百回も水を運び、一回のフラクチャリング作業のため一万五〇〇〇～二万トンの水を五〇〇～一〇〇〇気圧に高めて地下の坑井に勢いよく注入する、という作業を繰り返す。さらに、多くのシェールガス田では三年経つと産出量が七五～八〇％も減少してしまうということで（小野、同上、一頁、小長、二〇一四、三頁）、次から次へと坑井を掘り続けなければならない。以上のような事情からオイルメジャーはシェールガスの開発には消極的であった。

しかし、シェールガスブームが焚きつけられると中堅企業とともにベンチャー企業が投資家から資金を借り入れて開発・生産競争に参入し、米国の天然ガスが大幅な供給過剰となった。その結果、天然ガス市場の指標価格であるヘンリー・ハブ価格が二〇〇八年六月時点の一〇〇万Btu当たり一二・一七ドルから、一二年五月の一・六八ドルへと急落したのに伴い、米国で天然ガス価格の値崩れを引き起こし、一三年を通して三〜四ドルと低迷した。こうしたことが「シェールガスは安い」という認識を広めたのであるが、シェールガス開発を維持していくためにはガス価格が八ドル／一〇〇万Btuにまで回復しないと採算が取れないと言われていて、事実、一三年四月、オクラホマ州のGMXリソーシズ社は、天然ガス価格の値崩れで八期連続の赤字を計上して、連邦破産裁判所に対して、日本の民事再生法に当たる米連邦破産法第一一条を申請した（小長、二〇一四、三頁）。同社はノースダコタ州やテキサス州などに有望な鉱区の権益を保有していたが、シェールガスブームで開発鉱区での権益価格が高騰しすぎて買い手がつかなかったことも破産の一因とされている。また、国際的な原油価格の値下がりもシェールオイル生産に影響を与えている。米国産WTI原油の先物価格（原油価格の国際指標）が、二〇一四年七月まで一バレル＝一〇〇ドル台であったのが、翌年の一月になって一バレル＝五〇ドルを割り込むような状況になり、テキサス州のシェールオイル開発会社であるWBHエナジーの経営が破綻している[30]。日本の住友商事は、二〇一五年三月期決算で純損益が八五〇億円の赤字になる見通しを発表したが、その主要因は、前年九月末における米国でのシェールオイル開発の失敗で生じた約二四〇〇億円の巨額損失である（宮崎、二〇一五）、と言われている。

さらに、リーマン・ショックの引き金となった住宅抵当証券取引を連想させるシェールガスの鉱区の取り引きも存在することが指摘されている。すなわち、シェールガス鉱区の操業が赤字であっても、この業界にキャッシュフローさえあれば、新たなパートナーやベンチャー企業に鉱区の権益を売ることもできるし、最終的には会社そのものをM&Aで手放すことも可能になる。投資家あるいは投資銀行は、良質の鉱区と不良鉱区を混ぜ合わせて販売する手法も開発しているということで、まさにリーマン・ショック以前のサブプライムローンを想起させる（小野、二〇一三、二頁）。小野によれば、BPは二〇一二年に米国のシェールガス資産を中心に二一・一億ドル償却する一方、BHPビリントン社は一八カ月前に四七・五億ドルで取得したフェイエットビル鉱区のうち二八・四億ドル分を除却している[31]。また、大阪ガスも一三年一二月、テキサス州におけるシェールオイル・ガス田開発が予定通り進まないということで、投資総額三三〇億ドルのうち二九〇億円を特別損出に計上した（小長、二〇一四、一頁）。

エネルギー源の多様化に基づくエネルギー安全保障という観点から米国のシェールガスなどの輸入に大いに頼ることに、はたして将来の日本のエネルギー選択にとってどのような意義があるだろうか。同問題に詳しい藤の指摘によれば、それはあまり望ましい選択とは言えない。それどころか、二〇一三年には米国におけるシェールガス採鉱ブームは終わったと言えそうである（藤、二〇一三、一五八～六一頁）。また、米国内のシェールガスは国内のパイプラインを利用して安価に流通しているが、それを液化して日本に輸入するとなると冷温設備や輸送コストが市場価格に六～七ドル上乗せされるとのことで、一三年一二月二三日の時点で米国の天然ガス先物価格が四・五三ドルに上昇していることを考え合わせると（小長、二〇一四、四頁）、米国から安価なシェールガスを輸入して日本のエネルギー安全保障を高めるという考えに対しては悲観的で、それよりもロシアの極東の天然ガスを日本までパイプラインを敷設して持ち運んだ方がはるかに経済的である、と小長は見ている。ガス・パイプラインの採算ラインは四〇〇〇kmまでと言われていて、サハリンから北海道まで六〇〇km（うち海底部分は五〇～六〇km余り）、そして東京までパイプラインを延長しても二〇〇〇kmほどである。このパイプライン敷設の総費用は五〇〇〇～六〇〇〇億円ほどで、二～三年でガス輸送が可能となる（藤、同上、一九二頁）。さらに、北海道から高速道路網を利用して陸上敷設すれば経済的であるのに対して、ＬＮＧの場合は、液化プラントやタンカーなどで約九〇〇〇億円かかるし、受け入れ基地も必要で、費用はさらにかかる（小長、同上、五頁）。藤によれば、一九八〇年代の日本には、サハリン１からの海底パイプライン構想があったが、ガス会社と競合する主要需要家である電力会社の拒否にあって実現しなかった。

大規模なシェールガス開発に伴う環境問題はどうなのか。主な懸念は、大量の淡水の使用、水圧粉砕（フラクチャリング）による地下水汚染とガスの漏洩、そして水圧粉砕後に地上に戻る水（フローバック）の排水に伴う環境汚染である[32]。日本の地質年代は比較的新しくてシェールガスの商業生産は期待できず、こうした環境問題とは無縁であるが、近い将来、米国から大量にシェールガスを輸入するようになるなら、同ガスの環境問題を日本とて座視できないであろう。ここでは水の確保とフラクチャリング用水に関する問題点のみを指摘するにとどめる。まず、大量の水の確保の問題である。テキサス州のバーネットなどの前述した米国のシェールガス産出地でのフラクチャリング用の水の量は、民生、産業、農業用水、畜産業などの水の使用量と比較すると、全体の〇・一～〇・八％ほどで、特に多いというものではないということである（伊原、二〇一二、一七一頁）。しかし、実際には年間約三〇億トンの水を必要とし、米国エネルギー省（United States Department of Energy：ＵＳＤＯＥ）の推計では、二〇三五年には六三万本の掘削井のために五一〇億トン（日本の年間水資源量は八一〇億トン）の水資源が必要となる（藤、二〇一三、二九～三〇頁）。いずれにせよ、河川等から取水する場合には制約を受けている。対策としては、降雨時期に河川から取水してシェールガス生産現場近くの貯水池に水を貯めておいて、フラクチャリングに使用する水の確保を図っている。

より深刻な問題は、フラクチャリングのために加圧して坑井に送り込む「フラクチャリング流体」と呼ばれる水の質である。主に四段階に分けて異なる質の流体を坑井に注入している。まず、坑内や地層の洗浄のために淡水を流し、次に、塩酸などを加えて不必要なセメントや岩石の一部を溶解する。フラクチャリングの第三段階目として、潤滑油等を加えて地層の粉砕を行い、それによって生じた隙間を維持してガスの抽出を促すために、最後に、プロパントと呼ばれる粒子状の物質をフラクチャリング流体に添加する（伊原、二〇一二、一六八頁）。フラクチャリングは、人の飲料水や農業用水などが存在する帯水層より数千フィート下のシェールガス貯留槽で行われているし、フラクチャリング流体に添加されている化学物質も環境に優しいものであると、シェールガスの開発側は説明しているが、その開発地域が住民居住区や帯水層の近くである場合は、住民等の開発反対運動が起こっている。こうした懸念に応えるために米国エネルギー省（ＵＳＤＯＥ）は、民間の研究機関などに対してシェールガス開発の現状について調査を依頼している。その二〇〇九年の報告書によれば、フェイエットビル鉱区の例であるが、フラクチャリング流体の九八〜九九・五％は水と砂で、残りのごくわずかその他の添加物で、例えば、酸は〇・一二三％、ゲル化剤〇・〇五六％、摩擦低減剤〇・〇八八％など（いずれも水と砂が九九・五一％の場合）である（USDOE, 2009, pp. 61-2）33。事業者側はフラクチャリング流体の安全性を強調しているが、住民側の懸念を完全に払拭することはできていないので、事業者側でも添加物の種類を大幅に削減する一方、塩酸の使用を止めている（伊原、同上、一七〇頁）。

最後に、日本のエネルギー政策関係者が将来の国産エネルギーとして期待しているメタンハイドレートについて簡単に触れておきたい。メタンハイドレートとは、氷状の結晶に閉じ込められたメタン・ガスで、低温で高圧の海底で多く発見される。一九六〇年代、シベリア西部の凍土地帯のガス田において世界で初めて発見され、その一〇年後にアラスカ北部のノーススロープの油井でもその存在が確認された。一九九五年の米国地質調査所によるメタンハイドレートに関する体系的な評価によれば、その埋蔵量はあらゆる在来型ガス資源をはるかに上回る量である（藤、二〇一三、一六四〜五頁）。日本でも、二〇一三年三月、石油天然ガス・金属鉱物資源機構による調査で、地球深部探査船「ちきゅう」が、愛知県渥美半島八〇km沖合の水深一〇〇〇mにあるメタンハイドレート層からメタン・ガスの採取に世界で初めて成功したことは記憶に新しい。ただ、米国内のシェールガスの市場取引価格が一〇〇万Btu当り三ドル、また、日本が輸入するLNGは約一五ドルであるのに対して、海底のメタンハイドレートから採取されるガスの取引価格は約五〇ドルになる見込みで（藤、二〇一三、一六五頁）、六年以内の商業生産を目指すというが、はたしてこれが合理的な選択がどうかはなはだ疑わしい。現時点では、この資源に過度の期待を寄せない方がいいだろう。それより、後述するように、現在すでに商業化されている様々な再生可能エネルギー技術を使って、日本領土内とその周辺の自然エネルギーを活用した方が、はるかにコストが安く持続可能でしかも純国産のエネルギー源の開発につながるといえる。

本章では石油危機とエネルギー安全保障について考察してきた。端的に言って、汎用性に優れた石油のおかげで人類文明は短期間で飛躍的な発展を遂げることができた。しかし、この資源が社会的にも政治的にも不安定な世界に偏在していることによって、石油は武力紛争を含む様々な抗争の主要因の一つにもなってきた。したがって、エネルギーの安全保障、すなわち、石油の安全かつ安定供給のために、多くのリスクを回避しなければならない。チャーチルが看破したように、エネルギー安全保障のためには、石油資源そのものとその供給地さらには供給経路などの多様化が不可欠である。しかし、地球上にまだ豊富に存在する石油資源も鯨油のように有限な資源であり、いずれは需要が供給を上回る時がやってくる。地球温暖化問題のため、より豊富な石炭に回帰することもできない。また、天然ガスや非在来型のオイルサンドやシェールガスの利用が経済性を得てきたのも安価な石油が手に入りづらくなったためであるが、石油資源と同様の問題を抱える。さらに、エネルギーの安全保障の観点から、「準」国産エネルギーと位置づけられた日本の原子力エネルギー利用に関しても、その中核的な核燃料サイクル計画はすでに破綻している。世界の長期見通しでも、一次エネルギー生産や発電に占める原子力エネルギーの割合は減少傾向にある。そもそも原子力エネルギーは発電部門でしか利用できず、動力源、衣料、プラスチック、医薬品、電源などと汎用性の高い石油の代替にはならない。

以上のことを考え合わせると、究極のエネルギー安全保障政策は、エネルギー利用効率を高める一方、可能な限り再生可能な自然エネルギーへの転換を図る、という選択ではないだろうか。このことに関しては、後述する持続可能な社会形成のためのエネルギー選択（第四章第二節）ならびにデンマーク（第八章）とドイツ（第九章）の新エネルギー危機政策を扱う箇所で詳しく見ていく。その前に、エネルギー問題と環境問題の萃点である気候変動問題に関する現状把握をしておこう。

注

1　燃料としての石油の石炭に対する優位性は、石炭船は石炭を燃料補給基地で補給するために三分の一の艦船が戦列を離れねばならないが、石油の場合は海上での補給が可能となること、石油には石炭のように貯蔵による劣化が起こらないこと、エンジン室やボイラー室の作業員を六〇％削減でき、戦闘員を増やすことができるなどである（Tertzakian, 2007, pp. 36-7）。

2　以下の石油をめぐる当時の日米関係に関しては、ヤーギンの『石油の世紀』を参照（Yergin, 1991, pp. 305-27）。

3　それ以前の同年七月には、オクタン価八七以上の航空機用ガソリンと一部の鉄鉱石、くず鉄に限って禁輸した。因みに、オクタン価とは、ガソリンのアンチノック性を表す指数で、その値が高いほど内燃機関内のシリンダーにおいてノッキング（燃料の過早発火や異常爆発現象）を起こしにくくなることを示す（『広辞苑』第六版（電子辞書用）を参照）。

4　当初のセブンシスターズは、スタンダードオイル・ニュージャージー（後のエッソ、その後一九九九年にモービルと合併しエクソンモービルに）、スタンダードオイル・ニューヨーク（後のモービル、九九年にエクソンと合併してエクソンモービルに）、スタンダードオイル・カリフォルニア（後のシェブロン）、ガルフオイル（後のシェブロン、一部はＢＰに）、テキサコ（後のシェブロン）の米国系五社とロイヤル・ダッチ・シェル（オランダ資本六〇%、英国四〇%）とアングロペルシャ石油会社（後のブリティッシュペトロリアム、二〇〇一年ＢＰ）であった。

5　以上、ベネズエラでの利益折半原則に関してはヤーギンを参照（Yergin, 1991, pp. 433-7）。

6　現在、加盟国は一二カ国。因みに、ＯＰＥＣの目的は、㈠加盟国の石油政策の調整及び一元化、加盟国の利益を個別及び全体的に守るため最良の手段の決定、㈡国際石油市場における価格の安定を確保するための手段を講じること、㈢生産国の利益のための着実な収入の確保、消費国に対する石油の効率的、経済的かつ安定的な供給、石油産業における投資に対する公正な資本の見返りの確保である。以上、外務省のインターネット上の「石油輸出国機構の概要」を参照。http://www.mofa.go.jp/mofaj/gaiko/energy/opec/opec.html（掲載日、平成二五年一一月一八日）

7　以下のオキシデンタルに関する記述はヤーギンとターツァキアン（Yergin, 1991, pp. 576-80; Tertzakian, 2007, p. 73）を参照。

8　以下のカダフィとオキシデンタルとのやり取りに関してはヤーギンを参照（Yergin, 1991, pp. 578-80）。

9　以下の第二次石油危機に関してもヤーギンを参照（Yergin, 1991, pp. 674-98）。

10　「ホメイニ」『ブリタニカ国際大百科事典』（電子版）参照。

11　一九八〇年~九〇年までの中東地域やエジプト等も含む「南西アジア地域」の安全保障に関する国防省の軍事費は合計二七二六億ドルであった。そのうち九〇年度の国際的軍事と教育訓練費、二国間経済援助額、多国間援助や湾岸戦争の直接戦費を除外して計算すると、九〇年度におけるこの地域の安定と石油タンカーの安全航行を保つための直接かつ間接的な軍事予算の合計が約三三〇億ドルになる。なお、この会計検査院の報告書の存在ならびにインフレ率を算入した評価額については、ゴアリック（Gorelick, 2010, pp. 12-3）の指摘を参照した（以下同様）。

12　米国主導の二〇〇三年のイラク戦争は、国際基軸通貨である米ドルの地位を維持するために、ユーロ建ての中東の石油取引を阻止するためであった、という仮説にも基づいた詳細で興味深い論考もある（クラーク、二〇一二）。

13　参加国は、ベルギー、カナダ、デンマーク、フランス、ドイツ連邦共和国、アイルランド、イタリア、日本、ルクセンベルク、オランダ、ノルウェー、英国、米国であった（Scott, 1994, p. 45）。

14　ＩＥＡのウェブサイトを参照。http://www.iea.org/aboutus/whatwedo/

15　フランスとベネズエラは当初、同年の二月にＩＥＡとＯＰＥＣの対話を共同提案したが、英・米などが産油国と消費国の対話は協調的な市場介入につながりかねず、国際市場の健全な発展にとって有益ではないと否定的な反応をしたので、ＩＥＡとＯＰＥＣの枠組みが外された（外務省、二〇一三）。

16　ＩＥＡのウェブサイトを参照。http://www.iea.org/aboutus/faqs/membership/

17　ロシアなどの非加盟の石油・天然ガス生産国との政策協調も重要である。事実、ロシアに対してはＯＥＣＤへの加盟について話が進んでいたが、二〇一四年三月二一日、プーチン大統領がクリミア併合条約と関連法案に署名してその併合が正式に決ったことによって、ロシアのＯＥＣＤ加盟は絶望的になったと言える。

18　二〇一三年七月二八日、ミャンマーのチャオピューと中国の雲南省を結ぶ全長およそ一〇〇〇㎞のガスと石油のパイプラインが開通した。ミャンマー政府によれば、中国への天然ガスの年間供給量は一二〇億㎥ということで、中国の天然ガス輸入量の四二五億㎥の約四分の一に相当。ミャンマー情報「ミャンマー・中国のパイプラインについて」eXmyanmar.Co.Ltd http://ex-myanmar.asia/588（二〇一三年八月二六日投稿記事）。

19　核燃料サイクルとは、核燃料の採鉱から廃棄までの全工程を包括的に示す言葉であり、大きく分けてワンス・スルー（once-through）（核燃料を使い捨てにする）方式と、使用済み核燃料の再処理を必要とするリサイクル方式がある。さらに、後者のリサイクル方式には、軽水炉などの非増殖炉を用いる方式と、高速増殖炉を用いる方式がある。前者の方式では核燃料の使用効率が最大限数一〇％向上するにとどまるが、後者では最大限数千％（あるいは数十倍）向上する（吉岡、二〇一一、一三三頁）。したがって、ウラン資源の有効利用を求める立場あるいは「準」国産のエネルギーを追求する立場からすれば、高速増殖炉を用いるリサイクル方式を採用したい、という考えを持ちがちである。

20　その内訳は、高速増殖炉実験炉常陽関係一三一一億円（建設費二八九億円、運転費一〇二二億円）、高速増殖炉原型炉もんじゅ関係五七七九億円（建設費四五〇四億円、運転費一二七五億円）、関連研究開発費三四二七億円で合計一兆五一七億円である。これに、もんじゅ建設費への民間拠出金一三八二億円、通産省による関連研究開発費一四五億円を加えると、総合計一兆二〇四四億円となる（吉岡、二〇一一、二〇三頁）。

21　この事故で従業員二名が急性放射線障害で死亡し、多数の周辺住民が避難するという日本の原子力開発史上初めての深刻な事故であった。

22　ハバートが用いたロジスティック曲線は、マルサスの人口の指数関数的増加モデルの改善版を原油などの生産の推移に応用したものである。ハバートが参考にしたモデルは、環境条件として人口を支えられる食糧生産等の条件が有限であることを考慮し、人口増加率は直線的に減少すると仮定したものである。その基本的な考え方は、生物個体の繁殖率を一定とすると、個体数は一定の増加率で指数関数的に増加するが、食糧生産や空間の制限、個体間の干渉、増殖による環境の悪化などで、個体数の増加とともに増加率は低減していく（本村・本田、二〇〇七、一九頁）、というものである。

23　ハバートは、米国における石炭生産と同様に、原油に関しても生産増加が持続的ではないことを示そうとした。採掘可能な総資源量、つまり究極可採埋蔵量 $Q_{MAX}$ は、Ｑを生産量、ｔを時間とすると、時間の経過に対する資源の生産量の変化は、$Q_{MAX}=\int_0^\infty\left(\frac{dQ}{dt}\right)dt$ という数式で表現されるロジスティック曲線となる。そこで、この採掘可能な究極の資源量が分かれば、ベル型の生産曲線を描くことが可能となり、科学的に資源の生産推移を推測できるとした。また、資源生産の増産率と減産率は左右対称の曲線として描くことができ、その中間点が総資源量の生産のピークになることを指摘した（Hubbert, 1956, pp. 9-10; 本村・本田、二〇〇七、一八頁）。

24　ウプサラ大学のＡＳＰＯのウェブサイトに二〇一〇年ピーク説のグラフが掲載されている（http://www.peakoil.net/uhdsg/）が、ＡＳＰＯ（http://www.peakoil.net）そのもののウェブサイトは現在削除されているようである。他に活発に活動を展開しているのがＡＳＰＯ－ＵＳＡである（http://peak-oil.org）。

25　以下、特段の断りがない限りハーシュらの報告書を参照（Hirsch et al., 2005）。

26　以上の在来型および非在来型資源の定義に関しては、レゲットと本村の解説を参照した（Leggett, 2005, pp. 40-1; 本村、二〇一三、七頁）。

27　シェールオイルは、石油根源岩中に残存する原油で、未熟成の原油であるケロジェンを多く含むオイルシェールとは異なるものである。しかし、両者の表現は非常に類似しているので、前者はタイトオイルと呼ばれるようになった（Yergin, 2011, p. 261; 本村、二〇一三、一一頁）。

28　タイトガスとは、在来型ガスが貯留している地層よりも稠密な砂岩層に貯留した天然ガスで、生産性が低かったため従来は開発が進まなかったが、一九八〇年代後半から米国で開発が進展した。シェールガスとは、天然ガスが生成される頁岩層内に滞留した天然ガスで、従来は経済的な生産が困難であったためほとんど開発されなかったが、二〇〇〇年代になって新たな探鉱・開発技術を用いた開発が米国で急速に進み、最近では米国外でも開発が進められようとしている。コールベッドメタン（炭層メタン）とは、石炭が生成される過程で発生して、そのまま石炭層に滞留した天然ガスで、一九八〇年代後半から米国で開発が進み、現在はオーストラリア、カナダ、中国などでも開発が進んでいる。因みに、メタンハイドレートとは、水分子とメタンガス分子から構成される氷状の物質で、日本近海の海底にも莫大な量が存在すると見られているが、経済的な生産技術が確立されていないため、商業生産はされていない。以上、日本ガス協会（一般社団法人）のウェブサイトより。http://www.gas.or.jp/user/market/type/

29　レゲットの引用文献は、Gorden Cope, "Synfuel Excess," *Petroleum Review*, November 2004（ページ情報なし）である。

30　「シェールに原油安直撃―昨年来初の企業破綻―」『朝日新聞』二〇一五年一月一〇日。

31　米国証券取引委員会（ＳＥＣ）は、石油・ガス資源について、「確認された未開発」（"Proved Undeveloped": PUD））カテゴリーという新たな資源区分を設けているが、この証券を企業の資産に計上するためには五年以内に開発しなければならないという条件をつけている（小野、二〇一三、二頁）。

32　伊原の解説を参照（伊原、二〇一二、一六一～八八頁）。

33　より詳細な情報に関しては伊原を参照されたし（伊原、二〇一二、一六九頁）。

# 第一部

# 環境問題とエネルギー問題の相互作用

# 第三章　国際政治課題としての気候変動問題

## 第一節　気候レジームの発展と現状

### 一　地球の温暖化の発見と最新の気候変動影響評価

二酸化炭素（$CO_2$）やメタンなどの温室効果ガスが人為的な地球の温暖化に起因する気候変動を引き起こしている、という科学的な知見が得られるまでには長い年月を要したのみならず、多くの科学者や技術者の研究、実験、観察の積み重ねも必要であった。以下では、地球の温暖化が科学的な問題として認識されるまでの流れをごく簡単に振り返った後で、気候変動の現状や影響ならびに対応策をまとめる国際的な政府間機関による最新の報告書の要点を紹介する。

地球表面の平均温度を決定するものは何か、と地球温暖化の発見に至る問いを発したのはフランスの科学者ジョゼフ・フーリエであり、それは一九世紀初めのことであった[1]。彼は、太陽によって熱せられた表面の熱は赤外放射として宇宙空間に熱エネルギーを放射するので、地球の平均気温が一定に保たれている、と考えるに至った。しかし、この理論によって計算してみると、地球の平均気温は氷点をはるかに下回ってしまった。そこで、フーリエは、地球の大気がガラス板の箱のように放射熱の一部を閉じ込めている、と考えた。その後の一九世紀半ばに、英国の科学者であるジョン・ティンダルは、大気中のわずかな濃度の$CO_2$が地表から放射される赤外放射の一部を吸収して空気を暖め、その一部が地表に向けて放射されて地表面を暖める、とフーリエの推論をより明確に説明した。さらに、一八九六年、スウェーデンの科学者スヴァンテ・アウレニウスは、人間の産業活動から排出される$CO_2$と地球の温暖化について計算した。正確なデータに基づくものではなかったが、大気中の濃度が二倍になれば、地球の平均気温は五〜六℃上昇するとした。こうした地球の温暖化に関する議論は、海洋による$CO_2$吸収の役割や複雑な気候のシステムを考慮していなかったこと、当時の中心的な科学的関心事は氷河時代の解明であり、温暖化の問題もそれから派生したものであったこと、人間活動が自然のバランスを乱すとは到底考えられていなかったことなどもあり、科学界や一般社会でも真剣に取り扱われなかった。

その後、世に知られていない先達たちのこれらの温暖化の研究論文を読んで、一九三八年、蒸気動力技師であったガイ・スチュワート・カレンダーは、英国王立気象学会の専門家を前に、産業活動によって排出される大気中の$CO_2$の濃度がわずかに上昇している、と報告した。専門家たちは、当時大気中の微量な$CO_2$濃度を正確に測定できていなかったので、この報告には懐疑的であった。この大気中の$CO_2$濃度測定問題は、チャールズ・デイヴィッド・キーリングが一九五八年からハワイ島のマウナロア山の観測所で継続的に測定を始めることによって解決された。その他、物理化学者で原子核物理学者のハンス・ズュース（Suess）は、一九五五年、放射性炭素測定法を用いて過去に排出された$CO_2$を現代の大気中に発見したと発表し、その一〇年後に測定の精度を上げるのに成功している。ズュースと海洋学者のロジャー・レヴェルは共同執筆の論文で、五七年時点の状況に基づき、今後数世紀の間大気中の濃度は増加し続けるが、海洋に吸収されるので、大気中の$CO_2$の濃度は全体として四〇%あるいはそれ以下の増加にとどまると推測した。しかし、レベルは、$CO_2$濃度は「産業の燃料燃焼が幾何級数的に増大し続けるなら、今後何十年もの間に深刻な意味をもつかもしれない」と注記し、「人類は今、ある種の大規模な地球物理学的実験を実施しつつある。その実験は過去には起こりえず、未来に再現される事も不可能だ」（Weart, 2008, p. 29; ワート、二〇〇五、四二頁）と結論づけた。

以上のような科学的な知見の蓄積とともに、複雑な地球の気象現象を学際的に研究できるような制度化も少しずつ発展していった。一九世紀後半に国際気象機関が設立されていたが、一九一九年に国際測地学・地球物理学連合が設立された。さらに、第二次世界大戦後の協調的な国際政治経済体制作りが進むなか、科学者間でも国際秩序と平和のために科学の貢献が熱望されていた。このような気運のなか、四七年に世界気象条約が採択され、気象問題が政府間の問題として認識されるようになり、国際気象機関は世界気象機関（World Meteorological Organization: ＷＭＯ）として生まれ変わった。しかし、世界の気候を地球システムの一環として捉えるためには一つの国際機関の設立のみでは不十分であった。その意味で、国際科学会議（International Council for Science: ＩＣＳＵ）が主催した一九五七〜八年の国際地球観測年（Internatinal Geophysical Year: ＩＧＹ）は非常に重要で、南極、海洋、大気、そして宇宙の観測など、地球全体を一つのシステムとして全体的に見る科学的研究への国際的協力が初めて実施された（Soroos, 2005, p. 24）。その後、気候変動問題が国際政治課題になるまでには、さらに長い時間と科学的論争を要した2。

気候変動問題についての国際的な審議は、一九八五年オーストリアのフィラハで開催された国際的な科学的協議に始まり、八八年六月のトロントＧ７を経て国際政治課題にのぼった。その後の動きは早く、同年一一月に気候変動に関する政府間パネル（Intergovernmental Panel on Climate Change: ＩＰＣＣ）が世界気象機関（ＷＭＯ）と国連環境計画（UN

Environmental Programme: ＵＮＥＰ）によって設置され、地球温暖化に関する科学的、社会経済的影響評価などについて九〇年八月には中間報告を発表している。次いで、同年一二月に設置された気候変動枠組条約に関する政府間交渉（ＩＮＣ）の場で条約交渉が行われ、九二年五月にかけて実質六回の会合を重ねて条約作成作業が完了した。こうした一連の政府間交渉に方向性を与えるのがＩＰＣＣの気候変動の影響評価であるので、以下に現在の地球の気候変動に関する最新の報告書の内容を概観しておこう。

気候変動に関する政府間パネル（ＩＰＣＣ）の目的は、気候変動の科学的根拠の評価、その影響と将来のリスク評価ならびに緩和と適応のための選択肢を政策立案者に提供することである。気候変動問題の科学的評価に関しては第一作業部会（Working Group: ＷＧⅠ）が、その影響と将来のリスク評価は第二作業部会（ＷＧⅡ）が担当している。そして、第三作業部会（ＷＧⅢ）は気候変動の緩和策ならびに適応策について検討する。各レポートの評価内容の作成に関しては、一九五の加盟国や地域の何百人もの（ボランティアの査読者も含めると一〇〇〇人以上の）科学者や専門家が関わるので、気候変動問題について世界で最も権威がある科学的影響やリスク評価と緩和策ならびに適応策を検討する機関と言える。ＩＰＣＣの設立以来、これまでに、一九九二年、九五年、二〇〇一年、そして〇七年に報告書が作成された。そして今回五度目として、一三年九月にＷＧⅠの科学的影響評価が、一四年三月末にＷＧⅡの影響と将来のリスクに関する知見がまとめられた。そして同年中にはＷＧⅢの緩和策や適応策についての報告書ならびこれら三つの作業部会の報告書の統合版が作成された。ここで、簡単に最新のＷＧⅠとＷＧⅡの報告書そしてＷＧⅢ報告書案の主な内容を確認しておこう。

二〇一三年九月のＩＰＣＣ総会で承認された第五次評価報告書（ＡＲ５）の第一作業部会（ＷＧⅠ）報告書はこれまでの第一次から第四次報告書の内容をさらに確認するものであった。重要な点は以下の通りである。

・地球の気候システムの温暖化は明白である。大気と海洋は暖まり、雪と氷の量は減り、海面は上昇し、温室効果ガスの濃度は増加している（IPCC, 2013, pp. 4-12）。

・大気と海洋の温暖化、地球の水循環の変化、雪氷の減少、そして地球の平均的な海面上昇における人間の影響が認められる。人間の影響の証拠は前回の第四次報告書以降増えている。人間の影響が二〇世紀半ば以降観察された温暖化の支配的な要因であった可能性が極めて高い（*extremely likely*: 九五～一〇〇の確率）（IPCC, 2013, p.17）[3]。

・AR5で新たに採用された四つの代表的な濃度経路（the Representative Concentration Pathways: RCPs）のシナリオによれば[4]、今世紀末までの世界平均気温の上昇の範囲は〇・三℃～四・八℃で、海面水位の上昇は〇・二六～〇・八二mの範囲で変化する可能性が高い（IPCC, 2013, pp. 19-26）。

・これまでに排出された$CO_2$の累積が今世紀終わりとその後の地球表面の平均的温暖化を大いに決定づける。$CO_2$の排出を今止めても、気候変動のほとんどの状況は持続する（IPCC, 2013, p. 27）。

以上の指摘によれば、人為的な温室効果ガスの排出による地球の温暖化とそれに起因する気候変動はかなり進行していて、今行動を起こしてもその影響から当分の間逃れられない、ということである。しかし、手をこまねいて何もしないと、状況はさらに悪化して取り返しのつかない事態に陥ることも明らかであるし、現時点で行動を起こさないことに対する将来の経済的コストは法外なものになる、という報告もある（Stern, 2007）。したがって、気候変動を抑制ないし緩和するためには、温室効果ガスの大幅な排出削減を継続的に行っていくことが私たちに求められている。

そうした抜本的で継続的な努力の必要を改めて私たちに認識させるのが、ＡＲ５の第二作業部会（ＷＧⅡ）報告書の内容である。同報告書の政策決定者向けの要約版にしたがって、気候変動の影響、脆弱性あるいはリスクと適応可能性に関する主な内容を概観しておこう（IPCC, 2014a）。このことは取りも直さず、国連気候変動枠組条約の第二条に書かれた本条約の目的の達成と深く関係する。すなわち「気候系に対して危険な人為的干渉を及ぼすことにならない水準において大気中の温室効果ガスの濃度を安定化させることを究極の目的とする。そのような水準は、生態系が気候変動に自然に適応し、食糧の生産が脅かされず、かつ、経済開発が持続可能な態様で進行することができるような期間内に達成されるべき」、という目的である（山本草二、一九九六、三二二頁）。

近年、気候変動がすべての大陸と海洋の自然と人間システムに影響を与えていることが明らかになってきている。多くの地域で降雨のパターンの変化や雪氷の溶解によって水の循環に変化をきたし、その結果、水資源の水量と水質の両方に影響を与えている。また、進行中の気候変動に対応すべく、多くの陸上・淡水・海水の生物種が、地理的な生息地、季節ごとの活動、移動パターン、種の生物量、異種間の相互作用のあり方を変えてきている（IPCC, 2014a, p. 6）。

領域別にもう少し気候変動に伴うリスクを見てみよう。淡水のリスクは温室効果ガスの濃度の上昇とともに明確に増大する。二一世紀中の気候変動は、ほとんどの乾燥地帯の地表の再生可能な水や地下水資源を減らし、（農業や民生用などの間での）水の奪い合いが激しさを増す。陸生と淡水種の生物の多くが、二一世紀中とそれ以降の予想される気候変動によって、特に、それが生息地の変化、過度の搾取、公害、外来種の侵入などの他のストレス要因と互いに影響し合うと、絶滅の危機に直面するリスクが増える。人為的な温室効果ガスの中位と高位の排出シナリオ（ＲＣＰ四・五と六・〇ならびにＲＣＰ八・五）に伴う気候変動の規模と度合は、今世紀中に、湿地帯を含む陸生と淡水の生態系の組成・構造・機能における突然かつ修復不可能な地域規模の変化という高いリスクを引き起こす（IPCC, 2014a, pp. 15-6）。

海面上昇に伴うリスクも憂慮すべき問題で、特に、沿岸システムと低地地帯の気候変動リスクは高い。二一世紀とそれ以降にわたる海面上昇予想によれば、沿岸と低地地帯は、浸水、沿岸の洪水、沿岸浸食などのリスクに直面する。環境の変化に敏感な地域において、海洋に棲む生物種の再分布や海洋の多様性の減少は、持続可能な漁業や他の生態系サービスの提供を難しくする[5]。温暖化の中位と高位の排出シナリオ（ＲＣＰ四・五と六・〇ならびにＲＣＰ八・五）では、海水の酸性化は海洋の生態系のリスク要因となる。すなわち、これらのシナリオによる海洋の酸性化の進行は、植物プランクトンから動物にわたる個別種の生理機能、習性、個体群の成長の型（population dynamics）への影響を伴い、特に、極地生態系や珊瑚礁に重大な脅威を与える（IPCC, 2014a, pp.16-7）。地上の大気における酸性雨問題は一九七〇年代から大きな国際問題になってきたが、ついに海洋の酸性化のリスクが問題になるまで人間の自然環境への干渉が及んでいることに対して、危機意識を高めざるを得ない。

私たちに気候変動のリスクをより身近に感じさせるのが、気候変動が食糧生産に与える影響である。温暖化によって利益を受ける地域もあるが、温暖化対策を採らないと、麦、米、ともろこしなどの主要穀物生産は温暖化の悪影響を受ける。一八世紀の産業革命以前の地球平均気温から二℃の上昇あるいは二〇世紀末の平均気温より高い水準において、人類の主食穀物の収穫量が減少するリスクが高くなる、ということである。そうなると食糧へのアクセス、食糧利用、価格の安定化などの食糧安全保障の全側面に関係する悪影響が懸念される。また、海洋漁場の高緯度への移動は、食糧安全保障問題とも関連する熱帯地域諸国における漁獲量・所得・雇用の減少のリスクを引き起こす（IPCC, 2014a, 17-8）。農業や漁業などの第一次産業に大きく依存している比較的開発が遅れた地域の人々ほど、気候変動のリスクへの対応が難しいので、こうした地域の人々の対応力を高める適応能力強化の支援が求められている。

人間の居住地域での気候変動のリスクも増大傾向にある。残念ながら、発展途上国で人口密度が高く、上下水道や電気・ガスなどの社会的インフラの未整備な都会ほど、気候変動のリスクに対して脆弱である。都会での気候変動のリスクには、熱波、豪雨、内陸や沿岸地域での洪水、地滑り、大気汚染、干ばつ、水不足などがあり、人々の生命、財産、そして地域の生態系がこうした気候変動のリスクに晒されている。都会の気候変動リスクへの適応としては、異なった社会レベルでの効果的なガバナンスが求められる。つまり、地方自治体や地域のコミュニティの適応能力を高めるような政策と誘引策や、民間セクターとの協同、適切な財政支援や社会制度開発が必要とされる。また、低所得者グループや脆弱なコミュニティの適応能力・発言力・影響力を高めることと地方行政府とのパートナーシップも不可欠であろう（IPCC, 2014a, p.18）。さらに、発展途上国の地方の農業地帯では、気候変動による水の入手可能性、食糧安全保障、農業収入への影響が懸念される。例えば、降雨量の変化などの気候変動の影響による生産地域の環境変化によって、食糧農産物やその他の農産品の生産に影響を与える（IPCC, 2014a, p.19）。こうした地域ごとの変化に適応できるような地域の取り組みを中心とした対応が求められるが、土地がそれほど肥沃ではなく、女性が労働の中核的役割を担う貧しい農村地帯では、財政的な面も含めあらゆる点で大変厳しい状況にあることが想像に難くない。こうした地域の気候変動のリスクに対して脆弱な人々にとって、きめ細やかでその土地の人々が最大の利益を得られるような国際的な支援が必要である。

社会や私たち個人に対しても気候変動のリスクは存在する。地球の温暖化に伴い人間の健康被害や温暖化に起因する間接的な傷害も増大すると予想されている。例えば、より激しさを増す熱波による都市部での熱中症の被害の増加や山間部での自然火災による死傷者の増加、貧しい地域での農産物生産の減少による貧困の結果としての栄養不良、マラリアなどの伝染病の増加などである。さらに状況が悪化すると、人間安全保障（human security）問題へと発展することも懸念される。つまり、気候変動のリスクにさらされ、居住区からの立ち退きを余儀なくされることも二一世紀を通して起こると予想されている。こうしたことは都市部と地方とを問わず、特に貧しい地域において、短期的に極端な異常気象に遭遇した場合、また、気候変動による長期的な住環境の変化のために、他の地域への移住を強いられるリスクが増大する。最悪の場合、他の経済・社会的要因と重なって、気候変動による大勢の人々の移住が暴力的な紛争を引き起こすリスクを増大させる可能性も指摘される。さらに、多くの国の主要なインフラや領土保全に与える気候変動の影響が国家の安全保障問題に関わることも想定される。海面水位の上昇による土地の浸水によって小島嶼国や沿岸線の長い国において領土保全に対するリスクが生じる。国境を越えた気候変動の影響もあり得る。海洋の雪氷、共有の水資源、遠洋漁業資源における変動が、関係する国々の間の資源の奪い合いを助長する可能性がある。しかし、その場合、強健な国内や国際的制度が協力関係を強化して、こうした多くの競合関係を管理することも可能である（IPCC, 2014a, 20-1）。

最後に、気候変動と人々の暮らしと貧困問題に対しても私たちの注意を向ける必要がある。二一世紀中、気候変動の影響が経済成長を抑えることが予想され、貧困の削減、食糧安全保障、長引く既存の貧困や新たなに出現している途上国の都市部の貧困をさらに悪化させる。食糧を購入しなければならない途上国の都市や地方の貧しい賃金労働者は、食糧安全保障上のリスクが高くて社会的に不平等な状況に置かれ、食品価格の高騰に対して脆弱である。貧困と多次元の不平等の解消に取り組むなら、生活扶助プログラム、社会保障制度、災害リスク管理が、貧しく周縁に追いやられた人々の生活力を強化するだろう（IPCC, 2014a, p. 21）。言うは易く行うは難し。人類社会の永遠の課題である貧困問題に、現代人は、これまで多くの恵みを与えてくれた安定した地球の気候システムを自ら乱すという、新たな危険を追加している。

二〇一四年四月七～一二日、ベルリンで開催された第三九回IPCC総会で第五次評価報告書（AR５）の第三作業部会（WGⅢ）報告書が受諾され、その「政策決定者向け要約」（最終草稿）（SPM）（IPCC, 2014b、文科省等、二〇一四）が承認されるとともに一般に公表された。前述したように、WGⅢは、温室効果ガスの抑制および削減による気候変動緩和策やその評価などを行う。今回の報告書の特徴は、二一〇〇年までに大気中の温室効果ガスの濃度を四五〇ppm（すべての温室効果ガスを$CO_2$換算）以下に削減するという目標達成までに、この目標値を超えてしまう場合（オーバーシュート）のシナリオも多く検討している点である。大気中の温室効果ガスの濃度を四五〇ppm以下に抑えるということは、地球の平均気温の上昇を産業革命前から二℃以下に抑えることの目安となっているので、オーバーシュートの影響が懸念され、早期の温室効果ガス排出削減の重要性が強調されている。以下、政策決定者のための要約の主要点を確認しておこう。

まず、気候変動の緩和のアプローチとして（IPCC, 2014b, pp. 4-6）、気候政策の評価のために持続可能な発展と衡平性を基準として気候変動のリスクに取り組むための必要性を強調している。また、気候変動問題は地球規模における集合行為問題であるという認識から、同問題の緩和のための国際協力の必要が指摘されている。さらに、気候変動の緩和と適応策には経済的な評価が一般的ではあるが、衡平、正義、公正（equity, justice, and fairness）という問題も関わり、多くの気候政策の領域には価値判断や倫理的考慮が不可欠なことにも言及している。

次に、温室効果ガスのストックとフローおよび排出の要因について（IPCC, 2014b, pp. 6-9; 文科省等、二〇一四）、中・長期の傾向が紹介されている。人為的な温室効果ガスの排出量は、一九七〇年から二〇一〇年にかけて増加し続け、全体の排出量の七八％が化石燃料の燃焼と産業プロセスにおける$CO_2$の排出であり、直近の一〇年間の温室効果ガス排出量が最も多い。また、この四〇年間に人為的に排出された$CO_2$は、一七五〇年から二〇一〇年までの排出量の約半分を占める。化石燃料の燃焼による$CO_2$排出量増加の主要因は経済成長と人口増加であるが、経済成長による寄与度の方が人口増加のそれより大きく伸びている。現在の政策の追加的気候変動緩和策を採らないシナリオでは、二一世紀末における地球表面の平均気温は、産業革命前の平均気温より三・七〜四・八℃（中央値、気候の不確実性を考慮すると二・五〜七・八℃）上昇する。

持続可能な発展の状況における緩和の経路と緩和策について（IPCC, 2014b, pp. 10-8; 文科省等、二〇一四）、WGⅢは、まず、様々な長期的緩和経路を検討している。二一〇〇年までの緩和シナリオには、大気中の温室効果ガス濃度が$CO_2$換算で四三〇〜七二〇ppmを超える水準のものを含めている。産業革命前に比べて二℃未満の気温上昇に抑える可能性の高い（六六％以上の確率）シナリオは、二一〇〇年までの大気中の温室効果ガス濃度を$CO_2$換算で約四五〇ppmに抑えるものである。そのためには、二一〇〇年の人為的な温室効果ガスの排出量を五〇年の排出量から四〇〜七〇％削減する必要がある。同シナリオを達成するためには、エネルギー効率の飛躍的な改善、再生可能エネルギーの普及と原子力エネルギーの活用、二酸化炭素の隔離・貯留（以下、炭素隔離貯留：CCS）またはCCS付きバイオエネルギー（BECCS）を採用したゼロカーボンおよび低炭素エネルギー供給を、五〇年までに一〇年の三倍から四倍近く増大させる必要が指摘されている。二一〇〇年までに大気中の温室効果ガスの濃度を約四五〇ppmに抑えるシナリオのうち、一時的にオーバーシュートするシナリオでは、濃度が五〇〇ppmから五五〇ppmになるものが多い。四五〇ppmシナリオの経済的コストは、経済成長優先の追加的政策を行わないシナリオ（一〇〇年間に消費が三〇〇〜九〇〇％以上増大するベースライン・シナリオ）に比べ、二〇三〇年で一〜四％（中央値：一・七％）、五〇年で二〜六％（中央値：三・四％）、二一〇〇年で三〜一一％（中央値：四・八％）の消費の損失で、ベースライン・シナリオの年間一・六〜三％の消費拡大率と比べて〇・〇四から〇・一四ポイント少なくなる。

部門別ならびに部門横断的な緩和経路と対策については（IPCC, 2014b, pp. 18-27; 文科省等、二〇一四）、部門横断的な緩和経路と対策、エネルギー供給、エネルギー最終消費部門、農業・林業とその他の土地利用（Agriculture, Forestry and Other Land Use: AFOLU）、人間居住・インフラストラクチャーならびに空間利用計画が主な項目である。部門横断的な緩和経路と対策について特に指摘しておきたいことは、インフラの開発や長寿命製品は、温室効果ガスの排出経路を固定化してしまうので、温室効果ガスの排出の少ないものを早期に選択することが肝要だ、ということである。

エネルギー供給部門からの直接の$CO_2$排出量は、二〇一〇年の一四・四Gt／年から五〇年にはその約二〜三倍になると見込まれている。多くの再生可能エネルギーの性能の向上とコスト低減を達成し、大規模に普及しそうな成熟した再生可能エネルギー技術の数も増え続けている。原子力エネルギーについては、成熟した温室効果ガスの排出の少ないベースロード電源ではあるが、一九九三年以降、世界の発電に占める割合は減少していて、低炭素のエネルギー供給に貢献し得るが、各種の障壁やリスクが存在することを指摘している。天然ガスの利用拡大によって、既存の標準的な石炭火力発電を最新の高効率天然ガス複合発電や熱電併給発電（コジェネレーション：CHP）で置き換えることができれば、温室効果ガスを大幅に削減できる。四五〇ppmシナリオでは、CCSを伴わない天然ガス発電は「つなぎ」として捉えられ、五〇年までは増加するが、その後現在の水準以下に低下し、今世紀後半には減少するという経路を描いている。

エネルギーの最終消費部門において、二〇一〇年における運輸部門による$CO_2$の直接の排出量は六・七Gtで、最終消費全体の二七%を占めていて、ベースライン・シナリオでは五〇年までに倍増すると見込まれている。しかし、あらゆる輸送様式のための技術および行動緩和政策と合わせて新しいインフラと都市再開発投資が、五〇年までにベースラインよりエネルギーの最終消費を四〇%削減できるとしている（IPCC, 2014b, pp. 22-3）。他方、建築部門による二〇一〇年の直接および間接の温室効果ガスの排出量は八・八Gtで、全体の最終消費の三二%で、ベースライン・シナリオによれば、二一世紀半ばまでに同部門からの排出は五〇～一五〇%増大すると予測されている。しかしこの部門でも、改善の余地は多くあり、建築基準や家電製品の省エネ基準などによるエネルギーの効率化が温室効果ガス削減に効果的であることが知られていて、実際、多くの国ですでに実施されている。例えば、冷暖房のエネルギー効率の改善で、すでに五〇～九〇%の排出削減が実現している一方、消費者の行動変容でも五〇年までに最大五〇%の削減が可能であるとしている（IPCC, 2014b, pp. 23-4）。

二〇一〇年時点の産業部門の温室効果ガス排出量は一三Gtで世界全体の最終エネルギー消費の二八%を占めていて、建築部門と同様にベースライン・シナリオによれば、二一世紀半ばまでに五〇～一五〇%排出量が増大すると予測されている。しかし、今回の報告書によれば、最新の技術が利用されていない産業やエネルギー集約型の産業では、広範な技術の改善や最新の技術と置き換えることによって、直接的に温室効果ガス排出を約二五%削減することが可能である。産業部門からの温室効果ガスの排出のほとんどは$CO_2$であるが、それ以外の温室効果ガス削減の機会も増大している。企業間そして部門横断的な体系的アプローチと協同行動が、エネルギーと材料消費の削減と温室効果ガスの排出の削減を可能にすると指摘している。報告書は、廃棄物管理における重要な緩和策は、再利用、リサイクル、そしてエネルギー回収であることも強調している（IPCC, 2014b, pp. 24-5）。農業・林業そしてその他の土地利用（AFOLU）からの人為的な温室効果ガス排出については、森林伐採、土壌・肥料管理（亜酸化窒素）・家畜（メタン）からの排出が問題となる。農業・林業そしてその他の土地利用は、食糧安全保障と持続可能な発展に極めて重要な役割を果たす。林業における最も費用対効果の高い緩和策は、再植林、持続可能な森林管理である一方、農業においては畑作地や牧草地の管理ならびに有機農業用の土地の復元である。バイオエネルギーは、気候変動緩和にとって重要な役割を担うことができるが、その利用の持続可能性やバイオエネルギーシステムの効率性といったことを考慮する必要がある（IPCC, 2014b, pp. 25-6）。

持続可能な発展の状況における緩和の経路と緩和策に関する最後の項目は、人間居住・インフラストラクチャーならびに空間利用計画である（IPCC, 2014b, pp. 26-7）。二〇一一年現在、世界人口の五二％以上が都市部に居住していた。二〇〇六年のデータではあるが、エネルギー消費の六七～七六％を都市部が占め、エネルギー消費関連の$CO_2$排出が七一～七六％であった。二〇五〇年までの都市人口は五六～七一億人に増加すると言われていて、世界人口の六四～六九％を占めることになる。今後二〇年間に多くの途上国で都市化が進むと見られるので、エネルギー効率の良い住宅の提供、インフラの整備、そして持続可能な都市計画を進める絶好の機会である。ただ、そうした地域では、ガバナンス、技術、財政ならびに制度面で能力に欠ける嫌いがある。

最新の第三作業部会の報告書要約では、前回のＩＰＣＣの報告書のＡＲ４以降、緩和政策と諸制度ついて、複数の政策目標の統合によって互いの利益の増大を図りつつ、負の影響を減らすように政策や制度設計を行うことに注目が集まっている（IPCC, 2014b, pp. 27-30；文科省等、二〇一四）。温室効果ガスの大幅な削減にはそのための投資が不可欠である。気候緩和や適応関連の、いわゆる気候財政は、世界で年間三四三〇億～三八五〇億ドルになると言われていて、そのほとんどが緩和策の方に向けられている。政策に関して言えば、エネルギー効率基準やラベリングなどの規制アプローチや情報提供プログラムが広範に利用されていて、効果も高い。ＡＲ４以降、排出量取引制度も多くの国や地域で取り入れられているが、排出総量規制が緩いかあるいは実効性が確かめられていないものであったため、効果は限定的である。炭素税を実施しているいくつかの国では、それが技術革新や他の政策とともに温室効果ガスの排出と経済成長との連関を弱めている。つまり、経済成長する一方で、温室効果ガスの排出を抑えている、という効果を挙げている。また、必ずしも気候緩和のために導入されたわけではない燃料税が、多くの国で部門別炭素税として機能している。さらに、様々な分野における温室効果ガス排出関連活動への補助金削減は、社会経済状況にもよるが、排出抑制に寄与するとともに、技術支援策は重要な革新的な技術等の普及を促進することが指摘されている。

最後に、国際協力に関しては（IPCC, 2014b, pp. 30-1）、国連気候変動枠組条約（ＵＮＦＣＣＣ）が気候変動問題に取り組む主たる多国間フォーラムでほとんどの国が参加するものであることを強調している。京都議定書はＵＮＦＣＣの最終目標を達成するための教訓、特に、参加、実施、柔軟性メカニズム、環境に対する効果に関する教訓を提供することを指摘している。また、地域、国そして地方レベルの気候政策は潜在的な気候緩和と適応の便益を提供することを強調するが、他方、地域レベルや地球規模レベルに関わる、各種の地域イニシアティブが計画されるかあるいは実施されてはいるが、今日までのところ、地球気候の緩和への影響は限定的である、と結論づけている。

以上、ＩＰＣＣによる最新の気候変動の自然科学的な評価、その影響に関するリスク評価ならびに気候変動緩和策を概観した。端的に言って、状況はこれまで以上に悪化している。全体の印象としては、気候変動は、環境の変化に敏感で脆弱な自然環境と発展途上国の貧しい人々がより深刻な被害を被る、ということである。産業革命以来、ＣＯ$^2$をはじめとする多くの温室効果ガスを排出してきた豊かな国とそうした国を猛追して高度経済成長を続けている新興経済諸国が、人為的で追加的な地球の温暖化防止のために行動を起こす責任を有することに対しては誰も異論がなかろう。しかし、現実の国際社会では、確かな科学的知識が、国家間の国際協力形成を促すことはあるが、実効性のある政策に反映されるところまではなかなか影響しない。第三作業部会の報告書要約でも指摘されているように、気候変動問題は各国が自国の利益のみを追求して集団の利益を損なう集合行為問題であり、国際的な協力がなければ問題の解決が見出せない問題である。そこで、気候変動問題がいつどのように国際的課題となり、その後、この問題に国際社会がどのように取り組んできたかということを、現在の状況にも触れながら確認しておこう。

## 二　気候レジームの現状

### （一）国連を中心とした主な国際的な取り組み

前述したように、気候変動問題についての国際的な審議は、一九八五年オーストリアのフィラハで開催された国際的な科学的協議に始まり、八八年六月のトロントG７を経て国際政治課題にのぼり、九〇年一二月に設置された気候変動枠組条約に関する政府間交渉（ＩＮＣ）の場で条約交渉が行われ、九二年五月にかけて実質六回の会合を重ねて条約作成作業が完了した。そして、同年六月ブラジルのリオで開催された国連環境開発会議（ＵＮＣＥＤ：地球サミット）で国連気候変動枠組条約（ＵＮＦＣＣＣ）は調印に付され、その二年後の九四年に発効した。それを受けて翌年にベルリンで開催された第一回締約国会議（ＣＯＰ１）から議定書制定交渉が始まった。この会議で採択された「ベルリン・マンデート」は、交渉予定の議定書においては途上国の温室効果ガス削減義務を問わないことが約された。

一九九七年一二月に開催された京都会議（ＣＯＰ３）によって、京都議定書が採択され、二酸化炭素（$CO_2$）、メタン（$CH_4$）、一酸化二窒素（$N_2O$）、ハイドロフルオロカーボン（ＨＦＣｓ）、パーフルオロカーボン（ＰＦＣｓ）、六フッ化硫黄（$SF_6$）のなど六種類の温室効果ガスの排出規制とそれを達成するための柔軟なメカニズムなどの採用が決定した6。温室効果ガス排出削減義務に関しては、第一削減約束期間（二〇〇八〜一二年）に九〇年の排出レベルから、ＥＵ全体で八％、米国七％、そして日本は六％削減することが義務付けられた。排出削減義務を負う国は議定書附属書Ｂに記載されていて、OECD諸国（韓国を除く）やロシアや旧中・東欧社会主義国らの市場経済移行国など計三九カ国（米国を含む）で、平均五・二％の温室効果ガス排出削減義務を負う[7]。

その後二〇〇〇年一一月のCOP6を経て、〇一年の七月ドイツのボンで開催されたCOP6再開会合で、いわゆる議定書の中核的要素、すなわち、京都メカニズム[8]、吸収源[9]、途上国支援、遵守制度に関する基本的合意（ボン合意）が成立した。そして、同年一〇月から一一月にかけてモロッコのマラケシュで開催されたCOP7において、他の中核的要素に関する運用ルールの細目を定める文書が採択された[10]。しかし、翌〇一年三月に米国のG・W・ブッシュ大統領が、京都議定書は途上国に削減義務を負わせないこと、温暖化防止対策は米国経済にとって過大の負担となることなどを主な理由に、京都プロセスから離脱することを表明した。

気候変動枠組条約と京都議定書を中心とした国連プロセスを重視してきたEUや気候変動に対して脆弱な途上国は米国の議定書からの離脱に危機感を覚える一方、米国の復帰を重要視する日本やロシアなどが気候安定化レジームの将来を決定する立場に立った（日本とロシアの京都議定書批准過程については第五章で触れる）。

二〇〇四年一二月にアルゼンチンのブエノスアイレスで開催されたCOP10は、ロシアが同年一一月に議定書を批准し、翌〇五年の二月にはいよいよ議定書が発効するという事情を受け、長期的な取り組みに対する具体的な審議開始へ向けた動きが期待された。特に、京都議定書に掲げられた温室効果ガス削減期間以後の国際的な取り組みに関する審議開始に向けての交渉が期待されたが、産油諸国や米国の抵抗などにより、脆弱な開発途上国への資金援助方法の細目などとともに、これまで積み残してきた多くの課題が未解決のまま残った。ただし、〇五年中に一二年以降の（温室効果ガス排出削減）約束を考慮することを要請する議定書の規定を受けて、同年五月開催の第二二回科学技術助言補助機関（SBATA）会合の直後にセミナーを開催することが決まった。COP10の最大の特徴と言えば、気候変動の緩和という条約本来の目的に加えて、気候変動に対する適応が等しく議論されたことである。京都議定書発効後、次期枠組みの議論は同年モントリオールで開催のCOP11以降に展開されることになるが、以下の項で見るように、多様な多国間交渉のプロセスが出現する一方、温室効果ガス排出削減に向けての国際的な枠組み作りの交渉が難航する。

### （二）気候変動問題と複数の国際交渉プロセス

気候変動問題に対する国際的な取り組みの形成には、複数のプロセスが存在してきた。その中心的な枠組みは、国連気候変動枠組条約と京都議定書に基づく国連プロセスである。これらの枠組みを強く支持しているのが、小島嶼国、多くの発展途上国そしてヨーロッパ連合（EU）である。特にEUは、域内の排出量取引制度（EU／ETS）導入や二〇二〇年までの野心的な中期目標（削減二〇％・再エネ二〇％）を設定するなど、同問題について国際的なリーダーシップを発揮している。これに対して〇一年に京都議定書の枠組みから離脱した米国のG・W・ブッシュ政権は、「クリーン開発と気候に関するアジア太平洋パートナーシップ」（APP）や「エネルギー安全保障と気候変動に関する主要経済国会合」（MEM）の開催を主導して、気候変動問題に関する国際的な動きをけん制した。しかし、オバマ新政権になった米国は、MEMに代わって、〇九年三月に「エネルギーと気候に関する主要経済国フォーラム」（MEF）を立ち上げた[11]。さらに、主要先進国首脳会議（サミット）も重要な国際交渉の場である。ことに〇五年のグレンイーグルのG8サミット以降、「気候変動、クリーン・エネルギーおよび持続可能な開発に関する対話」（G20対話）が開催されるようになり、G8諸国とそれ以外の主要国による交渉のプロセスが新たに加わった。このように、京都議定書の約束期間以降、つまり一三年以降の国際協力体制作りは非常に複雑なものになった。

さらに、国連を中心とした次期枠組み作りは、ＵＮＦＣＣＣの締約国会議（ＣＯＰ）と京都議定書の締約国会合（ＣＭＰ）という二つの交渉トラックで行われて、これらの国連を中心とした国際交渉（国連プロセス）自体が複雑なものになっていった[12]。気候変動枠組条約下での次期枠組み交渉に関しては、まず、二〇〇五年モントリオールで開催されたＣＯＰ11において、「気候変動に対応するための長期的協力行動に関する対話」が設置され、〇六年から翌年にかけて四回の対話が開催された。その主旨は、京都議定書を批准していない米国も含めたすべての条約締約国が参加して、条約の目的である地球気候の安定のための長期的協力に関する対話を行うものであったが、国際交渉に直接関係する議論はできなかった。そこで、〇七年インドネシアのバリで開催されたＣＯＰ13で採択された『バリ行動計画』に基づいて、国連気候変動枠組条約に基づく長期的協力行動に関する特別作業部会」（ＡＷＧ－ＬＣＡ）が設置され、次期枠組み作りのための正式な交渉の場として〇九年までに作業をまとめることになった。

二〇〇五年の京都議定書第一回締約国会合（ＣＭＰ1）では、議定書の第三条九項の規定に基づいて、国連気候変動枠組条約附属書Ｉ国（先進工業国）による一三年以降の取り組みについて検討を始める、という合意が形成された。この合意を受けて、〇六年に「京都議定書に基づく国連気候変動枠組条約附属書Ｉ国の更なる約束に関する特別作業部会」（ＡＷＧ-ＫＰ）というワーキング・グループが設置された。このＡＷＧ-ＫＰでは、一三年以降の枠組みにおける附属書Ｉ国の対策が議論の対象であるが、京都議定書を批准していない米国は対象外となる。また、非附属書Ｉ国（発展途上国）の対策についての議論もできないことになっている。ただし、京都議定書の第九条では、同議定書の内容の見直しを定期的に行うことを定めていて、この条文に基づき議定書締約国会合（ＣＭＰ）に次期枠組みを検討する場が設けられた。言うまでもなく、ＡＷＧ-ＫＰと同様、米国は京都議定書を批准していないので、ＣＭＰの実質的な議論に参加できない。

とはいうものの、米国のオバマ政権は、国連プロセスにおける将来枠組み交渉に積極的に参加するようになり、二〇〇九年一二月にコペンハーゲンで開催されたＣＯＰ15／ＣＭＰ5での首脳会合では、オバマ大統領は交渉をまとめるよう努力した。ただ、最終合意を得る段階で、数カ国（ベネズエラ、キューバ、ボリビア、スーダン等）の途上国が、ＡＷＧ-ＬＣＡやＡＷＧ-ＫＰで積み上げられてきた交渉内容を蔑《ないがし》ろにするようなコペンハーゲン合意（"The Copenhagen Accord"）（二十数カ国の先進工業国、新興経済国、小島嶼国を含む途上国間の合意文書）には同意できないと、強行に反対した。その結果、ＣＯＰ15／ＣＭＰ5は、中・長期の温室効果ガス削減目標を設定するという当初の目標どころか、その将来枠組みに関する国際的合意形成もできず、全体会議として、同協定に「留意する」という判断を下すにとどまり、翌年のメキシコで開催のＣＯＰ16／ＣＭＰ6において将来削減目標の設定を目指すことになった。

メキシコのカンクンで開催されたＣＯＰ16／ＣＭＰ6は、当初の期待値が低かったことと、コペンハーゲンでの多国間主義交渉に対する信頼の失墜を回復するために、細心の注意を払った主催国のメキシコの議長の辛抱強さと議事進行の手腕もあり、予想以上に交渉が進展した。すべての主要経済国――中国、米国、ＥＵ、インド、ブラジルを含む約八〇カ国――の温室効果ガス削減目標や削減活動へのコミットメント、先進工業国は言うに及ばす、途上国の削減行動に対する監視・報告・検証と国際的な協議と分析メカニズムの制度化を図ること、グリーン気候基金の創設によって、二〇二〇年まで年間一〇〇〇億ドルの途上国支援などが締約国会議（ＣＯＰ）決定として採択された[13]。しかし、最重要課題の京都議定書第一約束期間以降の法的拘束力のある国際協力の枠組みのあり方や第二約束期間についての合意などは、南アフリカのダーバンで開催のＣＯＰ17／ＣＭＰ7に先送りされた。

二〇一一年一一月~一二月にかけて南アフリカのダーバン会議では、先進工業国のみが削減義務を負う京都議定書下での温室効果ガス削減義務を延長し（二〇一三年から五年あるいは八年間）、すべての加盟国が参加する拘束力のある新たな枠組みを一五年までに作成して、二〇年の発効を目指すとした「ダーバン合意」を採択した[14]。しかし、今回の締約国会議において中・長期の温室効果ガス削減目標を設定する法的拘束力のある国際協力体制の形成には至らなかった。前年のCOP16以来すべての加盟国が参加する枠組みを終始一貫求めてきた日本は、普遍的で法的拘束力のある枠組み作成の交渉には加わるものの、ロシアとカナダとともに、京都議定書の第二約束期間の削減義務を負うことを拒否した。

二〇一二年一一月〜一二月にかけてカタールのドーハにおいて、COP18／CMP8が開催された。同会議では、「条約に基づく長期的協力行動に関する特別作業部会（AWG-LCA）」、「京都議定書の下での附属書Ｉ国の更なる約束に関する特別作業部会（AWG-KP）」、そして「強化された行動のためのダーバン・プラットフォーム特別作業部会（ADP）」および二つの補助機関である「実施に関する補助機関（SBI）」と「科学上及び技術上の助言に関する補助機関（SBSTA）」での事務レベルでの交渉を経て、AWG-LCAとAWG-KPの作業は終了し、次年度以降ADPを中心に二〇二〇年以降の新しい法的枠組みについて一五年までの合意を目指すことになった[15]。ただし、AWG-KPを終了するためには、第二約束期間を開始するための京都議定書の改正や制度の強化が条件であったので、ダーバン会議では京都議定書第二約束期間の運用ルールは決まったが、同期間の削減目標や期間の長さについては合意ができなかった。そこで、ドーハでは、小島嶼国をはじめとする途上国が低い削減目標値で固定化されることを懸念して五年間の約束期間を主張したのに対して、EUは同域内の法制化の状況や二〇年からの新しい枠組みの発効を考慮して、八年間の約束期間を求めた。結局、八年間ということで妥協するとともに、一四年までに削減目標を引き上げるための修正が可能であるとした。第二約束期間を受け入れた国（EU加盟国、オーストラリア、カザフスタン、ベラルーシ、スイス、リヒテンシュタイン、ノルウェー、モナコ、ウクライナ）全体として一九九〇年比で二〇一三

～二〇年までに温室効果ガスの一八％削減を約束することになった（気候ネットワーク、二〇一三a、三～四頁）。米国とカナダは未加盟で、日本、ニュージーランド、ロシアは第二約束期間を受け入れなかった。他方、AWG-LCAでは、先進工業国の削減目標の引き上げを二〇一三～四年末までに、作業計画を補助機関会合の下で策定することが決まった一方、途上国も削減行動に関する作業計画を策定することになった。途上国に対する資金援助に関して、二〇年までに年一〇〇〇億ドル拠出するということに関して明確な合意は形成されなかった。また、特に脆弱な途上国における気候変動による損害と被害に対し、COP19で国際的なメカニズムの組織化をはかることが決まった（同上、六～七頁）。

二〇一三年一一月にポーランドのワルシャワでCOP19／CMP9が開催され、一五年までに新しい法的枠組みに合意するための作業計画の作成や短期的な排出削減努力の強化において具体的な成果が求められた。ダーバン・プラットフォーム特別作業部会（ADP）で、前者の目標達成に向けた第一の作業の流れ（Work Stream: WS1）と二〇年までの排出削減強化のための第二の作業の流れ（WS2）おいて今後の取り組みが議論された。二〇一五年合意（2015 Agreement）と称される第一の作業の流れ（WS1）では、二〇年の発効を目指す新しい法的枠組み（議定書か、その他の法的文書か、あるいは法的拘束力のある合意か）を一五年（COP21）までに合意するための交渉が行われている。二〇二〇年までの排出削減強化（Pre2020 Ambition）と称される第二の作業の流れ（WS2）では、各国の温室効果ガス削減目標や行動の見込みと二℃削減目標との間のギャップを埋めるために（この「ギャップ」については後述）、二〇年までの各国の行動目標の引き上げを求めるための交渉が行われている（気候ネットワーク、二〇一三b、二頁）。また、ドーハ会議で新たの制度的メカニズム創設が決まった途上国の「損失と損害」に対応するために、「損失と損害のためのワルシャワ国際メカニズム」という組織の設立と執行委員会の設立の合意が得られ、その構造や効果などをCOP

22で見直すことが決まった。
以上の中・長期目標設定のための二〇〇五年以降の多様な国際交渉プロセスの概要を図解すると、**図3―1**のようになる。

## 三　世界のエネルギー需給と排出量ギャップ

### （一）排出量ギャップ

気候レジームの現状は前節の通りであるが、実際、中・長期の温室効果ガス削減に向けてどれほどの実効性が担保されているのだろうか。二〇〇九年のコペンハーゲン合意の一環として、四二カ国の工業国と四四カ国の発展途上国が、二〇二〇年までの温室効果ガス削減を約束した。翌年のカンクンのCOP16で各国の削減目標が公約となり、「地球の平均気温を産業革命以前の摂氏二度以下の上昇に抑えること」を決定した。さらに、カンクン合意は、小島嶼国連合（AOSIS）らの強い要請を受けて、「地球の平均気温の上昇を摂氏一・五度に抑えることに関する入手可能な最善の科学的知見に基づいて長期的なグローバルな目標を強化すること」[16]という選択肢にも言及している。こうした目標は、前述の各国の削減目標に関する公約によって達成可能なのだろうか。

国連環境計画（UNEP）は、二〇一〇年以来毎年、主要排出国の公約の実効性について調査を行ってきている（UNEP, 2010, 2011, 2012, 2013, 2014）。二酸化炭素（$CO_2$）等の温室効果ガスが大気中に一〇〇年間存在し続けるために、二〇二〇年以前に排出のピークを迎え、それ以後、年間数%ずつ排出削減をしていく必要があることをまず認識しなければならない。その上で、結論から言えば、産業革命以降の地球の平均気温の上昇を二一世紀末まで二℃に抑

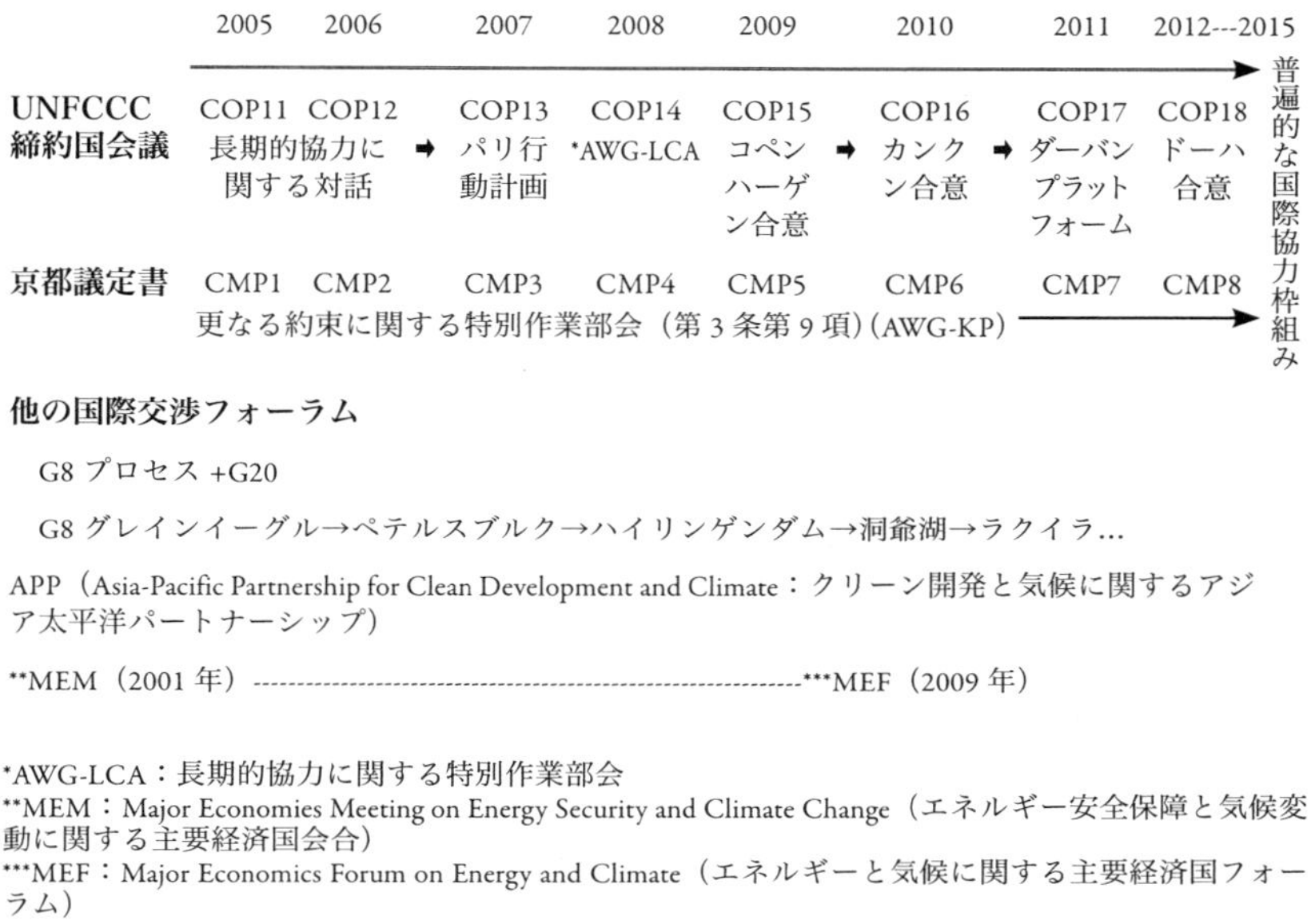

*AWG-LCA：長期的協力に関する特別作業部会
**MEM：Major Economies Meeting on Energy Security and Climate Change（エネルギー安全保障と気候変動に関する主要経済国会合）
***MEF：Major Economics Forum on Energy and Climate（エネルギーと気候に関する主要経済国フォーラム）

図３－１　多様な国際交渉プロセス

えるために必要な温室効果ガスの削減量と、二〇年までの中期削減目標に関する各国の現在の公約による削減量の間には隔たりすなわちギャップが存在するものの、エネルギー効率の向上や再生可能エネルギーの加速度的導入によってそのギャップを埋めて、削減目標を達成することは可能である、ということである。ただし、意欲的な取り組みの開始が遅れれば遅れるほど、目標達成が困難になるばかりか、対策費も跳ね上がることは言を俟たない。

二〇一四年に公表された第五次排出ギャップ報告書では、これまでと焦点を変えて、二〇年を超えて地球の平均気温の上昇を二℃以内にとどめるために排出が許される最大の$CO_2$排出の限度量（budget）を推計して、中・長期の削減目標の目安を明らかにしている。最新のIPCCの統合評価モデルの推計によれば、$CO_2$の排出がすべて人為的なものであるという仮定において、気温上昇二℃以内目標を高い確率（"a likely chance": 六六%以上の確率）で達成するために許容される排出限度量は約三六七〇ギガトン（Gt$CO_2$）で、一九世紀以来の$CO_2$の排出の約一九〇〇Gt$CO_2$とその他の温室効果ガスの排出量と合わせるとすでに約二九〇〇Gt$CO_2$を排出していて、残りの排出限度量は一〇〇〇Gt$CO_2$以下（約七七〇Gt$CO_2$）である（UNEP, 2014, pp. xiii-xiv）。この排出限度量アプローチとIPCCの統合評価モデルによって、気温上昇二℃以内目標のため、何時までに地球規模において年間の人為的な$CO_2$の排出が正味ゼロ（net zero）になる炭素中立（carbon neutrality）に到達する必要があるかということが分かり、それは、IPCCのAR5の推計によれば、概ね二〇五五年と二〇七〇年の間である（Ibid., p. xv）。しかし、$CO_2$以外にもメタン、亜酸化窒素やハイドロフルオロカーボンなどの非炭素の温室効果ガスも大気中に放出されるので、人為的なすべての温室効果ガスの排出正味ゼロ目標年は二〇八〇年と二一〇〇年の間ということになる（Ibid., pp. xv-xvi）。そして、この最終目標年までにすべての温室効果ガスの排出正味ゼロを達成するために、中間的削減目標の中央値としては、二〇二五年に四七炭素換算ギガトン［Gt$CO_2$e（＝equivalent）］、三〇年に四二Gt$CO_2$e、そして五〇年に二二Gt$CO_2$eまで温室効果ガスの排出を削減する必要が示されている。これらの排出量目標値を達成するために、一九九〇年と比較して、二〇二五年は二七％増、三〇年一四％増、五〇年には四〇％減であるが、二〇一〇年比では、二五年に四％減、三〇年に一四％減、五〇年に五五％減が要求される（表3—1参照）。

現時点で最新の二〇一二年における世界全体の温室効果ガスの排出量は、$CO_2$換算で年間五四ギガトン（Gt$CO_2$e）相当で（UNEP, 2014, p. xviii）、既存の気候変動緩和政策のみが実施された場合のシナリオ（a business-as-usual scenario：BaU）では、二〇年には五九Gt$CO_2$e、三〇年には六八Gt$CO_2$e、五〇年には八七Gt$CO_2$eと温室効果ガスの排出量は増大し続ける。このBaUシナリオにおける二〇二〇年時点の温室効果ガスの排出量の中央値の幅は五二〜五四Gt$CO_2$eで、二℃の範囲内に収めることのできる中央値である年間四四Gt$CO_2$eより排出量との間のギャップ

表3－1　気温上昇2℃以内を高い確率で達成するために要求される温室効果ガス排出水準（GtCO2e）

| 年 | 中央値 (Gt$CO_2$e) | 1990年 排出比較 | 2010年 排出比較 | 削減幅 (Gt$CO_2$e) | 1990年 排出比較 | 2010年 排出比較 |
|---|---|---|---|---|---|---|
| 2025 | 47 | +27% | -4% | 40 ～ 48 | +8 ～ +30% | -2 ～ -18% |
| 2030 | 42 | +14% | -14% | 30 ～ 44 | -19 ～ +19% | -10 ～ -39% |
| 2050 | 22 | -40% | -55% | 18 ～ 25 | -32 ～ -51% | -49 ～ -63% |

注：現在の排出量が54 GtCO2eでしかも増加しているので、これらの排出水準を達成するためには相当の排出削減が必要である。
出典：UNEP, *The Emissions Gap Report* (2014, p. xvi).

は、八～一〇Gt$CO_2$eある（UNEP, 2014, pp. xviii-xix.）。因みに、二〇一〇年の最初の報告書ではこのギャップが五～九Gt$CO_2$eであったことを思えば（UNEP, 2010, p. 12.）、これまでの排出抑制努力が不十分であることは言うに及ばず、主要排出国の追加的な温室効果ガス排出削減策の実施が遅れれば遅れるほど、二〇年までの削減量が増加し続け、その分だけ削減コストがかさむことになる。また、一九九〇年～九九年と二〇〇〇年～一〇年の一〇年間を比べた場合、先進工業国が世界排出量に占める割合は、五一・八%から四〇・九%に減少している一方、発展途上国のそれは四八・二%から五九・一%に増加している（UNEP, 2013, p. xi.）。すなわち、発展途上国からの排出が全体の約六〇%を占めるようになっているので、世界のすべての主要排出国が削減努力をしなければならない状況になってきている。

二〇〇九年にコペンハーゲンで開催のCOP15から翌年のCOP16でのカンクン合意以来、これまでに一〇年の世界の温室効果ガス排出量の七五%を占める先進工業国四六カ国と発展途上国の一六カ国が、二〇年までの自主的な中期削減目標を掲げている。本書で特に取り上げる主要国の公約について簡単に見てみると[17]、ドイツとデンマークが加盟するEUは全体として、二〇二〇年までに一九九〇年比で二〇%削減する、という目標を設定している。また、他の先進工業国が同様の排出削減目標を立てることと発展途上国も責任のある自らの能力に見合った十分な貢献をすることを条件として、一九九〇年比で三〇％削減を目指す目標を公約している[18]。さらに、ドイツとデンマークは、二〇二〇年までに一九九〇年比マイナス四〇％という野心的な削減目標を掲げている[19]。その後、二〇一四年一二月にペルーのリマで開催されたCOP20では、一五年三月末までに、各国が二〇年以降の温室効果ガス削減目標を国連気候変動枠組条約事務局に提出し、同年フランスのパリで開催されるCOP21において、二〇年以降の新たな国際協力の枠組み合意に向けて弾みをつけることになった。それに合わせて、ドイツとデンマークも加盟するEUは、二〇三〇年に少なくとも一九九〇年比四〇％削減する目標を提出している（香取、須藤、二〇一五a）。

温室効果ガス排出超大国の米国と中国の中・長期の排出削減目標はどうなっているのだろうか。オバマ政権に代わってから、前政権の対GDP単位当たりの温室効果ガス削減率ではなく、実質的な削減数値目標を掲げた。米国が二〇一〇年一月にUNFCCC事務局に提出した文書によれば、二〇年までに〇五年比一七％削減（二五年にマイナス三〇％、三〇年にマイナス四二％）、五〇年までに同年比八三％削減というものであった[20]。その後、米国は、COP21に向けて、二五年に〇五年比二六〜二八％削減する目標を掲げている（香取、須藤、二〇一五b）。他方、COP15／CMP5に出席した当時の中国の温家宝首相は、同会議開催以前の一一月に公表した気候変動政策を、再び表明した。その主な内容は、二〇年までにGDP当たりの$CO_2$排出量を四〇〜四五％削減する[21]、という自主目標である。この目標は、年率七〜八％の経済成長を保つために逆算された数値で、実質の$CO_2$総排出量は〇五年比一二七〜一四九％増になる、という指摘もある[22]。しかし、その後中国も、三〇年頃に温室効果ガスの排出が最高点に達し、それ以降は排出を削減するというより実質的な削減目標を掲げている（香取、須藤、二〇一五a）。

鳩山政権下の日本は、二〇〇九年に、すべての主要排出国が参加する公平で実効性のある将来枠組みの構築と「野心的」な中・長期目標に関する国際的な合意を前提に、二〇二〇年までに一九九〇年比二五％の削減目標を掲げてCOP15／CMP5の交渉に臨んだ[23]。しかし、一一年三月一一日の一連の福島第一原発事故によって、原子力に依存していた日本の気候変動対策の根幹が大きく揺らいだ。ワルシャワで開催されたCOP19／CMP9では、日本政府は、〇五年比で三・八％減へと、以前の一九九〇年比二五％削減からかなり後退した[24]。国連環境計画（UNEP）の二〇一三年度の排出量ギャップ報告書によれば、オーストラリア、中国、EU、インドそしてロシアは公約を達成しそうだが、カナダ、メキシコ、米国そして日本はさらなる削減努力や海外の削減分の購入が必要である、と指摘していた。

主要排出国の公約の実施に関して、UNEPの報告書は四つのシナリオを想定している。条件なしの公約で甘い規制の場合（ケース一）、条件なしで厳しい規制の場合（ケース二）、条件付きで甘い規制の場合（ケース三）そして条件付きで厳しい規制（ケース四）の四つのシナリオである。条件についてEUの中期目標を例に挙げれば、前述したように、他の工業国がEU同様の削減目標を立て、途上国もそれ相応の貢献をすることを条件として、二〇％減より野心的な一九九〇年比で三〇％減を目指すという公約を達成する場合である。その他の条件としては、米国の国内の政策決定過程に見られるように、いくら大統領府が国際的に意欲的な公約をしても、国際条約の批准を左右する上院議会がそうした公約の履行に反対する場合も十分にあり得るので、立法機関に対する行政の公約履行能力が条件となる。また、財政・技術的支援の有無の条件も削減公約の達成に影響する条件である。規制が甘いあるいは厳しいといった違いは、端的に言って、温室効果ガスの実質的な削減を促す規制かどうかの違いである。例えば、甘い規制シナリオでは土地利用・土地利用変化および林業部門活動や余剰排出量クレジットを削減に算入する場合で、厳しい規制の場合はそれを除外する場合である。土地利用・土地利用変化および林業部門活動とは、過去五〇

表３－２　公約実施とBaUの排出量比較および2020年時点の排出量ギャップ

| シナリオ | 公約のタイプ | 規制のタイプ | 中位の排出レベルと範囲（GtCO2e 年） | 2010 時点の BaU 比の排出削減量（GtCO2e 年） | 2020 時点で排出量ギャップ（GtCO2e 年） |
|---|---|---|---|---|---|
| ケース 1 | 条件なし | 甘い | 56(54-56) | 3 | 12 |
| ケース 2 | 条件なし | 厳しい | 55 (53-55) | 4 | 11 |
| ケース 3 | 条件あり | 甘い | 54 (52-54) | 5 | 10 |
| ケース 4 | 条件あり | 厳しい | 52 (50-52) | 7 | 8 |

出典：UNEP, *The Emissions Gap Report* (2013, p. xvii).

年間森林がなかった土地に植林する「新規植林」や一九九〇年以前に森林でなかった土地に植林する「再植林」（京都議定書第三条三項）あるいは森林管理・放牧地管理・植生の管理（京都議定書第三条四項）によって森林の$CO_2$吸収分を温室効果ガス削減に算入することである。

次に、以上の四つのシナリオに基づいて公約が実施された場合と産業革命以降の地球の平均気温の上昇を二℃以内に抑えるための削減目標値との間のギャップを見ておこう（UNEP, 2103）。ケース一の条件なしで甘い規制である二〇二〇年時点の年間温室効果ガス排出量の中位推定値は五六Gt$CO_2$eとなり、地球の平均気温の上昇を二℃以内に抑えるための目標値である、四四Gt$CO_2$eとの排出量ギャップは一二Gt$CO_2$eとなる。条件なしで厳格な規則が適用される場合（ケース二）では、二〇二〇年時点の年間の排出の中位推定値は五五Gt$CO_2$eで、約一一Gt$CO_2$eのギャップとなる。ケース三の条件付きの公約で甘い規則の場合、二〇年時点の年間の排出の中位推定値は五四Gt$CO_2$eで、一〇Gt$CO_2$eのギャップとなる。最後に、条件付き公約で厳格な規則の場合（ケース四）は、二〇年時点の年間の排出の中位推定値は五二Gt$CO_2$eとなるが、それでもギャップは八Gt$CO_2$eもある。いずれにせよ、地球の平均気温の上昇を二℃以内に収めるためには、世界の温室効果ガスの排出量が二〇年以前にピークを迎え、その後年間数％（約二・六％）

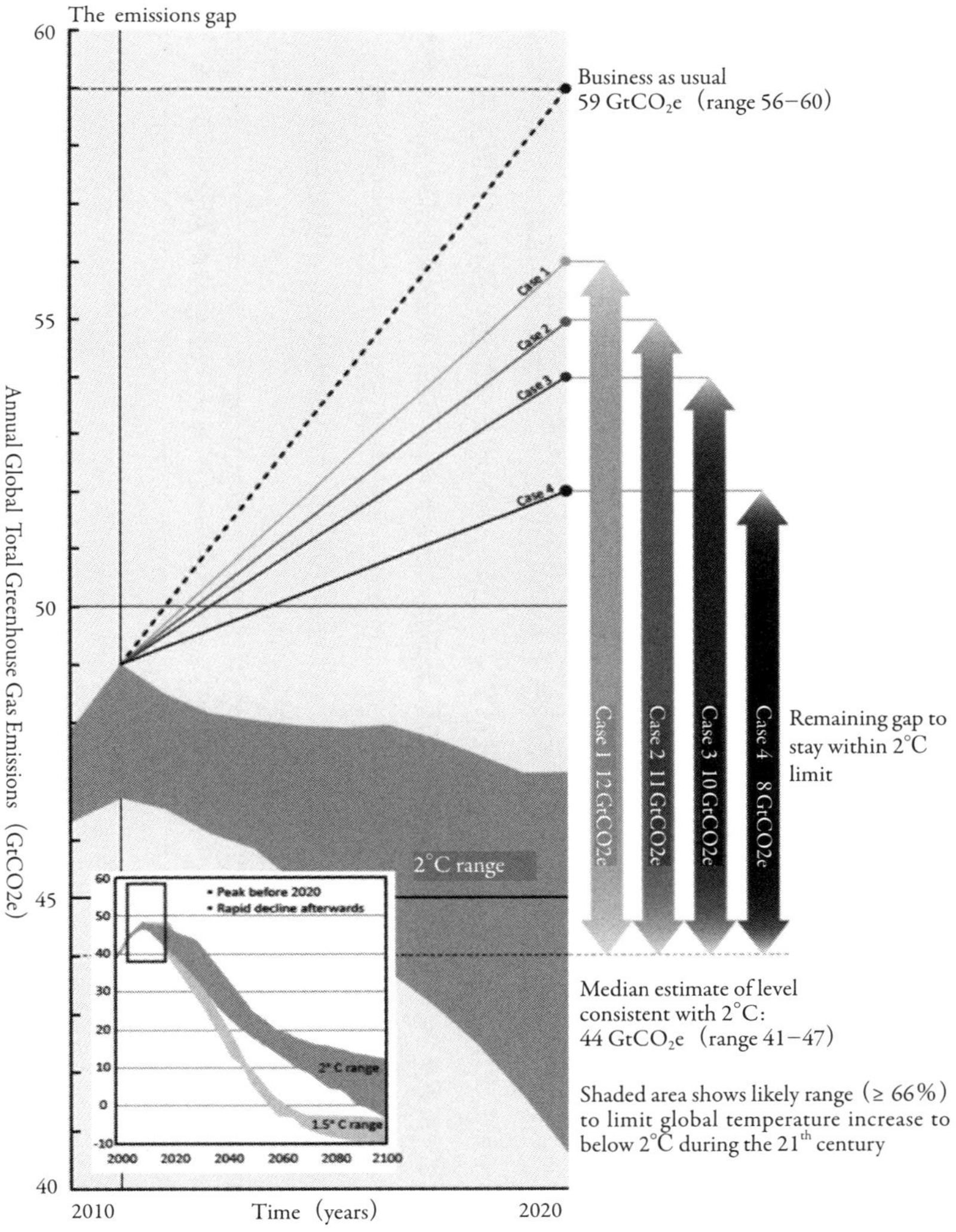


図３－２　排出量ギャップ

出典：UNEP, *The Emissions Gap*, (2013, p. xiv).

の割合で排出量を削減していかねばならない。ＵＮＥＰの報告書で描かれた上記の四つのシナリオの内容（表3―2）と、ＢａＵの排出トレンド及び公約実施の四つのケースの排出ギャップの図解（図3―2）は上記の通りである。

## 第二節　気候変動問題とエネルギー政策

### 一　排出量ギャップを埋める

人為的な温室効果ガスの排出量を削減するためには、あらゆる人間活動に関わるエネルギー利用を考慮する必要がある。気候変動の緩和策に関係するエネルギー利用は自ずと多様な産業セクターにまたがるものとなる。したがって、気候変動政策と深く関わるエネルギー選択について、原子力エネルギー、再生可能エネルギー、バイオマス燃料などについて個別に検討する前に、包括的な気候変動緩和政策とエネルギー利用について概観しておく必要がある。その手引きとして、前節のＵＮＥＰの排出量ギャップに関する報告書で扱われているギャップを埋める手段についての検討が参考になる（UNEP 2010, 2011, 2012, 2013, 2014）。温室効果ガスの排出とその削減に深く関わるのは、電力、産業、運輸、建築、林業・農業、廃棄物部門である。ＵＮＥＰの報告書では、各々の部門における最新の傾向を複数の調査研究報告書の成果から抽出して、各部門について将来の排出削減ポテンシャルを積み上げている。ただし、後述するように、すべての部門を取り上げるのではなく、特にエネルギー問題と直接に関係する電力・産業・運輸部門について詳述することにする。なお、ＵＮＥＰの二〇一三年の排出量ギャップ報告書でも一一年の報告書の排出削減ポテンシャルに関するデータを利用しているので、以下の記述については主に一一年報告書を参照した。

電力部門については、主に石炭から天然ガスへの燃料転換、再生可能エネルギーの活用の増大、原子力エネルギー利用、炭素隔離貯留（CCS）、火力発電所の効率の向上に焦点を当てている。

電力部門の燃料転換について、UNEPの報告書は、燃料を変えることによってどれほどの排出量の削減につながるのか正確なことは分かっていないが、エネルギー転換の中心は石炭から天然ガスになる、と指摘している。また、国際エネルギー機関（IEA）が、既存の政策シナリオでは二〇二〇年には石炭火力発電所が四二％も増加すると予測している（IEA, 2010）。もしすべての火力発電所が天然ガス利用に転換したならば、他の削減の選択肢がないBaUの場合より、二〇年の時点で一・九GtCO$_2$eの削減になると見込まれる。しかし、UNEPの二〇一一年の報告書では、石油等の他の選択肢もあるので、同報告書の電力部門でエネルギー転換による削減ポテンシャルは低めの〇・五から一GtCO$_2$eになっている（UNEP, 2011, p.33）。

UNEPの報告書では、再生可能エネルギーによる温室効果ガス削減における貢献はかなり高いが、原子力エネルギー利用による削減は見込まれていない。技術革新とコストの低下傾向を受けて、風力発電は二〇〇五年から一〇年にかけて二七％増大した一方、太陽電池発電量も同じ期間に四九％増大している（REN21, 2011）。また、気候変動に関する政府間パネル（IPCC）の再生可能エネルギーについての特別報告書では、二〇年の時点で発電部門での再生可能エネルギー利用が二一〜三八％の割合で増加すると予測されている（IPCC, 2011）。以上の再生利用拡大の予測などを踏まえ、UNEPの報告書では、再生可能エネルギー部門での削減ポテンシャルを一・五〜二・五GtCO$_2$eとしている（UNEP, 2011, p. 33）。原子力発電は、一一年時点で世界の電力生産の一三％を占めていて、IEAは、二〇二〇年には世界の発電量の一二・五〜一四・五％の間で推移する、と予測している（IEA, 2010）。ただ、昨今原子力発電所の建設が遅れていることや、原子力発電利用が減少するという報告（Deutsch, et al., 2009）もあること、さらに、福島原子力発電所の事故の影響も計り知れないので、UNEPの報告書では原子力エネルギーの削減ポテンシャルを特定していない（UNEP, 2011, pp. 33-4）。

電力部門の最後の温室効果ガス削減方法は炭素隔離貯留（CCS）であるが、二〇一一年時点での一四のプロジェクトと七四の追加的なプロジェクトを合わせても、〇・二Gt$CO_2$eの削減しか見込まれていない。UNEPの報告書では、より強力なCCS導入シナリオも加味して、〇・二〜〇・四Gt$CO_2$eの削減ポテンシャルを見込んでいる（UNEP, 2011, pp. 33-4）。

電力部門における以上の温室効果ガス削減ポテンシャルを積み上げると、二・二〜三・九Gt$CO_2$eとなる。

次に、産業部門の削減ポテンシャルを概観しておこう（UNEP, 2011, p. 34）。この部門からの温室効果ガスの排出は、生産工程における直接的な排出と間接的な排出に大別できる。前者については、鉄鋼・製紙・セメント産業などのエネルギー多消費産業が、各々の生産過程で直接的に化石燃料を燃やして温室効果ガスを排出することである。後者の間接的な排出は、生産過程における圧搾空気、空調、照明などによる電力消費に伴う間接的な化石燃料の燃焼による排出を意味する。

産業部門での排出削減の選択には、エネルギー効率の向上、温室効果ガス排出のより少ない燃料への転換（天然ガス、バイオマス、地熱、太陽熱など）、そして電気と熱を同時に供給するコジェネレーション（熱電併給）システムの活用などのエネルギー使用に直接関係するものがある。その他、材料の効率化、廃棄物の削減、部品のリサイクルや再使用など生産管理などにおける効率化や代替品の開発等が挙げられる。また、二酸化炭素の隔離なども選択のうちに入る。さらに、長期的には新しいタイプのセメントやコンクリート、再生可能なエネルギーから取り出した水素の利用などの革新的な技術の導入も視野に入れる必要がある。

多様で複雑な産業部門における温室効果ガス削減ポテンシャルを導きだすことは非常に難しい。しかし、例えば、ＩＰＣＣは、一つのシナリオで二〇三〇年までに年間三～六・三Gt$CO_2$eを削減できるとする一方、もう一つのシナリオでＵＳ一〇〇ドル／t$CO_2$e以下で年間二～五・一Gt$CO_2$e削減できると計算している（IPCC 2007）。最優良事例や利用可能な最良の技術の活用に基づいて下から積み上げていくような（bottom-up）アプローチで、削減ポテンシャルを見積もるという試算はなされていない。ただ、他の国際機関の調査（UNIDO 2010）でも、ＩＰＣＣなどが提示した削減シナリオを追認しているとして、ＵＮＥＰは、上記のＩＰＣＣの三〇年までの削減ポテンシャルの六〇～八〇％が実現すると仮定した上で、二〇年時点での産業部門での排出削減ポテンシャルを一・五～四・六Gt$CO_2$eと推定している（UNEP, 2011, p. 34）。

世界的に自動車が普及している今日、運輸部門での温室効果ガスの排出が急増している。この部門での削減ポテンシャルはどうなっているのだろうか。この部門での削減オプションは、車両の燃費の改善、電気自動車やバイオ燃料等の低炭素燃料車などの普及、公共交通機関へのモーダルシフト、さらにはコンパクト・シティーなどによる活動の削減（車両等による人の移動距離の縮小など）が挙げられる。

近年最も燃費が向上しているのは軽自動車であるが、これまでに米国、ＥＵそして中国で導入された車両の燃料効率基準によって、二〇二〇年時点で約〇・三Gt$CO_2$の排出削減になっている（UNEP, 2011, p. 35）。しかし、その頃には世界の道路を走る車両の台数が二〇億台以上になると予想されているので、さらなる燃費の向上が不可欠である。二〇年までの世界の運輸部門からの温室効果ガスの排出の半分ほどが工業国に起因するが、途上国での排出はそれまでに八〇％増加すると見られている。さらに、これらの増加分の七〇％を占めるのが、乗用車、トラックそして航空機である（UNEP, 2011, p. 35）。

運輸部門の削減ポテンシャルは、燃費改善（〇・四GtCO$_2$e）、バイオ燃料などの低炭素燃料の使用拡大（〇・一五GtCO$_2$e）、モーダルシフト（〇・八GtCO$_2$e）、活動の削減（〇・二五GtCO$_2$e）で、航空と船舶を除外して、概ね一・四〜二・〇〇GtCO$_2$eとなっている（UNEP, 2011, p. 35）。

最後に、建築部門、林業・農業部門そして廃棄物部門の削減ポテンシャルについて簡単に触れておく。商業施設や住宅で最もエネルギー消費が多くて温室効果ガスの排出に関係するのは、建物の冷暖房に使われるエネルギー消費である。ただ、断熱効果の高い建物、太陽発電や地熱などを利用してエネルギーを生産する住宅などの存在、建物内の設備の違いや電化製品の占める割合の違い、さらには建物の建て替え速度の遅さなど、建築部門での世界的な削減ポテンシャルを推定するのは非常に困難である。こうしたことを踏まえた上で、UNEPの報告書は、建築部門の削減ポテンシャルを一・四〜二・九GtCO$_2$eと見積もっている（UNEP, 2011, pp. 35-6）。

林業部門における気候変動緩和策は、森林の減少や劣化による温室効果ガスの間接的排出を減らすとともに、再植林、林業と農業を両立させるアグロフォレストリー、既存の森林の持続可能な管理などが挙げられる。これらの対策等による林業部門の削減ポテンシャルは、一・三〜四・二GtCO$_2$eと推定される（UNEP, 2011, pp. 36-7）。農業による気候変動緩和策には、耕作を減らすこと、肥料の投入の削減と肥料管理の改善、灌漑施設管理、畜産に起因するメタン・ガス排出の抑制などが含まれる。これらの農業部門の削減ポテンシャルは、一・一〜四・三GtCO$_2$eと見積もられている（UNEP, 2011, pp. 36-7）。

廃棄物からの温室効果ガス排出の九〇％ほどはメタンである。そのうちの半分はゴミ埋め立て地から、四〇％は廃水から発生する。残りの一〇％は廃水からの亜酸化窒素（N$_2$O）の排出である。これらの温室効果ガスの排出削減方法は多様かつ安価である。例えば、ゴミ埋め立て地からのメタン回収と利用、廃棄物焼却技術や廃水処理技術、

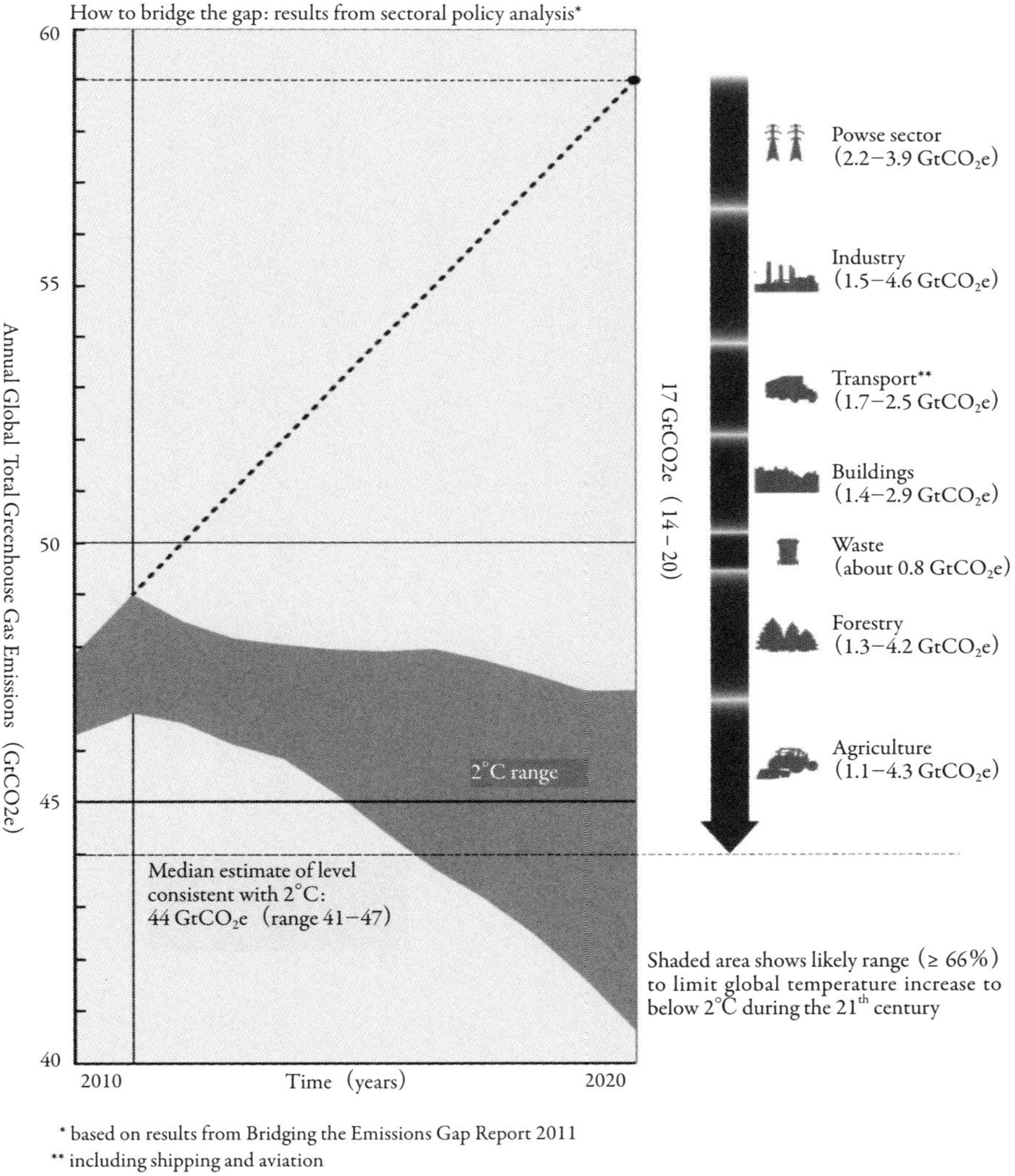


図3-3　どのように排出量ギャップを埋めるか
出典：UNEP, *The Emissions Gap*, (2013, p. xv).

ゴミを埋め立てないための堆肥化・嫌気性消化・再使用あるいはリサイクル技術など。こうした技術を駆使した削減ポテンシャルは、〇・八Gt$CO_2$eである（UNEP, 2011, pp. 37-8）。

要するに、二〇二〇年時点の電力、産業、運輸、建築、林業・農業、廃棄物部門の削減ポテンシャルは一〇〜二三Gt$CO_2$eとなり、その中位の推定値は一七±三としている（UNEP, 2011, p. 38）。この一七Gt$CO_2$eは、UNEPの二〇一三年の報告書で、公約達成のための削減策を実施しない場合（BaU＝五九Gt$CO_2$e）と二℃目標削減値（四四Gt$CO_2$e）との間の一五Gt$CO_2$eギャップよりも、さらに温室効果ガスを削減できる数値になっている。このことを分かりやすく図解したのが**図3―3**である。

さらに、二〇一四年の報告書では、マクロ的な視点から二〇三〇年までの排出削減ポテンシャルについて言及している。各国の中核的な開発戦略と気候政策を結びつけることによって、少なくとも二〇一〇年の六〇％に当たる二九Gt$CO_2$eの排出削減が可能であるとしている。こうした大幅な削減を可能にするために、例えば、各国政府が炭素税あるいは排出量取引（Emission Trading System: ETS）の導入によって燃料代の調整を行う政策や、年間六〇〇〇億ドル以上とも推計される化石燃料に対する補助金を削減ないし廃止する政策が有効とされる（UNEP, 2014, p. xxii）。また、二〇一五年から三〇年の間に、世界的な燃料効率の改善によって、一炭素トン当たり七〇ドルの想定で、基準排出シナリオ（BaUシナリオ）より二一〜四Gt$CO_2$e削減が可能で、特に、建物のエネルギー効率の向上、家電製品などの省エネ技術の進歩、運輸部門でのエネルギー効率の向上、さらには電力の送配電ロスの縮小などによる削減ポテンシャルに触れている（Ibid., pp. xxiii-xxv）。さらに、国の政策のみならず、地方自治体や民間企業などの非国家アクターの国際的なネットワークの広がりが、持続可能な発展、エネルギー・環境・気候変動問題の緩和に貢献する可能性が大きいことにも言及している（Ibid., p. xxi）。

以上のように、国連環境計画（ＵＮＥＰ）の排出量ギャップに関する報告書でも、今世紀末までの地球の平均気温の上昇を二℃以内に抑えることが可能であるということだが、毎年削減努力目標が高くなっていることを付言しておきたい。その上で、次項では世界の温室効果ガス排出の三分の二を占めるエネルギー部門について、国際エネルギー機関（ＩＥＡ）の最近の報告を参照しながら、世界のエネルギー需給見通しやエネルギー政策の観点から、将来のエネルギー問題と気候変動問題の関係を見ていきたい。

## 二　エネルギー政策から見た気候変動問題

二〇〇八年のリーマン・ショックに端を発し、ＥＵの財政危機へと続く世界的経済不況や「アラブの春」を震源とする中東の政治状況の不安定にもかかわらず、一〇年の世界のエネルギー需要は五％上昇した。他方、世界の人口増加の九〇％は発展途上国で起こっていて、世界人口の二〇％近くの一三億人が電気のない生活を強いられている（IEA, 2011a, 2013a）。また、世界の経済成長は不均等で、経済協力開発機構（ＯＥＣＤ）諸国の一一年の国内総生産（ＧＤＰ）の伸び率が一・五％ほどなのに対して、新興国は六・〇％である。さらに、ＩＥＡの『世界エネルギー見通し』（*World Energy Outlook*: ＷＥＯ）によれば、一〇年から三五年の間、非ＯＥＣＤ諸国が世界の経済生産の七〇％の拡大とエネルギー需要の九〇％の増加を占めると予測している。とりわけ、中国が世界で最大のエネルギー消費国の地位を確実なものとし、三五年にはアメリカのエネルギー消費を七〇％近く上回ると見られる。ただ、その時点でもなお、中国の一人当たりのエネルギー消費量は米国人の半分以下であるとされる。さらに、他の新興国であるインド、インドネシア、ブラジルそして中東諸国のエネルギー消費量の増加率は中国のそれより高くなるとＩＥＡは見ている（IEA, 2011a, 2013a）。

新興国が世界の経済成長を牽引するとともに、今後とも世界のエネルギー生産と消費を拡大させていくとなると、気候変動問題はさらに悪化することになるのだろう。しかし、エネルギーの主体が化石燃料から非化石燃料に転換して、人為的な温室効果ガスの排出を削減して気候変動を緩和することは全く不可能ではない。最新のＩＥＡの世界エネルギー見通しの三つのシナリオによれば、化石燃料の時代の終焉にはまだほど遠いが、その優位は下降傾向にある。世界の一次エネルギーに占める化石燃料の割合が、二〇一一年の八二％から三五年には六四～八〇％の幅で減少すると予想されている。特に、電力分野では、再生可能エネルギーは、三五年には世界の電力供給の三〇％以上を占めるようになるとされている（IEA, 2013a）。このことは、世界の主要国や地域の国内政策ならびに域内政策が気候変動緩和の一つの鍵となることを意味する。

事実、気候変動問題が国際政治課題になって以来、主要エネルギー生産・消費国は、新規かつ重要なエネルギーと環境政策を採用してきている。また、二国間あるいは多国間でのエネルギー政策での協力も進展している。したがって、世界のエネルギー需給の見通しは、主要国の国内および対外政策によってかなり異なってくる。気候変動問題への対応に関して、ＩＥＡは二〇一三年の『世界エネルギー見通し』（ＷＥＯ報告書：IEA, 2013a）でもそれ以前の報告書と同様に、三五年までの三つのシナリオに基づいて、将来のエネルギー需給傾向とそれに伴う$CO_2$の排出量を予測している。その三つのシナリオとは、主要排出国の「現在の政策シナリオ」、「新政策シナリオ」（二〇一三年ＷＥＯ報告書の中心的シナリオ）、そして「四五〇シナリオ」に基づいて、三五年までのエネルギー需給を予測している[25]。また、各々のシナリオにしたがって、産業革命以前と比べ地球の平均気温上昇は、五・三℃、三・六℃、二℃ほどになると見込まれている（IEA 2013b, p. 9）。

二〇一三年のＷＥＯ報告書の中心的なシナリオで、三五年までのエネルギー見通しに基づく「新政策シナリオ」は、エネルギー市場に影響を与える一三年半ばまでに採用された政策に加えて、将来に向けてエネルギーと環境政策に関係する公約を取り入れたものである[26]。これらの公約には、再生可能エネルギーの促進やエネルギー効率の向上を支援するプログラム、代替燃料やガソリン車に代わる車両の導入計画、炭素価格設定計画、原子力エネルギーの利用の拡大あるいは段階的廃止計画、さらにはＧ２０やアジア太平洋経済協力会議（ＡＰＥＣ）で構想された化石燃料補助制度の改革などが含まれる。このシナリオに関する前提には、一一年から三五年までの世界のＧＤＰの平均伸び率が年三・六％、世界の人口増加率が年平均〇・九％（三五年の世界人口は八七億人）で、世界の人口に占める都市人口の割合が一一年の五二％から三五年には六二％に増大する、というもの含まれる。また、一三年時点での一バレル当たりの原油輸入額が一二八ドル（一二年のドル価格換算）だと仮定している。

「現在の政策シナリオ」では、エネルギー市場に影響を与える二〇一三年半ばまでに公式に採用されたエネルギーと環境政策のみを取り入れたものである。つまり、それ以外の新規の政策は考慮されていない。このシナリオの意味することは、現在のエネルギー需給傾向が継続した場合に世界のエネルギー市場がどのようになるのか、という基準を示すことである。この基準シナリオは、世界の主要国や地域が新規のエネルギー・環境政策を実施しなかった場合にもたらされる結果とともに、エネルギーと気候政策の最近の進展の有効性を評価するのに役立つ。

「四五〇シナリオ」は、世界のエネルギー部門が五〇％近くの見込みで地球の平均気温の上昇を二℃に抑える道筋をたどるために何が必要かを示す。このシナリオでは、二〇五〇年頃までに大気中の温室効果ガス濃度のピークを四五〇ppm当たりで抑えることを目標とする（ＵＮＥＰの排出量ギャップ報告書では二〇年に大気中の温室効果ガスのピークを設定）。そして、二一〇〇年以降の大気中の濃度を四五〇ppmで安定化させる。二〇年にはカンクン合意における主要排出国の公約が完全に実施され、それ以後もＯＥＣＤ諸国とそれ以外の主要経済国が長期的な削減目標を達成することを想定する。また、ＯＥＣＤ諸国は、非ＯＥＣＤ諸国の緩和策支援のために、年間一〇〇〇億ドルが拠出されることも仮定している。

次に、温室効果ガスの排出の少ないあるいは排出しない「クリーン」技術開発の現状と、こうした技術のさらなる普及に必要な条件に簡潔に言及した上で、各シナリオの二〇三五年までのトレンドを二〇一三年のＷＥＯ報告書の内容に則してまとめてみる。

再生可能エネルギーを活用した発電については、世界的な財政事情の悪化や政策の不確実性のために、二〇一二年におけるこの分野への投資は前年比一一％減であった。それにもかかわらず、一一年までの累積能力に比べて、世界的な太陽光発電能力は、四二％、風力は一九％増大した。この傾向を保つためには、他のエネルギー源よりコスト高の再生可能エネルギーへの補助金制度の継続が必要であるとともに、送電線の統合を促進するような政策上の改善や集光型太陽光発電（concentrating photovoltaic system: ＣＰＶ）[27]や強化地熱システム（enhanced geothermal system: ＥＧＳ）[28]などの新技術への研究開発投資の必要を指摘している。

二〇一三年のＷＥＯ報告書もこれまで通り、原子力エネルギー利用を地球温暖化のための「クリーン」技術と位置づけている。現在の原子力エネルギー開発に関して、一二年に七つの原子力発電所の建設が始まり、一一年の福島第一原発事故後の新規建設プロジェクトがわずか四基に落ち込んだ時に比べれば増大したことに言及し、一〇年には一六基の新規建設があったことを指摘している。同報告書は、原子力発電所建設の増設環境を築くためには、投資家のリスクを減らし高い前払い資本の回収を可能にするような電力市場メカニズムや投資環境が必要であるとする。また、人々からの信頼を助長するために、福島後の強化された安全措置の迅速な実施を促している。

炭素隔離貯留（ＣＣＳ）に関しては、二〇一二年現在で一三の大規模実証プロジェクトが運用開始あるいは建設中である。しかし、一二年には二つの総合的なプロジェクトが始まった一方、八つのプロジェクトが中止になった。CCSがさらに開発されるためには、実証プロジェクトを加速的に促進するように政府による財政的かつ政策的なコミットメントが不可欠であるとともに、$CO_2$排出に関して十分に高い炭素価格あるいは強化された石油回収のために隔離された$CO_2$の商業的市場の存在も欠かせない。

バイオ燃料であるが、同報告書によれば、二〇一二年の実績は一一年のそれよりも五〇%も低かった。その主な理由は、過剰な生産能力、バイオ燃料支援政策の見直しならびに高い飼料価格であった。バイオ燃料のさらなる利用拡大のためには、投資家の信頼を構築するための長期の政策が必要であること、生産コストと効率の改善ならびに持続可能な飼料の開発のための研究開発投資が必要であることが指摘されている。また、国際的に合意される持続性の基準の開発と適用も必要条件に挙げている。

ハイブリッド車（HV）や電気自動車（EV）に関しては、二〇一二年のHVの販売台数が一二〇万台に達し、前年比四三%増大するとともに、EVの売り上げ台数も前年の倍になった。今後さらに、バッテリーのコストを引き下げることやその他競争力を強化する措置が取られる必要を指摘する一方、駐車場への優先的アクセス権や高速道路上の規制車線（あるいは優先車線）などの非財政的な施策もHVやEVの普及促進に有効であると指摘している。さらに、充電施設などのインフラストラクチャーの整備もクリーンな車の普及に欠かせない。

最後に、二〇一三年のWEO報告書では、エネルギー効率の向上について、その重要性を多くのエネルギー多消費国の政府が再認識して、新たな省エネ政策を公表していることに言及している。政府には、経済的に実行可能な省エネ技術や措置の実施を妨げるような障害を除去する政策的行動を取ることが求められている[29]。

以上で紹介したWEOの各シナリオに関するより詳細な記述は、本書で後述する主要国のエネルギーと環境政策

表３－２
世界の一次エネルギー需要とエネルギー起源の $CO_2$ 排出量と三つのシナリオ

| | | | 新政策シナリオ | | 現在の政策シナリオ | | 450 シナリオ | |
|---|---|---|---|---|---|---|---|---|
| 年 | 2000 | 2011 | 2020 | 2035 | 2020 | 2035 | 2020 | 2035 |
| 石炭 | 2,357 | 3,773 | 4,202 | 4,428 | 4,483 | 5,435 | 3,715 | 2,533 |
| 石油 | 3,664 | 4,108 | 4,470 | 4,661 | 4,546 | 5,094 | 4,264 | 3,577 |
| ガス | 2,073 | 2,787 | 3,273 | 4,119 | 3,335 | 4,369 | 3,148 | 3,357 |
| 原子力 | 676 | 674 | 886 | 1,119 | 866 | 1,020 | 924 | 1,521 |
| 水力 | 225 | 300 | 392 | 501 | 379 | 471 | 401 | 550 |
| バイオ燃料 * | 1,016 | 1,300 | 1,493 | 1,847 | 1,472 | 1,729 | 1,522 | 2,205 |
| 他の再エネ | 60 | 127 | 309 | 711 | 278 | 528 | 342 | 1,164 |
| 合計 (Mtoe)** | 10,071 | 13,070 | 15,025 | 17,387 | 15,359 | 18,646 | 14,316 | 14,908 |
| 化石燃料の比率 | 80% | 82% | 80% | 76% | 80% | 80% | 78% | 64% |
| 非 OECD 諸国の割合 *** | 45% | 57% | 61% | 66% | 61% | 66% | 60% | 64% |
| $CO_2$ 排出量 Gt：ギガトン | 23.7 | 31.2 | 34.6 | 37.2 | 36.1 | 43.1 | 31.7 | 21.6 |

* 伝統的かつ現代のバイオマス利用を含む。
**Mtoe は石油換算百万トンを意味する。
*** 国際航空輸送・海上輸送（国際バンカー油）を除く。
出典：IEA, *World Energy Outlook* (2013a, p. 58).

を検討する章でも必要に応じて取り上げることとし、ここでは、三つのシナリオにおける世界全体の一次エネルギー需要とエネルギー起源の$CO_2$排出量予測について触れておこう。

前述したように、二〇一一年の一次エネルギーに占める化石燃料の比率は八二％であり、三五年までには新規シナリオで七六％［石炭・石油・ガスの合計で一三二億八〇〇万石油換算トン（toe）」、現在の政策シナリオで八〇％（同合計、一四八億六八〇〇万toe）、四五〇シナリオで六四％（同合計、九四億六七〇〇万toe）となっている。すべてのシナリオで原子力エネルギー利用の増加が見込まれていて、三五年までに、新政策シナリオでは約四〇％の増加（一一億一九〇〇万toe）、現在の政策シナリオで一五％

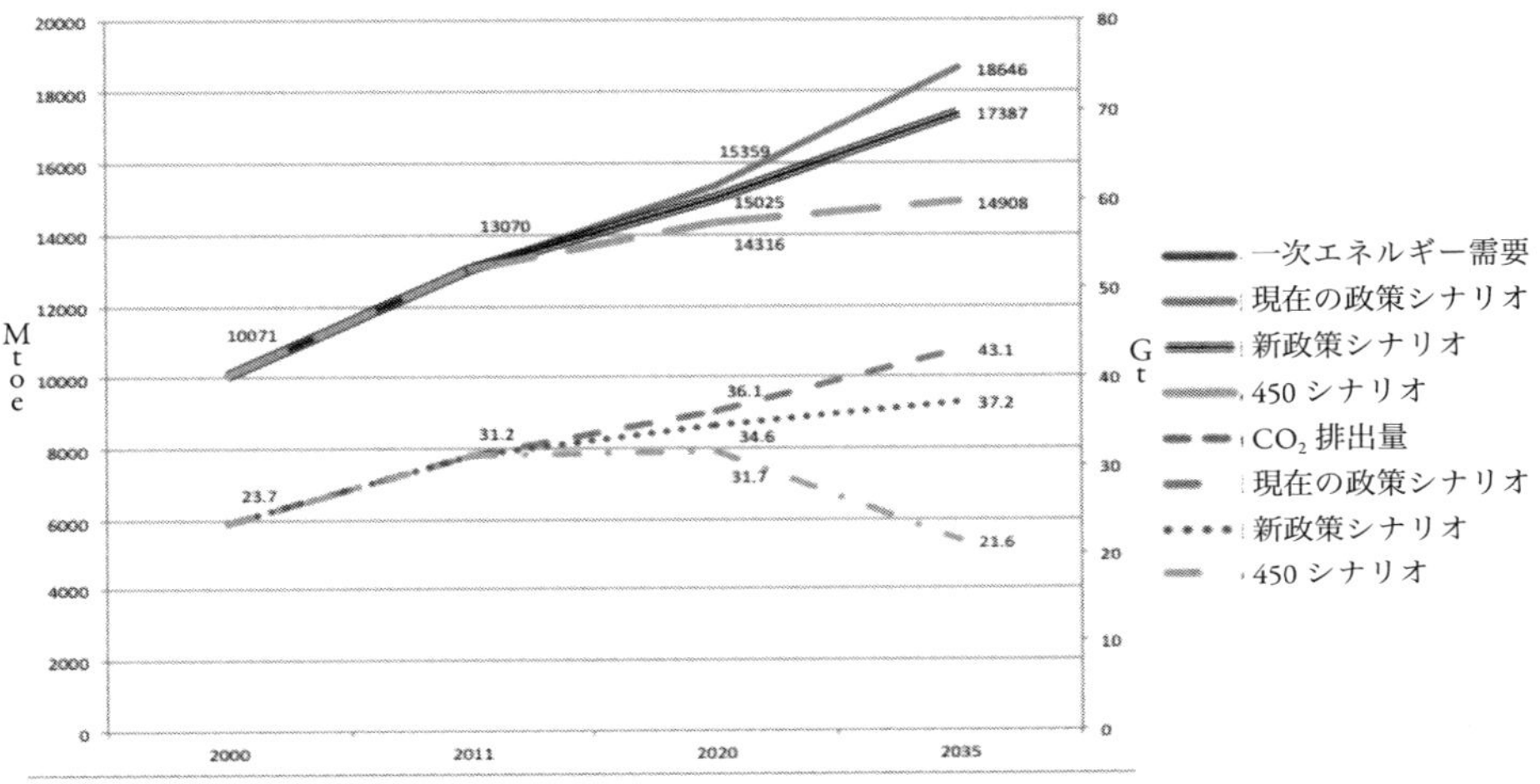


図3－4　各シナリオによる世界の一次エネルギー需要と $CO_2$ 排出量
出所：IEA, *World Energy Outlook 2013* (2013a, pp. 57-8) からのデータとグラフを参考に筆者加筆修正。

以下の増加（一〇億二〇〇〇万toe）、四五〇シナリオでは八〇％以上の増加（一五億二一〇〇万toe）が見込まれている。再生可能エネルギーの世界的な需要の増大もすべてのシナリオで見られるが、三五年までには新政策シナリオでは七五％の増加（水力、バイオ燃料、その他の再生可能エネルギー合計で三〇億五九〇〇万toe）、現在の政策シナリオでは六〇％の増加（同合計、二七億二八〇〇万toe）、四五〇シナリオでは一二五％以上の増加（同合計、三九億一九〇〇万toe）となる。

エネルギー部門による$CO_2$の排出は全体の三分の二を占めることはすでに述べたが、二〇一二年の同部門からの$CO_2$排出量は一・二％増加して、三一・五Gtに達した。上記のエネルギー使用の増加と同様に、三五年までの新政策シナリオによる世界のエネルギー起源の$CO_2$は三七・二Gtに、現在の政策シナリオでは四三・一Gtに増大する一方、四五〇シナリオでは二一・六Gtに減少すると推計されている[30]。

以上のことを概ね一〇年ごとの変化を加えて図表にまとめれば、**表3―2、図3―4**のようになる。

以上、本章では、まず、人為的な温室効果ガスの排出による地球の温暖化現象が認識され、それが気候システムに影響を与えているという認識へと発展していき、気候変動問題が国際的な政治課題として取り上げられていく経緯を概観した。それを受けて、気候変動に関する政府間パネル（ＩＰＣＣ）の三つのワーキング・グループ（ＷＧⅠ、Ⅱ、Ⅲ）の最新の報告書の主要な知見を確認した。

気候変動問題は、安定した地球の気候システムの維持に関わる国際公共財の維持・管理問題で、各国が化石燃料を燃やして自国の経済成長を追求するあまり、人為的な温室効果ガスの排出に起因する気候変動を引き起こしている、という集合行為問題である。国際社会は気候レジームを形成して国際協力の枠組みを通して気候変動の緩和を図ろうとしているが、国連の枠組み下での国際協力は期待するような成果を挙げていない。国連環境計画（ＵＮＥＰ）の排出量ギャップ報告書によれば、今世紀末までに産業革命前の気温と比べて地球の平均気温の上昇を二℃以下に抑える、という目標達成のために必要な温室効果ガスの排出量の削減幅が広がり続けている。まだ、目標達成は不可能ではなく、エネルギー、産業、運輸、建築部門等で温室効果ガスの大幅削減は可能であるが、意欲的な行動を早く起こす必要が強調されている。国際エネルギー機関（ＩＥＡ）のシナリオでも、二℃の範囲に気温上昇を収めるために、二〇五〇年までに大気中の温室効果ガスの濃度を四五〇ppm以下に抑えるという、エネルギー政策に限定したシナリオ（四五〇シナリオ）を提示しているが、前途多難である。いずれにせよ、持続可能な人類社会を形成するために、産業部門横断的に適切なエネルギー選択をすることは必須条件である。そこで、次章では、持続可能な社会のあり方とそのためのエネルギー選択について考察する。

## 注

1　以下の地球温暖化の発見に関する記述は、主にワート、ホートン、シュナイダーの著作を参照した（Weart, 2008; Houghton; 1994, Schneider, 1989）。

2　気候変動問題が国際政治課題にのぼるまでの経緯を説明するためには少なくとももう一章追加するほどのスペースを要することと、その経緯の詳細な記述は、現時点でも歴史的意義はあるが、本書の主旨には必ずしも適合しないので、ここでは取り扱わない。

3　ＩＰＣＣの第一作業部会報告書の政策決定者向けの要約では、影響の結果などの可能性評価の指標として、次の九段階の表現とそれに対応する可能性の数値の範囲を提示している。最も高い可能性から最も低い可能性の指標は、"virtually certain"（ほぼ確実）が九九～一〇〇％の確率、"extremely likely"（極めて高い）が九五～一〇〇％の確率、"very likely"（非常に高い）が九〇～一〇〇％の確率、"likely"（高い）が六六～一〇〇％の確率、"about as likely as not"（どちらも同程度）が三三～六六％の確率、"unlikely"（低い）が〇～三三％の確率、"very unlikely"（非常に低い）が〇～一〇％の確率、"extremely unlikely"（極めて低い）が〇～五％の確率、"exceptionally unlikely"（ほぼあり得ない）が〇～一％の確率である（IPCC, 2013, p.4, footnote 2; 環境省、二〇一三、七頁）。

4　四つの将来の温室効果ガス濃度増加シナリオは、ＲＣＰ二・六、ＲＣＰ四・五、ＲＣＰ六・〇、ＲＣＰ八・五と表現され、数値が大きければ大きいほど今世紀末つまり二一〇〇年までの放射強制力（radiative forcing: ＲＦ）が大きくなり、温暖化もより進行する。ＲＦは一平方メートル当たりのワット数（$Wm^{-2}$）で表される（IPCC, 2013, p. 13）。また、各シナリオは温暖化対策を最大限採用した場合（ＲＣＰ二・六）、中規模程度の対策（ＲＣＰ四・五）と小規模程度の対策（ＲＣＰ六・〇）を採用した場合、そして全く対策を採らなかった場合（ＲＣＰ八・五）に分けられる（環境省、二〇一三、三八頁）。

5　国連の主導で行われた「ミレニアム生態系評価（ＭＡ）」では、生態系サービスを「供給サービス」（食料、水、原材料、遺伝子源等）、「調整サービス」（大気質調整、気候調整、水質浄化等）、「文化的サービス」（自然景観、レクリエーションや観光の場と機会、文化・芸術・デザインへの着想提供等）、「基盤サービス」の四つに分類している。生態系と生物多様性の経済学（ＴＥＥＢ）ではＭＡの分類を基本として、基盤サービスの代わりに「生息・生育地サービス」（生息や生育環境の提供、遺伝的多様性の維持）を追加している。環境省のウェブページを参照（自然保護局自然環境計画課生物多様性施策推進室）。http://www.biodic.go.jp/biodiversity/activity/policy/valuation/service.html

6　ＨＦＣｓ、ＰＦＣｓ、$SF_6$の三つのガスについては基準年を一九九五年としてもよいことになっていた。

7　因みに、日本と同じ六％の削減義務を負っていた国は、カナダ、ハンガリー、ポーランドである。また、一九九〇年レベルと同じ（削減率〇％）の国は、ニュージーランド、ロシア連邦そしてウクライナである。さらに、排出の増加が認められているのは、アイスランド（一〇％増）、オーストラリア（八％増）、そしてノルウェー（一％増）であった。

8　京都メカニズムとは、以下の三つのことを指す。排出量取引（第一七条）は、排出枠（割当量）が設定されている附属書Ｉ（先進国）

の間で、排出枠の一部の移転（または獲得）を認める制度。共同実施（第六条）は、先進国間、特に市場経済移行国との間で、温室効果ガスの排出削減事業を実施し、その結果生じた削減単位を関係国間で移転（または獲得）することを認める制度。クリーン開発メカニズム（ＣＤＭ）（第一二条）：先進国が途上国（非附属書Ｉ国）において実施された温室効果ガスの排出削減事業から生じた削減分を獲得することを認める制度。途上国にとっても投資と技術移転の機会が得られるというメリットがある。

9　一九九〇年以降の新規の植林、再植林及び森林減少に限定した人為的活動に起因する温室効果ガスの排出及び吸収の純変化についても、削減量として数えられる。また、この後、土地利用変化及び林業部門における追加的活動による吸収量を、どのように目標達成に算入するかについて検討していくことになった。

10　The United Nations Framework Convention on Climate Change (UNFCCC), The Marrakesh Accords and The Marrakesh Declaration. http://unfccc.int/documentation/documents/items/3595.php#beg

11　ＭＥＦには、オーストラリア、ブラジル、カナダ、中国、欧州連合、フランス、ドイツ、インド、インドネシア、イタリア、日本、韓国、メキシコ、ロシア、南アフリカ、英国そして米国の一七カ国と地域、さらにＣＯＰ15の開催国であるデンマークと国連代表が参加している。二〇〇九年の一〇月二〇日までに会合が五回開催されている。http://www.state.gov/g/oes/climate/mem/

12　この他に、二つの補助機関会合、すなわち、実施に関する補助機関会合（ＳＢＩ）と科学上および技術上の助言に関する補助機関会合（ＳＢＳＴＡ）がＣＯＰとＣＭＰに先駆けて開催される。

13　The United Nations/UNFCCC, Decision 1/CP.16 “The Cancun Agreements: Outcome of the work of the Ad Hoc Working Group on long-term Cooperative Action under the Convention,” FCCC/CP/2010/7/Add.1.

14　UNFCCC, “Establishment of an Ad Hoc Working Group on the Durban Platform for Enhanced Action,” Draft decision-/CP.17 http://unfccc.int/files/meetings/durban_nov_2011/decisions/application/pdf/cop17_durbanplatform.pdf

15　外務省のＣＯＰ18のウェブサイトを参照。http://www.mofa.go.jp/mofaj/gaiko/kankyo/kiko/cop18/gh.html

16　FCCC/CP/2010/7/Add.1.

17　二〇〇九年コペンハーゲンで開催のＣＯＰ15で自主的な中期削減目標を公約した主要国のＵＮＦＣＣＣ事務局への提出文書は以下のウェブサイトで入手可能。京都議定書の枠組みで削減義務を負っている先進工業国（付属書Ｉ国）に関しては、http://unfccc.int/meetings/copenhagen_dec_2009/items/5264.php、削減義務を負っていない途上国（付属書II国）に関しては、http://unfccc.int/meetings/cop_15/copenhagen_accord/items/5265.php）で確認可能。

18　二〇一〇年一月に国連気候変動枠組条約（ＵＮＦＣＣＣ）事務局に提出した文書。http://unfccc.int/files/meetings/cop_15/copenhagen_accord/application/pdf/europeanunioncphaccord_app1.pdf

19　ドイツ連邦環境自然保全原子力安全省（Bundesministerium für Umwelt, Naturschutz und Reaktorsicherheit: BMU）"Germany's Climate Policies Towards a Low Carbon Society," UNFCCC workshop on mitigation for developed countries (03.04.2011), 以下のウェブサイトでアクセス可能。http://unfccc.int/files/meetings/ad_hoc_working_groups/lca/application/pdf/2-4-110402_german_cc_bmu__bkk.pdf. デンマークに関しては、The Danish Government, *The Danish Climate Policy Plan: Towards A Low Carbon Society* (August 2013), 以下のウェブサイトでアクセス可能。http://www.ens.dk/sites/ens.dk/files/policy/danish-climate-energy-policy/danishclimatepolicyplan_uk.pdf.

20　ＵＮＦＣＣＣ事務局に提出した文書。http://unfccc.int/files/meetings/cop_15/copenhagen_accord/application/pdf/unitedstatescphaccord_app.1.pdf

21　ＵＮＦＣＣＣ事務局に提出した文書。http://unfccc.int/files/meetings/cop_15/copenhagen_accord/application/pdf/chinacphaccord_app2.pdf

22　関山健、染野憲治「中国はGHGs排出削減に本気で取り組む用意があるか―中国政府関係者・専門家に対するヒアリングからの分析―」二〇一〇年二月一五日、東京財団。http://news.livedoor.com/article/detail/4606358

23　ＵＮＦＣＣＣ事務局に提出した文書。http://unfccc.int/files/meetings/cop_15/copenhagen_accord/application/pdf/japancphaccord_app1.pdf

24　環境省「ＣＯＰ19に向けた温室効果ガス削減目標について」資料一―一 www.kantei.go.jp/jp/singi/ondanka/kaisai/dai27/siryou1_1.pdf?［地球温暖化対策推進本部（第二七回）議事次第（平成二五年一一月一五日）http://www.kantei.go.jp/jp/singi/ondanka/kaisai/dai27/gijisidai.html］

25　このシナリオは、長期的に大気中の温室効果ガスの濃度を四五〇㏙ＣＯ$_2$ｅ当たりで止め、五割の見込みで平均気温の上昇を二℃に抑えるものである（IEA, 2013a, p. 37）。

26　この「新政策シナリオ」を含む三つのシナリオの説明に関しては、二〇一三年のＷＥＯ報告書を参照した（IEA, 2013a, pp. 36-7）。

27　集中型太陽光発電でも従来の太陽光発電と同様に太陽光を電力に変換するが、太陽エネルギーを集中させるために何らかの光学デバイスを用いて太陽光を高密度化させた上で、太陽電池セルに光を照射して発電するシステムのことを指す。

28　従来型の地熱発電は火山や断層線、溶岩の噴出孔などの地熱資源を利用するのに対し、強化地熱発電（ＥＧＳ）は、十分に温度の高い（一二〇～二〇〇度）地下深くにある岩を発電に利用する。ＥＧＳは地下の高温の岩石があるところにパイプで水を送り、暖められた熱水を汲み上げて別のパイプと熱交換を行って蒸気を作り、発電用タービンを回したり公共の熱導管に熱を供給したりする仕組み。熱を失った水は再び地下に送られて地熱利用サイクルを繰り返す（フランス通信社、「特別な場所でなくても使える地熱エネルギー技術『ＥＧＳ』㈠」ＡＦＰ―ＢＢＮｅｗｓ。http://www.afpbb.com/articles/-/2889000、二〇一二年七月一一日）（二〇一三年一二月二二日検索）。

29　以上の内容に関しては、二〇一三年のＷＥＯ報告書を参照（IEA, 2013a, pp. 43-54）。

30　以上の内容に関しても、前掲書を参照（IEA, 2013a, pp. 57-9）。

# 第四章　持続可能な社会とエネルギー選択

気候変動問題の緩和策と適応策を突き詰めると、それは取りも直さず持続可能な社会を形成するための諸政策の多くと重なるとともに、持続可能なエネルギー選択に行き着く。すなわち、気候変動の緩和のためには低炭素社会あるいは究極的に脱化石燃料のエネルギー選択が求められる一方、気候変動への適応策と持続可能な発展プロジェクトは類似する、ということである。そこで、本章では、持続可能な発展概念の成り立ちとその意味内容を詳細に考察するとともに、持続可能な発展を支えるエネルギー選択についても詳しく見ていく。

## 第一節　持続可能な発展とは

本節では、ヨハネスバーグ方程式の主因数である環境保護と開発の要請という二つの大きな国際課題を中心に、現代の複雑な国際政治状況の一側面に触れる。一九七〇年代から八〇年代後半にかけて、環境問題が国際社会の政治課題になるとともに発展途上国における開発の必要性も再認識され、「持続可能な発展」（“sustainable development”）が国際社会の目標となった。つまり、自然環境の制約を無視した人類社会の繁栄は持続し得ないということである。ところが、現実にはグローバル市場の拡大と国際的な開発のうねりに伴い、世界的な化石燃料消費の増大、食糧需給の逼迫、途上国での人口増加、自然・住環境の劣悪化が進行している。さらに、こうした問題は、互いの相互作用によってさらに複雑な問題になっている。はたして、国際社会はどのように環境保護と開発の要請に応えているのだろうか。

この問いに答えるために、まず、本章の基本的な考え方を紹介し、次に、環境問題が国際政治課題になる過程を整理する。第三に、国連人間環境会議そして国連環境開発会議を中心に環境保護と開発に対する国際社会の取り組みを概観する。最後に、持続可能な発展概念について考察を加えた後、本節全体のまとめを行う。

## 一　国際政治課題としての環境保護と開発

本節の根本的な問いは、世界政府が存在していない国際社会において、国際平和、国際経済秩序の安定、生物多様性の保全や地球気候の安定などの「国際公共財」の供給と維持のために、国際社会はどのように国際協力を形成しているのか、ということである。自らは国際公共財の供給や維持管理には貢献せずにその利益を享受する「ただ乗りする者」（フリーライダー）の存在が問題となる（Olson, 1965）。換言すれば、ある国は費用をかけて環境保護対策を取っているが、他の国は環境汚染対策を取らずに経済発展を追求する。後者のようなフリーライダーが増えれば、国際公共財である地球環境は悪化する。このような状況下での国際協力のあり方が問われるのである。

国際社会は、以下のような過程を経て、環境保護と開発問題に取り組むための国際的協力関係を築いている。第一に、環境や開発問題などの専門的知識を要する問題は、科学者や専門家の問題認識を基礎として、関係各国や国際機関のイニシアティブによって課題の設定が行われる（課題設定過程）。次に、国際会議の開催によって原則や行動規範を打ち立てるとか、あるいは、各国政府による国際条約交渉などを通して、特定の問題が国際政治課題として取り上げられる（政治課題化過程）。第三に、国際条約や議定書からなる国際レジームが形成されるなど、特定の問題に対する国際協力が制度化される（制度化の過程）。この過程において国際政治力学の影響を受けて問題認識の変容なども起こる。そして最後に、問題解決に向けて政策が実施される段階（政策実施過程）に大別できる。本節は、主に第一から第三段階までを扱い、環境問題がどのように国際政治課題として浮上してきたのか、そしてこの政治課題がどのように変容したかという問いに答えつつ、国際社会の環境保護と開発の要請への対応を考察する。

環境問題が国際政治課題となった後、持続可能な発展概念を軸に開発が重視されていく過程は、一九七二年にストックホルムで開催の国連人間環境会議（UNCHE：ストックホルム会議）と、その二〇年後にリオデジャネイロで開催の国連環境開発会議（リオ・サミット）への流れのなかで明らかになる。以下、ストックホルム会議以前（一九六八年以前）、同会議の前後の時期（六八～八七年）、そしてリオ・サミットの前後の時期（八七年～現在）に分けて考察する[1]。

## 二　環境保護に関する国際的な課題設定に向けて（一九六八年以前）

日本を含む工業国では、一九六〇年代にはすでに環境破壊や公害問題が深刻な国内の社会・政治問題になっていたが、まだ、国際問題化していなかった。環境問題を専門に扱う国際機関も存在しないどころか、そもそも国連憲章は環境問題に全く言及していない。とはいえ、国連システム内外の専門機関が主任務の付随的な業務として特定の環境問題に関わっていた[2]。例えば、国連食糧農業機関（FAO）は、食糧生産と環境に関することに関わり、多くの海洋魚群の保全に関する委員会の設立を促進した。また、国際海事機関（IMO）は、船舶の海洋汚染、特に、石油タンカーからの原油の流出問題に関して一連の国際協定締結を後押しした。世界保健機関（WHO）は、大気汚染や水質汚濁が人間の健康に与える影響について調査・研究する一方、国際労働機関（ＩＬＯ）は環境汚染からの労働者の保護に努めてきた。国連教育科学文化機関（ＵＮＥＳＣＯ）は、「人間と生物圏計画」を通して、環境保全に取り組んできた。しかし、国際通貨基金（ＩＭＦ）、世界銀行、関税と貿易に関する一般協定（ＧＡＴＴ）からなるブレトンウッズ体制による国際経済秩序の形成と維持に比べると、国際環境問題に対する対応は個別的で、国際的な統一性を欠いていた。

環境問題に対する国際機関を中心とした取り組みはまだなかったが、環境問題自体は世界的な関心事になりつつあった。例えば、一九六〇年代初めまで大気圏内で行われていた核実験から放出される放射性同位体ストロンチウム九〇（半減期が約二九年）という放射性降下物が、食物連鎖を通して、最終的に母乳から乳幼児に取り込まれ、骨や歯に残留する問題が挙げられる。この問題に関して、バリー・コモナーとセントルイス原子力情報委員会は、幅広い科学者たちの活動を組織して、大気圏内・宇宙空間・水中の核実験を禁止した六三年の部分的核実験停止条約（ＰＴＢＴ）の締結に寄与した（Shabecoff, 1996, p. 26)。生物学者であり社会学者でもあったコモナーは、『なにが環境の危機を招いたか』（原題 *The Closing Circle*）において、「人間は自然の環を壊し、自然を征服して富を得ようとした。結果は環境の危機である。私たちは自然から借りた富をどうやって自然に返すか学ばねばならない」[3]と言っている。

もう一つの出来事は、レイチェル・カーソンの『沈黙の春』（一九六二年刊行）に対する世界的反響である（Carson, 1987)。この本は、人工合成化学物質が自然を改変していることに対する警告の書であった。どんな虫にも効いて分解しにくいから効果が長持ちするＤＤＴに着目し[4]、この有害物質が、食物連鎖によって濃度を高め、長く野生生物の体内に蓄積して生物に異変をきたすことを指摘した。農地で散布されたＤＤＴが川や湖に流れ込んだり、海に注がれたりし、その過程で魚の体内に取り入れられ、それを補食する鳥の体内でさらに濃縮される。以前連邦魚類野生生物局に勤めていた生物学者のカーソンは、残留性の高い有害化学物質が自然そのものや生きものの本質を変えようとしている、と人類の将来を憂えた。『沈黙の春』は、米国のみならず全世界で非常な反響を呼び、国際的な環境主義の第一の波の到来を告げる嚆矢となった。

## 三　国連人間環境会議（ＵＮＣＨＥ）とその前後の時期（一九六八〜八七年）

### （一）環境問題に対する国際的認識の高まり

一九七〇年代初頭、多くの国際政治課題の一つとして環境問題が浮上してきた。その背景には、前節で紹介した科学者らの警告とともに、先進工業国内での産業公害と自然環境破壊の深刻化、汚染物質や有害化学物質による人間の健康被害の顕在化があった。一九六七年三月、巨大石油タンカー「トレイ・キャニオン号」がイギリス海峡で座礁し、大量の原油の流出とその対応のまずさによる一層の環境破壊は、世界的な出来事となった。また、水俣病、イタイイタイ病、四日市喘息などの日本の公害被害が世界的な関心事になっていた。さらに、ベトナム戦争において、ゲリラが潜んでいる南ベトナム領内のジャングルの草木を枯らすために、米軍が飛行機やヘリコプターで除草剤（ダイオキシン類）などを広範囲に散布した枯葉作戦（一九六一〜七一年）は、自然環境破壊や人の健康への悪影響も含め、国際的な物議をかもした[5]。

また、環境問題への一般的関心の国際的な高まりは、現代社会のあり方そのものに対する疑問を反映していた。一九六〇年代後半から七〇年代にかけて、無制約なエネルギー投入と拡大的生産・消費活動による環境破壊が先進工業国内で社会問題化した。やがて、「成長の限界論」に代表されるような議論は、環境主義という新たな社会運動を助長する一方（McCormick, 1989; Hays, 1987）、既成概念、既成の価値や信条体系への挑戦という形で、現代文明のあり方をも問う国際的な政治・経済論争を巻き起こした。

「成長の限界論」的議論は、人類の進歩に懐疑的であった『人口論』の著者トーマス・マルサスによって一八〜一九世紀にかけてすでに展開されていた（マルサス、一九七三）。マルサスは、際限のない人口増加が究極的に貧困、飢餓そして多くの死を招くと予測した。その論理的根拠は、人口は幾何級数的に増加するが、農業生産は算術級数的にしか増産されない、ということである。つまり、食糧生産量が人口増加に追いつかないのである。したがって、マルサスの数学的論理によれば、生態系の許容範囲を超えた人口は、大飢饉などによって「自然調整」されるのである。しかし、マルサスの主要な予測は外れた。マルサスは、英国人をはじめとして多くの西欧人は米州大陸や豪州への大量移民が可能であったことや、産業革命による人口抑制効果に気づかなかった（Kennedy, 1993, pp. 6-10）。

マルサスの予想の当たり外れの問題はともかく、彼の論理を現代的にコンピューター・モデルで展開したのが、ローマ・クラブの第一レポートの『成長の限界』で、マサチューセッツ工科大学のシステム・モデルの専門家によって書かれた（Meadows, et al., 1972）。同書が扱った主要な変数は、人口、食糧生産、工業化、資源、汚染、および再生不能な天然資源の消費である。そしてコンピューター・シミュレーションの結果、特に、人口・資源消費・汚染などが幾何級数的に増大して、一〇〇年以内に限界点に達し、工業社会は崩壊して世界人口も落ち込むと予測した。経済学者らは、技術革新と市場の役割を分析の枠組みに十分に組み込んでいない点を指摘し、その予測の不確実性を強調した。すなわち、特定の希少資源が減少するとその市場価格は上がってそれに対する需要が減るか、代替資源の開発などの技術革新を促して危機回避を可能にする、という反論である。しかし、現在のピークオイル論[7]や気候変動問題の深刻化から判断すれば、成長の限界論の警告は、今や無視できないものとなったといえる。

『成長の限界』は、経済学者等からの厳しい批判にさらされたが、環境問題に対する世界的な関心を高めるという意味ではセンセーショナルな「啓蒙書」であった。そして、「成長の限界」論者とともに、「人口爆発」論のポール・エーリックや「共有地の悲劇」論のギャレット・ハーディンらは、新マルサス主義者として、人口増加や人間の経済活動による生態系等への悪影響に対して警鐘を鳴らした（Ehrlich and Ehrlich, 1990; Hardin, 1968）。

環境問題が国際社会の議題になるためには、国連の専門機関などの国際機関や政府間機関が環境問題を取り上げる必要がある。そういう意味で、国際科学会議（ＩＣＳＵ）が主催した一九五七～八年の国際地球観測年（ＩＧＹ）は非常に重要で、南極、海洋、大気、そして宇宙の観測など、地球全体を一つのシステムとして全体的に見る科学的研究への国際的協力の必要性を喚起した（Soroos, 2005, p. 24）。そして、六一年にボストーク一号による世界初の有人宇宙飛行に成功したユーリ・ガガーリンは、「地球は青かった」という感想とともに、宇宙の暗闇に頼りなく浮かぶ地球のイメージを世界中に鮮烈に伝えた。そのイメージは、『宇宙船地球号』（*Spaceship Earth*）や『かけがえのない地球』（*Only One Earth*）という言葉とともに、人々に地球の有限性を認識させる一助となった（Ward, 1966; Ward and Dubos, 1972）。六八年九月には、国連教育科学文化機関（ＵＮＥＳＣＯ）が、「生物圏の合理的な利用と保護に関する専門家会議」（生物圏会議）をパリで開催した。地球上の動植物に対する人間活動の影響、例えば、大気汚染と水質汚濁、湿地や森林の破壊、その他の自然資源問題が議題となった。この生物圏会議を通して、人間活動によってもたらされた環境汚染は自然の自浄能力を超えている、という共通認識が参加者の間に生まれる一方、経済成長と環境破壊の関係も議論となった。この会議参加者は、生物圏の資源を利用している人間と生物圏との間の複雑な相互関係と、そうした関係から生じる諸問題を国際的に研究する必要性を認識し、「人間と生物圏」（ＭＡＢ）計画を立ち上げた（Schabecoff, 1996, p. 32）。以上のように、環境問題を国際政治課題化する時機が到来しつつあった。

### (二) 国連人間環境会議 (UNCHE)

国連人間環境会議（別名ストックホルム会議）の開催で世界をリードしたのはスウェーデンであった。その背景には、イギリス、ドイツ、中欧諸国等の工場から排出された硫黄酸化物（$SO_x$）や窒素酸化物（$NO_x$）が、酸性降下物（酸性雨）としてスウェーデンとノルウェーに越境して、湖水の酸性化と木の立ち枯れ等の被害をもたらしていたことが挙げられる8。スウェーデンのスヴェルケル・アストロム国連大使の国連での働きかけにより、一九六八年一二月六日の国連総会で人間環境に関わる会議の開催が正式に認められ（Schabecoff, 1996, pp. 32-33）、一九七二年にストックホルムで開催されることになった。

ストックホルム会議において初めて環境問題が国際政治課題となったが、自然環境破壊や公害問題に苦しむ先進工業国（「北」）と、低開発と貧困にあえぐ発展途上国（「南」）の間での政策の優先度の違いが明らかになった。一九七〇年代は、主要先進工業国を中心に、環境問題が重大な社会・政治課題として取り上げられた象徴的な時代だった。例えば、七〇年米国に環境保護庁とイギリスに環境省が、翌年フランスに環境省、日本に環境庁（現在、環境省）が各々設置された。また米国では、七〇年一月の一般教書において、当時のニクソン大統領は環境問題を七〇年代最大の課題として位置付ける一方、同年四月二二日に第一回目の「アース・デイ」（"The Earth Day"）が開催された（ダンラップ、マーティグ、一九九三）。以上のように、「北」では、環境政策の優先度が高くなっており、国際的な環境破壊に対して何らかの取り組みが必要であるという意識が醸成され、ストックホルム会議で国際環境基準設定を探ろうというものであった。他方、発展途上国の国々（「南」）は、こうした「北」の諸国の動きが「南」の諸国に対する開発抑制につながるのではないかと懸念した（Miller, 1995）。スウェーデンのオラフ・パルメ首相以外の国家元首として出席したインドのインディラ・ガンディ首相は、「貧困こそが最大の汚染源である」と主張し、環境保護政策より、まず、開発の必要を訴えた。また、開発か自然保護かの二者択一ではなく、双方の調和を図らねばならないことを力説して会議参加者から大喝采を得た（Schabecoff, 1996, pp. 39-40）。

一九七二年六月開催のストックホルム会議は、最終的に、ストックホルム宣言、一〇九項目からなる「行動計画」、そして財政的・制度的取り決めに関する決議を採択した。ストックホルム宣言は、各国に対して環境保全と人間環境に対する責任ある行動のための行動規範ならびに原則をうたっている。行動計画は、居住地の環境保全、自然資源の管理、公害の特定と処理、教育・社会・文化と環境問題、開発と環境問題、環境改善のための発展途上国への財政支援の勧告を含んでいる。そして、地方あるいは地球全体の監視と環境問題に関するデータの収集や情報の交換と普及などのために基金を募った。さらに、具体的な成果として、同会議は、国連システム内の様々な国際機関の環境政策の調整を行う機関の設立を求めた。同年の第二七回国連総会決議二九九七（一二月一五日採択）により国連環境計画（ＵＮＥＰ）の設立が決定し、翌年にＵＮＥＰは活動を開始した。

ストックホルム会議は、その後開催された国際的な課題に関する様々な国際会議の一つのモデルを提供した。例えば、一九七四年ブカレストで開催の世界人口会議、同年ローマで開催の世界食糧会議、七六年バンクーバーで開催の国連人間居住会議、七七年アルゼンチンのマル・デル・プラタで開催の国連水会議、さらには同年ナイロビで開催の国連砂漠化会議などが挙げられる。こうした一連の国際会議は、ストックホルム会議同様、準備会合を開催して宣言案や行動計画案を起草し、ほとんどの政府の代表が出席する本会議開催中に草案が修正・採択される、といった形式を踏襲している（Sorros, 2005, p. 25）。また、各国政府の代表者以外に、様々な国連機関や他の国際機関の代表者が特定の問題を扱う国際会議に参加している。さらに、特筆すべきことに、ストックホルム会議以降、国際ＮＧＯ

の会議参加が慣例となってきたことである。因みに、ストックホルム会議には、一一三カ国の政府代表、二一の国連機関の代表、一六の他の国際機関の代表ならびに二五八のＮＧＯのオブザーバーが参加した[9]。

国際社会の環境問題に対する関心の高まりの第一の波は、ストックホルム会議で頂点に達したが、一九七三～四年と七九～八〇年の二度にわたる石油危機や中東の政治状況の不安定化、人口問題、低開発と貧困問題という環境問題以外の問題へと国際社会の関心は移っていった。しかし、八〇年代を通して環境問題はますます深刻化していった。そして、後述するように、八七年の環境と開発に関する世界委員会（ＷＣＥＤ）の報告書によって世界的に普及した「持続可能な発展」概念が、環境と開発問題の相互作用を理解するための鍵概念ならびに国際社会の規範的目標になる。

### （三）国連環境開発会議（ＵＮＣＥＤ）とその前後の時期（一九八七年以降）

一九七二年のストックホルム会議そして九二年の国連環境開発会議（ＵＮＣＥＤ、地球サミットあるいはリオ・サミット）を通して環境問題が国際政治課題として取り上げられてきた。他方、石油などの天然資源に恵まれない多くの発展途上国の人々は、七〇年代の石油危機の打撃、八〇年代の「失われた一〇年」そして九〇年代に至って深刻化した重債務問題などに苦しめられていた。貧困問題一つ取ってみても改善の余地が大きく、例えば九八年の時点で、一日一ドル以下の生活者が世界に一二億人、また、一日二ドル以下の生活者が一六億人という推計がある（World Bank, 2000, p. 29）。リオ・サミットの開催に向けて地球温暖化問題、森林問題、さらには生物の多様性喪失問題が国際的に注目されていた九一年には、世界人口の二〇％を占める先進工業諸国民が全世界の国民総生産（ＧＮＰ）の約八五％を創出する一方、世界の最下層に位置する二〇％の人口はわずか一・四％を生産するのみであった（UNDP, 1994）。ストックホルム会議以来、環境問題に関する国際会議において、国際社会は多くの途上国の開発要求に直面してきた。二〇〇二年の持続可能な開発に関する世界首脳会議（ヨハネスバーグ・サミット）も例外ではなく、むしろこの会議では開発問題に焦点が当てられた。

以下、まず、UNEPの活動状況から国際社会の環境問題への取り組みを整理する。次に、一九八〇年代から九〇年代初頭にかけての国際環境問題と南北の格差問題に触れる。そして本節の最後に、リオ・サミット、ヨハネスバーグ・サミットならびに国連持続可能な開発会議（リオ＋20）の主な成果を紹介する。

国連環境計画（UNEP）は、世界の環境政策を統合・推進する専門機関としての役割を果たすことを期待されたが、設立当初から国際政治と国際官僚組織の縄張り争いによって制約を受けた。先進工業国側が新しい機関設立への資金提供を渋ったのに対し、発展途上国側は開発に制約を求めるいかなる機関の設立にも慎重であった。また、既存の国連機関は自らの環境関連企画や資金を削られるのを警戒して既得権益を守ろうとした。これらの理由から、UNEPは、国連の専門機関ではなく、監視、調整そして触媒作用を及ぼす機関といった権限の不明瞭な「環境計画」として設立された（Elliott, 2005, pp. 27-56）。

しかし、UNEPは執行権を欠いた限定的な権限しか持たないにもかかわらず多くの成果を挙げている。UNEPは、以下の主要な国際環境条約交渉のイニシアティブを取り、最終的な条約の締結に大いに貢献した。例えば、絶滅の恐れのある野生動植物の種の国際取引に関する条約（CITES）（ワシントン条約：一九七三年作成、七五年発効）、オゾン層保護のためのウィーン条約（八五年作成、八八年発効）、オゾン層を破壊する物質に関するモントリオール議定書（八七年作成、八九年発効）、有害廃棄物の国境を越える移動及びその処分の規制に関するバーゼル条約（八九年作成、九二年発効）、生物の多様性に関する条約（CBD）（九二年作成、九三年発効）、さらには特定有害化学物質と農薬の国際取引における事前通知・承認の手続き（ＰＩＣ）に関するロッテルダム条約（ＰＩＣ条約）（九八年作成、二〇〇四年発効）や残留性有機汚染物質に関するストックホルム条約（ＰＯＰｓ条約）（二〇〇一年作成、〇四年発効）などである[10]。さらに、ＵＮＥＰは世界気象機関（ＷＭＯ）とともに、気候変動に関する政府間パネル（ＩＰＣＣ）を設立して気候変動問題の議論を進展させる一方、国際自然保護連合（ＩＵＣＮ）とともに世界保全戦略を策定した。

ＵＮＥＰは、また、地域海洋計画を通して世界各地の沿岸地域の環境保全の取り組みを促進した。特に、一連の地中海の汚染防止条約（一九七六年）の締結は、ＵＮＥＰの活動のなかでも最も成功した例である。ＵＮＥＰの発案ということもあり、イスラエルとシリア、エジプトとリビア、ギリシャとトルコといった歴史的に対立関係にありしかも各々経済発展段階の異なる国々が協力して、船舶ならびに陸地からの汚染物質の削減に成功した（Haas, 1990）。この「青い地中海計画」は、他の地域海洋における環境保護計画の原型となった。例えば、黒海・紅海・カリブ海等の海域、ペルシャ湾海域、西および中央アフリカ海域、南太平洋海域、そして東アジア海域の環境保護計画の参考となった（Soroos, 2005, p. 30）。

ＵＮＥＰは、さらに、地球監視プログラムを通して、地球環境の現状に関するデータや情報の収集・整備・普及の分野でもそれなりの役割を果たしている。その地球監視プログラムの一つに、地球環境モニタリングシステム（ＧＥＭＳ）があり、数多くの宇宙衛星・地球・海洋監視ネットワーク間の調整を行って、気候、地上表面の状態、大気や水の汚染などに関係するデータなどを集めている。また、国際環境情報源照会制度（ＩＮＦＯＴＥＲＲＡ）が世界における環境問題への取り組みに関する情報を提供する一方、地球資源情報データベース（ＧＲＩＤ）は地方レベルから地球レベルの地理的な単位の環境データを統合したものである。さらに、ＵＮＥＰは国際有害化学物質登録制度（ＩＲＰＴＣ）を整備し、有害化学物質の環境上ならびに健康上の影響に関する情報源として非常に役に立っている[11]。

しかし、一九九〇年代に入ると、環境問題設定や国際環境条約交渉に関するUNEPの影響力は急速に低下していった。先進工業国のアジェンダである気候変動問題、オゾン層の破壊問題や生物多様性の喪失問題を重要視しすぎるとして、発展途上国はUNEP事務局長モスタファ・トルバ（エジプト人の微生物学者）に対する信頼を失っていった。数に勝る途上国は、国連総会の一国一票制度を活用して、七二年の国連人間環境会議（ストックホルム会議）の二〇周年記念会議の名称を、九二年国連環境開発会議（UNCED：リオ・サミット）として、「開発」（"development"）という言葉を加えるのに成功した。また、リオ・サミットの開催の責任をUNEPにではなく、国連総会に帰することにも成功した（Chasek et al., 2010, p. 67）。同様に、途上国は国連総会を通して、気候変動条約締結交渉の権限をUNEPと世界気象機関（WMO）から奪取して、国連総会に直接報告する義務のある暫定的な政府間交渉委員会（INC）に委ねた。さらに、国連総会はリオ・サミット後、同会議で採択された「アジェンダ21」の進捗状況の監視と実施の調整を託された持続可能な開発委員会（CSD）を設立した。UNEP以外にCSDという環境関連の国連機関を設置するということは、UNEPの国際環境政策上の影響力をさらに低下させるものであった。

途上国のUNEPの活動に対する警戒は、途上国と工業国との間の環境と開発に関する政策の優先度の違いを反映しているが、一九七〇年代の二度にわたる石油危機なども重なって、八〇年代に至っても国際的な環境政策は後退傾向にあった。石油価格の高騰は、「南」の発展途上国にとっては二重あるいは三重の打撃であった。原油価格高騰そのものから受ける経済的打撃と、先進工業国経済の不況による発展途上国からのコーヒー、砂糖、その他の食品や繊維製品などの輸入の減少と価格の低迷によって、途上国における失業者は急増し国際収支も急速に悪化した。当然、国際開発銀行から受けた融資の利子の返済も滞るようになり、さらに融資を受けるということで、重債務に苦しむようになった。一九八〇年代に多くの発展途上国は、経済発展どころかマイナス成長に落ち込む「失われた一〇年」という停滞の時期を経験する。世界の総生産（GNP）における「南」の割合は七〇年の一五・九％から八七年には一七・八％に増大したが、同期間の一人当たりのGNPは、四九〇ドルから四四〇ドルまで下がってしまった（インフレ率を考慮）。こうした状況は、前述の世界的経済不況を反映するとともに、「南」の急激な人口増加も多分に影響している。一九七〇年から九〇年の間の世界総人口に占める「南」の人口比率は七一・六％から七七・七％に増加した（Schabecoff, 1996, p. 52）。したがって、リオ・サミット開催前年の九一年、世界人口の二〇％を占める「北」が全世界の国内総生産の約八五％を創出する一方、世界の最下層に位置する二〇％の人口はわずか一・四〇％を生産するのみ、という南北の貧富の格差は拡大傾向にあった。「南」の国々の政府や国民にとっては、当然、公害防止政策や環境保護政策よりも、開発政策を優先することになる。

しかし、環境問題は沈静化するどころかいよいよその規模の拡大と深刻さを増していた。一九八四年の暮れには、インドのボパール市にある米国の企業であるユニオン・カーバイトの農薬工場で、非常に毒性の強いメチル・シアネートガスがタンクから大気中に大量に放出されるという事故が起こった。数千人の死者とともに、二〇万人以上の人々が、失明、視力低下、呼吸器や神経障害を蒙るという大惨事となった。その二年後の八六年には、スイス北部のバーゼル郊外の河畔の化学薬品倉庫が火事になり、水銀などの有害な重金属三〇トンがライン川に流入した。多くの川魚が死滅するのみならず、ドイツからオランダに及ぶ範囲で飲料水の供給不足に陥った（Schabecoff, 1996, p. 55）。そして同年には、ウクライナのチェルノブイリ原発の爆発事故が発生した。ヨーロッパ全域に放射性降下物が拡散し、環境問題には国境がないこと、一国のみの対策では環境被害は防ぎ切れないことを国際社会は改めて認識した。また、非常に利便性の高い現代技術文明社会は、潜在的な危険の多い「リスク社会」である一方、チェルノブイリ原発事故に象徴されるように、環境破壊の被害は国境も人々の社会的階級も関係なくすべての人々に等しく危険が及ぶ点を強調して、リスク社会では人々や国際社会の連帯が生まれる、といった主張もなされている（ベック、一九九八）。

乱開発や収奪農業なども環境破壊を促進した。アラル海では、スターリンの時代から始まる計画経済政策のため、流入する二つのアムダリヤ川とシルダリヤ川からの流入量が綿花農場への灌漑のため激減し、その結果、海の水量が減少している。一九六〇年の約六七五〇〇平方㎞から八八年までの間にアラル海の面積はその三分の一に縮小し、水面は一二m低下し、水量は約六〇％減少した。また、漁業の壊滅、農業生産の低下、健康問題、干上がった湖底面からの塩分を含む砂塵の飛散といった問題が起きている（環境庁、一九九二、五七頁）。また、フィリピン、マレーシア、インドネシアなどでは木材の輸出のために熱帯雨林が乱伐される一方、メキシコやブラジルなどの中南米諸国では、先進国市場への牛肉供給のために広大な湿潤熱帯林が牧草地に転換された。

一九八〇年代後半以降、地球規模の環境問題に対する世界の関心も高まってきた。不燃性で不活性な合成化学物質であるクロロフルオロカーボン（ＣＦＣｓ：フロンガス）が、成層圏まで到達してオゾン層を破壊する問題に対して、八五年にウィーン条約が締結され、その二年後にはより具体的な規制を敷くモントリオール議定書が締結され、当面先進工業国を対象にして九〇年後半を目標に、フロンガスなどのオゾン層破壊物質の生産と消費の半減（後に全廃）が義務付けられた。そして、八〇代末には、人為的に大気中に排出される二酸化炭素などの温室効果ガスによる地球の温暖化問題が世界的に注目を浴びるようになった。

一九八九年一二月に国連総会にて正式に国連環境開発会議（リオ・サミット）の開催が提案されたのを受け（UNGA Resolution 44/228）、一七九カ国の政府代表団（ほとんどの国の国家元首が出席）、数十の国際機関の代表団ならびに一四〇〇のＮＧＯが、九二年六月にブラジルのリオデジャネイロに集まった。リオ・サミット開催までに数回の準備会合の開催を通して、国連気候変動枠組条約（ＵＮＦＣＣＣ）と生物の多様性に関する条約がサミット開催中に各国による署名に付された。リオ・サミットでは、その他、三つの拘束力のない法的文書が採択された。環境保全と開発のための行動原則を謳った「環境と開発に関するリオ宣言」、持続可能な社会形成のための行動方針や計画などの「アジェンダ21」、そして「すべての種類の森林の経営、保全および持続可能な発展に関する世界的な合意のための法的拘束力のない権威ある原則声明（森林原則声明）」である[12]。ドイツや米国は森林条約採択を目指したが、インドネシアやブラジルなどの森林資源を自国の開発に利用している多くの途上国が反対して、結局、森林原則声明という法的拘束力のないものになった。さらに、リオ・サミット後、国連総会は、アジェンダ21の実施の監視や政策調整のために、CSDを設立した。

そして、リオ・サミットの一〇年後の二〇〇二年に、南アフリカのヨハネスバーグにおいて、持続可能な開発に関する世界首脳会議（WSSD）が開催された。その主目的は、アジェンダ21に掲げられた政策目標やこれまでの環境と開発関連の会議に提案された政策実施に向けた努力を促進することにあった。一九一カ国の政府代表、多くの国際機関そしてNGOが参加した[13]。この会議で「実施計画」などが採択されたが、新たな国際条約などの締結はなかった。その主な理由は、持続可能な発展を実施するために、貧困の撲滅、農業実践、保健衛生問題など非常に幅広い問題が交渉の対象となったためである。経済のグローバル化に伴う公平な利益の配分を得ていないのみならず、富める国と貧しい国の格差は拡大する一方であるという発展途上国の主張が支配的で、WSSDでは環境問題より開発問題の方が優先された。

さらに、リオ・サミットの二〇年後の二〇一二年六月に、再びリオデジャネイロで国連持続可能な開発会議（リオ＋20）が開催された。一八八カ国の政府代表とEU、パレスチナ、バチカンのオブザーバー、その他に国際機関、地方自治体、企業ならびに市民団体から合わせて約三万人が集った。リオ＋20では、ブラジル・ロシア・インド・中国・南アフリカ（ＢＲＩＣＳ）などの新興経済国の著しい経済成長なども背景として、国際社会では環境保護と経済成長の両立を目指す「グリーン経済」への移行の必要性が強く認識されていた。リオ＋20の準備段階では、再生可能なエネルギーの導入目標値の設定や自然資本による生態系サービス（食糧生産の基礎となる土壌や森林の気候緩和機能など）の正当な市場的評価の必要が議論された。ＥＵはグリーン経済への移行のため各国共通の具体的な目標を定めるロードマップの作成を主張したが、そうした目標が開発を制約するのではないかと懐疑的な途上国が懸念を表明したため、リオ＋20の成果文書である「我々の求める未来」では具体的な目標値を示さず、国際社会全体として「グリーン経済」を推進することとなった。ただ、国連を中心とした環境ガバナンスの制度的強化を図るために、持続可能な開発委員会（ＣＳＤ）に代わるハイレベルな政治フォーラムの設立ならびにＵＮＥＰの強化と格上げ案が採択された。また、リオ＋20で議論された持続可能な開発目標（ＳＤＧｓ）が、後述するミレニアム開発目標（ＭＤＧｓ）に統合されることに合意された[14]。

## 四　国際政治課題としての持続可能な発展

前項で見てきたように、一九七〇年代から八〇年代後半にかけて、国際的あるいは地球規模の環境問題が国際社会の政治課題になるとともに、発展途上国における開発の必要性も再確認され、「持続可能な発展」が国際社会の目標として掲げられるようになった。しかし、この概念には異なる立場によって様々な解釈が可能であること、具体的かつ普遍的な持続可能な発展モデルが存在しないこと、そもそも持続可能性を測る普遍的な指標が存在していないことなどの問題点が指摘されている。したがって、持続可能な発展という概念は、具体的な政策目標というより、むしろ国際社会の行動規範と言える。本節では、まず、持続可能な発展概念の形成とその普及過程を整理した上で、この概念の指標化の試みを数例紹介し、最後に、国連を中心とした目標設定に触れて本章全体のまとめとしたい15。

## (二) 環境保護と開発の関係

一九七〇年代後半、ダグ・ハマーショルド財団は『もう一つの開発―いくつかのアプローチと戦略―』(Nerfin, 1977) を提言し、経済成長優先型の開発戦略に対して五つの論点からなる代替案を示した。つまり、もう一つの開発戦略は、㈠基本的ニーズ優先的であること(衣食住、教育、保健衛生などのニーズを満たすこと)、㈡内発的であること(開発とは、一つの普遍的なモデルによる直線的なプロセスではなく、各々の社会が独自の価値観や将来展望を定めるような社会内部から行われるものである)、㈢自立的(国民経済や国際経済と連結しつつ地域経済の自立を保って、各々の社会は独自の活力と資源を生かして開発すること)、㈣エコロジー的に健全であること(地域の生態系の潜在能力と現在そして将来世代に課された限界を熟知して環境資源を合理的に活用すること)、㈤経済社会構造転換に基づくこと(社会関係、経済活動、権力構造などに対して要求される構造変革が必要で、それは自らの管理の条件と特定の政策によって影響を受ける社会構成員のすべての意思決定過程への参加を実現させること)である(鶴見、川田、一九八九、一三～一五頁)。

この『もう一つの開発』戦略は現在でも通用する内容であるが、ここに一九七〇年代の環境主義の一端を読み取ることができる。例えば、前述のローマ・クラブの『成長の限界』は、経済成長と環境保護の間にはトレードオフの関係があることを強調し、資源の枯渇が経済成長の限界を示すと論じた。また、シューマッハーは『スモール イズ ビューティフル』(Schumacher, 1973) において、巨大な組織化と専門化を促す現在の利益と進歩追求はかえってはなはだしい経済の不効率性、環境破壊、非人間的な労働状況を増大させると指摘した。その上で、協同組合組織や地域の働き手や資源を活用した地域の職場に基礎を置く人間サイズの適正技術のためのシステム作りを提唱していた。

一九八〇年代後半、環境と開発に関する世界委員会（WCED：ブルントラント委員会）が持続可能な発展概念を検討する一方、発展途上国側（「南」諸国）も環境問題と開発に関して意思統一をはかっていた。その成果が「南」委員会の *The Challenge to the South*（South Commission, 1990）で、一九九一年七月国連経済社会理事会に報告され、同年秋に国連総会に提出された。この報告書は、「南」の現状分析を行って南北格差拡大を指摘する一方、「南」の諸国の自助努力と南・南協力の強化の必要も訴えた。行政の規律・効率化を高める努力をするとともに、先進国のライフスタイルを追求することなく、教育や保健衛生などの基本的ヒューマン・ニーズや貧困層の底上げなども政策目標に掲げた。また、これまでの環境悪化の責任は大方「北」にあるので、「北」の国民はライフスタイルを見直し、環境保全のコストを負担すべきであるとした。その反面、「南」の課題を解決するためには急速な経済成長が必要であり、「北」の科学技術と資金援助が欠かせないとした。

## （二）「持続可能な発展」の概念

持続可能な発展という概念自体は、国際自然保護連合（IUCN）が、UNEPの委託により、世界自然保護基金（WWF）などの協力も得て作成した『世界保全戦略―持続可能な発展のための生物資源の保全―』（IUCN, 1980）のなかで初めて使われたが、WCEDの報告書 *Our Common Future* によって世界中に普及した。最もよく引用される定義によれば、「持続可能な発展とは将来世代がそのニーズを満たすための能力を損なうことなく、現世代のニーズを満たす開発である」（WCED, 1987, p. 43）。また、持続可能な発展のためには次のような目標が設定されている。㈠成長を回復させること、㈡成長の質を変えること、㈢雇用、食糧、燃料、浄水そして下水処理といった基本的なニーズを満たすこと、㈣持続可能なレベルに人口を保つこと、㈤資源基盤を保全し強化すること、㈥技術の新たな方向付けと危機管理、そして、(七)意思決定において環境と経済を融合することである（WCED,1987, pp. 49-66）。

このＷＣＥＤの持続可能な発展戦略は、今後四半世紀内に、世界の総世帯の五分の一を占める最富裕層の総世帯所得を全体の二〇％に抑える一方で、世界人口の五分の一を占める最貧層の総所得を全体の一〇％まで引き上げることを第一番目の目標に掲げている。そのためには年率約三％の経済成長を必要とすることである。しかし、従来の「北」の諸国の経済発展モデルに基づいて高率の経済成長を達成した場合、世界の資源使用量の急増や環境への過大な負荷が懸念される。また、この戦略全体を通して言えることは、環境の価値をどのように経済活動のなかに組み入れるかという点が欠如している点である。この基本的な問題点を明らかにするためには、持続可能な発展の概念をより具体的に検討する必要がある。

## (三) 持続可能な発展概念の明確化と指標化

持続可能な発展の概念については、開発重視か環境保護重視かどちらかの立場に立つことによって様々な定義が可能である。環境保護と開発の関係をどう捉えるかが問題となる。開発を経済成長と同義とした場合、環境保護と経済成長はトレードオフの関係にあることが強調される。これに対して、持続可能な発展は、環境と開発は相互補完的関係にあることを強調し、経済的な豊かさ、社会福祉・教育の充実、健全な生態系の維持を実現するものであると理解されている（Pearce et al., 1989; 石見、二〇〇四、一〜一八）[16]。そして、これらの三つの要素を具体的に指標化し、国際的に持続可能な発展の達成度を測りつつ、その実現に向けての行動が求められている。

例えば、ピアスらの指摘にしたがえば、持続可能な発展には、(一)環境の価値（自然環境、人工的環境および文化的環境の価値）、(二)未来性（現実の政策レベルの短・中期的未来と子孫への配慮という長期的未来）、そして(三)公平性（現世代内における公平性と世代間の公平性）、といった要素が欠かせない（Pearce et al., 1989, p. 2）。その上でピアスらは、持続可能な発展の概念について広義と狭義の解釈があり、後者の方がブルントラント委員会のいう持続可能な発展の意味に近く、環境保護の必要性がより強調される解釈であるとしている。広義の持続可能な発展の解釈によれば、「現在の世代は、前の世代から受け継いだ人工資産と環境資産からなる富のストックを自分が受け継いだ時を下回らないように次の世代に引き継ぐべきである」とする。他方、狭義の解釈では、「現在の世代は、前の世代から受け継いだ環境資産のストックを受け継いだときを下回らないように次の世代に引き継ぐべきである」とする（Ibid., p. 39）。

広義の解釈にしたがえば、森林を伐採して木材を輸出したことによって森林資産という自然資産が減少しても、木材の輸出によって得た資金によって工業製品などの人工資産を購入することができ、人工資産が増えることによって社会全体としての富は減っていない（あるいは増大している）という解釈である。つまり、自然資産と人工資産との交換が行われた、あるいは自然資産を人工資産によって代替したという考えに基づいて持続可能性が解釈されている。しかし、ここで注意したいことは、市場の価値が設定されている木材の価値だけではなく、森林全体の保水機能や森林の地域気候緩和機能などの生態系サービスや多様な生物の生息地としての森林自体の環境資産価値である。ところが、現実には自然資本の環境資産価値を正当に評価する市場は存在しない。生態系サービスの市場価格は付いていない。そうなると過剰消費される傾向にあり、結果として多くの環境問題を引き起こす。このように考えてくると、持続可能な発展の狭義の解釈である環境資産ストックを次世代に公平に引き継がせる重要性が浮かび上がってくる。

上述のピアスらの議論は、一九九二年のリオ・サミット開催前に展開されたものである。同サミット後、持続可能な発展の指標化の試みはどうなっているのだろうか。そのいくつかを簡単に紹介すれば、大別して経済的な指標、社会・経済的な指標あるいは生態学的指標というように類型化される17。そのうち経済的な指標と生態学的指標に限って少し内容をみると、例えば、持続的な発展を測る経済的な指標である純国内生産（Net domestic product: NDP）は、環境の損失についての金銭的価値をつけて評価された環境資産の減価償却と環境上の損害を差し引いた指標である。一例を挙げれば、森林という資産を構成する一本一本の樹木の商品価値のみに着目し、木を切り出した後の植林や間伐等の適切な森林管理を怠れば、将来的的に森林全体の資産価値が損なわれる、ということである。木材を産出する森林の商業的な価値のみではなく、森林の気候緩和能力、動植物の生息地の提供、保水能力などの森林の生態系サービス（森林の環境資本価値）なども、短期的な利益追求による森林の伐採によって失われることになる。以上のことを踏まえ、インドネシアの石油、森林と木材の環境資産に関する調査によれば、一九七九～八四年間のGDPの伸び率は七・一％であったのに対し、NDPの伸び率は四％であった。このことはインドネシアが所得によってではなく、資産を食いつぶして生活していることを示していて、持続可能ではないことになる。ただし、この指標化の試みでは、野生生物、景観、きれいな空気、森林の気候緩和や保水機能（生態系サービス）などについて国際的に統一されて普遍的な市場価値が確定していないので、こうした要素を正確に指標に取り入れるのが難しい。これに対して、生態学的指標の一つであるエコロジカル・フットプリントあるいは環境収容力は、方法上の仮定とデータの評価に難点があるものの、一般人の関心を引いている。エコロジカル・フットプリントは、現在の人口と活動パターン（食料、エネルギーや物質の消費、社会生産基盤の必要）を維持するために本来必要とする土地の面積を計算する（Wackernagel and Rees, 1996）。例えば、食料、エネルギー、木材のみに関した調査でも、スコットランドの人口を養うためには現在の国土よりも二〇％多い土地が必要となる。このことは資源の純輸入を示していて、輸出国の持続可能性を脅かしている。

以上、持続可能な発展度を測る指標化の試みをいくらか紹介したが、経済指標のGDPのように普遍的な指標として世界に受け入れられている持続可能な発展の指標は未だ存在していない。

最後に、国連を中心としたミレニアム開発目標のなかで取り上げられている持続可能な発展の目標、ターゲット、そして具体的指標を検討した上で、本節のまとめを行う。

## （四）国連を中心とした持続可能な発展目標と指標

持続可能な発展の重要性を指摘する声明や文書は、「アジェンダ21」以外に、ハイレベル委員会の報告書、ジェフリー・サックスのミレニアム・プロジェクトの報告書、国連世界首脳会議（二〇〇五年九月開催）に向けて提出された前国連事務総長アナンの報告書などいくつか存在する（United Nations, 2004, 2005; UN Millennium Project, 2005）。しかし、ここではこれらの報告書が言及しているミレニアム開発目標に焦点を絞って、持続可能な発展の目標、ターゲットならびにその指標を検討する。

ミレニアム開発目標（Millennium Development Goals: ＭＤＧｓ）は、二〇〇〇年九月の「国連ミレニアム・サミット」と一九九〇年代から二一世紀にかけて開催された主要な国際会議、例えば、二〇〇二年の「持続可能な開発に関する世界首脳会議」（ＷＳＳＤ）で採択された開発目標などを一つにまとめたものである。このＭＤＧｓには八大目標と、より具体的な数値目標などを盛り込んだ二一のターゲットが設定されている[18]。そのなかで、持続可能な発展に関係するのは、目標七（環境の持続可能性の確保）、ターゲット七―Ａ（環境資源の保全）、ターゲット七―Ｂ（生物多様性の保全）、ターゲット七―Ｃ（安全な飲料水などの確保）、そしてターゲット七―Ｄ（スラム居住者の生活改善）である（**表4―1**）。さらに、これらのターゲットの中身として森林、生物多様性、エネルギー消費量、安全な飲料水などに関して「持

表４－１　MDGs 目標７：環境の持続可能性の確保

| | |
|---|---|
| ターゲット 7‐A | 持続可能な発展の原則を各国の政策や戦略に反映させ、環境資源の損失を阻止し、回復を図る。 |
| ターゲット 7‐B | 2010 年までに生物多様性の損失を確実に減少させ、その後も継続的に減少させる。 |
| ターゲット 7‐C | 2015 年までに、安全な飲料水と基礎的な衛生施設を継続的に利用できない人々の割合を半減させる。 |
| ターゲット 7‐D | 2020 年までに少なくとも 1 億人のスラム居住者の生活を大きく改善する。 |

出典：国連開発計画。http://www.undp.or.jp/aboutundp/mdg/mdgs.shtml

続可能な発展」の指標や現況に触れている。ＭＤＧｓ内の上記の持続可能な発展目標自体不十分な内容であるが、その中間報告を見る限り、これらの目標の達成すら困難な状況である。以下に、直近の中間報告の主な内容を振り返ってみよう。

環境の持続可能性の確保（ＭＤＧｓ目標７）のために掲げられたターゲット７―Ａのなかの一つの具体的な指標は、国土面積に対する森林面積の割合である。森林の損失は、地元住民にとっての食糧・燃料・治療薬などの供給を減らし、森林に依存する貧困層の「セーフティネット」の損失を意味する。森林の減少の主要な原因は増加する人口を養うための農地の拡大であるので、農業と森林保全のための包括的なアプローチが求められている。また、森林の保全が気候変動の緩和と生物多様性の保全に資することは言をまたない。したがって、可能な限り森林面積の減少を抑える必要があるが、二〇一三年のＭＤＧｓの報告書によれば、熱帯雨林の多い南アメリカとアフリカにおいて森林の純損失規模が最も大きく、〇五年から一〇年の間、それぞれ約三六〇万ヘクタールと三四〇万ヘクタールの損失であった（United Nations, 2013）。地元住民のみならず、気候変動の緩和と生物多様性の保全にとっても望ましい状況ではない。

ターゲット７―Ａに含まれる他の具体的な指標は気候変動問題に関するものである。二〇一〇年における地球全体の二酸化炭素（$CO_2$）の総排出量は、前年比五％増加の三一七億トンで、一九九〇年比で四六％の増加であった。相変わらず先進工業国での$CO_2$の排出量は多く、同年の一人当たり年間排出量は約一一トンで、発展途上国の平均である約三トンの四倍弱であった。しかし、$CO_2$の排出は、先進工業国よりむしろ途上国の方で急速に増加していて、一九九〇年から二〇〇〇年の一〇年間の$CO_2$の排出量を比較すれば、途上国全体で四八％の増加に対して、工業国全体では七％の削減であった。同様に二〇〇〇年から二〇一〇年の一〇年間では、各々八一％増加と一％の削減であった（United Nations, 2013, p. 43）

前述したように、二〇一〇年にメキシコのカンクンで開催された第一六回国連気候変動枠組条約締約国会議・第六回京都議定書締約国会合（COP16／CMP6）では京都議定書の第一約束期間（二〇〇八〜二〇一二年）以降の国際的枠組み形成に関する「カンクン合意」（産業革命以降の気温上昇を二℃以内に収めることなど）が採択され、一一年の南アフリカのダーバンで開催されたCOP17／CMP7を経て、カタールのドーハで開催のCOP18／CMP8で京都議定書の第二約束期間（二〇一三〜二〇年）の設定について合意が形成された。また、遅くとも二〇年を目処に、すべての国に実施可能な法的拘束力を伴う新たな国際的枠組みについて一五年までに合意することが決まった。しかし、日本、カナダそしてロシアは第二約束期間への不参加を表明する一方、同期間の削減数値目標を表明したEU加盟国やオーストラリア等の先進工業国全体の総温室効果ガス削減量は、一九九〇年比で二〇一三〜二〇年までにわずか一八％の削減に留まる[19]。安定した気候を保つという気候変動枠組条約の究極の目標達成のためには、新興経済国を中心とした途上国も参加して地球規模で温室効果ガスの排出の大幅削減を達成する必要がある。しかし、前章で見たように、これまでに公約された途上国も含む主要排出国の中期削減目標値と気温上昇の二℃以内達成のための目標削減値との間の排出ギャップが存在していて、前途は多難である。

それに比べ、成層圏のオゾン層の保護に向けての国際協力は着実に進展している。冷媒や発泡剤あるいは消火剤として広範に使用されてきたフロンガスとハロンガスといったオゾン層破壊物質（ＯＤＳ）の生産と消費が全廃される日も近い。この成層圏のオゾン層保護レジームの成功要因の一つは、途上国の代替フロンへの移行を支援するモントリオール議定書多国間基金の存在と発展途上国の積極的な協力姿勢である。二〇一〇年のＭＤＧ報告書によれば、途上国は目標以上にＯＤＳを削減した。その結果、一九八六年から二〇〇八年間に、世界のＯＤＳ消費量は九八％減少した（United Nations, 2010, p. 54）。

二〇一三年のＭＤＧｓ報告は、ターゲット７―Ａ中のもう一つの指標として海洋の漁業資源の乱獲の現状に言及している。一九七四年の時点では海洋の漁業資源の一〇％が過剰漁獲で安全な生物学的範囲外であったのに対して、二〇〇九年にはその比率は三〇％にまで増大している。このことは、地球上の海洋漁業資源が最大持続生産量レベル以下であることを意味する。拡大し続ける多くの国の水産業が過剰漁獲を増々助長している。特に、大西洋、地中海そして黒海での過剰漁獲が目立ち、五〇％の資源が安全な生物学的範囲外である（United Nations, 2013, p. 44）。

一方、国際社会は、二〇一〇年までに生物多様性の喪失を大幅に食い止めるという目標（ターゲット７―Ｂ）を達成することはできなかった。現在、一〇年のＭＤＧｓ報告時と同様、一万七〇〇〇種近く（あるいはそれ以上）の動植物が絶滅の危機に瀕している。生物多様性保全のための投資も精力的になされているが、世界的な消費の拡大、農地や他の用途のための森林の伐採、外来種の侵入、環境汚染そして気候変動などの要因によって、動植物の生息地の減少傾向に歯止めがかかっていない（United Nations 2010, pp. 55-6; 2013, p. 46）。とはいうものの、一九九〇から二〇一二年の間に、地球上の陸地の保護地域は八・九％から一四・六％に増大している。また、同期間に沿岸から一二海里までの沿岸海域の保護地域が四・六％から九・七％に増大した一方、各国の管轄圏内の海域（二〇〇海里の排他的経済水域内の海域）の保護地域は一・二％から五・三％の増大にとどまっている。生物多様性条約では、二〇二〇年までに少なくとも、陸地の一七％、各国の沿岸海域と管轄圏内の海域の一〇％を保全することを求めている。ラテンアメリカは、陸地面積の二一・三％と海域面積の一五・四％を保護地域に指定して世界をリードしているが（United Nations, 2013, pp. 45-6）、生物多様性の保全は人類の存続基盤である生態系の維持にも直結するので、世界各地もラテンアメリカの努力に追随したいところである。

環境の持続可能性の確保に掲げられている残り二つのターゲットは、安全な飲料水の確保と公衆衛生の改善（ターゲット7―C）ならびにスラム街居住者一億人の生活改善（ターゲット7―D）である。前者に関しては、二〇一五年までに安全な飲料水と基礎的な衛生サービスを受けられない人の数を半減させる目標を掲げている。飲料水については、一〇年までに八九％の人々がより改善された飲み水へのアクセスが可能になり、五年前倒しに目標を達成したことになる。基礎的な衛生サービスに関しては、例えば、一九九〇年から二〇一一年の間に、一九億人が便所、水洗トイレあるいはその他の衛生サービスを利用できるようになった。しかし、一五年までにさらに一〇億人がこうしたサービスを利用できるようにならなければ、MDGsの目標は達成できない。ただ、ターゲット7―Dの二〇年までのスラム街住民の生活改善目標については、〇〇年と一〇年の間に、二億人の都市スラム街住民が、改善された水資源、衛生施設、耐久性のある住宅などへのアクセスが得られ、一億人を対象にしたMDGsの目標を達成することができた（United Nations, 2013, pp. 46-51）。言うまでもなく、こうした目標が最終目標ではなく、他の環境の持続性を確保するためには、世界全域で継続的に一層の国内的努力と国際的な取り組みが要求される。

以上がMDGsに掲げられた環境の持続性の確保の目標とその現状である。しかし、仮にこうしたMDGs目標がすべて達成できても、「持続可能な発展」が含意する人類社会と自然との健全な関係の構築、現世代と将来世代間の自然資源や自然が提供する生態系サービスの公平な分配を確保できない。生態系という包括的な概念で捉えられた「持続可能性」を十分考慮する必要がある。例えば、国連の「ミレニアム生態系評価」に基づいて、生態系そのものの価値と生態系サービスを正当に評価して、MDGsの持続可能な発展目標の不備を補うことが肝要である。

さらに、食糧、エネルギーそして環境問題との間の複雑な関係にも十分に注意を払う必要がある。例えば、食糧危機の要因には、通常、自然災害、紛争、多国籍アグリビジネスの穀物価格変動への影響等が挙げられるが、さらに他の要因も考慮しなければならない。すなわち、先進工業国での農業補助金制度によって輸出用の農産物の市場価格が低く抑えられ、途上国での農業への投資のインセンティブを削ぎ、それが中・長期的に途上国での食糧不足を助長している。その他、中国などの穀物自給率の低減や気候変動対策の一環としての米国のコーンやブラジルのサトウキビのバイオ燃料への転換なども、世界の食糧危機の要因の一つに挙げられる。さらに、エネルギーと穀物市場に対する過度に投機的な資本の影響力も無視できない。「市場の失敗」が環境問題を引き起こすという因果経路が一般的に指摘されるが、上記の例に照らせば、各国政府の環境やエネルギー政策が世界的な食糧問題を引き起こす、という因果経路も無視できない。二〇〇八年六月にはイタリアでFAO主催の「世界の食糧安全保障に関するハイレベル会合」が開催され、一八〇カ国の政府代表が、気候変動政策としてのバイオ燃料利用と食糧価格の高騰問題などを議論した。このように、食糧、エネルギー、環境に関する各政策が、世界の食糧事情、エネルギーの需給状況、そして環境にどのような影響を与えているのか、また、その短期的、中・長期的な世界的な貧困、開発、人権問題への影響はどのようなものか、ということに今後ますます注意を払っていく必要がある。そこで、本書のテーマに即して、持続可能な社会に相応しいエネルギーの選択に焦点を絞って、持続可能なエネルギー選択とはどういうものか、その可能性はあるのか、という問いを中心に、持続可能な発展とエネルギー政策の関係についてやや詳しく見ておこう。

## 第二節　持続可能な発展のためのエネルギー選択

持続可能なエネルギーとはどのようなものか。少なくとも次の三つの要件を満たす必要がある。第一に、エネルギー源が豊富で枯渇の心配のないものであり、それが安全にしかも安定的に供給できること。つまり、エネルギーの安全保障の要件を満たすものということになる。第二に、経済性も重要な要件で、生産コストや供給コストが低いことが好ましい。第三の要件は、環境汚染が少ないことで、特に、温室効果ガスを排出しないものが望ましい、ということである。

とりわけ、化石燃料のように人為的な地球の温暖化を促進するような温室効果ガスを排出しないエネルギー源であることが望ましい、という最後の要件について補足説明する必要がある。稼働中の原子力発電所は温室効果ガスを排出せずに電力を生産するという点では、確かに環境に「優しい」と言える。長年気候変動問題に関して警鐘を鳴らしてきたジェームス・E・ハンセンは、地球の温暖化を産業革命前に比べ一・五℃の気温上昇に抑えるためには、大気中の二酸化炭素の濃度が二〇二〇年までに最大許容濃度の四五〇ppmに達した後、三五〇ppm以下に抑える必要がある（Hansen, 2014, p. 6）、としている。その上で、同氏は、この目標を達成するためには再生可能エネルギーとともに原子力エネルギーを化石燃料の代替として強く押し、公開書簡を通して、原子力利用を支持するように多くの環境保護団体やジャーナリストに呼びかけた[20]。しかし、よくよくその議論を見てみると高速増殖炉[21]や使用済み核燃料の再処理によって半永久的に核エネルギーを使い続けるという核燃料サイクルに過大の期待を寄せていて、原子力エネルギーを太陽光や風力のように「無尽蔵な（"inexhaustible"）」資源と位置付けている（Hansen, 2014, pp. 12-3）。しかし現実に目を向けてみると、一九九〇年代後半までに、米国、イギリス、ドイツそしてフランスなどの原発先進国はすでに高速増殖炉開発から撤退しているし、日本でも過去何十年間にわたりこの技術開発に一兆円以上を費やしてきたが、高速増殖炉実験炉常陽の後に開発された高速増殖炉原型炉もんじゅの運転さえうまくいっていない。その結果、原型炉の後に実証炉・商業炉へと続く実用化の時期が当初の計画から五〇年以上遅れ、二〇〇五年の原子力政策大綱では二〇五〇年の商業化を目指すことになっているが、その技術的かつ経済的実現性は定かではない（吉岡、二〇一一、三五一頁）。また、日本の青森県の六ヶ所村に建設中の再処理工場は、当初の建設費約七六〇〇億円で一九九七年に完成予定であったが、これまでに二一回も完成時期が延期され、建設費も二兆円以上に膨れ上がっている（石塚・長野、二〇一四）。一九八〇年代から操業を開始した日本の東海村再処理工場における使用済み核燃料の再処理能力は年間九〇トン（原発三基分）で、一九九八年末までにイギリスやフランスに約五六〇〇トン軽水炉使用済燃料と約一五〇〇トンのガス炉使用済燃料の再処理を委託してきたが、その後の契約はない（吉岡、二〇一一、一七〇～一九三～四頁）。さらに、これまでに原子力爆弾の原料になり得るプルトニウムが日本国内に四七トン以上蓄積されており、利用目的のない「余剰プルトニウム」を持たない、という国際公約違反の恐れが生じている（川田、二〇一四）。このような状況では、高速増殖炉と使用済核燃料の再処理が中核となる核燃料サイクルの完成は覚束ない。科学技術先進国と称される日本でこの状況なので、ロシア・中国・インドなどの新興経済国を含めて、世界的に原子力エネルギーを再生可能エネルギーと同等に豊富で化石燃料の代替と位置付けることの妥当性と現実性を疑問視せざるを得ない。もし原子力エネルギーを使用し続けるというなら、ウラン二三五等の核分裂物質を原子炉で一回のみ使用する方法で、使用済み核燃料の再処理ではなく、フィンランドやスウェーデンが本腰を入れているように、使用済核燃料などの高濃度放射能廃棄物を最終処分場で、少なくとも一〇万年の間、安全に管理する方法が現実的である。しかしこの場合でも、原子力エネルギーの利用によって子孫に高濃度放射性廃棄物の長期間にわたる安全な保管を強いてしまい、現世代が原子力エネルギー利用による便益を享受する一方、将来世代は何世代にもわたって危険な核廃棄物の管理費などの費用がかかる（機会費用）とともに放射能漏れなどのリスクを請け負うことになり、原子力エネルギー利用には、持続可能な発展概念の「世代間衡平」原則に抵触する側面があることは否定できない。

とはいうものの、一朝一夕に再生可能自然エネルギーで化石燃料をすべて代替することは不可能である。後述するように、少なくとも現在の所、天然ガス発電などの他の安定したベース電源の必要性が認められている。こうした現状を踏まえ、世界でどれほどの再生可能自然エネルギーが利用されているかを簡単に把握した上で、再生可能な自然エネルギーが持続可能なエネルギーの三要件をどれほど満たしているのかを検証する。また、既存の技術を十分に活用することで、化石燃料や原子力エネルギーから再生可能な自然エネルギーへの転換が可能である、という議論を詳細に検討する。そして最後に、マッケイの客観的な議論（MacKay, 2009）やスミルの健全な懐疑論（Smil, 2012）も参考にしながら、再生可能自然エネルギーの可能性を検討してみよう。

まず、現在の再生可能な自然エネルギーの世界的な普及状況を概観する。二一世紀のための再生可能エネルギー政策ネットワーク（Renewable Energy Policy Network for the 21st Century: ＲＥＮ21）の『自然エネルギー世界白書二〇一四』*Renewables 2014 Global Status Report*（REN21, 2014）によれば[22]、二〇一二年の世界の最終エネルギー需要に占める自然エネルギーの割合は一九％で、原子力二・六％、化石燃料七八・四％であった（Ibid., 2014, p. 21）。その内訳は、途上国などの「伝統的なバイオマス」利用が九％、「近代的な自然エネルギー」利用が一〇％であった。さらに、後者の内訳を見てみると、バイオマス・太陽熱・地熱による給湯と暖房が四・二％、水力発電が三・八％、風力・太陽光・バイオマス・

地熱による発電が一・二％、バイオ燃料が〇・八％であった（Ibid.）。また、二〇一三年末の世界の電力供給における自然エネルギーの推計割合は、水力が一六・四％、水力以外の自然エネルギーが五・八％（この内、風力二・九％、バイオ一・八％、太陽光〇・九％、地熱など〇・四％）の計二二・一％であり、残りは化石燃料と原子力エネルギーを合わせた七七・九％ということである（Ibid., p. 21）（**図４―１**）。現状を見る限り、自然エネルギーで現在の世界のエネルギー需要をまかなうためには相当思い切った産業構造、交通さらにはライフスタイルの変換が必要で、まさに産業革命的な社会の大転換を要すると言わざるを得ない。そうした世界的大転換の中核を担うエネルギー転換の可能性はあるのだろうか。

風力発電と太陽光発電の経年の累積導入量を見る限り、エネルギー転換の可能性は見てとれる。風力発電施設の設置（発電容量）について見てみると、一九九六年にわずか六Gwの発電容量であったものが、一〇年後には一〇倍以上の七四Gw弱にまで増大し、二〇一三年には五〇倍以上の約三一八Gwまで幾何級数的に発電容量が増えている（**図４―２**）。同様に太陽光発電も急増している。世界全体での太陽光発電容量は、二〇〇〇年に一・三Gw程度であったのが、一三年には約一三七Gwまで、実に一〇〇倍以上の増加である（**図４―３**）。太陽光発電は、発電容量に関して、水力そして風力発電に次いで三番目に多い電源である。過去一〇年間はヨーロッパでのソーラーパネルの設置が世界をリードしていたが、現在では中国が世界で最も大きな太陽光発電市場であり（約一二・三Gw）、日本の市場が世界第二位（約六・九Gw）、米国がそれに次いで第三（四・八Gw）である（EPIA,

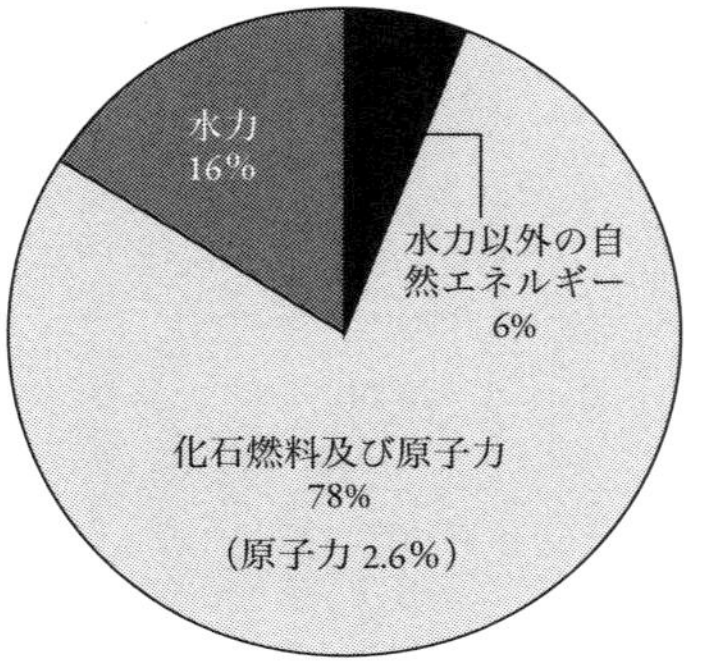


図４－１　世界の電力供給に占める自然エネルギーの推計割合（2013 年）
出典：REN21 (2014, p.25).

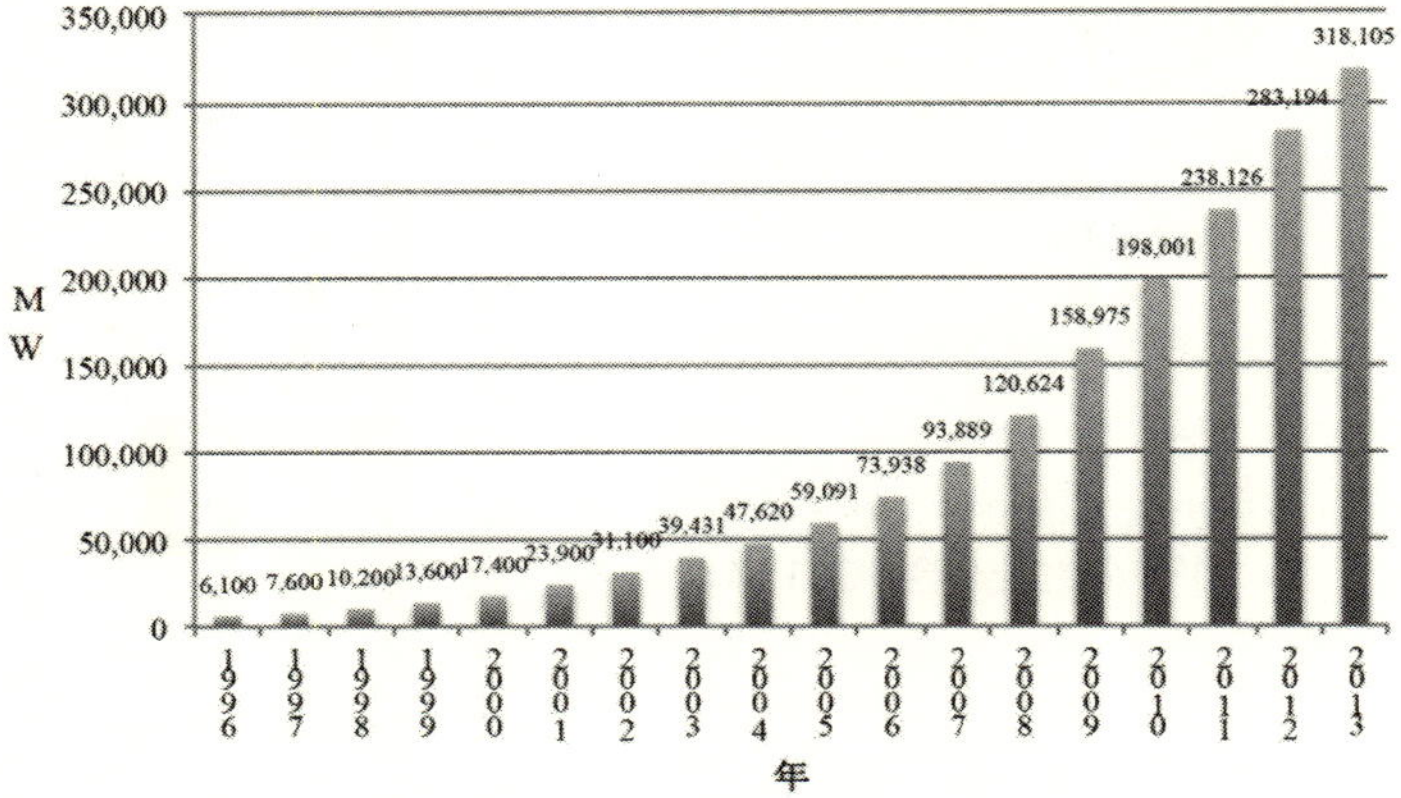


図４－２　世界の風力発電施設容量：単位（メガワット：MW）
出典：世界風力エネルギー協議会（Global Wind Energy Council: GWEC）（http://www.gwec.net）23.

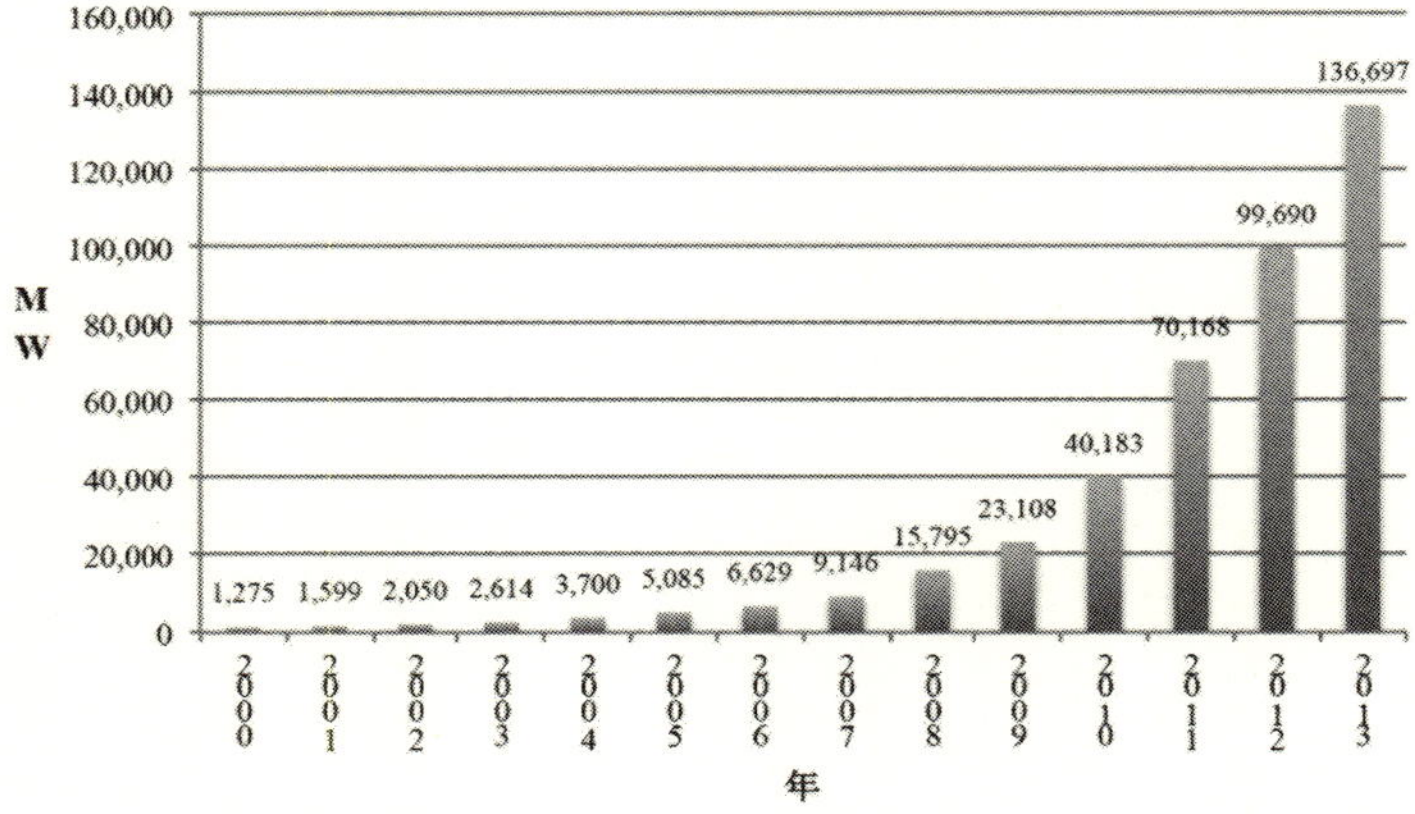


図４－３　世界の太陽光発電施設容量：単位（メガワット：MW）
出所：欧州太陽光発電産業協会（European Photovoltaic Industry Association：EPIA）（http://www.epia.org）24.

2013, p.4)。世界の趨勢として電化社会に移行することを考えると、近年の風力や太陽光利用の急増と、木質セルロースや藻類などのバイオマス燃料や地熱等の他の自然エネルギー源の活用が、将来どこまで拡大するのか、ということが脱化石燃料・脱原子力エネルギー社会形成の鍵を握る。しかし、現時点（二〇一三年末現在）では、前述したように、世界の電力生産の八〇％近く（七七・九％）を化石燃料と原子力エネルギーが占めていて、再生可能自然エネルギーは二二・一％を占めるものの、風力発電と太陽光発電の割合は非常に少ない（REN21, 2014, p.25）。以上が、現在の再生可能な自然エネルギーの世界的な普及状況である。脱化石燃料社会あるいはその手前の低炭素社会形成への道程は非常に長い、という状況である。

それでは次に、持続可能な発展のためのエネルギー選択の三要件――エネルギー安全保障、生産および供給コストの安さ、環境汚染の少なさ――を考慮しつつ、再生可能な自然エネルギーを中心とした脱化石燃料社会形成の可能性について検討してみよう。

化石燃料から自然エネルギーへの転換を説く議論は多くあるが[25]、ここではロビンズと彼が所長を務めるロッキーマウンテン研究所の分析である *Reinventing Fire*（『新しい火の創造』）を中心に、脱化石燃料社会形成の可能性について見てみよう（Lovins and RMI, 2011）。本書が示していることは、二〇五〇年までに石油と石炭への依存からの脱却が十分に可能で、現在の化石燃料に依存することによるコストやリスクを回避することができるとする。ただ、天然ガスに関してはしばらく控えめに利用され続けるが、最終的には段階的に使用が廃止されることになる。

石油依存による真のコストに関しては米国の例を引き合いに出している。二〇一〇年後半の一ガロン当たりのガソリンの価格は、同量の牛乳、オレンジジュースや米国内のペットボトルの水の価格より安かった。米国の国内石油価格の安さは、ほとんどが石油向けの三九〇億ドル（〇六年）の政府の補助金に負うところが大きい。また、石油消費システムへの補助金はさらに多額で、自動車向けに限っただけでも一九九八年の推計では年間一一一〇億ドルに達し、一バレル当たり一六ドルに相当する。こうした石油に対する政府の補助金のおかげで、米国内のガソリン価格は他の工業国のそれより半分あるいは三分の一の低価格になっている。しかしその結果として、国際競争力を失った非効率な米国産の自動車や都市の郊外への無秩序な拡大（スプロール化）による車社会形成を助長してきた。二〇〇八年の国内の石油代金の合計は〇・九兆ドルで、そのうち三三八〇億ドルが輸入代金として海外に流れている。その上、石油の世界市場価格は不安定で、例えば、今後五年間の石油価格の予想変動率（volatility）に対して、一バレル当りの原油で四〇ドル、同量のガソリンで一二四ドル（一ガロン当たり二・九五ドル）の費用がかかると予想されている。それに加えて、五年限定のスポット価格をそれぞれ四〇％と四七％押し上げる、ということである。要するに、二〇〇八年の米国の石油依存の経済的コストは一兆ドル規模で、石油そのものに関するコストを上回っていて、このコストを回避するためには石油を使用しないこと（Lovins and RMI, 2011, pp. 3-4）、ということになる。当然、世界の石油市場価格の不安定さとそのリスクに対処するためのコストは、石油に依存するすべての国にかかる。

石油と安全保障問題も脱石油の選択の合理性を明らかにしている。一九九一年の湾岸戦争や二〇〇三年のイラク戦争のための人命の犠牲や戦費を度外視しても、中東の石油の安全かつ安定的供給を維持するための軍事関連支出は膨大なものである。一九九〇年代、米国は、ペルシャ湾岸諸国に支払った石油の輸入代金より二〜三倍の軍事費を投じて、同地域に軍を展開している。もし湾岸諸国から輸入された原油に対してこうした軍事費用が加算されるなら、二〇〇〇年のこの地域の原油価格は一バレル当たり七七ドル高かったことになり、同年のサウジアラビアの原油価格の二・七倍に相当した。湾岸地域における〇七年の単年度の軍事支出に限定しただけでも、〇・五兆ドルが費やされていた。したがって、石油に依存する経済的コストと湾岸地域の軍事支出の合計は年間約一・五兆ドルで、米国のエネルギー支出よりも多い、国内総生産（GDP）の約一二%に達している（Lovins and RMI, 2011, p. 5）。

石油に関連する安全保障問題は石油の生産に限った問題ではなく、その供給システム（supply chain）全体の脆弱性にも関わっている。サウジアラビアの原油の三分の二が、一つの精製所と二つのターミナルを通して世界に流れていて、テロリストの攻撃に対して非常に脆弱な状況である。事実、いくどか攻撃を受けているとのことであるので、もしサウジの石油の供給が滞ることがあれば、世界経済に対する影響は計り知れない（Lovins and RMI, 2011, p. 6）。こうした産油国のサプライチェーンに対する攻撃以外にも、本書の第二章で触れたように、石油や天然ガスの船舶輸送上、いくつかの戦略的に重要な海峡のチョークポイントでの安全確保の問題も常に存在する。それに加えて、世界的にも国内的にも複雑に絡み合った情報と通信システムのネットワークに統合されているエネルギー供給システム（精製所、パイプライン、発電所、変電所、送配電網など）に対するサイバーテロの脅威も無視できない。

さらに、中長期的なエネルギー安全保障上の懸念として、石油への依存は国際政治上の不安定要因となっている。例えば、産油国のイラクやイランなどの湾岸諸国は、米国を中心としたOECD諸国との外交上の対立や軍事衝突をもたらしてきている。また、ロビンズらは、フリーダム・ハウスの国の自由度のランク付けなどを参照して、石油の埋蔵量の六七%は「自由のない」国にあり、二七%は「部分的に自由な」国に、そしてわずか七%のみが「自由な」国に存在すると指摘している。また、石油資源の存在ゆえに独裁政権、政治の腐敗、人々に対する抑圧、不平等、過度の軍事化という「石油の呪い」に苦しむ不安定な国が少なからず存在していることも指摘している（Lovins and RMI, 2011, p. 6; The Economist, 2005）。石油に依存しない社会に向かって舵を切れば、こうした国際紛争や国内外の政治の不安定材料も少なくなり、国際的な安全保障を強化することも可能であろう。

ただ、最近の米国での「シェールガス革命」や石油価格の乱高下は、米国のエネルギー安全保障環境に変化をもたらすとともに国際的な地政学的状況にも影響を与えている。二〇一〇年以降、原油価格が一バレル一〇〇ドル以上に上昇していた四年間に、米国内の石油生産は三〇％ほど増加して、日産九〇〇万バレルの水準になり、サウジアラビアの日産一〇〇〇万バレルに迫る勢いとなった（The Economist, 2014, p. 13）。その後、二〇一四年中に石油価格は、最高値の一バレル一一五ドルから同年の一二月には七〇ドルそして年明けには五〇ドルに下落したが、フラッキング技術の革新やシェールオイルならびにシェールガスの生産調整の容易さなどにより、油価の下落によって倒産する開発業者も存在するものの、米国は、飛躍的にこうした非在来型の化石燃料の生産を増大させて、サウジと対抗して世界の油価を左右する国になるとともに、エネルギー安全保障を強化するに至っている（The Economist, 2015, p. 4）。他方、石油や天然ガス価格の急落は、化石燃料の輸出に依存するロシア、ナイジェリア、ベネズエラなどの経済に大きな打撃を与えている。ロシアの通貨ルーブルの下落、ナイジェリアの金利の引き上げと通貨ナイラの下落、そしてベネズエラの債務不履行の危機を招いている（The Economist, 2014, p. 13）。特に、もともと国内統治が不安定なナイジェリアやベネズエラなどでは、原油価格の下落による経済状況の悪化が国内政治・社会の不安定を助長し、周辺諸国関係をも悪化させることが懸念される。

最後に、化石燃料と環境汚染上の問題について触れておこう。米国の火力発電所の四五％、世界の火力発電所の四一％は石炭であり、依然として大きな割合を占めている。この化石燃料にも負の外部経済の問題が存在する。石炭を燃やせば、硫黄酸化物や窒素酸化物（酸性雨の原因）、微粒子、水銀や他の有害物質を多く排出する。大気汚染や水質汚濁などの環境汚染による人体の健康被害のみならず、探鉱での事故など、米国における石炭火力発電による隠れたコストは年間一八〇〇億から五三〇〇億ドルと言われている（Lovins and RMI, 2011, p. 6）。

さらに、石油と石炭などの化石燃料の利用は、温室効果ガスを排出して地球の温暖化を加速して気候変動を引き起こすという、地球規模の深刻な問題の原因となる。地球の温暖化によって利益を得る地域もあるが、軍の指導者らは、多くの地域が干ばつ、洪水、飢饉、伝染病の蔓延、地政学的な変化、大量の移民の発生などに直面し、深刻な社会の不安定や紛争を招くことによって、人道的な救援の必要が生じることを懸念している（Lovins and RMI, 2011, p. 6）。気候変動対策を何も採らない場合の異常気象や海面上昇による経済的コストは、第一次および第二次世界大戦と世界大恐慌を合わせたような大損害になる（Stern, 2007）と言われているが、気候変動による社会的騒擾あるいは紛争の可能性という安全保障上の懸念からも、脱化石燃料に向けた政策の強化は合理的なものと言えよう。

実際、デンマークのように二〇五〇年までに脱化石燃料を目指す国も存在する（第八章で詳述）。二〇〇八年に建てられたデンマークの住宅は、一九七七年以前に建てられたものの床面積当たりのエネルギー使用量が半減している。一九八〇年〜二〇〇九年の間にデンマーク経済は七〇％近く成長したが、エネルギー使用量は一九八〇年レベルにもどり、炭素の排出量も二一％減少した（Lovins and RMI, 2011, p. 8）。二〇一〇年時点で、同国における電力供給は、熱電併給（ＣＨＰ）が五三％で再生可能エネルギーが三〇％であり（REN21, ibid）、平均的なデンマーク人は平均的なアメリカ人よりＣＯ$_2$の排出量が五二％少ない（Lovins and RMI, ibid.）。ただ、デンマークは特異な例の部類に入ることを指摘しておく必要がある。なぜなら、日本やドイツの産業構造とは異なり、デンマークには化石燃料消費の多い重化学工業が少なく、しかも域内に電力網が整備されたＥＵ諸国との間で電力の売買が可能であることを背景として、エネルギーおよび環境政策を選択できるからである。

デンマークの例に関する考察は後述するが、以上見てきたように、経済、安全保障、環境保護上の理由から、化石燃料に依存しない社会形成の必要性は十分に確認できる。次の関心は、どのように化石燃料からの脱却を図るのか。換言すれば、持続可能なエネルギー社会形成のための具体的な方法はどのようなものかということである。

ロビンズ等によれば、市民社会からの支持を得て、効果的な政策によって加速された、利益を持続させようとする動機に基づくビジネスが、二〇五〇年までに野心的な石油と石炭からの脱却を導き、天然ガスからの脱却も遅れて達成可能だとする。以下に概観するのは、運輸、建築、工業、電力産業におけるエネルギー転換の可能性である。その際の三つの原則は、エネルギー消費の削減、需要を変えること[26]、供給の最適化である。技術的一大ブレークスルーや新発明に依存せず、既存の技術と積極的な学習曲線に基づいた技術革新などによって各部門のエネルギー転換は可能であるということである（Lovins and RMI, 2011, pp. 9-13; The Economist, 2015, pp. 1-12）。本書の第二章でも触れたように、石炭から石油、あるいは鯨油の照明から石油の照明そして電気の照明というように、エネルギー転換がこれまでにも起こってきた。私たちは今、次のエネルギー転換への分岐点に立っている（Tertzakian, 2007）。

車社会である米国で二〇五〇年までに運輸部門が石油の依存から脱却できるなら、その世界的なインパクトは計り知れない。ロビンズ等によれば、米国における石油利用の七〇％以上を占めるのが運輸部門であり、毎日一〇億ドルに相当する一三〇〇万バレルの石油が消費されているため、五〇年までに石油の依存から脱却できれば、三兆八〇〇〇億ドル削減できる[27]。この目標達成のために、車のデザインや作り方を変えること、車の利用の生産性を高めること、トラック類や船舶・航空関連での様々な改善、クリーンなエネルギーの利用などが求められている。

まず、車のデザインや作り方を変えることに関して、鍵となる技術革新は、進歩した材料を使った超軽量かつ超頑丈な車体へと切り替えることである。その効果は、超軽量の車体の骨格とともに、小さな駆動システム、軽くて、安くて、より燃料効率の良い車を作ることができる、ということである。乗用車に関しては電気駆動も可能である。すでに自動車会社数社（そして航空機製造会社）が、こうしたこれまでのゲームのルールを変えるような戦略を採用しているか、あるいは採用しようと真剣に考えている。材質としてはF－35次世代戦闘機の炭素繊維と複合樹脂でできた機体の応用や、炭素繊維のみでできた車体の開発が進んでいる。こうした開発は非常に重要である。なぜならば、標準的な乗用車が消費する燃料のうち、実際に運転手を目的地に運ぶのに使われる燃料はほんのわずかだからである。ほとんど（七分の六）のガソリン燃料は停車時のアイドリング、エアコンディショナーや照明などの車のアクセサリー用に消費され、残りの燃料エネルギーのうち半分は、車が風を押し分けるときに空気を暖めるのに、あるいはタイヤと道路を熱くするのに消費される。わずか五％の燃料が自動車の加速に使用されるのだが、車の種類や大きさそして運転手の体重によって異なるものの、車の総重量の約二〇分の一が運転手の重量だとすると、実際に人が車に乗って加速されるのに消費されるガソリン燃料はそのわずか〇・三％か、多くてせいぜい〇・五％である（Lovins and RMI, 2011, p. 18）。また、車の重量は、その加速に必要なエネルギーの三分の二以上に関わり、重さに比例して慣性も大きくなるので、それだけ大きな加速力も必要となる。また、自動車の重量が増ればタイヤの回転摩擦も大きくなり、それだけ加速力のあるエンジンを搭載するようになりさらに重量が増すことになる。こうした点からも、車の軽量化が求められる。すなわち、車両の「フィットネス」によって重量、空気抵抗、回転摩擦を減らし、車の軽量化と燃料の効率化を図ることである。次に、エンジンを推進軸や駆動軸に連結する駆動列（power train）に焦点を当て、車をどのように駆動させ、どのような燃料を使用するかという選択になる（Ibid., p. 20）。基本的に、ロビンズ等が考えている革新的な自動車の三つの要素は、現在の車のパーツの必要性の再検討も含む総合的なデザイン、車体の超軽量化、そして電気駆動の自動車である。

車のフィットネスと車本来の目的に適合した包括的なデザインによって、自動車の消費燃料を三分の一削減できるが、脱石油のためには駆動列（パワートレーン）の電化が不可欠、ということになる。ハイブリッド車、プラグ・イン・ハイブリッド車、さらには内燃機関の燃焼効率を五〇％高めた技術開発も進んでいるので、電気自動車に移行する必要があるのか、という疑問も湧いてくる。つまり、脱石油あるいは低炭素排出の燃料ということで、バイオ燃料などを使用する内燃機関エンジンの乗用車を普及させても良さそうである。しかし、ロビンズ等の試算では、米国内の自動車を、最新の内燃機関と三〇％の軽量化を達成した車両と組み合わせたものにしても、二〇一〇年度の生産量の八・五倍に相当する一日に六〇〇万バレルのバイオ燃料が必要で、トウモロコシ以外の非食糧系のバイオ燃料の予想供給量をはるかに上回ってしまう。彼らが指摘するように、バイオ燃料は重量トラックや航空機の燃料に回して、自動車は電化していく必要がありそうだ。すでに、市販されているリチウム電池を使ったテスラ社の電気自動車ロードスターＥＶは、二〇一〇年価格で一〇万九〇〇〇ドルと高いが、一マイルの走行費用は一セントで、しかも世界で最速のスポーツカーと同程度の加速性能がある（Lovins and RMI, 2011, pp. 30-31）。さらに、テスラ社に蓄電池を供給しているギガファクトリーは、ここ数年のうちに、現在の二五〇ドル／kWhを一〇〇ドルにまで価格を下げることを目指しているということで、そうなればテスラ社の車の価格は他の通常の車の価格と変わらないものになると言われている（The Economist, 2015, p. 8）。言うまでもなく、蓄電池の性能の向上も含め、日産の電気自動車のリーフなどを始め、世界の大手自動車メーカーも電気自動車の開発にしのぎを削っているので、電気パワートレーンの開発競争を通した学習効果による技術革新が一層進むと考えられる。

利益を追求する企業間の競争に促された革新的なエコカーの普及を確実なものにするための政府の誘導策が重要であるとともに、自動者のユーザーとしての消費者のライフスタイルの変革が自動車の利用の効率化あるいは生産性を高めるのに役立っている。前者に関しては、日本政府も導入した温室効果ガス排出の少ない車を対象にした「エコカー減税」[28]や、ロビンズ等が紹介している「フィーベート」（燃費の悪い車の価格を高くする一方、燃費の良い車の価格を安くする制度）（Lovins and RMI, 2011, p. 37）などが挙げられる。また、全地球位置測定システム（ＧＰＳ）などの最近の衛星通信情報システムを駆使した、米国のオレゴン州の車の走行距離に課徴金（ラッシュアワーの時間帯の課徴金を高く設定）を課すという試験的取り組みも興味深い。従来のガソリン税制度と比較すると、走行距離に対する課徴金制度による方が、全体的に一五％、ラッシュアワー時は二二％走行距離が短かった（Ibid., p. 45）。さらに、ソーシャルメディアを活用した車の相乗りやカーシェアリングのビジネスも広がり、道路を走行する自動車台数が減少するかあるいは走行距離が減少する、といった結果となっている。例えば、後者について、ジップカー社は、米国、カナダ、英国の市街地などの一二〇〇拠点に三〇〇種類、八〇〇〇台の車を用意し、利用者は会員となって年会費を払い、同社の車を利用するときは燃料費と保険料込みの時間単位の料金を払う仕組みになっている（Ibid., p. 47）。その他、パーク・アンド・ライド（park and ride）など、市郊外の鉄道の駅近辺に無料の駐車場を用意し、市街地へは電車やバスなどの公共交通機関の利用を促すというような取り組みも欧米諸国、特に、ドイツの地方都市などで以前から行われている[29]。また、市街地の駐車料金を高くすることも行われている[30]。

建物についてもビジネスチャンスを生かして化石燃料の依存から脱却する方法が数多くあるが、まず、建築部門での米国のエネルギー消費の膨大さに驚かされる。米国の建築部門は、全米の一次エネルギー消費の四二％、電力消費の七二％、天然ガスの三二％を直接消費していて、二〇〇七年時点の同国の建築部門の一次エネルギー消費量は、日本やロシアの総エネルギー消費量を上回っていた（Lovins and RMI, 2011, p. 82）。建物といっても商業用ビル、学校・美術館・図書館などの公的建物、ショッピングモールやスーパーマーケットなど多種多様で、そのエネルギーの使われ方も複雑であるという印象を受けるが、建物のエネルギーのほとんどが冷暖房、温水加熱、照明、電子機器に使用される、ということである。省エネ技術の革新的な発展も功を奏してか、家電製品のエネルギー使用量はそれほど多くない。そして、この建築部門で特に注意すべきことは、エネルギー使用の多い分野の効率化を集中的にタイミングよく行うことである。なぜ、タイミングかというと、数年に一度の自動車の買い替えなどと異なり、建物の改修工事や新築は三〇〜四〇年に一度行われるかどうかなので、その機会を逃さないようにしなければならないからである。そして非常に重要なことに、建物のエネルギー効率化にはコスト削減効果があるということである。すなわち、現在の技術と価格を前提としても、建物の効率化にかかる費用は、効率化を図らなかった場合のエネルギー価格の半分である（Ibid., p. 88）。建物の省エネや快適な環境に配慮した設計と日々進歩している断熱技術、ＬＥＤ照明、省エネ家電などを組み合わせれば、現時点でも大いに温室効果ガスの排出削減に寄与する建物の建築や改修が可能である。

建物に関連する新技術はすでに多く使われ、今後とも様々な技術革新が期待されている。白物家電の代表である冷蔵庫や家庭用エアコンの電気消費量は飛躍的に少なくなっている。例えば、米国の二〇〇九年の新型モデルの冷蔵庫の平均的電力使用量は、一九七二年モデルより七二％も少ない。家庭用空調機器も過去数十年にわたって毎年三〜四・五％のペースでエネルギー効率を高めている。また、「熱変色性」（"thermochromic"）の窓など、可視光線は透過させるが、外気温によって部屋に取り込む熱エネルギーを調整できる賢い窓（smart window）なども登場している。米国のエネルギー省によれば、三〇年までに、発光ダイオード（ＬＥＤ）は、現在の全米の住宅が照明に使用している総電力量とほぼ同量の電力を減らすことになる（Lovins and RMI, 2011, pp. 90-93）。冷暖房が可能な家庭用のヒートポンプも省エネにとっての有望な技術である[31]。

建物の省エネを促す政策としてはどのようなものがあるだろうか。昔からあるのが建物のエネルギー基準を設定することである。断熱性能の向上によって冷暖房設備を必要としないほどエネルギー使用を切り詰めている「パッシブ・ハウス」（"passive house"）や断熱効果を高めるのみならず屋根に太陽光発電パネルの設置などで電力を生み出す「プラス・

エネルギーハウス」がドイツ等で普及している（脇阪、二〇一二、一九四〜七頁）。これを受けて、例えば、二〇一〇年のEU指令は、二八の加盟国に対して二〇二〇年までにほとんどエネルギーを使用しない建物の実現を義務づけている（EU, 2010）。

もう一つのより有力な政策の指針は、「供給プッシュ型」から「需要プル型」へのエネルギー政策の転換である（飯田、二〇一一、一〇八〜一〇頁）。電力会社等の公益事業体であるエネルギー供給側に向けた政策ではなく、需要側に照準を合わせた政策の方がエネルギー効率をより高め、しかも公益事業体の財務状況をも改善するのに役立つ、ということである。日本の地域独占の電力供給体制でも明らかなように、エネルギー供給量の拡大を維持するために、公益事業体は常に大口の需要家を求めるかあるいは消費者にエネルギーを非効率に使ってもらった方が利益につながる、という非常に非合理な選択となっている。米国においても従来から、公益事業体の売り上げは、エネルギーの販売量とエネルギーを供給するための投資額と連関されている。したがって、投資額を増やしてエネルギーを供給するためのインフラを拡大してエネルギーを売ることが、公共事業体の売り上げを伸ばしかつ利益も得る上で合理的な選択である（後述の電力についての箇所で詳述）。米国の公益事業体を規制する公益事業委員会は、消費者の省エネ努力に報奨金を与えれば、公益事業体が新規設備を建設する必要がないほどエネルギーの需要を抑制できることを理解した。米国の州の規制当局のなかには、公益事業体に対しても、収益とエネルギー生産量との間の連関を切り離し、エネルギー料金の値下げや当局によって設定された効率化目標を達成した事業体に報酬を出すところもある。実は、需要プル型の潜在力は日本でも証明済みである。福島第一原発事故後、二〇一一年夏、日本政府は「電気使用量の前年比一五％削減指令」を発動し、また、東京電力管内で計画停電まで行って電力の需要の抑制を図った。その結果、大手企業等の電力の大口契約者は前年比二九％、中小企業などの小口契約者は一九％、家庭は六％需要を削減でき、政府の節電目標以上の需要の削減が行われた（鮎川、二〇一二、五四頁）。しかし、こうした実態を捉えて、日本の企業・産業界も「節電しようと思えばやれる」という議論に対して、企業グループのリーダーは、当時は「国家の危機」という状況で、電力需要を抑えるために操業日を土・日に変更するとか、休日を増やして対応したのだが、生産コストが上がり、企業の売り上げも減るという代償を払った、と反発している。と同時に、運輸・業務・家庭部門の温室効果ガス排出が日本全体の六割以上を占めているので、これらの部門での省エネ措置を提案している[32]。日本の福島第一原発事故後という特殊状況における節電努力は別として、その他、排出総量規制を伴う排出量取引制度の逆の発想で、節電による電力使用量の削減分を市場で売買する「ネガワット」という考え方もある（ヘニッケ、ザイフリート、二〇〇一；The Economist, 2015, pp. 9-10）。要するに、業務用あるいは居住用の建物に関しても、既存の省エネ技術と断熱効果を高めた建築設計ならびに節電習慣やそれを促進するインセンティブなどのソフト面での改善によって、この部門においても脱化石燃料追求と温室効果ガス排出の削減の可能性が大きいことが確認できる。それでは、工業部門ではどうであろうか。

どの工業国においても製造業は膨大なエネルギーを消費する。石油精製、化学、紙・パルプ、食品、セメント、鉄鋼、アルミ、金属製品、樹脂製品、輸送機器、コンピュータ・電子製品、木材製品など多くの産業が存在し、各々の製造工程は多様である。しかし、一次エネルギーの使われ方に着目すると、米国の例ではあるが、どの製造現場でも一次エネルギーの五分の二以上が物の加熱の工程で消費され、他の五分の二が組立工程などで機械を動かすのに使われていて、残りは精製、還元、照明、空調などの無数の工程や製造支援機能のために消費されている（Lovins and RMI, 2011, pp. 128-32）。また、ロビンズ等の同じ箇所における指摘によれば、工業部門は他の部門の変革に大きく影響される。すなわち、二〇五〇年までに運輸部門における変革、例えば、自動車の半分が水素で走る燃料電池車と残りの半分が電気自動車になった場合、あるいはトラックや航空機の燃料がすべてバイオ燃料になった場合、精製業は石油からバイオマスの精製に重心を移することになるだろうし、ほとんど加工工程がいらない藻類起源のようなバイオ燃料に多くを依存するようになると、大量にエネルギーを消費するエネルギー加工工程そのものが不要になるかもしれない。

生産工程のエネルギーの効率化を図るための着眼点は四つある。基本的な生産工程に必要なエネルギー使用を削減すること、施設内の工作機械類などへのエネルギー供給上の損失を減らすこと、ボイラーやモーターなどの機器類のエネルギー効率を上げること、最後に廃熱などのエネルギーをコジェネレーションなどで有効活用することである。さらに、こうした取り組みの組み合わせによって一層エネルギーの効率化を図ることが可能である（Lovins and RMI, 2011, pp. 133-44）。例えば、ダウ・ケミカル社は、かつて三・七Gw（巨大な原子力発電所三機分）の電力を使って数百万トンのプラスチックから太陽光パネルを製造していた。しかし、数千件にものぼるエネルギー削減プロジェクトの結果、一九九〇〜二〇〇五年間で、生産工程のエネルギー強度（energy intensity：生産単位当たりに投入されるエネルギー量）を三八％引き下げてエネルギー効率を上げるとともに、利益もあげている。同社によれば、一九九四年から二〇一〇年の間に、一〇億ドルをエネルギー効率向上のために投資したが、エネルギー費用を九四億ドル削減したのであった（Ibid., p. 133）。こうした工業の生産工程に関する四つの着眼点に基づいてエネルギー効率を高めるためには、さらに三つのマネージメント的な視点（三つの〝Ｉｓ〟）の必要性が強調されている。すなわち、インベストメント（investment）、イノベーション（innovation）、インセンティブ（incentive）、である（Ibid., p. 125）。これらの三つの〝Ｉｓ〟の相乗効果が強調される一方、もう一つの〝Ｉ〟であるイナーシア（inertia：惰性）は革新的な取り組みを遅らせてしまうので、要注意である。

工業部門での脱化石燃料のための努力は、エネルギー転換である。まず取り組まなければならないのが、石炭依存からの脱却である。例えば、鉄鋼業やセメント業における製造工程での加熱のための燃料を石炭から、天然ガス、バイオ燃料、工業廃熱、太陽熱さらには電力に転換できれば、脱化石燃料に向けてかなり良いスタートが切れる。実際、中国、インド、ブラジル、韓国等の鉄鋼産業の著しい成長が低硫黄石炭の世界市場価格を引き上げているので、石炭のかわりに天然ガスに切り替える動きもある。また、セメント大手メーカーが一二％の燃料を石炭から廃棄物（古タイヤから廃棄溶剤まで）に置き換えているところもある。そして天然ガス利用の拡大をつなぎ的なものとして、天然ガスから再生可能エネルギー、ヒートポンプや電力の利用[33]、さらに、陽光に恵まれた気候のところでより経済性が高まるという制約はあるものの、太陽熱によるプロセス加熱も視野に入ってきている。

最後に忘れてはならないのが、資源を消費する側からの視点である。ロビンズ等によれば、地球から採取される資源の約八三％は工業用に、残りは食糧や繊維製品の原材料として使われる。工業製品の生産工程に流れて行く地球の資源の約九三％は、残土、選鉱屑、スクラップなどとして採掘と工業品製造過程で失われる。実際に製造された製品の七分の六は一度使われるかあるいは全く使われずに廃棄され、原材料が耐久消費財としての一部として使われるのは、わずか一％にすぎず、しかもこうした製品がリサイクルされるのは、そのうちわずか五〇分の一で、その結果、原材料のうちわずか〇・〇二％が、堆肥として土に戻されるか、工業製品の一部がリサイクルされるのみである（Lovins and RMI, 2011, pp. 152-3）。すぐに地球の資源の無駄な使用を削減できる方法は、日本の国立環境研究所が提唱している低炭素社会構想のなかのコンパクト・シティーのコンセプトのように（藤野等、二〇〇九）、できる限り人々の生活圏、仕事場、ショッピングエリア、遊戯場などを互いに身近なところに設けること、つまり、都市の郊外へのスプロール化を抑制することである[34]。また、ロビンズ等は同じ箇所で、工業製品の生産と消費に関して、少なくとも五つの〝Rs〟を心掛ける必要を提唱している。すなわち、それらを「回収する」(recover)、「再利用する」(reuse)、「修理する」(repair)、「再製造する」(remanufacture)、「再循環させる」(recycle) 必要がある。

人類文明はますます電化していく傾向にあり、電力分野でのエネルギー効率の向上と再生可能な自然エネルギーへの転換は、運輸、建物、工業部門の脱化石燃料化の促進のためにも不可欠である。ロビンズ等は米国事情を中心に議論しているが、多くのことは工業国共通の問題である。米国をはじめとして日本でも、電力部門は老朽化している火力・原子力発電所ならびに送配電網を抱えている。また、情報通信部門でのデジタル化の進行が運輸、建築、工業部門にも波及していて、経済活動全体が安定した電力の供給に依存している。したがって、中央集中型の電力供給インフラの脆弱性による大規模停電を回避するためにも、社会全体が地方分散型電力供給に舵を切る必要がある。さらに、再生可能エネルギーの積極的な導入によって、需要側も電力を選択できる状況が拡大する傾向にあり、消費者が自ら発電する「プロシューマー」となり[35]、電力の売買や蓄電も行うようになってきている。その上、気候変動問題への対応のため、当面、石炭火力から天然ガスへの転換が求められている。また、天然ガスを燃料として、航空機用エンジンを利用するエネルギー効率の高いコンバインドサイクル発電施設[36]が普及するとともに、再生可能エネルギーによる発電も急増している。

世界の工業国における電力供給は、現在、公共企業体などによる独占的な供給体制からより自由な供給体制への転換期を迎えている。ドイツ、日本、英国などでも、米国においてサミュエル・インサルらの働きかけで一九世紀末に確立された電力供給の「自然的独占」体制が、一九八〇年代まで様々な矛盾を抱えながらも維持されてきた。インサルの議論は、多くの消費者に安く電力を届けるためには、大規模の発電施設の建設が必要で、電力産業の経済は独占的にならざるを得ないとした。その理由として、同じ地域に異なる電力会社が電線を複数敷設して競争するのは非効率であり、顧客が支払うコストを引き上げるとし、自然的独占の方が投資効果を良くするので、電気料金も下がると主張した。ただ、企業の独占を嫌う米国の社会通念を意識して、政府の監督機関が電力の「適正」価格を判断する必要があることも指摘した（Lovins and RMI, 2011, p. 173; Yergin, 2011, pp. 352-3）。最終的に、米国における「自然的独占」である電力産業は、料金と利益を公益事業委員会（Public Utility Commission: ＰＵＣ）が決定する、という規制された産業として発展することになった[37]。また、この電気料金などの規制制度は、電力会社が域内のすべての人々にそれ相応の価格で安定的に電力を供給しなければならない義務を課すことになった。

こうして、米国においては、電力価格は市場によって決定されるのではなく、各州の公益事業委員会が「適正」価格を設定することになった。他方、電力会社は電力供給サービスにかかるすべての費用を電気料金に組み入れることが可能となった。すなわち、発電所建設費用、燃料費、送配電線敷設、管理運営費から利益も含まれる。そして、公益事業委員会は、工業部門、商業部門そして民生部門ごとに電力会社のコストを配分して電気料金を決定するのである（Yergin, 2011, p. 380）。日本の総括原価方式も同様の制度である。ところが、一九七〇～八〇年代にかけて、火力発電所や原子力発電所の建設費用やエネルギー価格の高騰などによって、電力会社の経営が困難となるとともに、電気料金値上げで調整する方法にも限界が明らかになってきた。一九九〇年代のはじめ、英国のマーガレット・サッチャー首相は、電力供給制度の自由化への先鞭を付けた。第二次世界大戦後、英国の電力産業は国有化され、生産コストを度外視してすべての国民に電力を供給することを目指してきたが、累積赤字と労働争議に悩まされるようになった。そこで、サッチャー政権は英国の中央発電委員会（Central Electricity Generating Board: ＣＥＧＢ）を送電会社一社と発電会社三社に分割・民営化し、発電会社三社と独立系の発電会社が電力卸市場で競争し、特定地域の「地域委員会」を独立企業に再編成して小売市場で競争させるようにした（Yergin, 2011, pp. 382-3）。やがて、エネルギー価格や原発を含む大規模発電所の建設費の高騰、ガスを燃やすコンバインドサイクル発電施設などの技術革新、温室効果ガス削減のための再生可能エネルギーによる分散型の発電の促進などによって英国の電力自由化の波は世界的なものとなり、米国や北欧諸国そしてドイツにも波及していくようになった。

日本では、既得権益者や一部の官僚は、地域独占的で総括原価方式に基づく電力供給制度の変更に後ろ向きな姿勢を堅持し、先進工業国のみならず中国やインドよりも再生可能なエネルギーの導入が遅れてきた。とはいうものの、福島第一原発事故発生後、固定価格買い取り（ＦＩＴ）制度を盛り込んだ再生可能エネルギー促進特別措置法が成立し、二〇一二年七月から施行されている[38]。また、一四年六月一一日には、改正電気事業法が成立し、一六年から コンビニエンス・ストアや一般家庭向け電力小売りについても新規参入を認めるなど、電力市場の自由化が進められる。しかし、これまで認められていた企業向けの小売りでは、新規参入企業の市場占有率は四％程度であるので[39]、どこまで自由化が進むか現時点では定かではない。また、家庭向け電気料金の値上げに関しては国が審査した上で認可するという、現行の仕組みを当面維持する見込みである。ただし、再生可能エネルギー普及と電力の自由化促進のためにも、公共的な財としての送配電網の使用の自由化が欠かせないが、政府の方針では、二〇年四月に、大手電力会社に送配電事業を別会社にする「発送電分離」が義務付けられる（大津、二〇一五ａ）、ということになっている。原発事故から四年以上経ってようやく発送電分離体制への移行の具体的日程が決まったが、今後どうなるかまだ予断を許さない。

安定した電力供給や気候変動対策などの観点から、地域分散型の電力供給体制を強化し、再生可能エネルギーを中心とした電源構成を構築することが最も合理的な選択である。エネルギーの安全保障に関する箇所ですでに述べたように、二〇〇九年の米国政府による電力供給系へのテロ攻撃などのシミュレーションでは、超高圧変圧器、変電所、さらには電力供給制御・通信システムが攻撃に対して非常に脆弱であることが判明している。現在、一〇〇万kW級の火力発電所や原子力発電所の故障や大規模送電線の事故による電力の喪失が社会や経済に与える影響は、優先度の高い安全保障問題となりつつある。停電の九八〜九九％は送配電系統の事故であり、さらにその九〇％以上が天候、機器の故障、ネズミなど小動物に起因しているので（Lovins and RMI, 2011, p. 180）、こうした被害を想定した対策が必要である。しかし、最も根本的な安全対策は、大規模発電と長距離送電への依存度を減らして、可能な限り再生可能エネルギーを利用した地域分散型の発電と送配電網を形成することである。温室効果ガス排出削減が中心の気候変動緩和の切り札として原子力発電の促進が主張されてきたが、原子力ルネサンスと言われた二〇〇五年から三年間に民間資本中心の建設計画はなく、世界の六四基の原発建設は国民の税金を当てにした政府主導のものであった（Ibid., pp. 182-5）。世界の原発建設をリードするフランスのＡＲＥＶＡ社ですら、最近の原発建設事業で赤字を出していて、苦しい状況である。例えば、同社の建設プロジェクトであるフィンランドのオルキルオト三号機の建設費用は、当初三〇億ユーロ（約三七五〇億円）であったのが、二倍の六〇億ユーロ（約七五〇〇億円）になる見込みであるばかりか、二〇〇九年に運転開始を予定していたが、早くても二〇一六年以降になる見通しである[40]。

再生可能な自然エネルギー源は、化石燃料や原子力エネルギーに比べてはるかに環境負荷が少なく、水力や植物由来のバイオ燃料以外は資源量の制約をほとんど受けない資源である。また、再生可能な自然エネルギーの利用方法や技術もすでに成熟し、性能の向上とコストの低下という技術学習効果が顕著に現れている（The Economist, 2015）。これに対して、世界をリードするフランスの原子力事業は、経験を積み重ねてきてもコストは下がらず、学習効果が上がっていないという研究がある（Grübler, 2010）。原子力発電に比べて将来性のある再生可能な自然エネルギー利用の発電方法には、太陽光発電、集光式太陽光発電、陸上の風力発電、沿岸あるいは沖合の洋上風力発電、波力や潮汐発電、地熱発電、水力発電、バイオマスや廃棄物を利用した発電などがある[41]。米国のテキサス州といえば「石油」のイメージであるが、実は、同州の一〇〇〇万kWに上る風力発電規模は、中国、米国のテキサス州以外の州全体、ドイツ、スペイン、インドに次ぐものである（Lovins and RMI, 2011, p. 187）。後述するが、二〇一一年現在、総発電量のうち再生可能な自然エネルギーによる発電の占める割合が、ドイツで二〇％以上、デンマークで三〇％以上になっていた。

自然エネルギーの弱点としてしばしば指摘されることは、エネルギー源としての信頼性と予測可能性の低さである。しかし、ロビンズ等によれば、火力発電でも想定外の設備故障で六〜八％ほど稼働停止になるとともに、設計段階で一四％ほどの期間は停止することを織り込んでいる。したがって、電力を供給する電力系統運用のオペレーターは、これまでの経験の積み重ねから、毎日変動する不安定な電源の制御のために多様な電源や蓄電を駆使して電力供給を行っている。また、通常一五％ほどの余剰発電能力を予備として保有し、異なる事故のタイミングに合わせて柔軟に発電源の異なる電力を融通している。よく間欠性のある風力や天候に左右される太陽光発電の電力供給には大きな変動があり、電量の安定供給に支障を来たすという議論が提起されるが、既存の電力供給システムはすでにそうした変動に対応できるようになっているのである。むしろ、発電規模の大きな電源の故障、変電所の事故あるいは送電線でのトラブルによる広域停電のリスクより、自然エネルギーによる小規模分散型電源に頼る方がリスクも分散できて、電力供給システム全体としての信頼性と予測可能性は高まる（Lovins and RMI, 2011, pp. 193-6）、と言える。要するに、電力の供給に再生可能な自然エネルギーを加えることには何ら問題はないということで、電力の需要側でも大きな変化の兆しが見えている。

今や、電力の「供給プッシュ」主導型から「需要プル」主導型の電力需給体制へのパラダイムシフト（コペルニクス的転回）（Kuhn, 1962）が可能になってきた。情報通信技術と電力供給網の連結によって、スマートグリッドと総称される電力の供給側と需要側との間の双方向の電力の需給調整が可能となっている。電力会社は、情報通信技術を駆使して、需要の突発的な変化に対応するために需要応答プログラムなどによって、需要の急激かつ不規則な変化に対応できるようになっている。また、蓄電池の性能が一層良くなれば、プラグ・イン・ハイブリッド車や電気自動車の蓄電池と配電線が連結し、緊急時には自動車自体が発電所となるようなスマートグリッドの構想も現実味を帯びている。さらに、商業ビルや住宅では、電力使用時の価格や使用時間帯ごとの価格が表示されるデジタルパネルを設置するところが増え、例えば、可能な限り電気料金の安い時に乾燥機などの大量に電気を使用することを選べるようになっている（Lovins and RMI, 2011, pp. 196-7）。日本でも、電力の自由化の流れを受け、無線で家庭の電力使用量を三〇分ごとに把握して節電サービスを提供できる「スマートメーター」の導入が進んでいる。例えば、東京電力は二〇一四年度からこのメーターの設置を始め、二〇二〇年度までには管内の全二七〇〇万戸に設置し終える計画だが、全国でも、二〇二四年度までには全戸での設置を目指している。また、このスマートメーターとともに、電気使用量を制御できるＨＥＭＳ（ヘムス）という装置を使用すると、電力消費のピーク時等にエアコンの温度を適宜調整するとか、電気料金が安い夜間にお湯を沸かしておいて、翌朝にそれを暖房用などに利用することも可能になる（古賀、二〇一五b）。いずれにせよ、こうしたスマートな電力需要家は、省エネ電気機器などを選んで購入することによってよりスマートな生活を営むことになる。

ここまで詳細に紹介してきたロビンズ等の議論をまとめれば、こうである。つまり、「石油中毒」の米国社会でも、二〇五〇年までに脱化石燃料社会を形成することは可能だ、ということである。化石燃料、特に、石油への依存は、安全保障上、経済上、そして環境保全上好ましい選択ではない。脱化石燃料社会形成の目標は決して絵空事ではなく、工業社会の主要産業である、運輸部門、建築部門、工業部門、電力部門において、エネルギー効率の向上と再生可能な自然エネルギーへの転換によって可能だ、ということである。しかも、政府主導で国民の税金を大々的に動員しなくても、既存の省エネ技術と再生可能エネルギー技術を活用した民間の取り組みで十分に目標を達成できるとしている。その際、三つの〝Ｉｓ〟である、インベストメント、イノベーション、インセンティブが重要である。もちろん、再生可能自然エネルギー促進のために全量固定価格買い取り制度や公共財的な送配電網の整備等、民間の活力を引き出し一般消費者の消費行動を変える政策は必要である。この意味で、政府の新エネルギー危機対応策が重要になってくる。

最後に、マッケイの客観的な計算に基づいた議論とスミルの懐疑論を通して、上述したロビンズらの議論の妥当性について検討しておこう。

物理学者のマッケイは、誰もが自分で考えることができる方法で、現代工業社会における化石燃料消費をどれほど再生可能エネルギーで代替できるかについて、主にイギリスの例を引き合いに出して計算している(MacKay, 2009)。マッケイの狙いは、エネルギー問題や環境問題をめぐる感情論やエネルギー危機論者（Goodstein, 2004）と懐疑論者（Lomborg, 2001）の議論の対立を超えて、数値に基づいた客観的な議論を提示することである。主テーマは、持続可能なエネルギーであり、議論の前提は、化石燃料の有限性、安定したエネルギー供給、気候変動緩和（あるいは温室効果ガス排出抑制）である。

まず、イギリス社会をモデルとして、比較的裕福なイギリス人の各エネルギー消費項目を積算し、そのエネルギー需要に対して化石燃料の代替エネルギー、すなわち再生可能エネルギーをどれほど供給できるかを計算している。このことは取りも直さず、イギリス社会は自前の再生可能エネルギーでやっていけるか、ということを検討することになる。主なエネルギー消費項目は、輸送部門（自動車、旅客機、船舶やトラックによる貨物輸送）、建築部門の冷暖房や照明、情報システムやその他の機器、農業や肥料などの食糧部門、そして製造業部門である。これらの部門のエネルギー消費をすべてキロワット時（kWh）に換算して、これらのエネルギー需要に対する再生可能自然エネルギーの潜在的供給量をイギリス本土やその周辺の地理的・気象学的・地質学的条件に基づいて積算している。検討される再生可能エネルギー源は、風力（沿岸および沖合）、太陽光、太陽熱、バイオマス、水力、潮汐、地熱そして疑問符付きの原子力（マッケイによれば、原子力が「持続可能」なエネルギー源とみなし得るか不明瞭なため）である（MacKay, 2009, pp. 22-102）[42]。

　マッケイの積算によれば、比較的裕福なイギリス人のエネルギー消費量は一九五kWh／日／人なのに対して、原子力を除いた再生可能自然エネルギーの供給量は約一八〇kWh／日／人で、わずかに需要を満たさない程度となった。因みに、アメリカ人の平均的エネルギー消費量は二五〇kWh／日／人とイギリスの富裕層をはるかに上回る消費量であるが、ヨーロッパ人とイギリス人の平均的エネルギー消費量は約一二五kWh／日／人である（MacKay, 2009, p. 103）。こうして見てくると、イギリス社会は再生可能自然エネルギーで化石燃料を代替できそうである。しかし、後者の積算はあくまで机上で計算した潜在的な再生可能自然エネルギーの供給量であって、イギリス社会が実際に供給している、あるいはエネルギー政策として計画している再生可能自然エネルギーの供給量でもない。そこで、マッケイは、自分の推計結果と、イギリスの持続可能な発展委員会の報告書、「低炭素社会における原子力の役割」（Susutainable Development Commission, 2006）に紹介されている四つの研究所（ＩＥＥ、チンダル、ＩＡＧ、ＰＩＵ）ならびに代替技術センター（ＣＡＴ）による将来の再生可能自然エネルギー導入量の推計とを比較している[43]。それぞれの試算では、ＩＥＥが約二七kWh／日／人で地熱を比較的多く見積もっている一方、チンダルは一五kWh／日／人、ＩＡＧが一二kWh／日／人でともに風力の数値を相対的に多く見積もっているものの、社会全体の再生可能エネルギー供給の積算量はマッケイの推計値と比較すると極めて少ない量である。これに対して、ＰＩＵはバイオ燃料や廃棄物によるエネルギー供給を比較的多く見積もっていて、全体として約五六kWh／日／人の生産を見込み、ＣＡＴは風力、波力、バイオ燃料、潮汐力を中心に四八kWh／日／人の再生可能エネルギー供給を積算している（MacKay, 2009, pp. 106-8）。それでも、マッケイの見積もりである約一八〇kWh／日／人よりはるかに少ない量である。

なぜ、マッケイと他の研究所などの試算との間には大きな開きが生じているのだろうか。その主な理由は、化石燃料の代替としての再生可能自然エネルギー生産がイギリスの国土面積に匹敵するほどの面積を要すること、ニンビー問題、生産コストの高さ、発展途上の技術などである（MacKay, 2009, pp. 108-12）。例えば、火力発電所一機の発電量に見合う発電量を産出するためには、太陽光パネルや風力発電施設の設置用に広大な土地が必要となることである。特に、多くの巨大な風車を建設することに関しては、景観を損なうことや騒音に対する懸念などから、これらの施設を「自分の裏庭」に設置することに反対する人が少なからず存在することが挙げられる。いわゆるニンビー（"Not in my back yard!"：ＮＩＭＢＹ）問題である。その対策として、洋上風力発電施設も多く建設されてきているが、その建設とメンテナンス費用が高くなるという難点がある。波力や潮汐力の利用に関しては、まだ、技術開発の余地が多く、エネルギー生産の単価が高い状況である。また、アイスランドのように地熱利用が進んでいる国は別として、特に、日本などはその潜在能力は大きいのだが、一般的に地熱利用はまだ未発展の段階にあることも、再生可能自然エネルギーが化石燃料に取って代わる可能性を低く抑えている。

とはいうものの、マッケイは、ロビンズらの議論と同様に、ハード面における技術的な改良と法制度などのソフト面の誘因によって、輸送部門、建築や製造部門、電力部門におけるエネルギー消費を大幅に抑えることができることを示している。輸送に関しては、公共交通機関・自転車の利用の促進や将来性のある電気自動車に対して、燃料電池車の問題点を指摘している点が目を引く。問題の核心は、水素を取り出すエネルギー源は何か（当然、化石燃料は好ましくない）ということと、水素への転換あるいは水素から他の形態へのエネルギー変換効率が低い、ということである（MacKay, 2009, pp. 129-31）。その他の建築・製造部門や電力部門については、断熱効果を高めるとか、ヒートポンプやコジェネレーション（熱電併給：ＣＨＰ）の活用、スマートな電気利用などの導入を推奨している。マッケイの計算に基づけば、上記の様々な方法によって、イギリス人の平均的エネルギー利用量（約一二五kWh／日／人）を半減できることになる。しかし、まだ、自国の再生可能エネルギー利用のみでは、すべてのエネルギー消費をまかない切れない。

そこで、マッケイは、脱化石燃料社会を展望する低炭素社会形成のために、クリーンな石炭、原子力利用、他国の再生可能自然エネルギー輸入なども加えて考察している。世界で最も豊富な化石燃料である石炭の埋蔵量は一六〇〇Gtで、今後とも有力なエネルギー源として利用されることになろう。しかし、気候変動問題を考慮するなら、まだ発展途上の「クリーン石炭」技術と炭素隔離貯留（carbon capture and storage: ＣＣＳ）に頼らざるを得ない。しかし、ＣＣＳシステムを通して、石炭火力発電から排出される二酸化炭素を回収して地中などに埋め込むためには大きなコストがかかるとともに、エネルギー効率も下がり、電力の生産量は二五％減る。また、電力の発電過程に加えて、石炭を採掘する際に、メタン、一酸化炭素および二酸化炭素が排出され、世界の温室効果ガス排出を約二％増加されるという問題もある（MacKay, 2009, pp. 157-9）。したがって、クリーンな石炭利用は過渡的なもので、持続可能なエネルギーとは言えない。

持続可能なエネルギーとしてはマッケイ自身が疑問符をつけている原子力についてはどうだろうか。彼は、原子力エネルギー利用に関して倫理的な主張と事実的主張を峻別し、終始後者の立場から検討を加えるように努めている。まず、エネルギー効率と気候変動緩和に関して原子力の優位性が確認される。平均的なイギリス人は、化石燃料（石炭四kg、石油四kg、天然ガス八kg）を一日約一六kg消費するが、これだけの化石燃料を採掘し、輸送し、加工し、燃焼するまでに、一日約三〇kgの二酸化炭素を排出しているとされる。これに対して、原子力発電所で使用される天然ウランのわずか二gで、一六kgの化石燃料から得られるのと同量のエネルギーを発生させることができ（MacKay, 2009, p. 161）、しかも二酸化炭素を排出しない、という原子力の利点が指摘される。次に、持続的なエネルギー供給の視点から、ウラン資源を商業化されている軽水炉等において一回で使い切る場合、使用済み核燃料を再処理して高速増殖炉で再利用する場合、さらには、海洋にある膨大なウランを抽出して原子炉で使用する場合を計算して、高速増殖炉と海洋から抽出したウランを使用する場合に持続的なエネルギーの供給が可能となる、と算出している。しかし、マッケイ自身が指摘しているのように、高速増殖炉と海洋ウランの抽出技術は未発達である（Ibid., pp. 162-5）。

原子力に関して、最後に、コストと安全性に関する考察に触れておこう。原子力発電のコストに関しては、発電所の建設費と廃炉処理費用が支配的である。ただ、マッケイは建設費用には言及せず、イギリスの原子炉廃炉庁（Nuclear Decommission Authority: ＮＤＡ）による二五年間の廃炉予算である五〇〇億ポンド（年二〇億ポンド）に触れ、原子力産業が二五年間にわたってイギリス人一人当たりに四kWh／日の電力を販売してきたことを勘案すれば、ＮＤＡの廃炉コストは二・三ペンス/kWhになるとはじき出し、沿岸風力発電に対する補助金である七ペンス/kWhより安いことを指摘している。また、原子炉から出る放射性廃棄物に関して、イギリスの石炭火力発電所一〇基からの廃棄物が体積換算で約四〇リットル／年／人なのに対して、原子力発電所一〇基からの廃棄物は〇・八四リットル／年／人と非常に少なく、しかもその大部分が低レベル放射能廃棄物であり、中レベルは七%、高レベルは三%（その体積は二五ミリリットル）にすぎないとしている。さらに、使用済み核燃料を再処理して高速増殖炉で再利用するという核燃料サイクルを前提として、最終的には高レベル核廃棄物の放射能レベルはウラン鉱と同程度のレベルに下がるとみなし、高レベル廃棄物を一〇〇〇年間安全に保管すれば済むとしている（MacKay, 2009, p. 165, pp. 169-70）。

原子力の安全性に関して、マッケイは、リスクの定量化による科学的なリスク論（ハンセンも同様の立場）に立脚し、イギリスの交通事故による年間の死者数三〇〇〇名との比較や、原子力とそれ以外のエネルギー源利用による発電に関連した年間の死亡率（石油四Gw／年、石炭約二・八Gw／年、風力と原子力は〇・二Gw／年以下）を比較して、原子力の安全性を客観的に示そうとしている（MacKay, 2009, p. 165, pp. 167-9）[44]。しかし、「被害の大きさ×頻度＝リスク」のような確率論に基づいた科学的リスク認識（中西、二〇〇四）とは異なったリスク認識が存在している。例えば、異なる学問領域――論理学や数学、科学と医学、人類学、社会学、経済学、法学など――において、「リスクをどのように認識するのか」、あるいは「未知のものに対して適応される知識」が異なっている（Althaus, 2005; 橘木等、二〇〇七; 長島、二〇一三）。また、ギデンスは、リスクを自然災害などの「外部的なリスク（external risk）」と人間による「人為的リスク（manufactured risk）」とを区別して、現代社会では後者のリスクが問われていると指摘している（Giddens, 1999）。そして、ベックが詳細に描写したように、現代の工業社会は、原子力発電、遺伝子操作、多種多様な化学物質など、利便性はあるが潜在的に人為的リスクを生み出し得る技術に囲まれた「リスク社会」である（ベック、一九九八）。ただ、原子力発電や放射線を利用した医療は、リスクを伴うが便益が上回っていると人々や社会によって認識される限りにおいて容認される。その際、容認できる程度としてリスクの定量化が図られ、例えば、自然放射能レベルなら容認できるのではないか、ということになっている（橘木等、二〇〇七、九頁）。しかし、人間の心理としてはゼロリスクを求める一方、交通事故のように日常的に頻繁に起こるリスクは低く認識されるが、飛行機事故や原発事故のように発生頻度は少ないが一旦起これば大規模災害に発展する可能性のあるリスクは、大きく認識される傾向にある（Slovic, 1987）。また、自動車事故のようにある程度自分でコントロールできかつ事故発生時の保険制度も確立されているリスクに対する人々の認識と、原発事故のように自分ではコントロールできなくてしかも最悪の事態の損害補償の制度や範囲も明確ではない事故に対する人々のリスク認識は、大いに異なる。さらに、原子力発電所のような巨大な施設の事故に対する一般市民のリスク認識は、科学的合理性に基づいたリスク認識とは異なり、特定社会やその歴史などによって規定されている「社会的合理性」に依ったリスク認識がなされる、という指摘もある（Fischer, 2000）。例えば、二〇〇〇年代初頭、日米間で貿易問題に発展したＢＳＥ（牛海綿状脳症：狂牛病）問題への日本政府の対策である三歳以下の牛の全頭検査は、科学的「安全」基準を重視する米国社会と、より社会的な「安心」基準を考慮する日本社会との違いも反映している、ということである（伊藤、二〇一二）。とはいうものの、可能な限り、リスクの定量化を通して合理的なリスク管理と、冷静なリスクコミュニケーションを行って、様々なリスクに対応する必要があることは言を俟たない。こうしたリスク認識やリスク管理に関する問題は、後述するドイツの新エネルギー政策を扱う章において、特に、倫理委員会内でのリスク認識をめぐる議論のなかでより詳しく検討する。もう一度、マッケイの議論に戻ろう。

低炭素社会そして脱化石燃料社会を形成するための政策として有望なもう一つの政策は、他国の再生可能エネルギーを輸入するというものである。なぜならば、様々な試算を通して、イギリスの例ではあるが、自国の再生可能自然エネルギーのみでは化石燃料から脱却することが難しいことと、原子力利用に問題があること（高速増殖炉や海洋のウラン回収技術の未確立など）も確認できたからである。そこで、人口密度が低く、国土面積が広く、しかも再生可能エネルギーを効率良く生産できるところの再生可能エネルギーに頼る、という選択肢が浮上してくる。マッケイが紹介しているのは、デザテック（ＤＥＳＥＲＴＥＣ）計画である。陽光に恵まれた地中海沿いの北アフリカや中東諸国に集光型太陽光発電装置を設置し、高圧直流（high-voltage direct-current: ＨＶＤＣ）送電線でヨーロッパ諸国の一大電力消費地に電力を送り込むという壮大な計画である。一九五四年以来開発されてきたHVDCの技術は成熟したものであり、すでに南アフリカ、中国、米国、カナダおよびコンゴにおいて、一〇〇〇km以上離れた地域に送電している。標準である五〇〇kVの送電線で二Gwのパワーを送電できるが、ブラジルでは一対のHVDC送電線で六・三Gw送電している。直射日光の量（直達日射量：direct normal irradiance: DNI）が二〇〇〇kWh／㎡／年以上の場所の太陽光発電は「経済性」（economic potential）があるとされるが、そうした経済性の高い北アフリカ諸国の太陽光発電と地中海沿岸部諸国の潜在的発電量の総計は、一〇億人に一二五kWh／日／人以上供給できる量である（MacKay, 2009, pp. 178-81）。しかし、ここに来て、北アフリカ諸国の政情不安がデザテック計画に黒い影を落としている。マッケイは、「他国の再生可能エネルギーで暮らす」と題した章の冒頭で、二〇〇四年二月における元ドイツの外相のヨシュカ・フィッシャー（緑の党）の「地中海が二一世紀における協調あるいは対立の地域になるかどうかは、われわれの共通の安全保障にとって戦略的な重要性を持つ」（MacKay, 2009, p. 177）という発言を引用している。シリアとイラクに及ぶ「イスラム国」との戦い、シリアの内戦、リビアの混迷、エジプトの政情の不安やチュニジアでの過激派の台頭などの軍事的な安全保障状況の悪化が、再生可能自然エネルギーの安定供給の確保といった非軍事的安全保障にも悪影響を及ぼそうとしている。

最後に、本書の以下の各章で取り上げる主要国の新エネルギー政策の参考として、二〇五〇年を目標年としたイギリスのための五つのエネルギー計画の概要を紹介しておこう。マッケイによれば、現在のイギリス人は、人や物の輸送に四〇kWh／日／人のエネルギー（ガソリン、軽油、ケロシンなど）を使用し、冷暖房にも天然ガスを中心に四〇kWh／日／人のエネルギーを使用している。消費している電力（石炭、天然ガス、原子力エネルギーを利用）は一八kWh／日／人であるが、二五kWh／日／人のエネルギーが廃熱として冷却塔などから放出される一方、送電線網等での電力の損失が二kWh／日／人発生している。したがって、この単純化したモデルでは、現在のイギリス人一人のエネルギー消費量は、一二五kWh／日／人になる。これを、二〇五〇年までに、輸送と冷暖房分野でのエネルギー効率を高めて電力のロスを抑えつつ、再生可能エネルギーの導入を促進することによって、六八～七〇kWh／日／人にまでエネルギー消費を減すというものであり、当面、低炭素社会を目指すこととしている。その際、電気機器消費として電力一八kWh／日、冷暖房用に電力一二kWh／日／、ヒートポンプ一二kWh／日／、バイオマス五kWh／日／、太陽熱一kWh／日／を当て、輸送にはバイオ燃料二kWh／日／と電力一八kWh／日のエネルギー消費を想定している（MacKay, 2009, pp. 203-7）。また、将来的に、動力源や熱源として電力の占める割合がますます大きくなることも想定されている。

詳細な記述は省略するが、五つの計画の特徴は以下の通りである（MacKay, 2009, pp. 207-11）。一つ目は、他国からのエネルギー供給に頼らないで国内の多様なエネルギー源を活用して「電力を大量に生産する―計画D」（"domestic diversity"の頭文字のD）で、「クリーン石炭」と原子力の依存度がそれぞれ一六kWh／日（合計三二kWh／日）と全体の半分近くを占め、残りは再生可能自然エネルギーでまかなうこととし、ヒートポンプ一二kWh／日、風力八kWh／日、太陽光三kWh／日などを利用する計画である。二つ目の「電力を大量に生産する―計画N」（NはNIMBYの頭文字）では、自国の景観などは損なわずに、デザテック計画のような砂漠の太陽光の依存度を高めつつ（二〇kWh／日）、「クリーン石炭」一六kWh／日、原子力一〇kWh／日、ヒートポンプ一二kWh／日とし、残りの約一二kWh／日を木材や風力などの再生可能自然エネルギーで供給するものである。第三の計画は、原子力を拒否する人々の声を反映したもので、二〇〇七年の自由民主主義者の政策に類似するということで、「電力を大量に生産する―計画L」（Lは"Liberal Democrats"の頭文字）である。その特徴は、砂漠の太陽光と「クリーン石炭」がともに一六kWh／日で、ヒートポンプ一二kWh／日、風力八kWh／日、そして残りはその他の再生可能自然エネルギーが占める。

四番目の「電力を大量に生産する―自然計画G」は、原子力も石炭にも反対する緑の党（Green Party）の政策に近いと思われるもので、グリーンピース（Greenpeace）が好みそうな風力発電に大いに依存する計画で、両者の頭文字を取って計画Gとなっている。その主な内訳は、風力三二kWh／日、ヒートポンプ一二kWh／日、砂漠の太陽光七kWh／日、木材五kWh／日、太陽光三kWh／日、そして残りはその他の再生可能自然エネルギーとなっている。最後の「電力を大量に生産する—計画E」は経済（economics）が支配するエネルギー政策である。ここで想定されていることは、炭素の（排出）価格が高く設定されたエネルギーの自由市場である。豊富な石炭利用と二酸化炭素を排出しない原子力発電間の競争となり、前者の選択における石炭のクリーン化とCCSの費用はかかりすぎて、原子力発電との競争に負けるとみなしている。砂漠の太陽光に頼る選択も、二〇〇〇kmの送電線の建設コストが原子力発電のコストを上回ると推計している。以上のことを勘案したエネルギー構成は、原子力四四kWh／日、ヒートポンプ一二kWh／日、木材五kWh／日、風力四kWh／日、残りはその他再生可能自然エネルギーとなる。こうした計画のうちどれを選択するのか、ということはマッケイ自身も考慮しているように、各々のエネルギー選択の経済性と技術の発展に左右される。さらに、各国のエネルギー選択は国内の政治状況にも大いに影響されることも見逃せない事実であり、このことに関しては本書の五章以下で詳細に考察する。しかし、その前に、再生可能自然エネルギーの迅速な普及に対する懐疑的な見方を紹介しつつ、現代文明社会の生産基盤になっている化石燃料需給体制の実態を認識しておく必要があろう。

前述したロビンズ等の再生可能自然エネルギーに関する将来展望について、エネルギーと環境問題に造詣の深い地理学者のバーツラフ・スミルは現実的な見解を表明している。同氏は、多くの再生可能自然エネルギー推進論者が今世紀前半、例えば二〇三〇年頃までに、化石燃料の代替としての再生可能自然エネルギーの普及によって脱化石燃料社会を達成できる、という議論に懐疑的である（Smil, 2012）。その論点の一つは、規模の問題である。二〇一一年末の時点で、太陽光発電より商業的により発展していた風力発電による発電量は約四七Gwで、米国全体の夏期純発電設備容量の四%よりも少ない発電量にすぎない、ということである。しかも、この発電量を達成するために、小型で近代的な風力発電設備が普及してから三〇年を要している。それに対して、一九五七年から運用が始まった原子力発電は、三〇年間に全米の発電量の二〇%を、一九六〇年初めに導入されたガスタービン発電でも三〇年間で一〇%を占めるようになっていた (Ibid., p.3)。また、第二章で見てきたように、米国では、シェールオイルやシェールガス開発が急拡大するとともに、昨今の世界的原油安の状況によって、風力や太陽光発電利用拡大にとって不利な環境になってきたことも合わせて考えると、再生可能自然エネルギー推進論者が言うように、二〇三〇年までに発電用エネルギー資源の脱化石燃料化は困難と思われる。この点に関して、ロビンズ等は過渡期的に天然ガスの使用を想定している。これに対して、ハンセンは、この化石燃料であるガス使用の容認に対して異を唱え、早急な地球温暖化緩和のために原子力も促進するように求めている (Hansen, 2014)。しかし、上述したように、原子力エネルギーの利用拡大路線は、持続可能なエネルギー資源の観点から必ずしも望ましい選択ではない。やはり、技術的対応、需要側での省エネ、再生可能エネルギー利用促進のための政策的手当などによって、低炭素社会そして脱化石燃料社会の構築を可能な限り早める路線が望ましいのではなかろうか。

とはいうものの、再生可能自然エネルギー推進派が主張するように、風力・太陽光・バイオマスエネルギー源などの利用拡大の伸びは、気候変動の危機の到来——地球気候の不安定化と現代人類文明の繁栄を支えてきた生態系のバランスの崩壊——を押しとどめるのに間に合うのだろうか。気候変動問題は地球規模の問題であり、いくら先進工業諸国が再生可能自然エネルギーの利用を拡大しても、中国やインドのような新興経済国も同様のエネルギー選択をしなければ、問題の本質的な解決にはならない。スミルが指摘するように、例えば、中国では二〇〇Gwの石炭火力発電容量を二〇一五年中に追加する一方、同年までに米国では三〇Gwの新たな風力発電容量を追加するのみという現状では、また、火力発電所の稼働年数が少なくとも三〇年であることを勘案すると（Smil, 2012, p. 5）、ＯＥＣＤ諸国だけで再生可能エネルギー利用を拡大しても地球規模の問題解決には至らないことは自明である。この点に関しては、筆者もスミルと見解を同じくするとともに、第三章で見てきたように、温室効果ガス排出削減のための国際的合意形成の難しさを想起せざるを得ない。

さらに、国際政策協調よりもっと困難なことは、現存の化石燃料社会構造をどのように変革するのか、という課題である。スミルによれば、現代の化石燃料文明は、一年間に七〇億トン以上の石炭と褐炭、約四〇億トンの原油、三兆㎥の天然ガスを消費している。そして、これらのエネルギー資源を利用するために、複雑かつ巨大な社会構造基盤が構築されている。すなわち、「炭鉱、油井やガス田、精錬施設、パイプライン、貨車、トラック、給油所、発電所、変電所、送配電線、何百万トンのガソリン・灯油・軽油そして燃料油エンジンが、何世代にもわたり何千兆円を費やして、人類史上最も広範囲に及び最も費用のかかる設備、連絡網そして機械を設置してきた。……この超巨体構造を一〇年あるいは二〇年で……これと同様に広範囲に及びかつ信頼できる再生可能エネルギー・フローに基づいた代替で取り替えるためには、何十年にも及ぶ費用のかかる積極的な関与が要求される」（Smil, 2012, p. 5）。現代の化石燃料文明の構造は、スミルが引き合いに出しているように、まさに、フランソワ・ラブレーの物語に登場する恐ろしく旺盛な食欲の巨人（Gargantua）である。しかし、同時に、現代の化石燃料文明がガルガンチュアのように複雑で巨大な構造を維持するために大量のエネルギー・フローを必要とするがゆえに、エネルギー安全保障問題も含め社会構造全体が脆弱になり、気候変動のような地球規模の環境も引き起こすに至っている。したがって、この複雑で巨大な社会構造基盤とそれを支える既得権益集団も含め、人類は、現代の化石燃料文明社会を持続可能なエネルギー社会へと自ら変革していく必要に迫られている。

はたして、主要国は、新興経済国の発展によって急増しているエネルギー需要に起因するエネルギー安全保障問題と、ますます深刻化している地球規模の気候変動問題にどのように対応しようとしているのだろうか。この問いに答えるために、以下の章では、本書で取り上げる各国の石油危機以降のエネルギー需給の傾向を確認した上で、各国が新エネルギー危機への対応として省エネや再生可能自然エネルギーの普及にどのように取り組んでいるのか、ということを見る。その際、国内政治状況に焦点を当て、ある国では新エネルギー危機に積極的に向き合っている一方、他の国では消極的あるいは後ろ向きであることを示して、そうした違いが発生する要因を可能な限り明らかにしていく。

これまでにロビンズ等が提唱しているように、既存の技術を基礎としたエネルギー効率の向上と再生可能自然エネルギー利用の促進によって、脱化石燃料の持続可能な社会形成を目指している国が存在している。デンマークは既に脱原発を選択し、現在、二〇五〇年までに脱化石燃料社会を目指している。ドイツは、一時原発回帰のような動きを見せていたが、福島第一原発事故直後、再び脱原発の選択を堅持し、将来的に脱化石燃料をも視野に入れた「エネルギー転換」を行おうとしている。米国では、華々しくグリーン・ニューディールを掲げて現在のオバマ政権が誕生して、下院では排出量取引制度を含めた新エネルギー危機対策的な法案も通過したが、上院では同様の法案は現時点でも通っていない。共和党が上・下院ともに多数派である現在、連邦政府レベルでの積極的な気候変動緩和策の導入はますます困難になっている。それでも、行政府で実行可能な二酸化炭素排出規制を行うとともに、排出量取引制度導入を含む州レベルでの取り組みは進んでいる。中国は、今や太陽光パネルと風力発電設備の世界最大の生産国であるとともに世界最大の再生可能エネルギー市場である。しかし、同国の発電の主燃料が石炭であり、高度経済成長を続ける中国経済と拡大し続けるエネルギー消費の現状は、気候変動問題にとって座視できないものである。

日本では、排出量取引制度等の先進的な取り組みをしている東京都や地方公共団体ならびにソフトバンク等の一部の企業が自然エネルギーの導入に積極的に取り組んでいるとともに、市民出資のグリーン・エネルギー基金が日本各地に風力発電施設などを建設し、地方分散型の再生エネルギーが普及し始めている（阿部、二〇一一、飯田、二〇一一、環境エネルギー政策研究所（ISEP）、二〇一三）。しかし、現政権は、前民主党政権で採用された脱原発政策を転換し、二〇一四年四月に、原子力発電を需給構造の安定に寄与する「重要なベースロード電源」に位置付ける一方、大幅な再生可能自然エネルギーの導入をためらっている。化石燃料を短期間に再生可能な自然エネルギーで代替することは困難で、長期的な視野に立ったエネルギー戦略が要求される。将来的に低炭素社会さらには脱化石燃料社会を目指し、国内で生産できる再生可能自然エネルギーを最大限活用するということは、価格変動が激しく政治経済的リスクも大きい化石燃料への依存体質を改善し、エネルギー安全保障上の懸念の軽減と温室効果ガス排出抑制につながる。また、電力の安定供給を使命として、電力の生産と供給両面において地方独占体制を築き上げてきた電力会社は、原価総括方式などの制度的支援もあり、原子力発電所等の大きな施設の増設を推進し、福島第一原発の事故が起こるまで五四基の原子力発電所を建設してきた。さらに、使用済み核燃料の再処理計画と高速増殖炉の商業化計画を軸とした核燃料サイクル政策はすでに長期にわたり行き詰まり、日本社会は、不必要に高濃度放射性廃棄物やプルトニウムを蓄積して環境問題を引き起こすようなリスクや国際的な核兵器管理体制の秩序を乱しかねないリスクを負っている。二〇一六年からの電力の自由化と発送電分離の二〇二〇年実施が、地方分散型エネルギー供給体制に基づく再生可能自然エネルギー促進につながるのか、次章において日本の新エネルギー政策について考察しつつ、今後の展開を注視したい。

注

1 本章の"sustainable development"という概念の和訳に関しては、この概念が想定する経済的な豊かさ、社会福祉・教育の充実と健全な生態系の維持という意味を込めて「持続可能な発展」という訳語を使用する。ただし、開発と経済成長を重視する途上国の意思が強く反映される国際会議のタイトルや日本政府が公式文書等で採用している訳語については「持続可能な開発」を使用している。なお、本文中の時期区分に関しては、以下の文献を参考にした（Caldwell, 1990; Soroos, 2005）。

2 以下の指摘は、Soroos (2005, pp. 23-4) による。

3 シャベコフ、前掲書からの引用（Schabecoff, 1996, p. 26; Commoner, 1971, p. 299）。

4 DDTは防疫・殺虫剤で、dichlorodiphenyltrichloroethane の略である。

5 ベトナムに散布された枯葉剤の総量は九万一〇〇〇キロリットルと推計され、そのなかに一六八～五五〇kgのダイオキシン（二三七八・TCDD）が含まれていた（中村、一九九五、一四頁）。

6 こうした考え方をするグループをドライゼクは「プロメテウス派」と呼び、『成長の限界』の言説に共鳴するグループの「生存主義者」と対比させている。前者は人間の叡智の無制限性や絶え間ない技術進歩によって資源の限界はないこと、また、人口の増加はそれだけ有能な人間が増えることを意味するとして積極的に評価する（Dryzek, 2005）。

7 本書の第二章第三節を参照せよ。

8 酸性雨問題自体は一〇〇年以上も前に、イギリスの化学者ロバート・アンガス・スミスによって指摘されていた（邦訳：マコーミック、一九九八、一二頁）。

9 *Report of the UN Conference on the Human Environment*, UN DOC.A/COFNF/48/14 at 2-65, and Corr. 1 (1972); ibid., "List of Participants," UN Doc. A/Conf. 48/Inf. 5 (1972) and ibid., "List of Participants," UN Doc. A/Conf. 48/Inf. 5 (1972).

10 UNEPのインターネット上のウェブサイトを参照。http://www.unep.org/Documents.Multilingual/Default.asp?DocumentID=43&ArticleID=234&l=en

11 UNEPのウェブサイトを参照。http://www.unep.org/about/Priorities/tabid/129622/Default.aspx

12 *Report of the United Nations Conference on Environment and Development*, Vol. 1, reprinted in *International Legal Materials (hereafter ILM)* 31 (1992): 881.

13 外務省「持続可能な開発に関する世界首脳会議（ヨハネスブルグ・サミット）」http://www.mofa.go.jp/mofaj/gaiko/kankyo/wssd/（二〇一三年八月一五日検索）を参照。

14 以上、毎日新聞「リオ＋20：会議の評価と今後の課題を聞く」（二〇一二年七月二〇日）と外務省「リオ＋20～持続可能な未来を創るために」『わかる！国際情勢』Ｖｏｌ．91、二〇一二年九月一二日　http://www.mofa.go.jp/mofaj/press/pr/wakaru/topics/vol91/index.html を参照。

15 以下の記述に関しては、太田（二〇〇六ｂ、一一～三七頁）を参照。

16 この概念には非常に多くの定義があり、例えば、ピアスは二四の定義を紹介している（Pearce, 1989, pp.173-85）。

17 以下の持続可能な発展指標については、Mitchell（2005, pp.237-56）を参照した。

18 因みに、八項目のミレニアム開発目標は、以下の通りである。［目標一］極度の貧困と飢餓の撲滅、［目標二］普遍的初等教育の達成、［目標三］ジェンダーの平等の推進と女性の地位向上、［目標四］幼児死亡率の削減、［目標五］妊産婦の健康の改善、［目標六］ＨＩＶ／エイズ、マラリア、その他の疾病の蔓延防止、［目標七］環境の持続可能性の確保、［目標八］開発のためのグローバル・パートナーシップの推進［ＵＮＤＰ東京事務所 http://www.undp.or.jp/aboutundp/mdg/mdgs.shtml（二〇一三年八月一五日検索）］

19 気候ネットワーク、「ドーハ会議（ＣＯＰ18／ＣＭＰ８）の結果と評価」二〇一三年一月一一日。因みに、第二約束期間内の削減義務を負ったその他の国々は、カザフスタン、ベラルーシ、スイス、リヒテンシュタイン、ノルウェー、モナコ、ウクライナである。ttp://www.kikonet.org/theme/archive/kokusai/COP18/COP18result.pdf（二〇一三年八月一六日検索）

20 その公開書簡の表題は“To Those Influencing Environemntal Policy But Opposes to Nuclear Power”（Revkin, 2013）で、ハンセン博士他三名の連名者は、地球生態系研究部門の科学者、大気と気候科学者である。ただ、これらの発起人のなかに原子力を含むエネルギー分野の専門家はいない。因みに、ハンセン博士も含む四名の科学者と所属は、Dr. Ken Calderia, Senior Scientist, Department of Global Ecology, Carnegies Institurion; Dr. Kerry Emanuel, Atmospheric Scientist, Massachusetts Institute of Technology; Dr. Jame Hansen, Climate Scientist, Colimbia University Earth Institute; and Dr. Tom Wigeu, Climate Scientist, University of East Anglia and the Naotional Center for Atmospheric Research である。これに対して、市民社会研究所（Civil Society Institute: CSI）と原子力情報資源サービス（Nuclear Information and Resource Service: NIRS）のＮＧＯが中心となり、三〇〇以上の団体が連名で、ハンセン博士に対して原子力支持を考え直すように、という声明を発表している（CSI, 2014）。

21 「高速増殖炉（Fast Breeder Reactor：ＦＢＲ）とは、発電しながら消費した以上の燃料を生成できる原子炉のことで、高速増殖炉の炉心の周辺は劣化ウランなどで囲み、この劣化ウラン中のウラン二三八がプルトニウム二三九に変わり燃料となる仕組みのもの。高速増殖炉は、高速中性子をそのまま利用するもので減速材は使用せず、冷却材には中性子を減速・吸収しにくいナトリウムを使用し、原子炉で発生した熱で水を蒸気に変えタービンを回す。一九九四年四月に初臨界に達したが、一九九五年一二月に二次系ナトリウム漏洩事故が発生したため、原子炉を停止。（中略）二〇一〇年八月燃料交換片付け作業中に炉内中継装置が落下し運転を再度停止。現在、中継装置の復旧は完了したが、東京電力福島第一原子力発電所の事故を受けて『緊急安全対策』を実施し、さらにシビアアクシデント対応の検討中で、性能試験段階にあるが、工程優先ではなく安全確保を最優先に取り組んでいるところ」（電気事業連合会のウェブサイトからの引用（筆者による語尾変更）：http://www.fepc.or.jp/nuclear/cycle/kousoku/）。

22　日本の環境エネルギー政策研究所（ＩＳＥＰ）はＲＥＮ21の日本語訳を発行しているが、“renewable energy”を「再生可能エネルギー」ではなく、「自然エネルギー」と訳しているので、それを尊重した。

23　ＧＷＥＣのウェブページ上の“Global Figures”のダブ内のデータ（“Global Cumulative Installed Capacity 1996-2013”）に基づいて作成。（http://www.gwec.net/global-figures/graphs/）

24　ＥＰＩＡのウェブページ上の出版物のタブのなかの“Market Report 2013”内のデータに基づいて作成。（http://www.epia.org/news/publications/?L=0）

25　自然エネルギー問題に造詣が深く同エネルギーを積極的に推進している飯田の著書（飯田、二〇一一）や、ゴミ問題の専門家でもある環境経済学者の植田の著書（植田、二〇一三）が、ともに分かりやすくて読みやすい。エネルギー問題を自分の頭で考えることができるように解説しながら、再生可能エネルギーの可能性について客観的に論じている文献も、エネルギー問題を考える上で大いに参考になる（MacKay, 2009）。

26　一九世紀から二〇世紀の大量生産大量消費時代に形成された、大規模集中型の電力供給体制が大口の「ベース負荷」需要家への絶え間のない電力供給が必要である、という考え方からの転換が必要かつ可能になったことを意味する。今日では、新しい技術、スマートな需要管理、ＩＴ技術を駆使したサービスなどによって、商業ビルや工場などは電気料金が最も安いときに電力を使用し、高いときには使用を減らすことができるようになっている（Lobins and RMI, 2011, p. 12）。

27　以下の記述はロビンズ等の運輸部門に関する分析を参照（Lobins and RMI, 2011, pp. 14-75：邦訳、二〇一二、五七〜一七五頁）。

28　しかし、本書執筆時現在、「エコカー減税」の見直しが検討されており、二〇一四年度の関連法案が成立すれば、これまでエコカー減税の対象になっていたガソリン車を中心として、四月から購入時にかかる自動車取得税が、五月には購入時と車検時にかかる自動車重量税が、一割から四割引き上げられる見込みである。「ガソリン車値上げの春―エコカー減税基準見直し直撃―」『朝日新聞』、二〇一五年三月一七日。

29　こうした情報はLocal Governments for Sustainability（ICLEI：イクレイ）のウェブページで数多く紹介されている（http://www.iclei.org/）。因みに、日本の「イクレイ　持続可能性をめざす地方自治体協議会」のウェブページもある（http://archive.iclei.org/index.php?id=jp_homepage）。

30　トラック、バス、ワゴン車などの大型車両、船舶そして航空機などについても多くの示唆に富む分析や提案（Lovins and RMI, 2011, pp. 50-68）があるが、本書ではそれについての紹介を省略する。

31 ヒートポンプとは、少ない投入エネルギーで空気中などから熱をかき集めて、大きな熱エネルギーとして利用する技術のことで、エアコンや冷蔵庫、最近ではエコキュートなどにも利用されている省エネ技術である。「ヒートポンプ・蓄熱センター」（一般社団法人）のウェブページより。http://www.hptcj.or.jp/study/tabid/102/Default.aspx

32 このビジネスリーダーの見解に関しては（松本、二〇一二）、地球環境戦略研究機関（ＩＧＥＳ）の鈴木暢大氏の指摘による。

33 アルミニウム工業では、アルミニウムの溶融のために巨大な反射炉を使っているが、炉のエネルギー効率は三〇％と低い。現在では、薄いセラミックでコーティングをした特殊な電気ヒーターが開発され、これを使用した定温溶融と呼ばれる工程におけるエネルギー効率は九七％まで上がっている［Lovins and RMI, 2011, p. 148: 邦訳、二〇一二、三一四～五頁］。

34 ロビンズ等によれば、木材は四分の一、銅パイプは五分の一、アスファルトやコンクリートでできた舗装は一五分の一、水は七〇分の一に消費を減らすことができる（Lovins and RMI, 2011, pp. 153）。

35 プロシューマーとは、プロデューサー（生産者）とコンシューマー（消費者）を合成した造語で、消費者が望む物を自ら発案して商品化するなどして生産者に働きかけていく消費者を意味する。

36 コンバインドサイクル発電とは、ガスタービンと蒸気タービンを組み合わせた発電方式で、最初に圧縮空気のなかで燃料を燃やしてガスを発生させ、その圧力でガスタービンを回して発電するというもの。また、ガスタービンを回し終えた排ガスは、まだ十分な余熱があるため、この余熱を使って水を沸騰させ、蒸気タービンによる発電を行うので、同じ量の燃料で、通常の火力発電より多く発電し、しかも$CO_2$の排出量は少ない。電気事業連合会のウェブページの解説を参照。http://www.fepc.or.jp/enterprise/hatsuden/fire/combined_cycle/

37 一九〇七年にウィスコンシン州とニューヨーク州が、一九二〇年代にはほぼ半分の州が公益事業委員会を設置し、やがて全州に広がった（Yergin, 2011, p. 353）。

38 正式には、「電気事業者による再生可能エネルギー電気の調達に関する特別措置法」であり、この法律の施行により、前身の「電気事業者による新エネルギー等の利用に関する特別措置法」（ＲＰＳ法、二〇〇四年施行）は廃止された。

39 「家庭向け電力自由化」『朝日新聞』二〇一四年六月一二日。

40 原子力環境整備促進・資金管理センター（公財）によれば（「フィンランドにおける高レベル放射性廃棄物処分」）、オルキルオト三号機は二〇一六年に運転開始予定である。http://www2.rwmc.or.jp/hlw:fi:prologue

41 各々の自然エネルギーの有効性や限界などについては、マッケイの本や一般読者向けの分かりやすい解説書も参考になる（MacKay, 2009; 今泉、二〇一三）。

42 ここでは詳細について言及しないが、マッケイは、これらのエネルギー需給の積算の根拠を示しながら議論を展開していくので、読者も納得しながらその話の道筋を追うことができる。

43 これらの研究所などによる再生可能エネルギー供給計画に関して、その導入目標年は明示されていない。因みに、これらの四団体の公式名称は、イギリスの電気技術者協会（The Institute of Electrical Engineers：ＩＥＥ）、チンダルセンター（Tyndall Center for Climate Change Research）、エネルギーと気候変動省（Department of Energy and Climte Change：ＤＥＣＣ）部門間の分析グループ（Interdepartmentla Analysts Group：ＩＡＧ）、そして貿易産業省（Department of Trade and Industry：ＤＴＩ）の実績と革新ユニット（Performance and Innovation Unit：ＰＩＵ）である。また、ＣＡＴの公式名は The Center for Alternative Technology である。

44 こうした議論以外にも、トリウムを原料とした原子炉や核融合の話もあるが（MacKay, 2009, p. 166, pp. 172-3）、ここでは省略した。

# 第二部

# 主要国の新エネルギー危機対策

# 第五章　日本の新エネルギー危機対策

## 第一節　石油危機以降の日本のエネルギー政策

### 一　石油危機に対する日本のエネルギー対策

一九七三年一〇月のアラブ石油輸出国機構（OAPEC）による原油価格の大幅値上げと石油の輸出削減の決定によって、国際石油資本（メジャーズ）各社は原油価格を三〇％値上げするとともに、石油の供給量を一〇％削減した。こうした緊急事態に直面した日本政府は、同年一二月に石油需給適正化法と国民生活安定緊急措置法を制定しつつ、石油緊急対策要綱を閣議決定した。後者は、企業に対して石油消費を一〇％削減することと、電力消費の削減と自家用車利用の自粛を要請した。各産業は省エネのために最大限努力したが、日本の産業を支えるエネルギー選択には、安全保障上ならびに気候政策上根本的な問題がある。

最初に、石油危機後の日本のエネルギー需給の長期的傾向をおさえておこう（図5―1参照）。まず目を引くのが、第一次石油危機後に石油の供給が減少するどころか若干増加していることである。第一次石油危機（一九七三〜

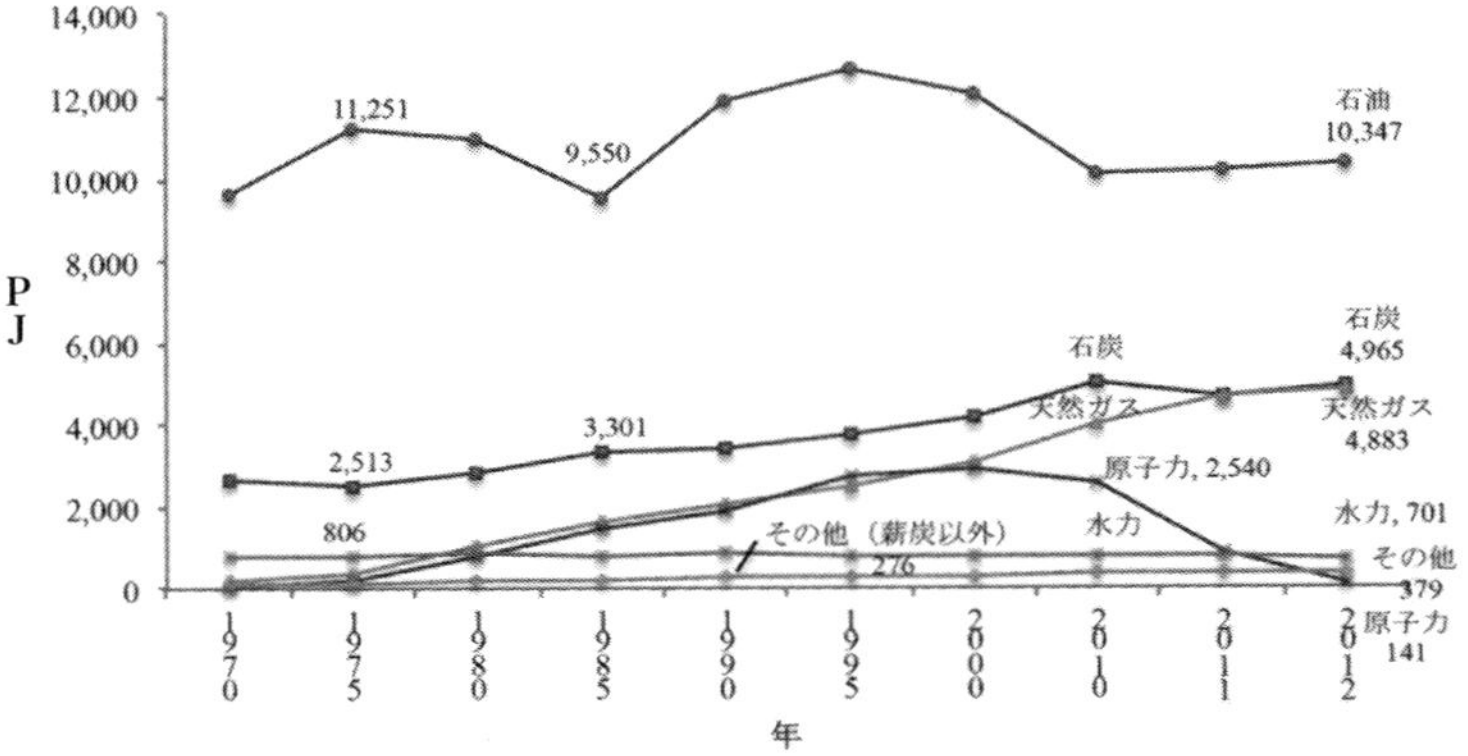


図５－１　一次エネルギー供給［単位：ペタジュール（PJ）］
注：キロカロリー（kcal）単位のデータを1 kcal ＝ 4.188 × $10^{-12}$（PJ）で換算し、結果を四捨五入。
出典：日本エネルギー経済研究所『エネルギー・経済統計要覧』（2014、316 ～ 9 頁）。

四年）以前の七〇年の石油供給量は九六二八ペタジュール（PJ＝一〇〇〇兆ジュール）であったのが、八〇年に一〇九九一PJまでに増加している。つまり、第二次石油危機（七九～八〇年）が起こるまで石油の供給量は一四％強増加していた（図5―1参照）。その後、石油の供給量は八五年には九五五〇PJまで一五％減少した。一九七〇年から二度の石油危機を経た八五年の石油以外の主要な一次エネルギー供給についても見てみると、石炭は二六六二PJから三三〇一PJへと二四％の増加であったのに対して、天然ガスは同期間に約九・六倍（一六六PJから一六〇〇PJ）、原子力は約三四倍（四四PJから一五〇四PJ）増加している。他方、水力はほぼ横ばい（七四九PJから七九九PJ）の七％弱の増加で、薪炭以外のその他（再生可能自然エネルギー）は、約九三％（一一一PJから二一五PJ）の増加であったが、比較対象となる元の供給量が非常に少ないので、再生可能自然エネルギーのエネルギー供給全体に占める割合はごくわずかにすぎない。因みに、福島第一原発事故後一年経った二〇一二年、一次エネルギー総供給量に占める各エネルギーの割合は、石油約四八％、天然ガス約二三％、石炭二三％、原子力約〇・七％、水力約三・三％、その他（再生可能エネルギー）二％弱であった（日本エネルギー経済研究所、二〇一四、三一八〜九頁）。

次に、エネルギー供給のための海外依存度について見てみよう。一九七〇年から二〇一一年までの日本における総エネルギー供給量に占める輸入の割合は、二〇一一年の約九一％を除き、一九七〇年に八四・一％、九〇年約八三％、二〇〇〇年に約八二％、二〇一〇年に約八三％と、概ね八〇％前半の海外依存度であった。したがって、自給率は一〇％台後半という低さである（図5―2参照）。グラフには提示されていないが、石油危機以前の一九六五年のエネルギー自給率は三七％弱であったので（日本エネルギー経済研究所、二〇一四、二九頁）、石油危機後現在に至るまでずっと自給率がほとんど一〇％台であるということは、エネルギー安全保障上大いに問題である。さらに、エネルギー安全保障上特に憂慮すべき点は、二度の石油危機を経験したにもかかわらず、近年になっても政治的に不安定な中東への依存度が非常に高いことである（図5―3参照）。第一次石油危機前の一九七〇年の中東への依存率八四・六％から七三年には七七・五％に依存率が落ちたが、第二次石油危機が起こるまで依存度は減るどころか、わずかながら増大していた。二度目の石油危機以降さすがに依存度は下がったが、それでも最も低い依存率が八七年の六七・九％と、依然として非常に高いものであった。さらに問題なのは、プラザ合意以降の円高とバブル経済の影響もあり、八七年に最低の依存率を記録して以来、中東の石油への依存率は現在に至っても高止まりであり、二〇〇九年には最高値の八九・五％を記録している。そして、二〇一二年時点でも八三・二％であった。

### （一）第一次石油危機後の短期的なエネルギー政策

中東への石油の依存度に関しては長期的に大きな変動はなかったが、日本政府は二度の石油危機に直面して、資源の多様化および石油資源への依存度軽減策を色々と採用している。短期的には、例えば、第一次石油危機直後の

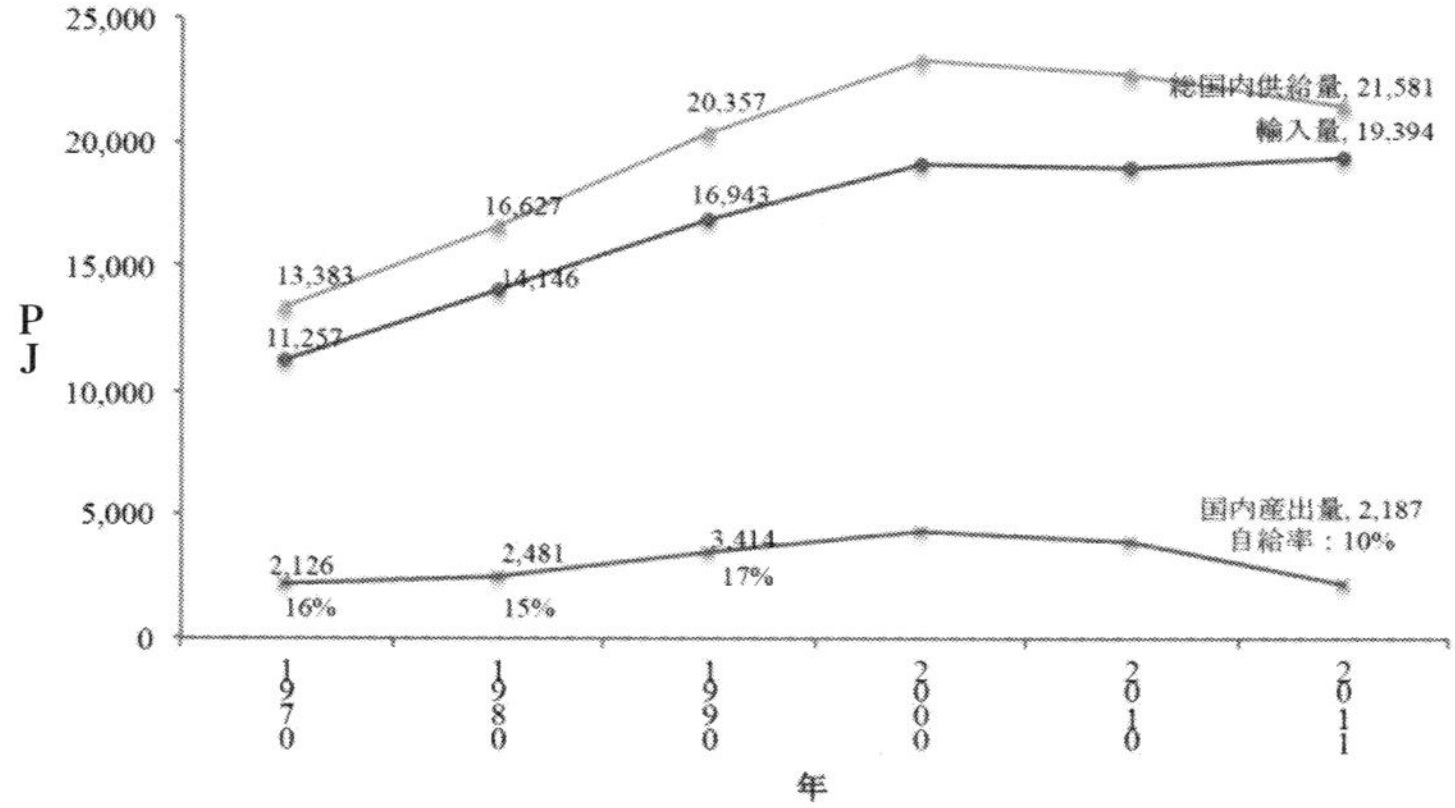


図５－２　一次エネルギー供給の国内産出と輸入（PJ）
出典：二宮書店編集部『データブック・オブ・ザ・ワールド　2014』（2014、82 頁）。

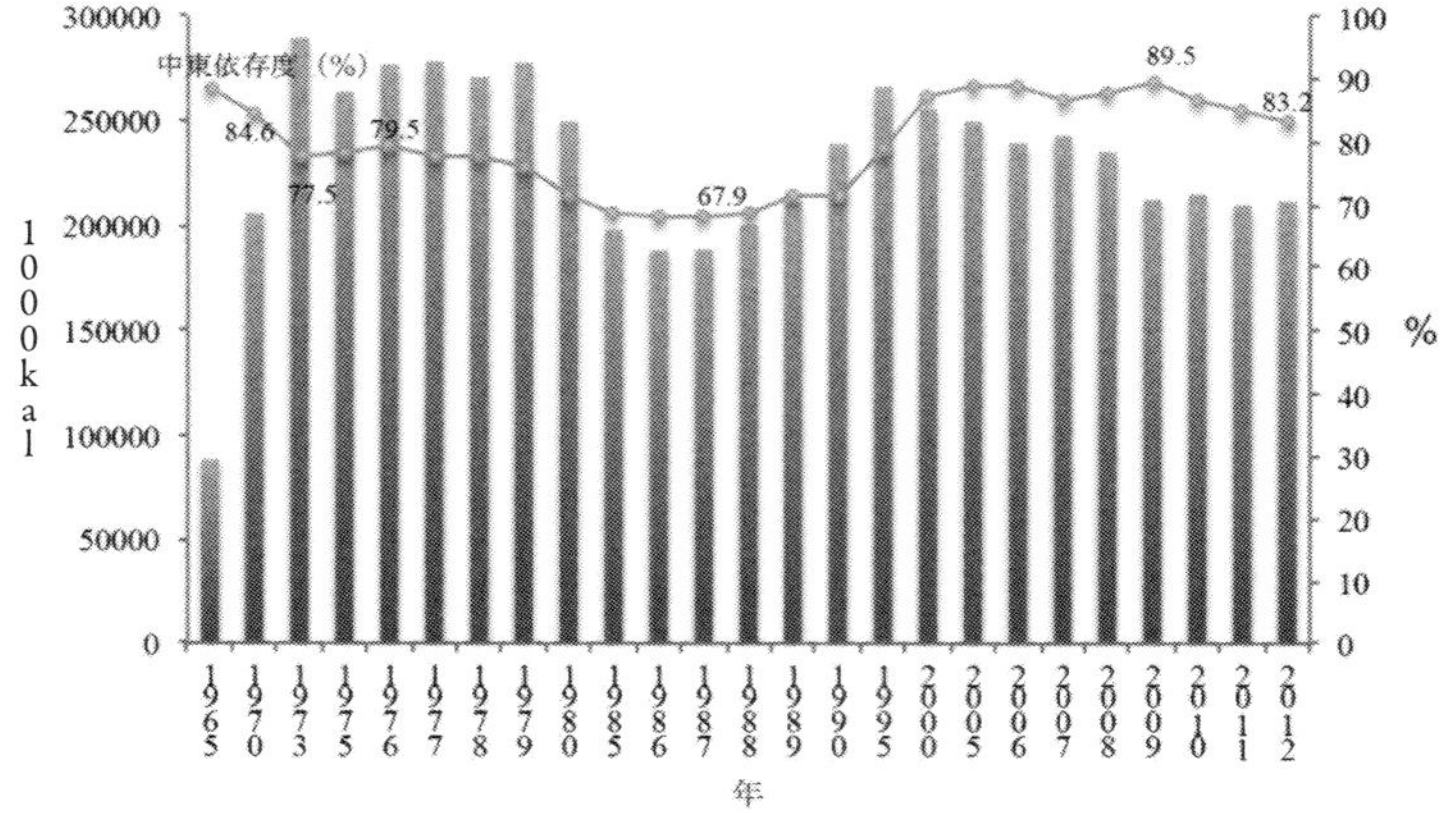


図５－３　原油の輸入量（1000kcal）と中東への依存度（P%）
出典：日本エネルギー経済研究所（2014、160 ～ 1 頁）。

一九七三年一月一六日に田中角栄内閣総理大臣を本部長とする緊急石油対策推進本部を設置するとともに「石油緊急対策要綱」を閣議決定した後、事務次官会議において「民間における石油及び電力の使用節減のための行政指導等要領」を申し合わせ、飲食店やデパートなどの営業時間短縮や深夜テレビの放送自粛が実施された（資源エネルギー庁、一九七四、一五～四〇頁）。さらに、「石油需給適正化法」と国民生活安定緊急措置法」のいわゆる石油二法が同年一二月二二日に施行され、翌年一月から石油と電力使用を二〇％削減することとした（同上、四一～九〇頁）。

外交面では、日本は米国の意向に反する独自の資源外交を展開して、石油の安定供給を確保するよう努めた。一九七三年一〇月六日に勃発した第四次中東戦争に際して、アラブ諸国は石油の主要輸入国を「反アラブ」（全面禁輸対象の米国やオランダなど）、「非友好国」（日本や西ドイツなど）、「新アラブ（友好）」（イギリスやフランスなど）に分類し、日本に中東政策の転換を迫るとともに、イスラエルが第三次中東戦争で占領した地域から撤退しなければ自動的に前月比五％を毎月減産する、という政策を掲げた（池田、二〇一五、一八～九頁）。他の西側先進諸国同様に、日本もOAPEC諸国と個別交渉を行った。田中内閣は、一一月二二日の二階堂談話によってアラブ支持を鮮明にするとともに、サウジアラビアに派遣された三木武夫副総理を団長とする使節団が効果を発揮し、一二月二五日開催のOAPEC閣僚会議で日本は「友好国」になり、石油供給量が開戦前の九月レベルに戻されることになった（同上、一九頁）。ただ、同じ頃開催されたOPEC加盟のペルシャ湾岸諸国が原油公示価格の大幅引き上げを敢行して、原油価格は四倍に跳ね上がった（本書の第二章に詳述）。結局、石油危機を資源外交のみで克服することはできず、同危機を契機に、日本社会では、長期的視点に立脚したエネルギー戦略の必要性が広く認識されるに至った。

（二）石油危機後の長期的なエネルギー政策

一九七三年の石油危機は、これまでの石油中心のエネルギー政策を見直し、省エネ、脱石油ならびにエネルギー資源の多様化を政府に迫った。一九七四年二月から活動を開始した総合エネルギー調査会は、七五年八月に『昭和五〇年代エネルギー――安定供給のための選択――』（通商産業省編、一九七五）を取りまとめ、第一次石油危機の教訓として、石油の安定供給の確保、石油依存度の低減、石油代替エネルギーの開発、省エネルギーの推進を提言している。そして、以上の目標の達成のために、これ以降、概ね五年ごとに、長期エネルギー需給計画が策定されていくことになる。

しかし、本書の第二章で触れたように、一九七九年一月のパーレビ国王の海外退去から始まったイラン革命と、八〇年九月に勃発したイラン・イラク戦争によって、イランからの石油が世界市場に供給されなくなり、サウジ、イラク、北海油田の増産による補填は行われたものの、再び原油価格が高騰し、第二次石油危機が起こった。二度にわたる石油危機が電力産業に多大な影響を与え、石油代替エネルギーとして、安価な海外石炭への依存の増大と、総括原価方式に基づく地方独占の電力産業の基本的構造及び電力産業支援のための法制度が、再生可能エネルギーより原子力エネルギーを推進するエネルギー政策となり、福島第一原発事故後、新たに安全対策導入のためにすべての原発が稼働停止し（本書執筆時）、気候変動緩和政策の後退を招いている。

石油危機が電力産業に与えた影響は、電力需要の減退と電気料金の値上げ、発電所立地の困難、電源の脱石油化および海外炭利用の増大であるが（綾部、二〇一四、五一～三頁）、これらの影響およびその克服策は、その後の日本のエネルギー政策と気候変動緩和政策を規定するものとなった。

電力会社は、石油危機による燃料費の高騰とともに、電力需要の増加率の低減によって業績が悪化した。後者に関して、特に、電力の大口利用者であるアルミニウム産業は、二度の石油危機による電力料金の値上げによって国際競争力を失い、一九七七年度の生産量一一九万トンをピークに国内生産は下降傾向となり、八一年後半からの世界不況と供給過剰により同産業は市場から撤退し続け、二〇〇三年時点で、六六〇〇トン／年のアルミニウム地金を生産するのみとなっている1。当時の九電力会社（一〇番目の沖縄電力は一九八八年に民営化）は、一九七四年、七六年、八〇年の三度にわたり電気料金を値上げし、七三年～八五年の間に、電気料金は三・五倍に跳ね上がった（電灯二・四倍、電力四・一倍）（綾部、二〇一四、五二頁）。

石油危機を契機に後述の電源三法による電源立地対策の強化が図られた。その背景には、石油危機以前から顕在化していた環境保全の関心の高まりや原子力発電所の安全性に対する懸念が社会に広がり、新規の発電所建設に対する反対が強くなっていた（綾部、二〇一四）、ということが背景にあった。石油危機に直面していた田中角栄首相は、電源立地の困難の克服と地元の経済発展のために柏崎刈羽原発を誘致しており、一九七三年一二月に電源開発促進税法、電源開発促進対策特別会計法、発電用施設周辺地域整備法、いわゆる電源三法を国会に提出した。これらの法律は翌七四年一〇月に施行された。電源三法の基本的な仕組みは、電気料金に上乗せする電源開発促進税を財源にして特別会計を作り、原発などの電源立地地域に公共施設などを建設する費用として交付金を交付する（綾部、同上、大津、関根、小森、二〇一五）、というものである。資源エネルギー庁の試算によれば、新規の出力一三五万kW原発の場合、運転開始までの一〇年間に約四四九億円が支払われる、と言われている（同上）。

電源立地促進のための交付金制度の対象は、火力、水力、地熱を含んでいるが、その大半は原発の立地対策として使われてきた。一九七五年から二〇〇七年までの各々の電源に対する交付金交付額及び比率は、原子力は六二五一・一七億円（六八・四％）、火力は約二四九八・九九億円（二七・三％）、水力は約三五二・六五億円（三・九％）、地熱は一三・六三億円（〇・一％）、その他二一・一五億円（〇・二％）で、合計九一三七・五九億円であった（大島、二〇一〇、三六頁)。石油危機後の日本のエネルギー政策における原発の優遇は、一般会計のエネルギー対策費にも表れている。同予算は一九七八年に一四三五億、最も多かった一九八六年に一七四七億円を計上したが、二〇〇七年には九三〇億円に縮小されている。しかし、特記すべきことに、このエネルギー対策費の九七%が原子力関連経費であった(同上、四〇~一頁)、ということである。

石油代替エネルギー予算から見れば原子力は非常に優遇されているが、日本の全エネルギー関連予算においては、石油の占める割合が最も大きい。全エネルギー予算は一九八五年以降一兆円を超え、ピーク時は一兆三〇〇〇億円以上であった。そのなかで、一九七八年以降、主に石油備蓄と石油資源開発のための石油関連予算が最も多くなっている。一九七〇年から二〇〇七年までの全エネルギー関連予算の内訳は、原子力が九兆六八二九億円(全体の二七・八%)、石炭が四兆五三九〇億円(一三%)、石油が一二兆二四八一億円(三五・一%)、水力以外の再生可能エネエルギー(新エネルギー)が一兆六九七三億円(四・八七%)であった(大島、二〇一〇、四四頁、表1―5参照)。

石油危機への対応として電力産業が取った行動が日本のエネルギー産業と気候変動政策に与えたもう一つの影響は、電源としての石炭利用の拡大に伴う海外炭への依存と国内石炭産業の衰退そして温室効果ガス排出問題である。石炭政策に関しては、同年一二月七日に、石油危機後の国内石炭政策と海外炭導入政策の基礎となった、石炭鉱業審議会の中間報告書が公表された[2]。同報告書では、エネルギー安全保障上の石炭の役割、石炭の積極的な活用法、国内炭の供給の三点について検討が行われた。石炭鉱業審議会の中間報告公表から二年後の七五年七月に、政府は第六次石炭政策をまとめ、原則的に国内炭使用を優先するものの、海外より一般炭を一九八〇年に五〇〇万トン、八五年に一五〇〇万トン輸入する方針を採用し[3]、それ以前の一般炭の原則輸入禁止から大きく方向転換することになった(荒谷、二〇〇八、一〇一頁)。この政策転換は、その後の輸入炭の急増と国内石炭産業の衰退を招くことになった。

第一次石油危機を契機とした一般炭の輸入解禁によって、豪州、中国、旧ソ連から一般炭の輸入が始まり、セメント産業、製紙ならびに化学業界は石油から石炭に燃料を切り替えた。第二次石油危機以降、電力業界も一般炭の輸入に踏み切った。原料炭に関しては、製鉄業界が主に米国から輸入していた。外国の一般炭の輸入解禁当初は、国内炭価格が一トン当たり八五五〇円であったのに対して、輸入炭は一〇一四三円と高値であった。しかし、一九八五年のプラザ合意以降、為替相場が円高基調になったこともあり、八六年には国内の電力用一般炭価格がトン当たり一七〇〇〇円であったのに対して、輸入一般炭はその半額以下の七五〇〇円になり、八八年には三分の一以下の価格となった（荒谷、二〇〇八、一〇六〜七頁）。こうした状況では、国内炭はもはや海外産に太刀打ちできなくなり、下記の**図5―4**に見られるように、二〇〇〇年時点では国内炭の生産量はわずか二九八万トンに落ち込んだ一方、輸入一般炭は八一〇二万トンにまで増えていた。

石炭から石油へのエネルギー転換を意味する石油革命（あるいは流体革命）が日本で始まる以前の一九五五年には、石炭は一次エネルギー供給の半分近くの四七・三％を占め、そのうちのほとんどが国内炭であった。しかし、その十年後の六五年には石油が五九・六％に増大する一方、石炭は二七％（うち国内炭が一九・五％、輸入炭が七・五％）に減った。そして石油危機直前の七三年には、一次エネルギー供給に占める石油の割合はさらに増えて七三％になり、石炭は一五・五％へと大幅に減少していた（荒谷、二〇〇八、一一一〜二頁）。前述したように、二〇一二年の時点では、一次エネルギーに占める石炭と天然ガスの比率はほぼ同じで、各々二三％前後であるのに対して、石油への依存度は約四八％に下がっている。石油危機以後、電源としての液化天然ガス（liquefied natural gas: ＬＮＧ）の利用も拡大してきたが、ＬＮＧへ転換するための受け入れ基地の建設費用が非常に高く（綾部、二〇一四、五三頁）、輸入炭には価格優位性がある。いずれにせよ、これらの化石燃料を合計すると、日本の一次エネルギー供給の九四％を占める。このことは、

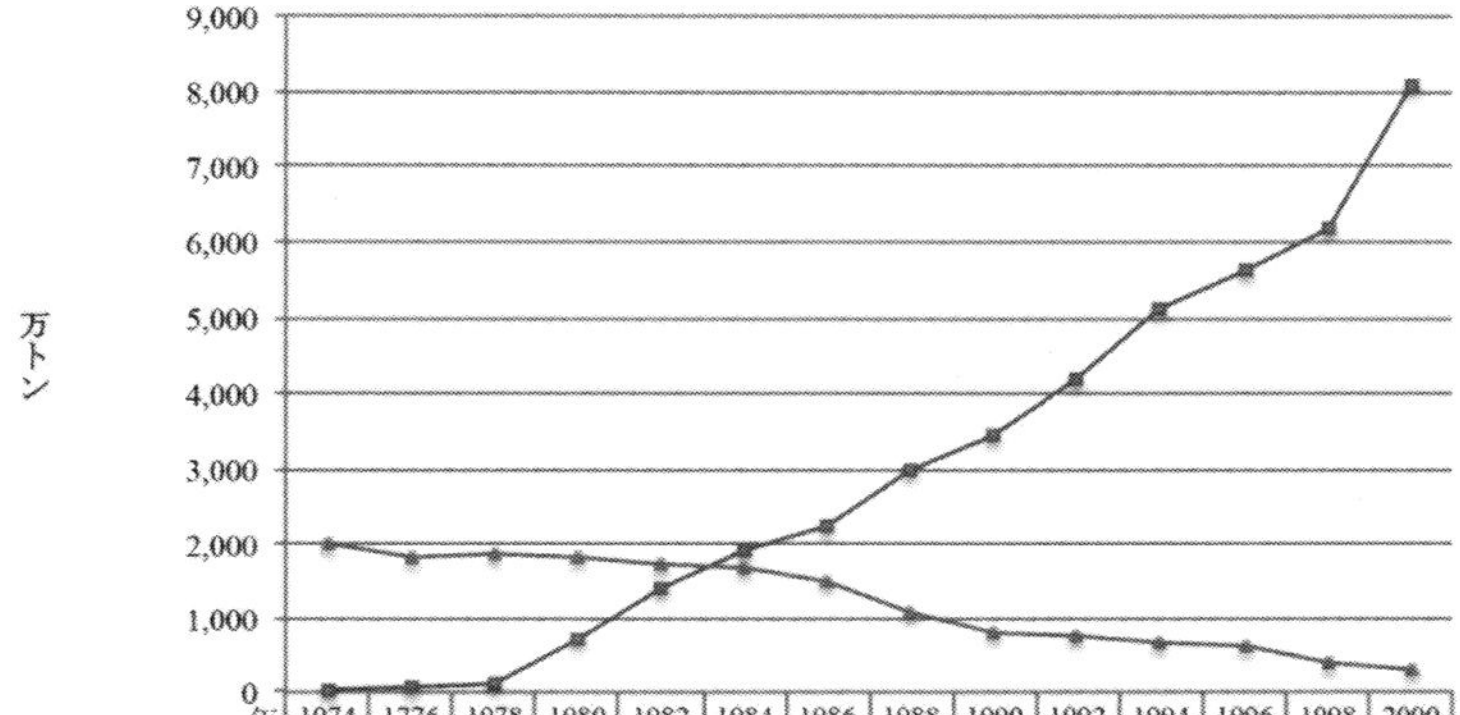


| 年 | 1974 | 1776 | 1978 | 1980 | 1982 | 1984 | 1986 | 1988 | 1990 | 1992 | 1994 | 1996 | 1998 | 2000 |
|---|---|---|---|---|---|---|---|---|---|---|---|---|---|---|
| 国内炭 | 2,030 | 1,833 | 1,855 | 1,810 | 1,741 | 1,683 | 1,520 | 1,110 | 798 | 760 | 674 | 617 | 370 | 298 |
| 海外一般炭 | 37 | 86 | 101 | 711 | 1,397 | 1,942 | 2,256 | 2,998 | 3,468 | 4,173 | 5,137 | 5,612 | 6,167 | 8,102 |

図５－４　国内炭生産量と一般炭輸入量（単位：万トン）
出所：荒谷［2008、105 頁、（出典：石炭政策史編纂委員会、2002）］の表と図をもとに筆者作成。

後述するように、日本の気候変緩和政策の弱点である。

二〇〇五年のデータによれば、石炭利用は全体的に減少傾向にあったが、石炭の電力利用は一般炭の用途としては圧倒的に多く（約八〇〇〇万トン以上）、セメント（九五〇万トン）、化学（五一七九万トン）、製紙業（五一一五）、その他（五七六九）が続いていた。鉄鋼やコークス業で使う原料炭は五六九一・六トンであった（荒谷、二〇〇八、一一二〜三頁）。電力業界の石油から石炭への切り替えは、電源開発が一〇〇万kW（五〇万kW二基）級の松島石炭火力発電所（長崎市西海市）を建設して、石油価格が再び高騰した第二次石油危機後の一九八一年に運転を開始した。これが電力業界の石油から石炭への「エネルギー転換」の嚆矢となり、外国産の一般炭専焼火力発電所建設が拡大するとともに、生産効率が悪く価格の高い国内炭は競争力を失って行った。二〇〇四年までには一次エネルギー供給に占める国内炭はほぼゼロまで落ち込み、国内の炭鉱は次々と閉山していった（同上、一一〇〜一頁）。

外国炭への依存は、エネルギー安全保障上好ましいことではないが、石炭は石油ほど偏在していないので、供給源の多様性

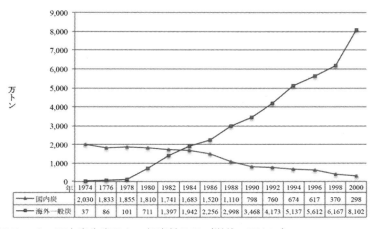

をある程度確保できる。それでも、日本は、二〇〇五年時点で、原料炭と一般炭を合わせて一億七二〇〇万トンの石炭を輸入したが、全体の約六〇%に当たる一億二〇〇〇万トンを豪州から、一般炭に限ってみれば、豪州からの輸入は六七%を占め、中国の一七%の四倍近い。製鉄用の原料炭に関しては、豪州への依存率は約五〇%で、インドネシア二七%、カナダ八%、中国七%と多少供給源が地域的に分散している（荒谷、二〇〇八、一一三～四頁）。輸入石油の八〇%以上を政情が不安定な中東地域に依存することに比べれば[4]、石炭の輸入先は多様化していてしかも国内政治が安定した国々であると言えるが、ほぼ一〇〇%の海外炭依存という状況は、エネルギー安全保障上好ましいこととは言えないだろう。しかし、この現状は、経済的コストあるいは効率性を重視する立場からすれば、経済のグローバル化の当然の帰結と言えるかもしれない。仮にそうだとしても、新エネルギー危機のもう一つの側面である温室効果ガス排出問題の緩和の要請にはそぐわないエネルギー選択である。日本では、なぜ、再生可能自然エネルギー利用が拡大してこなかったのだろうか。

### （三）日本の再生可能エネルギー政策―石油代替エネルギー時代

日本における再生可能エネルギー政策の背景には、特に一九九〇年代後半以降、気候変動を緩和するという環境問題からの要請もあるが、エネルギー政策の自由化と世界の原油価格の変動が大きく左右している、という見方もある（綾部、二〇一四）。第一次石油危機直後、エネルギー安全保障の要請に伴い、石油代替としての再生可能エネルギーの開発促進の動きがあったが、一九八〇年代後半からは、原油価格の安定に伴い、その動きが止まる。その後、エネルギー政策における自由化と規制緩和が再生可能エネルギー開発の機運を少し高めたが、より決定的な変化は二〇〇〇年代になって原油価格が高騰したことで、エネルギー安全保障の観点から再生可能エネルギーへの関心が再び高まった、ということである。いずれにせよ、再生可能自然エネルギーも含む多様な石油代替エネルギー開発を促す法的・財政的・制度的整備（後述するＮＥＤＯ等）が整ったが、経済の規模（例えば、面積単位や燃料単位当たりの発電量）、エネルギー生産コストの比較などによって原子力発電が、法的かつ財政的に制度的恩恵を得ながら優先的に開発されてきた。

こうした再生可能エネルギー政策の背景をより具体的に、石油代替エネルギー政策の時代と地球温暖化防止対策を契機とする非化石エネルギー促進の時代（次節以降で詳述）に分けてみると、日本の再生可能エネルギー政策のあり方がより把握しやすい（橘川、二〇一一、四〇八～二六頁）。しかしその前に、再生可能エネルギーに関する日本政府独自の用語とその定義などを整理しておく必要がある。まず、第二次石油危機後の一九八〇年に施行された「石油代替エネルギーの開発及び導入の促進に関する法律」（石油代替エネルギー法）では、石炭、天然ガス、原子力、水力、地熱および新エネルギー（太陽光・太陽熱・風力など）が石油代替エネルギーと定義された。その後、京都議定書が締結された一九九七年に「新エネルギー利用等の促進に関する特別措置法」（新エネルギー法）が制定されたが、その目的は、石油代替エネルギーのうち経済性の制約が大きく普及困難なものに焦点を絞り、それらを利用する事業者に対して金融上の支援などを行うことである。経済産業省資源エネルギー庁の『エネルギー白書　２００４年版』は、石油代替エネルギーということで石炭、天然ガス、原子力も新エネルギーの範疇に含めている。しかし、新エネルギー法の対象はあくまでも経済性に制約があり十分に普及していない新エネルギーということで、太陽光発電、風量発電、太陽熱発電、温度差熱利用、廃棄物発電、天然ガス自動車、メタノール自動車、電気自動車、天然ガスコジェネレーション、燃料電池などの「狭義の新エネルギー」を意味する（同上、四〇五頁）。因みに、国際エネルギー機関（ＩＥＡ）の再生可能エネルギーの定義は、「絶えず補充される自然プロセス由来のエネルギーであり、太陽、風力、バイオマス、地熱、水力、海洋資源から生成されるエネルギー、再生可能起源の水素が含まれる」とし、国際再生可能エネルギー機関（International Renewable Energy Agency: IRENA）によれば、再生可能エネルギーは、「再生することが可能な資源から持続可能な形態で生産されるあらゆる形態のエネルギーをいい、特にバイオエネルギー、地熱エネルギー、水力電気、海洋エネルギー（特に、潮汐エネルギー、波エネルギー及び海洋温度差エネルギーを含む）、太陽エネルギー、風力エネルギーを含む」と規定している（経済産業省資源エネルギー庁、二〇一〇、九九頁）。

二〇〇二年三月に閣議決定された「地球温暖化対策推進大綱」には、新エネルギー導入目標が設定された。これは、実は、前年六月にまとめられた総合資源エネルギー調査会新エネルギー部会の「今後の新エネルギー政策のあり方について」という報告書の内容と同じであった。同報告書の二〇一〇年までの新エネルギー供給の導入目標は、太陽光発電（二〇〇一年実績四五・二万kWから四八二万kW）、風力発電（三一・二万kWから三〇〇万kW）、廃棄物発電（一一一万kWから四一七万kW）、バイオマス発電（七・一万kWから三三万kW）であり、熱利用分野では、太陽熱利用、未利用エネルギー利用（雪氷熱を含む）、廃棄物熱利用、バイオマス熱利用などが挙げられた（橘川、二〇一一、四〇六～七）。さらに、二〇〇九年に、代替エネルギー法が「非化石エネルギーの開発及び導入の促進に関する法律」（非化石エネルギー法）へと大幅に改正された。と同時に、「エネルギー供給事業者による非化石エネルギー源の利用及び化石エネルギー源の有効な利用の促進に関する法律」（エネルギー供給構造高度化法）が制定された。これらの法律の目的は、原子力や再生可能エネルギーなどの非化石エネルギーの利用促進と火石エネルギー原料の有効利用である。

石油代替エネルギー政策の時代についてもう少し詳しく見ておこう。一九八〇年五月に代替エネルギー法が施行された後、同年一二月に「石油代替エネルギーの供給目標」と「事業者に対する石油代替エネルギーの導入指針」が公表された（橘川、二〇一一、四一五～七頁、綾部、二〇一四、五四頁）。前者の選択基準は、既にエネルギー源として確立していて、将来的に相当の供給が見込まれるもので、石炭、原子力、水力、地熱が主たる石油代替エネルギーとなった。後者の導入指針については、石油代替エネルギーを導入する事業者に対する指針である（橘川、同上）。これらの法的制度と行政的指針が整ったのを受けて、石油代替エネルギー開発が国家プロジェクトとして実施されることになった。

政府は、一九八〇年から九〇年までの一〇年間の代替エネルギー開発予算として約三兆円を見込んでいた。まず、電力分野での代替エネルギー開発に関する政策としては、電源多様化勘定が対象とする発電関連施設や発電用燃料が関係してくるので、電源開発促進税の使途拡大（電源多様化勘定の新設）及び税率引き上げ（八・五銭／kW～三〇銭／kW）を行うことにした。また、石油および石油代替エネルギー勘定による政策としては、石油税の使途拡大ということで、石油対策から石油および石油代替エネルギー対策を行うことになった。この他、通商産業省の主たるエネルギー対策予算であった「電源開発促進対策特別会計」と「石炭及び石油対策特別会計」を、八〇年に、前者を従来通りの電源立地対策用の「電源立地勘定」（立地対策交付金や原発安全等対策）と代替エネルギー政策を促進する新設の「電源多様化勘定」（供給確保対策、技術開発、原子力等）に分けた。他方、後者の石炭及び石油対策特別会計に関しては、名称を「石炭並びに石油及び石油代替エネルギー対策特別会計」に変更し、それを「石炭勘定」（合理化対策、産炭地域振興対策、炭鉱離職者戦後対策等）と「石油及び石油代替エネルギー勘定」に二分した。そして、後者について、石油対策（開発、備蓄、技術開発等）と石油代替エネルギー対策（供給確保対策、導入促進策、技術開発など）に充当できることになった（橘川、二〇一一、四一二～三頁、通商産業省『通商産業省年報　昭和55年度版』、一九八〇、二九一頁）。

一九八〇年度の電源多様化勘定の内訳を見てみると、原子力関連が全体（八二七億円）の五五％近く（四五一億円）を占め、そのうち高速増殖炉建設費などが約八八％（三九七億円）計上されている。因みに、供給確保対策として、水力開発（二二億円）と地熱開発（八二億円）が挙げられ、技術開発として石炭ガス化（一七億円）、地熱エネルギー（二七億円）、太陽エネルギー（七八億円）、その他（三億円）などが予算項目として掲げられている。また、石油及び石油代替エネルギー勘定のなかの代替エネルギー対策（合計三四九億円）の内訳は、供給確保対策（四三億円）のうち海外炭開発がほとんどで（三四億円）、導入促進対策（九四億円）のうち開発銀行への貸付（三八億円で石炭転換、産業用LNG導入等）、ソーラーシステム普及促進（五三億円）、技術開発（二〇三億円）のうち石炭利用技術開発（二八億円）、石油液化ガス化（一三九億円）などとなっている（橘川、四一四頁、通商産業省、一九八〇、二九二頁）。以上、「石油代替エネルギー元年」と称される一九八〇年度のエネルギー予算配分の特徴は、電源多様化勘定においては原子力関連予算が半分以上を占めること、また、石油エネルギー代替では、ソーラーシステム関連の予算が全体の約一五％で、石炭、天然ガス、石油の液化ガス化などの化石燃料項目が圧倒的に多いことが目を引く。

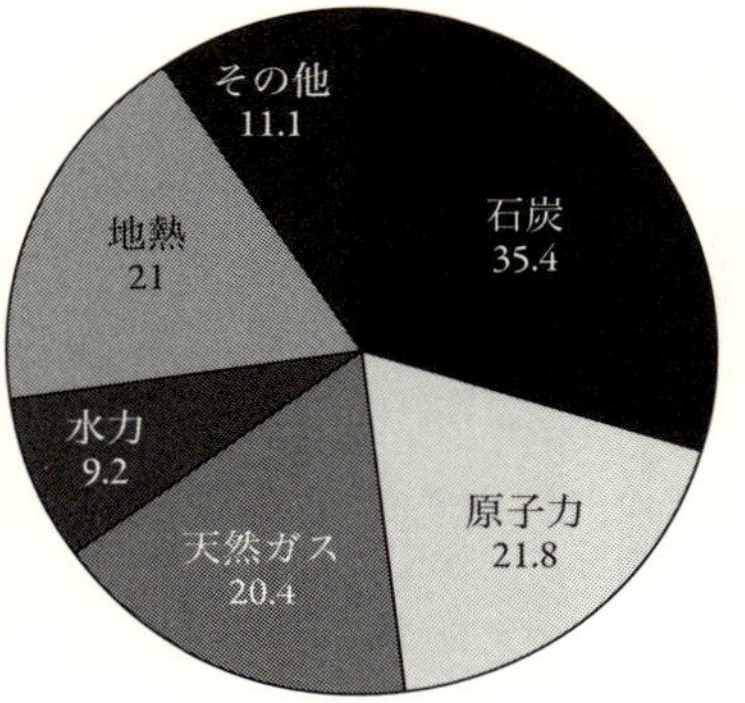


図５－５　1990年度における代替エネルギー供給目標（%）

出所：橘川（2011、416頁）資料12-1を参照して筆者作図（資料の原典：通商産業省、「石油代替エネルギー政策」『通商産業省年報　昭和55年版』1980、293頁）

結局、すでにエネルギー源として確立していて、将来的に相当の供給が見込まれるものである「石油代替エネルギーの供給目標」（一九八〇年一二月公表）によれば、一〇後の一九九〇年の石油代替エネルギーの種類及びその供給目標は、石炭が全体の三五・四％以上、天然ガス二〇・四％強、原子力二一・八％、地熱二一％、水力九・二％、その他の石油代替エネルギー（太陽熱、石炭液化燃料等）一一・一％ということになる。

最後に、再生可能エネルギー開発を中心的に担う政府系機関について見ておこう。実は、日本政府主導の石油代替エネルギー開発に関しては、第一次石油危機勃発直前の一九七三年二月以降、すでに通商産業省工業技術院（現新エネルギー・産業技術総合開発機構：NEDO）を中心に、新エネルギー技術開発計画が検討され、同年六月に「サンシャイン計画」として提案されていた。同計画は第一次石油危機後の七四年八月から開始され、七四年～二〇〇〇年までの長期にわたり総合的、組織的かつ効率的に研究開発を推進することにより、数十年後のエネルギーを供給することを目標とするという基本方針の下、太陽、地熱、石炭、水素エネルギー技術の四つの重点技術の研究開発が推し進められた（NEDO、二〇一四、六頁）。また、第二次石油危機後、サンシャイン計画を一層推進するために、一九八〇年にNEDOが設立された。それと前後して、一九七八年に、省エネルギー技術の開発を目的とした「ムーンライト計画」が発足するとともに、一九七九年からは、地球環境技術開発も始まった。一九九二年までに、サンシャイン計画に四四〇〇億円、ムーンライト計画に一四〇〇億円、地球環境技術開発に一五〇〇億円が投入された（高橋洋一、二〇一一、三六頁）。その後、一九九三年に、サンシャイン計画はムーンライト計画と地球環境技術開発とが統合されて「ニューサンシャイン計画」（二〇〇二年まで）となった。同計画で開発される技術的なポテンシャルとして、二〇三〇年の日本のエネルギー消費量の三分の一、二酸化炭素排出量の二分の一の削減に貢献することが期待され、当時、この計画の実施に必要とされた研究開発費は、一九九三年～二〇二〇年までに一兆五五〇〇億円（五五〇億円／年）と見込まれた（同上、三七頁）。しかし、福島原発事故以降でも再生可能自然エネルギーの一層の普及が望まれていることから、両サンシャイン計画の成果に関する十分な検証が必要であろう。

現時点で言えることは、NEDOが、サンシャイン計画などを通して、新エネルギーの技術開発において指導的役割を果たすことはなかったが、その代わり研究開発資金を委託研究費という形で民間企業に配分する、という役割を果たしている（綾部、二〇一四、五六頁）、ということである。あまり成果が上がらなかったNEDOのプロジェクトの一つとして、日照時間の長い香川県仁尾町（現・三豊市）に集光型太陽光発電装置が設置されたが、計画された出力を出すことができなかった事例がある。また、一九七七年に岐阜県焼岳で、高温岩体《がんたい》発電（地下に高温の岩体が存在する箇所を水圧破砕し、水を送り込んで蒸気や熱水を得る）を実験したが、実用化につながらなかった（高橋洋一、二〇一一、三六〜七頁）5。他方、NEDOの民間企業への研究委託費交付と経産省の補助金制度によって、一般家庭向けの太陽光発電の普及が一時世界をリードした成功例もある。日本政府がサンシャイン計画を打ち上げた七四年にアモルファス材料を使った研究を始めた三洋電機は、当時主流であった結晶シリコン材料に加えて、アモルファス材料による研究開発も加えるように要請して、八〇年から同材料の委託研究事業に関わった。各々の材料を使った太陽電池がモジュール変換効率一〇％を達成した九〇年頃までに、地球環境問題が国内外の政治課題となり、再生可能エネルギー源として太陽光発電が脚光を浴びるようになった。そこで、サンシャイン計画で成果を上げた三洋電機や京セラなどのメーカーは、政府が石油代替エネルギーを推進していたことを追い風として、電力会社を相手に粘り強く交渉し、家庭で発電した電気を電力会社の送配電系統へ逆潮流可能なシステムの導入の許可を獲得した。元三洋電機電気社長の桑野幸徳の自宅が逆潮流の太陽光発電の第一号となり、いつでも電気系統から切り離せるように、一〇〇〇万円ほどした保護回路装置付きの太陽光発電パネルを設置した。その後、経産省と掛け合って、一般家庭での太陽光発電パネル設置に対して補助金を支給する制度の導入を働きかけ、九四年に助成制度が実施される運びとなった。その後、日本では太陽光パネル普及が飛躍的に拡大し、この補助金制度が廃止される〇七年までは、世界で一番の太陽電池大国であった（NEDO、二〇一四、一一頁）。現在、太陽光発電技術研究組合（PVTEC）理事長である桑野によれば、グローバル大競争の時代には、サンシャイン計画のような「技術・商品・社会システムを作り上げる大型プロジェクトが日本にも必要だ」、と述べている（同上）。

欧米諸国で普及している風力発電に関するNEDOあるいはサンシャイン計画の役割はどうなっているのだろうか。風力発電はバイオマス発電とともに、サンシャイン計画ではその他の総合研究の一つで、四つの重点研究領域には入っていなかった。その主な理由は、平地が多く定期的に偏西風の吹くことで風力発電の盛んなヨーロッパ諸国と、山地の多い地形や台風や乱気流がよく生じる日本の気象とでは自然条件が異なる、ということである（NEDO、二〇一四、一二頁）。とはいうものの、サンシャイン計画を通して、日本の風況マップを作成するとか、三菱重工業と東北電力への委託研究において青森県の竜飛岬に三〇〇kW級の風車一〇基からなる日本初のウィンドファームを築いて実証試験などを行ってきた。こうした取り組みを通して、日本で使う風車に必要な強風・乱流・雷対策の条件を定めた「日本型風車設計ガイドライン」も作成された。サンシャイン計画に参画した足利工業大学理事長兼学長の牛山泉は、政府のエネルギー基本計画のなかに再生可能自然エネルギーに関する数値目標がないことを指摘しつつ、「数値目標があれば、普及も進んでいくし、企業も積極的に投資していけるのではないか。安倍政権は、国土強靱化を唱えているが、日本のエネルギーの自給率は、わずか六％（二〇一二年）だ。自然エネルギーで、自給率はかなり高められる。国土強靱化にも安全保障にもつながる。日本は未来につながる技術への投資・基礎研究で、自然エネルギーの比率を高めた社会モデルを示すべきだ。サンシャイン計画でここまでやってきた成果、技術力があるのだから、必ずや達成可能なはずだ」（同上、一三頁）、と述べている。

上記の日本政府の再生可能自然ネルギーの開発計画に関して言えることとは、技術的な開発のみではなく、長期的で明確な政策目標を伴った、同エネルギーの開発と利用を促進する社会的制度設計も必要だ、ということである。

石油危機後の日本のエネルギー政策、特に、石油代替エネルギー開発に焦点を絞って見えてくることは、原子力エネルギー開発の優先度が高いことと、第二次石油危機後に電力業界が燃料を石油から石炭に大幅に切り替えたことによって、再生可能自然エネルギー開発があまり進展せず、後に気候政策の遂行を難しくした背景が見えることである。「自然的独占」の考えに基づいた電力の大規模集中型発電による広域安定供給レジームの弊害が、後述する原発に依存した気候政策を招いたとともに、石油から石炭への化石燃料間でのエネルギー転換のみにとどまらせ、後述するデンマークのような、再生可能エネルギーの積極的導入による小規模分散型発電によるエネルギー供給レジームへの転換を阻害する結果として現れている。

## 二　日本のエネルギー安全保障と原子力政策

日本のエネルギー政策において原子力の占める地位が著しく高まったのは、一九七三年の第一次石油危機以降であり、それを正当化する議論の中心にエネルギー安全保障の概念があった。と同時に、通産省が原子力政策に影響力を行使できるようになるのも石油危機以降である。

日本のエネルギー政策の意思決定過程で重要な役割を担ってきたのは通商産業省（二〇〇一年以降、経済産業省）である。日本の主要なエネルギー資源を石炭から石油へと大転換を図っている時代、通産省は、一九六二年に、産業構造調査会に総合エネルギー部会（一九六五年以降、総合エネルギー調査会）6を設置し、石油の低価格・安定供給をエネルギー政策の中心に据えた。しかし、石油危機以前の原子力政策に関しては、電力業界と通産省の連合（電力・通産連合）が商業用発電原子炉業務に関して、そして他のすべての業務（高速増殖炉や核燃料サイクル事業なども含む）を科学技術庁とその傘下のグループ（科学技術庁グループ）が担うことになっていて、後者が圧倒的に優位に立っていた（吉岡、二〇一一、八六〜九四頁）。

こうした状況を一変させたのが一九七三〜四年と一九七九〜八〇年の二度にわたって起こった石油危機であった。エネルギーの安定供給を確保するため、つまり、エネルギーの安全保障の観点から、石油の依存度を減らすとともに石油代替エネルギー供給拡大が総合エネルギー政策の重要課題となった。エネルギー問題が安全保障問題と関連づけられることによって、総合エネルギー政策は、単に通産省の政策課題ではなく、国家の重要課題に位置づけられるようになった。さらに、一九七九年の第二次石油危機を契機に、総合エネルギー政策は、日本政府の最高意思決定機関である閣議で決定されるという、国家政策の最重要課題の一つとして権威づけられるようになった。また、エネルギーの安定供給（つまり安全保障）を確保するための石油代替エネルギーの開発と導入の促進が重要課題となり、原子力発電が重視される意思決定過程が制度化されていくことになる。すなわち、前節で詳述したように、石油代替エネルギー法に基づき、すでにエネルギー源として確立していて、将来的に相当の供給が見込まれる石油代替エネルギー（石炭、天然ガス、原子力）を重視しつつ、エネルギーの種類ごとの供給数値目標が通産省の資源エネルギー庁によって設定され、それを閣議決定するという日本のエネルギー政策意思決定過程が確立されたのである（吉岡、二〇一一、一八二〜一八四頁）。こうして通産省が原子力政策を含むエネルギー政策全般にわたって意思決定権を掌握していく政策的基盤が構築された。

このような政策決定過程の制度化の過程と、一九七〇年代から九〇年代半ばまでほぼ直線的に右肩上がりに原子力発電所が増設された事実を重ね合わせてみると、初めに原子力発電開発ありきで、エネルギー安全保障確保の一つの手段としての原子力エネルギー利用の拡大は一つの方便でしかなかったのではないか、という印象を受ける。七〇年代に営業運転が始まった原子力発電所は同年代に二〇基（年平均二基建設）にのぼり、八〇年代を通して大型の原発が年平均一・五基ほど建設され、九〇年半ばまでに日本の原発は五〇基を超えるまでになった。この点について、日本の原子力社会史の専門家である吉岡の言を借りれば、『原発建設のための原発建設』が、あたかも完璧な社会主義計画経済におけるノルマ達成のごとく」（吉岡、二〇一一、一四五頁）展開されてきたと言える。さらに吉岡は、戦前の軍国主義時代に商工省が確立した国家統制産業秩序を、軍部の支配が存在しない戦後、通産省（一九四九年まで商工省）が原子力政策において独占的な権限を得て推進してきた、と指摘している（同上、一四五頁）。換言すれば、通産省を中心として電力会社と原子力関連メーカーが、商業用軽水炉発電事業ならびに核燃料サイクル事業（後に科学技術庁から受け継ぐ）という国家プロジェクトを官民一体となって推進してきたのである。

しかし、一九九〇年代半ばから原発の新設や増設のペースが落ちるとともに、電力の自由化への動き、さらには相次ぐ原発の事故などによって日本の原発政策の陰りが際立ってきた。年平均一・五基建設されてきた勢いが一九九七年に止まり、その五年後の二〇〇二年にようやく一基建設されるまでに落ち込んだ。この低迷の要因は、バブル経済の崩壊による「失われた一〇年」と言われる（実は二〇年以上に及ぶ）長期経済不況による電力需要の減少や電力自由化の動きなどであった。後者に関しては電力・通産連合の抵抗にあって実現しなかったが、もはや商業用軽水炉の新設および増設という拡大路線は維持できなくなり、同連合は、既存の原発の超寿命化をはかるとともに、余剰プルトニウムを利用しつつ、放射性廃棄物や使用済み核燃料の貯蔵および処分を推し進める政策へと原子力政策の転換を図った（吉岡、二〇一一、三六頁）。他方、科学技術庁グループの原子力政策は立ち行かなくなっていった。一九九五年八月、その傘下の電源開発株式会社の新型転換炉ＡＲＴ実証炉建設計画の中止に伴い、その前の段階として位置づけられていた動力炉・核燃料開発事業団（動燃）の新型転換炉原型炉ふげんも二〇〇一年に閉鎖された。また、九五年一二月、動燃の高速増殖炉もんじゅで冷却剤のナトリウム漏洩火災事故が起こり、同炉は無期限停止となった。さらに、九七年三月、動燃の東海村再処理工場で火災爆発事故、九九年九月に当時日本初の臨界事故となったＪＣＯウラン加工工場臨界事故が発生する一方7、再処理事業の民営化という形で科学技術庁から引き継いだ日本原燃サービスによる青森県六ヶ所村のウラン濃縮工場と核燃料再処理工場の建設もなかなか進まない状況であった。ついに、九八年八月に制定された中央省庁等改革基本法によって、また、立て続けに起こった重大かつ深刻な事故の責任を取らされるという形で、科学技術庁の解体が決定した。二〇〇一年一月の中央省庁の再編によって、通産省から経済産業省（経産省）へ改編され、原子力政策の権限が経産省に一層集中するようになった。かつて科学技術庁の下に置かれていた原子力委員会と原子力安全委員会は、内閣府所管の審議会へといわば格下げされる一方、経産省の外局として、原子力の安全規制行政を一元的に担う原子力安全・保安院が設立された。この省庁再編によって経産省は原子力政策の推進と規制を同時に行うことになった（同上、三六～八頁、二四五～二九五頁）。こうして、科学技術庁グループの原子力業務の「民営化」の過程と科技庁の解体を通して、電力・通産／経産連合が抜き差しならないほど原子力開発にのめり込み、エネルギー安全保障の観点から原子力発電の推進が正当化できなくなると、地球温暖化対策として原子力発電が有効であるという一大キャンペーンを行うようになったのである。

原子力発電推進を気候政策の中核に据えた政策がいかに付け焼き刃的なものであったかは、日本の$CO_2$排出量の毎年の変化をみればすぐにわかる。日本の原発が最も発電していた一九九五年時点でも（図５―１および図５―５参照）、温室効果ガスである$CO_2$の排出は減るどころかむしろ増えていた。原発がなければもっと$CO_2$の排出が増えていたので、原発は温暖化防止に一役買っている、という消極的な意義は認めたとしても、森林等の吸収源に頼らず、純粋にエネルギー政策を通して$CO_2$の排出を一九九〇年レベルから六％あるいはそれ以上に削減することにはなっていない。京都議定書の基準年である一九九〇年の温室効果ガスの（$CO_2$と他のガスを含んだ）排出量は、一二億四八〇万二酸化炭素換算トン（$CO_2$e）で、そのうち$CO_2$の排出量は一一億四一一〇万$CO_2$eト

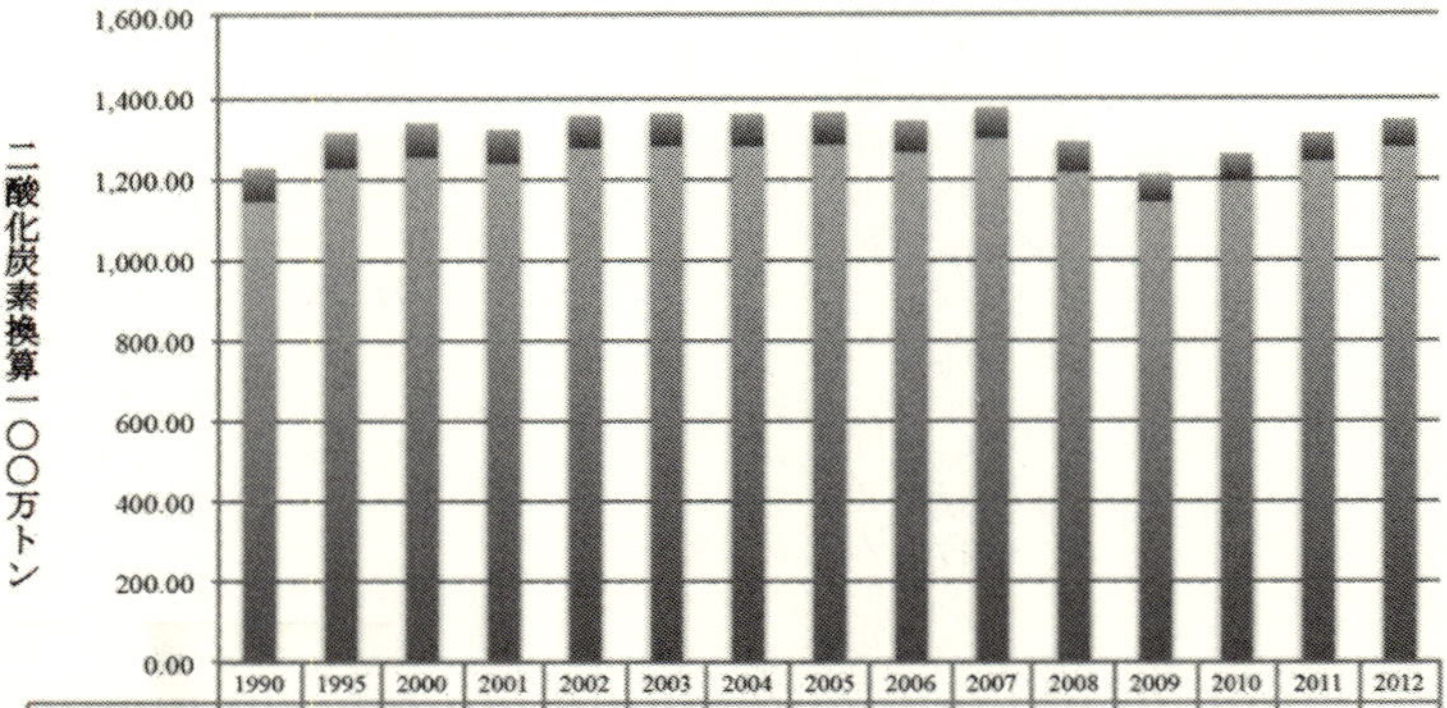


| | 1990 | 1995 | 2000 | 2001 | 2002 | 2003 | 2004 | 2005 | 2006 | 2007 | 2008 | 2009 | 2010 | 2011 | 2012 |
|---|---|---|---|---|---|---|---|---|---|---|---|---|---|---|---|
| ■その他のガス | 82 | 88.4 | 84.6 | 83.1 | 80.5 | 80.4 | 79.5 | 79.6 | 77.8 | 77.7 | 75.4 | 66.2 | 67.6 | 67.7 | 68.1 |
| ■CO2 | 1,144.1 | 1,223.7 | 1,251.5 | 1,236.3 | 1,273.4 | 1,278.5 | 1,277.9 | 1,282.1 | 1,262.9 | 1,296.2 | 1,213.8 | 1,141.5 | 1,191.1 | 1,241.0 | 1,274.6 |

図５－６　日本の温室効果ガス排出量（単位：$CO_2$ 換算 100 万トン）
注：その他のガスは、メタン、一酸化二窒素、ハイドロフルオロカーボン類、パーフルオロカーボン類、六フッ化硫黄である。
出典：日本エネルギー経済研究所（2014、47 頁）。

ン、さらにそのうちのエネルギー起源の$CO_2$の排出量は一〇億五九一万$CO_2$ｅトンであったが、二〇〇九年以外全般的に$CO_2$の排出量は基準年レベルを上回っている。要するに、京都議定書の第一約束期間の最終年である二〇一二年まで、$CO_2$の排出量の大幅な削減はなく、福島第一原発の事故によってほとんどの原発が運転停止に陥ったことによって、石炭および天然ガスを燃料とした火力発電にさらに一層頼らざるを得ない状況になり、$CO_2$の排出量が二〇一二年時点で一二億七四六〇万$CO_2$ｅに急増している（図５―６）。繰り返しになるが、このことは原発が温室効果ガス排出の抑制に寄与してきたことよりもむしろ、化石燃料への依存体質にメスを入れず過度に原発開発を推進してきた日本のエネルギー政策の根本的な問題を白日の下に晒す結果となった。後述するデンマークが、日本と同様にグローバル経済の厳しい競争に晒されながら、また、石油危機と気候変動問題に直面しながら、エネルギー効率の向上とともに再生可能自然エネルギーの導入を促進して、化石燃料への依存を大幅に減らしてきたのとは好対照である。また、日本と同じように化石燃

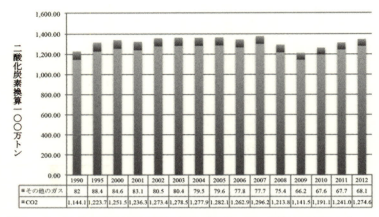

料の依存度が高いドイツにしても、脱原発と石炭への依存度の軽減のために、再生可能自然エネルギー利用を促進していることは、着目に値する。

以上、二度の石油危機を経験した「石油代替エネルギー時代」における日本のエネルギー政策は、石油代替エネルギーとして、石炭・天然ガス・原子力を重視したものであり、再生可能な自然エネルギーの開発にこれまで本格的に取り組んできたとは言い難い。他方、エネルギーの法制度や財政制度では原子力推進の体制が構築され、エネルギーの安全保障の観点からも、一九九〇年代の半ばまでに原子力発電所の増設が続いた。その後、原発の建設のペースが落ちてからは、気候変動緩和策の柱として原子力政策が位置づけられたが、原発が日本の温室効果ガス排出削減に大いに貢献したとは言い切れない。その背景には、日本エネルギー供給に占める石油の割合は四〇%後半まで減少したので、それなりにエネルギー源の多様化を図ることができたが、火力発電所での安価な外国炭の積極的導入など、石油から石炭あるいは天然ガスへのエネルギー転換が日本の石油危機対策の根本であった、ということである。また、石油の輸入先の中東への依存率が八〇%以上であるとともに、一九六五年時点でエネルギー自給率は三七%近くあったのが、七〇年から二〇一二年まで、わずか一〇%台後半で推移している。エネルギー安全保障の観点からみて、これは必ずしも好ましい状況とは言えないだろう。はたして、日本のエネルギー政策は、地球温暖化問題が加わった新エネルギー危機に対してどのような対策を展開してきているのだろうか。次節で詳しく見ることにする。

## 第二節　気候変動政策とエネルギー政策

世界第三位の経済大国である日本は、地球気候の安定化や生物多様性の保全などの国際公共財の提供に貢献することによって、国際社会からしかるべき評価を得ようと努めてきた。日本は一九五〇～六〇年代の激甚な公害問題を比較的早期に緩和し、七〇年代の二度にわたる石油危機も切り抜けた。公害問題や石油危機を乗り越える過程で、日本には公害対策技術や省エネ技術が蓄積されてきた。地球温暖化対策に関して言えば、ハイブリッド車や高性能のソーラーパネルなどの開発と商業化などにおいて世界をリードしている。こうした技術・経済的な優位性とともに、気候変動の緩和・適応策への日本の国際的協力は、憲法が掲げる非軍事的な国際貢献に相応しく、国内的に強い支持を得ている。国内世論は、日本政府が気候変動問題をめぐる国際交渉で指導的な役割を果たすことを期待している[8]。事実、国連気候変動枠組条約（ＵＮＦＣＣＣ）の交渉過程では、日本はヨーロッパ諸国とともに指導力を発揮して条約の締結を促進した。また、同条約発効後、一九九七年に京都で開催の第三回締約国会議（ＣＯＰ３）を主催し、京都議定書の採択に貢献した。しかし、京都会議以降、日本は国際合意形成において主導的役割を担うことを躊躇し始めた。気候変動問題に後ろ向きの米国と積極的なヨーロッパ連合（ＥＵ）との間の仲介役を自らに課しつつ、国際的な交渉において、むしろ温暖化対策に消極的な国に組みするような態度を示している。

二〇〇九年九月の総選挙における民主党の歴史的な勝利によって政権交代を実現した後、鳩山由紀夫首相は国連気候変動首脳会合やＣＯＰ15において、すべての主要排出国も意欲的な温室効果ガス削減を公約するという条件で、二〇二〇年までに対一九九〇年比二五％削減すると公約した。しかし、ＣＯＰ17において、野田佳彦政権は、先進工業国のみに削減義務を課す京都議定書の枠組みで第二約束期間を設定して新たな削減義務を負うことを拒否した[9]。日本には経済的な利益を生み出す可能性のある地球温暖化対策技術があり、同問題に対する日本の国際協力を強く支持する世論やそれを促進する外交的な動機もありながら、なぜ、国際交渉に関して日本は指導的な立場をとることをためらっているのだろうか。

この問いに対する答えとなる本節の主要な議論は次のようなものである。日本政府や産業界は、温室効果ガス削減の限界費用がEU諸国や米国と比べて高くて日本は不利であるという理由によって、京都議定書採択後の国際交渉において、日本の環境外交は非常に慎重な姿勢を示している。この限界費用言説の背景には、前節で見てきたように、石油危機後に石油への依存軽減のために、石油代替エネルギーの要件が、すでにエネルギー源として確立していて将来において相当の供給量が見込まれるものということで、石炭と天然ガスならびに原子力エネルギー開発を再生可能自然エネルギー開発より優先する、という国内エネルギー政策が深く関係している。それに加えて、新エネルギー危機の重大さを理解した政治的リーダーシップの欠如が、気候変動政策の政策決定過程において経済利益団体と経済官僚との間の政策連合の影響力増大を助長し、その結果、日本の気候変動政策は経産省と産業界主導の原子力エネルギー政策に左右されるようになった。しかし、二〇一一年三月一一日の東京電力福島第一原子力発電所の三つの原子炉の炉心溶融事故後、気候変動政策とエネルギー戦略双方にとって、その政策の柱の一つであった原子力エネルギー推進策の矛盾が明らかになってきた。日本政府は、温室効果ガスの排出を二〇二〇年までに一九九〇年比で二五％削減するという政策目標を引き下げることになり、日本の気候変動問題に関する国際交渉の立場はさらに厳しいものになったのである。

以上の議論を踏まえ、本節は気候変動問題をめぐる日本の外交に関する国内政策決定過程と国際交渉における日本の立場を分析する。主な分析の対象は、京都議定書の第一約束期間（二〇〇八年〜一二年）以後（ポスト京都）の国際協力体制作りに関する日本の立場である。その際、気候変動対策とエネルギー政策は密接に絡み合っているため、日本のエネルギー政策も考察する。

## 一　国内の地球温暖化対策論議

二〇〇一年三月、米国のジョージ・W・ブッシュ大統領は、自国の経済への悪影響と温室効果ガスを多く排出する途上国が削減義務を負わないことを主な理由に、京都議定書を批准しないと宣言した。このことによって、京都議定書は危機的状況に陥った。川口順子環境大臣と河野洋平外務大臣がEU理事会議長とともに米国大統領の判断に対して危惧を表明しただけでなく、森喜朗首相と橋本龍太郎元首相はブッシュ大統領に書簡を送って、気候変動問題における日米のリーダーシップの発揮とCOP6再開会合への米国の参加を促した（浜中、二〇〇六、七三〜六頁）。小泉政権になっても日本は、EUと米国の間の橋渡しをすることを意図しつつ、後者の参加がなければ国際協力の有効性が著しく損なわれるので、米国の京都議定書への復帰をあらゆる外交ルートを使って要請した。結局のところ、米国の態度を変えることはできなかったが、米国の京都プロセスからの離脱はかえって日本やEUの結束を強め、〇二年六月には両者が京都議定書を批准した（Ohta and Tiberghien, 2015）。さらに、EUがロシアのWTO加盟を推薦すると約するなどして、〇四年一一月のロシアの批准を促した（Tipton, 2008）。その結果、京都議定書は〇五年二月に発効した10。

その当時の日本国内では、環境省も経済産業省（経産省）も最新の科学的知見に基づいて、安定した地球気候は国際公共財であるという認識を共有し、国際協力の必要性も認めている。日本政府は、二〇〇二年に採択された温暖化対策大綱による目標達成状況を見直し・検討した後、既存の多様な温暖化対策を統合して「京都議定書目標達成計画」（以下、〇八年計画）を〇五年四月二八日に閣議決定し、三年後改訂した（環境省、二〇〇八）。この〇八年計画は、気候変動に関する政府間パネル（ＩＰＣＣ）の第四次報告書によって示された科学的知見を紹介しつつ、日本における過去一〇〇年間の平均気温の摂氏一・一〇度上昇、生態系や農産物の収穫への影響、降雨パターンの変化さらには感染症のリスクの増大について指摘している（同上、一〜二頁）。また、〇八年計画は、より普遍的な国際協力体制作りのみならず、気候変動の悪影響を受ける脆弱な発展途上国を積極的に支援することも謳っている（同上　六六〜八頁）。

しかし、実は、二〇〇〇年一一月開催のＣＯＰ６以降、環境省と経産省との間の政策論争は、特に、環境税の導入や排出量取引制度の制定をめぐって顕在化していた。京都メカニズムの一つである排出量取引の活用について、経産省とエネルギー多消費産業を中心とした経済団体は、政府が温室効果ガスの総排出量を定め、それを各主体に排出枠として配分した上で取引させる「キャップ・アンド・トレード」（“cap and trade”）制度の導入に対しては非常に消極的で、日本経済団体連合会（日本経団連）は自主的な温室効果ガス削減目標しか受け入れなかった。また、経産省は環境税導入にも消極的な姿勢を示した。経産省の事務次官は、温暖化対策には諸策があるので、初めから環境税導入ありきの議論は不適切で、広く国民あるいは産業界全体の理解と協力が不可欠であるとした[11]。その産業界を代表する日本経団連は、産業活動の阻害、空洞化の懸念、既存の重いエネルギー課税、自主的努力重視、普遍的な国際協力体制の不備を理由に、環境税導入に反対した（日本経団連、二〇〇三）。

一方、環境省の諮問機関である中央環境審議会の特別部会に二〇〇三年に提出された「地球温暖化対策税の税率とその経済影響の試算」（以下、試算）は、炭素（あるいは地球温暖化）税導入を〇五年とした。提案された地球温暖化税は新しいカテゴリーの税で、石炭や石油などの化石燃料の炭素含有量にしたがって課税されるものである。納税者の数を少なくして簡素化するために、化石燃料の上流部門に課税する方法を提案した。現行の石油税やベンゼンやナフタなどの揮発油税を考慮し、輸入原油や石油関連産品の製造業者を対象に課税しようというものであった。ただ、国際競争力の維持に配慮して、石油エネルギー多消費の製鉄やセメント産業などに対しては税の控除措置の適用も考慮された。同試算によれば、一炭素トン当たり三四〇〇円という控えめな税率でも気候変動政策のため単年度当り約九五二〇億円の補助金を生み出せる（中央環境審議会　二〇〇三、七頁の表二―五）。こうした補助金の配分には農林水産省、国土交通省、経産省さらには財務省さえ関心を抱いたであろう。

他方、二〇〇三年七月、産業構造審議会環境部会地球環境小委員会は、「気候変動に関する将来の持続可能な枠組みの構築に向けた視点と行動」と題する中間報告書を公表して、経産省の地球気候変動問題に対する立場を示した（産業構造審議会　二〇〇三）。この中間報告書は、安定した気候が地球公共財であることを認識しつつ、高いエネルギー効率をすでに達成している日本では議定書の排出削減目標達成が難しいことを指摘する。その上で、長期的な温暖化対策として技術的ブレークスルーを重視し、原子力エネルギーを含む化石燃料の代替エネルギー源や最新の技術よりさらに上をいく省エネ技術開発の必要を訴える。また、長期的な取り組みとして発展途上国への適正技術の普及が国際的な排出量削減の鍵を握ると、指摘している。

さらに、同報告書は、米国や発展途上国（新興経済国）がともに排出削減の責任を負う新たな国際体制作りの重要性も強調している。特に、京都議定書の第一約束期間以降の国際協力体制は、各国のエネルギー需給構造を考慮しなければならないとし、様々な温暖化対策を採用する際の費用対効果を検討する必要性を訴える。換言すれば、国家間の衡平な責任の分担に基づく将来の国際協力の枠組みは、国家間、地域間、産業分野間で異なるエネルギーの需給構造に伴い温室効果ガス削減の限界費用が異なることを考慮する必要性を強調する（産業構造審議会　二〇〇三）。

この議論は、例えば、第一約束期間の基準年である一九九〇年は、日本に比べて省エネが遅れている欧州各国には有利であるが日本には不利である、ということを意味している。相対的な損得をより重視する政策立案者は、国際交渉の結果、自国が他国に比べて不利な立場に置かれることのないように気を配るのが常である（Barrett, 2003; Grieco, 1990）。

日本の環境省や経産省はともに地球気候システムの安定を国際公共財であるとみなす。両者はまた、気候変動の緩和に対する日本の責任を認め、気候変動の悪影響への適応に関して脆弱な発展途上国を支援する点でも一致している。しかし、環境省が「共通だが差異のある責任」原則の重要性を強調するのに対して、経産省は衡平な費用の分配と地球温暖化対策の費用対効果を国際社会レベルで十分検討する必要を強調する[12]。温暖化対策の施行に関しては、環境省は衡平かつ効率の良い負担の分配方法として地球環境税の導入やキャップ・アンド・トレード方式の排出取引制度を支持する一方、経産省は産業界による自主的削減努力と革新的技術開発の促進を主たる政策の柱として炭素税と排出量取引制度の導入には否定的であった。

## 二　気候変動対策としての日本のエネルギー政策

上述の政策論争には、日本の気候変動政策にとって決定的に重要な国内のエネルギー政策が関係している。日本のエネルギー政策は、原子力エネルギー開発では積極的であった一方、再生可能自然エネルギー開発には消極的であった。奇しくも福島の原発事故は日本の気候変動政策の矛盾と不備を白日にさらす結果となっただけではなく、日本を国際交渉の場で拒否国の立場に立たせることになった。

### （二）日本のエネルギー政策の核心―福島原発事故以前

一九七〇年代の石油危機以降の日本のエネルギー政策の核心は、輸入原油の依存を減らすために、エネルギー源を多様化する一方、電力源として原子力の比重を高めていくというものであった。石油依存度を軽減し省エネ政策を推進してきたこと自体は評価されるが（Terzakian, 2007）、過度の原子力エネルギー依存は日本のエネルギー政策のみならず気候変動政策にも悪影響を与えた。日本の原発開発は、政府の複雑な補助金制度を通して過大な財政的支援を得てきた。前節で詳述したように、このシステムを支えてきた法的根拠は、一九七四年に導入されてその後強化されてきた「電源三法」で、電源開発促進税法、電源開発促進対策特別会計法、電源用施設周辺地域整備法からなる（大島、二〇一〇、三二頁）。福島での原発事故以前、日本には五四基の原発が存在し、その総発電量能力は約四五Gwあり、米国とフランスに次いで世界第三位であった。原発大国日本を支えてきた財政システムは、その財源となってきた電源開発促進税からなる電源特別会計と一般会計のエネルギー対策費である。そして、問題となるのがこれらのエネルギー開発予算の使われ方である。そのほとんどが原子力発電所建設のために使われてきた電源立地対策費を含めると、電源特別会計の七〇％、一般会計エネルギー対策費の九七％が原子力発電開発に配分されてきたのである（同上、五一～二頁）。

気候変動政策とエネルギー政策双方に関連して、経済産業省資源エネルギー庁の「新・国家エネルギー戦略」は非常に意欲的な五つの数値目標を掲げた（経産省資源エネルギー庁、二〇〇六）。第一に掲げられた省エネ目標については、二〇三〇年までに、少なくとも三〇％のエネルギー効率の向上を図る一方、第一次エネルギー資源における石油の依存度を四〇％以下にするという第二の目標を設定した。第三の目標として、運輸部門の石油依存度を三〇年までに八〇％削減することが求められた。第四の目標は、原子力発電を同年までに三〇～四〇％以上増やすというもので、最後に、同年までに日本の企業権益下で採取される原油取引量を原油輸入総量の四〇％までに引き上げる、という第五の目標を掲げた（同上）。

しかし、このエネルギー戦略では、新エネルギー技術開発の拡大が謳われているにもかかわらず、再生可能自然エネルギーに与えられた役割は非常に限定的で、エネルギー戦略の核としての位置づけはなく、上述の五大数値目標にも含まれていない。また、二〇一〇年六月の閣議で採択された「エネルギー基本計画」では、三〇年までに電力発電用エネルギー源の七〇％を非化石燃料あるいは（温室効果ガス）「ゼロ排出」にするということで、そのうち二〇％を再生可能自然エネルギーで、残りの五〇％を原子力エネルギーでまかなうこととされた。ただ、この政策を推進するためには、二〇年までに新たに九基の原発の新増設を、三〇年までに少なくとも一四基以上の原発を新増設する必要があった（経産省資源エネルギー庁、二〇一〇、二七頁）。

このエネルギー政策は、二〇一一年三月一一日に発生したマグニチュード九・〇の地震とその後の巨大な津波による三つの原子炉の炉心溶融という最悪の事故のため、根本的な見直しを迫られている。国会事故調査委員会の最終報告書は地震による安全装置の損傷の可能性を示唆しているが（国会事故調、二〇一二）、未だ本格的な現場での事故調査ができない状況なので、地震によって原子炉の安全装置などがどの程度損傷を受けて機能不全に陥ったのかについては今後の事故調査の結果を待たねばならない。いずれにせよ、福島第一原子力発電所の一～四号機の廃炉が決定的となった後[13]、原子力安全・保安院は、同年四月一二日に福島の事故を一九八六年のチェルノブイリ原発事故と同じレベル七の事故と認定した[14]。野田佳彦首相は、同年の一二月中旬に原子炉の「冷温停止」を宣言したが、事故が収束したわけでは決してなく、この時点でまだ九万人以上の人々が原子力発電所周辺の退避地域から遠く離れた地にとどまったままであった[15]。原子力の安全性に対する疑念が日本人の間に広く共有されるとともに、ウルリヒ・ベックの言う「危険社会」に暮らす人々の連帯感も芽生えている（Beck, 1992）。

## （二）日本の再生可能エネルギー政策―福島原発事故以後

原子力エネルギー政策に比べると、今日までの日本の再生可能エネルギー政策はかなり見劣りがする。経産省の同エネルギー政策に関しては、二〇〇二年制定の「電気事業者による新エネルギーの利用等に関する特別措置法」（新エネＰＲＳ法）（二〇〇三年施行）がある。日本政府のいう新エネルギーとは、水力と地熱を除いた再生可能エネルギーで、太陽光、風力、バイオマスエネルギーが含まれる。新エネＰＲＳ法は電力会社に対してある一定量の発電を新エネルギーによって発電することを義務づけるものである（船曳、二〇〇五）。しかしこの制度は、ドイツの固定価格買い取り（feed-in tariffs: ＦＩＴ）制度のように、再生可能の自然エネルギーで発電された電力を一定期間比較的高い価格で電力供給者が買い取って同エネルギーの利用を最大限促進しよう、というものではなかった。日本の場合、一〇電力会社が発電も送電も地域独占していることも再生可能エネルギー利用の拡大の阻害要因であるが（高橋洋、二〇一一）、新エネＰＲＳ法下での二〇一〇年の発電目標は一二二億kWhで、二〇〇六年の電力需用比のわずか一・二％であった（大島、二〇一一、二一頁）。

二〇一〇年七月の参院選敗北や指導力および危機管理能力欠如ということで批判の矢面に立たされていた菅首相は、福島原発事故後の原子力エネルギーに関する世論の変化を察知し、再生可能エネルギー法案の成立後に首相を辞任すると約束する事によって、内閣不信任決議の衆議院本会議での否決にこぎ着け（二〇一一年六月二日）、「脱原発」へと舵を切った（後に「減原発」政策へと軌道修正）。また、法的な根拠もなく静岡県にある中部電力浜岡原発の全面停止を要請する一方、ドイツと同様の再生可能エネルギー利用を促進する法律、すなわち固定価格買い取り（ＦＩＴ）

制度の成立を推し進めた。同年八月三〇日、「電気事業者による再生可能エネルギー電気の調達に関する特別措置法」が成立した[16]。この法律によれば、太陽光発電については一〇年ないし二〇年間、地熱発電一五年間、風力・中小水力・バイオマス発電については二〇年間、これらの再生可能エネルギーで発電された電力を電力会社が固定価格で買い取るということになった。当初、この法律の実施について経産省エネルギー庁、原子力産業、電力会社からなる既得権グループによる影響力行使の余地を残すような展開もあった。例えば、この法律に基づいて電力会社が再生可能エネルギーによって発電された電力の買い取り固定価格を決定する「調達価格等算定委員会」の候補者五名の委員のうち三名が、同制度に対して消極的あるいは否定的であるとして、環境保護団体や自然エネルギー推進派議員から批判された[17]。また、一二年七月一日からこの法律は施行されたが、今後の運用上で懸念されることは、再生可能エネルギー電気を買い取る電気事業者に「買い取り拒否」と「接続拒否」を認めていることである。例えば、再生可能エネルギー電気を買い取る側の電気事業者の自社管内の供給量が需要を上回る場合や送電可能量を超えることが見込まれる場合に、電気事業者は接続を拒否できるのである（経産省、二〇一二）。

日本版ＦＩＴ制度が施行されて二年余り経った二〇一四年九月、主に太陽光発電の急増による送電網容量不足で、九州電力は、すべての再生可能エネルギーを対象に、一〇kW以上を発電する民間事業者が同社の送電設備に接続する新規契約を中断した[18]。他の電力会社も同様の問題を抱えていたので、経産省は送電網の増強や大型蓄電池の整備促進のために補助金を出す一方、ＦＩＴ制度自体も見直すことになった。確かに、同制度導入後、再生可能エネルギー利用が太陽光発電に偏っている状況を是正する必要がある。太陽光発電は、ＦＩＴ制度導入年の一二年度には、前年比四一・九％増加、翌一三年度には九七・五％増加し、一二年三月と一四年三月時点の発電電力量は推計で二・八倍になっている（千葉大学倉阪研究室および永続地帯研究会、二〇一五、八頁）。他方、その他の再生可能エネルギー発電はＦ

IT制度の恩恵を受けているとは言えない。一二年度と一三年度の供給量の対前年比伸び率は、風力発電が各々三・四％、二・九％、バイオマス発電が二・二％、八・五％、小水力発電が〇・二％、〇・四％という低調な増加状況であった一方、地熱発電は、一二年度には若干減少している（同上）。こうした太陽光発電への偏りを是正して、各エネルギー源がバランス良く発展できるように制度を見直す必要はあるが、電力会社の送電網への再生可能エネルギー接続可能量割り当ての決め方には問題がある。

経産省案では、政府がベースロード電源と位置付ける原子力、火力、水力、地熱発電による電力の送電網への優先的「接続可能量」の割り当て分を差し引いた残りを太陽光、風力、バイオマスなどの再生可能エネルギーに割り振る、ということになっている（上田、石井、二〇一五）。この方式には二つの大きな問題がある。第一は、既存のエネルギー源による発電を優先接続させるということである。これは、ドイツのように再生可能エネルギー促進のために、同エネルギー源由来の電力を優先接続させるFIT制度の趣旨に反する。もう一つの重大な問題は、ベースロード電源の接続可能量を公表した電力会社の多くが、廃炉が見込まれている原発や建設中で運転開始時期が未定の原発の発電分もこの接続可能量を算出する時に含めていて、その分再生可能エネルギーの接続可能量の割り当てを少なくしていることである。さらに、新たなFIT運用ルールでは、電力会社は、余剰電気が生じた時に、火力、バイオマス、太陽光、風力の順（原子力、水力、地熱は対象外）で出力抑制が可能となり、しかも出力抑制を無償で発電事業者に求めることのできる期間が、従来の年間三〇日から無制限に広がった。太陽光発電の接続申し込みが電力会社の接続可能量を上回った九州電力管区や東北電力管区では、新規参入の再生可能エネルギー発電事業者は、両電力会社が再稼動の見通しの立っていない原発や建設中の原発の発電量を接続可能量に加えていることに対して、大いに疑問を抱いている（平林、小坪、二〇一五）。二〇一五年三月の時点で、九州、北海道、東北、四国、沖縄電力は、F

ITによって新規に受け入れる太陽光発電の出力抑制率を三〇～五〇％と見込んだ。九州電力の太陽光発電に対する最大出力抑制量が五二％となれば、太陽光発電事業者は一六五日も発電を抑制され、事業が立ち行かないことになる（西尾、平塚、二〇一五）。後述するドイツにおいて再生可能エネルギー発電が飛躍的に増加した理由は、再生可能エネルギー発電施設を送電線網に優先的に接続する原則が実践されていることと、その前提となる電力の自由化と発送電分離制度が確立していることである（坪郷、二〇一五、二二八頁）。

日本における電力の自由化の道筋については、総合資源エネルギー調査会総合部会の電力システム改革専門委員会が、二〇一三年二月に、「電力システム改革専門委員会報告書」（電力システム改革専門委員会、二〇一三）を公表して、電力自由化に向けた工程表を示している。電気システム改革の目的は、㈠電力の安定供給の確保、㈡電気料金の最大限の抑制、㈢需要家の選択肢や事業者の事業機会の拡大である。この報告書を受けて政府は、同年四月に、電力システムに関する改革方針を閣議決定し、その後の国会審議を経て、一一月一三日に、広域的運営推進機関の設立等を含む電気事業法（以下「電気事業法」）が成立した。電力システム改革専門委員会の電力自由化の工程表によれば、第一段階では、一五年を目途に「広域系統運用機関」を設立し、第二段階で、一六年を目途に電気の小売業への参入の全面自由化を、そして第三段階として一八年～二〇年を目途に送配電部門の法的分離と料金規制の撤廃を目指すことになった（同上、五五頁）。

この電力自由化の第一段階について、二〇一五年四月一日に、「電力広域的運営推進機関」が発足した。この広域機関には電力会社以外の発電事業者の参入も認められていて、同年四月現在約六〇〇社の事業者が加入している（古賀、二〇一五a）。広域機関は、今後二四時間体制で全国の電力需給状況を監視し、災害などの理由で電力が逼迫した時、電力会社や発電事業者に対して出力アップや需要抑制策を指示・勧告でき、制裁も課すこともできる強い権限を持つ。

また、中長期的な送電網の整備計画や新規参入の事業者の送電網への接続申請の審査も担うので、電力の自由化および再生可能エネルギー普及にとっても鍵を握る機関である[19]。ただ、再生可能エネルギーを促進している団体は、電力の逼迫時のみでなく平常時でも発電所の広域的活用の実現のための送配電網・地域間連携線などの整備が必要であると指摘している（環境エネルギー政策研究所［ＩＳＥＰ］、二〇一四、二八頁）。また、広域機関の発足当初は電力会社の出向者が大半を占めるとのことであるので[20]、新規参入の事業者の接続申請の審査の公平性や決定の透明性が問われるのは言を俟たない。さらに、電力会社の発電と送配電部門の法的分離後、広域機関と電力会社から分離した地域送電会社が存在することになるが、後者の機能や権限が前者より強くなると、広域機関は電力会社間の電力融通を斡旋するための機関である従来の電力系統利用協議会と変わらなくなり、電力システムの改革の目的に沿わなくなることが懸念されている（同上、二九頁）。

電力の自由化に向けた第二段階に関して、自公連立政権は二〇一五年三月三日に、電力自由化を目指す電気事業法などの改正案を閣議決定し、改正案が同年中の国会で成立すれば、電力小売りが一六年四月から自由化される。ガスの小売り自由化も同時に進められるが、新規参入の発電事業社は一般家庭や中小企業などに電力を売ることができるようになり、今後、消費者は再生可能なエネルギーで発電された電力などを選んで購入することが可能となる（資源エネルギー庁、二〇一三）。ただ、消費者が購入する電気を自由に選べるためには、強力な広域系統運用機関や発送電分離に基づいた発電会社間の競争ならびに小売会社間の競争が大前提となる。こうした競争環境を作るためには、発電の全面自由化と発電事業社の送配電網への公正かつ適切な価格でのアクセスが保証される必要がある（ＩＳＥＰ、二〇一四、二九〜三〇頁）。

電力の自由化の促進の第三段階として、二〇二〇年には、大手電力会社から送配電部門を分離する「発送電分離」と電気の小売価格の全面自由化が行われる。政府は一五年三月三日、二〇年に電力九社の発送電を分離すること、二二年に都市ガス三社の導管部門を分社化することを義務付ける電気事業法などの改正案を閣議決定した[21]。また、一般家庭向けの電気料金の国による認可制度も廃止することになる。一五年四月一六日、発送電分離を盛り込んだ電気事業法の改正案の審議が衆議院で始まった[22]。再生可能エネルギー、コジェネレーションさらには自家発電などを推進するためには、送配電部門の中立性が重要となる。すなわち、送配電事業者が特定の電気供給事業者に対し、不当に優先的な取り扱いあるいは不当に不利な取り扱いをしないようにする必要がある。日本ではこれまで、一〇電力会社が、各地域において発電・送配電・小売部門を垂直的に統合した一貫体制で運営してきた。今回の電力システムの改革以前、送電部門の中立性を確保するために、〇三年から発送電分離の一類型である「会計分離」(電力会社の法人形態を維持しつつ、送配電部門と他部門を会計的に分離すること)を行ってきた(資源エネルギー庁、二〇一三、三一頁)。しかし、この形態によって送配電業務の中立性を保つためには、「内部相互補助の禁止、情報遮断、差別的取扱いの禁止等の行為規制」(ＩＳＥＰ、二〇一四、三〇頁)が必要となるが、電力システム改革専門委員会も認めているように、送配電部門の中立性の確保が不十分である、という指摘が絶えない(資源エネルギー庁、同上)。

そこで、電力システム改革専門委員会では、会計分離以外の他の三つの発送電分離方式、すなわち法的分離、機能分離、所有分離方式が検討された。結局、二〇一三年一一月に制定された「電気事業法の一部を改正する法律」(衆議院、法律第七四号、二〇一三)の附則で、法的分離を前提にすることが明記されたが、新たな課題が生じた場合は機能分離の実施も検討するとされた。法的分離方式とは、送配電部門全体を別会社化する方法で、例えば、民営電力会社の場合、持株会社形式などを採用することが想定されている(資源エネルギー庁、二〇一三、三三頁)。ただし、電力会社は、別会社化された送配電会社の持株を通した資本関係を維持することができ、自社グループ内の企業を優遇し他社を不利に扱う可能性があるので、会計分離の場合と同様に行為規制が必要となる（ＩＳＥＰ、二〇一四、三〇頁）。事実、発送電分離に関する「電気事業法等の一部を改正する等の法律案」では、送電事業者と発電事業者などの関係に関する細々とした規定が設けられている（衆議院、二〇一五）。もう一つの機能分離は、送配電線等の流通設備は電力会社の所有としながら、送配電部門のうち系統運用機能等を資本関係のない別法人（独立系統運用者：Independent System Operator：ＩＳＯ）に移すものである（資源エネルギー庁、三三〜四頁：ＩＳＥＰ、同上）。この方式では、ＩＳＯには、元の電力会社と新規参入者を差別的に扱うインセンティブは組織的に組み込まれないが、送配電線の所有者である電力会社には、同設備の利用や維持管理に関して新規参入者を差別的に扱う可能性が残るので、多くの行為規制が必要となる。最後の所有権分離は、送配電部門を別会社化することに加え、発電および小売会社との資本関係も解消するもので（資源エネルギー庁、同上）、こうして誕生した送配電会社には元の電力会社と新規参入者を差別的に扱うインセンティブが働かないばかりか、元の電力会社も送電会社に影響を及ぼしにくい（ＩＳＥＰ、同上）。電力改革システム専門委員会でも、送配電の中立性を実現する最も分かりやすい形態であるという評価であったが、将来的検討課題とされた（資源エネルギー庁、同上、三三頁）。

以上見てきたように、再生可能エネルギーの開発と利用を拡大させるためには、再生可能エネルギー源による発電施設を送電線網に優先的に接続する原則が実践されていることと、その前提となる電力の自由化と発送電分離制度が確立していることが必要となる。現在のところ、政府がベースロード電源として位置付ける原子力、火力、水力、地熱発電による電力を送電網へ優先的に接続し、その次に太陽光、風力、バイオマスなどの再生可能エネルギーによる電力の接続となっているばかりか、原子力の接続可能量を多く見積もっているので、必ずしも再生可能エネルギーを促進するために同エネルギー源による電力を優先的に送電網に接続するという仕組みになっていない。また、電力の自由化や発送電分離体制への道筋も徐々に整ってきてはいるが、全国規模の送電網利用には公共財的な特性があるので、公正・中立な送電網の運用を可能とする制度が日本に確立されようとしているのかどうか、ということも今後の再生可能エネルギー利用の拡大を左右する。さらに、今後の日本の電源構成（エネルギーミックス）において、日本が再生可能エネルギーの目標をどの程度掲げるか、日本の気候変動政策と密接に関係するだけに非常に重要なところである（この点に関しては次節で触れる）。後述するデンマークやドイツの例が示すように、政府が野心的な中長期の再生可能エネルギーの導入目標を掲げて脱原発あるいは脱化石燃料に向けてのエネルギー転換に舵を切るとともに、国民あるいは市民がエネルギー政策の形成過程に参加することあるいは参加できる環境を築き上げることも、持続可能なエネルギー選択にとって重要な要因である。デンマークとドイツは、「新エネルギー危機」を乗り越えるために、つまり、エネルギー安全保障、経済成長そして地球温暖化防止を同時に達成するために、再生可能エネルギーを促進する道を選択したが、その際、市民自らエネルギー選択に深く関わってきている。両国の社会では、地域分散型のエネルギー需給システムを指向するボトムアップの試みが顕著である。それに比べ、これまでの日本のエネルギー政策は、民主党政権時に市民参加型の意思決定が一時期かい間見られたが、自公連立政権になってからは、従来の大規模集中型の電力供給システムや原発の促進に代表されるような中央集権的なトップダウンの政策決定に回帰している。

とはいうものの、日本各地には地域に根ざした自然エネルギー利用を促進している市町村や都道府県も多く存在する。そこで最後に、日本における再生可能エネルギー導入可能量（以下導入ポテンシャル）と地域における自然エネルギー利用の動向を概観した上で、次節において日本のエネルギー政策から見た気候変動外交について考察しよう。

二〇一二年度の日本における自然エネルギーの発電設備の累積設備容量は約一七〇〇万kWで、発電量全体に占める割合は約四％であった（ISEP、二〇一四、一六頁）。これらの数値に基づいて単純に計算すれば、同年の日本の総発電設備容量は四億二五〇〇万kWとなり、以下に見るように、再生可能エネルギーの導入ポテンシャルは非常に大きいことが分かる。環境省は「平成二二年度再生可能エネルギー導入ポテンシャル調査」（環境省、二〇一〇）に引き続き、平成二三年度および二四年度でも同様の調査をしている（環境省、二〇一一、二〇一二）。環境省の平成二四年度の推計によれば、住宅用等の太陽光発電の導入ポテンシャルは一億八五一八万kWで（環境省、二〇一二、一二二頁）、そのうち住宅系建築物（戸建、共同住宅、オフィスビル）は一億八二七〇万kW、商業系建築物（商業、宿泊）が約二四九万kW（ISEP、二〇一四、一二三頁）である。また、庁舎や学校等の公的建物、工場の屋根、遊休地や耕作地等への太陽光導入ポテンシャルは一億四六八九万kWと推計されている（環境省、二〇一二、一二四頁、ISEP、同上）。経産省も同時期に民間研究所に太陽光発電および太陽熱利用の導入に関する調査を委託していて、太陽光発電の導入ポテンシャルの推計は、戸建住宅、集合住宅、非住宅建物（庁舎・学校・文化施設等）の全国合計で、一億三四八〇万kW～一億七八〇〇万kWとなっている（みずほ情報総研、二〇一一、一八四頁）[23]。ただし、この推計値には耕作放棄地を含む低・未利用地のポテンシャルが算入されていない。

風力と地熱についての環境省の二〇一二年の推計値では、陸上風力の導入ポテンシャルは二億六七五六万kWで、洋上風力のポテンシャルは一三億八二六五万kW（環境省、二〇一二、二二五～七頁）と非常に大きい推計値になっている一方、一五〇℃以上の地熱発電の導入ポテンシャルは二三三万kWと少ない値になっている（同上、二三一～二頁）。後者の値が少ない理由としては、風力発電より、国立・国定公園や原生自然環境保全地域などの環境保護による制約あるいは建築規制や市街地規制等の制約をより多く受けるからである。その他にも、一三年一二月末時点の設備認定が二四・四万kWの中小水力発電や同時点の設備認定が七一万kWのバイオマス発電容量が存在している。すでに第四章で詳細に検討したように、再生可能エネルギーは発電のみに利用されるのではなく、太陽の熱エネルギーの様々な利用や海洋エネルギーの利用、さらにはヒートポンプ・システムによる冷暖房設備を通して地中熱を利用する技術も国内外で普及している。

地域分散型のエネルギー需給体制を構築するためには、地域の水源、熱源、風力源を活用する際に問題となる水利権、地熱（温泉熱）利用権、漁業権さらには自然公園法や農地法などの既存の権利関係を整理・統合する必要がある（ISEP、二〇一四、一三一頁）。例えば、二〇一三年に公布された「農林漁業の健全な発展と調和のとれた再生可能エネルギー電気の発電の促進に関する法律」は、国の基本方針に基づき、各市町村の協議会による再生可能エネルギー利用基本計画を立て、その事業化を促進することを目指している（農林水産省、二〇一三）。しかし、こうした法制度の整備の前に、すでに多くの地方自治体で再生可能エネルギーの利用が進んでいる。一四年度の永続地帯報告書によれば（千葉大学倉阪研究室および永続地帯研究会、二〇一五、八頁）、市町村の域内で民生・農林水産用のエネルギー需要を上回る量の再生可能エネルギーを生み出している市区町村、すなわち「一〇〇％エネルギー永続地帯」は、一二年三月時点で五〇市町村であったのが、一四年三月には五七市町村に増加している。また、エネルギーのみならず食糧自給率も一〇〇％を超えている「永続地帯」は二九市町村であった[24]。また、再生可能エネルギー自給率のトップ五にはいる都道府県は、上位から、大分県二八・一％（域内の供給比率の特徴は、地熱発電と地熱利用で大分県全体の供給量の約五九％、太陽光発電約一八％等）、秋田県一九・七％（地熱発電と小水力発電で約六二％、風力発電二〇％弱等）、富山県一七・九％（小水力発電約八九％等）、長野県一五・四％（小水力発電約六九％、太陽光発電約二一％等）、そして鹿児島県一四・七％（太陽光発電二五％、風力発電約二三％、地熱発電約一八％、小水力約一七％等）であった（千葉大学、同上、八頁と巻末付録一〜四七頁）[25]。

こうした市区町村などの地域共同体（コミュニティ）で再生可能エネルギー利用が普及するためには、地域の利害関与者（ステークホルダー）が主体的に関わる必要がある。二〇一一年に世界風力エネルギー協会が発表した「コミュニティ・パワーの三原則」によれば、㈠地域の利害関係者がプロジェクトの大半もしくはすべてを所有している、㈡プロジェクトの意思決定はコミュニティに基礎を置く組織によって行われる、㈢社会的・経済的便益の多数もしくはすべての地域に分配されるというもので、これらの原則のうち少なくとも二つを満たすプロジェクトが「コミュニティ・パワー」とみなされる（ＩＳＥＰ、二〇一四、五一頁）。例えば、静岡市において、温暖化問題に取り組むＮＯＰ法人と静岡市環境総務課が協力して、環境省の「平成二三年度地域主導型再生可能エネルギー事業化検討委託業務」の公募に応募したことを契機に、地元の企業や金融機関等の様々なステークホルダーが協働する市民太陽光発電事業「しずおか未来エネルギー」を実現している（同上、五四頁）。また、長崎県雲仙市の小浜温泉では、上記の静岡市の例と同様に、環境省の委託業務の採択を機に、地元の温泉組合・観光業者・雲仙市・長崎大学・企業等の専門家が協働して、一〇〇℃前後の温泉水温でもフロン等の沸点の低い液体を蒸発させてタービンを回す「バイナリー発電」の実用化を目指している（同上、五五頁）。さらに、岩手県の紫波町は、十数年前から地域レベルでエネルギー自給と経済的な自立を目指し、公民連携に基づいた市民参加型の循環型社会のまちづくりが試みられている（鮎川、二〇一五、二三一～四六頁）。農林業が中心の町で、地元の工務店、電気工事会社や信用金庫などによって設置された「紫波グリーン・エネルギー株式会社」によって、市民出資型の太陽光パネル設置事業や町の森林を活用して木質バイオマスを使った地域熱供給施設建設などの事業を通して、エネルギーの自給を目指す一方、地元の木材を十分に活用するために「紫波型エコハウス基準」を設定して、構造材の町産材八〇％使用基準や高い断熱性能基準などを設定して地産地消と省エネも目指している（鮎川、同上）。その他にも様々な地域主導のエネルギー自給の試みが全国各地で行われている（倉阪、二〇一二）。

再生可能エネルギーを促進するためには、同エネルギー源による発電施設を送電線網に優先的に接続する原則が実践されていることと、その前提となる電力の自由化と発送電分離制度が確立していることが必要となる。しかし、現在のところ、政府がベースロード電源として位置付ける原子力、火力、水力、地熱発電による電力を送電網へ優先的に接続し、その次に太陽光、風力、バイオマスなどの再生可能エネルギーによる電力の接続となっているばかりか、原子力の接続可能量を多く見積もっているので、必ずしも再生可能エネルギーを促進するために同エネルギー源による電力を優先的に送電網に接続するという仕組みになっていない。それに対して、地域主導の再生可能エネルギーへの転換が日本各地で進展し、その導入ポテンシャルも非常に大きい。地方レベルでは再生可能エネルギー促進の下地が整っていると言える。したがって、政府が再生可能エネルギーを促進する方向に既存の制度を再修正するとともに、同エネルギー転換への政治的意思を鮮明にする必要がある。それは取りも直さず、中長期のエネルギーミックスに占める再生可能エネルギーの比率を高く設定することであろう。そうした高い目標値の設定は、「新エネルギー危機」を乗り越えるために、つまり、エネルギー安全保障、経済成長そして地球温暖化防止を同時に達成するために必要であろう。では、国内のエネルギー選択はどのように日本の気候外交に影響を与えているのだろうか。

## 三　日本の国内政治と気候外交―京都プロセスからの後退

### （一）国内政治と気候外交―福島第一原発事故以前

日本の気候外交は、国際交渉においてリーダーシップを発揮することに関して消極的である。この傾向が著しくなったのは、二〇〇六年九月に六五カ月続いた小泉政権時代後、非常に変化の激しい国内政治情勢になってからである。小泉純一郎首相以後、安倍晋三、福田康夫、麻生太郎、鳩山由紀夫、そして菅直人首相が政権を担当したが、いずれも短命で不安定であった。政治スキャンダル、国会審議の行き詰まり（特に、二〇一〇年七月の参議院選挙における民主党の敗北後のねじれ国会での与野党対決）、与党の党内抗争等が、各政権を蝕み、各政権を倒した。鳩山首相以外は皆、総選挙を経ずに首相に就任し、しかも低い支持率に悩んだ。野田佳彦首相は、小泉首相辞任後の五年間で六人目の首相であったが、一二年一二月の総選挙の小選挙区で自由民主党（自民党）に大敗を期して、安倍政権が再び誕生することになった。

二〇〇六年九月二六日発足の第一期目の安倍政権は、小泉政権から衆議院で三分の二以上の圧倒的多数と参議院での過半数の議席を継承し、保守的な政策の実現を目指した。例えば、〇七年五月一四日に日本国憲法の改正手続に関する法律（憲法改正国民投票法）（一〇年五月一八日施行）を成立させた。他方、同政権は地球温暖化問題にも関心を示し、京都プロセス以降のすべての国が参加する国際協力の枠組み形成に意欲を見せ、〇七年五月に「クール・アース50」という気候変動政策を発表した。その政策は、以下の三つの提案と三つの原則からなる。

㈠［長期目標］温室効果ガスの排出を二〇五〇年までに現在のレベルの半分に減らすことを世界の共通目標にする（その政策の中心は革新的な技術の確立や「低炭素社会」の形成）。

㈡［中期目標］地球上のすべての人々の参加を目指す二〇一三年以降の温暖化対策の具体的枠組みを設計するための三原則。第一原則は「主要排出国が全て参加し、京都議定書を超え、世界全体での排出削減につながること」、第二原則は「各国の事情に配慮した柔軟かつ多様性のある枠組とすること」、第三原則は「省エネなどの技術を活かし、環境保全と経済発展とを両立させること」である。

㈢［京都議定書の目標達成に向けた国民運動の展開］「一人一日一キログラム」の温室効果ガス削減をモットー

として、ライフスタイルの見直しや家庭と職場での努力や工夫を呼びかけるもの[26]。

以上の国内の気候変動政策を背景に、安倍首相は、ドイツのハイリゲンダムでのG8サミット・コミュニケに「二〇五〇年までに排出量を半減する」という文言を挿入するのに貢献した。しかし、首相任命大臣の政治資金スキャンダルによる相次ぐ辞任、〇七年七月の参議院選挙での自民党の大敗による同党と新公明党の連立政権の参議院での過半数の喪失等、安倍首相は辞任に追いやられた。その後の短期の政治的空白を経て、調整型の政治指導者である自民党の福田康夫が首相に就任した。このように国内政治が不安定な状況では、〇七年一二月にインドネシアのバリ島で開催されたCOP13における日本のリーダーシップは期待できず、日本は米国と発展途上国の立場に立ち、「バリ行動計画」における温室効果ガス削減中期数値目標導入に反対した。他方、ドイツは二〇二〇年までに一九九〇年レベルから温室効果ガスの排出を四〇％削減すると提案した。これはEUの二〇年までに二〇％の削減より意欲的な目標であった[27]。しかし、バリ行動計画の最終文書では拘束力のあるいかなる約束もなされず、新たな国際協力の枠組みを〇九年に取り決めることに合意するだけであった（UNFCCC, 2008）。COP13で開催された日本政府主催のサイド・イベントは、明らかに日本の既得権団体や鉄鋼・セメント・運輸・電力産業などのエネルギー多消費産業の日本交渉団に対する影響力の大きさを示していた[28]。これらの産業は日本経団連の中核的産業である。

就任から一年も経たず、福田首相は低い支持率と国会での審議停滞と経済不況に苦しみ、二〇〇八年九月一日に突如辞任し、再び政治的空白を招いた。その後、麻生太郎が福田首相の後を引き継ぐことになった。この政権の最大の使命は数カ月後に予定される総選挙に勝利することであったが、首相就任後間もなく、政治的失言、言動における一貫性の欠如、世界的な経済不況への対応のまずさによって、麻生政権は慢性的な低支持率に苦しんだ。

こうした日本の国内政治状況下、二〇〇九年六月一〇日に麻生政権は中期削減目標に関する気候変動政策を発表した。すなわち、日本は二〇年までに〇五年レベルより一五％削減する、というものであった。この削減目標は、中期目標設定の政策決定過程で提案された六つのシナリオ中で最も多くの支持を得た一四％より一％「意欲的」な削減目標であったが、バリ行動計画で参照された対一九九〇年比二五〜四〇％削減には遠く及ばなかった。世界自然保護基金（ＷＷＦ）などの環境保護団体は直ちに、「全く意欲的でないばかりか、〇九年一二月開催のコペンハーゲンでの気候変動交渉の邪魔をするものである」と日本政府の中期目標を厳しく批判した[29]。

麻生内閣における排出削減中期目標設定の政策決定過程は、福島原発事故後の将来的な原子力依存度の決定過程と酷似している。二〇〇八年二月に内閣官房の下に低炭素社会形成等に関する地球温暖化問題懇談会が設置され、同懇談会は同年一〇月に中期目標委員会を立ち上げ、様々な中期目標を詳細に検討した上で政府に対して政策提言した。中期目標委員会は科学的な検討や政策オプションを分析した結果、〇九年四月中旬に六つの削減目標を提示し、それを受けて懇談会は同年五月中旬を目途にパブリックコメントを募った。その結果、二〇年までの六つの中期削減目標は、対〇五年比、各々四％減（ケース二）、一二〜六％減（ケース二）、一四％減（ケース三）、一三〜一三％減（ケース四）、二二〜二一％減（ケース五）そして三〇％減（ケース六）の返答を得た。

日本経団連の立場（日本経団連　二〇〇九）を反映したものとして、エネルギー多消費産業とその労働組合は、ケース一を選択したのであるが、この意見は寄せられた一〇〇〇〇のパブリックコメントの実に七四・四％を占めていた。また、この目標を選択した理由は、ＥＵ、米国そしてその他の国々の削減目標と比較して公正で平等な中期目標を設定することによって日本の国際的な競争力を保つことと、日本経済に過度の負担をかけないために実行可能な目標を設定する必要がある、というものであった（地球温暖化問題懇談会、二〇〇九）。応答者全体の一三％を占めた環境保護団体はケース六を選択した。その主な理由は、科学的にも大幅な削減が必要とされていることや日本が発展途上国の国際的な削減努力への参加を促すために主導的な役割を果たすため、ということであった（同上）。

以上のパブリックコメントの募集の他にも、内閣官房は中期目標に関して世論調査を行った（地球温暖化問題懇談会、二〇〇九）。この世論調査の結果では、一五・三％の回答者が四％減を選択し、四・九％が三〇％減を、一三・五％が二一％減を選択し、最も多かった回答は一四％減で、全体の回答者の四五・四％を占めた。最終的な日本政府の決定はこの世論調査の結果を反映していた。

二〇〇九年九月の総選挙における民主党の歴史的勝利は、日本に政治的な地殻変動が起こるとともに気候変動政策についても大転換の期待が高まった。実際、政権交代を実現させた鳩山政権は、同年九月二二日開催の国連気候変動首脳会合において、すべての主要排出国が意欲的な削減目標を国際的に約束するなら、日本は二〇二〇年までに一九九〇年比二五％、五〇年までに同年比八〇％の削減を約束する、と演説した。また、「鳩山イニシアティブ」として、先進国による新規で追加的な資金支援や低炭素社会形成に向けての技術支援のスキーム、支援資金により実現される途上国の排出削減に関する測定・報告・検証可能な形でのルール作りなどを提案した[30]。

鳩山内閣は二〇一〇年三月一二日に地球温暖化対策基本法案を閣議決定した[31]。法案では、前述の条件付き温室効果ガス中・長期削減目標を示し、再生可能エネルギー供給量を二〇二〇年までに一次エネルギー供給量の一〇％にまで拡大する目標を設定した。さらに、これらの地球温暖化対策を進める基本的な施策として、㈠キャップ・アンド・トレード方式の国内排出量取引制度の創設、㈡温暖化対策税の検討とその他税制全体の見直し、㈢再生可能エネルギーの全量固定価格買取り制度の創設、という三つの主要な制度の構築に加え、安全確保を前提の原子力エネルギー利用の促進、革新的技術開発の促進や森林等の吸収作用の保全・強化、そして国際的協力体制強化のための提案など、具体的な施策についても提案した。しかし、同法案は、衆議院では可決されたものの、参議院で法案審議中に国会が解散となり廃案となった。

鳩山政権は普天間基地移設問題や首相自身と小沢幹事長の政治資金問題で大きく躓《つまず》いた。とりわけ、鳩山首相が普天間基地を沖縄県外に移設するという選挙公約を実施できなかったことが、同政権にとって致命的であった。二〇一〇年六月二日に鳩山首相は辞任し、その六日後に菅直人政権が誕生した。同政権は誕生間もない同月一八日にエネルギー基本計画を閣議決定した[32]。前述したように、この計画では二〇三〇年までに一四基以上の原発を新増設する必要があった。同年一〇月に地球温暖化対策基本法が再び衆議院に提出されたが一二月三日に国会が閉会となり同法案は審議未了となり、継続審議になった。したがって、カンクンで同年一一月二九日～一二月一〇日まで開催されたCOP16において、日本政府が国際協力促進に向けてリーダーシップを発揮する国内的な推進力は存在しなかった。この間、経済産業省の地球環境小委員会政策手法ワーキング・グループは、トップダウン方式の排出量取引制度（キャップ・アンド・トレード方式）と高率の環境税導入は産業と雇用の流出等をもたらすので、地球温暖化対策の基本的な政策手法としては不適切と判断し、以前の自主行動計画の延長線上にあるボトムアップ方式の削減目標設定とその定期的な評価と検証によるグリーン・イノベーションを政策手法の柱とし、薄く広く課税する低率の環境税導入を補助的な政策とすることを検討していた[33]。

以上見てきたように、日本の地球温暖化対策は国内のエネルギー政策に左右されてきた。世界で最大の温室効果ガス排出国である中国と米国が実質的な削減義務を負っていないために京都議定書の枠組みは公正でも効果的でもない、という日本の主張は根拠のないものではない。しかし、日本政府は国際的協力のために何ら具体的な提案をしていない（Lura, 2011）。その代わり、コペンハーゲン（COP15）からカンクン（COP16）を通して、世界のすべての主要国が参加した意欲的な目標の合意が日本の国際社会への約束の前提であると主張した。二〇一一年八月三〇日に誕生した野田佳彦政権は、二〇年までに中国とアメリカが意欲的で実質的な削減目標に国際的にコミットする見通しが立たないなか、一一年一一～一二月にダーバンで開催のＣＯＰ17で従来の主張を繰り返し、ＥＵと途上国の強い要請にもかかわらず、京都議定書の単純延長と同議定書下の第二約束期間の受け入れをロシアとともに拒否した。

ここ一連の国際交渉における日本政府の「拒否国」的立場堅持の背景には、日本がこれまで化石燃料依存体質に根本的にメスを入れずに過度に原子力エネルギーに依存してきたこと、その反面、再生可能な自然エネルギー導入に真剣に取り組んでこなかったこと、電力会社および電力多消費産業と経済省からなる政策連合が、電力の自由化や「キャップ・アンド・トレード」に基づく排出取引制度の導入に強く反対してきたことが挙げられる。さらに、昨今の世界的経済不況が気候変動問題における日本の国際交渉上の立場の後退を加速している。気候変動問題に関して将来展望を持ったダイナミックな政治的リーダーが出現しない限り、日本が気候変動緩和のための国際協力体制の構築に寄与することは期待できない。現時点で可能なことは、二国間協力枠組み等で温室効果ガス削減を技術的に支援するとか、地球温暖化による海面上昇等に対して非常に脆弱な途上国に対する適応への財政的・技術的支援であろう。

### （二）日本のエネルギー政策と気候外交―福島第一原発事故以後

福島の原発事故後、国内では二〇一二年中に総合的な環境とエネルギー政策が打ち出されたが、閣議決定とはならなかった。内閣府の原子力委員会が「原子力大綱」を、経産省の総合エネルギー調査会が「エネルギー基本計画」を見直し、国家戦略室のエネルギー・環境会議が革新的なエネルギー・環境戦略の検討を行う一方、環境省の中央環境審議会がポスト京都の気候変動政策を審議しつつ、環境相と国家戦略相が中心となって温暖化対策閣僚委員会で国内対策を検討することになっていた。これらのエネルギー政策の基本計画の改訂や気候変動政策を、国家エネルギー戦略室が最終的に「革新的エネルギー・環境戦略」としてまとめたが、民主党の野田政権は、この全文は閣議決定せず、国民の理解を得つつ、「柔軟性をもって不断の検証と見直しを行いながら遂行する」との方針のみを決定した[34]。

結局、野田政権のエネルギー・環境政策の将来ビジョンは定まらなかった。原子力エネルギーに関しては、同政権は原発を四〇年で廃炉にするという「脱原発依存」を掲げるも、二〇一二年六月に電力の安定供給の必要性を強調しつつ原発の安全性も確保されたとして、大飯原発の三・四号機の再稼働を容認した。福島第一原発事故の国会事故調査報告書が公表される前に決断されたこともあり、これ以降毎週金曜日首相官邸前で反原発の大規模な集会が開催されるほどの市民の反発を招いた。さらに、三〇年の発電エネルギー全体に占める原発の割合の三つの選択肢―原発〇％（火力六五％、自然エネルギー三五％）、一五％（火力五五％、自然エネルギー三〇％）、そして二〇〜二五％（火力五〇％、自然エネルギー二五〜三〇％）―について一二年七月〜八月にかけて一般市民からの意見を聴取したところ、パブリックコメントでは九〇％、同期間に全国一一カ所で開催された意見聴取会では六八％、さらに討論型世論調査では四七％の参加者が、原発〇％を選択した[35]。また、温室効果ガス削減数値目標に関しては、上記の三つの電源構成（エネルギーミックス）において一九九〇年比各々二三％減、二三％減、そして二五％減となっている[36]。こうした一連の試みは、欧米諸国の方法に比べれば頻度も少なく実施期間も短いが、自民党政権時代の儀礼的なパブリック・オピニオンの集め方に比べれば、より民主的な方法で民意を探る努力が垣間見られた。

しかし、福島原発事故以降のエネルギー政策の諸決定は、安倍自民・公明連立政権（以下、安倍自公政権あるいは自公政権）に代わって、福島以前の体制への回帰の様相を呈している。二〇一四年四月一一日、安倍自公政権は前民主党政権の「原発ゼロ」政策を転換した「エネルギー基本計画」を閣議決定した[37]。新エネルギー基本計画では、原発を重要なベースロード電源と位置づけ、原子力規制委員会の安全審査に適合した原子力の再稼働を無条件で容認するとした一方、原発依存度は可能な限り低減するとしたが、削減規模や目標年次などの具体的な道筋は明示していない。民主党の「革新的エネルギー・環境戦略」では、原発の新設・増設は行わないとしたが、今回の安倍自公政権のエネルギー基本計画では、電力の安定供給などの観点で確保すべき原発の規模を見極めるとして、将来の新増設を否定していない。高レベル放射性廃棄物の最終処分について国が前面に出るとした点は評価できるが、実用化の目処の全く立っていない高速増殖炉もんじゅを延命して核燃料サイクル政策を推進する、という非現実的な目標を掲げている。民主党の革新的エネルギー・環境戦略では、もんじゅに関して年限を区切った研究の成果を確認した後、運転を終了するとしていた。最後に、再生可能エネルギーの導入目標に関しては、民主党の革新的エネルギー・環境戦略では、三〇年までに三〇〇〇億kWh以上の導入目標（現在規模の三倍）を設定していたが、自公政権のエネルギー基本計画では、三〇年までに現在の約二〇％を上回る規模というだけでより具体的な数値目標を示していない。

二〇一四年一二月にペルーのリマで開催されたＣＯＰ20では、一五年三月末までに、各国が二〇年以降の温室効果ガス削減目標を国連気候変動枠組条約事務局に提出し、同年フランスのパリで開催されるＣＯＰ21において、二〇年以降の新たな国際協力の枠組み合意に向けて弾みをつけることになっていた。しかし、日本政府は期日が過ぎても削減目標を提出できなかったばかりか、提出の時期すら明らかにできなかった。すでに削減目標を提出済みのＥＵ、スイス、ノルウェーは、各々二〇三〇年に少なくとも一九九〇年比四〇％、五〇％、四〇％削減することに、また、同じく提出済みの米国は、二五年に〇五年比二六～二八％削減を目標にすることになっている（香取、須藤、二〇一五

a）。中国は、三〇年頃に温室効果ガスの排出を最大にしそれ以降削減する、という目標を一五年前半に提出する見込みである（同上）。日本の当面の目標は、ポーランドのワルシャワで開催されたCOP19で表明された「〇五年比三・八％減」（九〇年比三・一％増）というものであるが（石井、二〇一三；香取、二〇一五a）、これでは、国際社会から歓迎される数値目標とは言えないとともに、日本政府の長期目標である「五〇年までに八〇％削減」達成も覚束ない。

環境省と経産省は、二〇一五年四月三〇日に、六月のドイツで開催のG7サミットを視野に入れて、三〇年時点の温室効果ガス削減目標を一三年比で二六％削減する政府案を提示した（香取、須藤、二〇一五b）。環境省は、主要排出国の温室効果ガス削減目標に見合うように少なくとも二〇％後半の目標値の設定を主張していた一方、経産省は国内経済への影響に配慮して二〇％前半の目標値を望んでいた。目標（二五％減）も併記するとのことである。着実に温室効果ガスを削減してきたEUは、〇五年比では三五％減だが、一三年比だと二五％減となり、日本の一三年比二六％減の目標は、EUや上述の米国のそれと遜色ないものに見せるための「奇策」だとして、国際NGOは日本のこの目標を批判している（同上）。この環境省と経産省の折衷案的な目標は、両省間で電源構成（エネルギーミックス）に対して見解が異なるからである。環境省は、三〇年に、全発電量に占める再生可能エネルギーの割合を最大三五・七％導入可能で、年間約一〇兆円の経済効果と約四〇万人の雇用の創出になる、という試算を一五年四月上旬に公表している（香取、二〇一五b）。それに対して、経産省の三〇年時点のエネルギーミックスは、再生可能エネルギーは二〇％台前半で、四〇年の寿命を超えた原発を稼働させることを前提に、原発の比率を二〇％前後としている。また、経産省は、電源全体として、火力、原子力、水力および地熱の四電源を、発電コストも安く昼夜を問わず稼働し続けるベースロード電源とし、これらの全発電に占める割合を現在の約四〇％から欧米並みの六〇％に引き上げることも想定している（大津、二〇一五b、大津、相原、二〇一五、相原、大津、二〇一五）。ただし、国際エネルギー機関（ＩＥＡ）は、欧米のベースロード電源の割合は、三〇年や四〇年には現在の六〇％台から五〇％台や四〇％台に下がると予測しているのみならず、太陽光や風力源の電力を送電網に受け入れる技術も発達していて、「ベースロード電源という概念自体が過去のものになりつつある」、としている（大津、相原、西尾、二〇一五）。

経産省の外郭団体である財団法人日本エネルギー研究所常務理事の小山によれば、最適のエネルギーミックスは、六〇年稼働の原子力が二五％、再生可能エネルギーが二五％、そして火力が五〇％で、この選択は、エネルギー安全保障、温室効果ガス排出抑制、発電コストの抑制、福島第一原発事故の反省ならびにＧＤＰや雇用などの経済への影響にも配慮したものであるとしている[38]。また、このエネルギーミックスだと一kWhの発電コストは一六・四円だが、原子力がゼロで再生可能エネルギーが三五％だと二一円、原子力一五％で再生可能エネルギーが三〇％だと一九円になるとして、原発二五％のエネルギーミックスの経済性を強調している[39]。ただ、温室効果ガス排出削減努力と経済成長（ＧＤＰの増加）は両立し得るもので、ＥＵ諸国ではＧＤＰが四〇％増大しつつ温室効果ガス排出量は二〇％減少している（須藤、二〇一五）。本書のデンマークやドイツの事例でも、省エネルギー策や再生可能エネルギーの積極的な導入策によって、温室効果ガス排出を大幅に削減しているとともに、温暖化対策関連産業が基幹産業並みに経済成長に貢献している。

経産省の「長期エネルギー需給見通し小委員会」委員の一人である東京理科大学の橘川は、政府が再生可能エネルギーを最大限導入して原発の依存度を可能な限り減らすという公約を果たすためには、四〇年稼働した原発の廃炉を前提として、三〇年のエネルギーミックスは、原発一五％、再生可能エネルギー三〇％、火力五五％――そのうち一五％は分散型のコジェネレーション（熱電併給）――が望ましいと主張している[40]。橘川の原発一五％には、三〇年に三〇基の原発の廃炉と現在建設中の中国電力の島根原発三号機と電源開発の大間原発が含まれている。この選択の背後にある考えは、原発の新設はコストが高いが、既存の原発の電力コストは安いので直ちに原発をゼロにしない方がいいというものだが、高レベル放射性廃棄物の最終処分場が決まらないなら、廃炉もやむを得ないとしている[41]。また、再生可能エネルギーを増やすと電気料金が高くなるという意見に対して、電気料金を決定するのは電源の半分以上を占める火力発電の燃料費であって、再生可能エネルギーでも原発でもなく、本質的な問題は天然ガスや石炭をいかに安く買うかということである[42]、とも指摘している。

最後に、自然エネルギー財団常務理事の大野は、エネルギーミックスとして原発には依存せず、日本の電力は、再生可能エネルギー約四五％、天然ガス約三〇％、火力発電の一種であるコジェネレーション約二〇％、残りはゴミ焼却などの熱で発電する廃棄物発電でまかなえるとしている[43]。省エネルギーと自然エネルギーの導入が進めば原発は必要でなくなるとし、既存の原発を稼働させるだけなら発電コストは安いが、原発に依存し続けるなら新設が欠かせなくなり、そのコストは安くないと主張している[44]。また、再生可能エネルギー促進のための固定価格買い取り制度（ＦＩＴ）の賦課金は上がるが、省エネの進行で三〇年には電気の使用量が一〇年比で三〇％減るばかりか、設備の普及による発電コストの減少で、賦課金は一四年度の約三倍の月額約六二〇円をピークとして、ＦＩＴ期間が終了する三一年度以降賦課金は減少していく、としている[45]。さらに、域内の送電線網を活用して電気を輸出入できるＥＵ諸国などと比較して、そうしたことができない日本では再生可能エネルギー発電の普及が難しいのではないかという意見に対して、日本と同様に島国である英国は二〇年に自然エネルギー比率を二〇％にしようとしているし、国外と結ぶ送電線が細くて自国内でほとんど電力をまかなっているスペインでも、自然エネルギーの比率が約二五％である、と指摘している[46]。

日本と国際社会にとって、気候変動の緩和とエネルギーの安全保障を確保するために必要なエネルギーミックスとはどのようなものであろうか。日本の持続可能な発展のためのエネルギー選択について十分に国民的議論が積み上げられているのだろうか。現時点での自公政権の三〇年の温室効果ガス削減目標とそれを達成するための国内のエネルギーミックスは、気候変動問題に関する国際交渉で日本がリーダーシップを発揮する契機を与えるものでもなければ、国民的な議論を踏まえた持続可能なエネルギー選択を行っているとも言い難い。未曾有の福島の原発事故は、日本人がまさに「リスク社会」に生きていることを実体験する機会を与えたとともに、日本そして世界のエネルギー政策と環境政策の抜本的な見直しを迫った。しかし、日本では石油危機と福島第一原発事故からの教訓は生かしきれておらず、エネルギー安全保障そして気候変動緩和の観点から、日本政府のエネルギー政策には、技術開発のみならず、法的・財政的な仕組みのさらなる改革とともに、社会的規模の構造改革を視野に入れた変革の着実な実施が求められている。

**注**

1　経済産業省非鉄金属課「アルミニウム産業の現状と課題」http://www.meti.go.jp/policy/nonferrous_metal/strategy/aluminium02.pdf（同資料の作成年月日は不明）

2　以下の石油危機後の日本の石炭政策については、荒谷の論考を大いに参考にした（荒谷、二〇〇八）。

3　石炭は、用途による分類で一般炭と原料炭に大別される。一般炭（steam coal）は、主にボイラー用燃料として、発電所やセメント産業などでも多く使用され、原料炭（coking coal）は主に鉄鋼原料用としてコークスを製造するために利用されている。電気事業連合会の以下のウェブサイトによる。http://www.fepc.or.jp/library/words/shigen/sekitan/1225533_4544.html

4　一九七七年時点で、日本のエネルギー供給源は、中東に約八〇%、ＯＰＥＣ諸国に約八〇%、七大メジャーに約七〇%依存ということで、エネルギー源の約六〇%を中東ないしＯＰＥＣ諸国に依存していた（橘川、二〇一一、四一〇頁）、ということである。

5　ただ、八〇年から行った全国七二地域での調査の結果、秋田県上の岱、福島県柳津西山、鹿児島県大霧、鹿児島県山川、東京都八丈島の五地域で新たに発電事業が行われた。その後、地熱発電の実用化がある程度進んだこと、国内の多くの地熱資源が国立・国定公園内にあり、規制を受けることなどによって地熱発電は新エネルギーの支援対象外とされたが、二〇一一年の東日本大震災以降は地熱エネルギー利用の見直しとともに、一二年に国立・国定公園内の地熱発電所の設置基準が緩和されたことを受け、一三年度から研究開発を再開するようになった（ＮＥＤＯ、二〇一四、八頁）。

6　二〇〇一年に、経済産業省総合資源エネルギー調査会と改組される。

7　高木仁三郎は、どうして原発事故が繰り返されるのか自問自答し、日本の原子力政策における根本的な欠陥の一つとして、原子炉などの構造物の専門家やエンジニアが中心に政策を推し進めているが、原子力化学の専門家が核分裂物質の取り扱いなどに細心の注意を払う体制になっていないことを重大視していた（高木、二〇〇三）。

8　国際社会では気候変動の緩和や適応という表現が一般的であるが、本章では日本国内での慣用にしたがって地球温暖化対策と言い換える場合も多い。世論調査に関しては、例えば、外務省国際社会協力部政策課による世論動向調査（「国連改革に関する意識調査」「地球規模問題に関する意識調査」）について（平成一七年五月一一日）において、国民の七割以上が、地球温暖化を日常生活のなかで深刻に感じている問題であるとしている（七二・二％）。また、国民の過半数が、地球温暖化問題はわが国が国際社会で率先して取り組むべき課題であるとしている（五三・二％）。http://www.mofa.go.jp/mofaj/press/release/17/rls_0511b.html

同様に、環境省によって行われた「地球温暖化問題に関する世論調査」（結果の概要）（平成一六年一〇月一六〜七日）でも、京都議定書の発効を受けて、「今後、日本では地球温暖化対策にどの程度取り組むべきか」という問いに対して、「さらに取り組みを強化すべき」という回答が八五・四％、「現状程度の取り組みでよい」が一一・四％、「今後は取り組む必要はない」が〇・四％で、「分からない、無回答」が二・〇％であった。https://www.env.go.jp/policy/report/h17-03/ref01-2.pdf

9　さらに、二〇一二年一二月一六日の総選挙が、自民党の大勝と民主党の大敗に終わったことによって、気候変動問題に関する日本の外交方針が一層不確かなものになってきた。

10　BBC News "Kyoto Protocol Comes into Force," http://news.bbc.co.uk/2/hi/science/nature/4267245.stm (8 May 2013)

11　経済産業省、会見・スピーチ「事務次官等会議後記者会見の概要」二〇〇四（平成一六）年一一月八日（http://www.meti.go.jp/speeches/data_ej/ej041108j.html）（二〇一二年八月二八日検索）

12　このことは、日本のようにすでにエネルギー効率が高くて一単位当たりの二酸化炭素（例えば、炭素一トン）を削減する費用も高い国より、エネルギー効率が悪くて単位当たりの炭素削減費用も安い発展途上国で削減する方が効率も良くて費用対効果も良い、ということを意味している。

13　朝日新聞「廃炉に長い歳月—福島第一原発、予測は困難」、二〇一一年四月一日、http://www.asahi.com/special/10005/TKY201104010226.

html（二〇一二年八月二八日検索）。

14 ロイター「福島原発事故『レベル7』に、チェルノブイリと同規模」二〇一一年四月一二日、http://jp.reuters.com/article/topNews/idJPJAPAN-20565520110412（二〇一二年八月二八日検索）

15 Hiroko Tabuchi, "Japan's Prime Minister Declares Fukushima Plant Stable," The New York Times, 16 December 2011.

16 この法律の全文は以下URLで入手可能。http://law.e-gov.go.jp/announce/H23HO108.html（二〇一二年八月一九日検索）。

17 「再生エネ委—こんな人事に誰がした—」『朝日新聞』（社説）二〇一一年一二月二日。

18 「再エネ新規購入中断—九電太陽光急増で—」『朝日新聞』二〇一四年九月二五日。

19 「電力広域機関　自由化を促す役割を」『朝日新聞』（社説）二〇一五年四月二日。

20 前掲注に同じ。

21 「電気・ガス10兆円市場を開放　分社化義務付け—電気事業法改正案を閣議決定—」、二〇一五年三月三日、『日本経済新聞　電子版』http://www.nikkei.com/article/DGXLASDF03H0D_T00C15A3MM0000/

22 「２０２０年発送電分離　電気事業法改正案が衆院審議入り」二〇一五年四月一六日、『日本経済新聞　電子版』http://www.nikkei.com/article/DGXLASFS16H2E_W5A410C1PP8000/

23 この太陽光の導入可能量の幅が生じる主な理由は、戸建住宅に関して現在の戸建住宅の平均的な導入量（太陽光発電四kW／戸）を想定した場合に四九Gwであるのに対して、設置可能面積全体にパネルを設置した場合で七七・三Gwと異なった推計値を採用しているためである（みずほ情報総研、二〇一一、一八三～四頁）。

24 二九の永続地帯市町村は、以下の通りである。北海道檜山郡上ノ国町、北海道磯谷郡蘭越長、北海道虻田郡ニセコ町、北海道苫前郡苫前町、北海道天塩郡幌延町、北海道有珠郡壮瞥町、青森県西津軽郡深浦町、青森県上北郡六ヶ所村、青森県下北郡東通村、岩手県岩手郡雫石町、岩手県岩手郡葛巻町、宮城県刈田郡七ヶ宿町、秋田県鹿角市、福島県南会津郡下郷町、福島県河沼郡柳津町、群馬県吾妻郡嬬恋村、群馬県利根郡片品村、富山県下新川郡朝日町、長野県南佐久郡小海町、長野県上水内郡栄村、岡山県苫田郡鏡野町、熊本県阿蘇郡小国町、熊本県上益城郡山都町、熊本県球磨郡水上村、熊本県球磨郡相良村、大分県玖珠郡九重町、鹿児島県出水郡長島町、鹿児島県肝属郡南大隅町（千葉大学倉阪研究室＋永続地帯研究会、二〇一五、九頁）。

25 因みに、六位以下で再生可能エネルギー自給率が一〇％以上の都道府県は、青森県（自給率、一四％）、岩手県（一二・三％）、熊本県（一二・六％）、鳥取県（一一・四％）、群馬県（一一・二％）、島根県（一一・一％）、福島県（一〇・八％）、佐賀県（一〇・四％）、そして第一四位の山梨県（一〇％）であった（前注掲載文献、八頁）。

26 安倍晋三「美しい星へのいざない（Invitation to "Cool Earth 50"）—三つの提案、三つの原則—」（二〇〇七年五月二四日）http://

www.kantei.go.jp/jp/abespeech/2007/05/24speech.html　（二〇一二年八月二〇日検索）。

27 Communication from the Commission, "Limiting Global Climate Change to 2 degree Celsius: The way ahead for 2020 and beyond" [COM (2007) 2 final]; at: <http:// europa.eu/cgi-bin/etal.pl> (5 December 2007).

28 日本政府主催のサイド・イベントは"Road to Hokkaido Toyako Summit: Message from Japan as a G8 Host Country in 2008"と題され、COP13開催中の一二月一〇日に開催された。パネリストのすべてがエネルギー多消費産業を代表していて、外務省の地球環境担当大使と環境省の地球問題担当審議官が共催した。このパネルでの政策提言は、国際的な削減目標を設定するのではなく、異なる産業部門の自主削減目標に基づく下からの積み上げ方式で温室効果ガスの削減を図る、というものであった。

29 WWF, "Japan's Emission Reduction Target Makes Global Agreement Harder," 11 June 2009; at: <http:// www.ecoseed.org/index.php/general-news/features/in- depth/2715> (18 July 2009).

30 外務省ホームページ「国連気候変動首脳会合—概要と評価—」http://www.mofa.go.jp/mofaj/gaiko/unsokai/64_kiko_gh.html（二〇一二年八月二一日検索）。

31 「地球温暖化対策基本法案」第一七四回、閣第五二号、二〇一〇年三月一二日（衆議院受理）、http://www.shugiin.go.jp/index.nsf/html/index_gian.htm（二〇一二年八月二一日検索）。

32 経済産業省「エネルギー基本計画」二〇一〇（平成二二）年六月一一日閣議決定、http://www.meti.go.jp/committee/summary/0004657/energy.html（二〇一二年八月二一日検索）。

33 経産省ホームページ「産業構造審議会環境部会地球環境小委員会政策手法ワーキンググループにおける議論の中間整理」二〇一〇(平成二二）年九月、http://www.meti.go.jp/committee/summary/0004672/report_01_01j.pdf (二〇一二年八月二五日検索)。

34 「エネルギー・環境戦略—原発ゼロ目標後退　閣議決定せず—」『毎日新聞』二〇一二年九月一九日（東京夕刊）。

35 パブリックコメントは七月二日〜八月一二日の期間中に約八万九千件が集まり、意見聴取会には一四四七人が参加した。討論型世論調査では、電話調査の回答者のうち希望者二八五人が討論会に参加し、電話調査、討論会前、討論会後の三回の調査における意識変化を調べた。この結果、「原発〇％」の回答が、各々三二％、四一％、そして四七％と増加し、原発に関する情報を得て、専門家の話を聞き、討論会で話し合った結果、原発の安全性に得心がいかない人がより多くなった。また、エネルギー選択で最も重視することが「安全性の確保」で八〇・七％、次いで「電力の安定供給」の一五・八％、「発電費用」の二・一％、「地球温暖化防止」の一・一％であった（「『原発〇％』支持最多—討論型世論調査、聴取会、パブリックコメント」（一頁）および「『原発ゼロ』誤算の政権—本命の『一五％』支持伸びず」（二頁）『朝日新聞』、二〇一二年八月二三日）。

36 「『原発ゼロ』誤算の政権—本命の『一五％』支持伸びず」『朝日新聞』二〇一二年八月二三日。

37　以下「政権『原発ゼロ』を転換―エネ計画決定　新増設、否定せず―」と「なし崩しの原発回帰」（『朝日新聞』二〇一四年四月一二日）の記事を参照。
38　「六〇年稼働で原発二五%に―どうする電源構成―専門家に聞く（下）―」『朝日新聞』二〇一五年四月一八日。
39　前掲注に同じ。
40　「四〇年廃炉で原発一五%に―どうする電源構成―専門家に聞く（上）―」『朝日新聞』二〇一五年四月一五日。
41　前掲注に同じ。
42　前掲注に同じ。
43　「自然エネルギー四五%に―どうする電源構成―専門家に聞く（中）―」『朝日新聞』二〇一五年四月一七日。
44　前掲注に同じ。
45　前掲注に同じ。
46　前掲注に同じ。

# 第六章　中国の新エネルギー危機対策[1]

世界銀行が二〇一一年五月に発表した『世界開発の展望二〇一一―多極化―世界経済の新たな構造―』(World Bank, 2011) によれば、新興国は二〇一一年から二五年までに全体として年間平均四・七%で成長し、とりわけ、ブラジル、中国、インド、インドネシア、韓国、ロシアの六カ国が世界経済成長の半分以上に寄与すると予測している。他方、同期間の先進国の平均成長率は二・三%と予測し、ユーロ圏、日本、英国、米国は引き続き世界経済の成長にとって重要な存在であり続けるとしている。

中国は、自国の高度経済成長を維持するために、膨大なエネルギー資源を必要としていて、中東、アフリカ、中南米、南シナ海など、世界の至るところでの資源調達のために積極的な資源外交を展開している。時には権威主義的政権に間接的な支持を与えかねない中国の資源外交は世界的な批判を浴びていて、中国政府自体、国内経済成長を維持するために当然認められるべき行動であるといった考え方から、国際的な批判に応えるかのように言動を慎むようになってきた (郭、二〇一一、二〇一頁)。とはいうものの、依然として、共産党政府の正当性の維持のために高度経済成長路線を維持していく必要に迫られている。言うまでもなく、「ヨハネスバーグの方程式」を解く鍵の一つが、中国の高度経済成長を牽引している産業構造とその動因となっているエネルギー源の選択である。

# 第一節　世界のエネルギー需給の見通しと中国のエネルギー政策

## 一　世界のエネルギー需給見通しとIEAの三つのシナリオ

二〇〇八年のリーマン・ショックに端を発し、EUの財政危機へと続く世界的経済不況や「アラブの春」を震源とする中東の不安定な政治状況にもかかわらず、二〇一〇年の世界のエネルギー需要は五％上昇した。他方、世界の人口増加の九〇％は発展途上国で起こっていて、世界人口の二〇％に当たる一三億人が電気のない生活を強いられている。また、世界の経済成長は不均等で、経済協力開発機構（OECD）諸国の二〇一一年の国内総生産（GDP）の伸び率が一・五％ほどなのに対して、新興国は六・〇％であった。さらに、国際エネルギー機関（IEA）のエネルギー需給見通しによれば、二〇一〇年から二〇三五年の間、非OECD諸国が世界の経済生産の七〇％の増加とエネルギー需要の九〇％の増大を占めると予測している。とりわけ、中国が世界で最大のエネルギー消費国の地位を確実なものとし、二〇三五年にはアメリカのエネルギー消費を七〇％近く上回ると見られる。ただ、その時点でもなお、中国の一人当たりのエネルギー消費量は米国人の半分以下であるとされる。さらに、他の新興国であるインド、インドネシア、ブラジルそして中東諸国のエネルギー消費量の増加率は中国のそれより高くなるとIEAは見ている（IEA, 2011a, pp. 39-40）。

新興国が世界の経済成長を牽引するとともに、今後とも世界のエネルギー生産と消費を拡大させていくとなると、気候変動問題はさらに悪化していくことになる。しかし、エネルギーの主体が化石燃料から非化石燃料に転換して、人為的な温室効果ガスの排出を削減して気候変動を緩和することは全く不可能ではない。上述のＩＥＡのエネルギー需給見通しによれば、化石燃料の時代の終焉にはまだほど遠いが、その優位は下降傾向にあり、世界の一次エネルギーに占める化石燃料の割合が、二〇一〇年の八一％から二〇三五年には七五％に減少するとのことである。特に、電力分野では、水力と風力を中心とした再生可能エネルギー技術が、増大する電力需要に応えるための電力供給能力の半分ほどを担うとされている。とりわけ中国、インドそしてブラジルが世界で新設される水力発電所のほぼ半分を占める見込みである（IEA, 2011a, pp. 40-41）。

気候変動問題への対応に関して、ＩＥＡは二〇一〇年の需給見通しに引き続き、二〇一一年の同報告書でも$CO_2$の排出量に関する三つのシナリオに基づいて、将来のエネルギー需給傾向を描いている。その三つのシナリオとは、主要排出国の「現在の政策シナリオ」（二〇一〇年以前の報告書では基準シナリオ）、「新規の政策シナリオ」、「四五〇シナリオ」（大気中の温室効果ガス濃度を四五〇ppmに抑制）で、将来的に（三五年までのエネルギー需給見通しを基に）産業革命以前と比べ地球の平均気温上昇は、現在の政策シナリオで六℃あるいはそれ以上、新規の政策シナリオで三・五℃以上、そして四五〇シナリオで二℃になると予測している（IEA, 2011a, p. 40）。中国の「現在の政策シナリオ」は、一五年までに二酸化炭素強度（ＧＤＰ当たりの$CO_2$排出量）を一七％削減することを含む第一二次五カ年計画における諸策の実施、同年までの五Gwの太陽光発電と七〇Gwの風力発電の追加ならびに一二〇Gwの水力発電所の建設などからなる。「新規の政策シナリオ」は、二〇年までに対〇五年比四〇％の炭素強度の削減、二〇年からの$CO_2$の想定価格、同年までに総エネルギー供給の一五％を非化石エネルギーとし、原発の発電能力を七〇〜八〇Gwと想定している。また、第一二次五カ年計画の再生可能エネルギー目標を上回ることや軽乗用車燃料節減（PLDV fuel economy）の達成が含まれる。最後の「四五〇シナリオ」としては、二〇年までに炭素強度を〇五年比四五％削減すること、より高い炭素価格の設定、さらには再生可能エネルギー支援の強化が挙げられる。

ＩＥＡの二〇一一年版の世界エネルギー見通しの中心になっている「新規の政策シナリオ」によれば、世界のエネルギーの需要は二〇〇九年から三五年の間に四〇％増大する。その内、石油は運輸部門に牽引されて一八％増大するとみられる。石炭に関しては、今後一〇年ほど非ＯＥＣＤ諸国の需要が増大し続けるが、〇九年に比べて概ね二五％以上の需要増大に落ち着きそうである。最も需要の増大が見込まれるのが天然ガスで、ほぼ石油と石炭をあわせたぐらいの需要となりそうである。同期間に原子力発電所が七〇％以上増加すると見られるが、そのほとんどが中国、韓国、インドである（IEA, 2011a, p. 69）。

世界のエネルギーの需要と供給そして地球温暖化については、非ＯＥＣＤ諸国の動向が鍵を握る。二〇三五年における原油の五〇％以上はＯＰＥＣ加盟国で生産され、ロシア・カスピ海諸国・カタールなどの非ＯＥＣＤ諸国が天然ガス生産の七〇％以上を占める。そして、三五年に中国は、米国より七〇％近く多くのエネルギーを消費し、世界最大の石油消費および輸入国となり、世界の石炭供給の半分近くを消費し続けるが、一人当たりのエネルギー消費量はアメリカ人の半分以下である。国際エネルギー機関（ＩＥＡ）新規の政策シナリオによれば、三五年までに世界のエネルギー起因の$CO_2$排出は二〇％増大し、長期的に地球の平均気温が三・五℃上昇することになってしまう（IEAa, 2011, p. 69）。気候変動に関する政府間パネル（ＩＰＣＣ）の第四次報告書（ＡＲ４）によれば、三・五℃の世界では、数億人が水不足の深刻化に直面し、珊瑚礁が広範囲にわたって死滅し、低緯度のみならず中・高緯度でも穀物生産が低下し、世界の沿岸地の約三〇％が喪失し、熱波、洪水、干ばつによる罹病率と死亡率も増加する（IPCC, 2007, p. 51）。こうした気候変動の影響に適応するための費用も平均気温が上昇すればするほど高くなるので、早期の緩和策の実施が望まれるところである。先進工業国がもっと積極的に温室効果ガス削減の義務を履行するのは当然のこととして、新興国の削減努力もさらに一層必要とされる。特に、今やエネルギーの一大消費国になった中国のエネルギーの需給状況は世界的な関心事になっている。

## 二　中国の高度経済成長とエネルギー需給状況

中国は過去数年の間に、世界有数のエネルギー大消費国になった。二〇一〇年に、同国は世界第一位のエネルギー消費国になり、石油の消費でも米国に次ぐ世界第二位の消費国になった2。中国は、一九九〇年初期まで石油の純輸出国であったが、二〇〇九年には世界第二位の原油と石油製品輸入国となり、米国エネルギー情報局（US Energy Information Administration: ＵＳＥＩＡ）（USEIA, 2014）によれば、二〇一四年には、世界最大の石油輸入国になると予測されていた。また、中国は、世界で上位クラスの石炭の生産・消費・輸入国で、世界の石炭消費の約半分を占める。当然ながら、温室効果ガス排出量も多く、現在、世界最大の$CO_2$排出国である。したがって、自国の増大し続けるエネルギー需要と気候変動対策も念頭に、近年、パイプラインや液化天然ガスによる天然ガスの輸入も増大している。他方、風力、太陽熱や太陽光などの再生可能エネルギー利用も急増している。二〇一三年三月成立の習近平政権は、より市場に基づくエネルギー価格の設定、エネルギー効率の向上、エネルギー会社間の競争の促進、炭化資源開発への投資の拡大、そして再生可能エネルギー開発といった内容のエネルギー政策を打ち出している（篠田、二〇一三、中国国務院、二〇一二）。中国の二〇一二年と二〇一三年のＧＤＰの伸び率は七・七％と予測され、二〇〇〇年〜一一年の間の平均成長率一〇％よりは伸び率は低くなっているものの、今後とも同国のエネルギー需給は増大し続けるとともに、温室効果ガスの排出も増加傾向となろう。

中国のエネルギーと環境問題の核心は、石炭である。中国政府のエネルギー資源の多様化政策にもかかわらず、中国の一次エネルギー総消費における石炭の割合は六九%で、石油の一八%を大きく引き離している。その他に関しては、水力が六%、天然ガスが四%、原子力が一%近く、再生可能エネルギーが一%と続く（**図6―1**参照）。二〇一三年一月に発表された中国の「エネルギー発展第一二次五カ年計画」によれば、一五年までに天然ガスの割合を七・五%まで高め、石炭の割合を六五%にまで下げる目標を掲げている。米国のＥＩＡは、エネルギー効率と環境保全を目指す中国のエネルギー計画によって、石炭の割合は二〇年までに六三%に落ち、四〇年までには五五%に減少すると見ている（USEIA, 2014, p. 2）。因みに、ＩＥＡの「現在の政策シナリオ」では、二〇三五年における石炭の占める割合は六〇%、石油一七%、天然ガスが一〇%、原子力五%、そして水力を含む再生可能エネルギーが九%の割合を占めると予想している。また、「新規の政策シナリオ」では、石炭五一%、石油一八%、天然ガス一一%、原子力六%、再生可能エネルギー一二%となり、地球の平均気温を二℃以下に抑える「四五〇シナリオ」では、同年に、石炭三四%、石油一九%、天然ガス一四%、原子力一三%、再生可能エネルギー二一%という割合になると見ている（IEA, 2011a, pp. 592-3）。

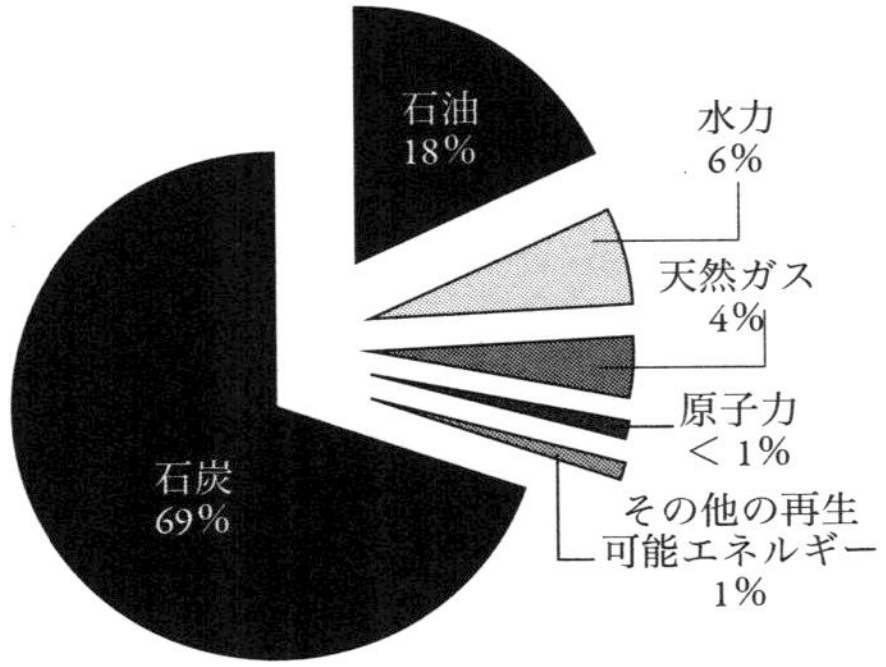


図6―1　2011年の中国の一次エネルギー総消費（資源別割合）

出典：米国エネルギー情報局（USEIA., *International Energy Statistics*）http://www.eia.gov/countries/cab.cfm?fips=ch

中国の一次エネルギー需要の最大の特徴は、発電に占める石炭の割合が非常に大きいということと、運輸部門では石油の比重が非常の高いということである。二〇〇九年には発電用に八億二二〇〇万石油換算トン（Ｍｔｏｅ）の石炭が使用され、発電用燃料全体の八九%を占めた。現在の中国のエネルギー政策に何ら変更がないと、三五年に発電の七六％は石炭の燃焼によることになり、一〇ポイント近く減るものの、燃焼される石炭は一八億石油換算トン以上（一八一六Mtoe）にものぼり、$CO_2$の排出が飛躍的の増大することになる。「新政策シナリオ」では、石炭依存度が六四％（一二九四Mtoe）へと下がり、「四五〇シナリオ」では発電に占める石炭の割合はさらに三四％（五二七Mtoe）へと減ることが見込まれている。ただ、発電用には石油は使わず、天然ガスが一一％、原子力二六％、再生可能エネルギー二九％の比率を想定している。運輸部門に関しては、〇九年に九五％（一五五Mtoe）で、三五年に、「現在の政策シナリオ」では九四％（五〇一Mtoe）、「新政策シナリオ」では九二％（四五八Mtoe）、「四五〇シナリオ」では八一％（三五七Mtoe）の減少にとどまり、電気自動車、バイオ燃料、その他の比率が各々七％、九％、三％と見込まれているにすぎない（IEA, 2011, pp. 592-593）。いずれにせよ、高度経済成長を続ける中国の電力と自動車の需要は増大し続け、それに伴い温室効果ガスの排出も増大する、ということである。

さらに、現在の中国の高度経済成長は、かつての日本と同じように、鉄鋼、石油化学、機械工業、セメントそして電力という重厚長大型でエネルギー多消費の産業によって牽引されている。その上、これらの産業のエネルギー効率は他のOECD諸国に比べて非常に悪い。例えば、石炭火力発電効率は先進国水準より四ポイント低い三六％、鉄鋼生産のトン当たりのエネルギー消費は先進国の一・三倍、自動車の燃料消費は一・五倍、GDP単位当たり石油消費量が日本の八倍、欧米の先進工業国の四倍、世界平均の三倍弱である[3]。

したがって、中国が重厚長大型の経済成長戦略から脱却しつつエネルギー効率の改善を図って持続可能成長を追求していくことは、自国のエネルギー安全保障のみならず、気候変動問題緩和にとっても重要である。その可能性はどうであろうか。中国のエネルギー事情に詳しい郭は、日本との省エネ技術導入協力などによって中国の持続可能な発展モデルへの転換は可能としているものの、当面、これまでの成長戦略をある程度踏襲せざるを得ないとしている。その第一の要因として、中国におけるモータリゼーションの目覚ましい進展が挙げられる。二〇〇九年時点で中国における自動車の保有台数はすでに六〇〇〇万台に達していたが、二〇二〇年には二億台に増えると予想されている。中国の国土が広いことと、電気自動車のためのインフラ整備費用が高いこともあって、当面ガソリン・ディーゼル車が主体となるので、その主たるエネルギー源の石油の需要は今後とも急増すると見込まれ、一〇年に二億一〇〇〇万トンであった石油の不足分が、二〇年には五億トン、三〇年には六億トンに拡大すると見込まれている（郭、二〇一一、二〇八～九頁）。

中国は一九九三年に石油純輸入国になって以来、二〇〇九年に初めて石油の輸入量が国内開発量より五〇％以上多くなり、対外依存度を高めている。そのため石油の安定供給のために、中国の三大国有石油会社（中国石油天然ガス集団公司、中国石油化工集団公司、中国海洋石油総公司）を中心に、㈠国内原油開発の促進、㈡海外原油輸入先と輸入ルートの多様化（含むパイプラインの建設）、㈢海外自主開発の推進、㈣石油備蓄基地の創設、そして㈤石油代替（バイオ燃料や石炭液化など）の開発促進（郭、二〇〇六、一五七～七三頁）を目指している。天然ガスの確保に関しても同様の戦略がとられている。特に、中国国内の石油や天然ガスの需要を満たすための積極的な海外原油輸入先の多様化や海外自主開発が、重商主義的でしかも独裁政権を支える戦略的資源外交として国際的な批判を浴びてきた。二〇〇九年に輸入量が一〇〇〇万トンを超えた対中国原油輸出国は、サウジアラビア、アンゴラ、イラン、ロシア、スーダン、オマーンの六カ国で全体の六七％を占めたが（郭、二〇一一、四四頁）、例えば、スーダンでの開発援助を梃とした石油の権益獲得は国際的な批判の的となった（Hurst, 2008; 郭、二〇〇六、二七五～七頁）。ただ、従来の「内政不干渉」を重視する外交政策とは異なり、国際的な批判にも配慮しているが、政治状況の不安定な中東やアフリカ諸国に依存しているので、地政学的リスクが高い。また、原油価格の高騰のリスクや世界的な原油の需要も増大する中で、中国は今後これまで以上に海外石油や天然ガスの権益獲得やその確保に力を注ぐと予想されるので、資源をめぐる国際競争のさらなる激化が懸念される。

上述したように、石炭は今後とも長期にわたって中国の第一次エネルギーの中心であり続ける。二〇一〇年現在、中国は、世界の石炭消費量（三二億七八〇〇万ｔｏｅ）の約四七％を消費し、世界石炭需要の増加分の八五％を占めている（郭、二〇一一、二二三頁）。中国の石炭は、可採年数が四一年で、石油の一一年、天然ガスの三二年より長くて安価ということもあり、国内の第一次エネルギー総生産の四分の三を占めるとともに、世界第一の生産量（二〇〇九年で二一億二三〇〇万トン）を誇る（同上、一〇八頁）。また、国際石炭価格の下落、国内需要の増大（中国の南方沿岸地域の石炭火力発電所の増設など）、石炭・資源に関する輸出還付税の取り消し等の理由により、〇九年に中国は石炭純輸入国に転じた（同上、一一六〜七頁）。さらに、中国の電源構成に占める火力発電が全体の七〇％以上で、しかもその内の九〇％を石炭火力が占めること、鉄鋼、セメント、アルミニウムなどのエネルギー多消費産業の拡大などにより、石炭需要の増大傾向は今後とも続くと予想される。しかしこうした傾向は、ＣＯ$_2$や二酸化硫黄（ＳＯ$_2$）排出を増大させることになる。事実、中国のＣＯ$_2$排出量は、一九九〇年初期の二八億トンから二〇〇七年の五九億八〇〇〇トン（世界のＣＯ$_2$排出量の二一％）へと急増し、この時点で米国を抜いて世界第一の排出国になった（同上、一四一〜二頁）。深刻化する国内の大気汚染問題とともに、世界の気候変動問題についても、中国政府は何らかの対策を国内外から迫られるようになった。

## 三　中国の新エネルギー危機政策

「新エネルギー危機」の緩和あるいは「ヨハネスバーグの方程式」を解くために、中国における再生可能エネルギーの開発や利用拡大が鍵を握っている、ということである。実は、再生可能エネルギー関連の技術開発に関しては、二〇〇七年の時点で、中国はすでに世界第一位の太陽電池生産国になっていて、世界の市場占有率は〇二年の一・八%から〇九年の三七・四%にまで急拡大している。後述する風力発電やバイオマスについても言えることだが、太陽光発電の拡大の要因は、〇六年一月施行の「再生可能エネルギー法」で産業指導や技術支援、優遇貸付や優遇税制等のインセンティブを与えるとともに、電力業者に再生可能エネルギー由来の電力の購入を義務づけたことである。また、〇七年八月発表の「再生可能エネルギー中長期計画」では、二〇年までに一次エネルギーに占める再生可能エネルギーの比率を一〇年時点の八%から一五%まで引き上げる目標を設定している（郭、二〇一一、一七〇～一頁）。しかし、中国国内の太陽光発電が微増であるにもかかわらず[4]、太陽光電池やモジュールにおいて世界市場を席巻していることを背景に、特に、米国との間で新たな貿易摩擦を引き起こしている。再生可能エネルギー市場をめぐる国際政治経済が、ヨハネスバーグの一次方程式を、二次から三次方程式というように、より難解なものにしている。

この問題に立ち入る前に、まず、中国の新しいエネルギー政策を概観しておこう。

現在の中国政府は、経済発展、民生の改善（市民生活の向上）、小康社会（もう少し余裕のある社会）の建設を目指している。そのなかで、エネルギー安全保障とエネルギーの持続可能な利用の維持が求められている。中国のエネルギー政策の基本方針は、「節約を優先し、国内に立脚し、多元的な発展を目指し、環境を保全し、技術革新を進め、改革を深化させ、国際協力し、民生を改善する」（中国国務院、二〇一二、六頁）ということである。すなわち、エネルギー効率の向上と省エネを促進し、国内供給の基盤を強固なものにするとともに緊急対応のためのエネルギーの備蓄体制も整え、非化石燃料の比率を高めて低炭素エネルギーへの移行を図り、環境の保全を図りつつ、革新的なエネルギー技術を追求し、エネルギー価格への市場メカニズム導入等の制度的改革を推し進め、国際的なエネルギー秩序構築のために国際協力を促進し、都市部と農村部の健全なエネルギー発展を達成する、ということである。以下、省エネ政策とエネルギー安全保障政策に関係する国内資源開発やインフラ整備ならびにエネルギー資源の多様化（含む輸入先の多様化）を中心に、中国のエネルギー政策の内容を少し掘り下げておく。

省エネ政策に関しては、中国政府は、二〇〇六年の「省エネ作業の強化に関する決定」と翌年の「省エネ・排出削減の総合的作業法案」を公布し、工業、建築、交通分野における省エネを推進した。国務院の『エネルギー白書』によれば、第一一次五カ年計画の期間中（二〇〇六〜一〇年）に国内総生産（GDP）当たりのエネルギー消費量は一九・一％減少した（中国国務院、二〇一二、八頁）。また、中国政府は、二〇一一年に「第一二次五カ年計画省エネ・排出削減総合作業法案」を公布し、エネルギー強度（GDP単位当たりのエネルギー使用量）の低下、主要汚染物排出総量の削減、工業、建築、運輸、公共機関および都市部と農村部の建設と消費分野のエネルギー消費の管理の強化などによって、省エネで環境保全社会の形成を目指すことになった（同上）。

中国国内のエネルギー開発と戦略的な資源の備蓄は、エネルギーの安定供給に欠かせない。二〇一二年の中国における原油生産は日産四一二万バレル（日産五五万六二〇〇トン）で、三大生産地である大慶（東北）、長慶（オルドス）、勝利（河北）に加えて、渤海の生産量が増大している[5]。天然ガスの生産量は一一一六億㎥（三・九Tcf）、確認埋蔵量は三一兆㎥（一〇九・五Tcf）で、三大生産地である長慶、タリム（新疆）、四川が中国の天然ガス全生産の約六〇％を占めている。石炭の生産地は、華北と西北など内陸部が中心であるが、二〇一一年には、山西、陝西、内モンゴルの山西地域が二二億六〇〇〇万トンを生産し、全生産量の五八％を占めた。非化石燃料のシェールガスについて、二〇一三年一月、中国石油化学連合会は、技術的に開発可能なシェールガス資源量が三一〇Tcfあると発表している。中国政府は、シェールガスを二〇一五年に六五億㎥、二〇二〇年に六〇〇〜一〇〇〇億㎥生産する目標を立てている。ただし、米国に比べてより深い場所でしかも山岳地帯か人口密集地にガスが存在すること、国内のガス価格規制、効率的な輸送インフラの未整備、技術的な蓄積不足などの課題も多い（篠田、二〇一三、一八頁）[6]。中国政府による石油の備蓄に関しては、浙江省の鎮海や舟山、山東省の黄島、遼寧省の大連、新疆ウイグル自治区の独山子、甘粛省の蘭州に六基の地上タンク方式の備蓄基地があり、中国の原油輸入量の二七日分に相当する量を備蓄している（同上、一九頁）。政府と民間の備蓄を合わせて一六〇日以上の日本の備蓄量（二〇〇八年五月末現在）と比べれば、中国の原油の備蓄量はまだかなり少ない。

可能な限り国内のエネルギー資源を開発することと、次に述べるエネルギー源の多様化とともに、エネルギーの安全保障にとって重要なことは、エネルギーの調達先の多様化と国内のエネルギー輸送体制の強化である。近年海外からの輸入が増加している石油と天然ガスの輸入先については、中東、アフリカ、アジア太平洋、中南米と調達先の多様化を図っている。しかし、こうした輸入原油の約八〇%は、世界でも有数のチョークポイントであるマラッカ海峡を通らねばならない。したがって、石油や天然ガスの安定かつ安全な供給のために、中国は近隣諸国であるロシア、中央アジア諸国、ミャンマーとの間にパイプラインの建設を進めてきた。原油のパイプラインについては、二〇一二年現在、総延長一万四六五八マイル（約二万三四五三km）、国内の石油製品用パイプラインは一万一七九五マイル（一万八八七二km）である（USEIA, 2014, p.12-3）。天然ガス・パイプラインに関しては、「天然ガス開発第一二次五カ年計画」によれば、二〇一一〜五年に四万四〇〇〇kmのパイプラインを新設することになっている。第三期目のいわゆる西気東輸（中西部の天然ガスを東部に輸送）計画が現在進行中で、このパイプラインの敷設が完了すれば、年間の三〇〇億㎥の天然ガスの輸送が可能になる（篠田、二〇一三、二七頁）。また、篠田によれば、民間企業が、新疆ウイグル自治区とカザフスタン共和国を結ぶ天然ガス・パイプライン建設への投資も行っているので、官民挙げての取り組みになっている。さらに、民間企業が六〇％以上を占める液化天然ガス（LNG）ビジネスも盛んになっており、現在稼働中の国有の五基のLNGターミナルに加え、新たに一一基が建設中であるが、いずれ民間企業の投資も拡大するとのことである（同上）。ただ、東および南シナ海での独自の探査・開発作業は、日本、ベトナム、フィリピンなどと領土問題をめぐる摩擦を助長しかねない。チョークポイントの安全航行の確保のための国際協力とともに、資源の共同開発を視野に入れた対応をしていかないと、エネルギーの安全保障を追求する政策がかえって紛争を招く恐れがある。こうした状況のなか、二〇一四年五月二一日、ロシア国営ガス会社ガスプロムと中国石油天然気集団（CNPC）は、約一〇年に及ぶ交渉の末、今後三〇年間、年間最大三八〇億㎥の天然ガス（中国の年間ガス消費量の二〇％に相当）をパイプラインで輸送するという、総額四〇〇〇億ドル（約四〇兆円）の大型契約を結んだ（石川、二〇一四）。この契約交渉は、ウクライナ問題でEU諸国がロシアの天然ガスの依存度を減らそうとしている状況下、また、中国が海洋資源開発で近隣諸国と摩擦を起こしているなかで加速されたものであり、両国の外交戦略的な意味合いも強いが、少なくとも中国にとっては、エネルギー安全保障上非常に重要な契約となった。

中国の『エネルギー白書』のいうエネルギーの多元的発展とは、エネルギー源の多様化を意味し、再生可能エネルギーや原子力エネルギー開発を含んでいる。第一二次五カ年計画（二〇一一～五年）では、一次エネルギー総消費に占める非化石エネルギーの割合を一一・四％、総発電に占める割合を三〇％に引き上げる最終目標を掲げている（中国国務院、二〇一二、一〇頁）。こうした目標を達成するためには、水力の利用をさらに推し進める必要がある。水力資源は石炭に次ぐエネルギー資源であり、二〇〇八年の時点で、中国の総発電能力の二二％を占める。経済的に開発可能な発電量という観点からすると、水力発電資源は中国の「余剰可採エネルギー埋蔵量」の四〇％に相当して、石炭に次いで豊富な資源ということになる。しかし、水力資源のほとんどが中国の西南地域（四川、雲南、チベットなど）に広く分布していて（郭、二〇一一、一七八〜九頁）、エネルギー消費地から遠く離れているばかりか、大規模な水資源開発には社会面および環境面での悪影響が懸念される。

風力発電は、中国で最も大規模な開発と市場化が進んでいる再生可能エネルギーである。中国の風力発電の設備容量は、二〇〇九年に累計二五〇〇万kWに達して世界第二となるとともに、その時点で一〇〇〇万kW以上の新規設備容量となり、世界第一位の規模となっていた。第一二次五カ年計画の期間中、集中的な開発と分散型供給を推し進めて、風力発電開発の最適化を目指している。二〇一五年までに、風力発電量は一億kWを超え、そのうち、洋上風力発電が五〇〇万kWに達する見込みである（中国国務院、二〇一二、一一頁）。二〇年には中国と米国の二カ国で、世界の風力発電市場の約四〇％を占めると見込まれている（郭、二〇一一、一七五〜六頁）。

中国政府は、太陽エネルギー利用にも積極的な姿勢を示している。青海、新疆、甘粛、内蒙古地域などでは太陽光エネルギー資源が豊富で、こうした地域での太陽光発電による分散型の電力供給を推進する一方、中東部地域では分散型の太陽光発電システムの建築を奨励している。同時に、太陽熱温水器の普及も図り、太陽光エネルギーによる熱湯の供給や冷暖房への利用も推進する。『エネルギー白書』は、二〇一五年までに、太陽エネルギー発電設備容量を二一〇〇万kWh以上にし、太陽エネルギー集熱面積を四億m²に達する目標を立てている（中国国務院、二〇一二、一二頁）。

中国のバイオエネルギーについては、農林業地域と都市部での取り組みに大別できよう。穀物、綿花、サトウキビの主要生産地では、農産物の茎、食品加工の余剰物、サトウキビの搾りかすなどから抽出したバイオ燃料などを利用した発電やバイオ燃料の精製を、林業が盛んな地域では材木を中心としたバイオマス発電を推進している。また、都市部ではゴミの焼却からの廃熱利用や埋め立て地から発生するメタン・ガスによる発電などによるバイオエネルギーの利用が進んでいる（中国国務院、二〇一二、一二頁）。要するに、中国のバイオマス開発は、㈠農村バイオマス、㈡農業廃棄物によるガス化個体燃料化、㈢バイオ燃料、㈣バイオ発電でというもので、再生エネルギー開発とともに農村経済の振興も図っている。石油代替のバイオエタノール生産には、キャッサバやコウリャンを原料として使用し、二〇年までに年間一一〇〇万トンの生産を目指す。因みに、〇九年の年間ガソリン消費量は六三三一万トンであった。また、バイオディーゼルの開発に当たっては、今後欧米企業と提携して開発・生産に取り組んでいくとのことになっている（郭、二〇一一、一七七～八）。

非化石燃料の選択肢の一つとしての原子力エネルギー利用に関しても、気候変動緩和策やエネルギー安全保障の観点から、中国政府は積極的に開発計画を遂行している。二〇一三年時点で、中国の原発の発電容量は一四・七Gw、中国全体の発電量の二%を占めるにすぎない。しかし、中国政府は、二〇年までに五八Gwの発電能力の開発目標を立てている。一三年末現在、四年後の稼働開始を目指して、おおよそ三五Gwの発電能力を持った三一基の原発が建設中であった。また、海外からの調達や内モンゴルや新疆でのウラン開発によって、戦略的および商業的ウランの備蓄を意図している。さらに、核燃料再処理工場を建設中で、一七年からの運用を予定している（USEIA, 2014, p. 34）。中国の原子力エネルギー開発には短・中期のメリットとして原発の稼働中は$CO_2$を排出しないとしても、原子力発電所建設コストの上昇（学習効果なし）、ウラン鉱石の採掘、運搬、ウラン濃縮の過程、廃炉後の処理、高レベル放射性廃棄物の超長期間保管など、その全過程における化石燃料の利用を考慮に入れると、発電コスト面でも$CO_2$排出削減の面でも、広く言われているような費用便益上のメリットは疑わしい。

それよりもむしろ、中国が上記の野心的な原子力開発を追求する上での課題について検討する必要があろう。第一に、中国の原発施設の急増に伴うウラン需要の増大とウラン資源をめぐる国際競争ならびにウランの価格の高騰の可能性が挙げられる。次に、短期間の間に急速な原発開発を遂行しようというとき、ハードならびにソフト面での対応は十分になされるのだろうか、ということが懸念材料となる。中国では、原発の三大基幹技術および設備（圧力容器、メインポンプ、蒸気発生器）の自主開発が遅れていると言われている。また、原発の建設・運用・管理に携わる人材の育成、原子力安全管理の専門家養成、設備の品質保証管理体制の確立などが十分に行われるのだろうか、ということも気になる。さらに、原発建設に伴う不確実性あるいはリスクも懸念材料である。日本や欧米諸国とは異なり、中国には地元住民なり一般市民の原発建設に反対する組織化された社会・政治勢力は存在しないので、原発建設計画、建設、稼働に至るまで、国家主導で行われてきた。しかし、今後とも同じようにことがスムーズに運ぶとは限らない（郭、二〇一一、一八五〜九二頁）。二〇一一年に連鎖的に起こった「アラブの春」の民主化運動で明らかなように、世界的なソーシャルネットワーク上の情報交換の速度・規模・密度が、為政者の想像を超える人々の行動を組織化しないとは言い切れない。

以上が中国の最近のエネルギー政策である。基本的に石炭への依存の軽減と環境保全のために天然ガスの利用を促進する姿勢が窺えるとともに、エネルギー安全保障のための国内資源開発、インフラ整備、資源輸入先の多様化などを積極的に推し進めている。さらに、新エネルギー危機対策としての再生可能エネルギーの利用拡大にも積極的的であるとともに、再生可能エネルギー技術の開発を今後の経済発展のための戦略的分野と位置付けている。しかし、後者の取り組みは欧米諸国との貿易摩擦を引き起こしていて、ヨハネスバーグの一次方程式を二次あるいは三次の方程式に転換したかのように、新エネルギー危機への対応をより複雑にしている。次に紹介するエピソードが、こうした錯綜する現実の国内および国際政治経済の相互作用を具体的に描き出している。

二〇一一年一〇月に、ドイツのソーラーワールド米国法人（SolarWorld Industries America Inc.）は、他の米国国内の太陽電池メーカー六社を代表して、中国製の太陽電池およびパネルが不当廉売（ダンピング）を行っていてアメリカ人の雇用を奪っているとして、米商務省と国際貿易委員会（ＩＴＣ）に提訴した。その主な内容は、中国政府が自国の製造業者に対して、土地提供や安価な電力の供給、税額控除、融資面での優遇などの違法な援助を行っているとし、中国製多結晶シリコン太陽電池と太陽光パネルに対して一〇〇％以上の反ダンピング関税と、中国政府の補助金に対する相殺関税を求めるものである（Hart, 2012）[7]。特に衆目を集めたことに、一一年八月三一日に米国の太陽電池メーカーのソリンドラ社（カリフォルニア州）が、経営悪化を理由に米連邦破産法第一一条（日本の民事再生法に相当）の適用を申請すると発表した。この時点でソリンドラはすでに操業を停止していて、約一一〇〇人の従業員は解雇されることになった。同月には、アメリカのエバーグリーン・ソーラー社とスペクトラワット社が同様に破産を申請していた。ソリンドラ社の太陽電池は、ビルや商業施設に設置しやすい円筒状のもので、結晶シリコン型に比べて一・五倍発電効率の良い独自開発の製品であった。また、〇九年に米エネルギー省から五億二七〇〇万ドル（約四一一億円）の融資保証を得ていたばかりか、オバマ大統領のグリーン・ニューディール政策の目玉の一つとして、大統領自身一〇年の五月に同社を訪問していた（Bradsher, 2011）[8]。中国は〇四年に世界市場に進出し始め、〇七年にはすでに世界最大の太陽電池生産国になるとともに、〇八年には世界最大のソーラーパネル生産国になった。二〇一〇年時点で中国の太陽電池メーカーは世界市場の五〇％近くを占め、トップ一〇の上位にサンテック、ＪＡ　ソーラー、インリソーラー、トリナソーラーらの中国メーカーがひしめき、米国のファーストソラー、ドイツのＱセル社、日本のシャープが苦戦を強いられているという状況である（Hart, 2012, p. 3; 瀧本、二〇一一、サーチナ、二〇一一）。

この太陽電池をめぐる米国と中国の貿易摩擦は、政府主導の気候緩和政策の執行とも深く関係してくる国際政治経済問題という側面があるとともに、新興国中国の国内政治経済問題とも密接に関係していて、単なる二国間の貿易問題として片付けられるものではない。石炭や石油などの化石燃料の利用に関してはすでに必要なインフラが整備されていて、その利用コストは比較的安い。それに対して、太陽光発電などの再生可能エネルギーの利用拡大には、その技術が比較的新しいことと、それらの活用のためにインフラの整備が進んでおらず、コストがかかる。そこで、気候変動政策のためにEU諸国、例えば、ドイツでは、再生可能エネルギー（太陽光や風力など）によって発電された電力を比較的高値でしかも一定期間にわたって固定した価格で送電会社が買い取るという「固定価格買い取り制度」（FIT）が〇四年に導入された。これを機に、中国は戦略的に太陽電池やソーラーパネルを生産し、ドイツをはじめとしてEU市場や米国市場向けに輸出し始めた。二〇〇九年時点、世界の太陽電池市場の七九％はEUでそのうちの五三％はドイツが占め、次に米国と日本が七％と続くが、中国は二％（韓国と同じ）で、インドは〇・五％である（EPIA and GREENPEACE, 2011, p. 64）。現在、ドイツ国内では太陽電池市場の半分以上を中国企業に占められ、ドイツ系のトップ企業であるQセルズも売り上げが大幅に減少し、生産主力を人件費や電力料金の安いマレーシアに移転している。こうした状況で雇用が失われるとともに、再生可能エネルギー促進のために高い電気料金を支払ってきたドイツ国民も、皮肉なことに中国企業のために高い料金を支払うようなことになるので、不満を抱くようになった。

こうした国際的な問題の広がりを背景として、中国の太陽電池やソーラーパネルに関する米国におけるダンピング提訴問題は、中国の国家戦略としての再生可能エネルギー技術の開発促進と地方政府の産業振興策が中・米の貿易摩擦を引き起こした事例である。中国の太陽電池産業が急速に発展したのは、㈠計画経済手法でトップダウン的に迅速に計画が実行されること、㈡土地や借金などへの銀行の支援や太陽電池基金の設立、㈢国家科学技術部による重大プロジェクトやハイテク産業への援助、㈣金融保証、㈤税制面での優遇措置などが挙げられる。それに加えて、地方政府も追加的な積極的支援を行う。太陽電池の場合、江蘇省が積極的な企業の誘致活動ならびに優遇策を施している。例えば、太陽電池産業の法的優遇、再生可能エネルギー特別産業区域の設置、太陽電池産業への支援金の支給などである（王・北原、二〇一〇）。こうした国と地方の太陽光発電産業支援策が功を奏して、中国の太陽光発電用製品の九〇％以上が海外市場に輸出され、そのうちの三分の二以上が江蘇省で生産されている（Hart, 2012, p. 4）。こうした状況を背景に、米国の太陽電池メーカー七社の対中国製品ダンピング提訴を検討する米連邦政府は、中国政府による経済への介入の増大を問題視した。米通商代表部と商務省の補助金政策に関する報告書は、国内の産業および国営企業活動の促進や保護を意図した補助金を広範に利用している中国政府の産業政策は、輸出産業を育成して米国との貿易摩擦を引き起こしている、と主張している。そして、中国は、中央統制の計画経済から透明性と法の支配によって治められる市場経済への移行の歩みを止めた、と批判している。また、具体的に再生可能エネルギーに関する第一一次五カ年計画に出てくる税制優遇制度、投資、義務的な市場シェア政策などの実施という文言が違法な補助金制度の活用を示唆していることや、第一二次五カ年計画では一兆二〇〇〇億人民元が計上されていることを指摘している。さらに、二〇〇ほど補助制度があるにもかかわらず、中国政府はそれらをすべて明らかにしないにことによって、WTO加盟国に課されている補助金制度の透明性の確保の義務を履行していない、と批判している。同報告書によれば、中国は、WTO加盟後二〇〇六年に一度だけ補助金と相殺措置に関する委員会（以下、補助金委員会）に補助金に関する報告書を提出したが、その時、省や地方政府の補助政策については言及していなかった。二〇〇九年一〇月に開催された補助金委員会で補助金政策についての二度目の報告を提出すると約束したが、その際でも、省や地方政府の補助政策は含めないとした。二〇一一年現在でも米政府が求める補助制度における中国の透明性は確保されていない、と指摘した（USTR and USDC, 2012）。

結局、米国際貿易委員会（ＩＴＣ）は、一二年五月、中国製太陽電池をダンピングと認定し仮の税率を決定した後、一一月に正式に決定した。世界最大の太陽光パネルメーカーである中国のサンテック・パワー・ホールディングス（尚徳太陽能電力：ＳＴＰ．Ｎ）には合計で約三六％、トリナ・ソーラー（天合光能：ＴＳＬ．Ｎ）には約二三・七五％の関税が適用されることに、また、その他の一〇〇社以上の中国メーカーと輸出業者に対しては、合計で約三一％、こうしたメーカー以外のその他の中国企業には二五〇％以上の関税が適用されることになった[9]。しかし、関税率引き上げ対象となった中国企業は、太陽電池を台湾企業に委託製造させ、ソーラーパネルを中国で組み立てて、台湾製として米国向けに輸出を続けた（山本、二〇一三、一頁）。

二〇一二年七月二四日、ドイツ企業のソーラーワールドなどが、欧州委員会に対しても、米国政府に対してと同様に、中国ソーラーパネル製品（ウエハー、セル、モジュール）に対する反ダンピング調査を申請し、中国とＥＵの間でも同製品をめぐる貿易摩擦が表面化した。二〇一一年現在、中国の一五〇社余りのソーラーパネルメーカー（四〇万人以上の雇用）の製品の輸出の六〇％がＥＵ市場向けで、その輸出総額は二一〇億ドルに達していた（江原、二〇一三、九一～三頁）。

欧州委員会は、一三年六月四日、中国製ソーラーパネル製品に対する反ダンピング調査に関する仮決定を発表した。すなわち、㈠六月六日から八月六日まで一一・八％の一時的懲罰的関税（一時的追加課税）を課すこと、㈡八月六日までに中・欧双方が解決策を見出せない場合、その後四カ月間は税率を四七・六％とすること、㈢一三年末までに解決法案を見出せない場合、ＥＵ加盟国からの支持が得られなければ、その後五年間さらに高率の税率を課す（江原、二〇一三）、というものであった。こうした仮決定が公表される前後、危機感を覚えた中国政府、中国機電製品輸出入商会（中国の家電・機械業界団体）やソーラーパネル会社などは、精力的にロビー活動などを展開する一方、ＥＵとその加盟国に対して粘り強く交渉した。例えば、一三年五月、李克強首相は、ドイツを公式訪問して、アンゲラ・メルケル首相と会談して、中国の立場を説明しつつ、両国間の貿易による互いの利益を確認している。

しかし、欧州委員会の仮決定に対するEU諸国の足並みは揃わなかった。欧州委員会の追加課税の決定に賛成したのはフランス等の四カ国のみで、ドイツをはじめとする他の国は反対に回った（棄権五カ国）。ドイツは当初追加課税に賛成すると思われていたが、二〇一二年八月、メルケル首相が中国を公式訪問した際、「課税すべきではなく、交渉すべき」と発言して（山本、二〇一三、二頁）、反対の態度を鮮明にしていた。山本によれば、ドイツが追加課税に強く反対した理由は、ドイツの高級車に対する中国の報復関税を懸念したためである。メルセデスベンツ、BMW、フォルクスワーゲン、アウディーにとって中国は重要な市場で、特に、フォルクスワーゲンはその販売の三〇％を中国市場に依存している。こうした弱みに付け込んだかのように、一三年になって中国政府は、フォルクスワーゲンの変速機の欠陥を指摘して三八万台をリコールさせる一方、他のメーカーに対しても自動車部品に有害物質が利用されている、といったことを問題視し始めた（同上、三頁）。

他方、欧州委員会の二〇一三年六月の仮決定に賛成したEU諸国に対しても、中国は報復的な措置を採った。前年の一二年八月、中国酒業協会は商務部に対して、EU産ワインに対して反ダンピング・反補助金調査（双反調査）を申請していたが、中国政府は、欧州委員会が中国製ソーラーパネル製品に対して一一・八％の懲罰的関税を課すと発表した一三年六月に、EU産ワインに対する双反調査の立案手続きに入ったことを明らかにした（江原、二〇一三、一〇三頁）。欧州委員会の中国産ソーラーパネル製品に対する双反調査の仮決定に賛成したフランス、イタリア、ポルトガル、リトアニアの四カ国はいずれもワイン輸出国であった。中国は全ワインの輸入量の六〇％をEU諸国から輸入していて、今後とも輸入量の増加が見込まれていた。とりわけ、EUの対中国ワイン輸出の七〇％以上を占めるフランスのワインにとって、中国は最大の顧客であるのみならず、輸出不振が続くなか、中国市場が唯一売り上げを伸ばしている市場でもある（同上、一〇四頁、山本、二〇一三、四頁）。因みに、EU産ワインのダンピング問題は、中国ソーラーパネル製品をめぐる貿易摩擦が解消された後、一四年三月二二日から始まった習近平国家主席のEU訪問の前に和解に至っている[10]。

以上のように、ドイツとフランスなどの主要国が中国の反攻に遭遇する中、二〇一三年七月二七日、中国機電製品輸出入商会は、中国ソーラーパネル業界と欧州委員会が「価格約束」（あるいは価格承諾）という形で和解した（江原、二〇一三、九四頁）、と発表した。江原によれば、和解の内容は、EU向けの中国のソーラーパネル製品の輸出価格が一kW当たり〇・五六ユーロを下回らないこと、輸出割当量の上限を七GWにするものであった。この合意によって、「価格約束」を受け入れた中国企業九四社の製品のEU市場輸出に対する反ダンピング課税は、一五年まで免税となった（同上、九五頁）。この合意は中国の一方的な勝利と見受けられようが、実はそうとは必ずしも断言できない。なぜならば、中国の中央および地方政府のソーラーパネル産業奨励策によって、深刻な過剰生産と供給過多に陥っていて、一三年三月、大手企業のサンテックパワー（無錫尚徳）が倒産するといった事態になり、国内産業の再編が起きている。

以上が、太陽光発電をめぐる中国と米国およびEUの貿易摩擦の簡単な経緯と現状である。中国政府がソーラーパネル産業を戦略的新興産業と位置づけていることと、地方政府も同産業の奨励を積極的に行っている結果として、米国やEU諸国との間に貿易摩擦を引き起こしている。気候変動緩和が世界の喫緊の課題の一つであること、また、中国と米国が世界第一と第二の温室効果ガス排出国であるという事実、さらに、EU諸国で進む再生可能エネルギー普及のため、世界全体にとっても太陽光発電利用が拡大する傾向にあるなか、中・米・EUには互いの短期的な利害調整を行う必要が生じている。今回の貿易摩擦の中・長期的な解決のために、中国は自国内で太陽光発電がより一層普及する政策を促進する必要がある。他方、米国には、中国への多結晶シリコンなどの輸出額が中国からの太陽電池などの輸入額を相殺していることを念頭に（Hart, 2012）、また、中国の潜在的な再生可能エネルギー市場の大きさと、ＥＵ諸国や他のＯＥＣＤ諸国との連携も考慮に入れて、単純な反ダンピング制裁措置とは異なった問題の解決が今後とも求められる。

## 第二節　国連気候変動枠組条約および京都議定書と中国の対応

### 一　国連気候変動枠組条約の交渉過程期における中国の対応

中国は当初、人為的な温室効果ガスの排出と気候変動との間の因果関係等、その科学的不確実性を根拠に国連気候変動枠組条約交渉に後ろ向きであった。いわば、傍観者的な立場にあったが、条約交渉が進むにつれ途上国のコーカス（会派）である「グループ77（Ｇ77）プラス中国」のリーダー的役割を果たすようになった。インドとともに途上国を代表する中国の最大の関心事は衡平性と開発である。ことに中国は、リオ宣言や条約にも謳われた「共通だが差異のある責任」原則[11]を強く主張して、途上国からの支持と賞賛を得た（Chen, 2012, p. 6）。中国やインドによれば、人為的な温室効果ガス排出による急速な地球温暖化とそれに起因する気候変動問題は、先進工業国による産業革命以来の温室効果ガスの排出とエネルギー多消費の生活に起因するので、気候変動緩和のために先進国が主要な責任を負うべきである（歴史的責任論）[12]。また、途上国が温室効果ガス削減義務を負う必要がないという議論の拠りどころとして、中国をはじめ途上国の一人当たりの温室効果ガス排出量は、先進国のそれに比べて格段に少ない事実に基づいている（衡平性の議論）。したがって、もし途上国が何らかの削減義務を負うときは、オゾン層保護レジームの交渉の時と同様に、財政および技術支援が得られる場合のみであり、途上国の自国の自然資源の利用についての開発主権が侵害されてはならない（開発主権論）（Grubb, 1999, p. 36）、という主張になる。こうした議論が、今や一二〇カ国以上の途上国からなる「G77プラス中国」の統一見解として、国連気候変動枠組条約および京都議定書交渉を通して一貫して堅持された[13]。

中国の地球環境問題に対する国際的協力への支持表明は、財政および技術支援を前提としたものではあったが、環境NGOやヨーロッパ諸国にも歓迎された。一九八九年の天安門事件以来の国際的批判によって外交的に孤立していた中国にとって、環境保護という国際的規範に敬意を表することによって自国に対する負のイメージを多少なりとも払拭できたことは（Chen, 2012, p. 6）、中国にとっても外交的得点につながった。

一九九二年六月ブラジルのリオで開催の国連環境開発会議（地球サミット）で国連気候変動枠組条約は調印に付され、その二年後の一九九四年に発効した。それを受けて一九九五年にベルリンで開催された第一回締約国会議（COP1）から議定書制定交渉が始まった。この会議で採択された「ベルリン・マンデート」は、各国の能力に応じた「共通だが差異のある責任」原則に基づいて（条約の第三条第一項）、交渉予定の議定書においては途上国の温室効果ガス削減義務を問わないことが約された。

## 二　京都議定書交渉過程期における中国の対応

一九九五年のCOP1から始まって、二〇〇五年に京都議定書が発効するまでの長期の交渉過程においても、中国は、上述の途上国の原則的な立場を堅持しつつ、先進工業国との条件闘争を行うという機会主義的な行動パターンを示した。この間の中国の外交政策は以下の二つの課題に焦点を定めていた。第一に、先進工業国の国際的排出量取引メカニズムをどのように容認するのか、第二に、途上国が具体的な温室効果ガス排出削減義務を負うように強いられることを妨げる、ことであった（Harris, 2009, p. 59）。一九九七年の京都会議（ＣＯＰ３）に際して、中国代表団を率いた陳耀邦は、中国が「中所得国」にならない限り断固として削減義務を負うことに反対であり、削減義務を負うべき先進工業国間の排出量取引（emission trading: ＥＴ）や共同実施（joint implementation: ＪＩ）という柔軟メカニズム（あるいは京都メカニズム）についても、自国での削減努力を回避することを許してしまう、として反対した（Ibid.）。こうした議論は、小島嶼諸国や環境ＮＧＯに支持された。京都会議は柔軟メカニズム問題で紛糾したが、最終的には、こうしたメカニズムの利用は、国内の削減政策の補足的な利用に限定される、ということで採決されることになった（Grubb, 1999, pp. 95-6）。

中国が先進工業国間の柔軟メカニズム反対の姿勢を変えていくのは、ブラジル提案をもとに成立した、途上国と先進国の間の協力で温室効果ガス削減を目指すクリーン開発メカニズム（ＣＤＭ：後述）が、自国にとって利益になることに気づくようになってからである。二〇〇〇年、中国は、気候変動交渉において「後悔しない」（"no regrets"）政策を導入することにした。すなわち、経済発展に悪影響を与えない限り、ある程度の具体的な削減義務を負う、というものである（Harris, 2009, p. 59; Chen, 2012, p. 100）。二〇〇〇年以降、中国はアジア開発銀行や他の多国間基金からの援助を利用して、ＣＤＭプロジェクトを始めるようになった。

また、中国は「責任ある大国」としてのイメージを間接的に高めることにもなった。当時世界第一の温室効果ガス排出国であった米国のＧ・Ｗ・ブッシュ大統領は、二〇〇一年三月に京都議定書を批准しないと宣言した。その主な拒否の理由は、京都議定書は他の大排出国である中国などに対して削減義務を課さない不十分なものであるばかりか、削減義務は米国経済に悪影響を与える、ということであった。それに対して、中国は、〇二年に、EUや日本とともに京都議定書を批准し、議定書の〇五年の発効に寄与した。中国は途上国のリーダーとしての信頼を勝ち得ていることに加えて、EUや日本など工業国との関係強化を図ることもできたのであった。

以上のように、国連気候変動枠組条約と京都議定書の交渉において、中国は、自国ならびにその他多くの途上国の気候レジーム参加の条件として、各国の能力に応じた「共通だが差異のある責任」原則、財政ならびに技術的支援、クリーン開発メカニズム制度を国際条約に導入することに成功したのみならず、途上国ならびの多くの先進工業国からの信頼と敬意をも獲得することができた。

## 三　京都議定書以後の国際交渉における中国の対応

京都議定書第一約束期間（二〇〇八～一二年）以降の国際協力枠組み作りは、国連気候変動枠組条約の締約国会議（COP）と京都議定書の締約国会合（CMP）という二つのトラックで行われるようになり、国連を中心とした国際交渉（国連プロセス）自体が複雑なものになった。また、国連の枠組み以外にもG8あるいはG20、さらには米国の主導のもとに主要排出国（参加国の意向を受けて主要経済国）間のゆるやかな政策連合グループも形成されて、気候変動問題に関する国際的な合意形成が行われていることは、第二章での触れた通りである。

国際社会の関心が、すべての国あるいは途上国も含めた主要排出国が削減義務を負う新たな国際的枠組作成交渉に移るにしたがって、胡錦濤政権は次第に機会主義的行動を取りづらくなるばかりか、かえって責任を追及されるようになり、時には国際協力体制形成の大きな障害とみなされるようになってきた。二〇〇七年四月、国際エネルギー機関（IEA）の高官によれば、中国は早ければ同年中に世界最大の$CO_2$排出国になると予想し、そのことが国際世論に与える影響を、中国政府は警戒し出した。こうしたことが伏線となり、〇七年五月にバンコクで開催されたＩＰＣＣ会合で、国際的な炭素税導入議論に中国は強く反対した（Chen, 2012, p. 9）。また、世界的に象徴的な目標になりつつあった、五〇年までの地球の平均気温の上昇を産業革命以前に比べて二℃以下に抑えるというＥＵ内の長期目標について（松本等、二〇〇五）、中国は科学的根拠がないと拒否した（Ibid., p. 9）。

以上のような国際社会の中国に対する風向きの変化に呼応すべく、二〇〇七年六月、国家発展改革委員会は「国家気候変動計画」を策定し、一〇年までにＧＤＰ単位当たりのエネルギー消費量を二〇％削減する計画を発表した14。〇七年一二月のバリ会議（ＣＯＰ13）において中・長期削減目標設定交渉が本格的に始まったが、中国は各国の能力に応じた「共通だが差異のある責任」原則を盾に、自国を含む途上国の法的拘束力のある削減目標の受け入れを拒否した。その代わり、中国の責任の取り方として、上記のＧＤＰ単位当たりのエネルギー消費量の削減という炭素強度（低減）目標を設定して国際社会の矛先をかわそうと試みるようになった。

しかし、世界最大の二酸化炭素排出国となった中国に対する国際社会の監視の目はさらに厳しくなった。世界貿易機関（ＷＴＯ）加盟後の中国は、先進工業国からの直接投資が増えるにしたがって、軽工業から重化学工業中心の産業構造への転換が急速に起こり、ついに「世界の工場」へと発展していくとともに、一九八〇〜二〇〇〇年間のエネルギー消費一単位当たりのＣＯ$_2$の排出量（carbon intensity: 炭素強度）より、〇二〜〇五年間の炭素強度が高くなっていた、つまり、エネルギー単位当たりのＣＯ$_2$排出量が多くなっていた（Lewis, 2007-08, p. 156）。米国のエネルギー省の国立オークリッジ研究所の計測によれば、〇七年時点で中国の化石燃料燃焼起源のＣＯ$_2$排出量はすでに世界一になっていた15。こうした状況を受け、米国と同様に中国に対しても、国際世論は実質的な温室効果ガス排出削減を求め始めた。

二〇〇七年開催のＣＯＰ13で採択された「バリ行動計画」では、〇九年（ＣＯＰ15）のコペンハーゲン会議で、京都議定書の第一約束期間（二〇〇八～一二年）以降の中・長期削減目標を設定した新たな国際合意を形成することになっていたが、各国の能力に応じた「共通だが差異のある責任」原則をめぐる先進工業国と途上国間の攻防の決着はつかず、合意形成に失敗した。中・長期削減目標に関して、米国はCOP15に向けて、二〇年までに〇五年比一七％削減（二五年に三〇％減、三〇年に四二％減）、五〇年までに同年比八三％削減という計画を発表していた。中国も同様に、新たな炭素強度削減の中期目標として、二〇年までに〇五年に比べて、GDP単位当たりのエネルギー消費量を四〇～四五％削減する、という計画を会議が始まる前に公表していた。しかし、中国のエネルギー消費量が〇一年から一〇年の間に、米国の半分から世界最大に増大したこと（Chen, 2012, p. 20）、また、とりわけ中国の一次エネルギー消費における石炭の比率（二〇〇九年現在）が六七％と非常に高くて$CO_2$の排出が多いということが、世界的な懸念材料となっているため（太田、二〇一二、一五〇～一頁）、特に、小島嶼国連合や環境NGOから、中国に対して実質的な削減を望む声が大きくなっていた。さらに、COP15交渉の最終局面で米国のオバマ大統領は、日本の鳩山首相も含む先進工業国と途上国を含む二十数カ国が合意を図った非公式会議に、中国から温家宝首相の代わりに外務部の役人を出席させ、会議中に本国から指示を得るために会議を幾度も中断させてしまうなど、国際交渉に対する真摯さの欠如という印象を与えてしまった（Lynas, 2009）。

二〇一〇年にメキシコのカンクンで開催されたCOP16／CMP6では、すべての主要経済国――中国、米国、EU、インド、ブラジルを含む約八〇カ国――の温室効果ガス削減目標や削減活動へのコミットメント、先進工業国のみならず途上国の削減行動に対する監視・報告・検証と国際的な協議と分析メカニズムの制度化を図ること、グリーン気候基金の創設によって、二〇年まで年間一〇〇〇億ドルの途上国支援など、コペンハーゲンの会議では決定が保留されたものがCOP決定として正式に採択された（UNFCCC, 2010）。しかし、最重要課題の京都議定書以降の法的拘束力のある国際協力の枠組みのあり方や第二約束期間についての合意などは、南アフリカのダーバンで開催のCOP17／CMP7に先送りされた。これを受け、翌年、「ダーバン合意」に基づき、一五年までには普遍的で法的拘束力のある国際協力の枠組みの合意形成を行って二〇年までの実施を目指すこと、また、一二年にカタールのドーハで開催のCOP18／CMP8では、EUやオーストラリアを含む数十カ国が第二約束期間として削減義務期間延長を受け入れたが、日本とロシアは受け入れを拒んだ。さらに、ドーハ会議では、今後の国際合意形成交渉を一つの交渉トラックで進めることを決定した[16]。

これまで見てきたように、国連を中心とした気候変動に関する国際会議において、中国を取り巻く環境はそれ以前とは大きく様変わりし、非常に厳しいものになっている。法的拘束力のある削減義務を回避する頑なな中国の態度は、奇しくも胡錦濤時代の$CO_2$の排出量の急増と重なり（図6―2参照）、先進工業国のみならず、気候変動に対して脆弱な途上国や環境NGOの非難の的になりつつある。

さらに、胡錦濤時代には、$CO_2$の総排出量のみならず、一人当たりの$CO_2$排出量の急増も顕著になってきた（図6―3参照）。二〇〇四年の一人当たりの$CO_2$排出量（化石燃料燃焼起源）は、一・二一炭素トンで世界平均の一・二一より少なかったものの、〇六年には一・三二トンとなり世界平均の一・二七トンを上回った。さらに一〇年には一・六八トンと世界平均の一・三三トンをさらに引き離している。同年の中国人一人当たりの$CO_2$の排出量は世界の六九位（因みに、日本は四一位で二・三七トン）であるが[17]、経済発達している沿岸部は欧米先進工業国並みあるいはそれ以上の排出量である一方、内陸部の少ない排出量分も算入されることによって全体の数値が比較的小さくなっている。これは、いわば中国国内の「南北問題」であり、地域別に温室効果ガス排出量に基づいた削減義務の差異化をはかる必要性を示唆しているのではないだろうか。

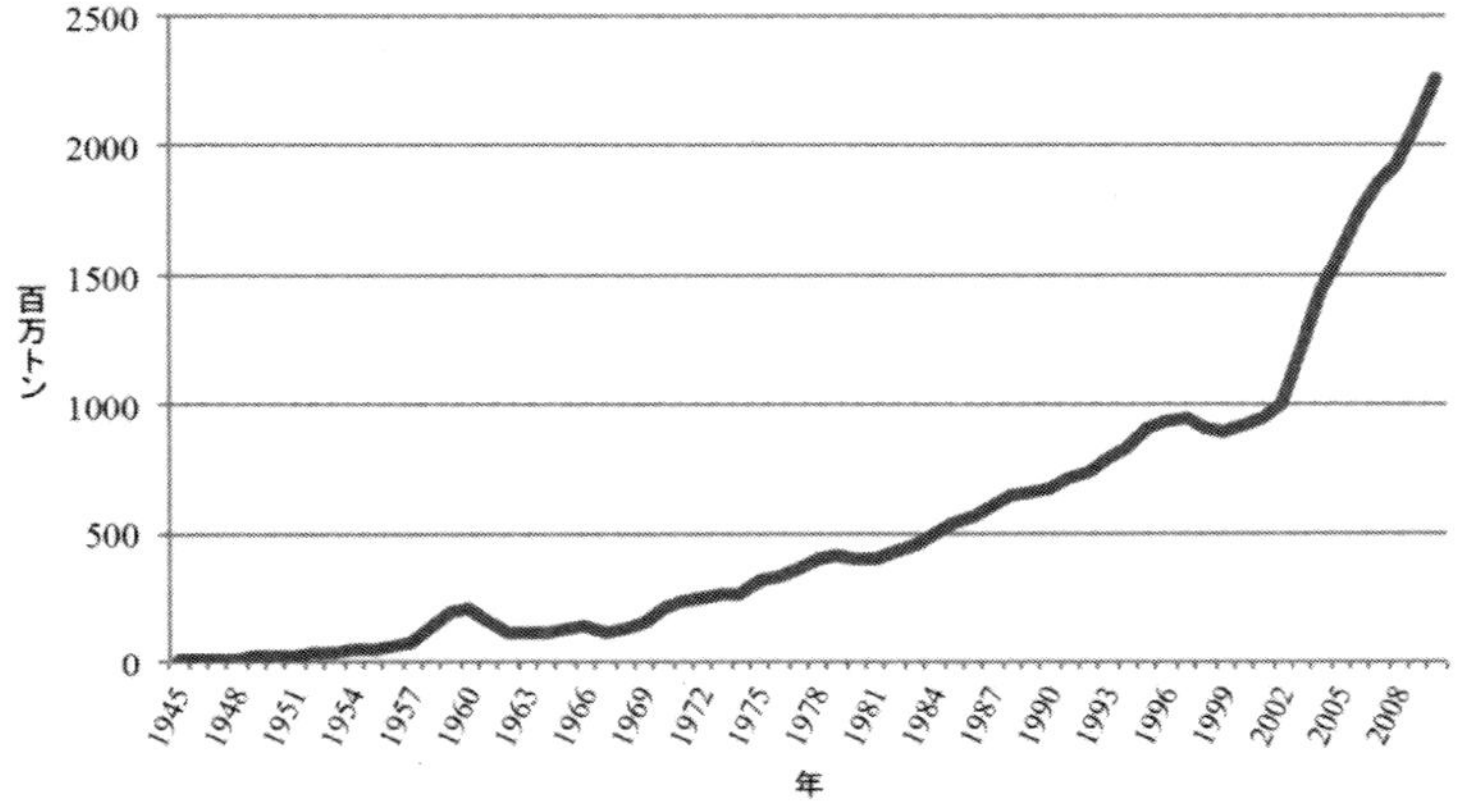


図６－２　中国の CO2 総排出量：1945 － 2010 年（単位：百万トン）

出所：Carbon Dioxide Information Andlysis Center（CDIAC）のデータにより筆者作成（http://cdiac.ornl.gov/CO2_Emission/timeseries/national）。

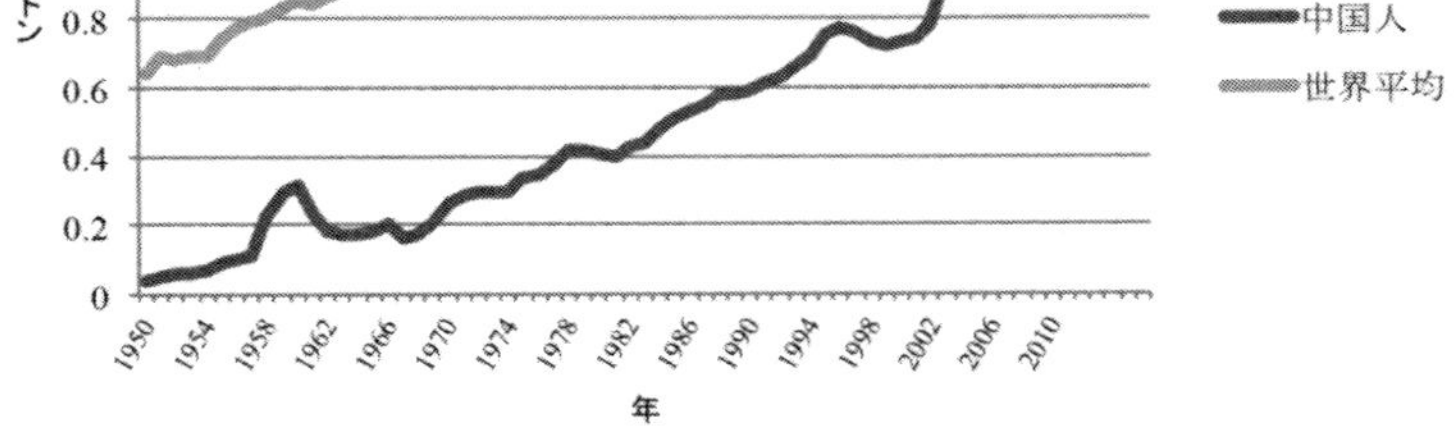


図６－３　中国および世界の一人当たりの CO2 排出量：1950-2010（単位：炭素トン）

出所：CDIAC のデータにより筆者作成（http://cdiac.ornl.gov/trends/emis/overview_2010.html）。

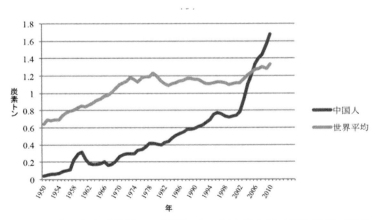

とはいうものの、まだ、国全体として中国人一人当たりの$CO_2$排出量は他の先進工業国に比べて少ないので、各国の能力に応じた「共通だが差異のある責任」原則に基づいた中国の排出量削減義務回避の論理が破綻したとまでは言えないが、この議論の説得力が低下した事実は否めない。実際、小島嶼国やその他の脆弱な途上国から中国に対する実質的な温室効果ガスの削減を求める声が高まってきていて、G77プラス中国の結束に亀裂が生じてきている。

こうした状況下、中国に対する国際的な批判も一層高まってきているが、中国の立場に立った反論もある。その基本的な論理は、中国から世界、特に、先進工業国に輸出されている工業製品等は、後者の国々の企業から中国への外部委託生産によって作られたものであって、先進工業諸国は安い製品を中国から輸入するとともに中国で大量の温室効果ガスを排出している、というものである。事実、前述したように、中国のWTO加盟後に急増した外国企業の中国進出と$CO_2$排出量急増には相関関係がある。ある研究では、二〇〇五年における中国の$CO_2$排出量の三分の一は輸出品の製造によると算出している（Chen, 2012, p. 22; Weber et al., 2008）。確かに、経済のグローバル化の進展した世界では、生産拠点の広域化とそれに伴う「カーボン・フットプリント」（$CO_2$排出量）も世界中至るところに集中あるいは散在している。気候変動問題の解決には地球単位の思考法が不可欠である。とはいうものの、主権国家が依然として重要な主体である現代の国際社会では、具体的な政策の立案とその実施は各国政府に委ねられる。

そこで、以下に中国の気候変動政策で中心的な役割を担う関係省庁とその政策の核心的な考え方を概観した上で、クリーン開発メカニズムと中国の利益について簡単に見ておきたい。

## 四　国内の気候変動政策決定過程

中国の気候変動政策制定やその実施について中心的な役割を果たすのは、環境保護省でも気象省でもなく、開発

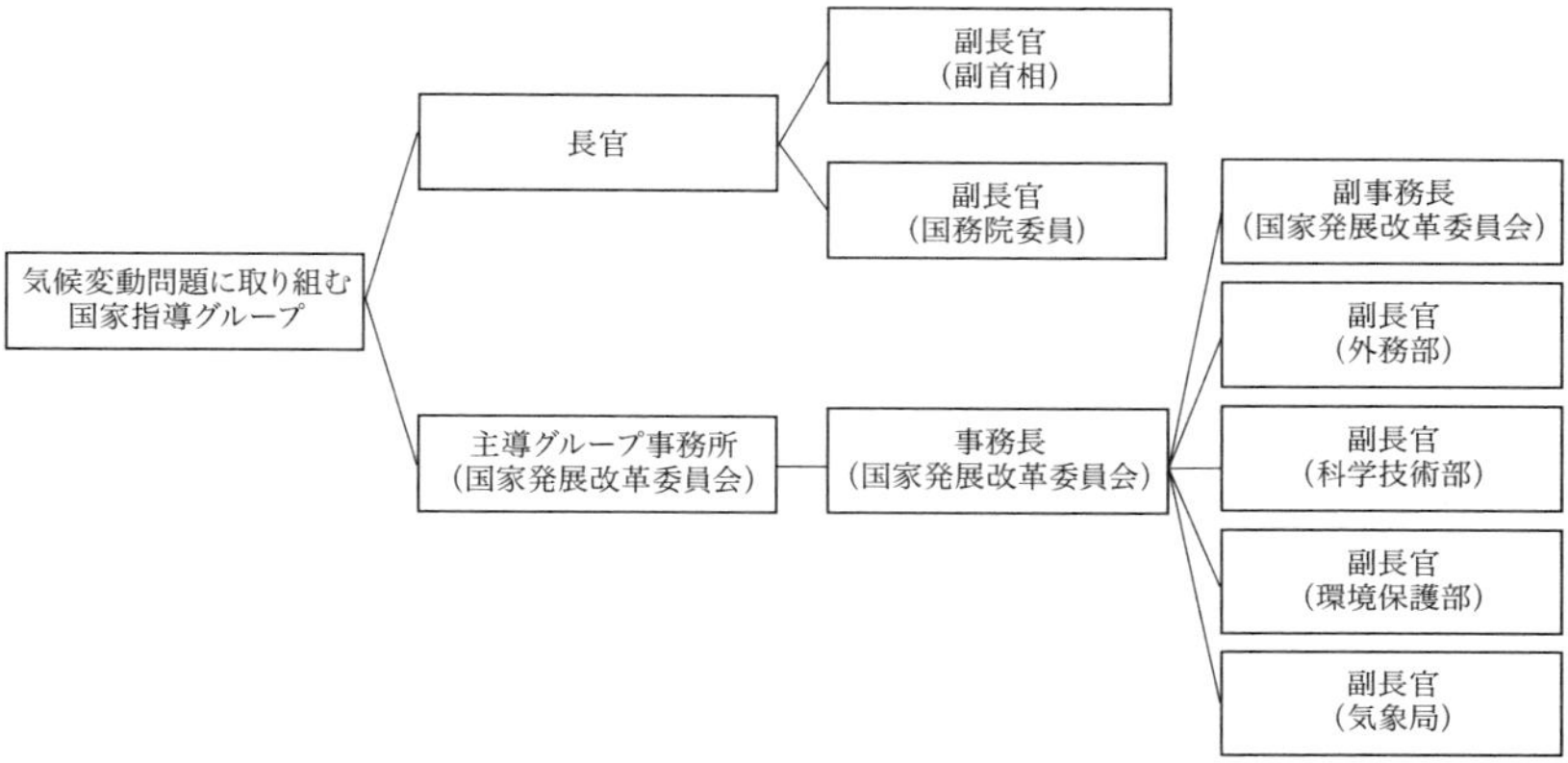


図６－４　気候変動問題関係政府機関の間の政策調整メカニズム
出典 : Chen, *China's Climate Policy*, (2012, p.27).

やエネルギー政策関連の省庁である。特に、マクロ経済およびエネルギー管理を統括する国家発展改革委員会が気候政策について大きな影響力を持っている[18]。その次に外交部と科学技術部、国家気象局そして環境保護部などが位置付けられる。外交部は国際気候変動問題交渉に際して開発主権の擁護を、科学技術部は海外技術援助と技術移転を管轄し、国家発展改革委員会を中心として「開発第一」の原則の下、国際交渉を自国に有利になるように推し進めている。

二〇〇七年六月以降、気候問題関係政府機関の間の政策協調を図るために、新たに「気候変動問題に取り組む国家指導グループ」が立ち上がり、温家宝首相がその長官になり、その下に二人の副長官が置かれ、各々副首相と国務院委員がその任についた。しかし、実質的には、このグループの事務局が置かれた国家発展改革委員会の長官が実権を握り、その下に、それぞれ国家発展改革委員会副事務長そして外交部、科学技術部、環境保護部、気象局を代表する副長官が置かれた（**図6―4**参照）。

国家発展改革委員会を核とした中国の気候政策は、前述の「後悔しない」戦略に基づいていて、自国の利益が及ぶ範囲内で国際協力枠組みを支持する、というものである。そして国家発展改革委員会の政策の核心はエネルギー安全保障と経済成長の両立であり、この目的に適合する限りにおいて気候変動問題に対しても何らかの政策を採る、ということである。例えば、国内政策として再生可能エネルギー開発を促進する真の理由は、気候変動の緩和にあるのではなく、化石燃料の輸入を減らすというエネルギー安全保障戦略と経済成長を継続させるための新たな産業の育成戦略にあると言える。したがって、経済成長の妨げになるような規模の温室効果ガスの排出抑制は受け入れ難く、エネルギー効率を上げて生産性の向上を図りつつ雇用創出に資する限りにおいて、気候変動問題に関して国際的にも協力する、という立場である。世界の再生エネルギー利用は二〇〇五年から〇九年にかけて二三〇％増大し、〇九年現在、世界人口の六％に当たる七五〇〇万世帯にエネルギーを供給していると言われている。中国は、〇五年に第一次エネルギーの七・五％を水力も含めた再生エネルギーでまかなったが、二〇年までにその比率を一五％に押し上げて石炭への依存を軽減する（四億トンの石炭の利用の削減）と同時に、$CO_2$の排出量の削減を図ろうとしている。中国は、〇九年に三四六億ドルを再生可能エネルギー投資に振り向け、G20諸国の間で最大の投資を行っている（Chen, 2012, pp. 46-48; 太田、二〇一二、一五三～一五六頁）。太陽熱や風力エネルギー利用に関しては、中国国内に巨大な市場が形成されている。しかし、太陽光発電の国内市場はまだ発展途上にある一方、海外輸出向けの中国の太陽光パネルは、世界市場を席巻していて、上述したように米国やEU諸国と貿易摩擦を起こしている。確かに、中国の再生可能エネルギー利用は急拡大しているが、その第一義的目的はエネルギー安全保障の確保と新たな経済成長分野の開拓であり、気候変動対策は第二義的である。

同様のことは京都議定書の柔軟メカニズムであるクリーン開発メカニズム（CDM）を活用した「国際協力」についても言える。このCDMというのは、簡単にいって京都議定書で削減義務を負っている先進工業国と途上国間の共

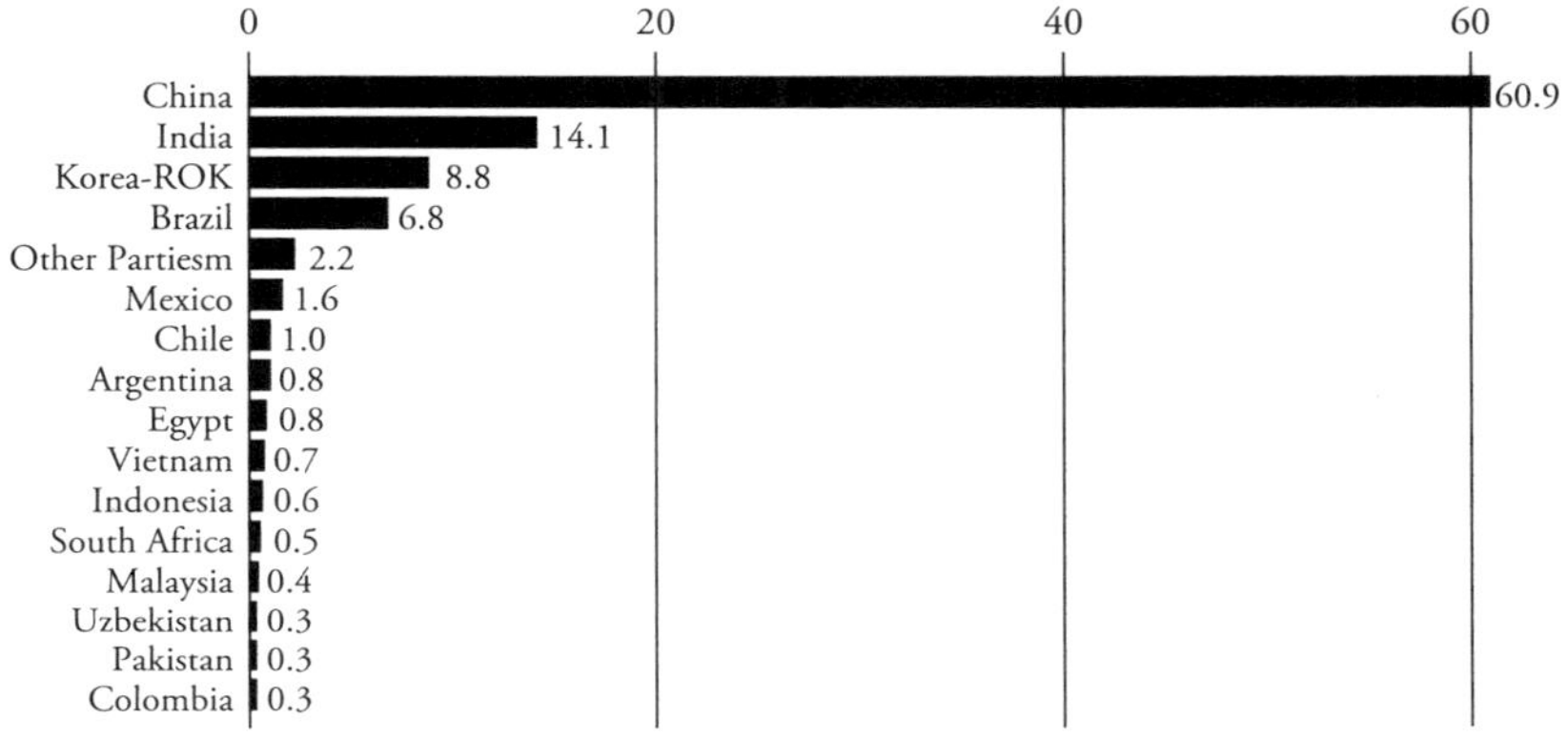


Date as of December 2012
Source: UNFCCC

図６－５　CDM受け入れ国によって発行された認証排出削減の分布

同プロジェクト（例：エネルギー効率が良く$CO_2$の排出の少ない発電所建設）を通して、温室効果ガスの排出削減を目指すシステムである。先進工業国は財政的支援あるいは技術移転の一環として共同プロジェクトを支援し、その共同プロジェクトから削減できた排出量を、支援の見返りとして認証排出削減（certified emission reductions: ＣＥＲｓ）クレジットという形で国内削減努力の補完として獲得することができる。他方、途上国の方は、持続可能な発展にも資する技術移転などの恩恵を受ける。ただ当初、かなり問題となるＣＤＭプロジェクトが横行し、実際の温室効果ガス削減への貢献が疑問視された。それは、ハイドロフルオロカーボン（ＨＦＣ‐23）破壊ＣＤＭプロジェクトで、強力な温室効果ガスである一トンのＨＦＣ‐23が$CO_2$の一万一七〇〇トン分に相当することに注目して行われるものである。すなわち、このＣＤＭプロジェクトとは、断熱発泡剤や冷媒等に使われるハイドロクロロフルオロカーボン（ＨＣＦＣ‐22）の製造過程でＨＦＣ‐23は生成されるが、これを破壊することによって、ＣＥＲｓを獲得する事業である。しかし、このＨＦＣ‐23破壊事業では大量にクレジットが発生するためにＣＥＲｓの市場価格を低下させてしまうこと、また、このＣ

DM事業の実施のためにホスト国にはHCFC‐22を不必要に増産するインセンティブが働いてしまうことが問題となっている。さらに、HCFC類は成層圏のオゾン層保護レジームでは規制対象物質に指定されているので、このCDM事業はオゾン層レジームの目的達成を阻害する恐れがある（松本、二〇〇八）。こうした問題から、HFC‐23破壊事業は、二〇〇四年時点ですでに稼働しているHCFC‐22生産工場に限る、といった規制が敷かれるようになった[19]。いずれにせよ。こうしたプロジェクトを含め、中国はCDMの世界最大の受益者である。中国が二〇一二年までに獲得したCERs（認証排出削減）クレジットは世界全体の六〇％以上を占める（図6—5参照）。本来なら気候変動に対して脆弱な低開発国で多くのCDM事業が行われるのが筋であろうが、効率よく大量にしかもコストのあまりかからない事業を求めて中国にCDM事業が集中している。こうした点も、多くの途上国の中国に対する不信感を助長していると言えよう。中国以外に多くのCDM事業を受注している国は、インド（一四・一％）、韓国（八・八％）、ブラジル（六・八％）で、以上の上位四カ国のみで実に全体の九〇・六％を占める。気候変動は地球規模の問題なので、効率よく削減できるところで温室効果ガスを削減できるのなら、こうした偏りがあっても問題ないのだろうが、現行のCDM事業が実際にどれほどの温室効果ガスの削減に貢献しているのか、小規模で効率が悪くても、CDM事業を必要としているところで事業を行う必要があるのではないか、といった疑問は残る。

CDM事業は、二〇一〇年度の中国GDPを〇・〇三％押し上げたのみで、二〇二〇年には〇・三四％、三〇年には五・二％押し上げると予想される（Chen, 2012, p. 41）。CDMが中国の経済成長を促しつつ、気候変動問題解決に大いに貢献しているとは必ずしも言えない。しかし、中国にとってのCDMのメリットは多い。例えば、㈠排出削減プロジェクトへの資金提供が得られる、㈡CERsを売って利益を得る、㈢環境にやさしい技術移転の新たな経路となる、㈣エネルギー効率の向上とエネルギー保全の改善に資する、㈤地方の環境条件を改善する、㈥所得と雇用機会の増大による貧困軽減に貢献する、というメリットがある。

世界第二位の経済大国になった中国は、気候変動問題の緩和に積極的に関わる必要があることは言を俟たない。中国に対する一般的な印象は、自国の利益のみを追求し、既存の国際秩序を蔑《ないがし》ろにする大国である、というものかもしれない。しかし、こうした中国に対する印象は必ずしも的確なものではない。気候変動問題に関しては、胡錦濤政権時代以前と同政権時代を通して、気候レジームを支持しつつ、自国の利益が得られる範囲内で国際的に協力する、という機会主義的な行動パターンを終始一貫して取ってきた。各国の能力に応じた「共通だが差異のある責任」原則を拠りどころに、法的拘束力のある温室効果ガス排出削減義務の受け入れを、途上国の利益を代弁しながら、頑なに反対してきた。しかし、胡錦濤時代に中国全体の$CO_2$の排出量と一人当たりの排出量が急増して、これまでの原則論が説得力を欠くものになるとともに、CDMの最大の受益者にもなっているので、先進工業国のみならず、途上国からも実質的な削減義務を負うように中国に対して圧力がかかっている。それでも中国の気候変動政策は、エネルギー安全保障の確保と「開発第一」ならびに「経済成長」追求の至上命題によって規定されているので、新たな国際協力の枠組みを交渉する際、中国が先進工業国と同等の削減義務を負うとは考えにくく、これまでのような条件闘争を繰り返すと考えられる。中国国内の政策の優先順位に変化がない限り、習近平時代になっても気候変動問題に関しては、これまでと同じように機会主義的な態度を取る可能性は高い。しかし、欧米諸国とのソーラーパネルをめぐる貿易摩擦からも分かるように、戦略的な輸出産業の育成を念頭に置いた新興産業としての再生可能エネルギー産業優遇策と技術開発の成果を、今後はもっと国内需要に振り向けるような政策への転換が、気候変動緩和のための国際的な協力ならびに供給過多に陥っている自国の再生可能エネルギー産業自体の持続的な発展にとっても不可欠となろう。

要するに、世界第一位の温室効果ガス排出国である中国は、地球温暖化防止に向けて何らかの行動を起こさなければならない状況になってきた。二〇一四年一一月一二日、北京で開催のアジア太平洋経済協力会議（ＡＰＥＣ）の期間中、習近平国家主席と米国のオバマ大統領は、「気候変動に関する米・中共同声明」を発表した。両国の具体的な温室効果ガス削減目標に関しては、米国は二五年までに経済全体で〇五年水準比二六～二八％の温室効果ガスの排出削減を目指し、二八％削減を達成するために最大限の努力をする一方、中国は三〇年をピークとして$CO_2$の排出を削減することを目標とし、ピーク年を前倒しするために最大限努力しつつ、一次エネルギー消費に占める非化石燃料の比率を三〇年までに二〇％ほどに拡大する、というものである（The White House, 2014）。米・中合わせて全世界の温室効果ガス排出量の四四％を占めるので、二国が具体的な削減目標を共同で発表したことは、一五年パリで開催のＣＯＰ21に向けて国際交渉に弾みをつけるものであった（Leal-Arcas, 2014）。国連気候変動枠組条約事務局も、二大排出国のこの声明は、パリ会議での普遍的な目標設定のため、他の主要排出国に対しても積極的な行動を要請するものである、と評価している[20]。

しかし、次章で触れるように、米国の削減目標は、二一世紀末までの地球の平均気温の上昇を産業革命前と比較して二℃に抑えるシナリオの範囲内になる可能性があるものの、中国の削減目標は二℃の達成範囲内ではない。それでも、以前の二〇年までにＧＤＰ当たりの$CO_2$排出量を四〇～四五％削減するという炭素強度目標では、$CO_2$排出のピーク年が四〇年になることと比較すれば、今回の削減目標の方がより評価できる（Carraro, 2015）。また、中国の非化石燃料の消費を三〇年までに二〇％ほどに拡大する目標も方向性としては望ましい。もちろん、この目標を達成するためにはかなり野心的なエネルギー転換が求められる。現在の中国のエネルギーミックスの一〇％のみが非化石燃料であるので、それを二〇％まで引き上げるためには、三〇年までに、八〇〇～一〇〇〇Gwの風力、太陽光、その他の非化石燃料による発電が追加的に必要となるが、この電力量は現在中国で稼働中のすべての石炭火力発電容量より多い量である（Ibid.）。中国が自国のエネルギーミックスをよりクリーンなものにする上でも、今回の米中の共同声明において、両国がスマートグリッド、炭素貯留（CCS）、エネルギーの効率化、クリーン・エネルギー、省エネ建築分野などに対する研究開発投資に強い関心を示していることは（The Whitehouse, 2014）、同声明が国際気候交渉に弾みをつけたことと同様に意義深いことである。

**注**

1　本章は、日本国際問題研究所の報告書に掲載された二つの拙稿に加筆・修正を加えたものである（太田、二〇一三、二〇一二）。

2　以下、米国エネルギー情報局（US Energy Information Administration: USEIA）の中国レポートを参照。http://www.eia.gov/countries/cab.cfm?fips=ch（二〇一四年二月四日更新のサイト）。

3　GDP一〇〇万ドル当たりに消費される石油の量（約八〇〇トン）に換算した値である。他の数値も含めて郭四志の『中国エネルギー事情』を参照（郭、二〇一一、一～三頁）。

4　世界の太陽光発電容量は二〇〇〇万kW以上であるが、発電コストが高いこともある、中国の太陽光発電容量はわずか三〇万kW（郭、二〇一一、一七四頁）。

5　以下の中国国内の在来型・非在来型の化石燃料生産のデータに関しては篠田のレポートを参照した（篠田、二〇一三、一五～六頁）。

6　その他の非在来型の化石燃料として、中国工程院によれば、二〇二〇年に、タイトガス（浸透率の低い砂岩に含まれるガス）が八〇〇億㎥、炭層ガス（CBM）が五〇〇億㎥生産されると見込まれている（同上、一八頁）。

7　Solar World, "Solar World and Coalition of U.S. Solar Manufacturers Petition to Stop Unfair Trade by China's State-sponsored Industry." http://www.solarworld-usa.com/news-and-resources/news/domestic-solar-manufacturers-petition-to-stop-unfair-trade-by-china.aspx

8　47NEWS「米ソリンドラ破産法申請へ―太陽パネル製造企業―」共同通信、二〇一一年九月一日。http://www.47news.jp/CN/201109/CN2011090101000463.html

9　ロイター「米ITC、中国製太陽光パネルへの関税適用を最終決定」二〇一二年一一月八日。http://jp.reuters.com/article/worldNews/idJPTYE8A701C20121108

10　ロイター「中国とEU、欧州産ワインのダンピング問題で和解」二〇一四年三月二一日。http://jp.reuters.com/article/marketsNews/idJPL3N0MI2XI20140321

11　国連気候変動枠組条約［第三条一項］締約国は、衡平の原則に基づき、かつ、それぞれ共通に有しているが差異のある責任及び各国の能力に従い、人類の現在及び将来の世代のために気候系を保護すべきである。したがって、先進締約国は、率先して気候変動及びその悪影響に対処すべきである（山本草二、一九九六）。

12　Beijing Ministerial Declaration on Environment and Development, Beijing, 19 June 1991.

13　実は、G77には、それぞれ異なった利害や経済発展段階の国々が含まれている。例えば、小島嶼国連合（AOSIS）、石油輸出国機構（OPEC）諸国そしてその他多くの比較的発展の遅れた途上国、その反対に、ブラジル、中国、インドあるいはインドネシアのように比較的経済発展を遂げている途上国もあって、後述するように、京都議定書の第一約束期間以降の中長期削減目標制定に向けての交渉では、G77に所属する途上国の足並みが乱れてきている。

14　National Development and Reform Commission (NDRC). "China's National Climate Change Policy," p. 26. http://www.ccchina.gov.cn/WebSite/CCChina/UpFile/File188.pdf

15　Carbon Dioxide Information Analysis Center (CDIAC), http://cdiac.ornl.gov/trends/emis/meth_reg.html

16　COP19／CMP9については本書の第三章を参照されたし。

17　CDIAC, http://cdiac.ornl.gov/trends/emis/top2009.cap.

18　以下の記述に関しては主に Chen (2012, pp. 24-34) を参照。

19　財団法人地球環境センター「HFC23回収・破壊プロジェクト」。http://gec.jp/gec/JP/Activities/cdm/copmop/hfc23.pdf

20　UNFCCC, "US, China Climate Moves Boost Paris Prospects," Press Release, 12 November 2014. http://newsroom.unfccc.int/unfccc-newsroom/us-china-climate-moves-boost-paris-prospects/

# 第七章　米国の新エネルギー危機対策

## 第一節　米国のエネルギーの需給状況

二〇世紀を称して「戦争と平和の世紀」と言うことがあるが、人類のエネルギー選択の視点から見れば、二〇世紀は「石油文明の世紀」と言えなくもない。そして、それは米国のペンシルベニア州北西部の丘陵地帯のオイルクリークにあるタイタスビルという僻村で、一九五九年八月、エドウィン・L・ドレイクが油井を掘り当てたことから始まる。彼は、石油ビジネスの将来に賭けたニューヨークの弁護士のジョージ・ビゼルとニューヘブンの銀行頭取ジェームズ・タウンゼンドが設立したペンシルベニア石油会社から派遣されて、塩の採取に使用していた「ボーリング」を使って初めて石油の採掘に成功したのであった（Yergin, 1991, pp. 19-28）。それまで石炭層などから滲み出ていた原油を万能薬として使っていたが、ビゼルらは石油が照明と機械の潤滑油として使えると見込んでいた。問題は大量に石油を採掘する方法を見つけることであった。ドレイクが石油の採取に成功した後、ゴールド・ラッシュに似た石油ブームが起こり、狂乱的な石油開発が始まり、石油は供給過多になり石油価格も下落した。そうした混乱に終止符を打ったのがジョン・D・ロックフェラーのスタンダード石油であり、やがて独占的な石油ビジネスを確立した。しかし、それは米国社会の独占を嫌う風潮に直面し、スタンダード石油の分割を余儀なくされたが、分割してできた石油会社はセブンシスターズの中核として、一九七〇年代初頭まで世界の石油の生産、精製そして販売を支配していったのであった。

石油が世界の主要国の戦略的エネルギー資源になった経緯、米国企業と深く関わる石油危機の要因、在来型および非在来型の化石燃料開発などについては、第二章でその詳細についてすでに述べているので、ここではそれらについて改めて言及しない。その代わり、ここでは石油危機後のエネルギー政策の概要と第二次世界大戦後の米国の一次エネルギー生産と消費の長期的傾向などを確認するにとどめる。

一九七〇年代の石油危機によって、石油価格が石炭や天然ガスに比べてはるかに高くなり、工業部門における石油由来の燃料の使用はほとんどなくなった。また、一九六三年に成立した大気浄化法（the Clean Air Act）の一九七〇年の修正大気浄化法（通称マスキー法）が、自動車の排気ガスの汚染物質や大気汚染地域にある工場の煤煙・排気ガス規制の基準を設定したことによって、特に、小規模プラントにおいて工業用の燃料が石油から天然ガスに切り替わっていった。ただ、製鉄用高炉、セメント製造工場、パルプ・製紙工場等は石炭産地に近くて大気汚染地域から離れていたので、石炭を使い続けた。

他方、工業部門に比べて電力産業は天然ガスへの移行が遅れた。その主な理由は、一九七八年の発電所及び工業燃料使用法（the Power-plant and Industrial Fuel Use Act）が天然ガスを燃料とした新規の発電所建設を禁止したからであった。その結果として、ガスを燃料としたコジェネレーション（CHP）あるいは複合サイクルガスタービン発電所（combined-cycle plant）の経済上の優位性が明らかになっても、電力会社は石炭と原子力から天然ガスへの転換を控えることになっ

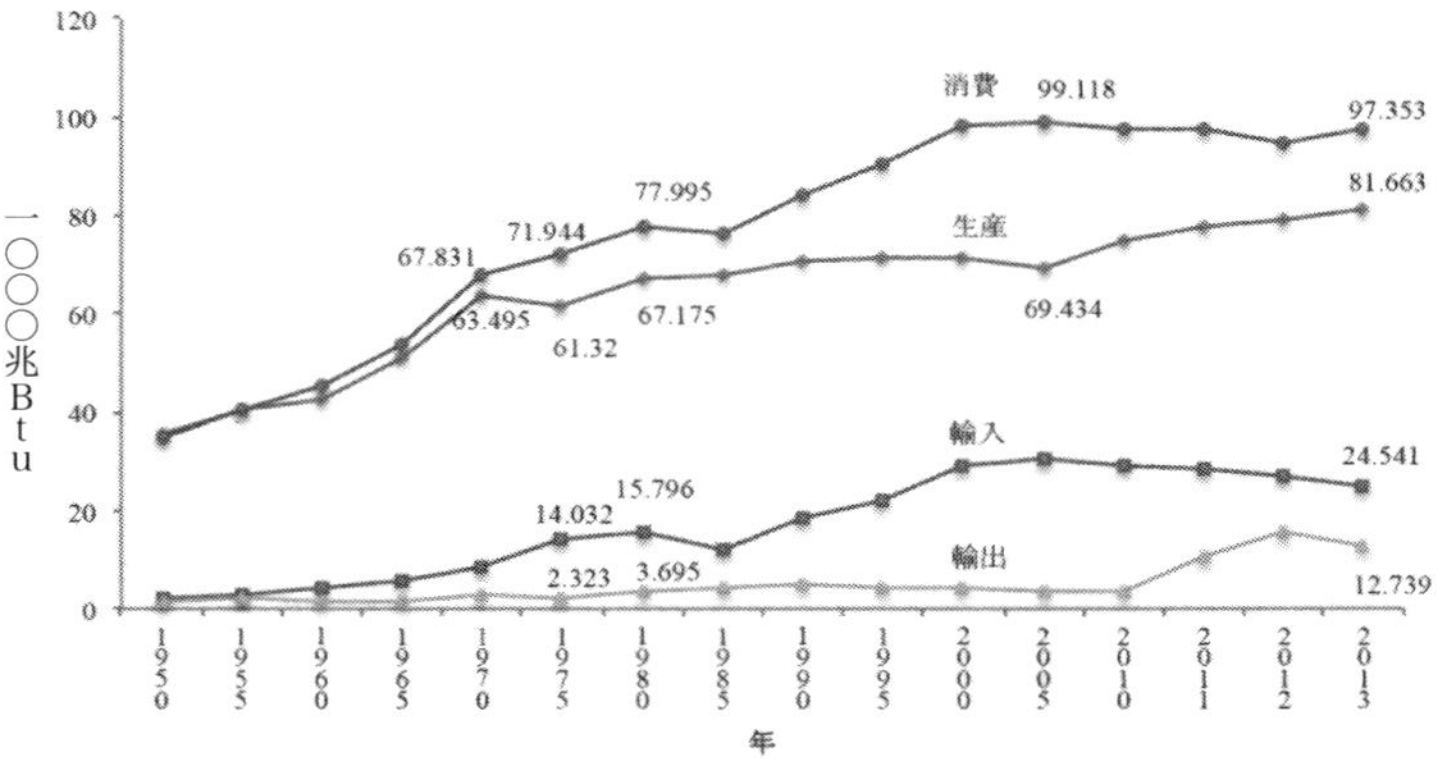


図7－1　一次エネルギーの生産量と消費および輸出入（単位：1000兆Btu）
出典：米国エネルギー情報局（U.S. Energy Information Administration）(USEIA, 2014, p. 13).

た。ところが、一九八七年に天然ガスを新規の発電所の燃料に使用することを禁止した一九七八年の法律が廃止になると、天然ガス使用の火力発電所の増設が始まった。一九九〇年代になると電力会社は天然ガスへの移行を早めたため、天然ガスの価格が上昇して工業用の天然ガスの利用が鈍り始めた。より$CO_2$排出の少ない天然ガス使用が工業と発電部門両方に広がりを見せるようになったのは、二〇一〇年頃になってからである。その要因は、大規模なシェールガスの国内生産によって、安価な天然ガスが長期に安定供給される見通しがつくようになったからである[1]。

　このように、特定の主要エネルギーの選択は、エネルギーそのものの特性のみによって行われるのではなく、技術的発展に加えて国内のエネルギー政策によっても大いに左右される。言うまでもなく、国際的な紛争やエネルギー市場の動向などの国際政治経済要因も一国のエネルギー政策と気候政策に影響を与える。米国の場合も例外ではない。

　石油危機による世界の石油供給の逼迫と価格の高騰は、米国内のガソリンスタンドに車の長蛇の列を作らせ、物価も上がって経済不況を招いた。しかし、石油危機前後の米国の輸入石油

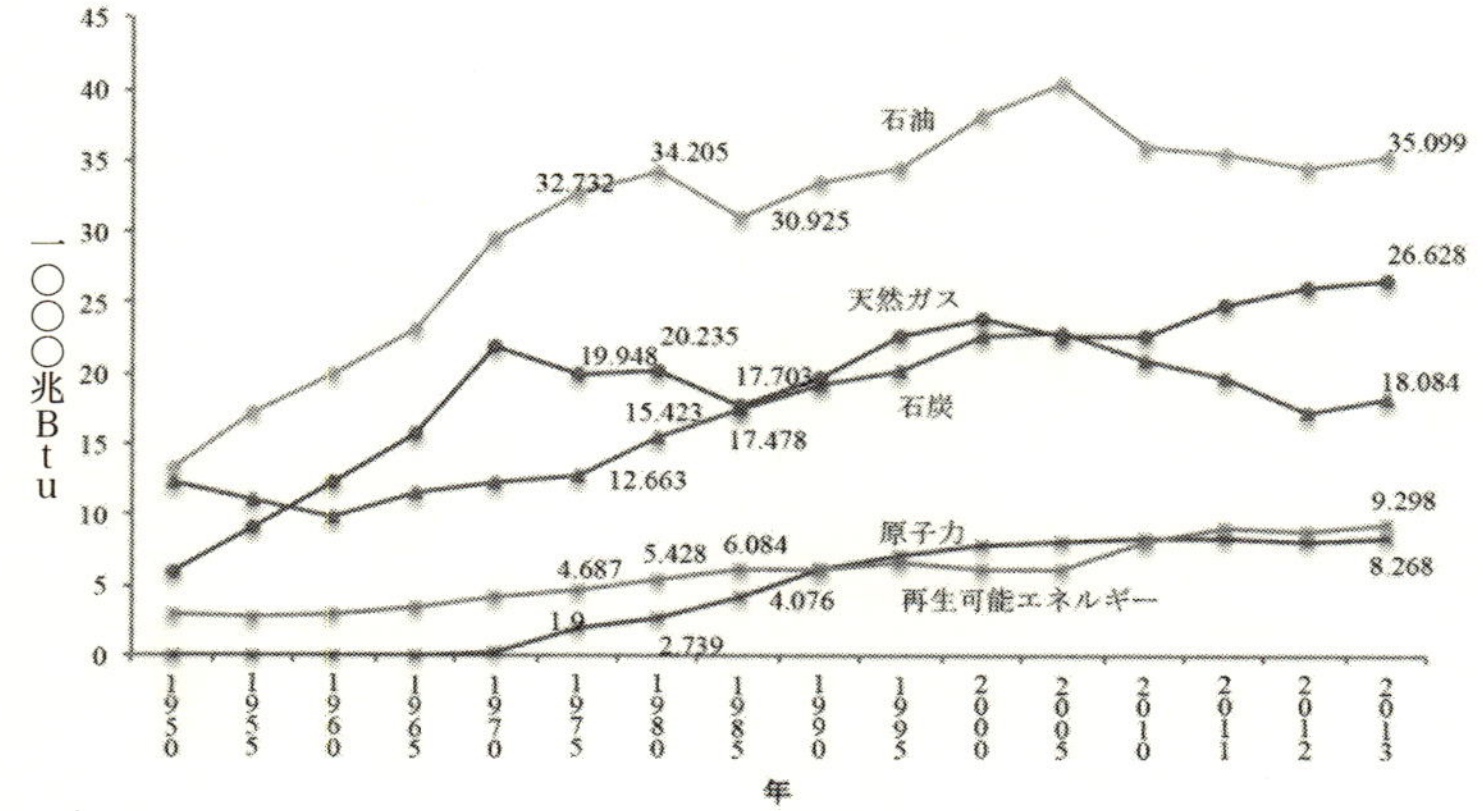


図7－2　一次エネルギー消費（1000兆Btu）
出典：米国エネルギー情報局（U.S. Energy Information Administration）（USEIA, 2014, p. 17).

依存度は、本書で取り上げた他のOECD諸国であるデンマーク、ドイツ、日本より圧倒的に低く、世界の原油価格が上がれば国内の石油も競争力を得ることもあり、石油危機の衝撃は相対的に少なかった（**図7―1**参照）。それを裏付けるように、第一次石油危機後、一次エネルギーの消費は若干増加し、第二次石油危機後はやや消費が減少した程度であった。また、一次エネルギーの国内生産と消費の関係から自給率を計算してみると、一九七〇年時点で米国のエネルギー自給率は約九四%、七五年で約八五%、八五年で約八六%、そして一三年時点で八四%弱である。最も自給率の下がった〇五年は七〇%であった。近年のエネルギー自給率の上向き傾向は、国内のシェールガスなどの非在来型の化石燃料の生産拡大に拠っている。ただ、次節で扱う気候変動緩和政策とエネルギー安全保障という観点から見れば、自国内に比較的豊富な化石燃料の生産が可能であるということは、少なくとも連邦政府レベルで、脱化石燃料を目指して省エネと再生可能エネルギー生産を促進するインセンティブに欠ける要因となる可能性は否めない。

次に、石油危機後の米国社会のエネルギー消費行動を具体

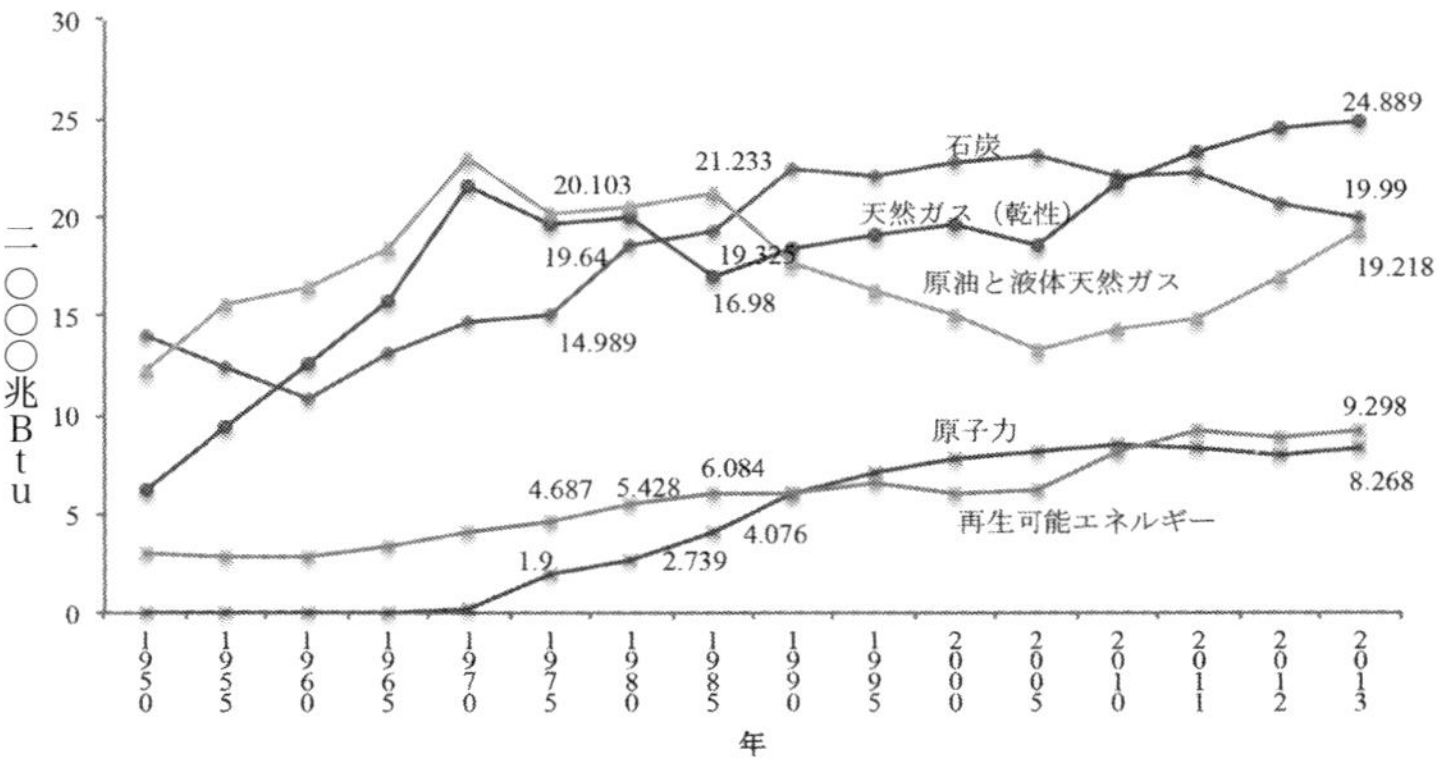


図7－3　一次エネルギー生産源（単位：1000兆Btu）
出典：米国エネルギー情報局（U.S. Energy Information Administration）（USEIA, 2014, p. 15).

的な数値で見ておこう。第一次石油危機以前の一九七〇年の石油消費量は、二九・五二一クァドリリオン（quadrillion（米）$10^{15}$＝一〇〇〇兆）Btu[2]であったが、石油危機後の一九七五年の石油の消費量は三二・七三二クァドリリオンBtuに増加していた。その後、八〇年には三四・二〇五クァドリリオンBtuまで増え、八五年に三〇・九二五クァドリリオンBtuと石油消費量は若干減少している（図7―2参照）。これらのことから言えることは、第一次石油危機後に積極的な省エネ対策を採らなかったということである。また、同期間、石炭と原子力の消費がかなり増えているので二度の石油危機対策として石炭と原子力の利用で石油の代替を図っていたことも窺い知れる。さらに付言すれば、二〇一〇年以降、石油や石炭の消費が減少し、天然ガスと再生可能エネルギーの消費が急増している。これは、オバマ政権以降の新エネルギー危機対策を反映しているといえよう。

　因みに、一次エネルギー生産（図7―3参照）については、二〇〇五年以降、天然ガスの生産が伸びている。これには非在来型のシェールガスが大きく寄与している。同様に、シェールオイルの生産拡大と一九七〇年代半ばに生産のピークを迎えてい

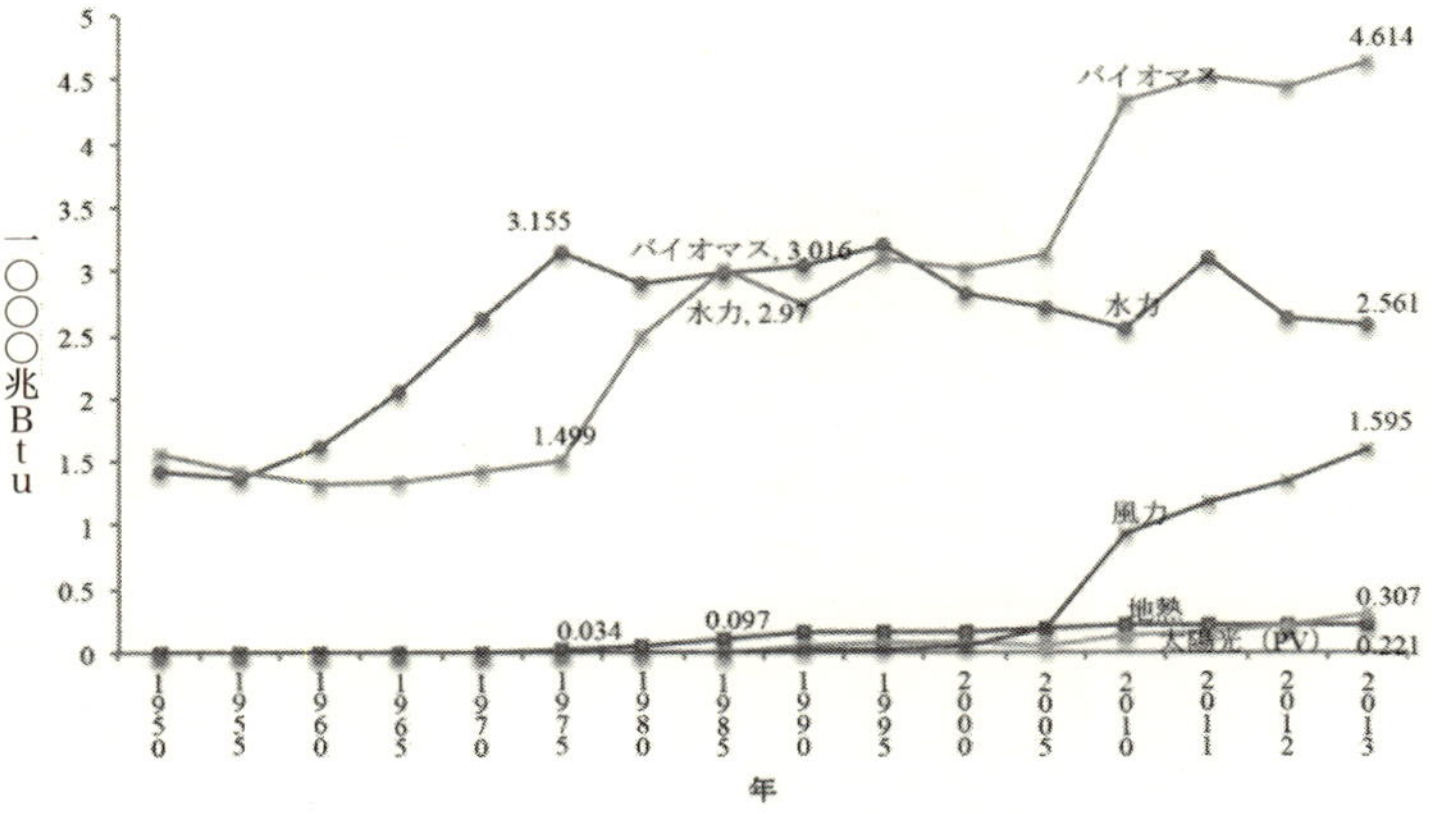


図７－４　再生可能エネルギー生産／消費（1000 兆 Btu）
出典：米国エネルギー情報局（U.S. Energy Information Administration）（USEIA, 2014, p. 15）.

た在来型の石油生産を合わせると、ヤーギンらのエネルギー関連の専門家が指摘するように、石油生産はしばらく高止まりのプラトー（高原）状態（Yergin, 2011, pp. 238-9）、と言えるかもしれない。もう一つの特徴として、二〇一〇年以降、再生可能エネルギーの生産が原子力を上回るようになった。最近の再生可能エネルギー生産および消費の傾向としては（図7—4参照）、二〇〇五年以降にバイオマスが急増している。これはブッシュ政権下でトウモロコシなどを原材料としたエタノール生産が奨励されたためである。また、同時期にテキサス州などで風力発電が盛んに行われるようになったことを反映して風力発電も急増している。デンマークやドイツでもバイオマスと風力発電は、太陽光発電やその他の方法よりコストが安いので、主要な再生可能エネルギーとして位置づけられている。

最後に、電力部門のエネルギー源について簡単に見ておこう。二〇一三年時点で、発電用エネルギーとしては石炭が最も多く、全体の三九%を占めるが、二〇〇〇年に五二%近くが石炭火力発電であったことと比べれば、かなり減少している。他方、石油は最近火力発電用にはほとんど使われていない（図7—5）。また、再生可能エネルギーは一三%で、原子力の一九%に迫る勢いである。再生可能エネルギーによる発電が二〇〇〇年時点で全体の九%であったことを思うと、その発電容量は着実に拡大している。なお、発電部門の再生可能エネルギー利用率が原発より少ない理由は、電力しか生み出せない原発と異なり、バイオガスなどの再生可能エネルギーは動力源などとしても使われるという発電以外の用途があるためである。

以上が米国のエネルギー需給状況の概観である。近年のシェールガスなどの非在来型の化石燃料の生産拡大に見られるように、海外のエネルギー資源に対する依存度がドイツや日本に比べれば比較的低く、二〇〇六年になってようやくG・W・ブッシュ大統領が米国社会の石油への依存症を問題にしたにすぎない。とはいうものの、クリントン政権とオバマ政権は本書のテーマである新エネルギー危機への対応、特に、気候変動対策に積極的に取り込む姿勢を見せている。しかし、議会での反対が強く、連邦レベルで気候政策を推進する状況に至っていない。米国は中国とともに世界の気候変動緩和努力の成否を大きく左右する存在であるので、同国の今後の動向は大いに気になるところである。そこで、次節では、大統領と議会の動きを中心に、一九七〇年代から現在までの政権の環境ならびに気候政策に関する主要な動きの確認を通して、今後の米国の気候政策の行方を探ることにする。

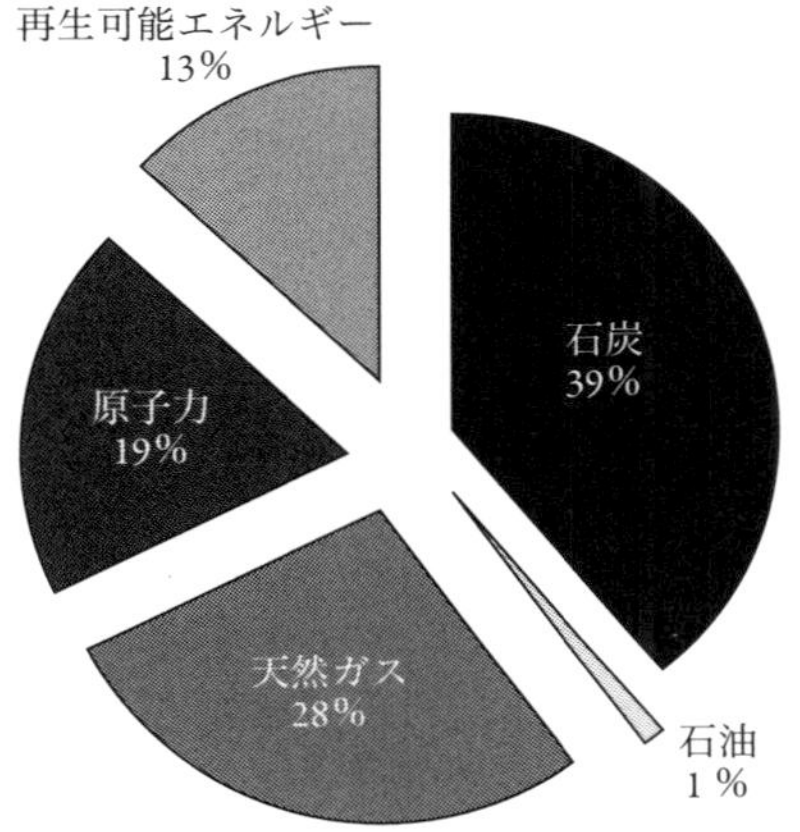


図7－5　発電エネルギー源の割合（%）
2013年

出典：USEIA, http://www.eia.gov/forecasts/steo/report/electricity.cfm

## 第二節　米国の気候政策

### 一　一九七〇年代以降の米国の環境および気候政策をめぐる政治[3]

一九七〇年代は米国などの先進工業国を中心に、環境問題が最も重大な社会・政治課題として取り上げられた象徴的な時代だった[4]。例えば、一九七〇年米国に環境保護庁、イギリスに環境省が、翌年フランスに環境省が各々設置された。また米国では、七〇年一月の一般教書演説において、当時のニクソン大統領は環境問題を七〇年代最大の課題として位置付ける一方、同年四月二二日に第一回目の「アース・デイ」が開催された。環境破壊防止や自然保護を訴えるティーチインや集会が全米約一五〇〇の大学、二〇〇〇〇の地域、一万の学校で開催され、ニューヨークやワシントンをはじめとして全国各地でデモ行進が行われ、二〇〇〇万人が参加したと言われる（岡島、一九九〇、一四七～九頁、Kraft and Vig, 2000, p. 11; ダンラップ、マーティグ、一九九三、四頁）。

環境保護運動がこのような社会運動へと発展した背景には、一九六〇年半ば頃から、大気汚染や水質の汚濁といった環境汚染（日本でいう公害）が「耐え難いものである」と米国市民の間に広く認識されるようになり、その深刻さが様々な報道機関を通して広く報道されたためである。その結果、抜本的な対策を求める有権者や世論に後押しされ、一九七〇年から七二年にかけて連邦議会では多くの環境関連の法律が成立した。それ以前の自然環境保護を特徴とした環境政策とは明らかに異なり、産業の発展に伴う環境破壊に対する政策が重視された（Hays, 1987, p. 55）。一九六四年～八〇年にかけて、米国連邦議会は公害規制、自然保護、私有・公有地法など主要な二二本の法律を成立させ、現代の米国の環境政策を支える頑強な柱となっている。

クライザとソーサは、米国において環境政策が最も発展した一九六〇年半ばから一九八〇年までの時期を自然保全と環境政策決定の黄金時代と呼び、現在の米国の環境政策を形成している三層のなかの重要な一層とみなしている(Klyza and Sousa, 2013, pp. 31-41)。この環境政策の黄金時代には、ジョン・ミューアとシエラ・クラブに代表される、米国近代の環境思潮の一つである保存主義(preservationism)が流れ込んでいる(Merchant, 2007, pp. 134-56, Muir, 1988)。残りの二層の一つは、一八〇〇年〜九〇年までの間に普及した経済自由主義(economic liberalism)に根ざした資源開発の考え方で、公的な土地などを民間に提供した方が社会はより豊かになるという考えが根底にある。第二の層は一八九〇年〜一九二〇年頃に形成されたもので、万人の幸福を追求する功利主義に立脚しつつ、科学的で合理的な資源の利用を提唱する保全主義(conservationism)の考えである(Merchant, ibid.; Pinchot, 1974/1998)。ドイツで森林の管理学を修めたギフォード・ピンショーらがこの思潮の代表である。これらの三つの考え方は、経済自由主義と保全主義がしばしば保存主義と対立しながら、互いに重なり合って一つの頑健な環境政策体系をなしているが、一九六〇年代から七〇年代を通して積み重なった保存主義の流れを汲む環境保護主義が現在の米国の「緑の国」("green state")の骨格をなしている(Klyza and Sousa, ibid.)。しかし、その「緑の国」の主な特徴である多くの環境規制とそれを担う政府機関に対する共和党からの攻撃が一九八〇年代から顕著となり、一九九〇年代半ば頃から、議会の立法機能が麻痺するほど民主党と共和党間の党派対立が激しくなった。そうした状況のなか、米国の「緑の国」を形成する三つに重なり合った米国の思潮は、現代の米国の環境政策や資源開発政策に対して各々の立場を正当化する思想的拠りどころとなっていて、同国の気候変動問題をめぐる国内政治と外交を規定している。

本書の基本的な理論的枠組みである国内政治と外交の二つのレベル・ゲームのモデルは、米国の大統領府と連邦議会の対立軸を中心に展開する。しかし、民主党と共和党の大統領と議会における両党の勢力関係の違いや国際政治経済状況などの変化によって、ゲームの内容が異なってくる。環境政策形成の黄金期ではニクソン大統領が環境政策を推進する一方、民主・共和両党も環境政策を後押したのみならず、民主党の上院議員エドムンド・マスキーのように、一議員がリーダーシップを発揮することもあった。レーガン時代に環境規制を緩和しようという強い働きかけがあったが、両党の議員は協同して環境政策の黄金期に強化された諸制度を維持した。しかし、クリントン政権時代の一九九〇年代後半以降、民主と共和間の党派対立が激しさを増し、後者が環境規制緩和や撤廃に向けて非妥協的な行動とをとるようになり、以来本格的な環境関連の法律の制定はほとんどなくなった。言うまでもなく、気候変動問題に関する国家的な法律などの重要な法律の制定は未だになされていない。こうした政治的な膠着状態にあって、その他の経路で気候政策が追求されてきている。それらは、法律の付帯条項による予算執行の制限などをめぐる議会での攻防、大統領府のイニシアティブなどの行政主導の気候・エネルギー政策、司法の判断に支持された規制の執行、営利・非営利団体を含むステークホルダー間の協同やパートナーシップによる環境政策形成や執行、そして州レベルでの気候政策の実施などである[5]。以下、ニクソン政権時代からG・W・ブッシュ政権時代まで、大統領と議会のやり取りを中心的な視座として、気候変動問題を中心とした環境政策の変遷を概観する。その後、オバマ政権の気候・エネルギー政策について、大統領のイニシアティブ、温室効果ガス規制に関する最高裁の判断、州政府レベルでの気候政策などを通して、米国の気候政策の現状を分析することにする。

### （一）ニクソン政権時代（一九六九〜七四年）

米国の第三七代大統領のリチャード・ニクソンは、一九七〇年最初の法律制定として前年議会で成立した連邦環境政策法（ＮＥＰＡ）に署名して同法を承認した。ＮＥＰＡによって、詳細な環境影響説明書作成を義務付けて、すべての連邦行政庁に対して環境に配慮する責任が課され、また、大統領の諮問機関として環境問題諮問委員会（ＣＥＱ）を設立した（フィンドレー、ファーバー、一九九二、二七～九頁）。七〇年二月には大気浄化法の修正の必要を議会に要求した。

国内世論の環境問題への関心の高まりに応じて、連邦議会も環境政策に積極的に取り組み、大統領の政策を超える内容のものを推進した。環境政策に関しては民主・共和党連携の取り組みが多くなされたが、とりわけメイン州選出の民主党上院議員エドムンド・マスキーが環境保護政策で強力なリーダーシップを発揮した。同議員は上院の公共事業委員会で大統領の環境政策を上回る環境保護政策上のイニシアティブを取った。七〇年前半に議会で成立した主な法律は、例えば、七〇年の大気浄化法改正、七二年の連邦水質汚濁防止法改正、七二年の海洋保護法や七三年の絶滅の危機にある種の保全法などである（Klyza and Sousa, 2013, p. 33; Kraft and Vig, 2000: Appendix 1; 畠山、一九九二）。ニクソンそしてフォード政権時代の議会は民主党優位で、同党が議会で指導力を発揮して大統領の提案した内容より厳しい環境保護法案を成立させた（Kraft and Vig, ibid., P. 12）。

### （二）カーター政権時代（一九七七～一九八一年）

ジミー・カーター政権時代においても環境政策の前進が見られた。アラスカを除く全国の原生自然保護地域は一九七〇年の一〇〇〇万エーカー（約四万四六〇㎢）から八〇年の二三〇〇万エーカー（約九万三〇五八㎢）と倍増し、同期間に新たに二五〇万エーカー（約一万一五㎢）の土地が国立公園に追加された（Kraft and Vig, 2000, pp. 12-3）[6]。また、七〇年代を通して、主に沖合油田や天然ガス採掘権賃貸料から調達した資金に基づく土地と水保全基金が、国立公園の制定、野生生物保護地域、そして原生林の保護のための私有地買い上げに使われた（Ibid., p. 13）。

地球環境問題および気候変動問題に関して、カーター大統領政権は萌芽的な業績を残している。一九七三年の石油輸出国機構（ＯＰＥＣ）の禁輸政策以後、ニクソンそしてフォード大統領同様、カーター大統領も自国のエネルギー供給量増大によって海外依存度を低める政策とともに、省エネ政策や環境保護政策の重要性も強調した。しかし、エネルギー政策と環境保護に関する包括的な政策合意を議会との間で形成できなかった（Ibid., p. 13）。それでも人間活動が地球の気候に与える影響に関する調査研究費が増加される一方、連邦政府の様々な省庁で個別的に行われてきた調査研究の調整が試みられた。また、『西暦２０００年の地球』（*Global 2000 Report to the President*）（CEQ and State Department, 1982）が発表され、世界的に大きな反響を呼んだ。同報告書は人口、資源、食糧問題や熱帯雨林の減少、成層圏のオゾン層の破壊や地球温暖化の予測について最新の研究結果を紹介し、地球環境問題の国際的認知を促した（環境庁、一九九一、一二一頁）。

### （三）レーガン政権時代（一九八一～八九年）

ロナルド・レーガン大統領は、七〇年代の環境政策の進展に対して公然と叛旗を翻して開発と経済成長の推進を図った。八一年の経済回復法（Economy Recovery Act）によって、同政権の供給重視の経済理論（supply-side economics）が実行に移された。すなわち、約二五％の減税と環境政策や社会福祉予算の大幅削減が行われた。環境規制は開発と経済成長の障害であるとして、七〇年代に導入された環境政策の転換や弱体化を試みた（Vig, 2000, pp. 101-2）。

しかし、議会では環境問題に関して取られた七〇年代の二大政党共闘姿勢が維持され、環境保護団体も息を吹き返した。レーガン大統領の環境政策に対する攻撃にもかかわらず、議会は七〇年代以来の環境法制度を守った。なかには強化されたものもある。例えば、一九八四年に資源保全回復法[7]の強化や八六年のスーパーファンド修正及び再授権法8などである（フィンドレー、ファーバー、一九九二、Kraft and Vig, 2000, p. 14）。レーガン大統領の当選はまた、環境保護運動を逆に活性化した。環境保護団体は会員数が増加するとともに米国各地に新しい環境保護団体を生み出し、一般市民からも新たな支持を得た。こうした環境保護運動の盛り上がりを背景に、全国規模の環境保護団体は議会でのロビー活動を活発に行い、議会での環境法制度保護を後押しした（ダンラップ、マーティグ、一九九三、九～一〇頁）。

議会の反攻に直面してレーガン大統領は、法改正を行わずに行政府内における政策実施上の支配を最大限に活用して、実質的な政策変更を試みた。そうした試みは、連邦環境保護庁（ＥＰＡ）やその他の省庁の政治的被任命者が、レーガン政権のイデオロギーに即した政策課題に与するかどうかの厳密な審査、政府諮問委員会や大統領官邸スタッフを通しての緊密な政策調整、ＥＰＡや環境保護計画などの予算の大幅削減などである（Vig, 2000, p. 102）。ＥＰＡ行政官にアンヌ・ゴーサッチ（後にバーフォード）そして内務省長官にジェームズ・ワットが任命されたが、ともに弁護士として長い間環境規制に反対する訴訟を扱っており、鉱業、林業、石油産業などのために便宜を図るよう各々の省庁の規則や手続きを改めた。環境問題諮問委員会（ＣＥＱ）の廃止を試みたが、議会の承認が得られなかった。そこでレーガン大統領はＣＥＱの職員と予算を大幅に削減するばかりか、ＣＥＱの助言を無視した。その代わり新たに規制軽減対策委員会の委員長に副大統領のジョージ・Ｈ・Ｗ・ブッシュを任命して、産業界からの苦情に対応するために規制の緩和や廃止を提案させた。さらに、行政管理予算局内に情報及び規制業務室を設置してあらゆる規制を費用便益分析にかける一方、ワット内務省長官がＥＰＡとその他の省庁の政策調整を行った（Ibid., pp. 102-3）。

### （四）Ｇ・Ｈ・Ｗ・ブッシュ（父）政権時代（一九八九～九三年）

ジョージ・Ｈ・Ｗ・ブッシュ大統領候補は、自身をセオドア・ルーズベルト大統領の伝統を継承する自然保全論者であると宣言し、「環境の大統領」になることを選挙期間中有権者に約束した（Vig, 2000, p. 104）。事実、世界野生生物基金（WWF：現世界自然環境基金）総裁のウィリアム・ライリーを連邦政府のEPA行政官に抜擢し、元ニューイングランド州EPA長官のマイケル・ディーランドをCEQ委員長に任命して、環境政策重視の姿勢を示した。一九九〇年には一層強化された大気浄化法が成立して9、ブッシュ大統領任期前半の環境政策の頂点をなすものであった。しかし、景気後退と産業界からの圧力などによって任期後半には環境政策からも後退し、九二年のリオ・サミットでは、国際的非難を浴びるような環境政策を採用するようになった。ブッシュ（父）政権も本質的にはレーガン政権と同様、経済成長と開発そして技術的な環境問題解決を重視する考えであった。

ブッシュ（父）政権は、レーガン政権のように環境政策を後退させながら強引に経済発展を追及するというものではなかったが、数人のホワイトハウスのスタッフが米国の環境政策に大きな影響を与えた。大統領首席補佐官のジョン・スヌヌ、行政管理予算局（OMB）長官リチャード・ダーマン、科学顧問D・アラン・ブロムリ、そして経済諮問委員会委員長マイケル・ボスキンが特に保守的な政策立案に影響力を行使した。人為的な地球の温暖化を引き起こしている「温室効果」ガス問題に対して「ホワイトハウス効果」で対抗すると（Vig, 2000, p.105）、大統領就任前には気候変動問題に対しても意欲的な姿勢を見せてきたブッシュではあったが、上述の気候変動問題懐疑派の「四人組」の影響力が次第に大きくなっていった。彼らは、人為的な$CO_2$排出による地球の温暖化が気候変動を引き起こすといった理論には懐疑的で、むしろ化石燃料消費制限に伴う経済的コストに関心があった。

しかし一九九〇年代初頭、国際政治の舞台では気候変動問題や生物多様性の保全などの国際的環境問題が主要課題にのぼっており、ブッシュ大統領の内向きで消極的な態度が際立った。九〇年には第二回世界気候会議が開催されるなど、九二年のリオ・サミットでの採択に向けて国連気候変動枠組条約（UNFCCC）および生物多様性条約締結交渉が行われていた。気候変動に関する条約交渉をリードしてきたＥＵ諸国と消極的な米国の間には同問題をめぐって溝が深まりつつあった（Fisher-Vanden, 2000, pp. 153-4）。ブッシュ（父）大統領は交渉中のＵＮＦＣＣＣに拘束力のあるＣＯ２排出削減目標が盛り込まれるなら、リオ・サミットをボイコットすると脅した。また、生物多様性条約交渉団代表であるＥＰＡのライリーの条約締結努力にもかかわらず、ブッシュ（父）政権は同条約の調印を拒否した（Vig, 2000, p. 107）。最終的に、リオ・サミットへの米国の参加は得られたものの、ＵＮＦＣＣＣに関しては、ＣＯ２排出レベルを二〇〇〇年までに一九九〇年レベルに戻すという国際合意を条文中に盛りこむのが精一杯で、具体的な温室効果ガスの削減目標は設定されなかった（ＵＮＦＣＣＣ、第四条二項）。

### （五）クリントン政権時代（一九九三〜二〇〇一年）

ウィリアム・クリントン大統領とアル・ゴア副大統領を中心とした民主党政権は、それ以前の共和党政権に比べ環境政策により積極的な姿勢を見せた。特に、上院で気候変動問題に関してリーダー的存在であった副大統領ゴアの存在は大きかった。一九九二年の大統領選挙期間中において、経済問題に比べて環境問題に対する有権者の関心は低かったが、環境に関心のある有権者は五対一の比率でブッシュ（父）よりクリントン候補により多く投票した。また、ゴアのベストセラー、*Earth in the Balance*（邦訳『地球の掟』）の評価も高く、クリントンが欠いていた環境政策に対する評価を補っていて、主要な環境保護団体がクリントン大統領とゴア副大統領候補を支持した（Vig, 2000, p.107）。とりわけ、選挙期間中に掲げられた環境関連政策は非常に野心的なものであった。例えば、各企業の自動車燃料効率の標準化（ＣＡＦＥスタンダード）10、大量輸送交通機関計画の奨励、天然ガス使用の増大と原子力エネルギーへの依存度抑制、再生可能エネルギー研究・開発支持、水質汚濁防止法の強化、スーパーファンド法の改正、有害廃棄物法の厳重な執行、原生林の保護、北極国立野生生物保護区の原生地域としての保護、そして米国の$CO_2$排出レベルを二〇〇〇年までに一九九〇年レベルで制限することなどである（Vig, 2000, p.108）。このような包括的な環境政策導入の試みは、議会からの執拗な抵抗に遭遇する一方、環境保護そして持続可能な社会形成に関心のある有権者の期待感を高めすぎたことも、その後の米国国内の政局に少なからず影響を与えた。

国連気候変動枠組条約（UNFCCC）に関しては、ブッシュ（父）政権下の米国が先進工業国では最初に批准し、一九九三年の一二月には発効に必要な五〇カ国の批准を得た。それから三カ月後に同条約は発効した。そして、九五年ベルリンで開催の第一回締約国会議（COP1）で、二〇〇〇年以降の温室効果ガス削減規制を制定するための議定書の交渉が始まった。COP1の成果としてベルリン・マンデートが採択され、九七年京都で開催予定のCOP3までに議定書を作成するという目標が採択される一方、各国の能力に応じた「共通だが差異のある責任」原則に則って同議定書では途上国に温室効果ガス削減義務を課さないことになった（グラブ、二〇〇〇、六八頁）。九六年のCOP2で、米国はクリントン政権になって初めて、二〇〇〇年までに一九九〇年レベルで温室効果ガス排出を安定化させるために、拘束力のある削減目標設定に同意した。この決定は多くの共和党議員には受け入れ難いものであったし、産業界もこの国際合意によってエネルギー税の増加やより厳しい自動車の省エネ基準などの導入を恐れた。クリントン政権としては、拘束力のある削減目標設定に合意することによって、国内的には物議をかもすことを知りながら、国際社会の趨勢に合わせることによって国際的な外交交渉の場での米国の孤立を回避する道を選んだと言えよう（Park, 2000, p. 83）。

米国議会を中心とした国内の抵抗は、クリントン政権の予想をはるかに超えていた。一九九四年の中間選挙の結果によって上・下両院と三一州の知事を共和党が支配するようになった。ことに、同選挙結果が下院の多数派リーダーのジョージア州選出の共和党議員ニュート・ギングリッジの「アメリカとの契約」（"Contract with America"）政策に対する国民からの支持を得たとして、大多数の共和党議員がギングリッジの考えに同調した。産業界のロビイストの応援も得て議会の新たなリーダーらは、環境規制の緩和を狙った法改正に着手した。しかし、こうした動きが活発になるとともに、クリントン大統領は世論の支持も得ながら反撃に出た（Vig, 2000, pp.111-2）。議会と大統領との対決が激しくなるなか、九七年一二月の京都会議（COP3）開催を控えた同年七月に、バード＝ヘーゲル決議案が上院において全会一致（九五対〇）で採択されたであった。

ネブラスカ州選出の共和党上院議員チャック・ヘーゲルと西バージニア州選出の上院議員ロバート・バードは、共同提出者としてバード＝ヘーゲル決議案（SR-98）を上院に提出した。SR-98が米国の交渉団に対して要求したことは、途上国に対して同時期に温室効果ガスの制限あるいは削減義務を課さず、しかも米国経済に深刻な損害を与えるような気候変動条約の議定書には調印してはならない、ということである（Harris, 2009, p. 231）。

一九九七年一二月の京都でのCOP3開催前に、上院の決議には法的拘束力はないとはいうものの、米国政府代表は、京都議定書の最終交渉に臨む前に交渉の余地のないような状況に立たされた。「世界人口の五％以下の米国が世界の富の二二％そして世界の温室効果ガスの二五％以上を排出している」（Clinton, 1997, p. 1409）と、自国に特別な責任があることを認識しているクリントン大統領も、大変苦しい立場に立たされた。気候変動問題で国際協調を優先して第一約束期間内（二〇〇八～一二年）に一九九〇年レベルより温室効果ガスの排出を削減する、といった京都議定書に調印しても、国内では上院がそうした内容の議定書の批准を拒否する姿勢を示したのだった。こういう状況で一〇月にクリントン大統領が発表した交渉の立場は、二〇〇八～一二年の間に一九九〇年レベルの温室効果ガスの排出量に戻す、その後の五年間に九〇年レベルからの削減を行う、という米国にとって現実的な目標を設定することであった。

さらに、途上国の削減義務に関しては、中国、インド、メキシコなどの主要な途上国に対して自発的に「意味のある」参加を要請した。しかし、意味のある参加とは必ずしも附属書Ⅰ国（先進工業国）と同等の削減義務を負うことを意味しなかった（Clinton, 1997, p.p 1409-10）。そして、途上国は経済成長を抑えることなく、先進国からの技術支援を得ながら、省エネで温室効果ガス排出の少ない開発の道を選択できると、いうことでもあった（Harris, 2009, pp. 236-7）。

しかし、クリントン大統領の交渉の立場に対する国際的な批判は厳しく、ＥＵ諸国、小島嶼国をはじめとする途上国さらに国際環境ＮＧＯは、こぞって米国の実質「ゼロ」削減を非難した。国際的批判と国内の有権者への配慮もあり、環境派としての評判を背負った副大統領ゴアは京都会議の最終交渉段階に介入して、国内での批准の見通しが立たないまま、クリントン大統領の了承を得つつ、第一約束期間内にＥＵ全体で八％、米国七％そして日本六％削減という削減目標に合意した。この決定に対する次期政権からの反発は露骨なものであった。

### （六）ジョージ・Ｗ・ブッシュ政権時代（二〇〇一年〜〇九年）

二〇〇一年三月一三日、四名の上院議員に宛てた手紙において、Ｇ・Ｗ・ブッシュ大統領は京都議定書批准拒否の姿勢を鮮明にした。ヘーゲル、ヘルムズ、クレイグそしてロバーツ上院議員がブッシュ政権の地球気候変動問題対策、特に京都議定書とＣＯ$_2$排出規制対策について尋ねた書簡に対して、Ｇ・Ｗ・ブッシュ大統領は以下のように応えた。まず、議定書に反対する理由として、議定書が中国やインドを含む世界人口八〇％を占める国の削減義務を免除していることと、米国の経済に深刻な損害を与えることを挙げた。また、バード＝ヘーゲル決議に言及して、議定書が公平性を欠きかつ効果のないものであることに対する明瞭な合意が議会にあるとした上で、大気浄化法の対象汚染物質ではないＣＯ$_2$の排出削減を政府が発電所などに義務づけるべきではないとした。さらに、気候変動問題に対して性急に対策を採る前に、同問題に関する科学的な不確実性を減少させる努力をしながら、技術や市場メカニズムなどによって問題を解決する必要があることを強調した（Bush, 2001）。

G・W・ブッシュ政権による議定書離脱発表の知らせは、国際社会にとって衝撃的なものであった。しかし、米国のこうした反動的な行動はかえってEU諸国の結束強化を促した。G・W・ブッシュ大統領の離脱宣言後、前年一一月のハーグ会議（COP6）における自らの強硬姿勢を崩して、EU諸国は二〇〇一年七月一六日ボンで開催予定のCOP6再開会合で、議定書の中核的な争点（途上国支援、排出量取引などの京都メカニズム、各国の削減目標に対する森林の吸収割合、遵守問題）に対して柔軟姿勢を示し始めた。また、〇二年までの議定書発効を目標に、日本やロシアが米国に同調しないように外交攻勢をかけた。特に、ロシアの批准は欠かせなかった[11]。

京都議定書を救おうという国際的な動きの結果、二〇〇一年一〇月～一一月にかけて開催されたモロッコのマラケシュにおいて、議定書の運用ルールの細目を定める文書が採択され[12]、その後、議定書を批准する動きは加速した。〇二年五月にEUが、そして六月に日本がそれぞれ議定書を批准した。さらに、同年八月二六日から九月四日に開催されたヨハネスバーグ・サミットに向けて中国、インド、ブラジルなどの大きな開発国を含む一四カ国が相次いで議定書を批准した。現在の$CO_2$の最大の排出国である米国が削減義務を負うことを拒否したことは、国際的な取り組みにとって大変深刻な問題であったが、米国は気候変動枠組条約（UNFCCC）を批准しているので、将来にわたって地球気候の安定化に努める義務を同国も負っているのみならず、議定書を拒否する以上その立場を正当化した上で代替案を示す必要があった。

二〇〇二年二月一四日、G・W・ブッシュ大統領は海洋大気局（NOAA）で「クリア・スカイズ・イニシアティブ（CSI）と地球気候変動イニシアティブ（GCCI）」を発表した[13]。この京都議定書の代替案の中心的な考えは、米国の経済規模に比例して温室効果ガスを削減するというものである。GCCIによれば二〇一二年までに「温室効果ガス強度」（greenhouse gas intensity）を一八％削減する数値目標を掲げているが、$CO_2$などの温室効果ガス排出量は実質的に増加する[14]。したがって、GCCIの政策目標である二〇一二年までに温室効果ガス強度を一八％削減するということは、GDPの増大に伴う温室効果ガス排出の増加率を下げるということを意味するにすぎなかった。米国に課せられた温室効果ガスの七％削減は、国内の経済に深刻な損害（最大四〇〇〇億ドルの経済損失と四九〇万人の失業）[15]をもたらすからあくまでも受け入れられない（Bush, 2002）、という立場であった。これでは国際社会に対して自国の立場を正当化できず、代替案もその名に値しないものであった。

とにかく、経済成長しなければ温暖化防止対策もとれないという基本的な考えに基づくG・W・ブッシュ政権の政策は、技術的解決と市場メカニズムに頼るというものであった。また、米国の一方的な議定書からの離脱に対する国際社会の激しい批判に直面して、途上国の責任問題に対しては態度を軟化させた。どの国も経済成長と繁栄を当然求めるものであり、実行不能で非現実的な温室効果ガス削減目標を要求することによって、途上国の成長を鈍らせるとか成長しないように強要することは、不公平であるばかりか逆効果であるという見解を示した。ただし、中国やインドが削減義務を負わないのは問題だと強調した。こうした認識に基づいて、温室効果ガス強度という新たな基準に基づいた対策なら途上国でも無理なく採用できる上、途上国に適した政策の開発や排出削減を助け、クリーンで再生可能なエネルギー開発への投資を促す国際援助も行うという立場であった（Bush, 2002）。

二〇〇四年一〇月のロシアの批准を得て、京都議定書は〇五年二月に発効した。また、〇五年一一月から一二月にかけてモントリオールで開催されたCOP11／MOP1（第一回議定書締約国会合）においてマラケシュ合意の完全実施が決まり、議定書の運用が本格化した。こうした動きの機先を制するかのように、ブッシュ政権も当時議定書未批准の豪州とともに、日本、韓国、中国、インドも巻き込んで、官民参加の「クリーン開発と気候に関するアジア太平洋パートナーシップ（APP）」の初の閣僚会議を、〇六年一月一二〜三日にシドニーで開催した。同会議では再生可能エネルギー、電力、鉄鋼、アルミ、セメント、石炭および建物・電気機器の分野において、温室効果ガス削減の新技術開発を進めることで合意した[16]。これらの八分野における六カ国の$CO_2$排出量は世界の排出量の約六〇％を占めていた[17]。

米国の環境政策と政治を概観する限り、また、現在の米国のエネルギー多消費社会および産業構造を見る限り、民主党と共和党のどちらの政権になっても、気候変動問題において世界は米国のリーダーシップを期待するのが難しい状況である。特に、クリントン大統領とゴア副大統領時代から、米国議会での環境政策に対する共和党の妨害や反対が激しさを増している。

しかし、国際社会同様に米国国内でもブッシュ政権の気候変動政策に対する批判が高まり、義務不履行、国際的孤立、そして技術革新の遅れに対する懸念が高まった。例えば、民主党のジョセフ・リーバーマンと共和党のジョン・マケインは二〇〇三年一月に上院で、温室効果ガス排出規制と企業のための排出量の売買を認めることなどを要求した法案を共同提出した。この法案は四三対五三で否決されたものの、一九九七年に九五対〇の全会一致で京都議定書への調印拒否を決議した時に比べれば、上院議員の気候変動問題に対する認識と態度の変化を示していた。その後、上・下院では気候変動関連の法案の提出が増えていた[18]。しかし、連邦議会による気候政策イニシアティブの可能性はなかった。

気候政策に関する連邦議会の機能停止状態が深刻になりつつある一方、州レベルでの気候政策の導入が活発になった。カリフォルニア州やニューメキシコ州の知事は温室効果ガス削減の行政命令を発することによって、また、米国五〇州の一一八三市を代表する全米市長会議（U.S. Conference of Mayors）は、シアトル市長提案の「気候保護協定」（Climate Protection Agreement）を全会一致で支持することによって、連邦政府に圧力をかけた[19]。こうした個別の州や市の取り組みも無視できない。なぜならば、カリフォルニア州の温室効果ガスの排出量はブラジル一国より多いからである（Rabe, 2004）。さらに、多くの州が共同して排出削減計画や排出量取引制度の設立を図り出した。例えば、二〇〇七年、九つの北東・中部大西洋州は、「地域の温室効果ガス・イニシアティブ」（Regional Greenhouse Gas Initiative: RGGI）を設立して、発電所からのCO$_2$に関して排出上限枠を設定してその範囲内で排出量の売買を認める「キャップ・アンド・トレード」（cap-and-trade）制度の立ち上げが図られた[20]。その他、ワシントン、オレゴン、カリフォルニア州は、二〇〇四年一一月、「西海岸州知事の地球温暖化イニシアティブ」（West Coast Governors' Global Warming Initiative）[21]を設立して温室効果ガス削減戦略のため協力する一方、二〇〇七年に南北ダコタ、アイオワ、ミネソタ、ウィスコンシン州そしてカナダのマニトバ州は、再生エネルギー開発と普及に焦点を当てた気候変動緩和戦略「平原に活力を」（Powering the Plains）に基づいて協力することになった[22]。

米国の産業界も連邦政府の政策に関係なく、自ら削減目標を設定したり、廃棄物管理を改善したり、排出量取引に参加したり、あるいは炭素吸収技術の開発研究に取り組むようになった。そうした企業には、米国電力会社、ボーイング、デュポン、GE、ヒューレット・パッカード、IBM、インテル、ロッキード・マーティン社などが含まれていた[23]。

以上、主に米国における気候変動問題をめぐる国内政治と同国の国際的立場について概観した。クリントン大統領は気候変動政策に取り組む意欲もあり、同問題に対する関心の強いゴア副大統領も米国の積極的な国際協力を望んでいたが、米連邦議会の強い反発に会い、消極的な対応しかできなかった。その前の政権を担ったG・H・W・ブッシュ（父）大統領は、中東の石油の安全かつ安定供給を念頭に、イラクのクウェート侵略とそれに続く中東での覇権の確立がサウジアラビアに対する脅威となることを恐れ、断固とした態度と外交手腕を発揮して多国籍軍を編成し、イラクをクウェートから撤退させた。その息子のG・W・ブッシュは二〇〇六年の一般教書演説で、米国は「石油中毒である」として警告を発して、エタノールの開発を提唱した（Bush, 2006）。しかし、父子ブッシュはともに経済成長に重きを置き、気候変動問題に対しては消極的あるいは否定的な態度を取り続け、同問題に対する国連の枠組みによる国際協力の強化を妨害するような態度を取り続けた。こうした米国の国際的な立場については、一九九〇年代中頃から台頭著しい共和党の新保守主義が影響している。特に、キリスト教原理主義的なイデオロギーを掲げるかあるいは右翼的リバタリアンの「ティーパーティー」（"Tea Party"）運動グループの反抗的かつ破壊的な言動が、連邦議会の立法機能停止をさらに深刻化していると同時に、穏健的な共和党員との対立を引き起こしつつ、共和党と民主党との対決姿勢を煽るような状況を現出している。こうした政治状況は次に検討するオバマ政権時代に特に顕著である。それに加えて、二〇〇八年のリーマン・ショックという経済の激震が走り、米国社会はその後遺症に苦しんでいる。こうした政治経済状況にあって、オバマ政権はどのように気候変動問題の舵取りをしてきているのだろうか。その現状を簡単に見ておこう。

## 二　オバマ政権の気候変動政策（二〇〇九〜）

### （一）オバマ政権のグリーン・ニューディール[24]

米国に黒人の大統領政権が誕生したこと自体画期的な出来事であるが、未曾有の経済危機を乗り越えるために戦略的なエネルギー・環境政策を重視しようとしたことは、さらなる驚きである。すでにほとんど死語になってしまった感のある「グリーン・ニューディール」と言われた政策の中身は、一体どのようなものだったのだろうか。その現状はどうなっているのだろうか。まず、当初の計画について見てみよう。

オバマ大統領候補とバイデン副大統領候補は選挙運動期間中、*New Energy for America* という選挙公約を掲げた。気候変動政策に関しては、キャップ・アンド・トレード方式の温室効果ガス排出量取引制度を導入して、二〇五〇年までに一九九〇年比で温室効果ガスの排出を八〇％削減する、と公約した。オバマ新政権は、この制度において排出枠を無料で各産業に分配するのではなく、すべての排出枠をオークションによって高値をつけた者に販売することを提案している。そして、オークションによって得た資金を一〇年間で一五〇〇億ドル（約一三兆円）を再生可能エネルギーや省エネ技術開発に投資し、五〇〇万人の新たなグリーン雇用の創出を狙う[25]。

具体的な投資先や政策目標は次のようなものである。プラグ・イン・ハイブリッド車の商業化、再生可能エネルギーの開発や省エネ技術開発促進、低炭素石炭火力発電の推進、セルロース・エタノールなどの次世代バイオ燃料などの開発である。そして、二〇一五年までに一〇〇万台のプラグ・イン・ハイブリッド車を走らせ、二〇年の電力需要を一五％削減するといった目標を掲げた[26]。また、米国自動車産業の再興のために四〇億ドルの税控除や融資保証を提供するという自国の自動車メーカーや部品メーカーの支援を約し、燃費の良い自動車は外国人労働者ではなく、自国の労働者によって生産される必要を唱える。新政権はどれほど真剣にこのエネルギー・環境政策中心の需拡大策を推し進めようとしたのだろうか。

第一期目のオバマ政権の環境・エネルギー関連閣僚の顔ぶれを見る限り、新政権の政策転換への意気込みが窺えた（Vig, 2013, p. 99）。まず、エネルギー省長官にノーベル物理学賞受賞者であるスティーブン・チューを抜擢した。彼は、ローレンス・バークリー国立研究所所長時代、同研究所を代替・再生可能エネルギー研究の世界的な拠点に育て上げた。次に、内務省長官人事である。石油・ガス田開発のためにリースする国有地を管理するなど開発と環境保護問題に関して重要な役割を担う同省長官に、元環境問題専門の弁護士のケン・サラザール氏を起用した。そして、連邦環境保護庁（ＥＰＡ）長官には、同庁に一六年勤めた元ニュージャージー州環境保護局長リサ・ジャクソンを、また、新設のエネルギー・気候変動・環境政策調整官にクリントン政権時代の八年間ＥＰＡ長官を務めたキャロル・ブラウナーを任命した。さらに、ホワイトハウス環境評議会議長にブラウナー元ＥＰＡ長官の補佐官を務めたナンシー・サトリ前ロサンジェルス市助役を起用した。これらの環境・エネルギー政策関連の閣僚の陣容を見る限り、オバマ新政権はエネルギー問題と気候変動問題に真剣に取り組む姿勢を見せていた。

オバマ新政権がいかに強力な布陣で政策を推進しようとしても、行政機関、議会、産業・ビジネス団体そして環境保護団体など多様な利害関与者（ステークホルダー）が様々なレベルで関わる米国の政策形成と実施過程を経なければならない（Klyza and Sousa, 2013; Orren and Skowronek, 2004; Mayhew, 1991）。

政権交代に伴い大統領行政府（ホワイトハウス事務所、副大統領事務局、大統領行政府に属する機関）の閣僚、補佐官、上級スタッフや主要省庁の閣僚や上級官僚の多くは、一般的に政治任用される。その数は約六〇〇〇から七〇〇〇人といわれる。政治任用ポストがすべて交代するだけでも六カ月ほどかかるとされており、政策が具体化するのはそれ以降である。したがって、二〇〇九年一二月にコペンハーゲンで開催された第一五回国連気候変動枠組条約（ＵＮＦＣＣＣ）締約国会議（ＣＯＰ15）での国際合意形成に向けて、中・長期の温室効果ガス削減目標交渉等が六月頃から本格化したが、米国政府内の対応は遅れ気味であった。とはいうものの、オバマ新政権はＵＮＦＣＣＣの枠組みでの国際交渉に積極的に関わることを公約し、前ブッシュ政権下で始まったＧ８諸国に加えて中国・インド・ブラジルなどの世界の主な温室効果ガス排出国が参加する主要経済国会合（ＭＥＭ）にも積極的に関わる姿勢を示した。事実、国務長官のヒラリー・クリントンは、オバマ新政権発足直後、クリントン政権時代に京都議定書交渉に携わったトッド・スターンを気候変動問題の特別全権大使に任命し、新政権の多国間交渉への意欲を国内外に示した。

気候変動問題への取り組みの意欲を示すのみならず、少なくとも、大統領行政府としては、国連を中心とした枠組みでの国際協力姿勢を態度で示した。オバマ大統領とクリントン国務長官はともにデンマークで開催された国連気候変動会議に参加して、会議前に発表されていた米国政府の以下の気候変動政策をもとに国際交渉に臨んだ。米国の中・長期削減目標に関しては、二〇二〇年までに二〇〇五年比一七％削減（二〇二五年にマイナス三〇％、二〇三〇年にマイナス四二％）、二〇五〇年までに同年比八三％削減というものであった。また、対途上国支援提案としては、二〇一〇～一二年（短期）に一〇〇億ドル、二〇二〇年まで、他の国々と協力して、年間一〇〇〇億ドル（約九兆円）を約した。ただし、後述するように、二〇〇九年七月、連邦下院議会では排出量取引制度も導入した野心的な温室効果ガス削減計画を盛り込んだ気候変動関連法案が僅差で可決されたが、同年一〇月、同様の法案が上院で提出されたが審議未了で廃案になってしまった。結局、同年一二月にコペンハーゲンで開催されたＣＯＰ15において、オバマ大統領は確固たる国内の気候政策の拠りどころがなく、米国の主導力を遺憾なく発揮することはできなかった。

このように、オバマ大統領とその閣僚の動向以上に重要なのが米国連邦議会の動きである。大統領には議会に法案を直接提出する権限はなく法案に対する拒否権があるのみで、しかも法律の制定や国家予算の配分を主導するのは議会だからである。さらに、国際条約などを批准するためには上院議員の三分の二以上の賛成が必要である。記憶に新しいのが、中国などの途上国が削減義務を負わない京都議定書に反対するバード＝ヘーゲル決議案である。この上院の決議案は九五対〇の全会一致で可決された。クリントン＝ゴア政権は、同年一二月に京都で開催されたＣ

OP3において京都議定書の採択に協力して翌九八年に議定書に署名したものの、結局、上院での批准手続きを取らなかった。

それでも、二〇〇一年三月にG・W・ブッシュ政権が京都議定書を否定し京都プロセスから離脱して以降、連邦議会は、徐々にではあるが確実に変貌を遂げていた。エネルギー効率の向上と代替再生可能エネルギー開発を促進するための〇五年のエネルギー政策法や、〇七年エネルギー自給・安全保障法などの成立が、それを物語っている。また、上述したように、ブッシュ政権の二期目から上・下院ともに超党派的に気候変動政策に対して積極的な立法活動を展開した。

特に、二〇〇五年の京都議定書発効以降、米国国内には連邦政府の気候変動政策に異議を表明する言動も顕著になった。例えば、前述したように、民主党のジョセフ・リーバーマンと共和党のジョン・マケインは〇三年一月に上院で、温室効果ガス排出規制と企業のための排出量の売買を認めることなどを要求した法案を共同提出した。この法案は四三対五三で否決されたものの、一九九七年の全会一致で京都議定書への調印拒否を決議した時と比べれば、上院議員の気候変動問題に対する認識と態度の変化を示している。さらに、下院では、二〇〇九年六月二六日に、アメリカのクリーン・エネルギーと安全保障法（ACES Act あるいはワックスマン＝マーキー法）（H.R. 2454）が、二一九対二一二票（棄権三票）で成立した。ただ、このワックスマン＝マーキー法案が直近の選挙で民主党が優勢な下院であっても、過半数二一八票よりわずか一票多い賛成票で可決された事実は見逃せないものであった。地元の経済や雇用への影響を懸念した民主党議員四四名が反対票を投じたからだ（Kraft, 2013, p. 128; 前田、二〇一四b、一～二頁）。いずれにせよ、ワックスマン＝マーキー法は包括的なエネルギー政策で、クリーン・エネルギー開発の促進、エネルギー効率の向上、温室効果ガスの排出削減（キャップ・アンド・トレード（cap-and-trade: C&T）方式の排出取引市場の活用も含む）、そしてクリーン・エネルギー経済への移行も謳っている[27]。温室効果ガス排出削減目標は、二〇〇五年比で二〇二〇年までに二〇％の削減、二〇五〇年までに八三％の削減である。そのうち、C&Tの排出取引の対象は温室効果ガス総排出量の八五％で、それによる削減目標は二〇年までに一七％、五〇年までに八五％としている。

上院でも同様の法案の提案の動きがあり、二〇〇九年六月一七日、上院のエネルギーと自然資源委員会（委員長はジェフ・ビンガマン：D‐NM）が「アメリカのクリーン・エネルギー・リーダーシップ法案」（the American Clean Energy Leadership Act）（S. 1462）を通す一方、上院の環境と公共事業委員会の委員長バーバラ・ボクサー（D‐CA）とジョン・ケリー上院議員が起草した「クリーン・エネルギーの雇用とアメリカのパワー法案」（the Clean Energy Jobs and American Power Act）（S. 1733）（通称、ケリー＝ボクサー法案）を同委員会で通した。これらの法案は、下院のワックスマン＝マーキー法と同様のエネルギー政策とC&T方式の気候変動政策を掲げた。そのなかで、二〇〇九年一〇月、ケリー＝ボクサー法案が上院に提出された。同法案によれば、二〇一二年からC&T制度を導入し、二〇〇五年比で二〇年までに二〇％の削減、五〇年までに八三％の削減を目指すとされた。また、原子力発電の推進や再生可能エネルギーへの投資の促進、石炭・天然ガス火力発電における環境負荷低減技術開発支援を法案に盛り込んだ。しかし、この法案は、オバマ大統領のもう一つの重要政策アジェンダである医療保険改革案審議に時間を取られ、上院本会議での議決を行うことができず、審議未了のまま廃案になってしまう。

二〇一〇年、ケリー上院議員は再度、民主党を離党して共和党のマケイン大統領候補を支持したリーバーマン上院議員と共和党のリンジー・グラハム上院議員とともに、超党派の気候変動法案（American Power Act）の成立を試みた。ケリー議員による上院議員の票の計算では、五九人の民主党議員のうち数人が同法案に反対する公算が高いが、グラハム議員を含む五人の共和党議員が賛成に回り、六〇票以上の賛成は楽に得られると踏んでいた。そうなれば議事妨害（filibuster）[28]を阻止できるので、大統領府（ホワイトハウス）も法案成立に向けて援助の手を差し伸べてくるだろうと考えた（Lizza, 2010, p.2）。したがって、米国社会のエネルギー構造を根本的に変革して気候変動問題に対処するための法律の制定は射程内にあると思われていた。

超党派の同法案の温室効果ガスの削減目標に関しては前回のケリー＝ボクサー法案とほとんど同じで、C&Tの導入を二〇一三年度に遅らせ、二〇二〇年の削減目標を二〇〇五年比一七％に目標値を低くしているところが少し異なる。その他の違いとしては、原子力発電に関して、前回の法案より融資保証をそれまでの三倍、規制リスク保険を二倍に引き上げたことと、大陸棚の石油開発の促進、炭素隔離貯留（CCS）技術開発に対する財政支援を盛り込んでいる（前田、二〇一四a、一頁）。しかし、こうした法案の骨格が決まる前に、共和党のグラハム議員が同法案の共同提案者になり難い状況になっていった。

同議員が、自分の党からの気候法案への支持を取り付けるための取引材料としていた石油産業や原子力産業への優遇措置などを、共同での法案提出を模索する三人の上院議員の誰にも事前に相談せず、大統領が先走って与えてしまったことが、特に、グラハム議員に大統領の意図に対する疑念を抱かせることとなった[29]。また、石油産業のC&T参加への特別の配慮として導入が検討されていた排出許可の取り扱いに関連する「連結料金」（"a linked fee"）制度が「ガソリン税」であるとし[30]、しかもそれを共和党議員のグラハムが推進しているという彼に対する手厳しい批判が、こともあろうに保守系メディアのFOXニュースのウェブサイトで大々的に報道された（Lizza, 2010, pp. 13-4）。その結果、リベラル議員であるケリーと協力していること自体すでに問題視されていたグラハム議員は、彼の選挙区の支持者や原理主義的なティーパーティー・グループをはじめとして、穏健派共和党の同僚などからも激しく非難されるようになった。さらに、グラハムの懸念していた、気候法案を議会に上程する民主党上院議員の多数派リーダーのハリー・リードが「連結料金」とガソリン税を同一視している、という疑念が解消されなかったことも大きかった。最後に、四月二二日（アースデイ）に思いもよらなかった事故が起こった。メキシコ湾で、可動式半潜水型掘削施設（Deepwater Horizon: ディープウォーター・ホライズン）が海底に沈み、原油が海中に漏れ出したのであった。また、誰にとっても寝耳に水であったのだが、多数派リーダーのリードが、自身の再選が厳しい状況下、選挙区のネバダ州の移民問題活動家グループからの圧力を受け、移民法改正法案を気候変動法案より先に通すという方針を一方的に発表してしまった。移民法の改正法案が上院で通るなどということはこの時点で全く考えられない状況であったので、これは実質的に審議未了で気候変動法案が廃案になる可能性が高くなったことを意味した。二〇一〇年五月、正式に同法案を提出するころには、グラハム議員が共同提案者にならないことになった（Lizza, 2010, pp. 16-7）。オバマ大統領も健康保険制度改革問題での共和党との闘いや財政改革法案などに自身の「政治的資本」の多くを費やしていたので、上院での審議の行方が見えない気候変動とエネルギー問題に肩入れをすることを躊躇した（Vig, 2013, pp. 100-1）。結局、ケリー＝リーバーマン法案は、共和党からの協力の取り付けが絶望的になり、最終的に審議されず廃案になった。その後、リーマン・ショックの後遺症による経済不況の深刻化、C&T制度に反対する「キャップ&タックス」などのネガティブ・キャンペーンの成功（C&Tはガソリン税などの形を変えた税金である、といった宣伝）、メキシコ湾での一日六万バレルの原油が漏れ出す状況などにより、C&T制度を盛り込んだ気候変動法案は議会に全く提案されなくなった（前田、二〇一四a、二頁）。また、ピュー・リサーチ・センターの前年一月二二日発表の世論調査では、オバマ政権と議会の取り組むべき「最も優先度の高い課題」の二〇項目に対して、「経済」が第一位で、「環境」と「気候変動問題」が、各々一六位と最下位の二〇位だった（朝日新聞、二〇〇九年一月二八日；Lizza, 2010, p. 18）。この世論調査の結果が、直接的に政策立案者にどのような影響を及ぼしたか定かではないが、追い風にならなかったことは間違いなかろう。

米国の多元的で多様な利害の絡み合う立法過程の複雑さに加えて、本節の冒頭で触れた連邦議会での党派対立が、ことにティーパーティーという急進的な保守共和党グループの台頭によってさらに深刻化していることも、ケリー＝リーバーマン法案をめぐる気候変動法案廃案過程に反映されている。最終的に、C&T制度を介した沖合の石油・天然ガス採掘認可、原子力産業支援などからなる産業界との間の「壮大な取引」(grand bargain)が、経済不況、先鋭化する党派対立、健康保険改革論議、オバマ大統領の勇み足的言動や消極姿勢などによって破綻した。ディープウォーター・ホライズンの大事故による未曾有の原油漏れや、上院の多数派リーダーの「想定外」の行動などの突発的な出来事もこの取引の破綻を加速した。さらに、民主党優勢の上院で同法案が廃案になったことは、より根本的な問題として、同法案の目指す米国のエネルギー政策の大転換の方針が、現時点では否定されたことを意味する。

連邦議会での行き詰まり状態に対して、行政府主導の気候政策イニシアティブが多く採られている。そのなかでも特に重要なものが、オバマ大統領が就任直後に行ったカリフォルニア州の適用除外申請拒否の再検討命令であった。カリフォルニア州知事であったシュワルツネッガーは、二〇〇六年六月に、二〇五〇年までに一九九〇年比で温室効果ガスの排出を八〇%削減するという、同州の削減目標を掲げた。こうした目標を達成するために、カリフォルニア州は、同州のみに認められている連邦規制の優先権の放棄(適用除外：waiver)を、同年G・W・ブッシュ政権下の連邦環境保護庁(EPA)に申請した。アメリカの大気浄化法によれば、発電所などの固定排出源からの大気汚染物質について連邦規制より厳しい基準を州が採用することを認める一方、車などの移動排出源については州独自の排ガス基準の制定を認めていない。経済的合理性の観点から国内で統一された基準が望ましいからである。ただし、例外規定として、大気浄化法ではカリフォルニア州にだけ、連邦規制を上回る厳しい独自の規制を移動排出源に適用する権利を認めている（同法第二〇九条）。カリフォルニア州は〇九年モデルの自動車から連邦の基準より厳しい温室効果ガス排出規制を適用するためにＥＰＡに対して適用除外を申請したが、ＥＰＡは〇七年一二月にカリフォルニアの申請を拒否している（Rosenbaum, 2013, pp.172-4）。こうした状況に関して、オバマ大統領は就任後初めての記者会見で、ＥＰＡに対して、カリフォルニア州の適用除外申請拒否を再検討するように命じた。

これを受けてＥＰＡの運輸局は、二〇〇九年六月、カリフォルニア州の適用除外申請を拒否した〇七年の決定を覆した。また、〇七年の最高裁の判決に応える形で（後述）、ＥＰＡは、〇九年一二月、温室効果ガスは人間の健康と福祉にとって有害であると判断して、温室効果ガス規制を実施するようになった。二〇一〇年四月、ＥＰＡの運輸局とカリフォルニア州は、二〇一六年までに、一ガロン当たり三五・五マイル（約一リットル当たり一四㎞）の自動車の燃費基準を達成することによって、温室効果ガスの削減を図ることになった（Klyza and Sousa, 2013, p. 298）。さらに、カリフォルニアと同じ基準を採用するニューヨーク州やマサチューセッツ州などを含む他の一〇州にも同じ基準が採用されるようになり、米国の自動車市場の約三分の一を占める規模の規制となる（Ibid, p. 260）。

クライザとソーサの指摘によれば、気候変動問題も含む、過去二〇年間で最も重要な環境政策の変更は、裁判所の判定によってもたらされている（Klyza and Sousa, 2013, pp. 304-5）。米国における温室効果ガス規制に関して、今までのところ最も影響力のあるのが、マサチューセッツ対ＥＰＡ訴訟の最高裁判決である31。この係争は、一九九九年マサチューセッツ州、同州を支持する州と地方政府ならびに環境保護支持者グループがＥＰＡに対して自動車車両からの温室効果ガスを大気浄化法に基づいて規制するように要請したが、ＥＰＡがそれを拒否したことに始まる。その後、二〇〇五年七月、ワシントンＤ.Ｃ.控訴裁判所もＥＰＡの判断を確認した。しかし、〇七年四月の最高裁判決では、五対四の僅差ではあったが、一転して控訴裁判所の判決を覆した。最高裁の判決の主旨は、原告のマサチューセッツ州は海面上昇という地球の温暖化の影響による被害を受けていて、温室効果ガス規制によって損害を軽減し得る、として原告適格を認めた。ただし、最高裁の裁決は、ＥＰＡに対して温室効果ガスを規制することを要求したのではなく、もしＥＰＡが温室効果ガスは公衆衛生にとって有害であると判断するなら、ＥＰＡはそれを規制しなければならない、というものであった（Ibid.; O'Leary, 2013, pp.140-3）。上述したように、ＥＰＡはこの最高裁の判決に応えて、〇九年一二月に温室効果ガスの有害判断を行って温室効果ガスを規制し始めたのであった。

二〇〇〇年代の半ばまでは、米国の連邦レベルにおける気候政策の遅滞に対して、州レベルでの取り組みは積極的でより国際協調的な動きが数多く見られた。しかし、二〇一〇年の中間選挙で共和党が躍進して下院で過半数を占め、主要な州知事のポストも握るようになって以来、党派対立が州や地方レベルでも激しくなった（Klyza and Sousa, 2013, pp. 312-3; Rabe, 2013, pp. 47-8）。例えば、一〇年の中間選挙後、一次は共和党の次期大統領候補と目されていたニュージャージー州知事クリス・クリスティーは、北東・中部大西洋州の気候政策イニシアティブであるＲＧＧＩから脱退する一方、ニューメキシコとユタの州知事は西海岸州の気候イニシアティブから離脱した（Rabe, ibid., p. 48）。また、一一年、ノースカロライナ州議会は、過去三〇年間で最も反保全・反環境保護の法律を成立したと言われている。例えば、州の上院は行政機関が海面上昇を考慮するいかなる計画も禁止する法案を可決した。しかし、これはさすがに多くの反発を招き、この条項は削除された（Klyza and Sousa, ibid.）。こうした反動にもかかわらず、州レベルの取り組みは連邦レベルより先を行っている。ＲＧＧＩは、発電所からの$CO_2$に関して排出上限を設定したC&T制度を立ち上げた。〇八年以降、オークション方式で排出割り当てを行い、〇九年から一五年の間に、一億二〇〇万トンの$CO_2$排出量に抑え、一九年以降一〇%の削減を目指して、排出量取引制度を実施した。二〇一一年時点で、石油から天然ガスや再生可能エネルギーへの転換そして省エネによって、総量規制値より三四%も$CO_2$排出を削減した[32]。

化石燃料の大消費国で「石油中毒」の米国人ではあるが、二〇一二年ニューヨーク州とニュージャージー州を襲ったハリケーン・サンディは、〇五年のハリケーン・カトリーナとハリケーン・リタより強烈に、気候変動のリスクを米国人の間に広く認識させるに至っている。経済問題、シェールガス開発ブーム、連邦および州議会での党派対立などが米国社会のエネルギー転換の選択を遅らせる結果となってはいるが、ハリケーン・サンディによって綿の生産被害を受けたアパレル大手のアイリーン・フィシャーをはじめとして、アディダス、アップル、インテル、マイクロソフト、GM、ナイキ、スターバックなどの米国の大企業三三社が、連邦議会に対して気候変動法案の制定を求めている民間非営利団体Ｃｅｒｅｓの働きかけに応じて、一三年四月、同問題における国内外における米国のリーダーシップを求める「気候宣言」に署名した[33]。なお、これら三三社の企業は、約四七万五〇〇〇人に雇用機会を提供し、合計の年間収益が四五〇〇億ドル（約四五兆円）に及ぶ。

米国内の最近の世論調査でも、異常気象と温暖化の関連性が強く意識される傾向が際立ってきている。二〇一二年九月に発表されたイェール大学とジョージ・メイソン大学共同の世論調査報告でもそうした傾向が確認されている（Leiserowitz, et al., 2012）。その主な調査結果のいくつかを紹介すると、次のような状況である。

- ますます多くのアメリカ人が、「温暖化が米国の気候に影響を与えている」と言っている（七四％、二〇一二年三月の調査よる五ポイント増加）。
- 米国における六つの最近の異常気象についての質問に対して、過半数は地球温暖化が異常気象を悪化させていると言い、アメリカ人の多くが二〇一二年の記録的高温と地球温暖化とを関連づけている（七三％）。
- 過半数のアメリカ人が（五八％、三月よる五ポイント増加）、過去二〇～三〇年の間に地元で酷暑が普通になったと言い、特に北東地域（一二ポイント増加）と中西部（一五ポイント増加）で大きく増加した。

・前回の調査より二倍以上の中西部地域のアメリカ人が、過去に個人的に熱波（八三％で、三月の調査より四八ポイント増加）か、あるいは干ばつ（八一％で、五五ポイントの増加）を経験したと言っている。
・北東地域のアメリカ人が、過去に個人的に熱波（五二％で、三月より一〇ポイント増加）か、あるいは干ばつ（一三％で、六ポイント増加）を経験したと言っている。
・より多くの西部地域のアメリカ人が、極端な熱波（四九％で、三月より一三ポイント増加）か、あるいは干ばつ（四一％、一〇ポイント増加）を経験したと言っている。
・五人に一人のアメリカ人（二〇％）が過去に非常な熱波によって健康被害、財産か金銭的なあるいは両方の損害を被ったと言っている（三月の調査より六ポイント増加）。また、一五％（五ポイント増加）のアメリカ人が過去に干ばつの被害を受けたと言っている（Leiserowitz, et al., 2012, p. 3）。

以上が、この世論調査結果の要約の一部であるが、本調査は無作為抽出法による全国の一八歳以上の大人一〇六一人を対象に、二〇一二年八月三一日～九月一二日にかけて行われた。

同様の結果はギャロップの世論調査でも見受けられる。最近の調査は二〇一三年五月七日～一〇日にかけて、無作為抽出法による全国の一八歳以上の大人一〇二二人を対象に行われた。同機関による過去二〇年以上にわたる地球の温暖化についての調査結果の一般的な傾向は、過半数以上のアメリカ人が温暖化は現実の問題で、人間活動に起因していること、この問題に関する報道は正しい、ということを支持しているが、年ごとにその割合には変動がある。一九八九年から聞き始めた、個人的にどれほど地球温暖化について心配しているか、という質問に対して、かなり心配しているが一九八九年に六三％で、二〇〇〇年にその割合が最も多く、その後は五一％から六〇％半ばで

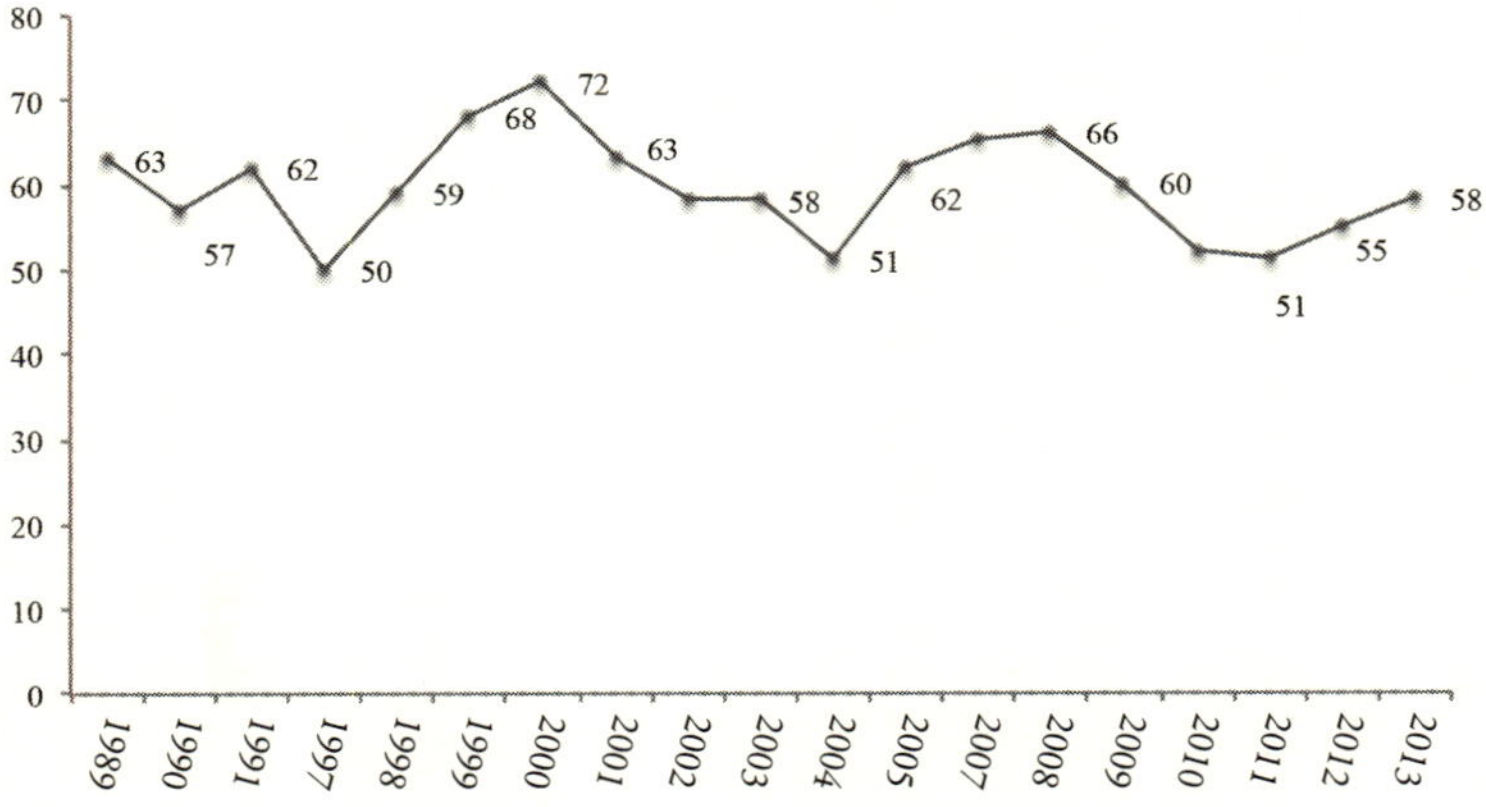


図7－6　個人的に地球温暖化をどれほど心配しますか？——かなり心配する（％）

出所：GALLUP（ギャロップの世論調査のウェブサイト）. http://www.gallup.com/poll/161645/americans-concerns-global-warming-rise.aspx

推移している（図7―6）。興味深い変動を示しているのが、地球温暖化に関するニュース報道についての意見である。誇張し過ぎであるという意見が二〇〇四年（三八％）と二〇一〇年（四八％）と最も多くなり、その以降減少傾向にあるのに比べ、過小評価という意見が〇六年に最も多くなった後減少するが、一一年以降増加傾向にある。他方、ニュース報道は正しいという意見は三〇％半ばから二〇％半ばの間で変動している（図7―7）。地球温暖化の原因が人為的であるかどうかという質問に対しては、一貫して人間活動が主原因であるという応えが自然的要因という応えより多いが、一〇年に両者は各々五〇％と四六％というように最も接近している（図7―8）。

　こうした変動についての二〇一三年のギャロップの調査報告の解説によれば、一九八〇年末と一九九〇年末、そして二〇〇六年～〇八年の間におけるアメリカ人の地球温暖化に関する懸念が大きくなった要因として、〇六年のアル・ゴアの『不都合な真実』も含む、環境保護団体の強力なキャンペーン活動の影響が挙げられている。

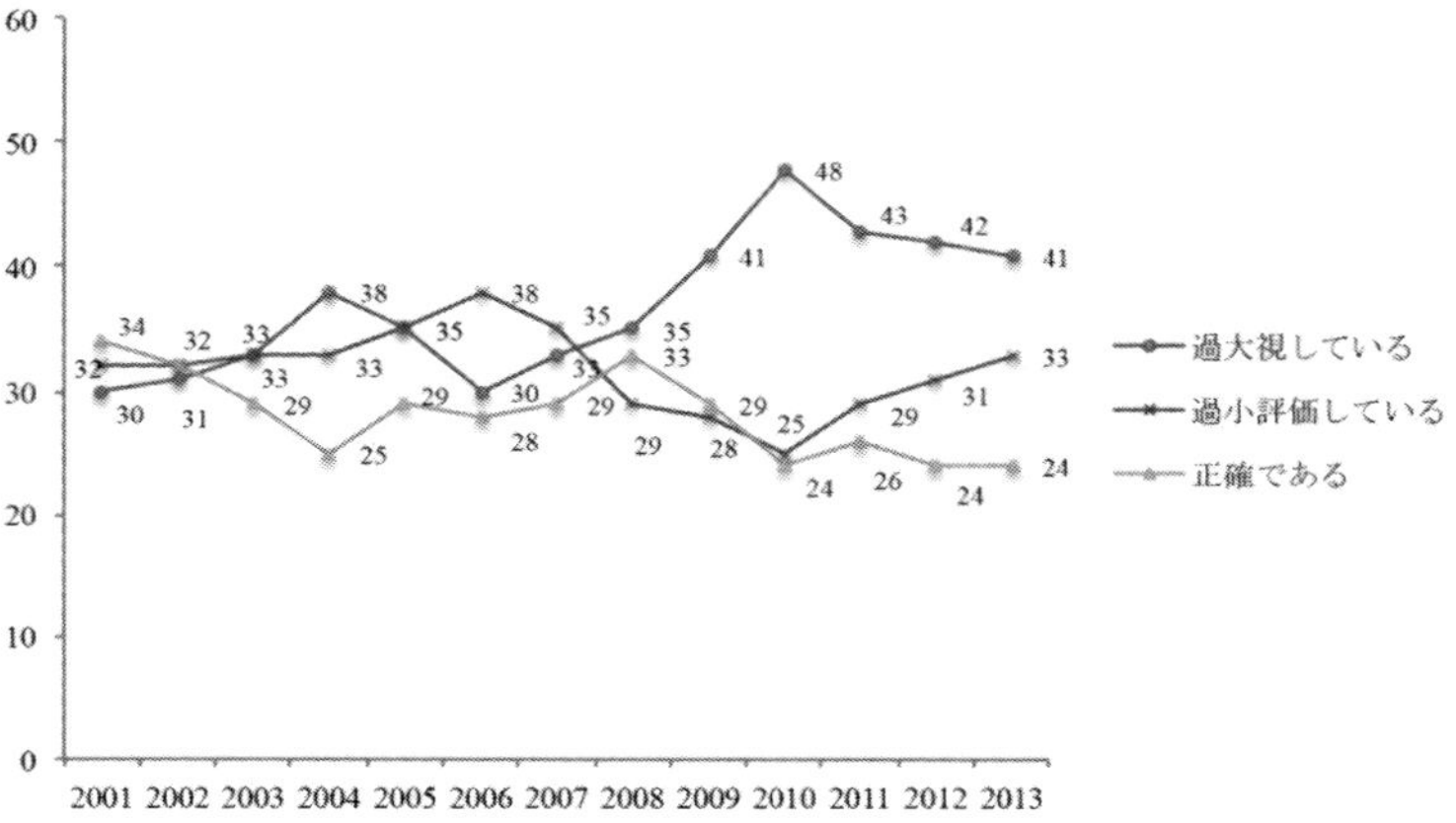


図７－７　地球温暖化のニュース報道に関する意見（%）

出典：GALLUP（ギャロップの世論調査のウェブサイト）. http://www.gallup.com/poll/161645/americans-concerns-global-warming-rise.aspx

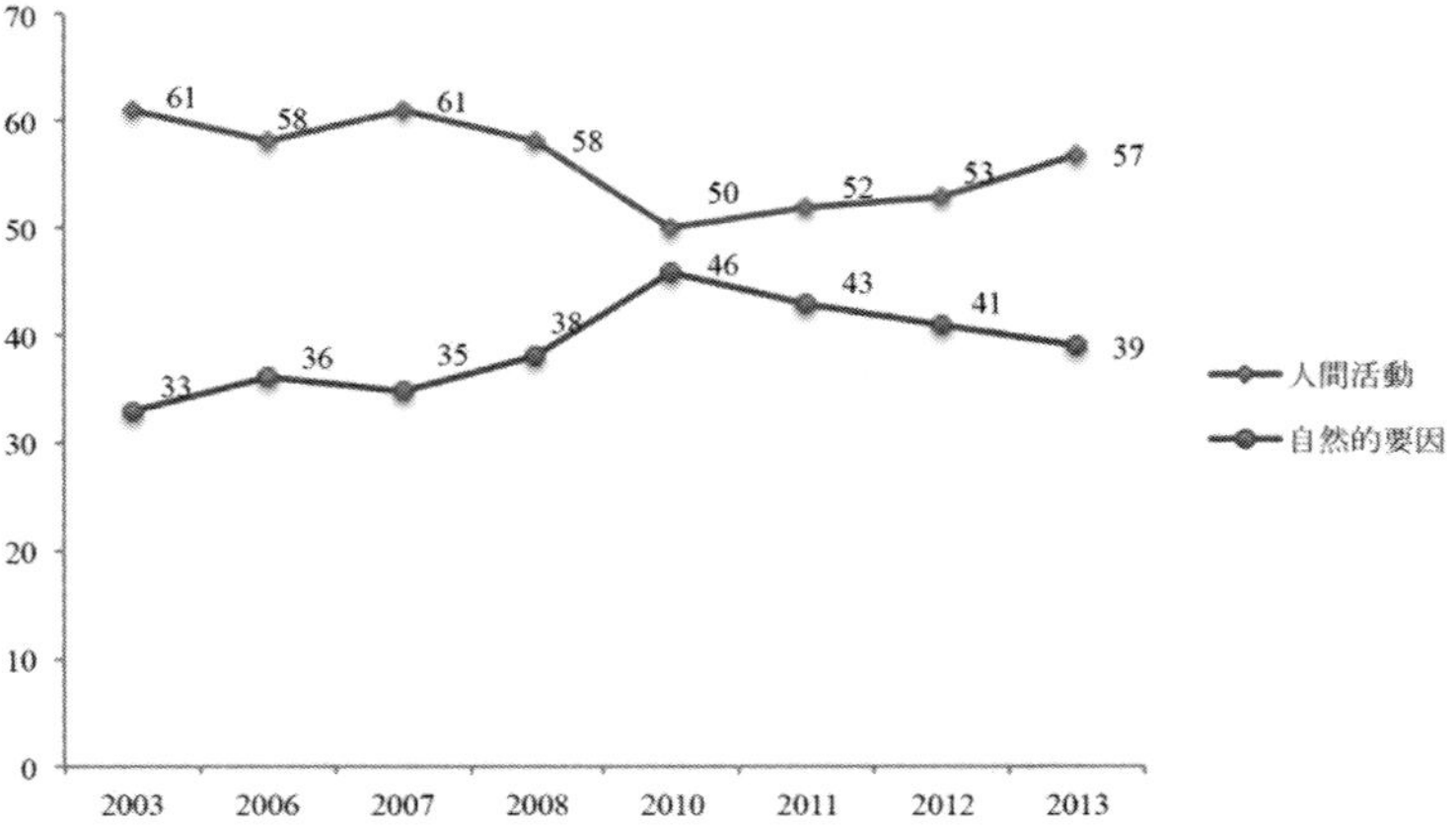


図７－８　地球温暖化の主要因は何か（%）

出典：GALLUP（ギャロップの世論調査のウェブサイト）. http://www.gallup.com/poll/161645/americans-

他方、〇九年と一〇年の間に温暖化に対する懐疑的見方が、特に、共和党議員や保守層間に増大したのは、人間活動によって地球温暖化が引き起こされているということを疑う科学者に関する報道が急増したことや、温暖化に関する科学者の研究スキャンダル（クライメートゲート事件[34]）に呼応した動きであるとしている。しかし、最近になって世論調査に応える人たちの反応は長期的な傾向に戻ってきている[35]。

二〇一四年一月二八日、オバマ大統領は一般教書演説において米国のエネルギー政策と気候変動問題に触れて、本書の主テーマである「新エネルギー政策」の重要性について言及した（Obama, 2014）。天然ガスの安全な採取拡大によって、米国のエネルギーの自立度が上がるとともに経済も活性化し、しかも温室効果ガスの排出の削減も達成できるとした。また、民間セクターが天然ガスを利用する新しい工場への投資を一〇〇〇億ドル（約一〇兆円）近く行う計画に言及し、政府も自動車やトラックの燃料をガソリンから天然ガスへ移行させる政策の促進を約し、石油産業への四〇億ドルの不必要な補助金の支給の廃止を議員に呼びかけた。気候変動政策に関しては、国内の太陽光発電が急増したことと、過去八年の間に$CO_2$の排出をどの国よりも多く削減した成果を誇った。その上で、気候変動は事実であり、その緩和のために最大限努力した、と将来世代に申し開きができるようにしたいと述べた。オバマ大統領は、再選を気にすることのない二期目に、米国のエネルギー転換への道筋をつけて気候変動問題にも積極的に取り組む施政方針を明らかにした。最後に、オバマ政権の気候変動問題に対する行動計画を概観しておこう。

### （二）オバマ政権の気候変動対策の概要

二〇一三年六月、オバマ大統領は「気候行動計画」を発表している（White House, 2013）。その計画の内容は、米国における「炭素汚染」を削減すること（気候変動緩和策）、気候変動の影響に備えること（適応策）、地球の気候変動に取り組むために国際的な努力を主導すること（国際協力）からなるが、ここでは特に、緩和策と国際協力に関してその内容を簡単に紹介しておく。

気候変動の緩和策である米国の炭素汚染の削減とは、一般的に$CO_2$の排出削減を意味する。第一に挙げられているのが、全米の温室効果ガス排出の四〇％ほどを占める発電所からの$CO_2$排出削減に関してである。この分野で進歩が見られているのは、二〇一二年時点で、すべての新しい発電設備の約半分が再生可能エネルギー発電施設であり、三五州が再生可能エネルギー利用の目標を掲げる一方、二五州がエネルギー効率達成目標を設定している。連邦政府のクリーン・エネルギー促進に関しては、大統領の第一期目に風力と太陽エネルギー発電を二倍以上に増やしたとのことである。例えば、〇九年以来政府の土地に大規模太陽光発電施設の設置を許可して、四四〇万世帯への電力供給が可能な規模の発電を行い、推計一七〇〇〇人の雇用を確保した。さらに、二〇一四年の予算においてクリーン・エネルギー技術のための各省庁への予算配分を三〇％増やすとともに、二〇二〇年までに風力と太陽光発電の倍増計画を立てた（White House, 2013, pp. 6-7）。

内務省と国防省も中期的な$CO_2$の排出削減計画を策定している。大統領は内務省に対して、二〇二〇年までに六〇〇万世帯への再生可能エネルギー発電を許可するように命じている。また、連邦政府の諸機関は、政府が補助している住宅に対して、同年までに一〇〇メガワットの再生可能エネルギー発電能力を備えるという目標を設定している。また、米国で最もエネルギー消費の多い政府機関である国防省に、二〇二五年までに三Gwの再生可能エネルギー発電施設を設置することを義務づけている[36]。

世界でも最大の車社会である米国にとって、運輸部門の温室効果ガス削減は大変重要な課題である。運輸部門のなかで二番目に温室効果ガスの排出の多い大型車両（商業用トラック、ワゴン車、バス）に対して、二〇一一年に連邦政府は、二〇一四年から一八年モデル燃料経済基準（fuel economy standards）を設定した。この基準の効果は、約二億七〇〇〇万トンの温室効果ガス削減と五億三〇〇〇万バレルの石油の節約になると見込まれている。政府は乗用車に対して、史上最も厳しい燃費基準をすでに課していて、二〇二五年までに一ガロン当たり五四・五マイル（約一P当り二三㎞）である（White House, 2013, p. 8）。

住宅、商業ビル、工場でのエネルギー利用の無駄を省くことは、一般家庭の家計を助け、企業の競争力を高め、温室効果ガスの排出を削減するために、最も分かりやすくて最も費用対効果の高い方法の一つである。オバマ政権の一期目に、エネルギー省と住宅都市開発省は一〇〇万世帯のエネルギーの効率化を図り、多くの家庭が最初の年に限ってみても年間四〇〇ドルの光熱費の節約になった。二〇一一年、同政権は「より良い建物イニシアティブ」（"Better Building Initiative"）を発表し、二〇二〇年までに商業用と産業用建物のエネルギー効率を少なくとも二〇％向上させることを求めている。これまでに一二〇団体がこの取り組みを行っている。さらに、この取り組みを継続して「より良い建物の促進」（"Better Building Accelerators"）として発展させて、二〇三〇年までに少なくとも三〇億トンの$CO_2$の排出削減を目指している（White House, 2013, pp. 9-10）。

国際協力に関しては、主要経済国との多国間協力そして新興経済国との二国間協力を推し進めるとしている。協力分野としては、まず、メタン、黒色炭素（black carbon）、ハイドロフルオロカーボン（ＨＦＣｓ）などの、大気中の滞留期間は比較的短いが温暖化係数が$CO_2$よりも高い温室効果ガス削減に取り組む。二〇一二年二月、オバマ政権は、三〇カ国と世銀や国連環境計画（ＵＮＥＰ）などの主要機関などを含む「短命な気候汚染物質を削減するための気候ときれいな空気連合」（"Climate and Clean Air Coalition to Reduce Short-Lived Climate Pollution"）を形成し、主に廃棄物やゴミの埋立て地からのメタンは黒色炭素の排出削減などに努めている。また、四二カ国のパートナーや一一〇〇以上の民間セクターからの参加を得て、メタンの排出削減のためのグローバル・メタン・イニシアティブを通して主導的な役割を果たしている（White House, 2013, p. 17）。

森林破壊や森林の減少そしてクリーンなエネルギー促進およびエネルギー浪費の削減の分野においても国際協力を推し進めている。国際開発庁の二国間と地域の森林プログラムは、森林投資プログラム（Forest Investment Program）や森林炭素パートナーシップ・ファシリティー（Forest Carbon Partnership Facility）らの多国間イニシアティブの協力を得て、二〇一二年に限ってみても、一億四〇〇〇万トンの$CO_2$を削減することに貢献している。また、諸政府、民間セクターそして市民社会が協力して、主要農産物に関連した熱帯林の伐採を減らすための熱帯森林連合二〇二〇（Tropical Forest Alliance 2020）などのイニシアティブを通して、農業に起因する森林伐採問題に取り組んでいる。また、現在の$CO_2$の排出の約八四％がエネルギー関連であり、すべての温室効果ガス排出の約六五％がエネルギーの供給とその利用に起因するということで、オバマ政権は再生可能エネルギー、クリーン・エネルギーそして効率的なエネルギーと技術の世界的な普及を促進している。その主なアプローチは、再生可能エネルギーやクリーン・エネルギー開発計画に対する財政的支援や規制制度支援、石油や石炭から天然ガスあるいは再生可能エネルギーへのエネルギー転換の促進、原子力エネルギーの安全で安定した利用のための支援、クリーンな石炭に関する協力、エネルギー効率を高める技術開発や普及プログラムなどである（White House, 2013, pp. 18-9）。

その他の対外的な政策として、環境保護関連の製品やサービスさらに無駄な化石燃料の浪費を招いている補助金の削減を外交政策として掲げている。世界貿易機関（ＷＴＯ）など多国間貿易機関やアジア太平洋経済協力会議（ＡＰＥＣ）で、太陽光、風力、水力そして地熱などのクリーンなエネルギー技術を含む環境保護製品におけるグローバル自由貿易に向けて、加盟国あるいは関係諸国との交渉を始めている。二〇一一年、ＡＰＥＣ諸国は、交渉対象の五四環境保護製品について、二〇一五年までに関税を五％あるいはそれ以下に下げることに合意した。この合意はWTOでの同様の交渉の基礎となっている。また、国際エネルギー機関（IEA）によれば、全世界で年間五〇〇〇億ドル以上にのぼると見込まれる化石燃料補助金制度を廃止すれば、何も対策を採らない場合の温室効果ガスの排出を、二〇五〇年までに一〇％削減することができるとのことである。米国は自国のピッツバーグで二〇〇九年に開催されたG20首脳会議で化石燃料の補助を廃止する提案を行い、APECのようなフォーラムでも他国から同様の決意を得ている。これを受けて、オバマ大統領は二〇一四年度予算からの化石燃料税補助金の削減を議会に対して要求した（White House, 2013, pp. 19-20）。

発展途上国支援に対する技術的、財政的支援としては、クリーン・エネルギー、適応策、そして財政協力などがある。オバマ政権は、途上国でのクリーンで低炭素エネルギー導入のために数十億ドル投資しているが、海外で新たな石炭火力発電のための公的資金の利用を止めることを求めている。ただし、他の経済的に実現可能な選択肢がない場合は、最も効率の良い石炭火力技術に対する支援、あるいは炭素隔離貯留（CCS）を促進することを例外としている。気候変動への適応策支援として、途上国政府やローカル・コミュニティのため貯水や水資源の効率的使用、降水パターンの変化や干ばつに対して脆弱な小規模の農家や畜産家を助けるためのリスク管理や財政的支援、干ばつに対する耐性のある穀物種などの配給や管理実践の促進などによって気候変動への適応能力向上支援などを継続的に行っている。国際的な財政援助としては、二〇〇九年のコペンハーゲン合意で二〇一〇年から一二年の三年間に三〇〇億ドルの支援が、発展途上国の気候変動対策支援に先進工業国から提供されることになり、米国はこの三年間に七五億ドルを拠出している（White House, 2013, pp. 20-1）。

以上のように、オバマ政権は、気候変動問題に関して多国間や二国間協力に積極的に関わってきている。同政権は日本やEU諸国政府同様、中・長期の温室効果ガス削減目標に関して、野心的、包括的、柔軟な国際的合意の形成を求めている（White House, 2013, p. 21）。今後とも安定した地球の気候を維持するためには、今世紀半ばまでに温室効果ガスの排出レベルを一九九〇年レベルに比べて七〇〜八〇％削減する必要があるとされることから、非常に高い削減目標を設定しなければならない。また、京都議定書の協力枠組みのように、新興経済国などの発展途上国を含めずに先進工業国のみの削減努力では急激に増え続ける温室効果ガスの削減が達成できないので、包括的な国際協力の枠組みが必要になっている。とはいうものの、各国あるいは地域の置かれている状況などは非常に異なっているので、柔軟な対応も求められる。いずれにせよ、上述の国連を中心とした取り組みに加え、オゾン保護レジームにおけるハイドロフルオロカーボン（HFCs）の管理、船舶や航空機などによる温室効果ガス排出規制などにもオバマ政権は積極的な関与の姿勢を示している。

二期目のオバマ政権は、二〇一四年一月二八日の一般教書演説で、「グリーン・ニューディール」といった大きなスローガンを掲げることはなかったが、エネルギー転換と気候変動対策を促進する意欲を表明した。しかし、前述したように、連邦議会および一部の州政府や州議会の根強い反発もあり、一四年一一月の中間選挙の結果共和党が上院・下院とも過半数を占めることになったため（Weisman and Parker, 2014）、今後ともかなりの紆余曲折が予想される。そもそも米国の民主主義社会では、多元的なレベルで多様な利益団体が錯綜する政治過程を経なければならないこと、民主党と共和党の間の党派対立が厳しくなっている政治状況、そして米国経済の活力が回復途上という背景もあり、エネルギーと気候政策が米国内の政策課題のなかで常に高い優先順位を保つことは困難である。ただ、再生可能エネルギー技術や省エネ技術の革新的な発展とその国際的な開発競争に敏感な企業や産業の間では、エネルギーと気候変動分野での米国の積極的な国際的関与を求めている。

こうした産業界の要請に応えつつ、国内の議会政治の行き詰まり状況を乗り越えて国際的なリーダーシップを発揮するために、オバマ大統領は、世界最大の温室効果ガス排出国である中国の習近平国家主席とともに、二〇一四年一一月一二日、気候変動に関する米・中共同声明を発表した。両国の具体的な温室効果ガス削減目標に関しては、地球の平均気温の上昇を二℃に抑える目標を念頭に、米国は二〇二五年までに経済全体で〇五年水準比二六〜二八％の温室効果ガスの排出削減を目指し、二八％削減を達成するために最大限の努力をする一方、中国は三〇年をピークとして$CO_2$の排出を削減することを目標とし、ピーク年を前倒しするために最大限努力しつつ、一次エネルギー消費に占める非化石燃料の比率を三〇年までに二〇％ほどに拡大する、というものである（The White House, 2014）。米・中合わせて全世界の温室効果ガス排出量の四四％を占めるので、二国が具体的な削減目標を共同で発表したことは、一五年パリで開催のCOP21に向けて国際交渉に弾みをつけるものであった（Leal-Arcas, 2014）。米国の二五年までに〇五年水準比二六〜二八％の排出削減目標は、九〇年比一六・三％の削減となり、EUの九〇年比二五年までに三〇％、三〇年までに四〇％より少ないが、米国の削減目標に関する主要なシミュレーションによれば、二℃目標を達成するために必要な削減範囲に入る（Carraro, 2015）。中国の中期削減目標については、前章でも指摘したように、二℃目標の達成には不十分である。しかし、両国は、既存の米中気候変動作業グループ（U.S.-China Climate Change Working Group: CCWG）を通して、自動車、スマートグリッド、炭素隔離貯留（CCS）、エネルギーの効率化、強度の温室効果ガスであるハイドロフルオロカーボン（HFCs）の段階的全廃などに関する政策を実施しているのに加え、米中クリーンエネルギー研究センター（U.S.-China Clean Energy Research Center）を創設してCCS、省エネ建築、クリーンカーなどに関する共同研究を促進することになる（The White House, 2014）。さらに、今回の共同声明では、クリーン・エネルギーの合同研究開発の拡大、米・中主導の国際的な国有・民間企業コンソーシアムによるCCSの大規模実証試験の実施、CCWGの企画として気候対応型の低炭素都市（Climate-Smart/Low Carbon Cities）イニシアティブなどを新たに始める（同上）。今回の米中の気候変動対策に関する合意は、EUの取り組みに比べれば物足りないものではあるが、同問題に対する国際協力促進には肯定的な影響を与えるものであるとともに、中国における非化石燃料消費の削減に関しても一定の効果は期待できる。

また、近年の巨大なハリケーンや干ばつ、さらには洪水などの被害を受けるアメリカ人の意識の間に、人為的な温室効果ガスと気候変動の関連性が強く認識されていることも事実である。二〇一四年五月六日、多くの官民の科学者による米国の気候評価が発表され、南西地域、特に、カリフォルニア州での干ばつ、東海岸での洪水（海面上昇に伴いハリケーン被害がさらに拡大する懸念）、アラスカ地域での平気気温の急上昇による永久凍土の溶解と消えていく森林などの現象が報告されている[37]。さらに、一四年六月六日、EPAは、$CO_2$汚染は気候変動問題に加え、社会、経済そして人々の暮らしに過剰なリスクをもたらしているとして、火力発電所から排出される$CO_2$を三〇年までに〇五比三〇％削減する、という規制案を打ち出した[38]。もちろん、すぐに共和党やエネルギー関連の経済団体から猛反発を受けているので、こうした規制の行方は定かではない。ただ、気候変動問題に積極的に取り組もうとする州政府、民間企業、そしてNPOなどの多くのステークホルダーはネットワークを形成し、実際の行動も起こしている。とりわけ強調しておきたいことは、米国の三権分立による権力のチェック機能は作用していて、法律として確立された諸原則や価値体系が一つの確固とした制度に基づいて、司法が行政府と立法府の間の矛盾や抗争を調停していることである。そしてこの基本的な政治構造土台の上に、一九六〇〜七〇年代の環境保護政策の黄金期に形成された「緑の国」の社会的諸制度が、一八世紀から二〇世紀初頭の米国社会の主流の思潮の上に、互いに矛盾し合いながら、重なり合って現在米国社会内の問題に対して様々な判断基準を提供している（Klyza and Sousa, 2013）。国際的なエネルギー転換と気候政策の促進には、米国のリーダーシップが欠かせない。二一世紀の人類社会が化石燃料から脱去して再生可能なエネルギーを中心とした持続可能な文明へと脱皮するためにも、米国社会で脱化石燃料という新たな人類のエネルギー選択が「緑の国」の諸制度に付け加わることを筆者は期待したい。

**注**

1　以上の内容はロビンズらの指摘を参照（Lovins and RMI, 2011, p. 147）。

2　英国の熱量単位（British Thermal Unit: Btu）で、一ポンドの水の温度を一度上昇させるのに必要な熱量を指す。

3　以下のニクソン大統領からG・W・ブッシュ大統領の環境政策に関しては、拙稿（太田、二〇〇六ａ）の一部に加筆・修正したものである。

4　日本でも、一九七〇年の一一月末に開催された第六四回臨時国会では、公害関係法制の抜本的整備を目的として、政府提出の公害関係一四法案がすべて可決・成立した。このことによって本国会は「公害国会」と称される（環境庁一九九一、一五頁）。また、翌年七月一日環境庁（現在、環境省）が発足した。

5　クライザとソーサは、こうした米国の環境政策の現状を政治の機能麻痺（"gridlock"）と緑の漂流（"green drifting"）と表現し、環境政策の黄金時代に強化された「緑の国」の基本的制度は、激しい攻撃に晒されているが維持され、国全体としては緑の政策の方に漂流している、と主張している（Klyza and Sousa, 2013）。

6　一九八〇年に連邦議会がアラスカの土地の一部（約三〇〇〇万エーカー）を国定記念物、国立公園、および自然環境保全地域に指定する以前に、アメリカでは一億八〇〇〇万エーカーを超える土地が国有林や国立公園として保護されていた（フィンドレー、ファーバー、一九九二、二二八頁）。

7　同連邦法は、有害廃棄物が発生してから最終処分されるまでの管理を規制し、健康と環境への悪影響を及ぼす要因を取り除くことを目的として制定された（東京海上火災保険株式会社、一九九二、一〇九～一一〇頁）。

8　有害廃棄物を垂れ流す処分場の汚染除去を目的とするスーパーファンド法の正式名は包括的環境対処保障責任法［Comprehensive Environmental Response, Compensation, and Liability Act (CERCLA) of 1980］である。

9　同法の目的は単なる大気浄化の達成と維持のみならず、代替燃料や石炭をよりクリーンに効率良く燃焼させるクリーン・コール技術の開発などの技術革新を米国産業界に強く求めるとともに、低硫黄石炭や天然ガスなど、既存資源の有効利用を促すものであった（東京海上火災保険株式会社、一九九二、八〇頁）。

10　The corporate average fuel economy (CAFE) standard for automobiles と言う。

11　京都議定書発効の要件として（第二五条）、ＵＮＦＣＣ附属書Ｉ国（先進工業国）の全体の一九九〇年におけるＣＯ$_2$総排出量の五五％以上の附属書Ｉ国が批准しなければならず、ロシアの排出量割合は一七・四％で米国の三六・一％と合わせると五三・五％になり、ロシアが批准しないと議定書は発効しなかった。因みに、日本は八・五％であった。

12　マラケシュの合意と言われるものである（UNFCCC, 2002）。

13　前者は二一世紀のための新大気浄化法と銘打ったもので、二酸化硫黄（ＳＯ$_2$）に加えて窒素酸化物（ＮＯ$_x$）と水銀を新たに加えて、包括的に大気の浄化を図っていこうというものである。（The White House: President G. W. Bush: "Executive Summary—The Clear Skies Initiatives." http://georgewbush-whitehouse.archives.gov/news/releases/2002/02/clearskies.html）

14　温室効果ガス強度とは、経済単位当たりどれだけ温室効果ガスを排出するかということを表す指標であって、実質ＧＤＰ比における温室効果ガス総排出量で算出される（炭素トン相当／単位百万ドル）。

15　The White House: President G. W. Bush: "President Announces Clear Skies & Global Climate Change Initiatives." http://georgewbush-whitehouse.archives.gov/news/releases/2002/02/20020214-5.html

16　日経ネット「温暖化防止、日米中で新枠組み・８産業分野で協力合意」、http://www.nikkei.co.jp/china/industry/20060112c2m1200p12.html（二〇〇六年一月一二日検索）。

17　経済産業省のプレス・リリース http://www.meti.go.jp/press/20060112003/app-set.pdf（二〇〇六年一月一二日検索）。

18　第一〇五回議会（一九九七〜八年）では、気候変動関連の法案提出は七本であったが、第一〇六回議会（一九九九〜二〇〇〇）では二五本に、第一〇七回議会（二〇〇一〜二）では八〇本以上、そして第一〇八回議会（二〇〇三〜四）では九六本提出された。The Pew Center on Global Climate Change, "What Congress Is Doing About Global Warming," http://www.pewclimate.org/what_s_being_done/in_the_congress/（二〇〇五年一〇月三〇日検索）。

19　例えば、カリフォルニア州知事アーノルド・シュワルツネッガーは、今後五年間に温室効果ガスの排出を現在のレベルより一一％、二〇二〇年までに二五％、五〇年までに八〇％削減することを求めた行政命令に〇五年六月一日署名した。The Center Climate and Energy Solutions, "Carfornia Sets Agressive Emissions Reduction Targets," 1 June 2005. http://www.c2es.org/us-states-regions/news/2005/california-sets-aggressive-emissions-reduction-targets. また、シアトル市長グレゴリー・ニッケルの提案は、米国が京都議定書で約束した二〇一二年までに温室効果ガス排出を一九九〇年レベルより七%削減することを目標にしている。The Center of Climate and Energy Solutions, "U.S. Mayors Adopt Climate Protection Agreement," 13 June 2005. http://www.c2es.org/us-states-regions/news/2005/us-mayors-adopt-climate-protection-agreement.

20　RGGIには、設立当初、コネチカット、デラウエア、ニューハンプシャー、ニュージャージー、ニューヨーク、メイン、マサチューセッツ、ロードアイランドそしてバーモント州が参加している。RGGのウェブサイトを参照（http://www.rggi.org）。

21　オレゴン州政府のウェブサイトにこの取り組みに関する情報が掲載されている（http://www.oregon.gov/energy/GBLWRM/Pages/Regional_Intro.aspx）。

22　Great Plains Initiative のウェブサイトを参照（http://www.betterenergy.org/history）。

23　米国企業の気候変動対策に関しては、Pew Center の "Business Leading the Way" (http://www.pewclimate.org/companies_leading_the_way_belc/ 二〇〇五年一〇月三一日検索）に詳しく紹介されている。

24　この箇所は、筆者の論考に大幅に加筆・修正を加えたものである（太田、二〇〇九）。

25　Obama and Biden, "Barack Obama and Joe Biden: New Energy for America"（選挙キャンペーン中のマニフェストで日付なし）. http://energy.gov/sites/prod/files/edg/media/Obama_New_Energy_0804.pdf

26　前掲注の資料参照。

27　The American Clean Energy and Security Act of 2009 (ACES Act), H.R. 2454.

28　米国上院における議事妨害（filibuster）とは、上院規則一九条で原則的に議員の発言が無制限に行えることになっていることを利用して、長時間演説を行って意図的に議事進行を遅らせる行為を意味する。しかし、こうして行為を無制限に認めてしまうと上院での議決が不可能になってしまう恐れがあるため、現在では、上院議員の五分の三（六〇議席）以上の賛成を得て「クローチャー（cloture）」（討論終結）決議を行えば、議事妨害的な発言に対して一時間の制限時間を設けることができる。

29　二〇一〇年三月三一日、オバマ大統領はメキシコ湾、北極海、大西洋の中緯度から中央フロリダにいたる東海岸沖の石油と天然ガスの採掘が可能となると公表したのみならず、その二日後、現在の海底採掘技術は進歩していて、原油の漏れるような事故は一般的に起こらない、とまで明言している（Lizza, 2010, p. 12）。また、その一カ月前、大統領は新しい原子力融資補償（nuclear loan gurantees）として五四五億ドルを予算に計上していた（Ibid.）。

30　「連結料金」（"a linked fee"）とは、温室効果ガス排出許可（permits あるいは allowance）を常に変動する市場価格ではなく、それより安定した直近の三カ月の平均の炭素価格による取り引きを容認する、という考え方に基づくものである。下院で可決されたワックスマン＝マーキー方では、自動車、トラックその他の車両から排出されたすべての温室効果ガスの排出許可を炭素市場価格で政府から購入することになっていた。それに対して、日々価格が上下する炭素市場で排出許可を購入しなければならないとなると脆弱な米国経済は持たない、と石油業界はケリーらに「連結料金」への変更を迫っていた（Lizza, 2010, p.11）。

31　*Massachusetts v. EPA*, 549 U.S. 497 (2007).

32　Regional Greenhouse Gas Initiative（RGGI）のウェブページに詳細あり。http://www.rggi.org

33　“U.S. Business Leaders Urge Strong Policy Action on Climate Change: Starbucks, Intel, Levi Strauss & Co., others sign ‘Climate Declaration,’ highlighting the American economic opportunity of responding to climate change”（Ｃｅｒｅｓのウェブサイト）http://www.ceres.org/press/press-releases/u.s.-business-leaders-urge-strong-policy-action-on-climate-change

「気候宣言」は、http://www.ceres.org/bicep/climate-declaration に掲載されている。また、これら一連の情報の仮訳は特定非営利活動法人 Tuvalu Overview の以下のウェブサイトに掲載されている。http://www.tuvalu-overview.tv/blog/globalwarming/2378/

34　クライメートゲート事件（ニクソン大統領が関与したウォーターゲート事件に絡めた表現）とは、二〇〇九年一一月、英国イーストアングリア大学（ＵＥＡ）の気候研究ユニット（ＣＲＵ）から流出した電子メールから生じた問題に端を発したもので、データの捏造疑惑によってＩＰＣＣ気候変動影響評価報告書の結論への不信感などが世界に広がった事件。同大学（ＵＥＡ）は、ミューア・ラッセル卿（元グラスゴー大学学長）を中心としたチームによる独立レビュー組織を設置し、同組織は本件に関する調査を実施した。その結果、ＣＲＵの科学者への疑惑について、科学者としての厳格さ、誠実さは疑いの余地がなく、ＩＰＣＣ評価報告書の結論を蝕むような行為のいかなる証拠も見つからなかった、と結論づけた。ただ、データ処理の透明性や情報公開請求への対応の改善などについての提言を行った。環境省のウェブサイトを参照。http://www.env.go.jp/press/press.php?serial=12697

35　Lydia Saad, “Americans’ Concerns about Global Warming on the Rise,” http://www.gallup.com/poll/161645/americans-concerns-global-warming-rise.aspx, p. 5.

36　大統領府（ホワイトハウス）のウェブサイト、“President Obama’s Planr to Fight Climate Change,” 25 June 2013, p.3. http://www.whitehouse.gov/share/climate-action-plan.

37　国家気候評価（National Climate Assessment: ＮＣＡ）のウェブページにおいて報告書にアクセス可能（US Global Change Research Program, http://nca2014.globalchange.gov）。

38　小林哲、五十嵐大介「石炭火力規制、米で火種」『朝日新聞』二〇一四年六月七日。

# 第八章　デンマークの新エネルギー危機対策

## 第一節　エネルギーの自立から脱化石燃料依存へ

### 一　石油危機後のデンマークのエネルギー政策

一九七〇年代初頭のデンマークは日本以上に輸入原油に依存していたのみならず、一次エネルギー自給率も極端に低かった。一九七三年の第一次石油危機当時、国内のエネルギー供給の九〇％以上を輸入原油に依存していて（Danish Energy Agency: DEA, 2012a, p. 6）、一次エネルギー自給率は一九八〇年時点でわずか五％ほどであった（近藤、二〇一三、一〇五頁）。それに比べ、石油危機以前の六五年の日本の一次エネルギー自給率は、三七％弱（日本エネルギー経済研究所、二〇一四、二九頁）であった。ただ、石油危機後は日本の自給率はほとんど一〇％台という低いレベルで推移している。

第一次石油危機後、デンマーク政府は、原油価格の高騰と不安定なエネルギー供給状況に対処するために「デンマークのエネルギー政策 一九七六」[1]を制定して、エネルギーの安定供給と海外の資源依存からの自立を目指すことになった。その主な内容は、㈠電力発電所の燃料を石油から石炭、原子力（一九八五年〜九三年までに九〇万kWの原発四基、九五年〜九九年間に一三〇万kWの原発二基の建設計画）への切り替え、㈡北海油田の開発、㈢エネルギー利用効率の向上（地域熱供給施設や熱電併給施設の大幅導入）、㈣補助金制度を導入した省エネの奨励、㈤エネルギー税の導入などである（スズキ、二〇一一、五八頁；近藤、二〇一三、一〇四頁）。後述するように、原子力発電所建設計画以外、これらすべてのエネルギー政策は実施された。

また、一九七九年から翌八〇年にかけての第二次石油危機による原油の高騰に際して、デンマーク政府は、エネルギー税の増税、省エネ政策の促進、発電所の石炭燃料への切り替えをさらに促進するとともに、八一年に「エネルギー計画 八一」[2]を策定した。この計画の主な内容は、エネルギーの効率的利用の促進やエネルギー源の分散化などであった（スズキ、二〇一一、五九頁）。一九七六年のエネルギー政策、八一年のエネルギー計画そしてこれ以降の様々なエネルギー政策や環境政策は、北海油田からの石油と天然ガスの生産とその拡大を推し進める一方、エネルギー税や省エネ奨励のための補助金制度、エネルギー利用の効率化、そして再生可能エネルギー利用の拡大を通して、二〇〇〇年までにはエネルギー自給率一〇〇％以上の達成を可能にした。さらに、デンマークは、風力発電やバイオマスを中心とした再生可能エネルギー利用において世界のリーダー的な存在になるとともに、原子力発電所に依存しない社会を実現し、現在、化石燃料からの脱却を目標とした持続可能なエネルギー利用を目指している。

どうしてこうしたことが可能となったのだろうか。その答えを探るため、まず、一九七〇年代初めの石油危機から現在までのデンマークのエネルギー生産と消費動向を概観し、原子力発電所建設計画が取り止められた経緯を簡単に見てみる。そして、九〇年代から現在に至る主なエネルギー政策やそれに関連する環境政策の内容をまとめる。これらの作業を通して、デンマークの持続可能なエネルギー利用を可能にしている要因を明らかにしていきたい。

デンマークエネルギー庁（Danish Energy Agency：ＤＥＡ）の資料によれば、一九七二年の国内化石燃料生産は、天然ガスがわずか八テラ・ジュール（TJ＝$10^{12}$）で、その他は水力を含む（四六二〇TJ）再生可能エネルギー（一万二二一四TJ）と非生物分解性の廃棄物（二七〇五TJ）のみであり[3]、七一万八〇〇〇TJの輸入原油が同年の国内エネルギー消費の九四％を占めていた[4]。デンマークは、こうしたエネルギー需給の状況下で第一次石油危機に遭遇したのであった。しかし、前述のエネルギー政策を積極的に実施していく過程で、八〇年までに国内エネルギー消費に対する石油の依存度を七二年度の三分の二（約六七％）に下げるとともに、石炭の依存度を数％から三〇％台まで引き上げた[5]。そして、北海油田からの石油や天然ガスの生産も飛躍的に増大して、一次エネルギーの自給率が八〇年の時点でも数％であったものが、九〇年には五〇％を超えるまでになった。さらに、九〇年代末には一次エネルギーの自給率が一〇〇％以上に達し（DEA, 2013, p. 5）[6]、九〇年を基準年とした場合、国内総生産（ＧＤＰ）は毎年増大傾向にある一方で、総エネルギー消費量は横ばいから近年に至って減少傾向を示しつつ、ＧＤＰ単位当たりの総エネルギー消費量は減少し続け、二〇一二年の時点で一九九〇年レベルの七〇％ほどになっている（DEA, 2013, p. 16）。デンマークの例は、従来の成長モデルの常識となっている経済成長とエネルギー消費の増大という相関関係が必然ではないことを明確に示しているもので、次節で詳しく見るように、同様のことが経済成長ならびにエネルギー消費の増大と$CO_2$排出量の関係についても確認できる。すなわち、デンマークは、経済成長あるいはエネルギー消費と$CO_2$排出の増大を「切り離すこと」（"decoupling"）に成功している。以上の主な内容をまとめたものが**表8―1**である。

さらに、電力発電用の燃料構成について第二次石油危機の頃と現在を比べてみると、デンマークは化石燃料への依存度を下げるとともに、再生可能エネルギーの割合を急速に拡大してきたことが分かる。電力発電用の化石燃料は二〇一一年においても六五％を占めるが、一九八〇年の九九％よりははるかにその依存度が低くなっている。さ

表8－1　一次エネルギーの国内生産量と消費量（TJ）ならびに自給率（%）

| 年 | 1972 | 1980 | 1990 | 1995 | 2000 | 2005 | 2010 | 2011 |
|---|---|---|---|---|---|---|---|---|
| **一次エネルギー総生産量（TJ）(A)*** | **14,926** | **40,252** | **424,605** | **655,578** | **1,164,873** | **1,314,815** | **983,705** | **887,199** |
| 原油 | - | 12,724 | 255,959 | 391,563 | 764,526 | 796,224 | 522,733 | 470,447 |
| 天然ガス | 8 | 17 | 115,967 | 196,852 | 310,307 | 392,868 | 307,490 | 264,632 |
| 再生可能エネルギー | 12,214 | 22,724 | 45,705 | 56,854 | 76,365 | 108,717 | 136,322 | 134,774 |
| 廃棄物(非再生可能) | 2,705 | 4,787 | 6,975 | 10,308 | 13,676 | 17,006 | 17,160 | 17,347 |
| **総エネルギー消費量 (B)*** | **826,332** | **829,613** | **752,576** | **840,919** | **816,810** | **835,288** | **846,320** | **791,875** |
| 原油 | 763,079, | 554,553 | 343,472 | 371,807 | 369,574 | 348,296 | 314,814 | 302,733 |
| 天然ガス | 8 | 17 | 76,098 | 132,738 | 186,269 | 187,542 | 185,037 | 156,613 |
| 石炭とコークス | 56,473 | 251,986 | 254,835 | 271,694 | 165,921 | 154,988 | 163,253 | 136,027 |
| 再生可能エネルギー | 12,214 | 22,724 | 45,702 | 57,091 | 78,831 | 12,2371 | 169,968 | 174,256 |
| 廃棄物(非再生可能) | 2,705 | 4,787 | 6,975 | 10,308 | 13,676 | 17,006 | 17,160 | 17,347 |
| 電力貿易 | -8,147 | -4,453 | 45,702 | -2,858 | 2,394 | 4,932 | -4,086 | 4,746 |
| 地域暖房貿易 | - | - | 122 | 141 | 144 | 153 | 174 | 152 |
| **自給率 (A/B)（%）** | **1.8** | **48.5** | **56.4** | **77.9** | **142.6** | **157.4** | **116.2** | **112.0** |

出所：Danish Energy Agency, "Annual Energy Statistics/ Energistyrelsen" (Tables 2011.xls). http://www.ens.dk/node/2228 のデータに基づいて筆者作成。

* エネルギーの生産と消費の数値は四捨五入されたものであるので、合計は必ずしも一致しない。

らに、二〇一一年の発電用燃料の石油は一九八〇年の一〇分の一以下、石炭はほぼ半分に減ってきている一方、再生可能エネルギーは同期間に二六五倍に達している。因みに、二〇一一年時点で再生可能エネルギーは電力発電用燃料の三一%を占めている（表8—2参照）。福島原発事故以前の日本の発電用燃料構成とデンマークのそれとの間の際立つ違いは、後者では原子力エネルギーは選択されず、再生可能エネルギーの占める比率が日本よりはるかに大きいということである[7]。

要するに、石油危機後のデンマークは、エネルギー自立を目指して、北海油田からの原油と天然ガス生産開発を推進する一方、再生可能エネ

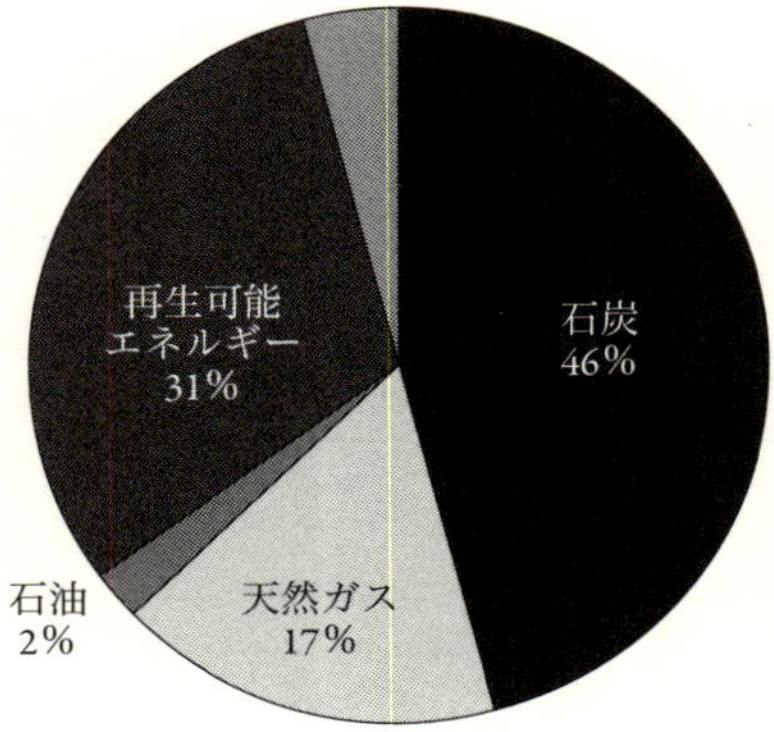


図８－１　デンマークの電力発電用燃料構成（2011年）

出所：Danish Energy Agency (DEA), *Energy Statistics 2011* のデータをもとに筆者作成 (DEA, 2012b, p. 17)。

表８－２　電力発電用の燃料消費（TJ）

| 年 | 1980 | 2011 |
|---|---|---|
| **総燃料消費量（TJ）** | **261,835** | **247,669** |
| 石油 | 47,533 | 4,470 |
| 天然ガス | - | 42,606 |
| 石炭 | 214,012 | 114,484 |
| 廃棄物（非再生可能） | - | 9,236 |
| **再生可能エネルギー** | **290** | **76,874** |
| ソーラー | - | 54 |
| 風力 | 38 | 35,187 |
| 水力 | 123 | 61 |
| バイオマス | 90 | 38,891 |
| バイオガス | 39 | 2,681 |

出典：Danish Energy Agency (DEA), Energy Statistics 2011(DEA, 2012b, p. 17).

ルギー生産の拡大もそのエネルギー政策の優先課題とし、一九九〇年代後半にはエネルギー自給率一〇〇％を達成した。しかし、石油と天然ガスを自国で生産できるようになったとはいえ、デンマーク政府が原子力を選択しないエネルギー政策を正式に決定した八五年時点のエネルギー自給率は、未だ約二六％（八四年の自給率は約二〇％）にすぎなかった上、原子力エネルギーの選択肢を排除する決定は、八六年のチェルノブイリ原発事故発生の一年前の選択であった。どのようにしてこの選択がなされたのだろうか。

本章の冒頭で触れたように、デンマーク政府は第一次石油危機に直面して輸入原油に依存してきたエネルギー政策の転換を迫られた。同政府は日曜日の車の利用を禁止する（一九七三年一一月二五日～七四年二月一〇日）とかショーウィンドーの照明禁止などの省エネルギー・キャンペーンを実施する一方、原子力発電を推進することがエネルギー政策の一つの重要な選択肢として浮上してきた[8]。また、一九七三年末に当時二大電力会社のエルクラフト（ＥＬＫＲＡＦＴ）とエルサム（ＥＬＳＡＭ）社がデンマークの各地に一五カ所の原子力発電所候補地を公表し９、リソ国立研究センターもグリーンランドのウラン鉱脈の調査を開始した。さらに環境省も原子力発電所建設予定地の選定を始めた（飯田、二〇〇〇、一三一頁：ニールセン北村、二〇一二、八九頁）。このように原子力発電所の建設に向けた動きが本格化していくなか、それに対して不安を覚えた若者を中心とした市民が、環境ＮＧＯである「原子力発電情報組織」（Organisation for Oplysning on Atomkraft：ＯＯＡ）を立ち上げた。ＯＯＡ設立の主旨は、「原子力利用に関する評価と問題点についての情報提供、代替エネルギーに関する調査と評価・情報提供、社会的・生態学的に正当なエネルギー政策に関する長期計画の策定」（ニールセン北村、同上、九〇頁）であり、はなから原子力発電所の建設に反対することを目標としていなかった。この目標の設定には、ＯＯＡ側に政治的な戦略があったと見る向きもある。すなわち、市民にはエネルギー政策を決定する権利があるということを標榜することによって、エネルギー政策決定の主導権を政府・行政から議会へ移し、市民との情報の共有と議論が必要であると主張して、エネルギー政策について民主的な意思決定の方法を探ったのであった（飯田、同上、一三三頁）。いずれにせよ、ＯＯＡは政府に対して三年間の原子力政策の執行猶予期間を要求し、その間に原発の安全性、経済性、地域に与える影響、使用済み核燃料の処理などに関して十分な情報を得る活動を展開した。

こうした若者を中心とした新しい社会運動は、特にヨーロッパの先進民主主義国で一九七〇年代から八〇年代にかけて盛んになり、ドイツの緑の党に代表されるようなニューポリティクスという新たな政治状況も生み出した。物質的に豊かな社会に生まれ育ち、戦争を知らない世代で、高等教育を受けた若者――生活の質・自然・環境保護、平和・人権・女性・第三世界の貧困問題などに関心を示す――若者の間に「脱物質主義的価値観」の共有が拡大し、エリートへの全面的な依存を必要としない政治的能力の増大が、既成政党や産業主義あるいは経済成長至上主義的な政策に反対するという、エリート集団（エスタブリッシュメントあるいは既成の権力組織）に対して挑戦的な政治的態度の広がりをもたらした（Inglehart, 1977, 1990; 丸山、一九九七）。デンマークにおけるOOAの設立とその後のこの組織を中心とした原発反対運動の展開も、ニューポリティクスの文脈で捉えることができよう。事実、七〇年代と八〇年代において、参加型民主主義、反権威主義、個人の自己実現、ポスト・産業主義的な価値や環境・人権問題に関心を示す、緑の党なども含まれる「左翼リバタリアン政党」に対するデンマークでの選挙支持率は、他の西欧諸国のなかで最も高い水準であった（当時の西ドイツやスウェーデンでは数%のレベルであったが、デンマークでは一四%以上）（Kitschelt, 1990, p. 205）。この背景には、スウェーデンなどと異なり、デンマークでは社会民主党が議会で過半数を占めることがなく、社会福祉政策を掲げる自由主義的な「急進党」（"Radikale Venstre"）が農民や都会の知識階級からも一定の支持を集め、社会主義政党や自由主義政党に対抗していたことが挙げられる（飯田、二〇〇〇、二一一～二一二頁）。

こうした新しい社会運動やニューポリティクスのうねりが高くなっていた当時のデンマークでは、商務省がエネルギー問題を管轄していて、原子力発電所建設への道筋をつけるために、一九七四年に同省の主導によって「エネルギー情報委員会」（Energi Oplysnings Udvalgets: EOU）が設置された。政権与党の自由党の政治家であった商務大臣のポール・ニュロップ・アナセンは、フォルケ・ホイ・スコーレ（民衆高等学校あるいは青年教育機関）10の一つであるクロエロップ・ホイ・スコーレの校長であったK・E・ラーセンをEOU委員長に任命した。ラーセン委員長は自然エネルギーや代替エネルギーに関心を示していた工学修士のウフェ・ゲールツェン（あるいはゲアトセン）を事務局長に指名した。アナセン商務大臣はこの人選を拒んだのであるが、こうした政府の諮問委員会の政治的独立が法律で保証されていることから、ラーセン委員長はゲールツェンを予定通り事務局長に据えた（飯田、二〇〇〇、一三四頁；ニールセン北村、二〇一二、九四頁）。

ゲールツェンの事務局長としての仕事のうちで、地域の情報組織に補助金を出すシステム作り、エネルギー問題についての情報を市民に普及させるのに役立った六冊の小冊子の作成、そしてマスメディアを活用した公平な議論の提供が、後に、デンマーク市民が脱原発を選択して政府のエネルギー政策の決定に影響力を与えることになった、ということである（飯田、二〇〇〇、一三五〜六頁）。例えば、前者の補助金制度の恩恵を受けて、ＯＯＡは全国の支部の立ち上げ、ミーティングの開催、映像やパンフレット作成等の活動を展開することができた。また、同事務局長は『エネルギー政策』、『原子力』、『エネルギー経済と計画』、『エネルギー利用と環境』、『エネルギー資源経済と政策』、そして『代替エネルギーとエネルギー政策』をテーマとした小冊子を作成した。例えば、『原子力』においては、推進派のリソ国立研究センターの研究者と反対派のデンマーク工科大学の教授が各章の執筆を担当し、両者の異なる見解を読者に分かりやすく二分割して並列に記載した。また、『エネルギー利用と環境』では、石油、石炭、ガス、原子力、再生可能エネルギーなど、すべてのエネルギー生産の問題点を指摘した。しかし、最後の『代替エネルギーとエネルギー政策』が一九七五年に刊行された時点で、原子力エネルギー開発推進の政府の方針とは増々相容れなくなったということで、翌年の七六年にＥＯＵ委員会の閉鎖が決まった（ニールセン北村、二〇一二、九五〜六頁；飯田、同上、一三六頁）。そして、同年春、議会の多数派による原子力発電所建設支持を受けて、政府は原発建設を決定してしまう。

これに対してＯＯＡは、原子力エネルギー利用に関する議会決定の実施の延期を求める署名活動を四月〜六月にかけて展開し、短期間で一七万人の署名を集めて首相に提出した。一九七五年にコペンハーゲンの対岸にあるスウェーデンのバルセベック原子力発電所が稼働し始めていてその安全性に関する議論が盛んになっていたこと、また、七六年までにはＯＯＡの支部が全国二〇〇カ所もできていて原子力やその他のエネルギー問題に関するＯＯＡの情宣活動による様々な情報が、前述のＥＯＵの情報提供活動と相まって、市民に深く浸透し、世論調査において原子力発電所建設の支持者はわずか九％を占めるのみであった（ニールセン北村、二〇一二、九六頁）。デンマーク政府は止むなく、七六年八月に原子力エネルギー利用に関する決定を無期延期することにした。

しかし、政府は、同じ年に、石油危機後初めての総合的なエネルギー政策である既述の「エネルギー政策一九七六」を公表した。それは石油価格高騰と経済成長に伴うエネルギー需要の増大に対処するために、省エネ政策や再生可能エネルギーの促進とともに、原子力発電を推進するという内容でもあった。この政府案に対して、ＯＯＡの働きかけに応じてデンマーク工科大学の物理学者ニールス・マイヤー博士が中心となって、「代替エネルギーシナリオ　七六」（ＡＥ76）を提示した。同シナリオによれば、政府の予想である一九九五年から二〇〇五年までの二〇年間のエネルギー需要の五〇％増大見通しに対して、エネルギー利用の効率化などで三七％の需要増大に止まるとした。その上で、エネルギー利用の効率化、再生可能エネルギー、天然ガスなどのエネルギー資源の多様化と地域熱供給やコジェネレーションなど、小規模分散型のエネルギー技術ならびにエネルギー供給システムを構築すれば、原子力エネルギーに頼らなくて済む、と主張した（飯田、二〇〇〇、一三八頁）。現在のデンマークのエネルギー政策を見れば、この主張の妥当性が証明されたのみならず、国民的合意としてこの「代替エネルギーシナリオ」が選択されてきた、と言える。同シナリオの基本的な考え方は、次のようなものである。

「エネルギー供給のあり方は、経済、環境、そして社会の長期的な方向性を決めてしまうため、さまざまな代替案について幅広く国民的に議論することが重要だ。民主的な社会では、少人数の専門家だけでその責任を取るというやり方は許されない。代替エネルギー案について、包括的な情報が明示されなければならない。そうした情報がなければ、我々がプルトニウム経済を選ぶのか、それとも太陽エネルギー経済を選ぶのかは、単に惰性で決まってしまう」（同上、一四〇頁）。

こうした考え方は、まさに、今後の日本のエネルギー選択を考える上で求められているものである、と筆者は考える。

一九七〇年代には欧米や日本などで反原発運動が活発になっていた。スウェーデンでは、七七年にバルセベック原子力発電所稼働に反対するデモ行進に二万人が、また、七八年八月には五万人が参加するデンマーク最大規模の反原発デモも開催された。こうした機運のなか、七九年三月二八日に米国のペンシルベニア州にあるスリーマイル・アイランドの原発事故が発生したのであった。こうしてスウェーデンのみならずデンマークでも反原発の一大キャンペーンが繰り広げられていくことになる。OOAとともにその姉妹組織である再生可能エネルギー（情報）組織（Organisaion for Vedvarende Energi。：OVE、後にVE）が代替エネルギーとして再生可能エネルギーについての情報を広く市民に普及させたことも、単に原発に反対を唱えるのみではなく、その代替エネルギーについての議論に関する情報や知識が幅広く市民の間に共有されるようになり、自らが求めるエネルギー選択による将来社会のビジョンを描けたことが、非常に重要であった（飯田、二〇〇〇、一四三〜四頁）[11]。また、八〇年にスウェーデンが国民投票で原発の廃止を選択したことも[12]、デンマークでのエネルギー政策論議に一石を投じた。最終的に、チェルノブイリ原発事故発生の一年前である、八五年三月二九日に、デンマーク政府は原子力に依存しないエネルギー政策を採択することになる。元EOU事務局長のゲールツェン氏は、福島原発事故後の日本のエネルギー選択に触れて、政府などから独立した中立的な立場の専門家や有識者からなる第三者委員会によって、エネルギー問題に関して、公平で偏りがなく、正しい情報が提供され、それが広く人々の間で共有され、エネルギー選択と社会のあり方についての包括的な国民的議論がなされることが重要である（ニールセン北村、二〇一二、九九頁）、と指摘している。

以上が、デンマークが原子力発電所に依存しないエネルギー政策を選択した経緯であり、この決定は同国のその後のエネルギー政策を大きく左右した。また、一九九〇年以降地球温暖化問題が重要な政策課題にのぼってきたので、デンマーク政府は、原子力に依存せずに石油や石炭などの化石燃料への依存度を下げていく、というさらなる難題に直面することになった。そこで、次に、同政府の原発を選択しない決定後の主なエネルギー政策や計画を概観しつつ、デンマークがこの困難な状況、つまり「新エネルギー危機」にどのように立ち向かおうとしているのかを見てみる。

## 二　デンマークの主な新エネルギー政策

デンマーク政府が一九八五年三月に原子力エネルギー利用を断念して以来現在に至るまで、少なくとも、五つの主要なエネルギー政策を公表している。それらは、「エネルギー二〇〇〇」、「エネルギー二一」、「エネルギー戦略二〇二五」、「私たちのエネルギー」などである。この他にも、「二〇二〇に向けてのグリーン・エネルギーの促進」や政府と野党間のエネルギー政策に関する諸協定も、デンマークのエネルギー政策を語る上で重要な要素となる。これらすべてを詳細に検討するスペースはないので、各々主要な点のみについて以下に順を追って確認しておこう。

### （一）「エネルギー二〇〇〇」（一九九〇年）と「エネルギー二一」（一九九六年）

「エネルギー二〇〇〇（*ENERGI 2000*）」[13]は一九九〇年四月に公表されたエネルギー計画で、環境にとって望ましいエネルギーの導入についての野心的な目標を掲げるとともに、エネルギー産業の持続可能な発展を目指すというものである。環境にとって望ましい燃料とは、天然ガス、太陽エネルギー、風力、バイオマス（藁、木材、液肥、家庭ゴミ）

である。バイオマス燃料の利用を推進する理由は、それがカーボン・ニュートラル[14]であること、輸入する必要がないので外貨を節約できること、デンマーク人の雇用を創出できること、農業、林業、家庭、商工業からの廃棄物の有効活用ができることである（CBT, 1999, p. 6）。また、化石燃料の利用の削減と環境問題に対処するために、一九八八年を基準年として二〇〇五年までに以下のような野心的な目標も掲げている。

- エネルギー消費を一五％削減すること
- 天然ガスの消費を一七〇％増大させること
- 再生可能エネルギーの消費を一〇〇％増やすこと
- 石炭の消費を四五％削減すること
- 石油の消費を四〇％削減すること
- 二酸化炭素（$CO_2$）の排出を少なくとも二〇％削減すること
- 二酸化硫黄（$SO_2$）の排出を六〇％、窒素酸化物（$NO_x$）の排出を五〇％削減すること、などである（CBT, 1999, p. 6; スズキ、二〇一一、五九～六〇頁）。

こうした目標を達成するための政策手段として、省エネ、$CO_2$の排出に対する課税［例えば、灯油一リットル当り〇・二七クローネ（約四円）］、クリーン・エネルギーへの転換、熱電併給システム（CHP：コジェネレーション）の普及、地域暖房設備の建設や運営のための補助金、地方でのバイオ燃料ボイラー設置のための補助金制度などが導入された（CBT, 1999, p. 6, スズキ、二〇一一、六〇頁）。

デンマーク政府は、一九九二年にリオ・サミットで採択されて九四年に発効した国連気候変動枠組条約（UNFCCC）の第三回締約国会議が九七年に京都で開催されることを視野に入れながら、九六年に「エネルギー二一（*Energi*

21)」[15]を策定した。今回の政策は、前エネルギー政策で打ち立てた二〇〇五年までに一九八八年比二〇％の$CO_2$排出を削減するという目標達成を維持して、二〇三〇年までにさらに八八年比五〇％の排出削減を求めた。この目標を達成するためには、三〇年までに、エネルギー強度の五〇％の低減（単位エネルギー量当たりの$CO_2$排出を五〇％削減）と総エネルギー消費に占める再生可能エネルギーの比率を三五％まで引き上げることが求められた。とりわけ、バイオマスと風力の占める割合が大きくなっている[16]。

**(二)「エネルギー戦略二〇二五」（二〇〇五年）**

二〇〇五年六月に政府が公表した「エネルギー戦略二〇二五（*Energistrategi 2025*）」（以下、「エネ戦略二五」）[17]では、本書で強調している「新エネルギー危機」の克服に向けて、持続可能なエネルギー政策を基幹とした成長戦略が一段と鮮明になってきている。このエネルギー戦略の目標は、㈠長期的なエネルギーの安定供給、㈡気候変動対策、㈢経済成長である。

第一の目標設定の背景には、世界のエネルギー消費が急速に増大していること、また、世界は増々政治的に不安定な地域の石油に依存していること、さらに北海の石油の産出も減少傾向にあることなどが挙げられる。こうした認識から、将来にわたって高値で不安定であり続けると予想されるエネルギー価格に対して、デンマークの経済は強健さを保つことが求められた。

長期的なエネルギーの安定供給を確保するために、「エネ戦略二五」は、一層のエネルギーの効率性向上を追求することを求めている。省エネ努力を強化するために、二〇〇五年六月に政府は幅広い政治的な合意（後述）を野党などから得ることができた。具体的に、〇六〜一三年の間に年間平均七・五ペタジュール（PJ＝$10^{15}$）の省エネ達成目標が設定された。また、再生可能エネルギーの発電と地域暖房への利用は増大傾向にあり、〇三年の実績で、電力と地域暖房の二五％以上を占めていた（電力のみに関しては二四％近い）。緩やかな原油の値上がりと炭素価格の上昇を想定すると、二五年には再生可能エネルギーは電力源の三六％を占めると予想されている（DMTE, 2005, pp. 2-3）。

二番目の戦略目標である気候変動対策については、国際交渉におけるＥＵの立場である産業革命以来の地球の平均気温の上昇を二℃以下に抑える目標を掲げる。しかし、それだけではなく、「エネ戦略二五」は、二〇一二年までの京都議定書の第一約束期間内に、中・長期の削減目標についての野心的な国際合意を追求するよう、積極的にＥＵに働きかけることも求めている。〇五年一月のＥＵ排出市場の開設が京都議定書の削減目標の達成に貢献するのみならず、省エネと再生可能エネルギー利用を促進することにも言及している（DMTE, 2005, pp. 5-6）。効率的なエネルギー利用技術や再生可能エネルギー技術の開発は気候変動の緩和に資するのみならず、デンマークを活力ある知識集約社会にして世界をリードする、という目標の達成にも寄与するものとしている。

第三番目の目標は、経済成長戦略である。エネルギー政策全体の目標は、デンマークを世界で指導的な成長・知識・起業家の社会にすることである。エネルギー部門は、高いレベルの日常的なエネルギー安定供給を可能にする機能的な市場、エネルギー消費の継続的な効率の向上、そして効率的なエネルギー技術の開発と生産におけるデンマークの強みをさらに拡大することによって、この目標達成に貢献する（DMTE, 2005, p. 6）、というビジョンを描いている。

エネルギー供給が効率的に行われるためには、市場の自由化と市場指向の政策手段が維持されなければならない。デンマークは他のスカンジナビア諸国、その他のヨーロッパ諸国さらには世界の市場と密に連結しているが、こうした市場の健全な発展が、完全な統合に向かって、将来的にも開かれたもので競争的なものであることが保障される必要がある。その際、再生可能エネルギーを活用する電力市場と天然ガス市場の統合のためのインフラの整備（例えば、送電線網やパイプラインの整備）が欠かせないと同時に、開かれて競争的な国際エネルギー市場には、平等で公正な国際競争を保障する統一された規則も必要である。また、再生可能エネルギー技術の開発については、風力やバイオマス分野の強みを強化するとともに、燃料電池やバイオ燃料、さらには新技術が相互に関連するエネルギーシステム全体に関しての開発も視野に入れている。こうしたエネルギー政策の一環としての技術革新を促す研究開発投資も重要視されている（DMTE, 2005, pp. 6-10）。

以上のように、デンマークの「エネ戦略二五」は、エネルギー安全保障、気候変動緩和策、経済成長戦略の観点からエネルギー政策を包括的に捉えるとともに、従来のエネルギー政策と比べて、再生可能エネルギーに対してより一層重要な役割を与えている。しかし、数年後、デンマーク政府はさらに野心的なエネルギー政策を打ち立てた。すなわち、化石燃料からの脱却である。

### （三）「エネルギー戦略二〇五〇」（二〇一一年二月）

「エネルギー戦略二〇五〇―石炭、石油、ガスからグリーン・エネルギーへ―」（「エネ戦略五〇」）（Danish Government, 2011a）は、二〇一〇年のデンマーク気候変動政策委員会（Danish Commission on Climate Change Policy）の化石燃料に依存しない社会は実現可能であるという結論に基づいて、五〇年を目標に、エネルギーの安定供給を確保したグリーンで持続可能な社会を形成するための政策である。中期的な目標として、二〇年までにエネルギー部門において〇九年時点の化石燃料使用を三三％削減しつつ、同部門での再生可能エネルギーの割合を三三％まで拡大することを目指す。そして、エネルギー効率の向上を中心に、二〇年までに一次エネルギー全体の使用量を〇六年に比べて六％削減することにしている。この新たなエネルギー戦略は、「エネ戦略二五」で中核をなしたエネルギー安全保障政策、気候変動緩和策、経済成長戦略をさらに進化させたものである。

「エネ戦略五〇」は、石炭・石油・天然ガスなどの化石燃料を中心とした二〇世紀のエネルギー政策から決別すべき新たな時代を迎えている、という認識を起点にしている。今後二五年間に世界のエネルギー需要が三分の一増大していくなかでエネルギーの争奪戦が激しさを増していくのみならず、その中心となる化石燃料は政治的に不安定な数カ国に集中し続ける。デンマーク政府はこうしたエネルギー争奪競争への参入を拒み、エネルギーの安全保障の観点から、化石燃料依存からの脱却を目指すクリーン・エネルギーへの移行は外交政策の必須の選択でもある、とみなしている（Danish Government, 2011a, p. 5）。また、二〇〇九年のコペンハーゲンでの第一五回国連気候変動枠組条約締約国会議（COP15）とカンクンでの翌年のCOP16で合意された中・長期の大幅な温室効果ガス削減に関する国際公約を、デンマークが他の主要排出国とともに達成するためにも、化石燃料への依存度を下げる必要がある。例えば、EUの中・長期削減目標は、一九九〇年の排出量レベルから二〇二〇年までに二〇％（他の主要国も同様の削減目標を設定するなら三〇％）、二〇五〇年までに八〇〜九〇％削減することになっている（European Commission, 2008）。こうした目標を達成するためには、さらなる再生可能エネルギーの開発利用とエネルギー効率の改善が必須で、そのための技術開発やシステム規模での経済のグリーン化に伴う技術革新は、デンマークの経済成長や雇用の拡大を生み出す絶好の機会を提供する、と捉えている。言うまでもなく、こうした政策を実施するための財政的かつ制度的枠組み（税制や補助金制度）も整えつつ、EU諸国や国際的な協力の必要性も強調している。

化石燃料に依存しない社会への移行にはそれ相応の費用がかかる。新たなエネルギー戦略がデンマークの経済に不利益をもたらすものであってはならない。こうした要請から政府は以下の四つの原則に基づいてエネルギー戦略を実施するものとしている。

・費用効果―エネルギー転換は、最大限のエネルギー安定供給と最大限の化石燃料使用削減に焦点を絞った、費用対効果の高いものであること。
・財政への最小の影響―費用と便益の配分が財政における負担を生じないようにしなければならない。その際、エネルギー消費者（企業と一般家庭）がエネルギー転換への資金を主に供給することになる。
・競争力を維持すること―デンマークのビジネスの競争力を考慮しなければならないので、エネルギー・コストが著しく高くならないようにすること。
・国際的な枠組みの十分な利用―エネルギー転換はグローバル化した世界とより緊密なＥＵとの協力を十二分に利用し、デンマークが国際エネルギー市場の一員である強みを利用すること。

以上の原則に加えて、エネルギー転換は、自然を保護しつつ、インフラ整備が自然環境を損なうことのないようにすることやバイオマスの持続可能な使用が求められる（Danish Government, 2011a, p. 9）。

非常に明解な原則に基づいて長期的なエネルギー戦略が練られているが、エネルギー部門や運輸部門などの間では、価格の違いや異なる技術の発展段階によって、エネルギー転換の速度が異なっている。そこで、「エネ戦略五〇」では、三つの道筋に分けて、今すぐ取りかかり継続的に実施されるもの、準備期間や研究開発を必要とする中・長期的な取り組みなどに政策実施の道筋を分けている。

第一の軌道（Track one）は、よりエネルギー効率の高い消費と再生可能エネルギーに基づいたエネルギー供給への転換プロセスである。長い実績の積み上げと制度化された意思決定過程によって費用対効果の高い既存の技術が存在するので、エネルギー使用の効率化と再生可能エネルギーの利用拡大は今日すでに進んでいる。また、短期およ

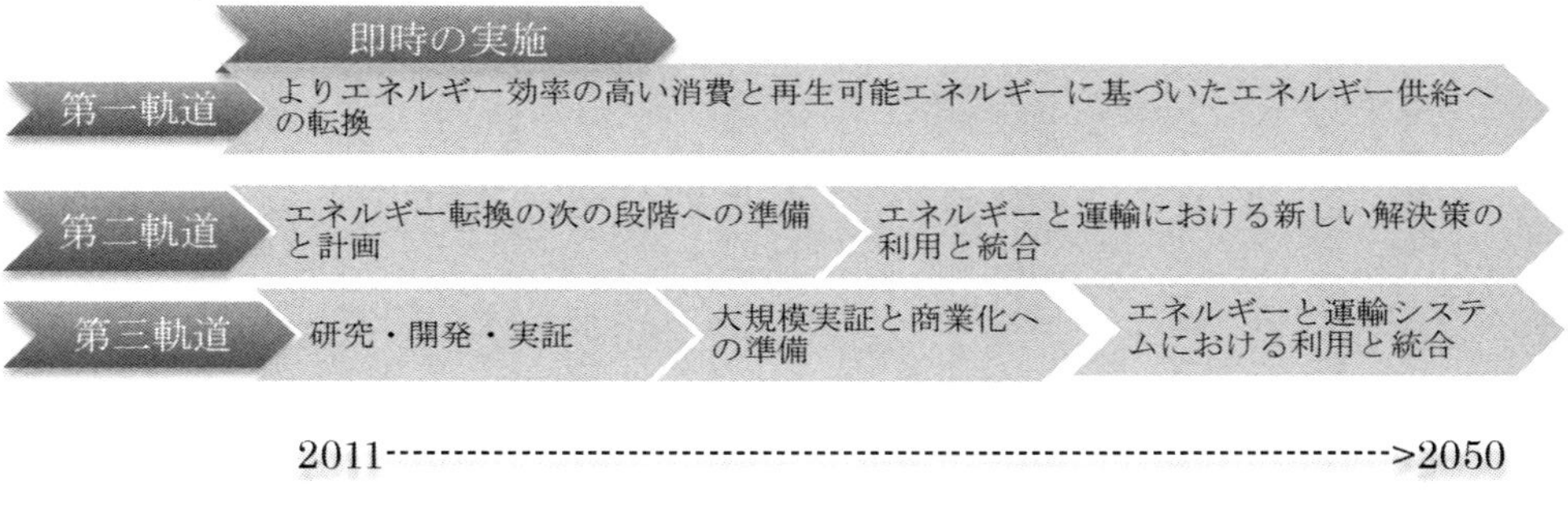


図８－２　エネルギー戦略 2050 の３つの軌道
出典：「エネルギー戦略 2050」（Danish Government, 2011a, p. 26）。

び中期の目標達成にも今後とも貢献が期待される。この道筋に含まれるエネルギー政策は、陸上と洋上風力発電による再生可能エネルギーの拡大、バイオマスとバイオガス利用の増大そしてより一層の効率的なエネルギー利用である。

エネルギー転換の次の段階への準備と計画を立てるのが第二の軌道（Track two）で、エネルギーと運輸における新しい解決策の利用と統合を目指す。二〇五〇年の化石燃料に依存しない社会への移行のための特別の政策を実施する前に、必要な枠組みを設定する必要のある分野を特定する。政策の主要なターゲットは運輸部門のグリーン化、インテリジェントなエネルギーシステム、地域と世界の化石燃料からの自立に向けてのエネルギー転換などである。

技術開発段階である第三の軌道（Track three）は、費用対効果の高い技術の研究・開発・実証（デモンストレーション）と商業化のための大規模実証とその準備である。こうした成果はデンマークのグリーン経済成長の実現に貢献することを目指すものである（Danish Government, 2011a, pp. 26-7）。

以上の内容を図式化したのが**図8―2**である。

デンマーク政府の新しいエネルギー戦略構想は理路整然としているが、二〇世紀の人類の物質的繁栄を支えてきた脱化石燃料への大転換は容易ではないと思われる。しかし、注目すべきことに、持続可能なエネルギーの章で紹介したA・ロビンス等の指摘と同様に（Lovins and RMI, 2011）、「エネ戦略五〇」も既存のエネルギー技術を活用することで、コスト面でも安く、化石燃料に依存しないエネルギーシステムを構築できる、としている。以下に主に九つほどの戦略についてごく簡単に要点のみを紹介しておく（詳細はDanish Government, 2011a, pp.18-45）。

第一に、エネルギー消費の効率を上げることで、二〇五〇年までに全体のエネルギー効率の五〇％の向上が見込まれている。既存の技術を採用してエネルギー効率を上げるとエネルギー使用量分のコストを下げて企業の収益が上がるとともに、間接的にエネルギーの供給を増やすことにもつながる。第二に、暖房、工業の生産工程、そして運輸部門での電化によって化石燃料の依存度を減らすことが可能である[18]。内燃機関エンジン車は一般的に五分の四のエネルギーを浪費しているのに比べ、電気自動車のエネルギーのロスはわずか五分の一である。ただ、「エネ戦略五〇」も認めているように、五〇年の時点で、ガソリン車の次の車が、電気自動車なのか水素で走る燃料電池車なのか、はたまたプラグ・イン・ハイブリッド車なのか定かではない。ただ、デンマークは輸入車に頼っているので、運輸部門の技術開発ならびにガソリン車の次の車の選択は他力本願的である。

第三に、電力供給における風力の割合は一層大きくなる。陸上の風力発電建設費は安くなってきているが、立地場所が限られてきているので、より建設費用と維持管理費の高い洋上風力発電に依存する比率が上がる。より大規模のものはドイツとスウェーデンとの共同開発ということも視野に入れている。第四の戦略は、より効率的なバイオマス資源の活用である。コジェネレーションにおけるバイオ燃料の利用の拡大が一つと、トラックや航空機燃料への利用が見込まれている。有機資源から抽出されるバイオガスの活用がもう一つの戦略として挙げられている。デンマークは酪農の国でもあるので、家畜などから発生するメタン・ガス（地球温暖化係数は$CO_2$の二五倍）[19]をコジェネレーションの燃料として固形のバイオ燃料（藁や木屑など）の代替として活用することも可能である。第五にはベースロード電源としてのバイオマスの活用ということで、間欠性の問題（風の弱い時など）により安定しない風力による発電を補完する用途としても考えられている。

第六・七番目の戦略として、ソーラーパネルを利用した太陽光発電とともに、長期的戦略の一つとして波力発電の可能性も追求するとしている。第八番目の脱化石燃料戦略としては、地域暖房と家庭用暖房の燃料を再生可能エネルギーに転換していくことである。最後に、統合されたエネルギーシステムの構築の必要性が強調されている。再生可能エネルギーの利用拡大に伴い安定した電力供給の必要性が求められている。最も重要なこととして近隣諸国やEU諸国との間のエネルギー供給ネットワークの漸進的な拡大の必要性が指摘されている。また、よりインテリジェント（あるいはスマート）な電力の消費システム（スマートメーターなど）の導入によってエネルギー使用の無駄を極力減らす必要がある。さらに、ノルウェーやスウェーデンからの水力発電による安い電力を購入した際にそれを蓄える蓄電能力の向上も不可欠であると指摘している。

しかし、次世代の車のように、将来の技術選択を現時点ですべて把握することはできない。経済成長、物価の動向、技術の発展の度合いなどを正確に予測することは不可能である。現時点では経済的に不利な電気自動車とか燃料電池車さらには炭素隔離貯留（CCS）技術が、将来的に普及する状況が到来するかもしれない。したがって、「エネ戦略五〇」は、あらゆる技術的選択の可能性を閉ざさないように柔軟な戦略が必要である、ということも強調している。

脱化石燃料戦略の実施のための財政的手当てはどうなるのであろうか。そもそも、化石燃料の消費が減少すれば、それだけ政府の税収が減ることになる。そこで、減収が見込まれる化石燃料税を補填するために、国民の税負担が増大しないように他の燃料税を導入するために税法を改正する必要が生じてきた。すなわち、化石燃料消費の減少にともなう税収の減少と同額で、全体として税収が変化しない増減税同額（レベニュー・ニュートラル）なエネルギー安全保障税［「供給の安全保障税」（"Security of supply tax"）後述］の導入が提言された。また、すべての電力消費者が支払わなければならない電力の追加料金である、「公共サービス義務」（"public service obligation: PSO"）は、陸上や洋上の風力発電のように、再生可能エネルギーによる発電の拡大を財政的に支援する。さらに、エネルギー会社による省エネ諸策の財源は敷設網料金（grid tariffs）として消費者から徴収される（Danish Government, 2011a, pp.58-61）。同時に、企業の国際競争力の保持と海外への工場の移転を防ぐために、増税によるエネルギー・コストは、よりエネルギー効率の良い機器などの購入のための補助金によって相殺される措置も取られる。一般家庭の税負担も重くならないようにエネルギー効率を高めることによって、負担は軽減されるが、それでも、二〇二〇年の電気料金は三％ほど上がる見通しを示している（Ibid., p. 63）。

最後に、「エネ戦略五〇」において、本書のテーマと関連して他に特筆すべきことは、原子力エネルギー利用に関する短い見解と北海での石油と天然ガス生産である。前者については、囲み記事として国内では原子力利用について多くの反対意見があるとし、原子力発電所の立地場所を見つけることが困難であること、原子力技術を輸入しなければならないのでデンマーク独自の技術的発展の潜在力が制限されていること、安全性と放射性廃棄物の処分問題が存在することを指摘している。さらに、フィンランドのオルキルオト原発三号機建設の大幅な遅れと予算超過を参考に、原子力に対する発電能力単位当たりの投資額が石炭火力の三・五倍、天然ガス火力の八倍、風力の二倍〜三倍であると試算している。また、フィンランドやスウェーデンと異なり、デンマークのようにエネルギー集約産業が少なく一日のうちに大きな電力消費の変動がある国では、二四時間フル稼働することによって経済的メリットが出る原子力発電は適切な電力源とはなり得ず、したがって、原子力は風力発電を補完する役割にも不適切であることが指摘されている。しかし、デンマークはスカンジナビア諸国やEU諸国とも電力の輸出入を将来にわたって積極的に進めていくため、原発によって生産された電力を購入することがあることを認めている（Danish Government, 2011a, p. 20）。

一九九五年以来、北海油田から産出される石油と天然ガスについては輸出超過になり、二〇〇九年は二五〇〇億デンマーク・クローネ（DKK）の貿易黒字（Danish Government, 2011a, p. 45）を計上した。この額は、単純に計算して二〇一〇年の国家予算一兆一二九億DKKの二五％近くを占めていて、福祉予算や国債の償還に充てられている。ただ、デンマークの北海油田は〇四年に生産のピークを迎え、一四年の石油の生産量は〇九年のそれより三七％少なくなるといわれている。しかし、現在の技術では確認埋蔵量の四分の一ほどしか採掘しておらず、今後、より効果的で環境にも配慮した方法で引き続き北海での石油と天然ガスの開発を推し進めて、政府の歳入の重要な一部を提供し、健全な財政に寄与するとともに、増大する世界のエネルギー需要を満たす一助とする、とある（Ibid., p. 45）。確かにデンマークは、国内では再生可能なエネルギーや省エネ政策を推進して化石燃料に依存しない持続可能な社会形成と地球気候変動の緩和に貢献しているが、国内のエネルギーの大転換を図りつつ良質の福祉社会を維持していくために、石油と天然ガスを輸出して世界的には化石燃料への依存を助長することになっている。このことは、国々の経済的な相互依存関係と一国のみで完璧にグリーンな社会を形成することは非常に困難であるということを物語っているとともに、人類社会の新たなエネルギーシステムの確立や気候変動問題という地球規模の問題解決のためには、他の多くの国もデンマークと同様の努力を求められるという意味で、国際協力が不可欠であることも示している。

### (四)「私たちの将来のエネルギー」(二〇一一年一一月)

新たなエネルギー政策は、二〇一一年九月一五日の総選挙の結果、それまで政権を担っていた自由党と保守党が敗北して、社会民主党・急進自由党・社会主義人民党による連立政権が誕生したことを受けて、改正されたものである。とはいうものの、前政権時代の与党と野党間で〇八年のエネルギー政策に関する合意が形成されており、政権交代によって政策目標が高められることはあっても、基本的なエネルギー政策――省エネと再生可能エネルギー利用の拡大など――についての変更はない。したがって、『私たちの将来のエネルギー』(Danish Government, 2011b) も前項の「エネ戦略五〇」の政策提言内容をほぼ踏襲しているが、若干目標が強化されたものもあるので、前項で紹介し切れなかった事柄や今回の政策提言で新たに追加された内容について概観しておこう。

新しいエネルギー政策でも二〇五〇年までに化石燃料からの脱却を目標にしているが、表現としては、一〇〇%再生可能なエネルギーによるグリーン経済成長の確立を目指すということである。また、そのための一般家庭や企業に課される経済的負担について、将来的に世界の化石燃料価格が高騰し続けることに比べれば、長期にわたり比較的安価なエネルギーの安定供給と将来世代に余計な負担をかけない持続可能な社会形成(含む安定した地球気候)のための保険料を支払うものである、という考え方を示している。より具体的には、提案されているエネルギー政策(エネルギー効率化、再生可能エネルギー拡大、化石燃料税の減収補填)により発生する費用は、二〇二〇年の時点で五六億DKKになると見込まれている。他方、最終的に節約されるエネルギーは六九億DKKに相当すると試算されるので、短期的な純コストは二〇年のＧＤＰの〇・二五%にとどまる (Danish Government 2011b, pp. 4-5)、としている。

エネルギー利用の効率化や再生可能エネルギーの生産の拡大などの内容については、基本的にこれまでの政策と同じであるが、二〇五〇年までにデンマークを再生可能エネルギー一〇〇%社会にするために進むべき重要な段階

表８－３ 2050 年までの再生可能エネルギー 100%達成のための政府のエネルギー政策の主要な一里塚

| 2020 年 | 2030 年 | 2035 年 | 2050 年 |
| --- | --- | --- | --- |
| 伝統的な電力消費の半分を風力発電でまかなう | デンマークの発電所から段階的に石炭の使用を廃止<br>石油燃焼設備の段階的廃止 | 再生可能エネルギーによる電力と熱供給 | すべて――電力、熱、工業、運輸関連――のエネルギー供給を再生可能エネルギーでまかなう |

出所：“The Government's Energy Policy Milestones up to 2050”（Danish Government, 2011b, p.5）を参照。

について以下に簡単に紹介しておこう。

デンマークは風力発電に適した環境にあり、地上のみならず洋上での風力発電拡大の余地が未だ十分にある。また、北欧電力市場との統合が風力発電からの大量の電力の供給を可能にしている。こうした風力発電にとっての好条件を背景として、二〇一〇年には風力発電がデンマークの二二％の電力消費を支えた。しかし、今後一〇年足らずの間に電力消費の半分を風力でまかなうというのは、容易に達成可能な目標ではないだろう。『私たちの将来のエネルギー』によれば、この政策の一里塚に到着するためには、柔軟な電力利用を可能にするインテリジェントなエネルギーシステム、北欧電力市場や効率的な国際電力市場とのより緊密な連携が必要である、と指摘している[20]。

次の一里塚は、遅くとも二〇三〇年までに石炭の使用を段階的に廃止していくという目標である。現在、石炭はデンマークの電力供給の四〇％、地域暖房の二〇％を占めている。この中期的な目標もかなり野心的なものである。それにもかかわらず、この目標達成を可能にする一つの要因として、デンマークのほとんどの発電所が三〇年までの間に時代遅れとなることが挙げられている。したがって、多くの旧式の石炭火力発電所を再生可能エネルギー使用にバージョンアップできる。そこで、デンマーク政府は、まず、二〇年までに石炭の消費を六五％削減するため、バイオマスと風力へのエネルギー転換を計画している。この延長線上に石炭使用の段階的廃止を見据えている。

同じく二〇三〇年までに、石油ボイラーの段階的廃止も五〇年の再生可能エネルギー一〇〇%達成のための重要な一里塚とみなされている。住宅を石油ボイラーで暖めるのは非効率であるばかりか、環境的にも経済的にも好ましくない。現在、二五万～三〇万の石油ボイラーがあるが、多くが古くて寿命を迎えているので、今度のエネルギー政策では、二〇年までに石油ボイラーの半分を廃止して、再生可能エネルギーを使用する地域暖房、ヒートポンプ、その他の再生可能エネルギーによって代替することが求められている。

次の一里塚は、二〇三五年までに電気と熱の供給を再生可能エネルギーでまかなうことである。同年までにコジェネレーション（CHP）と家庭用の暖房の燃料を天然ガスから再生可能エネルギーに転換することが主な政策選択である。

こうした様々なエネルギー転換を促そうとする政府の政策の基点が、総エネルギーの消費量を削減することを求めた二〇〇八年のエネルギーに関する合意である。この合意に基づいて、二〇年までに総エネルギー消費を一〇年比八%（〇六年比一四%）削減することを目指している。例えば、現在の石油・石炭・天然ガスの消費量は三〇〇PJで再生可能エネルギー消費は約一五〇PJとなっているのを、二〇年までに逆転させよう、ということである。

最終目標の二〇五〇年までに一〇〇%再生可能エネルギーでまかなう持続可能な社会形成のための三五年以降の挑戦は、運輸部門の根本的なエネルギー転換である。ガソリン車から電気自動車とバイオ燃料車、さらには燃料電池車への移行が考えられる。もちろん各一里塚での風力やバイオマスへのエネルギー転換や省エネ努力が継続的に推進されつつ、さらに地熱、ヒートポンプ、太陽光の活用も五〇年の目標にとって重要な役割を担う。

さらに、気候変動緩和に貢献することも、『私たちの将来のエネルギー』の重要課題である。運輸部門を除くエネルギー部門は、石炭・石油・天然ガスの燃焼によってデンマークが排出する温室効果ガスの五六％を占めている。デンマークの中期目標は、二〇二〇年まで一九九〇年比四〇％削減であるが、現在の政策の遂行のみでは同年比三五％の削減にしかならないので、さらなる政策の積み上げが求められいる。例えば、工業や運輸部門以外の温室効果ガス削減をさらに推進する必要がある。その文脈で、農業部門等の排出量取引制度（Emission Trading System：ＥＴＳ）対象外の温室効果ガス排出削減目標として、〇五年比二〇％の減少を目指している。

二〇五〇年までの完全自然エネルギー社会形成の費用に関しては、それまでの再生可能エネルギー技術の発展と化石燃料の価格の値上がりを考慮すれば、同年のＧＤＰの約〇・五％であると見込まれている。例えば、一一年の春に石油価格が二〇ドル値上がりした結果、デンマークの企業は二〇〇億DKKの追加的燃料費を支払うことになった。さらに、今後予想される急激な化石燃料需要の拡大とそれが中東等の政治的に不安定な地域に集中する事実は、エネルギーの安定供給にとって大きな不安材料である。また、近年温暖化の影響で急速に氷が融解している北極圏地域での石油の採掘が進展していけば、新たな環境問題を引き起こす懸念もある（Danish Government, 2011b, pp. 29-30）。したがって、前述したように、デンマーク政府は、自然エネルギー一〇〇％の社会を形成する費用は保険の掛け金である、ということを繰り返し主張している。

エネルギーの効率化や再生可能エネルギー供給の拡大に伴う費用と化石燃料使用削減によって失われる税収の合計は、二〇二〇年に五六億DKKに達すると見込まれている。それに対して、諸政策が実施された結果積み上げられるエネルギーの節約は、同年に六九億DKKに相当する、ということである。省エネや再生可能エネルギー利用の拡大や技術開発は、雇用を創出するのみならず、デンマーク経済の成長や輸出産業の育成にも貢献している。例えば、一〇年におけるデンマークのエネルギー技術と関連設備の輸出額は五二二億DKKに及んでいる（Danish Government 2011b, pp. 30-32）。

デンマークのエネルギー転換のための費用の捻出に関して興味を引くのが、「供給の安全保障税」（"Security of supply tax"）と銘打たれた税金である。これは、前政権下で公表された「エネ戦略五〇」から導入が提案されたもので、石油・石炭・天然ガスの化石燃料の消費減少に伴う税収減を補填するものである。この税金は暖房に使用されるすべての化石燃料とバイオマス燃料に課税されるもので、今一つの税である「公共サービス義務」（"public service obligation: PSO"）からは充当できない再生可能エネルギーに対する補助金の原資となる。PSOとは、すべての電力消費者が支払わなければならない電力の追加料金であり、陸上や洋上の風力発電のように再生可能エネルギーによる発電の拡大を財政的に支援するものである。このPSO制度はガス料金システムにも導入されて、ガス供給網への再生可能エネルギー供給拡大を目的としている。さらに、エネルギー会社による省エネ諸策の財源は敷設網料金（grid tariffs）として消費者から徴収される（Danish Government, 2011b, p. 33）。以上の税金等の合計は、前述したように五六億DKKにのぼる。これらの費用は、二〇二〇年には一般的家庭平均で一七〇〇DKKになり、日本円に換算して年に約三万一四五〇円（一円＝一八・五DKKで換算）の負担になる。民間企業に対する二〇年の追加的費用は一五億DKK（約二七七・五億円）で、被雇用者平均で八〇〇DKKとの試算である（Ibid., pp. 36-41）。不安定で価格の高騰が予想される化石燃料に依存せず、気候変動の緩和にも貢献する自然エネルギーへの移行は、持続可能な社会形成には不可欠の選択であり、そのための保険の掛け金的な経済負担としては、それほど過大なものとは言えないのではないだろうか。

以上が最近のデンマークのエネルギー戦略の概観である。二〇五〇年までに脱化石燃料を目指すという非常に意欲的かつ野心的な政策目標であるが、一九七〇年代の石油危機以来、エネルギー生産の自立を目標に、省エネと再生可能エネルギー拡大の努力を積み重ねてきた土台の堅牢さから判断すれば、決して達成不可能な目標ではない。と同時に、これらの長期のエネルギー戦略を立て、それを着実に実施に移すことができている政治的状況と政策立案および政策執行機関にも着目して、デンマークではなぜ持続可能なエネルギー選択が可能なのか、ということを確認する必要がある。

## 三　デンマークのエネルギー戦略と政治的合意

二〇〇八年〜一一年間のエネルギー政策に関して、与党と野党との間で〇八年に結ばれた合意は広範囲にわたるもので、再生可能エネルギー開発、エネルギー効率の向上そしてエネルギー技術研究の促進を図るものである。再生可能エネルギーについては、一一年のデンマークの消費の二〇%を再生可能エネルギーにしようというもので、風力、バイオマスならびにバイオガスによる電力の買い取り価格を引き上げることや風力発電施設の近くに住む住民に対する補償制度などの導入にも合意している。エネルギー効率の向上に関しては、二〇年までに〇六年比四%のエネルギー消費削減を目指すとし、暫定的に一二年まで、燃料電池車税と電気自動車税を無税にすることにも合意している。電気自動車に関する研究やあらゆる再生可能エネルギー開発のための開発研究費の確保にも積極的である(IEA, 2011b, p. 20)。

二〇〇九年、政府とデンマーク人民党は「グリーンな成長」(“Green Growth”)について合意している。この合意は、環境と自然保護政策と農業の成長条件に関する長期的な計画に触れている。一五年まで総額一三五億DKKの投資を行う計画で、前回の同様の計画規模より約五〇%増資されることになる。

二〇一二年に『私たちの将来のエネルギー』にまとめられた政府の主要なエネルギー政策は、これまでになく長い期間(二〇一二〜二〇年の間)にわたる政治的合意をもとに国家的な目標として認められた。社会民主党・急進自由党・社会主義人民党からなる与党と自由党と保守党などの野党が結んだ合意を受けて、政府は「二〇二〇年に向けたグリーン・エネルギーの促進」[21]を公表した。二〇五〇年までにすべてのエネルギー供給を再生可能エネルギーでまかなうようにするために、二〇二〇年に向けた主要な目標は、㈠再生可能エネルギーが最終エネルギー消費の三五％以上を占めること、㈡おおよそ五〇％の電力消費が風力発電でまかなわれること、㈢二〇一〇年を基準年として総エネルギー消費を七・六％削減すること、㈣一九九〇年を基準年として温室効果ガスを三四％削減することである。エネルギー効率の向上、風力発電やその他の新しいエネルギー技術、工業・住宅・運輸部門における再生可能エネルギー、バイオエネルギー、スマートグリッド、そして財政的手当てなどのより詳細な内容は、前述した一一年に提言された異なる政権の各々の政策とほとんど同じである。ただ、財政的な支出が三五億DKKに抑えられていることと、二〇年時点で六九億ではなく六一億DKKのエネルギーが節約されるということで、やや控えめである。

国際エネルギー機関（ＩＥＡ）は、各国における実効性のあるエネルギー政策に不可欠な要素として以下のことを挙げている。すなわち、「政治的合意、明瞭な長期的な展望、安定した諸機関と権利義務などが明確に定められたリーダーシップ、変化する状況に対応できる能力、市民一般の容認を導くあらゆるステークホルダーの広範囲におよぶ参加と有効なステークホルダーとのパートナーシップ」であり、また、エネルギー戦略は世界の動きを視野に入れて実施される必要性も強調している（IEA, 2011b, p. 29）。デンマークは、ＩＥＡの評価によれば、実効性のあるエネルギー政策の要件をすべて兼ね備えている。政権与党と野党との間のエネルギー政策における政治的合意は、政権が交代してもエネルギー政策は変更されないので、長期的視野に立った政策を継続的に実施可能にしている。エネルギー政策を担当する政府諸機関の権限やリーダーシップも明確で、例えば、運輸に関係するエネルギー政策は運輸省が一括して管轄する。また、政策決定に関しては、気候・エネルギー・建設省が担い、政策の実施に関してはエネルギー庁が中心になる。さらに、エネルギー政策に関する政府によって開催される包括的で開かれた討論が示しているように、政府の長期的目標に対する広範囲のステークホルダーの支持も得られている（Ibid., p. 29）。日本のエネルギー政策決定過程と比較するなら、エネルギー政策と気候変動政策を総合する政府機関の欠如、変化に対応できる能力の欠如、そしてデンマークと比較して最も大きな違いである民主的な政策決定過程の欠如が際立っている。

### （一）エネルギー政策決定機関と実施機関

デンマークでエネルギー省が設置されたのは第二次石油危機の起こった一九七九年であった。その後、九四年にエネルギーに関する事柄は環境およびエネルギー省に移管された。さらに、二〇〇一年にエネルギー業務は、日本の通産省（二〇〇一年以降経産省）に相当する、経済・ビジネス省に移された後、〇五年に運輸・エネルギー省の一部となった。そして、〇七年に、グリーンで持続可能な社会形成の促進を目標として、デンマーク気候・エネルギー・建設省が設立された。同省は、気候変動緩和のための国内と国際的努力、エネルギー問題、デンマークとグリーンランドにおける地質調査、気象、そして建設を管轄し、デンマーク政府がよりグリーンで持続可能な社会形成を促進する努力の一環として創設された。こうした努力には、デンマークはいつか化石燃料から自立する、という政府の目標も含まれる[22]。

気候・エネルギー・建設省の管轄下にあり、石油危機後一貫してエネルギー業務に携わってきたのが、一九七六年に設立されたデンマークエネルギー庁（ＤＥＡ）である。同庁は、エネルギーの生産・輸送・消費に関係するあらゆる事柄とその気候変動に与える影響に対して責任を有する。また、持続可能な建物に焦点を合わせた建物の生産性と質的向上ならびに建築事業や建物の維持管理についての建設政策を支援する[23]。同庁の主要な役割は、デンマークにおいて信頼性が高く、手頃な価格でなおかつクリーンなエネルギーの供給のための法的ならびに政治的枠組みを確保することにある（IEA, 2011b, p. 19）。

公共の送電網やガス・パイプラインが整備されていることが、電力の自由市場の存在とともに、再生可能エネルギー促進にとって欠かせない。デンマークのＥｎｅｒｇｉｎｅｔ．ｄｋ（以下、エネルギーネット．ｄｋ）は、そうした公共のいわば「エネルギー・フリーウエイ」を提供している。エネルギーネット．ｄｋは、エルトラ（Eltra）、エルクラフト・システム（Elkraft System）そしてエルクラフト・トランスミッション&ガストラ（Elkraft Transmission and Gastra）が、二〇〇五年に合併して誕生した気候・エネルギー・建設省が所有する公営企業で、〇四年のエネルギーネット・デンマークに関する法律によって設立が決まった。エネルギーネット．ｄｋはその主要財源を消費者からの電気やガス料金によって賄っていて、その主な業務は以下の通りである。

・電気とガスの全般的な短期・長期の安定供給を確保すること
・デンマークの主要な電気の送電網やガスのパイプラインなどのインフラの開発
・客観的で透明性のあるエネルギー市場の競争条件を創設し、また、競争が機能しているかどうかを監視すること
・将来必要な伝送能力と長期的な供給の保障を考慮して、一貫性のある包括的な計画を立てること
・環境にやさしい発電とグリーン・エネルギー生産技術の開発とデモンストレーションなど[24]。

そして、エネルギー市場に関して、エネルギーネット．ｄｋとともに重要な役割を果たす機関が、デンマークエネルギー規制委員会（the Danish Energy Regulatory Authority: ＤＥＲＡ）である。ＤＥＲＡは電気、天然ガスそして地域暖房市場

を監督する独立した機関で、その理事会メンバーは気候・エネルギー・建設省によって任命される。

その他のエネルギー関連の機関としては、デンマーク省エネルギー信託（Danish Energy Saving Trust）があり、前身のデンマーク省電力信託（Danish Electricity Saving trust）を引き継いで二〇一〇年に設立された。省エネルギー信託の業務内容の範囲は電力の節約を超えて、運輸以外のすべてのエネルギーの節約とより効率の良い使い方にまで及んでいる（IEA, 2011b, p. 19）。

最後に、今日のデンマークのエネルギー戦略を生み出した機関が、次節で取り上げる気候変動対策とエネルギー政策の融合の核となった、気候変動政策に関する委員会（Commission on Climate Change Policy）である。二〇〇七年に設立された同委員会に託された任務は、化石燃料への依存から脱却するために必要な長期的な気候変動対策とエネルギー政策を提言することであった。同委員会の報告書は、前述した「エネ戦略五〇」や『私たちの将来のエネルギー』政策の拠りどころとなっている。

以上のことをまとめれば、政権与党と野党との間の政治的合意に基づいて長期的視野に立ったエネルギー政策が、政策の立案と実施を担当する政府諸機関や独立した監視機関の明確に規定された役割と権限の下に着実に具体化されている、ということである。

## 第二節　気候変動対策とエネルギー政策の融合

デンマーク政府は、二〇〇八年に、デンマーク気候変動政策に関する委員会（以下、気候政策委員会）を設置し、化石燃料に依存しない社会構想の提言を諮問した。気候政策委員会は、デンマークが最終的にどのように化石燃料から脱却できるか検討するとともに、その長期的な未来像をどのように実施するか、ということも描き出すことを求められた（Klimakommissionen, 2010, p. 15）。明確に規定された気候政策委員会に対する諮問事項は、次の通りである。

・温室効果ガスを大幅に削減するための特別な提案を分析すること、
・エネルギーの効率化、エネルギー使用の削減、エネルギー市場での競争の促進を維持した再生可能エネルギーの拡大を確実なものにする総合エネルギーシステムを提案すること、
・すべての関連する部門における$CO_2$削減見込みを評価すること、
・エネルギーと気候変動政策にとって新たな事前対策となり得る手段の提案、
・$CO_2$以外の他の温室効果ガス削減の可能性を分析すること（Ibid., p. 15）25。

気候政策委員会設置の背景には、明確に本書の主要テーマである「新エネルギー危機」を克服する必要性が認識されている。同委員会の報告書の巻頭言は、デンマークと世界が二つの大きな挑戦に直面していることに言及している。すなわち、第一に、人為的に排出される温室効果ガスに起因する地球温暖化を抑制するために、その排出を削減しなければならないこと。そして、二つ目に、今後二世紀にわたって続くとされる世界の経済成長のために膨大な量のエネルギーが必要となることである。後者に関しては、石油と天然ガスの価格の高騰が予想されるとともに、これらのエネルギーが中東等の政治的に不安定な地域に集中していることが懸念される。これら二つの世界的な難題を解くためのデンマークの選択は、化石燃料からの脱却を図って価格と供給が不安定なエネルギー資源への依存

をなくして、再生可能エネルギーに移行するということである。この選択は、エネルギー安全保障と気候変動の緩和に貢献するのみならず、風力発電、地域暖房、プロセスの最適化、断熱やバイオ燃料の生産などの技術に強みを持っているデンマーク企業にとって、絶好のビジネスチャンスを与えることにもなる。また、化石燃料から脱却して自然エネルギーへ移行することは、グリーンな経済成長をもたらすものでもある。

気候政策委員会審議が明らかにすることは、長期の温室効果ガス削減目標と化石燃料からの脱却の意義である。前者に関しては、ＥＵの長期削減目標である二〇五〇年までに一九九〇年のレベルより八〇〜九五％削減するという目標を、デンマークは達成できるかどうか、達成できるならどのように達成するか、ということを検討することである。そのために、ＥＵの排出量取引市場を活用することも検討に入れるが、将来的にどうなるか分からない部分もあるので、デンマーク独自でどのようにこの目標を達成するか、ということに焦点を定める。後者の化石燃料からの自立（independence）あるいは脱却の意味することは、「デンマークではいかなる化石燃料も利用あるいは消費されなくて、再生可能エネルギーによる平均的な国内の年間の発電量は、最低限度として、国内消費と等しくなければならない」、ということである（Klimakommissionen, 2010, p. 18）。二〇〇八年の時点でデンマークのエネルギー消費の八〇％を化石燃料が占めていたので、これを五〇年までにゼロ％にするのは大変な挑戦である。また、デンマークと近隣のスウェーデン、ノルウェーそしてドイツなどとの間では電力やガスの輸出入が盛んに行われていて、エネルギー需給の効率化が図られている。したがって、気候政策委員会の化石燃料からの自立あるいは脱却の定義は、化石燃料によって生産された他国の電力の輸入の可能性を排除するものではないが、運輸部門での化石燃料の継続的な消費の可能性とそのために再生可能エネルギーを増産して輸出に回して化石燃料消費の埋め合わせをすることは除外される（Ibid., p. 19）。このことは、ヨーロッパにおけるエネルギーの相互依存関係の深化の一端を窺わせるものであると同時に、いくら一国で脱化石燃料政策を推進していても、他国の政策までは左右できないことをも示している。いずれにせよ、デンマークは、国策として脱化石燃料という非常に野心的な政策目標を掲げる方向に舵を切ったことには変わりはない。

気候政策委員会報告の結論から言えば、すでに前節でも繰り返し述べてきたように、デンマークは二〇五〇年までに化石燃料から脱却することができ、そのコストも予想以上に低く抑えられるということである。将来の技術的大発明、エネルギー価格、政治的決断などの不確定要素のため、五〇年の時点でのエネルギーシステムがどのようなものであるか、その明確な未来像は現時点では描けない。とはいうものの、デンマーク政府を含め多くの論者が述べているように、既存の技術や解決策でも十分に目標を達成できる。ただ、デンマークのみならず世界的な課題である運輸部門での脱化石燃料の技術開発の余地が多く残されている。これらのことを踏まえた上で、気候政策委員会の報告書は、エネルギー効率を上げることと、再生可能エネルギーへの転換の二つが鍵を握ると指摘している。前者に関して付言すれば、省エネ、技術開発とインテリジェントなエネルギー消費（スマートグリッドやスマートメーターなど）が求められる。後者に関しては、風力とバイオマスを中心としつつ、太陽光や地熱などの他の再生可能エネルギーの開発も推進する必要性を強調する。そして、全体としてエネルギー政策が他の諸政策と統合される必要性も説いている。その上で、化石燃料に依存しないエネルギーシステムは、一九九〇年のレベルに比べて約七五％の温室効果ガスを削減できるが、八〇％あるいはそれ以上の削減のためには、主に農業部門での削減努力が必要である、と気候政策委員会は結論づける（Klimakommissionen, 2010, p. 33）。さらに付言すれば、気候政策は、エネルギー、運輸、農業、環境保護などの他の重要な政策と関連するものとして総合的な視点から立案・実施される必要性が認識されている。

気候政策委員会は、脱化石燃料のための政策などについて四〇の勧告を行っている[26]。これらの勧告は、前節で紹介したエネルギー政策にほとんど反映されていて、ここで改めてその詳細に言及する必要はない。ただ、本書の「新エネルギー危機」のテーマとデンマークの気候政策と深く関連する基本的かつ重要な視点について、簡単にまとめることは意義のあることなので、以下に主要な点についてまとめておく（Klimakommissionen, 2010, pp. 27-45）。

二〇五〇年までの脱化石燃料化目標の達成のためには、運輸部門での化石燃料が再生可能エネルギーのバイオガスなどで代替される以外、デンマークのエネルギー供給の基本は電力になる。しかもその中心的役割を担うのは風力発電である。電力の供給は、企業や家庭が一斉に電力を使う際のピークの需要時にも十分対応しなければならない。しかし、風力のような間欠性のある自然エネルギーで常に電力の安定供給を確保することは非常に難しいことである。そこで、気候政策委員会は、風力発電の間欠性の問題の克服の手段の一つとして、北欧電力市場との一層の統合を図って、風力が弱い時に、近隣のスウェーデンとノルウェーの大規模水力発電から生産される電力によってまかなうことを勧告している。第二の手段として、風力が弱い時に備えるために、バイオマス、バイオガスそして廃棄物の燃焼による発電から補填することを勧めている。最後に、電力供給の変動に対応して最適な状況で電力が利用できるように、電力消費も現在よりもっと柔軟になる必要性も指摘している。また、輸送手段の燃料としても期待されるバイオマスやバイオガスには、温室効果ガス排出削減とともに電力と比べて貯蔵が利くという利点もある。ただ、他の国もバイオ燃料に重点を置くと、将来的な資源の奪い合いも起こる可能性を否定できないので、あくまで自国で生産と消費が完結することが望ましいことも指摘されている。さらに、気候政策委員会は、原子力エネルギーについて、デンマークでは再生可能エネルギーより原子力に投資した方がよいという明確な利点はない、と結論づけている（Klimakommissionen, 2010, p. 44）。放射性廃棄物の長期安全保管と廃炉のコストを含めると、洋上風力発電と比べて原子力発電の方の経済性が高いこと示す証拠はない、というのが第一の理由である。また、原子力発電所は稼働したら二四時間電力を供給し続けなければ効率が悪いので、風力等の他の変動するエネルギー供給システムとの組み合わせに適さない、ということも指摘されている。そして、前にも触れたが、デンマークには原子力エネルギー利用のための専門的な技能が維持されておらず、このエネルギー開発のためには海外から技術とノウハウを輸入しなければならないので、自国の民間企業に存在する技能や技術の基礎の上にこのエネルギーを活用することができない。つまり、エネルギーの自立路線から外れることが懸念されているといえる。

最後に、気候政策委員会によれば、化石燃料からの自立のための経済的コストはそれから得られる利益を考慮すれば、十分に許容範囲内にとどまると主張している（Klimakommissionen, 2010, pp. 79-91）。エネルギーの効率化や再生可能エネルギー導入支援策などの長期的なコストは、二〇五〇年のデンマークのＧＤＰの〇・五％になると試算されている。また、五〇年までの工業生産は現在の二・三倍、熱供給は約五〇％増大、そして乗用車台数も約七五％増大すると見込まれるが、エネルギーの効率化と再生可能エネルギーへの切り替えによって、エネルギー需要の増大に十分対応できるとともに、化石燃料に依存し続けた場合に比べてＧＤＰに占める燃料費の割合も減少し、その上、温室効果ガス排出も削減できるとしている。さらに、途上国の急速な経済発展のため今後とも世界のエネルギー需要が増大し、石油や天然ガス価格が上昇すると予想されるので、デンマークの脱化石燃料戦略は、エネルギーの安全保障を確保するという「付加価値」的要素も生むことになる。それでも、社会的なエネルギー転換を図るためには、燃料税の増税、エネルギー効率化や再生エネルギー支援のための財政的措置も必要となるため、短期・中期的な国民や民間企業への負担も課される。しかし、エネルギー転換には時間がかかること、石油ボイラーや石炭火力発電所の機器や設備あるいは建物などの断熱効果や暖房設備の再生可能エネルギーへの切り替えを今やらなければ、少なくとも今後三〇～四〇年あるいはそれ以上存続し続ける。五〇年までの時間を考えると、現時点でできるところから早急に化石燃料から脱却し始めたいと、千載一遇の機会を捉える重要性も強調している。

デンマーク気候政策委員会の報告書は、世界の「新エネルギー危機」の克服に向けて、二〇五〇年までに化石燃料に依存しない社会を形成することが現実的な目標であることを国内外に示している。そして、この報告書の四〇の勧告に基づいていくつかのエネルギー政策が立案されているが、その主な内容については前述した。そうしたエネルギー政策と気候政策の間には重複する項目が多いが、デンマークの気候政策についても、可能な限りこれまであまり触れてこなかった内容に限って見ておこう。

## 二　デンマークの気候変動政策

二〇〇九年にコペンハーゲンで開催された第一五回気候変動枠組条約締約国会議（ＣＯＰ15）の議長国としてのみならず、特に、京都議定書が二〇〇五年に発効して以降、デンマークは、気候変動問題で自ら野心的な温室効果ガス削減目標を掲げて、国際的なリーダーシップを発揮している。気候変動に関するＩＰＣＣ等の科学的知見に基づいたＥＵの中・長期の削減目標を支持する一方、さらにその強化を目指している。豊かな国としての責任と化石燃料からの脱却が可能であることも意欲的に世界に示している（Danish Government, 2013, p. 7）。その背景には、前節で見たように気候変動問題とも密接に関係する長期的なエネルギー政策における国内の政治的合意が存在するとともに、国内の気候変動政策の推進がＥＵ内の気候変動政策の強化とも深く関わっていることが挙げられよう。

デンマークはその野心的な中・長期の温室効果ガスの削減目標を達成することができるのだろうか。最新の気候変動政策を参考に、デンマークの温室効果ガス排出の現況と国内政策とＥＵの政策との間の相互作用を確認しつつ、目標達成の可能性と気候変動問題におけるデンマークの主導的な態度の源泉をたどってみよう。

## （一）デンマークの温室効果ガス削減目標と現況

デンマークの中期目標は、二〇二〇年までに一九九〇年の排出レベルに比べて温室効果ガスの排出量を四〇％削減するというものである。この目標は、気候科学者の知見を取り入れたＥＵの長期削減目標である五〇年までに〇五年レベルから八〇〜九五％削減への道程の中間点と位置づけられている。ドイツの中期目標はデンマークと同じであるが、二二年までに原発を廃止する新たな政策を導入した点で異なる。また、英国は、排出割当を海外から購入せずに国内の温室効果ガスの排出を二〇年までに三四％削減する、という目標を掲げている（Danish Government, 2013, p.17）。したがって、デンマークだけが突出して野心的な中期削減目標を掲げているわけではないが、気候変動の緩和に向けて世界的なリーダーシップを発揮していることに変わりはない。

デンマークの産業部門別の温室効果ガスの排出量は、エネルギー部門が全体の四〇％以上、運輸部門が三〇％近く、そして農業部門が約二〇％で、残りが工業工程、産業用ガス、有機廃棄物（メタンなど）などである[27]。運輸以外のエネルギー部門に関して言えば、一九九〇年に、一般家庭とビジネスでの電気や暖房などの伝統的なエネルギー消費による温室効果ガスの排出が大半を占めていたが、現在でも同様の傾向が続く。したがって、電力と地域暖房のためのエネルギー消費が温室効果ガス排出のほとんどを占める。ＥＵの排出量取引制度（ＥＴＳ）で取引される炭素排出割当は、発電所、大規模の産業用設備、石油や天然ガスのプラットフォームから排出される$CO_2$などが対象となり、デンマークのエネルギー部門から排出される$CO_2$のほぼ七〇％がＥＴＳシステムの対象となる。他方、残りの三〇％は、ビジネスや一般家庭における個人的な石油とガスの使用や小規模地域暖房からの$CO_2$の排出で、ＥＴＳの対象外になる。

運輸部門の排出は最終エネルギー消費の三分の一を占め、そのほとんどが化石燃料である。道路輸送に伴う$CO_2$の排出が圧倒的に多く、乗用車からの排出が五七％、ワゴン車と貨物自動車が約三七％、そしてバスとオートバイが六％という内訳になっている。前述の二〇一二年の政治的合意では、二〇二〇年までにバイオ燃料を一〇％導入することになっているが、運輸部門の$CO_2$の排出は二〇％増加する模様である。農業部門からのメタンと亜酸化窒素の一〇年の排出量は九〇〇万$CO_2$換算トンで、デンマーク全排出量の約一五％を占め、土壌や牧草地からは三〇〇万$CO_2$換算トン排出された。大規模集約農業が盛んなデンマークは、他のEU諸国に比べて農業部門からの温室効果ガスの排出量が多い。牧畜用の反芻動物から排出される温室効果ガスは三六〇万$CO_2$換算トンで、これはデンマークで最も多い単独のメタン排出源であり、一九九〇年以来この排出量はほぼ横ばいである。亜酸化窒素の排出源は市販されている肥料の使用と家畜の排出物である。その他の温室効果ガスは、ゴミの埋め立て地や廃水から放出されるメタン、セメントやタイル工場から排出される$CO_2$やフロンガスである。

## （二）EUと国内の気候政策の連結

はたして、デンマークは、二〇二〇年までに一九九〇年比で温室効果ガスを四〇％削減することができるのであろうか。基準年である一九九〇年の温室効果ガスの総排出量は、六七二〇万$CO_2$換算トンで、四〇％削減の目標値は四〇三〇万（森林や土壌の$CO_2$の吸収量一・九％を加味すると四一二〇万）$CO_2$換算トンである。もし温室効果ガス削減策が実施されなければ、二〇二〇年における排出量は四六四〇万$CO_2$換算トンにのぼると予測されている。ここにきて、デンマーク政府の気候変動対策の二つの基本的な要素である国内の努力とEU加盟国の努力のうち、後者の方で躓きが生じている。それはEUのETSという炭素市場での価格の崩壊である。

欧州連合（EU）のETSは二〇〇五年から始まり、前述したように、発電所、大規模産業設備、石油や天然ガス生産プラットフォームから排出される$CO_2$排出割当量を対象にした取引市場である。この市場ではEU全体の温室効果ガスのおおよそ半分が対象となる。総排出割当量の上限は、各EU加盟国の企業のための割当量の提案に基づいて、欧州委員会がEU全体の削減目標を参考にして承認することになっている。二〇〇五年〜〇七年と〇八年〜一二年の二期に関する総排出割当量上限の設定と炭素市場価格の変動を見てみると、いずれの期間も価格が乱高下した後、前者の期間では最終価格がほとんどゼロユーロまで落ち込んだ一方、後者の一三年八月時点の価格は四ユーロより低くなっている。いずれの期間も総排出割当量が実際の排出量よりも下回って炭素市場価格が暴落したのであるが、前者の場合はETS対象企業の実際の排出量についての知識不足がその原因とされている。二〇〇八年〜一二年の期間については、前期の総排出割当量より少なめに設定したのであるが、〇七年のリーマン・ショックから始まる世界的経済不況の長期化によってETS対象企業の生産が落ち込むことによって、$CO_2$の排出量もEUの総排出割当量を下回った結果、買い手が不足して炭素市場価格の暴落を導いた（Danish Government, 2013, p. 26）。また、各国のETS対象企業は再生可能エネルギーのための補助金の活用や省エネ努力によって$CO_2$の排出量を減らすことができたことも、ETSの炭素価格を引き下げる要因であった。

ところで、EUのETSの炭素価格が低いということは、各加盟国企業が$CO_2$排出量を排出割当量以上に削減して市場で売って利益を得よう、というインセンティブが働かないことを意味している。このことは少なからずEU加盟国の気候変動政策にも影響を与えている。デンマークの気候政策計画では、二〇二〇年までのETSでの炭素価格について三つの総排出量シナリオを想定していて、国全体の温室効果ガス排出量の変動を考慮している。その予測によれば、ETS価格がゼロユーロの場合は、デンマークの総排出量が四六四〇万$CO_2$換算トンに、九・六ユーロの場合は四六二〇万$CO_2$換算トンに、一九・二ユーロの場合は四五〇〇万$CO_2$換算トンになると計算している。二〇二〇年までに一九九〇年比四〇％削減するという目標値（四二二〇万$CO_2$換算トン）達成のために、各々四二〇万、四〇〇万、二八〇万$CO_2$換算トン不足することになる（Danish Government, 2013, p. 27）。デンマークの中期目標達成に資するように、将来のETS価格が推移するかどうかということは不確実で、その対象枠を広げるとか総排出量の上限値や今後の国際経済状況にも左右される。さらに、国内の土壌や森林の増減、再生可能エネルギーや省エネ技術開発の度合い、エネルギー消費者の行動変容、EUの新旧の気候政策の効果など、その他にも様々な不確定要因が目標達成に影響を与える可能性があることも指摘しておく必要があろう。

デンマークの気候政策はEUの政策と国内の政策との両輪で促進されるとすでに指摘したが、その理由は、EU共通の問題として気候変動緩和に取り組む方がより効果的であることと、共通の野心的な目標を掲げることによってEU加盟国が同じ土俵で競い合うことになり、EUの貿易相手国に対してデンマークの競争力を維持できるからである。さらに、気候変動問題は地球規模の問題であるので、EUが国際交渉の場で野心的な気候変動緩和策を促進していくためにも、EU共通の野心的な温室効果ガス削減目標を設定する必要がある。したがって、デンマークはEUの気候政策の強化を支持している[28]。例えば、EUの二〇二〇年の削減目標を一九九〇年比二〇％減から三〇％減へと強化することを支持しつつ、ETS改革に関して温室効果ガス排出の少ない技術導入を促進できるレベルの排出割当価格になるように割当量を減らす欧州委員会の案を支持している。EU自体も、二〇二〇年までに一九九〇年に比べて温室効果ガスを二〇％削減し、再生可能エネルギーの二〇％使用とエネルギー効率の二〇％向上を目標とした〇八年の「気候とエネルギー・パッケージ」を更新することを、欧州理事会は欧州委員会に要請している。また、デンマークは、EUが欧州理事会の五〇年までに温室効果ガスの排出を一九九〇年比八〇～九五％

削減する目標を採択するように要求している。この長期目標を達成するためにも、デンマークは、欧州委員会がEU域内の目標として示している、二〇三〇年までに一九九〇年比四〇％の温室効果ガス排出削減と三〇％の再生可能エネルギー使用目標を支持している。さらに、現在のETSには含まれていない運輸部門と一般家庭からの排出もEUの排出量取引制度に含めるように要求している。

他方、デンマーク国内の気候政策はEUの政策より基盤がしっかりしていて実績に裏付けられたものである。気候変動緩和策は、経済成長、雇用の創出、資源の効率的な利用、自然保全そしてエネルギーの安定供給などの他の優先度の高い政策目標を達成する解決策に統合されていなければならない、というのがデンマーク政府の基本的な立場である。この考えを実現するための具体的な政策の特徴は、エネルギー、運輸、農業そして環境からなる四分野間の相乗効果を狙った総合的な政策アプローチにあると言える29。

エネルギー部門ではエネルギー税や炭素税によってエネルギーの消費が抑制されることによって$CO_2$の排出も抑えられる。また、建物における最大エネルギー消費量の基準や設備の数の規制、再生可能エネルギー利用の促進や地域暖房への切り替えのための補助金制度などの誘導策の結果として$CO_2$の排出を削減できる。前節で詳しく見た通り、二〇五〇年までに化石燃料依存から脱却するためのエネルギー政策の主眼の一つは、気候変動の緩和である。そうしたエネルギー政策は、例えば、三〇年までに石炭の使用を段階的に廃止していくとか、三五年までにすべての電力を再生可能エネルギーで生産するといった政策である。これらの政策が実施されれば、当然のごとく化石燃料の依存から脱却しつつ$CO_2$の排出を大幅に削減できる。また、建物の断熱効果を高めるとか、家の改装の際に省エネ設備の導入や地域暖房への切り替えなどへの補助金制度も最終的に$CO_2$の排出を抑制する。すなわち、気候政策とエネルギー政策の間の相乗効果の意味することは、集中的なエネルギーの節約と再生可能エネルギーへの転換は、気候変動緩和とエネルギーの安全保障の強化の同時達成を可能にする、ということである。

運輸部門の温室効果ガスの排出量割合はデンマーク全体の三〇％を占めているが、燃料税をはじめとして、窒素酸化物税、炭素税ならびに自動車税が課されていて、これまでにも温室効果ガス排出抑制が図られてきた。また、ガソリン自動車の次の車の候補になっている電気自動車や燃料電池車普及[30]のためのインフラの構築や新しい技術開発のための投資もなされてきている。さらに、二〇〇九年の「グリーン運輸政策」（"A Green Transport Policy"）合意では様々な政策が提案されている。例えば、「グリーンな運転キャンペーン」、貨物自動車のエネルギー・ラベリング、行政や企業のグリーン輸送認証、グリーン・タクシー、効率的な輸送システム開発などである。こうした取り組みは、バスや自転車利用の環境整備とともに[31]、輸送手段の能力強化や公共の交通機関をより魅力的することに貢献している。以上のような運輸政策の相乗効果は、温室効果ガスの削減、渋滞の緩和、移動性の確保そしてエネルギー使用の効率化の間の好循環である。すなわち、車の渋滞が緩和されれば停車中のアイドリングが少なくなり温室効果ガスの排出も減少するのみならず、エネルギー利用効率も向上する上に交通機関を利用する人やものの移動性も高まり、社会全体としての効率性も向上する、ということである。

しかし、すでに指摘したように、運輸部門での再生可能エネルギーへの転換はデンマーク国内のみでは達成できない。電気自動車や燃料電池車などの技術開発は外国の企業に依存しているからである。デンマーク国内でできることは、せいぜいバイオ燃料の比率を一〇％にするといった政策であるので、運輸部門で脱化石燃料を図ることは大変な挑戦と言わざるを得ない。こうした制約があるものの、デンマークの国内努力は注目に値する。二〇〇九年にＥＵレベルで導入された車の性能基準が好例である。ＥＵは、一五年から販売される新車の$CO_2$排出基準を一キロ当たり平均一三〇グラム以下、二〇年からは九五グラム以下という排出基準を導入した。デンマークは、一一年にすでにこのＥＵの一五年基準を満たしていた。また。一一年にデンマークは、ワゴン車に関して、一七年からの$CO_2$排出基準を一キロ当たり一七五グラム、二〇年から一キロ当たり一四七グラムという基準を導入した。これに対して、ＥＵ委員会は一二年に、ワゴン車についてのデンマークの二〇年から一キロ当たり一四七グラムの$CO_2$排出基準の導入を採択した（Danish Government, 2013, p. 42）。

農業部門の相乗効果は、気候変動緩和、環境および自然保護の関係に見出せる（Danish Government, 2013, pp. 43-6）。メタンと亜酸化窒素はＥＵのＥＴＳの対象になってはいないが、温室効果の高い物質である。農業と林業政策が総合的に進められると、自然保護、環境の改善そして気候変動緩和に相乗的効果を発揮する。農地（あるいは宅地）の再植林は、$CO_2$の吸収、動植物の生息地の提供や地域の気候緩和、そして地下水の保護に貢献する。実際、一九九〇年以来、水環境の改善や自然の回復は農業からの温室効果ガス排出の大幅削減をもたらしている。一九九〇年から二〇一〇年の間、水環境の保護のための政府の規制により、農業用肥料の使用が五〇％減ったが、その結果、亜酸化窒素の排出も大幅に減った。他方、同期間のメタンの排出はほぼ一定である。牧畜業からのメタンの発生を抑制することと、メタン・ガスの抽出によって動力燃料としての応用が求められている。

最後に、ゴミ、廃水、工業の生産工程に関係する他の環境政策と気候政策の統合についてごく簡単に見ておこう（Danish Government, 2013, p. 47）。ゴミの埋立て処理については国内とＥＵ廃棄物枠組指令（EU Waste Framework Directive）によって、紙のリサイクルやゴミ埋立て処分場からのメタンの回収が義務化されている。また、一九九七年に、焼却処分可能なゴミの埋立て禁止が決まり、ほとんどすべての有機廃棄物が対象となった。こうした規制によって九〇年から現在までの間にゴミ埋立て処分場からの温室効果ガスの排出が半減したと算出されている。もう一つの相乗効果の一面として、有機廃棄物とプラスチックからなる膨大な量のゴミを焼却処分場で発電用の燃料として利用しその過程で生じる廃熱を地域暖房用などに利用している。廃水あるいは汚水からのメタンの排出問題に関しては、旧来の汚水処理タンクから下水処理システムや他の近代的な汚水処理施設に切り替わっているので、現在ではこの問題はあまり重要ではなくなった。セメント、石灰、タイルの生産過程で排出される温室効果ガスについてはEUのETSの対象になっていて、企業側には削減のインセンティブが働くが、排出割当価格が適正なものになる必要があることは前述した通りである。

以上見てきたように、気候政策がエネルギー・運輸・農業・環境政策と統合されるときの相乗効果は、気候変動緩和にとって好ましいのみならず、社会全体の効率化や経済の活性化にとっても好ましいものである。そして、デンマーク政府は「気候政策計画」を気候変動法案として二〇一三〜四年議会に提出し、今後の温室効果ガス排出の監視と定期的な気候変動緩和の現況報告を通して気候政策の透明性を確保することになった。この法案は、一四年六月一九日に議会で可決成立した[32]。要するに、エネルギー利用の無駄を省きつつ化石燃料から再生可能エネルギーに転換することは、持続可能な社会形成の不可欠のレシピであり、政府と議会を通して国民が一丸となって「新エネルギー危機」を克服しようとしていることが、デンマークの事例で確認できる。

**注**

1 Handelsministeriet, Dansk energipolitik 1976, maj 1976. http://www.ens.dk/sites/ens.dk/files/dokumenter/publikationer/downloads/dansk_energipolitik_1976.pdf
2 Energiministeriet, *Energiplan 81*, November 1981. http://www.ens.dk/sites/ens.dk/files/dokumenter/publikationer/downloads/energiplan_81.pdf
3 Danish Energy Agency (DEA), "Annual Energy Statistics/ Energistyrelsen" (Tables 2011.xls). http://www.ens.dk/node/2228
4 Energiministeriet, *Energiplan 81*, November 1981, p. 2.
5 *Energiplan 81*, p. 2.

6　DEAの年次エネルギー統計（注3に記載のデータベース）によれば、一九九八年に、一次エネルギーの総生産量（八五万七〇九七TJ）が同年の総消費量（八五万五八三二TJ）を上回り、自給率一〇〇％以上を達成している。

7　一九九〇年時点で、日本における発電用電源に占める原子力の割合は二四％、水力一一％、水力以外の再生可能エネルギー一％であり、石油三〇％、天然ガス二〇％、石炭一四％であった（IEA, 2008a, p. 207）。

8　以下の記述は、主に、ニールセン北村（二〇一二）と、筆者が二〇一三年一〇月一〇日にロラン島のInnovation-LCの代表で市会議員のレオ・クリステンセン氏（Leo Christensen）とニールセン北村氏から聴取した内容に基づく。

9　建設候補地は、ユトランド半島に八カ所、フュン島に一カ所、シェラン島およびその南に六カ所の計一五カ所であった（飯田、二〇〇〇、一三二頁）。

10　国民高等学校とも訳されるフォルケ・ホイ・スコーレは、牧師のニコライ・フレデリック・セベリン・グロントヴィ（Nikolaj Frederik Severin Grundtvig: 1738-1872）が一八四四年に創設した（スズキ、二〇一一、二六～七頁）、と言われている。その教育目的は「人間・市民としての人格形成」で実践教育をモットーとし、一八歳以上なら誰でも入学できる。現在、デンマーク全国に七〇以上開講していて、五日から三週間の短期コースから、四～七週間の中期コース、四～五カ月の長期コースがあり、農業理論や農業経営、歴史や政治、自然科学、音楽やダンスさらにはスポーツといった幅広いコースを受講できる。フォルケ・ホイ・スコーレの運営母体は民間や有限会社あるいは個人などであるが、概ねスコーレの運営費の約四五％は国からの助成金で、約四七％は受講者が払う授業料、残りを運営主体が持つような形になっている（同上、二七～八頁；ニールセン北村、二〇一二、九二～三頁）。日本で言う地域教育文化センター的な役割を果たしているとともに、ニールセン北村氏によれば、グロントヴィの思想とデンマーク各地にあるフォルケ・ホイ・スコーレがデンマークの民主主義社会の基礎になっている、とのことである。

11　特に、レオ・クリステンセン氏（Leo Christensen）からの指摘。

12　バルセベック原子力発電所はスウェーデンのマルメから北西に車で三〇分のところに位置し、コペンハーゲンからもわずか三〇kmのところにある。ここには二つの原子炉建屋があり、一号機は一九七五年に、二号機は七七年に稼働を開始した。深刻な事故も起こしておらず、また、寿命も迎えていなかったが、八〇年三月の国民投票で当時のスウェーデン人は脱原発を選択した。九九年に一号機が二〇〇五年に二号機が稼働を停止した。同発電所では廃炉の過程を一般公開していて、筆者も一三年一〇月一六日に二号機の建物内の見学に参加し、〇六年に原子力燃料棒も使用済み核燃料も完全に取り除かれた原子炉の中核部分に入った。

13　Energiministeriet, *ENERGI 2000*, april 2000.　http://www.ens.dk/sites/ens.dk/files/dokumenter/publikationer/downloads/energi_2000.pdf

14　ライフサイクルのなかで、二酸化炭素の排出と吸収がプラスマイナスゼロのことを言う。例えば、植物の成長過程における光合成による二酸化炭素（$CO_2$）の吸収量と、植物の焼却による$CO_2$の排出量が相殺され、実際に大気中の$CO_2$の増減に影響を与えないことが考えられる。このように、化石燃料の代わりにバイオマスエネルギーを利用することはカーボン・ニュートラルだと考えられ、$CO_2$の発生と固定を平衡し、地球上の$CO_2$を一定量に保つことができる（ＥＩＣネット：http://www.eic.or.jp/ecoterm/?act=view&serial=3670)。

15 Mijø-og Energiministeriet, Energi 21, 1996. http://www.ens.dk/sites/ens.dk/files/info/tal-kort/fremskrivninger-analyser-modeller/fremskrivninger/fremskrivninger-tidligere-aar/energi21.pdf

16 前注記載資料の三七～四二頁ならびに六五頁参照。

17 Transport-og Energiministeret, *Energistrategi 2025*. http://www.ens.dk/sites/ens.dk/files/dokumenter/publikationer/downloads/ens_strategi_2025.pdf; The Danish Ministry of Transport and Energy, *Energy Strategy 2025*. http://www.ens.dk/sites/ens.dk/files/dokumenter/publikationer/downloads/energy_strategy_2025.pdf

18 運輸部門では電気自動車促進の追加的な政策として、二〇二〇年までにバイオ燃料一〇％導入の目標を掲げた。

19 二酸化炭素の温室効果を一とした場合のメタンの温室効果係数 (global warming potential: ＧＷＰ) は二五である。環境国立研究所のウェブサイト。http://www.cger.nies.go.jp/ja/library/qa/15/15-1/qa_15-1-j.html

20 以下の内容については、「私たちの将来のエネルギー」(Danish Government, 2011b, pp. 20-3) を参照。

21 The Danish Energy Agreement of March 2012, "Accelerating Green Energy toward 2020," Ministry of Climate, Energy and Building. http://www.ens.dk/en/info/publications/accelerating-green-energy-towards-2020

22 Klima-, Energi- og Bygningsministreriet (Danish Ministry of Climate, Energy and Building), のウェブサイト上の (http://www.kebmin.dk) 本省設立の背景を参照。http://www.kebmin.dk/en/the-ministry/background

23 Energi Styrelsen (Danish Energy Agency) (http://www.ens.dk) の同庁についての説明を参照。http://www.ens.dk/en/about-danish-energy-agency

24 Energinet.dk, http://www.energinet.dk/EN/Sider/default.aspx のウェブサイト参照。

25 こうした諮問事項に関して、委員会の審議については七つの基準を考慮することが求められた。すなわち、㈠温室効果ガスの排出を削減すること、㈡エネルギー効率を高めること、㈢非常に安定したエネルギー供給を維持すること、㈣市場に基づいた解決策を図ることによってマクロ経済的な費用効果を確保すること、㈤高いレベルの経済成長を維持すること、㈥デンマークにおけるポジティブなビジネスの発展とビジネスの国際競争力保証すること、そして㈦環境的に持続可能な発展を確保することである (Klimakommissionen, 2010, p. 16)。

26 そのうちの一四は部門横断的なもので、全般的な法律、税制ならびの研究開発に関するものである。エネルギーを最大限効率良く使用するための政策や消費者や企業にエネルギー消費のパターンを変えさせるのに必要な政策などについては、七つの勧告をしている。インテリジェントなエネルギーシステムの構築に関しては八つの勧告、運輸部門の電化やバイオ燃料使用については三つの勧告を行っている。四つの勧告がEUや他の国際的なイニシアティブについて、残りの四つが農業部門などの非エネルギー部門からの温室効果ガス排出削減に関するものである（Klimakommissionen, 2010, pp. 47-77）

27 以下の部門別温室効果ガス排出については、二〇一三年のデンマーク政府の『気候変動計画』という報告書を参照（Danish Government, 2013, pp. 19-23）。

28 以下の内容についても『気候変動計画』を参照（Danish Government, 2013, pp. 31-3）。

29 以下の内容についても『気候変動計画』を参照（Danish Government, 2013, pp. 35-47）。

30 デンマーク政府は、電気自動車と燃料電池車の税額控除を二〇一五年の終わりまで延長している。

31 安全で快適な自転車利用の環境整備のために、二〇〇九年～一四年の間、一億三三三〇万ユーロの予算を計上している。

32 「デンマーク、気候変動法を可決」『環境展望台：国立環境研究所』二〇一四年六月一九日。http://tenbou.nies.go.jp/news/fnews/detail.php?i=13790

# 第九章　ドイツの新エネルギー危機対策

## 第一節　石油危機後のドイツのエネルギー政策

### 一　石油危機後のドイツのエネルギー状況

一九七〇年代の高度経済成長以後のドイツ[1]と日本の産業構造は類似している。二〇一〇年の産業別就業者構成比を見てみると、一次産業（農林漁業）就業者数の全産業の就業者数に占める割合は、ドイツの一・六％と日本の四％であった。第二次産業（鉱業・製造業・建設業）の割合はドイツの二六・九％と日本の二四・八％と、米国（一七・一％）や英国（一七・九％）より比較的高い割合を占めている。他方、電気・ガス・水道業も含めた第三次産業における就業者の割合は、ドイツで七一・四％、日本で七〇・二％なのに対して、米国で八一・三％、英国で八一％であった。ドイツと日本は相対的に二次産業のなかでも製造業の占める割合（ドイツの二〇％と日本の一六・八％）が米国（一〇・一％）と英国（九・九％）に比べてかなり高い比率を維持している（厚労省、二〇一三、八七頁）[2]。

石油危機以降、ドイツと日本はエネルギー効率の向上と省エネ技術の開発にしのぎを削ったが、エネルギー需給の特徴についても、一九九〇年代までドイツと日本の間では比較的類似点が多かった。石炭と褐炭の埋蔵量が豊富なドイツと六〇年代に石炭から石油にエネルギー転換した日本では一次エネルギーの輸入依存度には多少の違いがあったが、九〇年時点で、ドイツは約四六％、日本は約八四％の輸入依存度で、ともにエネルギー自給にはほど遠い状況であった。また、一九七三年と九〇年における一次エネルギー総供給量に占める石油の割合は、ドイツではそれぞれ四七・四％と三四・六％であったのに対して、日本では七七・八％と五七・三％であったが、両国とも輸入石油に大きく依存している。さらに、九〇年時点の総一次エネルギー供給量に占める原子力の割合はドイツの一一・三％と日本の一一・九％とほぼ同じであった。一九九〇年の両国の電源構成を比べてみると、ドイツでは石炭、石油、天然ガス、原子力、水力、再生可能エネルギーの割合が、各々五八・七、一・九、七・四、二七・八、三・二、〇・九％であったのに対して、日本では各々一四・〇、二九・七、二〇・〇、二四・二、一〇・七、一・五％であった。それぞれの特徴として、ドイツでは電源としての石炭の割合が六〇％近くを占め、日本では石油と天然ガスを合わせてほぼ五〇％という割合であった。また、両国ともに原子力エネルギーが電源の二〇％以上を占めていた一方、再生可能エネルギーの利用は一％程度であった。一九七三年の電源としての石油の割合がドイツで一二％、日本で七三・二％、他方原子力エネルギーの割合がドイツで三・二％、日本で二・一％であったので、両国ともに七三年の石油危機後に急速に石油への依存度を下げて原子力エネルギーへの依存度を高めていたことが分かる[3]。両国の一九九〇年の電源構成をグラフにまとめたのが**図9―1**である。

しかし、両国のエネルギー政策はその後の一〇年の間に異なった方向性を示すようになり、二一世紀に入ってその違いが一段と際立ってきた。その象徴的な相違点は、再生可能エネルギー利用の拡大と脱原発の選択からなるドイツの「エネルギー転換」（“Energiewende”）である。ドイツはなぜこのような選択をしたのかあるいはできるようになったのか、この選択を誰が何時どのように行い、それをどのように実行に移そうとしているのか。最後の疑問については次節で扱うこととして、その他の疑問についての答えを以下で探ってみよう。

## 二　ドイツの脱原子力の挑戦

一九九八年の社会民主党（Sozialdemokratische Partei Deutschlands: SPD）と緑の党[4]の連立政権（一九九八〜二〇〇五年）の誕生がドイツのエネルギーと環境政策の大転換の始まりである。とりわけ、同政権が脱原発政策（段階的な原発の廃止政策）の先鞭をつけたことと、原子力や化石燃料の代替エネルギーとして再生可能エネルギー開発に力を入れたことは注目に値する。また、後者の選択は、地球の気候変動問題に関する国際交渉において、九〇年代後半からドイツ

**ドイツの電源構成：1990 年（%）**

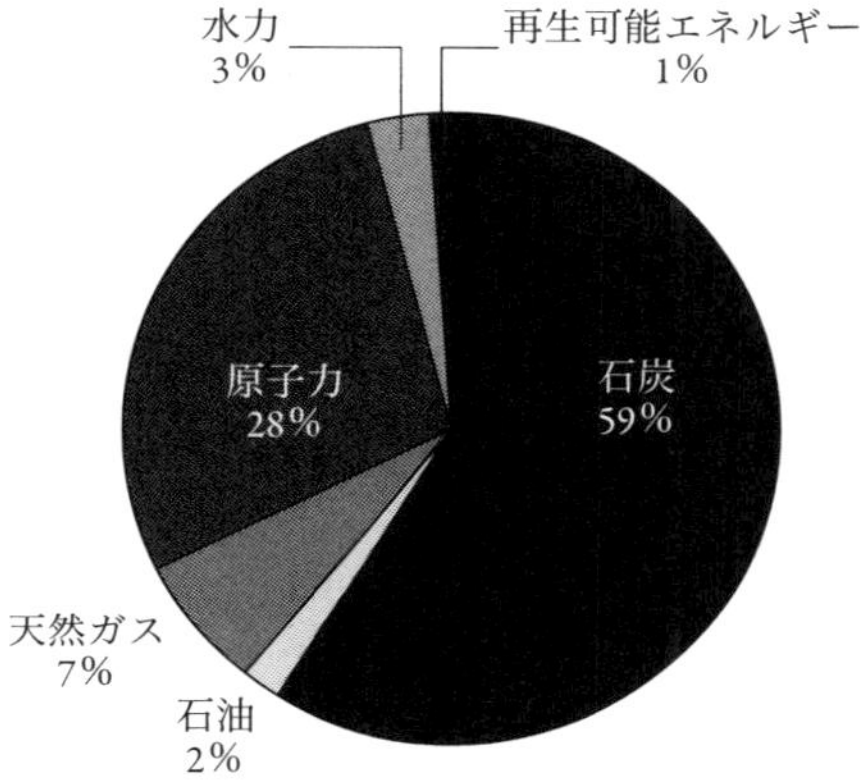


出典：国際エネルギー機関（IEA, 2013c. p.200）。

**日本の電源構成：1990 年（%）**

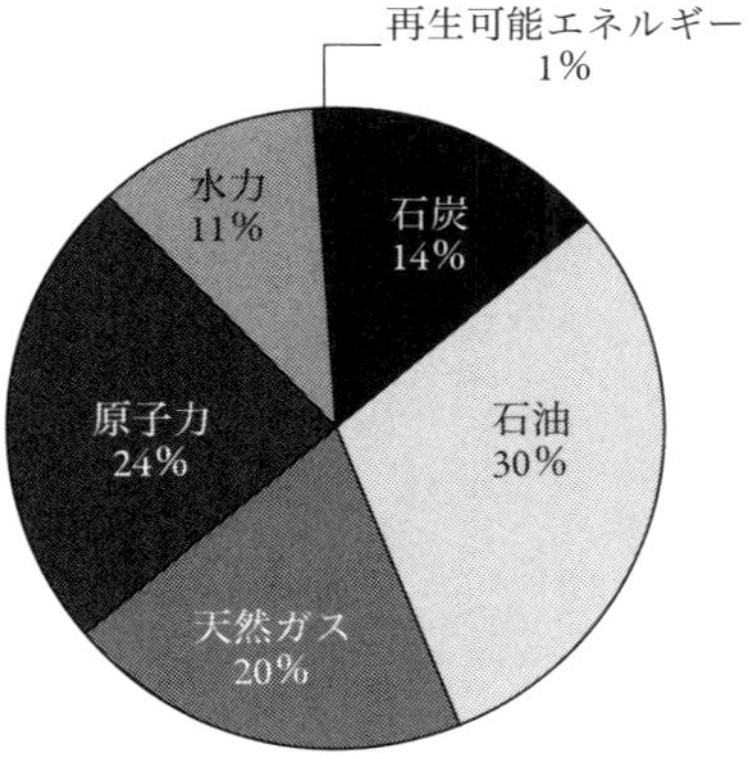


出典：国際エネルギー機関（IEA, 2008a. p.207.）。

図９－１　ドイツと日本の電源構成の比較（1990 年）

がリーダーシップを発揮していく重要な要因の一つとなったと言える。

ドイツの原子力開発は、一九五五年にパリ条約が発効して同国が主権を回復した後に始まったが、七〇年代半ばまではほとんど政治的な反対もなく推し進められてきた。政府の財政支援による原子力エネルギー研究センター、原子力産業そして電力会社は特権的な地位を与えられ、原子力エネルギー利用の拡大を推進した（Rüdig, 2000, p. 49）。大型の商業用原発は六〇年代後半から建設されるようになり、七三年の石油危機も追い風となり、七〇年代にはドイツ全土で合計一四基の原子力発電所が運転を始めた。日本と同様に当時のドイツも高速増殖炉や使用済み核燃料の再処理施設の建設によって核燃料サイクルの実現を目指し、電力業界には、二〇一〇年のエネルギー需要を満たすために一二〇基の原発を建設する必要がある、という意見もあった（熊谷、二〇一二、六六～七頁）。また、八六年に、新たに連邦環境・自然保護・原子炉安全省（Bundesministerium für Umwelt, Naturschutz und Reaktorsicherheit: ＢＭＵ）が設立され、ドイツの環境行政において明確に原子力エネルギー利用推進の要素が注入された。したがって、九八年時点のドイツには、原子力政策を推進する強力な制度的・経済的・政治的利益がその権益を擁護しつつ、既存の原発の段階的廃止には強行に反対する既得権益勢力が存在していた（Rüdig, 2000, p.49）。実際、九八年には一九基の原発が稼働中で、ベースロード電源[5]としてドイツの総発電量の約三〇％を発電していた（Ibid.; Schreurs, 2002, p. 62）。以上のように日本同様に原子力「エスタブリッシュメント」が存在していたにもかかわらず、なぜ、どのように、この堅牢な原子力の既得権益の牙城が崩れていったのだろうか。

石油危機後のドイツのエネルギー政策で重要な位置づけを得ていた原子力エネルギー利用にブレーキがかかり始める要因は様々であるが、概ね、ドイツ国内での反原発運動の高揚、米国や旧ソ連邦での原発の過酷事故の発生、シュミット党首時代の政権与党であったＳＰＤのエネルギーと外交政策の不人気、緑の党の地方・州・連邦レベルでの社会的認知、核燃料サイクル計画の破綻、そして赤緑連立政権の誕生によるエネルギー政策の変更への突破口の形成である。これらの要因について詳細に検討することは本書の主な目的ではないが、次節で触れるエネルギー転換への道を開いた要因説明として、また、日本のエネルギー政策との比較検討にも資するものとして、上述の諸要因を概観する意義はある。

ドイツでの反原発運動の始まりは地域住民エゴ（ＮＩＭＢＹ）的なものであったが[6]、すぐに全国的な規模のものに発展していった。一九七三年に、ドイツで最初に原発反対の声を挙げたのは、南西部のバーデン・ヴュルテンベルク州、ライン河畔のヴュール村のブドウ生産農家であった。一九七五年には、近隣のフランス人やフライブルクの学生の支援を受け、約二〇〇人が建設予定地で座り込みを行った。彼らはすぐに排除されたが、数日後には推計二万八〇〇〇の人々が座り込みに参加するような運動となり、長期にわたるデモや法廷闘争へと発展していった。結局、電力会社は建設許可が得られず、電力会社の営業収益収入や雇用の創出のために建設を推進していた同州も八七年に計画を断念した（熊谷、二〇一二、六八～七一頁；Schreurs, 2002, p. 84）。これを契機に、他の原発建設計画に対しても大規模な反対運動が組織化されるようになった。例えば、原子力発電については、七五年に建設計画が立ち上がったグローンデ原発とブロックドルフ原発、また、核燃料サイクルに関しては、七〇年に計画が開始された高速増殖炉の建設予定地のカルカーや七七年に調査が始まった高放射性廃棄物の最終貯蔵処分施設の候補地になったゴアレーベンで反対運動が激化していった（同上、一～二頁）。これに対して当局も放水車、催涙ガス、警察犬などを使ってデモ隊の排除に乗り出したが、反対運動はかえってエスカレートしていった。折しも、七九年三月に米国ペンシルベニア州のスリーマイル・アイルランド原発で炉心溶融事故も起こり、ゴアレーベンでは五万～一〇万規模のデモが、また、同年秋にボンで開催された反原発集会には一五万人が参加するほどに反原発運動のうねりはますます高まった（熊谷、同上、七三頁；Schreurs, ibid., p. 85）。

ドイツのデモや行政訴訟による反原発運動は、電力会社が十数の原子力関連施設の操業や建設を断念する、という一定の成果を挙げた。その背景には連邦制のドイツの州には日本の地方自治体より大きな権限が与えられていて、州政府は住民の意志に反して中央政府の意向を優先して原発を建設できなかったことと、日本の電源三法に組み込まれた原発誘致のための補助金制度がドイツには存在していなかったこともある。また、ドイツの行政裁判所が原告である住民の原発建設許可差し止め要求を認める裁定を行う傾向にあった、ということも挙げられる（熊谷、二〇一二、七九～八二頁）。さらに、当時の欧米諸国の反原発運動を分析したキッチェルトによれば、ドイツの反原発運動は、他の民主主義国、例えば、米国のそれとの違いも示していた。後者でも一九七〇年代初頭に反原発運動が高揚しだし、七六年には多くの州で反原発住民投票を実行するまでになった。こうした行動とともに世論も反原発に傾き、党派を超えて州や連邦議会議員のなかにも原発に反対する議員が増えた。また、カーター政権内部には反原発の活動家も高官に任命された。もちろん深く根を張った原子力推進派の既得権益勢力との対立は続いたが、米国の政治機会構造のなかに、完全ではないが反原発派を政策決定過程に招き入れた。それに比べて、ドイツでは原子力政策決定過程への参加が完全に開かれたものでもなく閉じたものでもなかった。反原発運動は原発建設許可プロセスに介入できたが、それを活用して政府の原子力政策を完全に変更するまでには至らなかった。政府の側も八〇年代に反原発運動が衰えてきた時に、例えば、建設認可プロセスの能率化を図り、反原発活動家による妨害の機会を制約するような対策を採るなどして、原発政策の推進にとって好ましい環境づくりをしてこなかった。つまり、ドイツ政府は原発反対の抗議を一貫して抑制もしなければ、反原発勢力に新たな民主的な権利を与えることもなかったので、政府は無意識に反原発運動の動員をあおることによって自らの原子力政策を妨げるようになった、と説明している（Kitchelt, 1986, pp. 76-7）。いずれにせよ、当時のドイツの反原発運動の担い手たちは、自らが掲げていたすべての原発の即時停止の目標達成にはほど遠い状況であり、「新しい社会運動」の力の限界を感じていた。

　他方、こうした反原発運動は、反戦・反核運動さらにはその他のニュー・ポリティクスの政策アジェンダである環境保護、女性の権利拡大、少数民族の権利擁護、第三世界の開発問題、持続可能な発展などに関心のある脱物質主義の価値観や考え方を共有する有権者の間に緩やかな連帯感を醸成していくことになった（Inglehart, 1990; Kitchelt, 1990; Müller-Rommel, 1990）。やがて、本来ならこうした社会的課題や政治経済問題の解決を期待されるのがＳＰＤであったが、一向にニュー・ポリティクスの課題に真摯に取り組む姿勢が見られなかった。当然の帰結として新しい社会運動の担い手たちは、既成政党に対抗する政治勢力の登場を求めるようになる。

　緑の党を支持する潜在的な有権者を間接的に大量に生み出したのは、まさにヘルムート・シュミットが率いたＳＰＤと自由民主党（Freie Demokratische Partei：ＦＤＰ）の連立政権（一九七四〜八二年）であった。同様にＳＰＤとＦＤＰの連立政権（一九六九〜七四）を率いた前任者のヴィリー・ブラントは環境問題に配慮したが（Schreurs, 2002, p. 54）、石油危機直後の七四年に連邦首相に就任したシュミットは原発を推進しつつ経済成長を重視する一方で、環境問題にはあまり関心を示さなかった（熊谷、二〇一二、九〇〜三頁；Schreurs, ibid., p. 77）。また、シュミットは対外政策に関しても強硬な姿勢を示した。この点に関しても東西冷戦の緊張緩和のために尽力したブラントとは異なり、シュミットは、七九年に北大西洋条約機構（ＮＡＴＯ）が、ワルシャワ条約機構（ＷＴＯ）の中欧への中距離核ミサイル配備に対抗するために、中距離核弾道ミサイルのパーシングⅡと巡航ミサイルを西ドイツに追加配備することを支持した（熊谷、同上、九三頁）。こうしたシュミットの政策や姿勢は、反原発の旗印を掲げ、環境保全や物質的な豊かさよりも生活の質を求め、反核・平和主義のニュー・ポリティクスの騎手たちのＳＰＤからの離反を促した。

一九七七年五月にニーダーザクセン州の反原発グループが地方選挙に候補を擁立したのが、緑の党への発展の嚆矢と言える。そして七九年一〇月にはブレーメン州の州議会選挙で初めて勝利する一方（Frankland, 1989, pp. 69-71; Poguntke, 1990, p. 29）、グリーン・リスト、アルタナティブ・グループそして市民イニシアティブ（Bürgerinitiativen）の活動家などの混成同盟が同年の欧州議会選挙でドイツの議席を他の政党と争った。得票率はわずか三・二％で議席の確保には至らなかったが、連邦レベルの緑の党を結成して八〇年の総選挙に備えようという機運を高めるには十分であった（Frankland, ibid., p. 62）。やがて、環境保護リスト（Grüne Liste Umweltschutz: GLU）、シュレスヴィヒ・ホルシュタイン緑のリスト（Grüne Liste Schleswig-Holstein）、緑の行動未来（Grüne Aktion Zukunft: GAZ）、独立したドイツ人の行動共同体（Aktionsgemeinschaft Unabhängigger Deutscher: AUD）などが中心となって、八〇年一月のカールスルーエの大会で全国レベルの緑の党を正式に結成した（Frankland, ibid., pp. 64-5; Schreurs, 2002, p. 86）。そして、八〇年三月にザールブリュッケンで第二回党大会を開催し、「エコロジー」、「社会的な不公平の排除」、「権力の集中を防ぎ、草の根民主主義を重視すること」、「非暴力主義」の四つを基本原則とする党の綱領（Bundesprogramm）を採択した（Frankland, ibid., pp. 75-7; 熊谷、二〇一二、八七頁）。緑の党は、エコロジーと平和（Öko-pax）の党として、反原発運動や環境保護のみならず、米・ソ双方による中距離核弾道ミサイル等の配備により再燃した冷戦の状況下、反核・平和の党としてSPDに代わる政党として、左翼リバタリアン[7]の支持票を獲得するようになる。また、政党の得票率が五％を満たさないと議席が得られないという「五％」条項がかえって環境保護者、フェミニスト、平和主義者、対抗文化人そして自主独立の急進派（autonomous leftists）を結束させたこと、州および連邦議会において〇・五％の得票率を獲得すれば選挙活動補助が得られること、州議会議員になれば資金・経験・社会的信用が得られることなど（Frankland, ibid., p. 64）、連邦レベルで緑の党が誕生して国政レベルで影響力を行使する政治的機会構造が整っていた。そして、比較的若くて教育程度も高く、ホワイトカラーで非宗教的な都市部有権者が緑の党に投票した（Frankland, ibid., pp. 68-73）。

一九七〇年代後半の世論調査では、環境系の政党は潜在的に一〇〜一五％の得票を獲得する勢いであった。しかし、八〇年、八三年、八七年の連邦議会選挙や七九年と八四年の欧州議会選挙の得票率は一〇％以下であった。ただ、ベルリン（八五年、一〇・六％で一五議席）、ハンブルク（八六年、一〇・四％、一三議席）、ブレーメン州議会選挙（八七年、一〇議席）で、緑の党は一〇％以上の得票率を獲得した。また、ヘッセン州（八三年、五・九％、七議席）では、SPDと初めての赤緑連立政権を樹立し、八七年に袂を分つまで、環境大臣を含む三つの政府の要職を緑の党の議員が担うことになり、州政府運営のノウハウや経験を積んだ（Frankland, 1989, pp. 68-73）。連邦レベルでは、緑の党は八三年の連邦議会選挙で五・八％の得票率を得て、初めて二八人の議員を連邦議会に送り出し、八七年の選挙では八・三％まで伸びて、四四人の連邦議会議員を擁するまでになった。しかし、八九年のベルリンの壁の崩壊に伴う東西ドイツ統一の機運に対して、左派系の指導者に率いられていた当時の緑の党は、東ドイツの独立を支持したため、ドイツ再統一後の九〇年に行われた連邦議会選挙では、得票率が四・八％に落ちて議席を失うことになる。この機に、党の基本理念に基づいた草の根民主主義の理念に立つ原理主義派（Fundi）と党の掲げた政策の実施を重視する現実派（Realo）との対立を克服する形で、ヨシュカ・フィッシャーらの実務派が緑の党を再編成する過程において、旧東ドイツの市民団体「連合九〇」と合併して、「連合九〇・緑の党」を正式名称にし、「既成政党に反対する政党」という看板を下ろして、党の役員のローテーション制度も廃止した。そして、九四年の連邦選挙で七・四％を獲得して中央政界に返り咲いた。次の九八年の選挙では六・七％と得票率は下がったが、コールに率いられていたキリスト教民主・社会同盟（CDU・CSU）[8]とFDPの連立政権支持が急落し、SPDと緑の党が過半数近い得票率を得た。ドイツ統一後の大量失業問題や社会保険制度の赤字、企業の国際競争力の低下などの社会経済問題など、コール政権に対する不満が高まったためであった。

ここに連邦レベルで初めて赤緑連立政権が誕生し、緑の党からフィッシャーが外務大臣に、原発廃止を強く求めるトリッティンが環境大臣として入閣することになった（熊谷、二〇一二、九九～一〇九頁）。

緑の党の最大の存在理由は原発の廃止であるが、その実現を目指して一九八〇年代後半から九〇年代にかけて、二つの活動の場で闘いを展開していた[9]。一つはデモ・座り込み、集会など直接行動によって原発の即時廃止を要求する現場での闘いと、もう一つは、そうした抗議行動を背景に州議会あるいは州政府を通して原発の建設や運転を停止する闘いの場であった。前者に関しては、ポスト・チェルノブイリで反原発運動が下火になっていた九〇年代、核廃棄物問題に焦点を当てたキャンペーンや抗議運動を展開した。最終処分場として候補に挙がっていたゴアレーベンに関する調査が進む一方、中間貯蔵施設の必要性が浮上してきて、ノルトライン・ヴェストファーレン州にある小さな町のアーハウスとゴアレーベンにその施設が建設された。反原発運動は、中間貯蔵施設の建設を阻止できなかったが、フランスのラアーグやイギリスのセラフィールドで再処理される使用済み核燃料や再処理されてアーハウスやゴアレーベンに「キャスク」（"Castor"）（放射性廃棄物を搬送するために特別に造られた容器）で搬送される放射性廃棄物の搬送阻止に焦点を絞って展開された[10]。こうした直接行動のみで政府の原子力政策を変更することは不可能で、実際に政権与党として脱原発政策を実施する必要が認識された。

緑の党が州政府の政権与党になったとき、原発廃止を目指す党としての真価が問われた。州政府は、原発建設許可を与えるとか原発の稼働に関するあらゆる作業の監視に関して潜在的に重要な役割を果たすことができる。また、ＳＰＤもチェルノブイリ事故以降、一九八六年にそれ以前の原発推進から段階的原発の廃止に政策転換をしていた。こうしたことを背景に、ヘッセン州の赤緑政権の環境大臣はビブリスＡ原発の運転停止命令を発した。しかし、既存の連邦原子力法では、州政府が連邦政府のために法の執行を行っているというもので、連邦政府が必要と認めれば、州政府の政策に介入できることになっている（Rüdig, 2000, p. 53）。したがって、連邦政府はヘッセン州の行政命令を無効としてビブリスの原発の運転を継続させた。ヘッセン州では緑の党が政権与党になって原発を止めようとしたが、原発は一基も止まらなかった。以後、緑の党の実務派は連邦レベルでの原発廃止の政策実現の必要性を認識した。

一九九八年の選挙の前に、緑の党は、脱原発政策に関して活動家（原理派）の目標を掲げるとともに、実務家（現実派）の戦術を練っていた。一九九八年三月マグデバーグ大会で採択された選挙マニフェストでは、即脱原発（*Ausstieg*）と再処理からの早期撤退、使用済み核燃料の原発敷地内貯蔵ならびに放射性廃棄物の輸出禁止などを宣言した（Bündnis 90/Die Grünen, 1998, pp. 23-4; Rüdig, 2000, p. 54）。他方、ヘッセン州を中心とした緑の党の原子力政策の専門家やエコ研究所（Öko Institut）などのシンクタンクは、原子力の即時停止ではなく、段階的原発の廃止が現実的な政策であると考えていた。なぜなら、即時に原子力の運転を停止すれば電力会社は裁判所に訴え、現行の原子力法に基づいて原発停止の判断が無効であると裁定し、それによって電力会社は政府に対して損害賠償を請求する恐れがあったからである。したがって、現実的な政策は、原子力発電所の運転期限を設定して、それを過ぎた原発から段階的に廃止する法律を制定して法的な問題と賠償請求の恐れを回避する、というものであった（Rüdig, ibid., p. 55）。この現実的なアプローチについて党内で広く議論され、特に、原理派と現実派の間での意見衝突があったものの、現実派の意見が支配的となった。

社会民主党（SPD）との連立政策協定には三つの段階が想定された。第一段階として、一〇〇日以内に原子力エネルギー利用の新たな枠組みを構築するために、連邦原子力法を改正することである。改正点は、安全審査強化、より高い損害賠償責任、使用済み核燃料の再処理を効果的に禁止するために放射性廃棄物の直接的最終保存に限定することであった。第二段階では、政府と電力会社との間の協議を通して、段階的な原発の廃止方法と放射性廃棄物の処分方法に関して合意に達すること。最後の段階として、期限を設定された原発の段階的廃止を規定する法案を上程する、といったものである（Rüdig, 2000, p. 57; 小野、二〇一〇、一四九頁）。実際の原発政策協議は、ＳＰＤのシュレーダー首相が率いたニーダーザクセン州の赤緑連立時代（一九九〇〜四）に閣僚の一人でもあった、緑の党左派のユルゲン・トリッティン環境大臣と、シュレーダーの信頼するヴェルナー・ミュラー経済相（無所属で元電力会社役員）11そして電力会社の代表の間で行われることになった。

しかし、第一段階の政策協定を実施に移すための政策協議の枠組みや状況は、始めから緑の党に不利なものであった。緑の党は、ヘッセン州での経験を踏まえて周到に準備したつもりであったが、現実は厳しいものであった。政策協議の設定ははじめから親密なシュレーダーとミュラーと産業界が中心となり、シュレーダー首相との関係があまり良くなかったトリッティンはしばしば蚊帳の外に置かれた。また、環境保護グループはそもそも協議から除外され、政府と産業界のみの政策協議となっていて、環境大臣のトリッティンに対する責任が非常に重いものとなっていた。しかも、一九八六年にチェルノブイリ原発事故の政治的な対応として設立された連邦環境・自然保護・原子炉安全省（ＢＭＵ）ではあったが、同省の環境部局と原子力安全部局は互いに独立しているのみならず、利害関係にある産業界や労働組合は原子力関連部局との政策協議のために密に連絡を取り合って原子力関連の政策形成過程に影響力を行使できるが、環境部局にはそうした協議の機会が与えられていなかった（Rüdig, 2000, pp. 58-9）。合意形成を目指したシュレーダー首相の観点から見ると、産業界と労働組合から何らかの妥協を引き出して段階的原発の廃止についての合意を得るためには、即原発廃止の環境保護団体の代表を協議に加えて交渉の余地を狭めることはできなかった。また、緑の党は、政策協議を通して再処理の禁止を盛り込んだ段階的原発の廃止についての合意を取り付けることの本質的な困難を認識していた。つまり、原発の段階的廃止政策への合意を得るためには、反原発運動とゴアレーベン中間貯蔵施設建設反対運動グループに対して、放射性廃棄物の搬送反対キャンペーンを中止する必要を納得させねばならなかった（Ibid., p. 72）。

四面楚歌のような状況に置かれていたトリッティンが使用済み核燃料を即時禁止する法律案を作成したという情報が流れると、電力会社や原子力産業などはそれに反対するロビー活動を展開した[12]。彼らは、例えば、再処理を禁止すれば、再処理を委託しているフランスのCOGEMAと英国のBNFLに巨額の賠償金を支払わねばならなくなるといった具合に政府に圧力をかけた。一九九八年の一二月一四日に、シュレーダー首相とミュラー経財相がトリッティン環境相抜きで電力業界の代表と非公式会談を開催した。その二日後にシュレーダー首相はトリッティンの法案に満足していないことを表明し、さらなる協議の必要性を指摘した。

一九九九年一月一三日にはミュラー経財相とトリッティン環境相の間で、追加的な安全基準の強化の緩和とともに再処理の禁止を二〇〇〇年一月一日以降に持ち越すこととで一旦は合意が成立した。しかし、原子力産業はCOGEMAとBNFLへの多額の賠償金支払いの懸念や原発敷地内の中間貯蔵施設建設に数年かかることなどを挙げて、強硬に再処理禁止に反対する一方、フランス政府も再処理契約の破棄は国際協定違反であり重大な賠償問題が発生する、といった外交的覚え書きをドイツ政府に対して送りつけた。一月二五日にトリッティンは青天の霹靂のごとく、原子力法案改正案の閣議提出の見送りを告げられる。最終的に、二月二三日に政府は原子力法の改正を断念することを正式に決定した。

緑の党とSPDの協定の第二段階である段階的原発の廃止への協議は一九九九年一月二六日に始まったが、遅々として進展しなかった[13]。合意形成が動き出したのは、同年六月にミュラー経財相が原子炉の最大稼働年数を三五年とする案を提示してからである。緑の党は、二五年の期限を要求しつつ少なくとも三〇年未満での妥協を考えていたが、三五年では政権与党としての四年間に一基の原発も廃炉にならず次の選挙で不利になるので、強く反対した。

すなわち、二五年ならオブリヒハイム（Obrigheim）、シュターデ（Stade）そしてビブリスA（Biblis A）の三基が直ちに廃炉になり、三〇年ならオブリヒハイムが、そして三五年では一基も廃炉にはならないのであった（Rüdig, 2000, p. 64, Table 1）。電力業界は、定期検査などの停止期間を除いた実働年数を算定基準とした場合にのみ、三五年の稼働期限案に賛成する意向を示した。

やがて、一一月終わりに、原子炉の稼働年数を三〇年とし、第一番目の原子炉閉鎖までに三年の猶予期間（「三〇＋三」案）が提示された。一二月には緑の党の議員がこの案に賛成した。三五年案以外では、電力業界は法廷闘争も辞さない構えを見せていたが、政府が使用済み核燃料輸送許可に踏み切ったこと、キリスト教民主同盟（CDU）の不正献金疑惑が発覚して次期選挙での政権交代が見込めないことなどの理由から、電力業界も「三〇＋三」案を承認する意向を示した。

最終的には、三二年に固定するという案で合意されることになった。その主な合意内容は、㈠原子炉の平均寿命を三二年とし、耐用年数に達したものから順次廃炉にすること、㈡使用済み核燃料の再処理は二〇〇五年までとし、それ以降は原発敷地内での最終処分場での貯蔵に限定すること、㈢当面の措置として中間処理場での貯蔵を認める（小野、二〇一〇、一五一頁）、というものであった。しかし、三二年というのは暦年に基づいて期限を決めるのではなく、原子炉が今後発電できる総電力量に基づいて算定されるものとして捉えられた。具体的には二兆六〇〇〇億kW時強の総発電量が各電力会社に割り振られることになった[14]。各電力会社に割り当てられた発電量は、電力会社が要求したように、経済効率を考慮して原子炉間での発電割当量の移転が認められた。このことによって発電効率の悪い原発から良い原発により多くの発電量を割り与えることができて、電力会社にとっては望ましいことに、三二年以上運転できる原発もある一方、緑の党にとっては歓迎すべきことに、発電効率の悪い原発は三二年の期限以前に廃炉になる可能性もある、ということである。

以上が、段階的原発の廃止に関する赤緑連立政権の玉虫色の合意の形成過程と内容である。激しい政治的駆け引きの末にできた合意であり、対立する利害関係に基づく妥協の産物ではあるが、後述するように、この合意がなければ、後のメルケル政権での脱原発の選択は容易になされなかったであろう。

では次に、緑の政治勢力のもう一つの貢献である再生可能エネルギー促進策について、その導入の経緯と同政策の発展過程を跡づけておこう。

## 三　再生可能エネルギー利用の促進

現在、ドイツの再生可能エネルギー普及政策は、気候変動緩和策と持続可能な社会形成の一環として位置づけられているが、この政策の取り組みは一九九一年一月に「新エネルギーによる発電電力を公的電力網に供給することに関する法律」（以下、「電力供給法」）の施行に始まる。その後、九〇年代の修正を通して二〇〇〇年の「再生可能エネルギー優先権供与法」（以下、「再生エネルギー法」）へと発展し、〇四年の改正を経て、あらゆる再生可能エネルギー源利用の普及が促進されてきている（和田、二〇〇八、一頁）。

一九九一年の電力供給法は、風力発電に関してデンマークが八四年に導入していた電力買い取り制度ならびに設置費補助制度を参考にしたものであり、再生可能エネルギーで発電された電力を一定の割合で一五年の間電力供給会社が買取るというものである。電力会社は、風力と太陽光発電からの電力は平均電気料金の九〇％の価格で、水力・ゴミ埋立地ガスと汚泥ガス、農林業廃棄物による出力五〇〇kW以下の発電所からの電力に関しては七五％の価格で購入するように義務づけられた（和田、二〇〇八、一六〜七頁；田北、二〇〇四、三三頁）。九四年の改正では、水力の買い取り価格が八〇％に引き上げられるとともに、農林業由来のみでなく木材加工由来のバイオマスを燃料にした電力も同様に買い取りの対象となった。九八年の改正では、農林業・木材加工業由来を「バイオマス」という表現に改められる一方、五〇〇〇kW以上発電する水力とバイオマス発電所からの電力の買い取り義務は免除された。また、電力会社が供給する再生可能エネルギー由来の電力の比率が五％以上になった場合も、超過分の買い取り義務が免除されるようになった（和田、同上、一八頁）。これは電力会社に配慮したものということだが、再生可能エネルギーを輸入石油と原発の代替と位置づけて着実に開発していこうという姿勢が窺える。

二〇〇〇年の再生エネルギー法の制定は、一九九五年三月からアーヘンというドイツの一地方都市で実施された「再生可能エネルギーの助成のためのアーヘンモデル」[15]が全国自治体へ広がったことに起因している。アーヘンモデルは、風力発電施設よりはるかに設置費用の高い太陽光発電を促進する意図があったと言える。同モデルでは、太陽光発電の電力を電力会社が一kWh当たり二マルクで二〇年間、風力発電の同量の電力を〇・二五マルクで一五年間買い取る制度で、消費者の電気料金を一％値上げして市民に再生可能エネルギーの普及に対する負担を少し共有してもらう、というものであった。この制度導入の二年後にはアーヘン市の太陽光発電設備容量は一〇倍以上増大したとのことである（和田、二〇〇八、一八～九頁）。こうした地方都市の市民参加の取り組みが連邦レベルの二〇〇〇年再生エネルギー法（ＥＥＧ）[16]の制定へと発展し、あらゆる種類の再生可能エネルギーで発電された電力が二〇年間にわたって各々の固定価格で買い取られることになったのである。ただし、小規模水力・バイオマス・地熱・太陽光発電は対象になるが、一定規模の上限を超える大規模発電は対象外とされた。また、規模や気象条件などを考慮した価格の微調整も行われることになった。例えば、風力と太陽光発電以外の電力に関しては、小規模発電ほど買い取り価格を高めに設定した。さらに、風力発電の場合は、運転開始後五年間は比較的高い価格で買い取られるが、その後は買い取り価格が低く抑えられる一方、風力が比較的弱い地域では高目の買い取り価格が設定された。因みに、太陽光発電による電力の買い取り価格は、九九ペニヒ㎾hで、当時のドイツの平均的電気料金の二〇～二五ペニヒの四～五倍であった（同上、二〇頁）17。電気料金の値上がりという形で、消費者も再生可能エネルギーの開発に一翼を担うことを社会全体として容認しているということであろうが、その背景には、原子力エネルギー依存からの脱却と気候変動問題へと取り組みという姿勢が窺える。

事実、ＥＥＧ２０００の第一条に掲げられた目的は、気候と環境の保全のために、エネルギー供給の持続可能な発展と総エネルギー消費に占める再生可能エネルギーの比率を二〇一〇年までに倍増させるというＥＵとドイツの目標に向かって、再生可能エネルギーによる電力供給を増やすこと（Bundesgesetzblatt, 2000; 田北、二〇〇四、三四頁）、であった。一九九〇年代後半の再生可能エネルギーに関するＥＵの目標は、総エネルギー消費に占める再生可能エネルギーの比率を一二％に引き上げることで、温室効果ガス削減に関するＥＵの枠組みにおいて、ドイツの中期削減目標は二〇二〇年に一九九〇年比二一％の削減であった。ドイツにおける九九年の総一次エネルギー消費に占める再生可能エネルギーの割合はわずか二・五％、電力消費では六％であったので、再生エネルギー利用を五倍近く増大させねばならない。電力消費に単純に置き換えると三〇％近い割合になり、これは九九年の原子力発電比率に匹敵する（田北、同上、三五頁）。

二〇〇四年の再生エネルギー法改正（ＥＥＧ２００４）（Bundesgesetzblatt, 2004）によって、再生可能エネルギーの普及が飛躍的に拡大した。今回の改正によってより詳細にそれぞれの再生エネルギーの買い取り価格や条件が規定されたばかりでなく、すべての設備所有者の必要経費が補償される価格設定になった。特にその後の再生可能エネルギー開発促進に影響を与えたのが、風力と太陽光発電の発電容量の上限を撤廃して無制限としたことであった。各々買い取り期間二〇年の固定価格は、風力が陸上風力発電で五・五～八・七セント㎾h、洋上風力で六・一九～九・一セント㎾h、太陽光発電では四五・七～六二・四セント㎾hに設定された（Bundesgesetzblatt, ibid., pp. 8-10；和田、二〇〇八、一三三頁）。この法改正によって、ドイツは、それまで太陽光発電設備容量において世界一であった日本を、〇五年に追い抜くことになった。二〇〇六年末の時点で、ドイツの一人当たりの太陽光発電設備容量は日本の二・五倍に達した（和田、同上、八一～二頁）。また、〇七年にはすでに、一〇年までの再生可能エネルギーによる発電量が全体の一四・二％に達して、一〇年までの目標であった一二・五％を上回っている。

再生エネルギー法は、二〇〇九年、一一年、一二年に改正されたが、特に二〇〇〇年以降、ドイツの再生エネルギー普及の原動力になっている。二〇一一年の総一次エネルギー供給のうち再生可能エネルギーは三六〇〇万石油換算トン（Ｍｔｏｅ）で、全体の一一・三％を占めた。そのうち、バイオマスと廃棄物が最も割合が多くて、総一次エネルギー供給の八・五％であった。二〇〇〇年の一〇・八Ｍｔｏｅあるいは三・二％から比べれば過去一〇年間で二〇〇％の伸び率である（IEA, 2013c, p. 111）。再生可能エネルギーによる発電に関しては、二〇一一年には一二三・三テラワット時（TWh）で、総発電量に占める割合は二二％にのぼり、二〇〇〇年の七・二％の三倍強の増大であった。その内訳は、風力が四八・九TWh（全体の八・一％）、バイオ燃料と廃棄物が四四TWh（七・三％）、太陽光が二二・二TWh（三・七％）、水力が一七・三TWh（二・九％）そして地熱発電はわずかであった。一九七三年の石油危機から九〇年代までは、再生可能エネルギーが総一次エネルギー供給に占める割合は一％そこそこ、発電に関しても主に水力の四～五％（Ibid., p. 198, p. 200）であったことを考えると、二〇〇〇年以降のドイツの再生エネルギー普及政策は実効性のあるものと評価される。二〇一二年の再生エネルギー法（ＥＥＧ２０１２）によって、政府の新エネルギー政策（『エネルギー・コンセプト』）（後述）によって設定された今後の再生可能エネルギー普及の目標が法的拘束力を持つことになった（BMUB, 2012）。つまり、電力供給に占める再生可能エネルギーの割合を、二〇年までに少なくとも三五％、三〇年までに五〇％、四〇年までに六五％、五〇年までに八〇％まで増大させる、という目標である。

ＥＥＧ２０１２において、これまでの固定価格買い取り（ＦＩＴ）制度に対する変更も導入された。再生可能エネルギー普及促進のために、これまでのＥＥＧでは発電業者に再生可能エネルギーでの発電を促すように有利な買い取り価格を定めて、電力を送電網に供給すると、電力市場の相場に関係なく、固定価格対価を得ていた。今回、オプショナルな市場プレミアム制が導入された。これによって、再生可能エネルギー発電事業者は、月ごとの選択として、固定買い取りではなく電力市場で直接電力を売ることを選択することができるようになり、しかもその販売価格に加えて市場プレミアム（奨励金）を受け取ることができるようになった（BMUB, 2012; IEA, 2013c, p. 115）。この制度は発電コストが安くなっている風力発電事業者に適した制度で、市場で直接電力を売る事業者の事務手続き経費を補填するマネジメント・プレミアム制も設立された[18]。また、需要に応じて発電できるバイオガス発電の規模に応じて、柔軟性プレミアムが支給されることにもなった。こうした改正は、再生可能エネルギーと一般電力市場との統合を発展させようとするものであるとともに、再生可能エネルギー電力供給が増大するにともなって、供給過多になるとか送電網への過度な負担をかけるようになるといったことを回避する狙いがあろう。いずれにせよ、技術進歩とコストの低減によって、再生可能エネルギーによる発電が政府の補助制度がなくても市場競争力をつけて独り立ちし出した、ということである。再生可能エネルギー電力も需要と供給のバランスを調整して一般電力市場との統合が必要となるところまで成長したのである。

以上のように、ドイツは積極的に再生可能エネルギー導入策を採用し、常に制度的な改善をはかっていることが分かる。同国における再生可能エネルギー普及のための固定価格買い取り（ＦＩＴ）制度は非常に効果的であった。

二〇〇四年までは日本が太陽光パネル設置において世界をリードしてドイツがその後塵を拝していたのだが、今や両者の立場は全く逆転した。ドイツにおける着実な再生可能エネルギー普及は、上述した段階的原発の廃止についての政治的合意と相まって、同国のエネルギー転換への道を開いていたのであった。

## 第二節　ドイツのエネルギー転換

### 一　エネルギー転換

二〇一一年五月三〇日、メルケル首相が設置した「安全なエネルギー供給に関する倫理委員会」（以下、倫理委員会）は、『ドイツのエネルギー転換―未来のための共同事業―』という報告書を公表した（Ethics Commission, 2011）19。この報告書を受けて、同年六月六日、メルケル政権は、二〇二二年までに一七基あるドイツの原子力発電所を全部廃止することを閣議決定した。そして、ドイツ連邦議会は同年六月三〇日に、連邦参議院は七月八日に、二二年一二月三一日までにすべての原発を廃止することを盛り込んだ原子力法の改正案を可決した。同政権は、半年前の一〇年秋に原発の運転期間の平均一二年間延長を決めていたし、福島以前から存在していた原子炉安全委員会がドイツの原発の耐性検査（ストレステスト）を福島事故後急遽行ったが、ドイツの原発は福島第一原発より高い安全措置が施されていて耐久性が強化されている、と結論づけていた（熊谷、二〇一二、一四七～五六頁）。それにもかかわらず、メルケル首相は、なぜ以前の政策とはほとんど正反対の原発廃止という方向に急に舵を切ったのか（シュラーズ、二〇一一、脇坂、二〇一二、七一～一一六頁：熊谷、二〇一二）。この問いを念頭に置いて、倫理委員会の報告書を概観してみよう。

メルケル首相は、二〇一一年三月一一日に発生した福島第一原発の炉心溶融事故から一カ月にも満たない四月四日に倫理委員会（二〇一一年四月四日～五月二八日）を設置し[20]、同委員会に対して二カ月で答申するよう諮問した。ドイツ政府による倫理委員会設置の趣旨は、福島第一原発事故を踏まえて原子力エネルギー利用に伴うリスクを再評価することであり、その検討結果によって今後一〇年間のエネルギー政策の指針を得たい、というものであった（安全なエネルギー供給に関する倫理委員会、二〇一三、三一～二頁）。倫理委員会の委員長は二人で、元連邦環境大臣および元UNEP事務局長であったクラウス・テプファーと、ドイツ研究振興協会代表でドルトムント工科大学教授（金属工学）のマティアス・クライナーである。その他の委員は一五名で、日本のエネルギー関連の諮問委員会や関連省庁の中央審議会なら当然中心メンバーとなる電力産業・原子力業界の代表は一人も委員には任命されておらず、自然科学者、社会科学者（社会学、経済学、政治学）、哲学者や宗教関係者、政界からの代表、そして産業界（化学産業）と資源・エネルギー関連の労働組合代表からなる（**表9―1**）。これらの委員は、約二カ月の間毎週末に委員会を開催して審議を重ねた。委員会の会期の半ば頃の四月二八日には、電力業界、労組、学界、環境NGOや市民団体の代表から意見を聴取する形で公聴会が開催され、その模様が公共放送で約一二時間にわたって全国に中継された（Ethics Commission, 2011, p. 8; 脇阪、二〇一二、七四頁）[21]。

倫理委員会は、報告書の冒頭で、エネルギー転換（"Energiewende"）のために同報告書で提案された諸方策を用いれば一〇年以内に原子力エネルギーから撤退できる、という強い確信を表明している。しかし、そのためには社会全体の積極的な関わりが必要であるとともに、エネルギー転換の明確な実現の期限設定が計画性のある行動や投資にとって不可欠であると強調している。また、エネルギー転換のために、一貫性があり目標に沿って政治的に効果のある監視プロセスの必要性も指摘している。そのための具体的な提言として、倫理委員会報告書は、連邦議会に独立し

表９－１　安全なエネルギー供給に関する倫理委員会のメンバー構成

| 名　前 | 所　属 |
|---|---|
| **委員長** | |
| Prof. Dr. クラウス・テプファー（CDU） | 元連邦環境大臣、元 UNEP 事務局長、先端サステナビリティー研究所（IASS）所長 |
| Prof. Dr. マティアス・クライナー | ドイツ研究振興協会代表、ドルトムント工科大学教授、金属工学 |
| **委員** | |
| ［宗教界］ | |
| 司教 Dr. ウルリヒ・フィッシャー | プロテスタント教会バーデン地区監督（司教の意） |
| 枢機卿 Dr. ラインハルト・マルクス | ミュンヘン、フライジンク地区カトリック枢機卿 |
| ［学界］ | |
| Prof. Dr. ウルリヒ・ベック | 元ミュンヘン大学社会学教授、リスク社会学 |
| Prof. Dr. イェルグ・ハッカー | ドイツ自然科学アカデミー会長、生物学 |
| Prof. Dr. ライハルト・ヒュットル | ドイツ技術科学アカデミー会長、ドイツ地学研究センター所長 |
| Prof. Dr. ヴァイマ・リュッベ | 哲学者、レーゲンスブルグ大学教授、ドイツ倫理評議会メンバー |
| Prof. Dr. ルチア・ライシュ | 経済学者、コペンハーゲン・ビジネススクール教授、持続可能な成長に関する審議会委員 |
| Prof. Dr. オルトヴィン・レン | 社会学者、シュツットガルト大学環境技術社会学教授、リスク研究、バーデン・ヴュルテンベルク州持続可能な発展に関する審議会会長 |
| Prof. Dr. ミランダ・シュラーズ | 比較政治学者、ベルリン自由大学教授および環境政策研究所所長 |
| ［産業・労働界］ | |
| Dr. ユルゲン・ハンブレヒト | ドイツ化学メーカー BASF 会長 |
| ミハイル・ヴァシリアディス（SPD） | 鉱業・化学・エネルギー産業別労働組合（IG-BCE）委員長 |
| ［政界］ | |
| Dr. クラウス・フォン・ドナニュイ（SPD） | 元連邦教育大臣、元ハンブルク市長 |
| アロイス・グリュック（CSU） | ドイツカトリック中央委員会委員長 |
| Dr. フォルカー・ハウフ（SPD） | 元連邦科学技術大臣 |
| ヴァルター・ヒルヒェ（FDP） | ドイツ・ユネスコ委員会委員長 |

注：委員会報告書の委員の表記はアルファベット順で、所属や肩書きならびに職種は記されていない。後者の情報については、解説付き邦訳版、安全なエネルギー供給に関する倫理委員会（2013、18 頁）と脇阪（2012、73 頁）を参照。
出典：倫理委員会の報告書（Ethics Commission, 2011, p. 2）。

た「エネルギー転換担当の議員」を新たに任命するとともに「全国エネルギー転換フォーラム」を設置してエネルギー転換が広く国民の監視の目に晒されることを提言している。また、同報告書は、ドイツにおいて原子力エネルギー利用から生じるリスクを排除するために、原子力からの撤退が必要であること、そして原子力よりリスクの少ない代替エネルギーが存在しているので撤退が可能であることも指摘している。原子力エネルギーに代わるものは、風力、太陽光、地熱、バイオマスなどの再生可能エネルギー、エネルギー効率の向上や省エネ、そしてエネルギーを節約する人々のライフスタイルである。同報告書のサブタイトルのなかの「共同事業」にもあるように、ドイツのエネルギーの未来は、政界、経済界、市民社会のあらゆるレベルの共同事業によって切り開かれることが報告書の全編を通して強調されている。

しかし、世界では今後とも原子力利用が進むと予想されるので、原子炉の安全や放射性廃棄物の処分方法に関する研究の必要性を指摘している。廃炉に関しては、最も古い七基と一時停止中のクリュンメル発電所の停止を勧告し（現在すでに停止）、それによって失われる八・五Gwはより安全なエネルギーによって供給されるとする。また、放射性廃棄物の最終処分には最高レベルの安全性が要求されるとともに、将来世代がより適切な処分技術を開発するかもしれないので、取り出し可能な方法で処分される必要性を指摘している。最後に、自国の核管理をしっかり行うのみならず、国際的な核の不拡散のためにEUならびに国際原子力機関（IAEA）とも協力しつつ、この分野でのリーダーシップを引き続き発揮することを要請している。

以上が倫理委員会の勧告の骨子である（Ethics Commission, 2011, pp. 4-7）。

ドイツでは原子力エネルギー利用に関して長年にわたって激しく議論が交わされてきた。社会民主党と緑の党による連立政権は、二〇〇〇年に原子力発電所の安全性の強化と運転期間を限定したが、一〇年にメルケル政権は、運転期間を大幅に延期することを決定した。しかし、同報告書の「委員会の目的と使命」(Ethics Commission, 2011, p. 8) の個所でも述べられているように、日本の福島原発の事故に際して、原子力エネルギー利用を正当化できるかどうか、という問いが改めて政治的ならびに社会的議論の的となった。信頼でき環境にも優しく、価格競争力もあるエネルギー供給がドイツの持続可能な発展には欠かせない。そうしたエネルギー源として原子力は適切かどうか。原子力エネルギー利用の再評価とともに持続可能なエネルギー政策のあり方も問われたのであった。

安全なエネルギー供給に関する倫理委員会の使命は、エネルギー問題の全体を視野に入れて原子力エネルギー利用に関する責任ある判断の根拠を示すことにあった。倫理委員会の報告書によれば、ドイツの安全な未来は、持続可能な発展を支える三つの柱である環境保全、社会的正義、健全な経済力に基づき、エネルギー供給もこれらの原則を踏まえる必要を謳っている。すなわち、エネルギー供給は、ドイツの国際的競争力のある経済、雇用、繁栄と社会的調和のための長期的な基礎となるものと捉えられている (Ethics Commission, 2011, p. 8)。倫理委員会は、その審議過程においてリスク概念の捉え方とエネルギー供給のあり方が議論の中心となり、幾度かの公開討論や四月二八日の長時間にわたる公聴会を通して、委員以外のエネルギー関連の専門家や幅広い市民の意見を聴取した。委員の間でリスクの捉え方とエネルギー供給に関して意見の隔たりはあったものの、ドイツは今後一〇年以内に原子力利用から撤退して再生可能エネルギー利用の拡大とエネルギーの効率化などによるエネルギー転換を目指すことでは、同じ結論に至ったのであった。以下、倫理的立場の議論の中心であるリスク概念の捉え方と今後のエネルギー供給のあり方について、倫理委員会の報告書の内容を少し詳しく見てみよう。

一つの社会が原子力エネルギーの利用を止めて他の代替エネルギーに切り替えていくという選択は、技術的見地や経済的見地より先立つ社会の価値判断に基づくものである、というのが報告書の基本的立場である[22]。そして、将来のエネルギー供給と原子力エネルギーに関する倫理的評価のために、持続可能性と責任が鍵概念として挙げられている。持続可能性は、社会的均衡と経済的効率そしてエコロジカルな適合性を将来社会が目指していくことを意味している。責任の概念は原子力発電の事故のみに関係するのではなく、これまでの人間社会と自然との関係を想起させるものであり、自然に対するエコロジカルな人間の責任と将来世代に対する責任を意味する。そして、特に後者の責任として、エネルギー供給に関して世代を超えたリスクと負担の公平な分配が問題となってくるのである。

福島第一原発の炉心溶融事故は、リスクの認識に大きな変化をもたらしたことを報告書は強調している。その要因として三つ挙げられている。第一に、原発事故の大惨事が日本のような高度技術の国で起きたということは、ドイツでも同様の事故が起こり得るということ、第二に、事故後の災害の収束のめど、最終的な損害の規模、そして被害地域の限定が、事故発生後数週間経ってもはっきりしていないこと、第三に、原発設計段階の科学的リスク評価の想定を超える自然的変化――例えば、想定を超えた地震の規模と津波の高さ――が起こり得るということである。こうしたことは、原子力エネルギー利用に伴う放射性物質の半永久的なリスクについての「科学的なリスク評価」の妥当性を改めて問うことになる。

安全なエネルギーの供給を考える場合、原子力エネルギー利用のように「半永久的な負担」をもたらす恐れのある技術については批判的な評価が必要であることを、報告書は強調する。短期的な利益を優先して将来世代に負担を強いるような決定に対しては、現代世代がその妥当性を判断しなければならない。その際、リスクの問題を単に技術的な問題としてのみ捉えるのではなく、文化的、社会的、経済的、個人的、そして制度的な影響と同等に環境や健康に与える影響も考慮した総合的なリスク評価のアプローチが求められることを提言している。また、倫理委員の一人であるウルリヒ・ベックの議論を反映して、国境を越える原発事故や気候変動に伴うリスクによって、現代社会は「世界リスク社会」として捉えられ、グローバルな対応が求められている。

将来世代に負担を強いる可能性のある技術を利用する際には、総合的なリスク評価のアプローチを取る必要があるが、リスクの評価に関しては主に二つの基本的な考え方があり、原子力利用に関して日本でも同様の議論が展開されてきた。今回のドイツの倫理委員会の報告書でもこの相対立する二つの考え方がリスクの議論の中心であった。大事故の可能性に関するリスクの評価に対する絶対的な拒否と相対的な比較衡量の考え方である。

絶対的な拒否の見地は、原子力エネルギー利用に関するリスク評価として、リスクの大きさ（R）が、事故による損害の規模（S）と事故の起こる確率（P）の積で測られる（R＝S×P）、というリスクの相対的評価あるいはリスクの比較衡量の考え方を全面的に拒否する。例えば、頻度の高い交通事故の方が限りなくゼロに近い原発事故よりリスクが大きいという考え方を絶対的な拒否の立場の人は否定する、ということである。特に、大災害になる可能性の高い原発事故は、福島第一原発事故のように、事故発生後の一連の出来事や災害の結果が予め準備された安全対策の想定外の「残余のリスク」[23]として片付けることは倫理的に受け入れられない、ということを意味する。例えば、原発事故を起こした福島第一原発周辺地域の農業、漁業そして周辺住民の生活に与えた影響、さらには後の世代に強いる放射性廃棄物処理の負担や放出された放射性物質の放射線による遺伝子損傷の可能性などを例示して、原発のリスクを相対的に比較衡量して捉えるべきものではないことを、絶対的拒否の立場の人は強調する。

これに対してリスクを相対的に評価する立場は、巨大技術施設は必ず何らかのリスクを伴うという前提に立脚している。石炭、バイオマス、水力、風力、太陽光、そして原子力エネルギーを利用する巨大技術施設は、各々のリスクは異なるものの、比較可能である、という考え方である。全くリスクを伴わないエネルギー選択は存在せず、特定のエネルギー選択を受け入れるかどうかの判断は、あらゆる可能な選択肢の予期される結果を科学的事実および倫理規範と合意に基づく評価基準にしたがって比較衡量することによって成り立つ。その際、あらゆるリスクと機会ならびに特定の技術導入の全過程における直接・間接の影響が科学的に比較衡量される必要があること、また、影響の規模のみならずその確率も考慮する必要があることも強調する。そして、倫理規範は最も合理的で公正な評価を手助けするものとされる。しかし、最終的には、どの評価基準を採用するかは政治的判断に委ねられることになる。さらに、リスクの比較衡量は、特定技術導入の初期条件とその後の条件によって異なるとし、例えば、ある国やある時代において原子力エネルギーについて肯定的な総合判断が下され、別の国や時代においては否定的な評価を受けることも正当化できるとしている。ドイツの現時点の状況下では、原子力エネルギーと他の代替エネルギー利用による発電の総合的比較衡量の結論は、後者の選択に優位性がある、ということになる。

倫理委員会の報告書によれば、両者の立場は審議の過程で強く主張され、決してその違いが解消されることはなかった。ただし、両者の考え方はともに、ドイツの脱原発ならびに代替エネルギーへの転換という結論に至った、ということである。こと原発に関しては、確率計算に基づくリスク評価の公式に当てはめることは適切ではないが、この公式に基づいて原発事故の損害規模が無限大近くの数値として計算されるなら、絶対的な拒否の立場の委員は、それはそれで意味があることと認識した。相対的なリスク評価の立場の委員は、原発事故のリスク評価に関して、損害の規模と確率の積という公式に拘泥しすぎない方がよいという認識を抱くとともに、生態系、経済、そして社会的側面から現時点でのドイツのエネルギー選択を総合的に比較衡量するなら、原発から速やかに撤退してよりリスクの少ない再生可能エネルギーに転換することは合理的である、という判断を下すことができる。いずれにせよ、リスク評価に関する絶対的な拒否の考え方と比較衡量の考え方の対立は解消しなかったものの、倫理委員は全会一致で原子力エネルギーからよりリスクの少ない代替エネルギーに転換する考えを共有した。要するに、倫理委員会の脱原発の結論を受け入れた委員のなかには、原子力エネルギー利用に必ずしも反対ではない委員もいた、ということである。

以上が原子力エネルギーの利用に関して、倫理的判断が最も関係する個所の議論である。しかし、倫理委員会は、ドイツ社会の多くが、原子力エネルギー利用の是非ではなく、いつまでにどのように原発をなくすかということに関心があると認識しているので（Ethics Commission, 2011, p. 10）、同委員会は、どのようにエネルギー転換を達成するのか、その際に問題となることは何か、ということの検討に多くの時間を費やした。同報告書にはかなり詳細に今後のエネルギー政策に関する記述があるが、ここでは、ドイツのエネルギー転換の基本方針とそのための政策提言について若干の具体例の紹介に止めておく。

脱原発のプロセスには、エネルギーの生産と供給、エネルギー転換に伴うインフラの整備、気候変動の緩和、エネルギー価格と生産コスト、そして収益性に与える経済的影響、エネルギー関連の開発研究のレベル、さらには市民の消費行動やエネルギー生産への関わりなど、非常に多くのことが関係してくる[24]。すなわち、原発による電力供給を補うために相対立する政策目標の衝突が予想され、それらの調整をどのように行うか、ということがエネルギー転換の成功の鍵を握ることになる。ドイツが脱原発の道を選択する上で、以下の注意事項が報告書には列挙されている。すなわち、

・近隣諸国の原子力発電所で生産された電力を購入して、自国で失った原発からの発電量を埋め合わせないこと。

・$CO_2$を排出する化石燃料によって安易に代替しないこと。

・再生エネルギー法の導入時のように再び急激に再生可能エネルギー利用を拡充しようとしないこと。その理由は、そうした急激な促進が自然の生態系を乱す恐れがあることと技術的な実現可能性を超えて推進されかねないから。
・人々や（ドイツという）高度技術国経済の需要に反するような強制的な電力の配給制度を採用しないこと。
・安易な電力価格の引き上げによって補わないこと。
・州の規定によって簡単に原発を停止せず、民主主義と社会市場経済のルールに則ること。

このように対立し合う目標の調整に関する適切な指針は、持続可能な発展の観点に立った全社会的な共同事業が責任を引き受けることによってのみ達成可能である。その際、利益は過大評価されてはいけないし、不利益は過小評価されてもいけない、ということが強調される。このことは、当初は夢のエネルギーともてはやされた原子力エネルギー利用の国家的プロジェクトからの教訓でもある。報告書はさらに続けて、原子力発電のような巨大技術に関しては、民間企業によってではなく、社会によって保険をかけることが必要となるが、リスクの賠償責任と実際のリスク負担が乖離しているところでは、利益が過大評価され、社会に対するリスクが過小評価される傾向があるのである（Ethics Commission, 2011, p. 17）。倫理委員会の報告書は、同じ箇所でノーベル経済学賞を受賞したジョセフ・スティグリッツによる金融産業と原子力産業のリスクマネージメントの比較についての言説を引用している。彼が言うには、「他人が失敗のコストを負担するとき、自己欺瞞を誘発する。損失が社会的に補償され、利益が私有化されるシステムはリスク管理が失敗するように運命付けられている」（Stiglitz, 2011）。まさに、日本の「国家プロジェクト」である原子力政策のリスクマネージメントの問題点の本質を突いた指摘である[25]。

さらに、脱原発プロセスと相対立する政策目標を比較衡量するとき、次の基準を考慮に入れる必要が指摘されている。環境保護（主に気候変動の緩和）、エネルギーの安定供給、経済的妥当性と資金的可能性、コスト配分の社会的側面、ドイツ企業の競争力、研究と技術革新、ドイツの一方的な輸入依存を回避することである。倫理委員会が提言しているエネルギー転換が考慮しなければならないこれらの基準についてごく簡潔に触れておきたい。

環境保護の基準とは、脱原発と気候変動政策との間の整合性ということが主に問題となる。ここでは、原発事故災害と気候変動による災害のどちらがより重大な問題なのか、ということを比較するのではなく、脱原発政策はこれまでのドイツの気候変動政策に変更を加えるものではない、ということを強調している。ドイツは、EUとの協力の枠組みにおいて、野心的な温室効果ガス削減目標（二〇二〇年までに一九九〇年比二〇％の削減）を堅持していく。原発から撤退することによって、二〇二〇年まで年間一五〇〇万トン二酸化炭素換算（$CO_2e$）よりも多い、年間二〇〇〇万トン$CO_2e$を削減する必要が生じている。エネルギー効率も二倍以上向上させる必要があるが、エネルギー部門のみならず、熱供給システム、建物や運輸部門における技術革新なども削減目標達成に寄与する。さらに、二〇年に向けてEUのETSでの排出量価格の上昇が技術革新を後押しすることも、報告書は期待している。

エネルギー安定供給については、原発が廃止される過程でどのように電力の安定供給を確保していくか、という問題である。二〇一一年現在でドイツは九〇Gwの発電容量があり、その内原発の発電容量は二〇Gwある。倫理委員会が報告書を準備している段階で八基の原発が停止していて、八・五Gw分の電力がすでに電力供給容量からなくなっていた。ピーク時の需要量は八〇Gwである。当然、すべての原発が運転を停止するまでに、代替エネルギーで発電することになるが、太陽光、風力、地熱、バイオマスなどの再生可能エネルギーによる発電がベースロード電力（電力の一日の負荷曲線のなかでベースとなる部分）を提供するようになってきている（安全なエネルギー供給に関する倫理委員会、二〇一三、七二頁)。追加発電は少なくとも一〇Gw、電力供給の安定性をさらに高めるとすれば、原発廃止分の約二〇Gwの追加発電が必要で、二〇年までには、コジェネレーション対策で一二Gw、バイオマス発電で一・五Gw、新型の火力発電によって七Gw、ピーク負荷時で二・五Gwそして低負荷時で四Gwをエネルギー効率化(省エネで需要を削減することで「ネガワット」とも言われる)で生み出すことが示唆されている。さらに、連邦エネルギー・水道事業連合会(ＢＤＥＷ)は、二〇一九年までに、再生可能エネルギー利用は石炭・褐炭火力発電所も含む約五〇基の発電所が建設されて、三〇Gwの電力を供給するようになると見込んでいる(Ethics Commission, 2011, p. 22)。

原発廃止のコストの社会的配分に関しては、ドイツ経済研究所(ＤＩＷ)の八基の原発の停止についての試算を引用して、一般家庭の電気料金を最大でも一・四%引き上げるにとどまるとのことである。また、エネルギー転換のコストは原発事故処理コストと比較するならはるかに少ないことも指摘している。企業の競争力に関しては、製造、加工、商取引やサービス業など広範囲で複雑なバリューチェーンが存在するドイツにおいて、エネルギー価格の変動や供給状況は、各々のレベルの企業の競争力を決定する重要な要素である。しかし、脱原発とエネルギー転換によって、エネルギー価格やＣＯ$_2$排出割当価格がどう変動するか、また、グローバル経済や地域経済の変化などがどのようにドイツの企業活動に影響を与えるか予め予測できないので、今後のモニタリングが重要になるということである。

ドイツの科学技術の水準は、エネルギー転換のための革新的技術の研究開発に関して高い潜在能力を持っていることが指摘されている。ただ、新しい解決方法を得るために社会的能力を強化することが求められていて、教育や職業訓練さらには継続的な教育を促進する必要が指摘されている。最後に、エネルギーの輸入についてであるが、二〇一五年にＥＵの電力市場が統合される計画であり、電力の輸出入が増大することが予想される。電力の輸出入は、今後再生可能エネルギーの利用を拡大していくときに、不安定な風力や太陽光発電の調整として重要な役割を果たすことが期待される。しかし、前述したように、原発の廃止に伴う電力不足を安易に輸入電力で補うことがあってはならないし、まして原発で発電された電力を購入しないように、今後のモニタリングが重要になってくることは言を待たないであろう。

倫理委員会によるエネルギー転換のための具体的提言について若干紹介しておこう[26]。効率的なエネルギー利用、再生可能エネルギー資源、発電容量市場、化石燃料発電、コジェネレーション発電、基幹施設（インフラストラクチュア、以下インフラ）と電力貯蔵という項目が主な提言である。このうち、再生可能エネルギーについては、風力と太陽エネルギーに加えて地熱とバイオマスエネルギー利用が中心になっている。化石燃料発電では、天然ガスへのエネルギー転換が有望視されている。なかでも天然ガスあるいは食糧生産と競合しない状態でのバイオガスを活用した、約六〇％のエネルギー効率を達成できるガスと蒸気タービンのコンバインドサイクル発電に期待がかかっている。これまでにも熱供給と電力を同時に提供するコジェネレーションは北欧諸国をはじめとしてドイツでも広く利用されてきた。倫理委員会の提言は、コジェネレーションによる発電の割合を二〇二〇年までにドイツにおける総発電量の二五％まで高めることを求めている。

エネルギーの効率化については、倫理委員会が供給面のみに重点を置くのではなく需要面でのエネルギー効率の向上に目を向けているところに新規性がある。産業部門においてさらに一層エネルギーの効率化を図る努力が必要であるが、一般住宅にはエネルギー効率を六〇％ほど高める余地があるということである。これまでのように個別にエネルギー効率を高める技術革新を進めるのみではなく、建物の冷暖房や電気などを第三者に委託して一つのシステムとしてエネルギーサービスの提供を受けるような方法も考えられる。公的な建物、学校や病院などでこのようなエネルギーシステム契約をモデルケースとして進めることが可能ではないか、ということである。と同時に、一般市民のエネルギー転換への参加として、一般家庭のエネルギー使用の無駄を省くためにスマートメーターの導入の促進も提言している。さらに、空港などの大口の電力需要者や地域単位の電力需給を、スマートグリッドで連結して互いの過不足を調整することも今後大いに進めていく必要性を指摘している。

建物のエコ改修から省エネ都市への改造といった視点も興味深い。政府系の金融機関である復興金融公庫からの一三億ユーロほどの資金援助による建物の断熱・暖房の効率化・再生可能エネルギー促進は、建物の省エネ改修を後押ししている。二〇一〇年の一年間に約一〇〇万戸で省エネ改修ができ、延べ三〇万人の雇用を創出し、$CO_2$を一〇〇万トン削減したとのことである（Ethics Commission, 2011, p. 30）。これはドイツの一般家庭から排出される$CO_2$の一%にも満たないが、こうした取り組みを都市全体に広げれば温暖化防止対策としては、大きな貢献になることが期待されている。なぜならば、当面改修を要する建物が二四〇〇万戸あるのみならず、主要住宅地域全体や集合住宅などを視野に入れた省エネ都市改造という話になるからである。同報告書は、こうした都市の省エネ化計画が都市の高齢化対策との関連で取り組まれる必要を指摘しているが、この視点は日本社会の高齢化対策にとって非常に重要である。地域冷暖房や集合住宅のエネルギーシステム導入は地域や集合住宅住民間のコミュニケーションの機会を増やすかもしれないし、日本の一般家庭の多くが灯油ストーブを使用しているので、それが地域暖房や再生可能エネルギーを使用する電気に切り替われば、防災としての役割を担う可能性もある。その際、公的資金のみを当てにしているとこれらの取り組みは広がらないので、報告書は、手始めとして、非効率な家庭用暖房システムや電力消費に課徴金を課して得られた資金を、省エネ機器への投資などのための減税措置として還元するような資金調達システムを提案している。それとともに、省エネ対策用の改修を促進するような法的改正も必要であるとしている[27]。さらに、ＥＵのＥＴＳからの資金調達にも期待している。

新築の建物については、徹底したエネルギーの効率化を求めている。すでに、新しい断熱材の開発、外壁太陽光発電、省エネ照明などを活用して、ゼロ・エネルギー住宅やプラス・エネルギー住宅も建築可能になっている。ドイツ持続可能建築協会（DGNW）の省エネ基準や復興金融公庫の省エネ建築基準がこうした動きを推進している、とのことである。

今一つ目を引く提案が、発電容量市場（"Kapazitätsmärkte" or "capacity market"）の導入である。一般家庭のみならずドイツの製造業にとって、十分な電力の安定供給は死活問題である。電力市場はこれまでkWhの売電価格のシグナルを受け取るのみで、発電容量のシグナルはない。また、市場は送配電網のシステムの安定性を適切に評価することもない。将来的には、一kWhの価格とともに、送配電網のシステムの安定のためのサービス料と発電容量が、エネルギー供給の収益性計算に算入されねばならない。発電容量市場では、規制当局よって、特に必要とされる発電所からの電力供給サービスが提供される。連邦送配電網管理庁はこうした役割を担う法的根拠を有している。電力の安定供給の必要が生じた場合は、規制当局は新規の容量の提供あるいはエネルギーの効率化や需要コントロール措置を行う。発電容量市場で公開される情報は、単にkWhの売電価格のみならず、送配電網システムの安定のためのサービスや余剰の発電容量を含むものである。こうしたサービスの提供範囲は、電力の送電時のロスを考えて、地域的な分割の必要性も指摘している。エネルギー転換の一環として導入される発電量市場では、発電容量が増大すれば電力価格が下がることもあり得る。再生可能エネルギーによる電力生産の拡大のみの促進を目的としてきた再生エネルギー法（EEG）も、システムサービスや電力容量の整備を反映した価格シグナルが必要になるとも指摘している。そして、重要なことに、こうした施策は、原子力エネルギー利用からの段階的撤退期間を念頭に、期限を設定して施行すべきとしている。

さらに、エネルギー転換にとって欠かせないのがインフラの整備と電力の貯蔵である。未来のエネルギー安定供給のためのインフラには、送電線網、ガス・パイプライン、揚水および水力発電施設、負荷マネージメントシステム、スマートな電力使用管理システムや蓄電機器などを含む。ことに、電力、通信、ガス供給ラインなどの送配電網は公共財として整備される必要性を指摘している。将来のエネルギー危機に備え石油などの備蓄が行われてきたが、電力の備蓄あるいは貯蔵は不可能である、というのがこれまでの常識であった。しかし、今後は電力の貯蔵の選択肢を持つことが非常に重要になってきた。ヨーロッパにおける送配電網の統合や技術開発の進展によって、水素、メタンあるいは揚水発電用の揚水という形で「電気」を貯蔵する解決策が現実のものになってきた[28]。報告書には直接触れられていないが、将来的にはプラグ・イン・ハイブリッド車や電気自動車用の蓄電池の性能がもっと良くなれば、送配電線網とつながった自家用車一台一台が必要なときにミニ発電所になって、緊急時の電力供給不足解消に寄与する日が来るかもしれない。

最後に、ドイツ国内のエネルギー転換が国際社会に与える影響について簡単にまとめておこう。ドイツのエネルギー転換は、国際開発協力や気候変動交渉におけるドイツの立場を大いに高めることになる。特に後者に関して、ドイツの例は、原子力エネルギーの利用が気候変動緩和政策に不可欠だとする国際的に支配的な見解を打ち消すことができるからである。地球気候システムに悪影響を与えない技術は発展しているし、再生可能なエネルギー利用の急速な拡大とそれに伴う技術的発展、さらには雇用創出や研究開発戦略は多くの国の関心の的となっている。その背景には、一九八〇年代半ば以降のドイツのエネルギーの多様化の試みがあり、現在のドイツにおいて、再生可能エネルギー利用の拡大や新しいエネルギー供給システムの構築を可能にしてきたのであった。未だに石油や石炭などの化石燃料や原子力エネルギーに多くを依存している国にはすぐに真似できないことである。また、ドイツには液化石炭やクリーンコール技術開発の蓄積があり、二一世紀でも世界の主要なエネルギー源は石炭であるので、その環境負荷の軽減にドイツは技術的に貢献できる。さらに、ＥＵレベルでの原子力施設の安全性基準の強化や原子力利用のリスク補償責任に関する法整備において、ドイツがリーダーシップを発揮することが期待されている。ＥＵは二〇〇九年になってようやく「原子力施設の安全性確保のための欧州共同体枠組みを制定する閣僚理事会指令」(2009/71/EURATOM) を制定し、ＥＵレベルでの原子力発電の安全性基準の統一が試みられるようになった。ＥＵのみならず国際的にも原子力発電所の安全基準を高めるドイツの努力を筆者も期待したいところである。

要するに、倫理委員会の答申は、単に原子力あるいはエネルギー政策全般に関して倫理的判断基準を提供するという目的より、メルケル首相の諮問の意図に沿って、むしろ段階的原発の廃止に向けての、今後一〇年のエネルギー政策の指針を提供することであった。それと同時に、メルケル政権自体の新エネルギー政策に対する正当性を得るためのものでもあったと言えよう。

## 二　新しいエネルギー政策とその課題

二〇一〇年九月二八日に、メルケル率いるＣＤＵ・ＣＳＵおよびＦＤＰの連立政権は、エネルギー効率の向上とともに再生可能エネルギーの拡大を基礎とした新時代のエネルギー政策、「エネルギー・コンセプト」(BMWi and BMU, 2010) を採択した。当初の計画では、その実現までのつなぎとして、ＳＰＤと緑の党との連立政権時に決まった段階的原発の廃止スケジュールの合意に反して、原子力発電所の稼働期間を平均で一二年延長することになっていた。しかし、すでに見たように、一一年三月一一日の福島第一原発事故後、メルケル政権は脱原発の方向に進路を転換した。自ら諮問した倫理委員会の答申を得て、同年六月には脱原発や再生可能エネルギーの拡充などの法案を議会に提出することを閣議決定した。二〇二二年までに原子力から撤退することを定めた原子力法改正、再生エネルギー法（EEG）の改正などのエネルギー転換関連の法案に関する審議が六月九日から始まり、それらの法案は、六月三〇日には連邦議会を通過し、七月八日には州の代表で構成される連邦参議院でも可決され、エネルギー転換関連法案が成立した。これらの一連のエネルギー転換関連の法律によるエネルギー・パッケージをもとに、ドイツのメルケル政権は、原発の延命を前提としていた「エネルギー・コンセプト」を原発への依存を大幅に削減する基本方針に変更した上で、エネルギーの効率化と再生エネルギーの拡充を中心としたエネルギー転換を加速させることになった。

「エネルギー・コンセプト」の目的は、ドイツが世界でも最もエネルギー効率が良く環境に優しい国になるとともに、競争力のあるエネルギー価格と社会の繁栄を享受する未来のエネルギーシステムの構築であり、高度なレベルのエネルギー安全保障、環境と気候保全そして長期的に工業国ドイツの国際競争力を維持することである（BMWi and BMU, 2010, p. 3）。基本方針は、環境的に健全で手頃な値段のエネルギーの安定供給と再生可能エネルギーを中心とした未来のエネルギーミックスへの道を切り開くことである[29]。

これらの「エネルギー・コンセプト」の目的と基本方針に基づいて、電力、建築、運輸の部門でのエネルギー効率の向上と再生可能エネルギー普及の具体的目標が掲げられている。例えば、再生可能エネルギー資源が、総エネルギー消費に占める割合を二〇一〇年の約一〇％から五〇年の六〇％に、また、発電に占める割合を一〇年の約一七％から五〇年の八〇％に引き上げる、といった目標である。さらに、福島第一原発事故以降の原子力政策の変更や再生可能エネルギー拡充方針を盛り込んだエネルギー・パッケージは、「エネルギー・コンセプト」政策の補完や速やかな実施を促している。とりわけ、より迅速な再生可能エネルギーからの電力の拡大と従来のエネルギー源による電力との間の最適な生産調整を通して、柔軟で安定した電力供給を図ることや電力の貯蔵施設の開発の必要性が指摘されている。同様に、送配電網の拡充や増強された蓄電施設を活用した市場やシステム統合によって再生可能エネルギーをエネルギーシステム全体に統合することが求められている。このことは、前述の改正された再生エネルギー法（EEG2012）に盛り込まれた内容でもある。「エネルギー・コンセプト」は、また、今後の再生可能エネルギー開発において風力発電を中核に据えている。二〇三〇年までに二五Gwの洋上風力発電を達成するためには約七五〇億ユーロの投資を行ってこの分野での技術開発を促進する必要を指摘している（BMWi and BMU, 2010, p. 8）。そこで、洋上風力発電の分野で経験を積むために、復興銀行（Kreditanstalt für Wiederaufbau: kfW）の洋上風力発電計画に基づいて、ドイツで最初の一〇基からなる洋上風力ファームの設置に対して五〇億ユーロの財政的支援を提供することになっている。これに関連して、沖合の洋上風力発電施設の設置を促進するために関係する州の沖合設置条例（*Seeanlagenverordnung*）を簡素化して北海やバルト海の一二海里や排他的経済水域（EEZ）での開発を促そうとしている。

以上が「エネルギー・コンセプト」の概観であるが、その主な項目の具体的な目標を表にまとめておこう（**表9―2**）。「エネルギー・コンセプト」の政策目標を実現するために、それ以前からの政策や行動計画もある。例えば、二〇一〇年にEUの再生可能エネルギー利用促進指令（Directive 2009/28/EC）の実施のために立てられた国家再生エネルギー行動計画(National Renewable Energy Act: NREAP)、一一年に改正された〇九年の再生可能エネルギー暖房法(Renerable Energie Heating Act 2009)、バイオ燃料割当法（Biofuel Quota Act）やバイオ燃料持続可能法（Biofuel Sustainable Law）30などである。また、運輸部門の電化については、〇九年八月に科学者・産業界の代表や政府関係者などからなる国家電気可動性プラットフォーム（National Electromobility Platform）というパネルが設置された。そして、そのパネルの勧告に基づいて一一年五月電気可動性計画（Electromobility Programme）が承認され、電池燃料による電気自動車の技術研究開発とドイツ市場での商業化支援などが推し進められている（IEA, 2013c, p. 120）。

表9－2　「エネルギー・コンセプト」に明記された中・長期の政策目標

| | 2020 | 2030 | 2040 | 2050 |
|---|---|---|---|---|
| ［気候保全］<br>温室効果ガス削減目標（1990年比） | -40% | -55% | -70% | -80 ～ 95% |
| ［再生可能エネルギー］<br>・総エネルギー消費量に占める割合<br>・総電力消費量に占める割合 | 18%<br>30% | 30%<br>50% | 45%<br>65% | 60%<br>80% |
| ［エネルギー効率および省エネ］<br>・一次エネルギー消費（2008年比）の削減（＝年平均2.1％のエネルギー生産性の向上） | -20% | -- | -- | -50% |
| ・電力消費量の削減（2008年比） | -10% | -- | -- | -25% |
| ［運輸部門］<br>・エネルギー消費（2005年比）<br>・電気自動車台数 | -10%<br>100万台 | --<br>600万台 | --<br>-- | -40%<br>-- |
| ［建築部門］<br>既存のすべての建物の改修率を現状の年率一％から倍の二％に引き上げる。 | | | | |

出典：BMWi and BMU, *Energy Concept* (2010).

最後に、「エネルギー・コンセプト」の成功の鍵を握る風力発電をめぐる問題と固定価格買い取り制度（ＦＩＴ）によって供給過剰になりつつある太陽光発電について触れて、ドイツの新しいエネルギー危機対策の今後の課題をみておこう。どちらも送配電網に関する課題に収斂する。

まず簡単に太陽光発電の現状について見ていくと、ＦＩＴ制度の成功が過剰な発電を促すという皮肉な結果をもたらしているが、これは同時に、政策の目的が達成されたことも意味している。太陽光発電をはじめとする再生エネルギーの普及の障害は、技術的制約による「規模の経済」が働かないこと、したがって価格や設置費用が割高であること、従来の電力エネルギー源に対する優遇政策などである。日本ほど極端ではないが、ドイツでも原子力エネルギー利用のために補助金や税の優遇策などによって、原発による発電のコストが実際より低く抑えられてきた。一九七〇年代の石油危機からの脱却さらには九〇年代初頭からの気候変動の緩和という大義名分があったが、九〇年代末からの赤緑連立政権から始まるエネルギー転換の始まりによる脱原発と気候保全のための化石燃料依存軽減として、再生エネルギーの普及のためにFIT制度の導入と定期的な固定価格の見直しならびに従来のエネルギー源に対する外部費用の内部化（石油税と電力税の引き上げ）も図られてきた（田北、二〇〇四、三六頁）。その結果として、現在の太陽光発電が過熱気味になり、連邦政府のエネルギー計画である二〇二〇年までに五二Gwを前倒しに達成しそうな勢いで供給されるようになった。これは固定価格が太陽発電システムの費用低減のペースに追いついておらず、太陽光発電投資や開発のために過分な還付を支払っていることになっている。こうした状況を受けて、一二年六月に政府はEEGの改正を行い、太陽光発電量が五二Gwに達した時点でPVシステムの太陽光発電のためのFITを終了することにした（IEA, 2013c, p. 121）。

風力発電をめぐる問題は、太陽光発電にもある程度関係するが、再生可能エネルギー由来の発電量の増大に送配電網が追いついていないことと、ドイツ北部の発電と南部の消費をつなぐ高圧送電線網の不備が今後の問題として浮上して来ている。ドイツの特別高圧送電網は、二〇〇五年に、各々の電力会社から分社化された四つの送電システム管理会社（transmission system operator: TSO）によって管理され、〇六年から連邦ネットワーク庁（Bundesnetzagentur）が監督している。送電網の拡張費用は、TSOが支出するのではなく、すべての電力消費者が追加的な電気料金を通して支払っている。現在のところ送電網の不備によって送電障害が起こっているわけではないが、風力発電と太陽光発電の増大によってそうした障害の起こる恐れが生じてきた。特に、北海地域の風力発電の拡大によってドイツ北部の送電システムの不備が問題となりつつある。また、陸上風力発電事業者による発電が送電網の不安定を生じさせている。すでに一〇年に、高圧レベルの送電線と低圧変電（一一〇キロボルト）の過負荷が原因で、風力発電全体の〇・二一〜〇・四％の風力発電が削減された（IEA, 2013c, p. 122）。他方、配電網の方の配電システム管理会社（distribution system operator: ＤＳＯ）はエネルギー法と再生エネルギー法（ＥＥＧ）によって、再生可能エネルギー由来の電力を遅滞なく購入かつ送配電するために、最新のネットワーク基準を反映して最適化、強化そして拡充することを義務づけられている。しかし、昨今の再生エネルギー発電の増大は、こうした使命を果たすことを難しくしている。連邦ネットワーク庁によれば、約一二九Gwの電力が総配電網に供給されなくなり一〇〇〇万ユーロの賠償金が風力発電事業者に支払われた（Ibid., p. 122）、ということである。

もう一つの課題であるドイツ北部の発電と南部の消費をつなぐ高圧送電線網の不備については、特に、北部のニーダーザクセン州の洋上風力発電や東部のザクセン・アンハルト州の陸上風力発電と、その潜在的な大消費地であるドイツ西南部の工業地域をつなぐ送電線システムの未整備の問題がある。ドイツ北部の州の豊富な風力発電による電力供給と南部の需要との間の不釣り合いは、後者に多く位置する原発の廃炉の計画によって一層悪化することが予想される。国際エネルギー機関（ＩＥＡ）のドイツのエネルギー政策報告によれば、今のところ南部における太陽光発電の増大、オーストリアの揚水発電からの供給がドイツ南北地域の間の需給の不一致を解消している、とのことである（IEA, 2013c, pp. 122-3）。しかし、これは抜本的な解決策ではない。ドイツの南の電力消費地と北の生産地をつなぐ高圧送電線網の建設に反対する人たちの間には南部の大口需要者が北部に移動すればよい、という意見もあるそうだが[31]、今後、この南北の送配電網の整備問題解決がドイツのエネルギー転換の成功の鍵の一つになりそうである。

まだ、改善すべき課題はあるものの、二〇一四年に、ドイツの再生可能エネルギーは、総発電量の二五・八％（内訳：風力八・六％、バイオマス七％、水力三・四％、太陽光五・八％）を占めて、それまで最も比率の高かった褐炭の二五・六％を上回って第一位の発電源になった（田中、二〇一五）。その要因の一つに暖冬による暖房消費電力の減少が挙げられているが、洋上風力発電装置の本格稼働の開始などの再生可能エネルギー促進策の効果が見られ、二〇一四年の再生可能エネルギーによる発電量は、再生可能エネルギー法を導入した二〇〇〇年と比べ四倍の増加となっている（同上）。ドイツのＦＩＴ制度は、上述したように、今回の改正で全量買い取りは五〇〇kW以下の発電施設に限定されるフィード・イン・プレミアム（ＦＩＰ）制度に移行するが、これは予想以上に再生可能エネルギーが普及した結果その適正価格を求めるということであり、ドイツの再生可能エネルギー政策は失敗したという評価は適切ではない。また、ドイツはフランスから原発による電力を輸入していると批判されることがよくあるが、これも的外れである。二〇一四年のドイツの総電力輸出量は七六・六TWhで、総輸入量の四一・一テラワット時を大きく上回っている（同上）。

メルケル首相は、二〇一五年三月九日に来日する際に、ドイツの脱原発政策の堅持と再生可能エネルギーの促進を強調した[32]。ドイツにおいてはこれらの政策に対して国民的合意が形成されていて、一四年に電力消費者は、再生可能エネルギー普及補助のために総額二三六億ユーロ（一ユーロが一四〇円の為替レート換算で三兆三〇四〇億円）の賦課金を支払っていて、〇〇年に再生エネルギー法が導入されてから、一世帯当たり年平均二六六ユーロ（三万七二四〇円）の賦課金を支払っている（熊谷、二〇一五（第三回）、三頁）。こうしたエネルギー転換に伴う消費者の高負担に対して、ようやく一二年の秋頃から消費者団体や産業界が経済的負担の軽減を要求するようになり、一四年夏に賦課金の増加率を抑制する措置を取るために再生エネルギー法を改正するとともに、再生可能エネルギーの電力消費量に占める比率を三五年に五五〜六〇％に増大させる目標を法律に明記している（同上）。熊谷が同じ箇所で指摘しているように、日本版ＦＩＴ制度が導入されてわずか二年目に一部の電力会社が自社の送電線への再生可能エネルギーの接続を一時拒否するとか、再生可能エネルギーのための助成金が年間一世帯当たり一万円を超す可能性とその日本経済に与える影響を危惧する日本社会と、ある程度重い経済的負担を負ってでもエネルギー転換を支持するドイツ社会は大いに異なる。両者の違いは、再生可能エネルギーの促進について国民的合意が形成されているかどうかである。

このことはドイツの大企業の経営方針の大転換にも反映されている。ドイツ最大のエネルギー企業であるエーオン（Ｅ・ＯＮ）は、一四年一一月三〇日に、自社の原子力と火力発電事業を一六年に別会社化し、本社は風力や太陽光などの自然エネルギーによる発電事業や次世代送電網（スマート・グリッド）関連事業に特化すると発表している（同上）。この大企業の動きが示していることは、ドイツのエネルギー転換が揺るぎないものになりつつあるということである。

以上、ドイツの再生可能エネルギー政策を中心に同国の新エネルギー危機への対応の一側面を概観した。もう一つの側面は気候変動緩和政策（以下、気候政策あるいは気候保全策）であるが、ドイツはエネルギー政策と気候政策の統合を進めているので両者は重なり合う部分が多い。次項では可能な限り両者の重複を避けながら、ドイツの気候政策について簡単に見ておこう。

### 三　ドイツの気候政策

ドイツはＯＥＣＤ諸国のなかでは米国と日本に次いで三番目に、ＥＵ二八カ国のなかでは最も多く温室効果ガスを排出する国であるが、デンマークと同様に経済成長と温室効果ガスの排出の切り離し（decoupling：経済成長しても排出量は増加しないあるいは減少すること）に成功している数少ない工業国の一つである。

国連気候変動枠組条約（ＵＮＦＣＣＣ）実施に関する補助機関（ＳＢＩ）が公表した「国別温室効果ガス目録データ一九九〇～二〇一一」（UNFCCC, 2013）によれば、ドイツの同期間の温室効果ガス削減割合は、森林などの吸収源による削減を除外した場合に二〇一一年には一九九〇年の人為的な温室効果ガス排出量より二六・七％減であった[33]。因みに、同期間における日本の人為的排出割合は三・二％の増加で、森林等の$CO_2$吸収を含めると二・九％増、米国がそれぞれ八・〇％増と七・六％増であった（Ibid., pp. 14-5）。これらのデータから判断する限り、ドイツは、京都議定書の第一約束期間（二〇〇八～一二）に、基準年である一九九〇年レベルより二一％削減という目標を達成しているばかりか、それより約六％多く削減したことになる。

京都議定書で削減規制対象になっている温室効果ガスのなかで、$CO_2$の占める割合が八〇％後半と最も多い。そのなかでもとりわけ、化石燃料などの燃焼由来の$CO_2$排出が最も多く、二〇一〇年ではドイツの総温室効果ガス排出割合の八一・五％を占めた。しかし、燃料燃焼由来の$CO_2$の排出は一九九〇年～二〇一一年の間に九億四九七〇万トンから七億四七六〇万トンまで、実に、二三％も減少している。化石燃料のなかでは石炭の燃焼割合が最も多くて、例えば、一一年に四一・六％、次に石油の三四・二％、そして天然ガスの二一・八％であった（IEA, 2013c, pp. 50-1）。

ドイツ政府の基本的な気候政策は、二〇〇七年一二月に公表された包括的なアプローチを求める「統合されたエネルギーと気候プログラム（Integrated Energy and Climate Programme）」（BUM, 2007）から体系化が進んできている。この統合プログラムの目的は、最新の技術による気候に優しいエネルギーの安定供給であり、エネルギーの効率化の向上と再生可能エネルギー源の利用拡大策からなっている。上述したように、〇四年の再生エネルギー法（ＥＥＧ）の改正以降、後者の政策は順調に発展を遂げている。さらに、一〇年の「エネルギー・コンセプト」と一一年のエネルギー・パッケージによって、エネルギーと気候の統合政策は前進している。その結果として、ドイツ政府は、新エネルギー危機に対処するために、野心的な温室効果ガス削減目標を掲げている。すなわち、一九九〇年の排出レベルから、温室効果ガスを二〇二〇年までに四〇％、三〇年までに五五％、四〇年までに七〇％、そして五〇年までに八〇～九五％削減という目標を掲げている（BMWi and BUM, 2010, pp. 4-5）。

しかし、すべてが順風満帆というわけではない。二〇〇五年から運用を開始したＥＵの排出量取引制度（ＥＴＳ）

は[34]、第一期が〇七年まで、第二期が〇八年から一二年、そして現在が一三年から二〇二〇年までの第三期の段階であるが、炭素価格の低迷に苦しんでいる。第三期では、一〇年以降年間一・七四％の削減を基礎に計算して、二〇年までに〇五年の基準年の排出レベルからＥＵ全体で二一％温室効果ガスの排出を削減することを目標にしている。二〇一三年に全体の排出割当量の四〇％が競売にかけられた（IEA, 2013c, p. 57）。エネルギー集約産業や電力産業に対するＥＵのＥＴＳによる排出上限は、ドイツが低炭素社会に移行するために重要な役割を果たす。これまでに九％ほどの排出許可（emission permits）が、さらに一三年よりすべての電力産業における排出許可が競売にかけられ、同年にはエネルギーと気候基金への収入として二〇億ユーロが見込まれた。しかし、一三年の二月時点での排出許可の価格が五ユーロ以下と低価格で低迷しているので、ガスから石炭使用へと転換を図りつつ二〇年までに四〇％温室効果ガス削減を目指すドイツには不安材料となっている（Ibid., 64-5）。長期的にも、炭素価格が安値止まりであると、低炭素技術やインフラ開発への投資意欲にも水を差すことになるので、ＥＵ‐ＥＴＳ市場における炭素価格の低迷は、ＥＵ全体とドイツ取り組み双方に悪影響を与える問題である。

その他、気候政策と密接に関係するのがエコ税（炭素税）であるが、ドイツは赤緑連立政権時代の一九九九年四月にこの税制を導入している。エコ税の目的は、環境保護と気候保全対策の一環として、エネルギーの効率化や省エネおよび新技術開発投資へのインセンティブ効果を生み出し、非課税扱いの再生可能エネルギー促進とともに、脱原発後のエネルギー転換を可能にすることであった（田北、二〇〇四、九一頁）。ただし、田北も指摘しているように、原材料用の化石燃料と石炭と褐炭は免税扱いを受けたのみならず、政権に就く前の緑の党や環境保護団体からの厳しい批判にもかかわらず、一九九七年に連邦政府と炭坑の州・石炭産業・労働組合の間で結ばれた炭坑協定によって一九九八年～二〇〇五年間に二七億ユーロの補助金の支給を決定していた。こうした背景もあり、二〇〇〇年の改正では、硫黄含有量の少ないガソリン・軽油に対する減税や五七・五％以上のエネルギー効率のガス・蒸気タービン発電施設に対する石油税免税措置が追加され（同上、九二頁）、より一層、エネルギーの効率化や省エネおよび再生可能エネルギー普及による環境保護や気候保全という目的を鮮明にした改正が行われた35。二〇〇三年にも改正されたが、それ以降エコ税の見直しは行われていない。燃料としての石油は一〇〇〇リットル当たり六五四・五ユーロ、ディーゼルは同量当たり四七〇・四ユーロで、暖房用の石油は同量当たり六一・三五ユーロ、天然ガスは五・五ユーロなどである（IEA, 2013c, p. 58）。エコ税の効果が挙がっているのが運輸部門で、二〇〇〇～一〇年の間に、トラックの積み荷量は一二％ほど、乗用車一人当たりの走行距離は七％ほど増加しているにもかかわらず、温室効果ガスの排出は約一億七〇〇〇万炭素トンから一億五〇〇〇万弱まで減少している（Ibid., p. 59）。しかし、IEAの報告書では、〇三年以降にエコ税の改正が行われていないこと、温室効果ガス排出レベルと税額の間の相互関係を見極めてエコ税率を決めていないことなどがこの制度の弱点であるとしている。

エネルギーと気候政策の統合とは異なるアプローチの政策としては、気候変動への適応戦略や国際気候イニシアティブなどのプログラムがある。前者に関しては、EUが二〇五〇年までに地球の平均気温の上昇を産業革命以来二℃に抑える政策の範囲内での厳格な実施に成功したとしても、気候変動の影響は免れない。こうした認識に基づいて、ドイツ政府は〇八年一二月一七日に「ドイツの気候変動への適応戦略」を閣議決定している36。ドイツの適応戦略は、州政府と市民グループと協力しながら中期的目標を設定して、段階的なプロセスにしたがって気候変動のリスクを評価し、必要な行動を同定し、適切な目標を明確にし、そして適応策の選択肢を開発・実施していくことである（BMUB, 2009）。また、〇八年以来、連邦環境省は国際気候イニシアティブ（IKI）を開始し、発展途上国、新興経済国そして市場経済移行国の気候保全策と生物多様性保全プロジェクトに対して、連邦議会の決定に基づき年間一億二〇〇〇万ユーロの財政支援を行っている。はじめの二～三年は炭素排出割当の競売を通して資金を調達していたが、現在は環境省の予算から拠出している。このIKI支援の中核プロジェクトは、気候変動緩和、気候変動の影響への適応、そして生物の多様性保護である[37]。

以上見てきたように、ドイツも前章で取り上げたデンマーク同様、一九八〇年代以降、長期的な視野に立って、エネルギーの安全保障の確保と気候変動問題に対して真摯に取り組んできている。持続可能なエネルギーの選択として脱原発と化石燃料の依存からの脱却を目指して、再生可能なエネルギーへの大転換を図ろうとしている。こうした国内のエネルギー選択は、気候変動問題におけるドイツの国際的なリーダーシップの発揮を可能にしている。

ドイツは、自国の緑の党が国政に登場して以降、特にSPDと連立政権を組んでから、国連の枠組みやEUでの国際的な気候政策交渉のみならず、二〇〇七年のG8（ハイリゲンダム・サミット）ならびにG20の世界首脳会議などでも常にリーダーシップを発揮してきた。さらに、ドイツは、国際再生可能エネルギー機関（International Renewable Energy Agency: IRENA）設立のイニシアティブを取り、デンマークやスペインの支持も得て、〇九年一月二六日の同機関の設立に向けて国際社会を導いた。それまで世界のエネルギー問題で中心的な役割を担ってきた国際機関、すなわち、原子力エネルギー利用を促進する国際原子力機関（IAEA）と化石燃料の安定供給を目的に設立された国際エネルギー機関（IEA）と肩を並べるような、再生可能エネルギー利用の促進を図る国際機関がドイツの働きかけで誕生したのであった。因みに、一五年五月現在のIRENA加盟国は一四〇カ国で、三二カ国が加盟申請中である[38]。

また、二〇一三年一月、ドイツの連邦環境省と中国のエネルギー局との間で、再生可能エネルギー利用の拡大についてのパートナーシップを締結している。この協定によれば、ドイツは、エネルギー政策、システム統合問題、環境影響評価、中国の「新エネルギー都市プロジェクト」などの支援を約束している[39]。また、ドイツを中心に、他の九カ国（中国、インド、南アフリカ、アラブ首長国連邦、モロッコ、トンガ、英国、フランス、デンマーク）によって、「再生可能エネルギークラブ」が結成された。同クラブの目的は、風力や太陽光発電などの再生可能エネルギー利用を世界的に普及させるために、政府レベルで連携を深めていくことである。ドイツは、「特に再生エネルギーの普及に野心的な国に声をかけた」[40]ということであるが、日本に対してドイツから同クラブへの参加の打診がなかったということは、日本が再生可能エネルギー普及に消極的だとみなされていることになるのであろう。

ドイツは、二〇一四年七月よりG７の議長国となり、一五年六月七〜八日に開かれたG７首脳会議を主催した。国際社会のみならずドイツ国内からも気候レジームの強化につながるようなドイツのリーダーシップが期待されている[41]。メルケル首相も、一五年パリで開催のCOP21に向けてその前年より、気候変動基金への一〇億ドルの拠出の約束など気候変動問題の緩和や適応のためにリーダーシップを発揮している[42]。

## 注

1　第二次世界大戦後のドイツは、一九九〇年一〇月三日に再統一されるまで、ドイツ連邦共和国（西ドイツ）とドイツ民主共和国（東ドイツ）に分かれていたが、本書では、特段の断りがない限り、西ドイツと再統一後のドイツを指す。

2　因みに、金融・保険・不動産業ならびに事業活動に関しては、米国、英国、ドイツそして日本の順で、各々一七・七、一一・四、九・一そして四・四％であった（厚労省、二〇一三、八七頁）。

3　ドイツのデータに関しては国際エネルギー機関（ＩＥＡ）の二〇一三年の報告書（IEA 2013c, pp. 198-200）を日本に関してはＩＥＡの二〇〇八年の報告書（IEA, 2008a, pp. 205-7）を参照。

4　ドイツではDie Grünenで本来なら「緑の人々」を意味する。また、ドイツの再統一後の正式名称は「九〇年同盟／緑の党」であるが、本書では「緑の党」と表記する。

5　一日の負荷曲線のなかでベース部分を分担するもので、一定の電力供給を可能にし、優先して運転される電源のことである（エネルギーフォーラム『電気事業事典』電気事業講座、二〇〇八年、別巻）。

6　ニンビー（NIMBY）とは、"*not in my backyard*"の頭文字を取った略語で、字義通りには「自分の裏庭にはいらない」という意味だが、自分の近所には原子力発電所やゴミ焼却所などの地域環境には好ましくないものが建設されることに反対する人、またそういう住民のエゴイズム的態度を指す。

7　左翼リバタリアンとは、平等主義と経済の政治的コントロールという指向においては「左翼」、しかし集権主義・官僚主義・エリート支配に反対する指向において「リバタリアン（自由至上主義的）」である立場を意味する（賀来・丸山、二〇一〇、七頁）。

8　CDUはChristlich-Demokratische Union DeutschlandsでCSUはChristlich-Soziale Unionの略である。

9　以下の記述に関しては前述のRüdig (2000, pp. 51-4) を参照。

10　アンゲラ・メルケルがCDU政権の環境大臣の時、容器の放射性濃度が安全基準よりかなり高いことが判明し、全行程の安全性を見直すためにすべての搬送が中止となった（Rüdig, 2000, p.52）。

11　ミュラーは元来原発推進派であったが、大衆の原発反対に直面してそれが不可能であると認めるようになった（Rüdig, 2000, p.58）。

12　以下の経過については、リュディヒ（Rüdig, 2000, pp. 58-63）と小野（二〇一〇、一四九〜一五〇頁）を参照。

13　以下の経緯に関してもリュディヒ（Rüdig, 2000, pp. 63-9）と小野（二〇一〇、一五〇〜一五一頁）を参照。

14　この算出方法は、一九九〇年〜九九年の間で最も発電量の多かった五年間を基礎に計算された上で、効率化の向上を加味した五・五%のボーナスを加える、というものである（Rüdig, 2000, p. 57）。

15　Umsetzung der Rtsbeschluße vom 22.06.94 und 17.08.94 zur "Kostengerechten Vergütung vom Solar und Windstrom"（邦訳、神戸秀彦、二〇〇三、「アーヘンモデル」日本科学者会議編『環境問題資料集成　Vol. 4』旬報社）

16　二〇〇〇年の再生エネルギー法の正式名称は、"Gesetz für den Vorrang Erneuerbarer Energien 2000"（Erneuerbarer Energien Gesetz: EEZ 2000）である。

17　当時の為替レートで円換算（一〇〇ペニヒ＝一マルク＝五五円）すると一kWh当たり五四・五円で、日本の電気料金の二・五倍程度だった、とのことである（和田、二〇〇八、二〇頁）。

18　二〇一二年は一二ユーロ／MWhで、徐々に減っていて一五年には七ユーロ／MWhに設定されている（IEA, 2013c, p. 117）。

19　以下の内容に関しては、主に英語訳（Ethics Commission for a Safe Energy Supply, 2011）と邦訳（安全なエネルギー供給に関する倫理委員会、二〇一三）を参照した。

20　ドイツでは科学技術とその応用に関して道徳的あるいは倫理的観点から検討を加える伝統があり、二〇〇一年五月以来、生命科学の倫理問題に関して連邦倫理審議会を設置している。審議会の構成メンバーは自然科学、医学、神学、哲学、社会科学、法学、環境、経済学など各分野の二五名からなっている。倫理審議会が最近扱った問題は、研究における幹細胞の利用、臓器移植、クローン技術、終末医療などである。ドイツにおける原子力エネルギー利用に関する倫理的問題は長い間議論されてきたので、今回設立された倫理委員会では原子力の倫理問題の議論にあまり多くの時間を割かなかった（安全なエネルギー供給に関する倫理委員会、二〇一三、七〜八頁）。

21　筆者による倫理委員の一人であるシュラーズ教授に対するインタヴュー（二〇一三年一〇月二二日ベルリン自由大学）によれば、委員会の議論は非公開であったが公開討論会はいくどか開催されていたので、審議内容や審議過程はある程度詳しく報道されていた。

22　以下のリスクに関する報告書の見解については、報告書第四章（Ethics Commission, 2011, pp. 11-5）を参照。

23　一定の被害想定に基づいて様々な安全措置、防護措置を講じても完全になくすことのできないリスクのこと（熊谷、二〇一二、三五頁）。熊谷も同じ個所で引用しているが、日本の原子力安全委員会が二〇〇六年九月一九日に決定した「発電用原子炉施設に関する耐震設計審査指針」で言及されている定義によれば、残余リスクとは、「策定された地震動を上回る地震動の影響が施設に及ぶことにより、施設に重大な損傷事象が発生すること、施設から大量の放射性物質が放散される事象が発生すること、あるいはそれらの結果として周辺公衆に対して放射線被爆による災害を及ぼすことのリスク」である（原子力安全委員会、二〇〇六、二頁）。

24　以下のエネルギー転換の原則に関する記述については、報告書の第五章（Ethics Commission, 2011, pp. 16-25）を参照。

25　元経産省官僚の古賀氏も同様の指摘をしている（古賀、二〇一三）。

26　以下のエネルギー転換に関する提言に関しては、報告書第七章（Ethics Commission, 2011, pp. 28-38）を参照。

27　現在施行されている借家法では、建物の省エネ改修にはすべての入居者の同意が必要であるが、省エネ対策の改修のためには入居者の過半数が賛成すればよい、というような法の改正の例を挙げている（Ethics Commission, 2011, p. 31）。

28　電気分解とは反対に水素と酸素を化学反応させて電気を生み出すこと、メタンを燃料とした火力による発電、ドイツあるいは近隣諸国で余剰生産された再生可能エネルギーによって生産された電力を使って揚水することによって、必要なときに揚水発電して電気を生産することを意味する。電力そのものを貯蔵するわけではないが、水素・メタン・揚水などの発電の手段を備蓄することによって間接的に電力を貯蔵することが可能になったということである。

29　以下の「エネルギー・コンセプト」に関する記述は、連邦経済技術省と連邦環境省の報告書による（BMWi and BMU, 2010）。

30　バイオ燃料割当法によって、二〇一〇年以来ドイツは道路輸送においてエネルギーの中身に少なくとも六・二五％のバイオ燃料混入を義務づけているが、一五年より気候保護割当へと移行し割当率も二〇年までに七％となる。二〇一一年一月から施行されたバイオ燃料持続可能法はヨーロッパの政策を実施するもので、化石燃料より少なくとも三五％の温室効果ガスを削減しなければ持続可能ではないというものである。この最低の必要条件は一七年までに五〇％に引き上げられる。また、同法は、湿地帯、泥炭地、熱帯雨林などの生態的にデリケートな地域はバイオ燃料の生産に使用されてはならないことを規定している（IEA, 2013c, p. 120）。

31 二〇一三年九月二四日、ノルウェーのフルチョフ・ナンセン研究所（ＦＮＩ）とノルウェー防衛研究所（ＩＦＳ）主催のＦＮＩでのセミナーにおけるミランダ・シュラーズ氏の報告および筆者によるインタビュー（Miranda A. Schreurs, "The German Elections and the Energiewende," at the seminar on "German Security and Energy Policy after the Election: Implications for Europe and Norway," held at the Fridtjof Nansens Institutt on 24 September 2013）。

32 「脱原発『日本も共に』 メルケル独首相、来日控え声明」『朝日新聞デジタル』二〇一五年三月九日。http://digital.asahi.com/articles/DA3S11640317.html

33 京都議定書の附属書Ｉ国のなかの先進工業国で人為的な温室効果ガス排出割合でドイツを上回ったのは英国のみで、二七・八％であった。それ以上に多く削減したのは旧社会主義国の市場経済移行国であった。一番多く削減した国はウクライナで五六・八％であった（UNFCCC, 2013, pp. 14-5）

34 二〇〇三年のＥＵ指令（2003/87/EC）によって、エネルギー集約産業の一〇部門からの$CO_2$の排出を対象として排出上限を設定した取引システム（cap-and-trade system）が設立された。対象となる産業は、燃焼施設（発電所や熱源施設）、精錬プロセス、コークス・オーブン、鉱業（metal ores）、鉄鋼、セメント、ガラス、石灰、陶器、セルロースと製紙業である。

35 ドイツでのエコ税導入が成功した理由として、税収の使途を環境保全よりむしろ法人・所得税減税に重きを置き、それが年金保険拠出額の低減をもたらしたことが挙げられる（田北、二〇〇四、九二頁）。

36 Federal Ministry for the Environmnt, Nature Conservation, Building and Nuclear Security (BMUB), "German Strategy for Adaptation to Climate Change" (Last update: 01.10.2010). http://www.bmub.bund.de/en/topics/climate-energy/climate/adaptation-to-climate-change/

37 International Climate Initiative (IKI) http://www.international-climate-initiative.com/en/

38 ＩＲＥＮＡのウェブサイトより。http://www.irena.org/

39 ＥＩＣネット「ドイツ 中国との再生可能エネルギー拡張を目指すパートナーシップを締結」二〇一三年一月一四日。http://www.eic.or.jp/news/?act=view&serial=29118&oversea=1

40 「独主導で『再生エネクラブ』結成？ 日本に打診なし」『京都新聞』二〇一三年六月一二日。http://www.kyoto-np.co.jp/environment/article/20130612000084

41 Konrad-Adenauer-Stiftung, 2014, Facts & Findings, NO. 158 (October). http://www.kas.de/wf/doc/kas_40311-1522-23-30.pdf?150202022732

42 Responding to Climate Change (RTCC), "Merkel returns to climate politics with call for EU leadership," by Ed King, 14 July 2014. http://www.rtcc.org/2014/07/14/merkel-returns-to-climate-politics-with-call-for-eu-leadership/#sthash.Qre7Bylv.dpufhttp://www.rtcc.org/2014/07/14/merkel-returns-to-climate-politics-with-call-for-eu-leadership/

*The Gurdian*, "Germany pledges $1bn to UN climate change fund," Megan Rowling for AlertNet, 15 July 2014. http://www.theguardian.com/environment/2014/jul/15/germany-pledges-1bn-to-un-climate-change-fund

EurActiv, "Merkel announces ambitious targets at Petersberg Climate Dialogue," 18 July 2014, EurActiv.com (EU News & policy debates, across language). http://www.euractiv.com/sections/energy/merkel-announces-ambitious-targets-petersberg-climate-dialogue-303553

# 第一〇章　結　論

本書では、エネルギー問題、気候変動問題そして持続可能な発展とそのためのエネルギー政策について国際的な状況を把握して上で、デンマーク、ドイツ、米国そして日本の石油危機以後の基本的なエネルギー政策と、上記の四カ国に中国を加えた五カ国の新エネルギー危機対策を概観した。新エネルギー危機対策あるいはヨハネスバーグの方程式とは、一見相矛盾する政策目標である経済成長のためにエネルギーの安定供給を維持すること（エネルギー安全保障）と気候変動の緩和（温室効果ガスの排出削減）を同時に追求することである。今日の世界が直面している新エネルギー危機は、人類文明の興亡を決定づけるほど重要な問題である。国際エネルギー機関（ＩＥＡ）、気候変動に関する政府間パネル（ＩＰＣＣ）、国連環境計画（ＵＮＥＰ）などは、異なる将来のエネルギー構成や経済成長率等に基づく様々なシナリオを想定して、世界のエネルギー需給と地球の温暖化の状況をシミュレーションしている。こうした報告書は世界の全体的傾向を知る上では有益であるが、各々の国が新エネルギー危機状況をどのように捉え、それに対してどのように対処しているのか、そうした個別的な取り組みが国際社会にどのような影響を与えているのか、ということがあまり見えてこない。

そこで本書では、人類が新エネルギー危機を乗り越える上で鍵となる主要国の対応を、それらの国の政策文書や政治過程をやや詳細に検討して、エネルギーと気候政策の形成過程の経路をたどるプロセス・トレーシングの方法によって確認した。可能な限り偏りのない事例の選択のために、検討の対象となる国を、世界経済を牽引する先進工業国（ＯＥＣＤ諸国）と新興経済国から選ぶこと、ＯＥＣＤ諸国でもエネルギー資源の豊かな国と乏しい国を選ぶこと、また、気候変動の緩和のために鍵となる国と、新エネルギー対策に積極的に取り組む国とそうでない国を選ぶこととした。一九七〇年代の石油危機を経験したＯＥＣＤ諸国には、エネルギー安全保障の観点からエネルギーの調達先の多様化とエネルギー源の多様化をはかることが求められた。一九七九年のスリーマイル・アイランド原発事故、八六年のチェルノブイリ原発事故、そして二〇一一年の福島第一原発事故は、原子力エネルギー利用政策の見直しを先進工業国に迫り、特定の国のエネルギー政策に影響を与えた。さらに、八〇年代後半から国際的課題として登場してきた地球の気候変動問題は、持続可能な発展のためのエネルギー政策としてエネルギーの効率化と再生可能エネルギー利用の拡大が鍵を握ることが認識され、また、そうした政策の選択が既存の技術でも十分可能であることを踏まえ、脱原発と脱化石燃料を国のエネルギー政策に掲げる国が出現している一方、原子力エネルギー利用と海外の化石燃料への依存体質を変革しようとしない国も存在する。本書で取り上げたＯＥＣＤ諸国はともに石油危機を経験し、原子力エネルギー利用の危険性も認識し、地球の気候変動の危険と持続可能な発展のために国際的条約を締結して国際的な取り組みも支持している。また、今や、再生可能エネルギーの実用化の進展とエネルギーの効率化の必要性も国際社会の共通認識となっている。それなのに、主要国はどうして新エネルギー危機に対して異なった対応をしているのだろうか。

本論で見たように、一九七三年の第一次石油危機時のデンマークは、エネルギー自給率がわずか二％ほどで、本書で取り上げたＯＥＣＤ諸国のなかで最低であった。しかし、石油危機直後、エネルギーの自立を目指す政策を矢継ぎ早に打ち立てた。デンマーク政府は一時、原子力エネルギーを利用するという選択に傾いたが、草の根民主主義の組織化された運動によって、また、国民的な合意形成に基づいて、原子力エネルギーを選択しないことを決定するとともに、その後の長期的なエネルギー戦略についての政党間の合意および民主的なエネルギー政策決定過程を通して、風力やバイオマスを中心とした再生可能エネルギー利用の拡大と北海油田の開発に力を入れ、九〇年代後半にはエネルギー自給率一〇〇%を達成するに至った。

また、一九九〇年代に気候変動問題が国際政治課題になるにつれ、デンマークはEUならびに国際的なレベルで同問題に対して積極的な役割を担うようになる。例えば、コペンハーゲンで開催の二〇〇九年のCOP15では、国際的な合意には至らなかったものの、国際社会が野心的な中・長期の温室効果ガス削減目標を設定するよう、国際社会の議論を終始リードした。そうした国際的な指導力を発揮する源となっているのが、国内におけるエネルギーの効率化の進展、再生可能エネルギー利用の加速化とそれに伴う風力発電の促進および技術開発、そして世界風力電力市場での支配的立場の確立である。その結果、二〇一一年に発表されたデンマークの長期的なエネルギー戦略（「エネルギー戦略二〇五〇」）では、五〇年までに化石燃料に依存しない社会の構築を目指すことになった。

ドイツと日本は産業構造や戦後の高度経済成長の過程および産業公害の経験など、何かと比較の対象となる。石油危機後のエネルギー政策に関しても、ドイツは日本と同様に原子力エネルギーを石油の代替と位置づけた。発電用のエネルギー源として、一九九〇年時点、ドイツにおける石炭の依存率は六〇%で、日本の石油（三〇%）・天然ガス（二〇%）・石炭（一四%）の依存率が六〇%以上ということで、両国の化石燃料依存度はほぼ同じであった。そしてドイツは二八%、日本は二四%の比率で原子力エネルギーを利用していた。また、水力以外の再生可能エネルギーの発電に占める割合は両国とも一%程度であった。しかし、八〇年代後半、特に、八六年のチェルノブイリ原発事故以降、ドイツもデンマーク同様あるいはそれ以上に、「ニュー・ポリティクス」の議論に代表されるような草の根民主主義や脱物質主義の若者たちが中心となった新しい社会運動が、緑の党を設立されるほどに盛り上がった。やがて、緑の党が地方から中央政界へと躍進するに伴い、ドイツは徐々に脱原発と再生可能エネルギーからなるエネルギー転換の舵を切り出した。ついに、社会民主党と緑の党の「赤緑」の連立政権が誕生し、従来の政界・産業界・労働界を中心としたコーポラティズムに基づく政策決定過程に少し変化が見られるようになった。赤緑の連立政権時代に緑の党のエネルギーと環境政策がそのまますべて採用されたわけではなかったが、脱原発の道筋は付けられた。

再生可能エネルギーについても二〇一一年時点で、ドイツの発電に占める再生可能エネルギーは二〇％以上になっていた。また、気候変動問題に関する国際交渉については、緑の党のトリッティン連邦環境大臣が、ＥＵそして国連枠組条約の交渉の場で自国の主導的立場を示した。また、ドイツは、国際再生可能エネルギー機関（ＩＲＥＮＡ）設立のイニシアティブを取り、この分野でも国際的なリーダーシップを発揮している。さらに、メルケル首相は、原発回帰の政策に一時傾きかけたが、福島第一原発事故直後、倫理委員会を設置して国民的な議論への参加の機会を促しつつ、国内選挙戦略もあったことは否めないとしても、脱原発と再生可能エネルギー利用の普及というエネルギー転換を推し進めることになった。

米国は「石油文明」を開花させた国であり、第二次世界大戦前までは石油の輸出国であった。現在でもシェールガスなど非在来型の化石燃料の開発が国内で盛んに行われるほど、化石燃料資源に恵まれた国である。石油危機によって米国内のガソリン価格が高騰して経済的混乱を招いたが、一九七〇年時点での米国のエネルギー自給率は約九四％、七五年時点でも約八五％あり、本書で取り上げた他のＯＥＣＤ諸国に比べれば、はるかに高い自給率を維持し、エネルギー安全保障上の懸念も比較的少なかった。とはいうものの、石油メジャーの権益が集中する中東の安定は国際的な石油の安定供給に不可欠なので、米国は、第一次石油危機後、次第にエネルギー問題をめぐる同地域の地政学的問題に関与するとともに、米国のエネルギー安全保障が日本やドイツなどの同盟国と一体化していくことにもなった。

米国の新エネルギー危機対策に関しては、連邦レベルと州レベルで対応が異なるとともに、環境保全の法制度や大統領府の気候政策でも対応はなされているが、国全体の統一的な取り組みは進んでいない。ただ、昨今の異常気象によって、気候変動に対する人々の懸念は高まっている。一九七〇年代の環境政策の黄金期には、共和党と民主党ともに環境政策に積極的に取り組み、大気浄化法や環境影響評価など世界的に模範となる環境保護政策を打ち立てた。八〇年代の共和党の大統領が環境政策の後退を強硬に進めたが、共和党と民主党議員が自国の環境保全の法制度を盾に環境保護政策を維持した。しかし、九〇年代以降、民主党と共和党の対立が目立ち始め、気候変動問題に熱心に取り組んだゴア副大統領とコンビを組んだクリントン大統領の時代でも京都議定書の批准手続きすら採れない政治状況であった。次期G・W・ブッシュ政権に至っては同議定書から離脱することになった。オバマ政権は「グリーン・ニューディール」を掲げて登場したが、連邦議会の強硬な反対にあって、新エネルギー危機対策法案が下院では辛うじて可決されたものの、上院では議会での法案の提出さえできない状況である。他方、地方政治レベルでは京都議定書の温室効果ガス削減目標を州レベルの政策目標にするとか、多くの州の間で排出量取引制度を立ち上げて実際に運営している。また、気候変動問題に対する立法機関の機能不全を受け、最高裁の裁定が大気浄化法に基づく環境保護庁（EPA）による$CO_2$の排出規制を促す一方、大統領府もできる範囲で気候変動緩和策を実施している。一般市民の大多数は、気候変動の要因が人為的であると認める一方、一四年五月、米国の多くの科学者らも国内の深刻な気候変動の影響評価について最新の報告書を発表している。環境保護庁は、同年六月、火力発電所からの$CO_2$の排出規制案を示し、三〇年までに〇五年比三〇%の削減目標を掲げた。当然のごとく、早速に石炭産業の影響力のある州から選出された共和党議員や全米商工会議所などが強く反発している。

中国が新エネルギー問題の主要なアクターとして国際政治の舞台に登場してくるのは、一九七八年から始まった改革開放政策以降であり、特に、胡錦濤政権時代（二〇〇三年三月〜一三年三月）に、世界の一大エネルギー消費国および$CO_2$の一大排出国になってからである。現在でも年率七%の高度経済成長を維持している中国は、一〇年に世界第一のエネルギー消費国になった。同国は、一九九〇年代初期までは石油の純輸出国であったが、二〇〇九年には世界第二位の原油と石油製品の輸入国となり、一四年には世界最大の石油輸入国になる見込みである。気候変動問題との関連で、石油の消費の増大より問題となるのが石炭の消費である。二〇一一年時点で、石炭は中国の総一次エネルギー消費の六九%を占めていた。中国が気候変動緩和政策を実施したとしても（IEAの「新規政策シナリオ」）、三五年における石炭の比率は五一%を占め、石油の一八%、天然ガスの一一%、原子力の六%、再生可能エネルギー一二%を大きく上回っている。

エネルギー消費量と同様、中国は、温室効果ガス排出量についても胡錦濤時代の二〇〇七年頃に世界第一の$CO_2$排出国になっていた。同政権以前の国連気候変動枠組条約交渉時（一九九二年）と京都議定書交渉会議時（九七年）においては、中国の一人当たりの$CO_2$排出量は世界平均よりかなり低く、中国は、G77グループを代表して、各国の能力に応じた「共通だか差異のある責任」原則を拠りどころに、先進工業国の温室効果ガス排出の責任と大幅削減義務履行を迫る一方、自国を含む途上国が削減義務を負うことを拒否するとともに、京都議定書下の先進国と途上国間の温室効果ガスの共同削減方法であるクリーン開発メカニズム（CDM）プロジェクトの最大の受益国になっていた。しかし、中国は、気候変動問題の国際交渉におけるこうした機会主義的な態度を取りづらくなってきた。なぜならば、同国の高度経済成長とそれに伴うエネルギーの消費量と温室効果ガスの排出量の急増は、国際的な問題として認識されるようになり、〇六年に中国の一人当たりの$CO_2$排出量が世界平均を上回るようになるにしたがって、他の途上国からも中国に大幅な温室効果ガスの削減を迫られるようになったためである。中国国内でも、大気汚染の深刻化という問題もあって、エネルギー安定供給のために輸入先を多様化するとともに、国内でのエネルギーの多元的な発展を促進している。例えば、第一二次五カ年計画（二〇一一～五年）では、一次エネルギーの総消費に占める非化石燃料の割合を一一％以上、総発電に占める割合を三〇％に引き上げる目標を設定している。また、国内で風力発電の普及を図るとともに、太陽光発電などの再生可能エネルギー分野の技術開発を戦略的な育成産業として位置づけて、中央ならびに地方政府も積極的に法的ならびに財政的支援を行ってきている。ただし、ソーラーパネルをめぐる欧米諸国との貿易摩擦に見られるように、再生可能エネルギー分野の産業育成だからといって、自国の経済利益のみを追求すると他国と摩擦を起こすのみならず、過剰生産によって供給過多の状況が自国の産業の健全な発展を損なうことも明らかになってきた。今後は、中国国内の再生可能エネルギー需要の拡大をもたらす政策が求められている。

二〇一四年一一月、中国と米国は、これまで以上に野心的かつ実質的な温室効果ガスの中期削減目標を共同で発表した。二国で世界の温室効果ガス排出の四四％を占める中国と米国による気候変動に関する共同声明は、普遍的な中・長期の削減目標の設定を目指す国連中心の気候交渉に弾みをつけるものとなった。これら二大排出国、特に、中国の削減目標自体はまだ不十分なものではあるが、二国間で炭素隔離貯留（ＣＣＳ）、クリーン・エネルギー、低炭素社会構築、エコ建築などの分野で研究開発投資を促進しつつ、温室効果ガス排出削減のために実質的な行動を起こすことは、ヨハネスバーグ方程式を解く重要な鍵である。

日本は、一九七〇年代の二度にわたる石油危機に直面して、産業構造の転換を図るとともに省エネ技術を発展させて、八〇年代には世界第二位の経済大国に上り詰めた。しかし、石油危機後のエネルギー需給傾向を概観してみると、長期的な戦略に基づくエネルギー安全保障政策が取られているとは言い難い現実が浮かび上がってくる。一九七〇年から二〇一一年までの日本における総エネルギー供給に占める輸入の割合は、福島第一原発事故が起こった一一年の約九一％を除き、概ね八〇％前半で推移した。つまり、日本のエネルギー自給率は石油危機後一貫して一〇％台後半という低い水準で推移しているということである。さらに驚くことに、多くのリスクをはらむ中東の石油への依存度は、八七年の六七・九％が最低水準で、二〇〇〇年代に入って、第一次石油危機以前同様、八〇％以上という高い依存率を維持している。それだけではなく、第一次石油危機後、石油依存からの脱却とエネルギー源の多様化のため、海外からの一般炭（電力利用が圧倒的に多い）の輸入解禁策が採られるとともに、一九八五年のプラザ合意以後の円高傾向によって外国炭価格が安くなったこともあり、八〇年代後半以降、輸入炭が急増して国内石炭産業は衰退していった。一般炭の輸入先は豪州（六七％）と中国（一七％）等でやや偏りがあるが、鉄鋼業などで利用する原料炭は豪州（五〇％）、インドネシア（二七％）、カナダ（八％）、中国（七％）と多少多様化している。しかし、石炭のほぼ一〇〇％を海外に依存している現状は、エネルギー安全保障上可能な限り避けたい状態である。日本政府は、「準」国産として位置づけられた原子力エネルギーに同国のエネルギー安全保障を託してきた感があり、「純」国産の再生可能エネルギーの普及は低く抑えられた。実は、このエネルギー政策は、一一年三月の福島第一原発事故以前に、すでに破綻の兆しを見せていた。一九九〇年代半ばから原発の新設や増設が難しくなっただけでなく、核燃料サイクルの確立の目処も全く立たなくなっていたためである。日本のエネルギー政策の根幹をなしてきた原子力エネルギー利用の拡大が頭打ちになると同時に、日本の気候変動緩和政策の根幹も揺らいだ。

日本は、国連気候変動枠組条約会議（ＣＯＰ３）や本国で開催された京都議定書交渉会議においても、支持国的な役割を演じてきた。経産省と経団連の政策連合は、日本が石油危機以降省エネ努力を重ねてきたことを理由に、他のＯＥＣＤ諸国と同じ水準の温室効果ガス排出削減義務を負うことには反対してきたが、最終的に日本政府として、一九九七年のＣＯＰ３で、京都議定書の第一約束期間（二〇〇八〜一二）に一九九〇年比六％の削減義務を負うことに同意した。その後、二〇〇一年に米国が京都議定書から離脱したが、日本はＥＵと協力して同議定書の発効に寄与した。安倍政権は、〇七年に「クール・アース50」という気候政策を発表して、五〇年までに温室効果ガスの排出を世界全体で五〇％削減する目標を公表した。さらに、自民党からの政権交代を果たした民主党の鳩山政権は、すべての主要排出国が意欲的な削減目標を国際的に約束するなら、二〇年までに温室効果ガスを一九九〇年比二五％、五〇年までに同年比八〇％削減することを〇九年九月開催の国連気候変動首脳会合で約束した。しかし、この国際的約束を支える日本国内のエネルギー政策は、経産省資源エネルギー庁の「新・国家エネルギー戦略」（〇六年）に基づいていて、三〇年までに省エネ三〇％、石油依存度を四〇％以下に、運輸部門の石油依存度を八〇％削減するとともに、同年までに原子力発電を三〇〜四〇％以上増設する、という目標が掲げられていた。鳩山政権から政権を引き継いだ菅政権は、一〇年六月に「エネルギー基本計画」を閣議決定し、三〇年までに電力発電用エネルギー源の七〇％を非化石燃料でまかなうことを決定した。この七〇％の内訳は、再生可能エネルギーが二〇％で、原子力が五〇％ということで、後者の目標を達成するためには、二〇年までに新たに九基の原発の新設あるいは増設を、三〇年までに少なくとも一四基以上の原発を新・増設する必要があった。こうした目標は、九〇年代後半から原発の新・増設が非常に困難になっていたことを踏まえれば、福島第一原発事故が発生していなくても達成が不可能な目標であった。未曾有の福島の原発事故は、日本の長期エネルギー戦略とともに、気候政策の根幹が揺らいでいることを白日の下に晒した。日本政府は、一一年ダーバンで開催されたCOP17で、京都議定書の延長と第二約束期間での削減義務の受け入れを拒否した。

なぜ、日本はエネルギー安全保障においてかくも脆弱になり、気候政策においても拒否国になってしまったのか。石油危機以前には日本よりはるかにエネルギーの自給率が低かったデンマークは、後に北海油田の開発が本格化したとはいえ、国民自らが将来のエネルギーのあり方を真剣に議論した結果として、脱原発を選択するとともに、風力やバイオマスに代表される再生可能エネルギーを中心とした持続可能なエネルギー開発を推進している。また、同国の新エネルギー対策は政権政党が交代しても政党間の政策協定によって継続される。このことは、エネルギー選択に関する国民的合意が形成されていることを意味している。もちろん、デンマークの経済規模は日本よりはるかに小さいのみならず、日本に比べエネルギー多消費型の産業も少ないので、両国の比較は最適とは言えないが、エネルギーの自立を達成した上で、気候変動問題に対しても真っ向から立ち向かっている国民の姿勢は、世界的に範を示していると言えよう。因みに、デンマークはヨハネスバーグの方程式を解く鍵をほぼ入手していて、持続可能な社会の形成に向けて大きく前進している。

デンマークに続くのがドイツで、後者もヨハネスバーグの方程式の正解を得る方向に大きく舵を切っている。ドイツと日本では経済規模も産業構造も類似しているだけではなく、石油危機後は両国とも原子力エネルギーを石油代替エネルギーとして位置づける一方、一九九〇年代の再生可能エネルギーの普及率は両国とも一%台であった。しかし、ドイツは将来的に脱原発を選択し、急速に再生可能エネルギーを普及させている。日本とドイツの決定的な違いは、後者が草の根民主主義や新しい社会運動によって緑の党を生み出し、同党が政権の一翼を担うようになったことである。日本ではなぜ、ドイツやデンマークのように反原発運動が全国レベルの運動とはならないのか。その主な理由は、吉岡によれば、原発立地地点の確保が地権者と漁業権者の意向に大きく左右されるのみで、原発建設候補地周辺住民、都市の電力消費者、その他の原発の建設に懸念を表明する人々や、電力会社や原発関連産業との利害関係を一切持たない民主的で客観的かつ科学的な議論を求める専門家や科学者の意向はほとんど汲み取られないためである（吉岡、二〇一一、一四九～五〇頁）、と指摘している。つまり、地権者と漁業権者が原発建設に反対すれば原発の立地確保が困難になる一方、両者が賛成さえすれば立地確保が容易となる、ということである。地権者と漁業権者以外のステークホルダーが組織的な反対運動を展開しても、政府から建設の認可を得た電力会社が建設計画を見直すことはほとんどない。それでも、上述したように、九〇年代後半以降、原発の新・増設の立地場所を確保するのは非常に困難になってきている。

これまでに日本で唯一民主的な手法で将来のエネルギー選択を決めていこうという姿勢を政府が示したのは、二〇一二年七月～八月にかけて一般市民からの意見を聴取し、同期間に全国一一カ所で意見聴取会が開催され、さらに討論型世論調査も行って、民意が将来的な原発ゼロの意思表示をした時のみであった。民主党から自民党と新公明党の連立政権に代わってからは、福島第一原発以前の非民主的な政策決定過程によって原発がベースロード電源に位置づけられて、福島第一原発の事故調査がエネルギー政策に反映されることもなく、最悪の事故を想定した避難計画も策定されないまま、原発の再稼働の手続きのみが先行して行われている。また、経産省・電力会社・原発関連産業が中心となってエネルギー政策を決定するという旧体制に戻りつつある。

国内に石油をはじめとした化石燃料が比較的豊富な米国と中国は、ヨハネスバーグの方程式の解を得るためには多くの障碍を乗り越える必要がある。デンマークやドイツ同様、米国社会には民主的なエネルギー政策決定過程が存在するが、一九九〇年代以降、民主党と共和党の党派対立が新エネルギー危機対策を遅らせている。また、シェールガスなどの非在来型化石燃料が豊富に採掘できる現状では、エネルギーの効率化と再生可能エネルギーを中心としたエネルギー転換はまだ先のことになりそうである。他方、未だに高度経済成長期にある中国は、石炭への依存度が大きいこともあって、温室効果ガスの実質的な排出削減には踏み込めない。また、中央・地方政府ともども太陽光発電などの再生可能エネルギー産業の育成に力を入れているが、過剰生産気味で欧米諸国とは貿易摩擦を起こすとともに、国内企業の倒産も含む産業の再編問題を引き起こして、ヨハネスバーグの方程式をより複雑なものにしている。

新エネルギー対策の中核をなすエネルギー効率の向上と再生可能エネルギーの普及は、石油や天然ガスなどの中東などの政治的に不安定な地域に依存するリスクを軽減あるいは回避することができるのみならず、そうした希少な資源をめぐる紛争に巻き込まれる危険性も軽減あるいは回避することもできる。すなわち、自国のエネルギー自立を促すのみならず安全保障を確保することもできるのである。その他、エネルギー効率の向上と再生可能エネルギーの普及からなる新エネルギー対策は、気候変動緩和、持続可能な発展、そして自然保護にも寄与する。本書でも紹介したように、こうした新エネルギー対策のために新たに大規模な技術開発が必要ではなく、米国でさえ、既存の技術でヨハネスバーグの方程式を解くことが可能なのである。

再生可能な自然エネルギーの利用に対して、原子力エネルギー利用は、福井地方裁判所の関西電力大飯原発三、四号機の運転差し止め判決で指摘されたように、個人の生命、身体、精神および生活に関する利益からなる人格権を侵害する危険性を常に伴うものである（福井地方裁判所、二〇一四）。未曾有の福島第一原発事故で日本の「安全神話」がもろくも崩壊したように、原発の運転と高レベル放射性廃棄物の最終処分などついて絶対の安全はあり得ない。だとすると、万が一の事故が起きてもその人的被害と物的損害のより少ないエネルギー源に頼るのが望ましい。同裁判の被告である関西電力における原発の稼働停止による電力供給の不安定化と天然ガス等の電力用燃料の購入に伴うコストの上昇の問題に対して、福井地方裁判所判決言渡文は、「このコストの問題に関連して国富の流出や喪失の議論があるが、たとえ本件原発の運転停止によって多額の貿易赤字が出るとしても、これを国富の流出や喪失というべきではなく、豊かな国土とそこに国民が根を下ろして生活していることが国富であり、これを取り戻すことができなくなることが国富の喪失である」（同上、六六頁）と福井地方裁判所の考えを明確に述べている。また、被告の原発は気候変動の緩和に寄与するという議論に対して、同裁判所の判決文は「被告は、原子力発電所の稼働が$CO_2$（二酸化炭素）排出削減に資するもので環境面で優れている旨主張するが（中略）、原子力発電所でひとたび深刻事故が起こった場合の環境汚染はすさまじいものであって、福島原発事故は我が国始まって以来最大の公害、環境汚染であることに照らすと、環境問題を原子力発電所の運転継続の根拠とすることは甚だしい筋違いである」（同上）と言い切っている。これほど明解な論理はないのではないだろうか[1]。

住み慣れた故郷を失う以上の「損失」はない。人類がこの地球上で生き残るためには、自らの生活の基盤である生態系の微妙なバランスを保つことのできるエネルギー選択が不可欠である。そのためには、地域分散型のエネルギー需給体制を確立することによって地域経済社会を活性化しつつ、可能な限り再生可能なエネルギー源の利用を拡大することによって、気候変動の緩和を図るとともに、海外資源に依存するというエネルギーの安全保障上の脆弱性を減らすことも可能となる。また、デンマークとドイツの例にあるように、自国のエネルギーミックスに関して、市民がその意思決定に参加して国民的合意の下にエネルギー選択がなされることも、持続可能で公正な社会に欠かせない。

## 注

1　二〇一五年四月一四日に、福井地裁は関西電力高浜原発三、四号機（福井県）の運転を禁じる仮処分を出す一方、鹿児島地裁は、同年四月二二日、九州電力川内原発一、二号機（鹿児島県薩摩川内市）の運転差し止めを求めた住民の仮処分の申し立てを却下した。両判定の主な相違点は、福井地裁判決が、原子力委員会の新規の安全審査基準は緩すぎて科学的合理性に欠けること、基準地震動を超える地震が発生していること、そして人格権を侵害していると判断したのに対して、鹿児島地裁は、川内原発の再稼働をめぐって福井地裁とは正反対の判断をしている。つまり、新規基準は科学的かつ合理的、基準地震動で安全性も確保でき、人格権の侵害やその恐れも認められない、ということである（「二原発　割れた司法判断―川内再稼働差止め却下」『朝日新聞』二〇一五年四月二三日）。

# 参考文献

（以下のインターネット上にも掲載された文献や資料は、すべて二〇一五年五月九日に検索可能を確認）
相原亮、大津智義、二〇一五、「二〇三〇原発比率二割程度―『ベースロード電源六割』自民方針―」『朝日新聞』、四月三日
阿部博光、二〇一一、『大分発　自然エネルギー最前線―自給率日本一の実力―』大分合同新聞社
綾部広則、二〇一四、「再生可能エネルギー政策の背景―その日本的展開―」国会図書館『再生可能エネルギーをめぐる諸相（調査資料）』国立国会図書館調査及び立法考査局、四七～七〇頁
鮎川ゆりか、二〇一五、『これからの環境エネルギー―未来は地域で完結する小規模分散型社会―』三和書籍
――、二〇一二、『e-コンパクトシティが地球を救う―二〇五〇年に向けた社会デザイン―』日本評論社
荒谷勝喜、二〇〇八、「石油危機後の日本のエネルギー資源問題―海外炭導入の背景と国内石炭産業の衰退―」『彦根論叢―岩崎恵一教授退職記念論文集』第371号、（平成二〇年）三月、九七～一一六頁
安全なエネルギー供給に関する倫理委員会、二〇一三、『ドイツの脱原発倫理委員会報告―社会共同によるエネルギーシフトの道すじ―』（吉田文和、ミランダ・シュラーズ編訳）大月書店
飯田哲也、二〇一一、『エネルギー進化論―「第四の革命」が日本を変える―』ちくま新書
――、二〇〇〇、『北欧のエネルギーデモクラシー』新評論
池田明史、二〇一五、「石油危機と中東外交の『転換』」『国際問題』No.638、一六～二五頁
石川陽平、二〇一四、「中ロ、ガス供給合意―総額四〇兆円　経済でも協力強化―」『日本経済新聞』、五月二二日
石塚広志、長野剛、二〇一四、「核燃料サイクル中ぶらりん―再処理工場　完成先延ばし」連載記事「原発延命―再稼動を問う②」、『朝日新聞』、一一月三日

石井徹、二〇一三、「『京都』達成を発表―COP19、新目標表明へ―」『朝日新聞』、一一月二〇日
石見徹、二〇〇四、『開発と環境の政治経済学』東京大学出版会
伊藤丈人、二〇一一、「遺伝子組み換え食品に対する日本の政策変更の分析―論争の軸の移動に注目して―」『国際政治』第一六六号（八月）、一一四～一二七頁
伊原賢、二〇一二、『シェールガス革命とは何か―エネルギー救世主が未来を変える―』東洋経済新報社
今泉大輔、二〇一三、『再生可能エネルギーが一番わかる―太陽光、風力、地熱、バイオマス発電の実務と実際―』技術評論社
植田和弘、二〇一三、『緑のエネルギー源論』岩波書店
上田俊英、石井徹、二〇一五、「固定買い取り抑制に理論も―再生エネパブコメ3千件―」『朝日新聞』、一月一七日
江原規由、二〇一三、「中国・EUの反ダンピング・反補助金調査の顛末―中国製太陽光パネル製品のケース―」『季刊　国際貿易と投資』Autumn、No.93、九〇～一〇六頁、www.iti.or.jp/kikan93/93ehara.pdf
王海紅、北原洋明、二〇一〇、「中国太陽電池産業の中心地・江蘇を回る(1)」Tech-On（日経BP社）、七月二日　http://techon.nikkeibp.co.jp/article/COLUMN/20100702/183947/
大島堅一、二〇一〇、『再生可能エネルギーの政治経済学―エネルギー政策のグリーン改革に向けて―』東洋経済新報社
太田宏、二〇一三、「グローバル・ガバナンスと中国―胡錦濤時代と国際公共財のガバナンス―」日本国際問題研究所編『政権交代期の中国：胡錦濤時代の総括と習近平時代の展望』日本国際問題研究所、（平成二五年）三月号、一一三～一三四頁
――、二〇一二、「新興国の台頭とグローバル・コモンズのガバナンス：中国の『新エネルギー危機』への対応」日本国際問題研究所編『新興国の台頭とグローバル・ガバナンスの将来』日本国際問題研究所、（平成二四年）三月号、一四三～一五八頁
――、二〇〇九、「環境政策の舵は切られるのか―グリーン・ニューディールの実現性」『外交フォーラム』第二四八号（三月）、五二～五六頁
――、二〇〇六a、「アメリカの環境政策をめぐる政治」、山本吉宣、武田興欣編、『アメリカ政治外交のアナトミー』国際書院、二一三～二四九頁
――、二〇〇六b、「持続可能な発展のメルクマール―持続可能性の目標と指標―」日本国際連合学会編『国連研究第七号　持続可能な発展の新展開』国際書院、一一～三七頁
――、二〇〇一、「地球環境問題―グローバル・ガヴァナンスの概念化―」（渡辺昭夫、土山實男『グローバル・ガヴァナンス―政府

なき秩序の模索―』東京大学出版会、二八六～三一〇頁

大津智義、二〇一五a、「教えて！電力自由化6　原発の新増設、費用回収できる？」『朝日新聞』、三月一三日

――、二〇一五b、「再エネ『二〇％台前半』―経産省検討二〇三〇年の電源構成―」『朝日新聞』、四月八日

大津智義、相原亮、二〇一五、「経済優先の電源構成―二〇三〇年原発二〇％前後　再エネ二〇％台前半―」『朝日新聞』、四月八日

大津智義、相原亮、西尾邦明、二〇一五、「ベース電源重視、『時代遅れ』の見方」『朝日新聞』、四月三日

大津智義、関根慎一、小森敦司、二〇一五、「国策の果て　帰路の原発2―原発各地に『ミニ角栄』」『朝日新聞』、三月二五日

岡島成行、一九九〇、『米国の環境保護運動』岩波新書

小野章昌、二〇一三、「米シェールガスはなぜバブルなのか？」*Global Energy Policy Research* のインターネットサイト、五月七日掲載　http://www.gepr.org/ja/contents/20130507-01/

小野一、二〇一〇、「環境問題をめぐる政治過程―ドイツ・赤緑連立が遺したものと、環境問題の新たな展開―」賀来健輔、丸山仁編著、二〇一〇、『政治変容のパースペクティブ［第二版］―ニュー・ポリティックスの政治学II―』ミネルヴァ書房、一四六～一六二頁

外務省、二〇一三、「国際エネルギー・フォーラム（IEF: International Energy Forum）について」一一月一八日　http://www.mofa.go.jp/mofaj/gaiko/energy/e_forum_about.html

賀来健輔、丸山仁編著、二〇一〇、『政治変容のパースペクティブ［第二版］―ニュー・ポリティックスの政治学II―』ミネルヴァ書房

郭四志、二〇一一、『中国エネルギー事情』岩波新書

――、二〇〇六、『中国石油メジャー―エネルギーセキュリティの主役と国際石油戦略―』文眞堂

香取啓介、二〇一五a、「教えて！温暖化対策（三）　日本の取り組みはどうなっているの？」『朝日新聞』、四月一七日

――、二〇一五b、「再エネの導入二〇三〇年に四倍可能―環境省試算　全発電量の三五％―」『朝日新聞』、四月四日

香取啓介、須藤大輔、二〇一五a、「温室ガス目標定まらぬ日本―三月期限　年末にはCOP21―」『朝日新聞』、四月一日

――、二〇一五b、「温室ガス一三比二六％減―三〇年時点、政府目標案―」『朝日新聞』、五月一日

川田俊男、二〇一四、「失われゆく大義名分」連載記事「原発延命―再稼動を問う②」『朝日新聞』、一一月三日

環境エネルギー政策研究所（ISEP）編、二〇一四、『自然エネルギー白書二〇一四』ISEPのウェブサイト（http://www.isep.or.jp/jsr2014 で以下のPDF版の全文をダウンロード可能）　http://www.isep.or.jp/images/library/JSR2014All.pdf

――、二〇一三、『自然エネルギー白書―Renewables Japan Status Report 2013―』七つ森書館

環境省、二〇一三、「ＩＰＣＣ第五次評価報告書の概要―第一作業部会（自然科学的根拠）―」二〇一三年一二月版　http://www.env.go.jp/earth/ipcc/5th/pdf/ar5_wg1_overview_presentation.pdf

―――、二〇一二「平成二四年度　再生可能エネルギーに関するゾーニング基礎情報整備報告書」　https://www.env.go.jp/earth/report/h25-03/; https://www.env.go.jp/earth/report/h25-03/full.pdf

―――、二〇一一「平成二三年度　再生可能エネルギーに関するゾーニング基礎情報整備報告書」　https://www.env.go.jp/earth/report/h24-04/

―――、二〇一〇、「平成二二年度再生可能エネルギー導入ポテンシャル調査」　https://www.env.go.jp/earth/report/h23-03/; https://www.env.go.jp/earth/report/h23-03/full.pdf

―――、二〇〇八、「京都議定書目標達成計画」閣議決定　http://www.env.go.jp/earth/ondanka/kptap/plan080328/full.pdf

環境庁編、一九九二（平成四年）、『平成四年版　環境白書　総説―持続可能な未来の地球への日本の挑戦―』大蔵省印刷局

環境庁（環境庁20周年記念事業実行委員会）編集、一九九一、『環境庁二十年史』ぎょうせい

環境庁・外務省監訳、一九九七、『アジェンダ21実施計画１９９７』エネルギージャーナル社

気候ネットワーク、二〇一三ａ、「ドーハ会議（ＣＯＰ18／ＣＭＰ８）の結果と評価」特定非営利活動法人気候ネットワーク、一月一一日　http://www.kikonet.org/theme/archive/kokusai/COP18/COP18result.pdf

―――、二〇一三ｂ、「ワルシャワ会議（ＣＯＰ19／ＣＭＰ９）の結果と評価」特定非営利活動法人気候ネットワーク、一二月一八日　http://www.kikonet.org/theme/archive/kokusai/COP19/COP19result.pdf

橘川武郎著、通商産業政策史編纂委員会編、二〇一一、『通商産業政策史１９８０―２０００　第10巻　資源エネルギー政策』財団法人経済産業調査会

熊谷徹、二〇一五、「ドイツの脱原子力政策から四年―国民的合意は揺るがない」*The Huffingtonpost in the Association with the Asahi Shimbun*、ブログ、
第一回投稿日三月九日　http://www.huffingtonpost.jp/toru-kumagai/nuclear-power-abolition-in-germany_b_6822166.html
第二回投稿日三月一一日　http://www.huffingtonpost.jp/toru-kumagai/report-about-fukushima-in-germany_b_6842142.html
第三回投稿日三月一三日　http://www.huffingtonpost.jp/toru-kumagai/nuclear-power_b_6858404.html

―――、二〇一二、『なぜメルケルは「転向」したのか』日経ＢＰ社

Ｗ・Ｒ・クラーク、二〇一三、『ペトロダラー戦争―イラク戦争の秘密、そしてエネルギーの未来―』高澤洋志訳、作品社

倉阪秀史編、二〇一二、『地域主導のエネルギー革命』本の泉社

M・グラブ、二〇〇〇、『京都議定書の評価と意味―歴史的国際合意への道―』松尾直樹監訳、（財）省エネルギーセンター

経済産業省、二〇一二、「電気事業者による再生可能エネルギー電気の調達に関する特別措置法施行規則」（平成二四年経済産業省令第四十六号）

経済産業省資源エネルギー庁、二〇一〇、『エネルギー白書　２０１０年版』経済産業省

――――、二〇一〇、「エネルギー基本計画」　http://www.enecho.meti.go.jp/topics/kihonkeikaku/100618honbun.pdf

――――、二〇〇六、「新国家エネルギー戦略」（要約版）　http://www.enecho.meti.go.jp/topics/energy-strategy/senryaku-youyaku.pdf

原子力安全委員会、二〇〇六（平成一八年）、「発電用原子炉施設に関する耐震設計審査指針」九月一九日、原子力安全委員会決定　http://www.nsr.go.jp/archive/nsc/shinsashishin/pdf/1/si004.pdf

厚生労働省、二〇一三、『平成二五年版　労働経済分析』厚生労働省

国会事故調、二〇一二、『東京電力福島原子力発電所事故調査委員会報告書』　http://naiic.go.jp/blog/reports/main-report/

古賀茂明、二〇一三、『原発の倫理学』講談社

古賀大己、二〇一五a、「電力融通を指示　広域機関が発足　新規参入事業者も参加」『朝日新聞』、四月二日

――――、二〇一五b、「教えて！電力自由化４『節電すれば割引』サービス増えそう？」『朝日新聞』、三月一一日

小長洋子、二〇一四、「なぜシェールガスはカベにぶつかっているのか―世界平和研究所主任研究員の藤和彦氏に聞く―」東洋経済新報社東洋経済オンライン、一月二四日、http://toyokeizai.net/articles/-/28835

近藤かおり、二〇一三、「デンマークのエネルギー政策について―風力発電の導入政策を中心に―」国立国会図書館調査及び立法考査局、『レファランス』（平成二五年）九月号、一〇三～一一九頁　http://dl.ndl.go.jp/view/download/digidepo_8301281_po_075206.pdf?contentNo=1

サーチナ、二〇一一、「太陽光発電関連特集３―勢力図も激しく塗り替わる世界の電池セルメーカー」*Searchina*、七月二一日　http://news.searchinå.ne.jp/disp.cgi?y=2011&d=0721&f=business_0721_066.shtml

桜井啓子、二〇〇六、『シーア派―台頭するイスラーム少数派―』中公新書

産業構造審議会、二〇〇三、「気候変動に関する将来の持続可能な枠組みの構築に向けた視点と行動」環境部会地球環境小委員会中間とりまとめ、経済産業省産業技術環境局地球環境対策室

資源エネルギー庁、二〇一三、「電力小売市場の自由化について」経済産業省資源エネルギー庁電力・ガス事業部電力市場整備課、（平成

二五年）一〇月　http://www.enecho.meti.go.jp/category/electricity_and_gas/electric/pdf/seido1206.pdf

篠田邦彦、二〇一三、「習近平政権下の中国のエネルギー政策・外交の行方―経済改革とエネルギー安全保障の実現に向けて―」『石油・天然ガスレビュー』第四七巻第五号、九月、一～四五頁　http://oilgas-info.jogmec.go.jp/pdf/4/4985/201309_001a.pdf

衆議院、二〇一五、「電気事業法等の一部を改正する等の法律案」閣第二九号　http://www.shugiin.go.jp/internet/itdb_gian.nsf/html/gian/honbun/houan/g18905029.htm

――、二〇一三、「電気事業法の一部を改正する法律」、平成二五年法律第七四号、一一月二〇日　http://www.shugiin.go.jp/internet/itdb_housei.nsf/html/housei/18520131120074.htm

新エネルギー・産業技術総合開発機構（ＮＥＤＯ）、二〇一四、「特集　サンシャイン計画40周年―日本の新エネルギー開発の原点、その意義―」、*focus NEDO*（フォーカス・ネド）特集号（九月）

Ｋ・Ｓ・スズキ（ステファン・ケンジ）、二〇一一、『増補版　デンマークという国　自然エネルギー先進国―［風のがっこう］からのレポート―』合同出版

須藤大輔、二〇一五、「教えて！温暖化対策（八）経済成長と両立できる？」『朝日新聞』、四月二五日

Ｍ・Ａ・シュラーズ、二〇一一、『ドイツは脱原発を選んだ』岩波書店、岩波ブックレット８１８

――、二〇〇七、『地球環境問題の比較政治学―日本、ドイツ、アメリカ』長尾伸一、長岡延孝監訳、岩波書店

石炭政策史編纂員会、二〇〇二、『石炭政策史資料編』石炭エネルギーセンター

高木仁三郎、二〇〇三、「原発事故はなぜくりかえすのか」『高木仁三郎著作集　第三巻　脱原発へ歩みだすⅢ』七つ森書館、三〇一～四一六頁

高橋洋、二〇一一、『電力自由化―発送電分離から始まる日本の再生―』日本経済新聞出版社

高橋洋一、二〇一一、『財務省が隠す６５０兆円の国民資産』講談社

田北廣道、二〇〇四、『日欧エネルギー・環境政策の現状と展望―環境史との対話―』北九州大学出版会

瀧本大輔、二〇一一「世界トップの太陽電池メーカーの実力―米中政策にも影響を与えるＪＡソーラー」日経ビジネスオンライン、二月四日　http://business.nikkeibp.co.jp/article/world/20110202/218251/

橘木俊詔、長谷部恭男、今田高俊、益永茂樹編集、二〇〇七、『リスク学入門１　リスク学とは何か』岩波書店

田中理穂、二〇一五、「ドイツの電力、再生可能エネルギーがトップに―政府が進めるエネルギーシフト、二〇二二年の脱原発に向けた取

り組み加速―」*WEBRONZA* 三月四日 http://webronza.asahi.com/global/articles/2015030300007.html

R・E・ダンラップ、A・G・マーティグ編、一九九三、『現代アメリカの環境主義―一九七〇年から一九九〇年の環境運動―』満田久義監訳、ミネルヴァ書房

千葉大学倉阪研究室および永続地帯研究会、二〇一五、『永続地帯２０１４年度版報告書―再生可能エネルギーによる地域の持続可能性の指標―』三月 http://sustainable-zone.org/wordpress/wp-content/uploads/sustainablezone-2014FY-report.pdf

中央環境審議会、二〇〇三、「地球温暖化対策税の税率とその経済影響の試算」総合政策・地球環境合同部会 地球温暖化対策税制専門委員会資料（七月二五日） http://www.env.go.jp/council/16pol-ear/y161-12/mat_01_2/05_1.pdf

中華人民共和国国務院報道弁公室（中国国務院）、二〇一二、『中国のエネルギー政策（二〇一二）白書』（全文和訳）、中国網日本語版ウェブサイト（http://japanese.china.org.cn） http://japanese.china.org.cn/business/txt/2012-11/01/content_26975468.htm

地球温暖化問題懇談会、二〇〇九、「地球温暖化問題に関する懇談会（第九回）」（五月二四日）、資料一（地球温暖化対策の中期目標に関する国民的議論の結果概要）、別紙一（各選択肢を支持する主な意見）、別紙二（「地球温暖化対策の中期目標に関する世論調査」の結果（概要））、首相官邸 http://www.kantei.go.jp/jp/singi/tikyuu/kaisai/dai09/09gijisidai.html

地球温暖化対策推進本部、二〇〇二、「地球温暖化対策推進大綱」首相官邸 http://www.kantei.go.jp/jp/singi/ondanka/2002/0319ondantaikou.html

――――、一九九八、「地球温暖化対策推進大綱―二〇一〇年に向けた地球温暖化対策について―」首相官邸 http://www.kantei.go.jp/jp/singi/ondanka/9806/taikou.html

通商産業省、一九八〇、『通商産業省年報 昭和55年度版』通称産業省大臣官房調査統計部

通商産業省編、一九七五、『昭和五〇年代エネルギー―安定供給のための選択―』通商産業調査会

坪郷實、二〇一五、「脱原発とエネルギー政策の転換への道―ドイツと日本の比較から―」鎌田薫監修『震災後に考える』早稲田大学出版部、二一九〜三一頁

鶴見和子、一九八一、『南方熊楠』講談社学術文庫

鶴見和子、川田侃編、一九八九、『内発的発展論』東京大学出版会

電力システム改革専門委員会、二〇一三、「電力システム改革専門委員会報告書」総合エネルギー資源調査部会電力システム改革専門委員会、三月 http://www.meti.go.jp/committee/sougouenergy/sougou/denryoku_system_kaikaku/report_002.html http://www.meti.go.jp/committee/sougouenergy/

sougou/denryoku_system_kaikaku/pdf/report_002_01.pdf
東京海上火災保険株式会社編、一九九二、『環境リスクと環境法　米国編』有斐閣
長島美織、二〇一三、「リスク概念の多元性と統合性について」『メディア・コミュニケーション研究』第六五号、一一月、三七～四五頁
中西準子、二〇〇四、『環境のリスク学—不安の海の羅針盤—』日本評論社
中村梧郎、一九九五、『戦場の枯葉剤—ベトナム・アメリカ・韓国1』岩波書店
ニールセン北村朋子、二〇一二、『ロラン島のエコ・チャレンジ—デンマーク発、100%自然エネルギーの島—』野草社
西尾邦明、平塚学、二〇一五、「太陽光発電3～5割抑制—電力5社試算　新規受け入れ分—」『朝日新聞』、三月五日
二宮書店編集部、二〇一四、『データブック・オブ・ザ・ワールド　二〇一四—世界各国要覧と最新統計—』二宮書店
日本エネルギー経済研究所（計量分析ユニット）編、二〇一四、『エネルギー・経済統計要覧』省エネルギーセンター
日本経済団体連合会（日本経団連）、二〇〇九、「ポスト京都議定書におけるわが国の中期目標に関する意見」五月一二日　http://www.keidanren.or.jp/japanese/policy/2009/044.html
——、二〇〇三、「『環境税』の導入に反対する」、一一月一八日　http://www.keidanren.or.jp/japanese/policy/2003/112.html
農林水産省、二〇一三、「農林漁業の健全な発展と調和のとれた再生可能エネルギー電気の発電の促進に関する法律」、平成二五年法律第八一号　http://www.maff.go.jp/j/shokusan/renewable/energy/houritu.html#houritu
畠山武道、一九九二、『米国の環境保護法』北海道大学図書刊行会
浜中裕徳編、二〇〇六、『京都議定書をめぐる国際交渉—COP3以降の交渉経緯—』慶應義塾大学出版会
R・W・フィンドレー、D・A・ファーバー、一九九二、『米国環境法』稲田仁士訳、木鐸社
平林大輔、小坪遊、二〇一五、「再生エネ抑制採算不安—買い取り新ルール業者『計画立たぬ』—」『朝日新聞』、二月五日
福井地方裁判所、二〇一四、「平成二六年五二一日判決言渡（正本）」、福井地方裁判所民事第二部、裁判長裁判官樋口英明、裁判官石田明彦、裁判官三宅由子（原子力資料情報室（CNIC）、「5／21関西電力大飯原発3、4号機運転差し止め訴訟　福井地裁判決謄本」にて入手可能 http://www.cnic.jp/5851)
藤和彦、二〇一三、『シェール革命の正体—ロシアの天然ガスが日本を救う—』PHP
藤野純一、榎原友樹、岩渕裕子、二〇〇九『低炭素社会に向けた12の方策』日刊工業新聞
船曳尚、二〇〇五、「PRS市場の登場」飯田哲也編『自然エネルギー市場—新しいエネルギー社会のすがた—』築地書館、九九～一一九

頁

U・ベック、一九九八、『危険社会―新しい近代への道―』法政大学出版局

P・ヘニッケ、D・ザイフリート、二〇〇一、『ネガワット―発想の転換から生まれる次世代エネルギー―』朴勝俊訳、省エネルギーセンター

前田一郎、二〇一四a、「オバマ政権の環境・エネルギー政策（その一八）―ケリーによる二度目の法案提出―」、二月一二日、国際環境経済研究所　http://ieei.or.jp/2014/02/special201308_01_018/

――、二〇一四b、「オバマ政権の環境・エネルギー政策（その一六）―下院では環境保護急進派ワックスマンとマーキーが法案提出二〇二〇年一七%削減公約へ―」一月二二日、国際環境経済研究所　http://ieei.or.jp/2014/01/special201308_01_016/

前田智広、二〇一一「IEAによる備蓄放出について」日本エネルギー経済研究所（IEEJ）、八月、一～五頁　http://eneken.ieej.or.jp/data/3999.pdf

松本真由美、「国際環境経済研究所GDP拡大を求める発想の転換が必要に　浦野光人氏・経済同友会『低炭素社会づくり委員会』委員長／ニチレイ会長に聞く」［後編］　日本環境経済研究所　http://ieei.or.jp/2012/02/opinion120208/4/　http://ieei.or.jp/wp-content/uploads/2012/02/d60520f40c862b05ec2c742e39a56c461.pdf

松本泰子、二〇〇八、「地球環境レジーム間の政策矛盾と因果メカニズム―HFC－23破壊CDM事業の事例」『環境経済・政策研究』第一巻第一号、五四～六四頁

松本泰子、太田宏、蟹江憲史、二〇〇五、「欧州における長期目標設定過程とその政治的背景―科学と政治のインタラクション―」『季刊環境研究』第一三八号、九三～一〇一頁

T・R・マルサス、一九七三、『人口論』永井義雄訳、中公文庫

丸山仁、一九九七、『新しい政党』と政党論の新展開―グリーンポリティクスの方へ―」『アルテス　リベラレス』岩手大学人文社会科学部、第六〇号、一六七～一九五頁

みずほ情報総研株式会社、環境・資源エネルギー部、二〇一一、「平成22年度新エネルギー等導入促進基礎調査事業（太陽光発電及び太陽熱利用の導入可能量に関する調査）報告書」、（平成二三年）二月、経済産業省 資源エネルギー庁省エネルギー・新エネルギー部新エネルギー対策課　http://www.meti.go.jp/meti_lib/report/2011fy/E001772.pdf

南方熊楠、一九七一、『南方熊楠全集　第七巻』平凡社

宮崎健、二〇一五、「住商16年ぶり赤字―純損失８５０億円　資源戦略見直し―」『朝日新聞』、三月二六日

本村眞澄、二〇一三、「21世紀も続く炭化水素の時代—本格化する非在来型資源開発と消滅したピークオイル論—」『石油・天然ガスレビュー』Ｖｏｌ．47、Ｎｏ．3、七〜二八頁

本村眞澄、本田博巳、二〇〇七、「ピークオイルの資源的概念とその対応策について」『石油・天然ガスレビュー』Ｖｏｌ．41、Ｎｏ．4、一七〜三〇頁

文部科学省、経済産業省、気象庁、環境省、二〇一四、「気候変動に関する政府間パネル（ＩＰＣＣ）第五次評価報告書　第三作業部会報告書（気候変動の緩和）の公表について」報道発表資料、四月一三日　http://www.env.go.jp/press/file_view.php?serial=24376&hou_id=18040

山本草二編、一九九六、『国際条約集　一九九六』有斐閣

山本吉宣、一九九六、「国際レジーム論—政府なき統治を求めて—」『國際法外交雑誌』第九五巻第一号（四月）、五頁

山本隆三、二〇一三、「太陽光パネルで貿易摩擦—欧州にツケを回す中国の産業政策—」、WEDGE Infinity、七月三日　http://wedge.ismedia.jp/articles/-/2942

吉岡斉、二〇一一、『新版　原子力の社会史—その日本的展開—』朝日新聞出版

脇阪紀行、二〇一二、『欧州のエネルギーシフト』岩波新書

和田武、二〇〇八、『飛躍するドイツの再生可能エネルギー—地球温暖化防止と持続可能社会構築をめざして—』世界思想社

E. Adler and P. Haas. (eds), 1992, "Knowledge, Power, and International Policy Coordination," (special edition) *International Organization*, Vol. 46, No. 1.

C. Althaus, 2005, "A Disciplinary Perspective on the Epistemological Status on Risk," *Risk Analysis*, 25(3), pp. 567-88.

G. Bahgat, 2011, *Energy Security: An Interdisciplinary Approach*, West Sussex: John Wiley & Sons, Ltd.

S. Barrett, 2003, *Environment and Statecraft: The Strategy of Environmental Treaty-Making*, Oxford: Oxford University Press.

B. Barton, C. Redgwell, A. Ronne, and D. Zillman, 2004, *Energy Security: Managing Risk in a Dynamic Legal and Regulatory Environment*, Oxofrd: Oxford University Press.

K. Bradsher, 2011, "200 Chinese Subsidies Violate Rules, U.S. Says," *The New York Times*, 6 October.

U. Beck, 1992, *Risk Society: Towards New Modernity*, London: Sage.

S. J. Buck, 1998, *The Global Commons: An Introduction*, Washington, DC: Island Press.

Bundesgesetzblatt, 2004, "Gesetz für den Vorrang Erneuerbarer Energien," 21 Juli (BGB1. I S. 1918).　https://www.clearingstelle-eeg.de/files/private/active/0/eeg04_061107.pdf

———, 2000, "Gesetz für den Vorrang Erneuerbarer Energien," 29 März (BGBII 2000, 305). http://www.gesetze-im-internet.de/bundesrecht/eeg/gesamt.pdf

Bundesministerium für Umwelt, Naturschutz, Bau und Reaktorsicherheit (BMUB), 2012, "Gesetz für den Vorrang Erneuerbarer Energien," Impressum Datenschutz (BT-Drucks. 17/6071 and BT Drucks. 17/6363) http://www.erneuerbare-energien.de/fileadmin/ee-import/files/pdfs/allgemein/application/pdf/eeg_2012_bf.pdf

(English version: "Act on Granting Priority to Renewable Energy Sources"): http://www.erneuerbare-energien.de/fileadmin/Daten_EE/Dokumente__PDFs_/eeg_2013_bf.pdf

———, 2009, *Combating Climate Change*, March. http://www.bmub.bund.de/en/service/publications/downloads/details/artikel/bmu-brochure-combating-climate-change/?tx_ttnews%5BbackPid%5D=216

Bundesministerium für Umwelt, Naturschutz und Reaktorsicherheit (BMU), 2007, "Integrated Energy and Climate Programme," December. http://www.bmub.bund.de/fileadmin/bmu-import/files/english/pdf/application/pdf/hintergrund_meseberg_en.pdf

Bundesministerium für Wirtscaft und Technologie (BMWi) and BMU, 2010, *Energy Concept: For an Environmentally Sound, Reliable and Affordable Energy Supply*, September. http://www.bmub.bund.de/fileadmin/bmu-import/files/english/pdf/application/pdf/energiekonzept_bundesregierung_en.pdf

Bündnis 90/Die Grünen, 1998, *Grün ist der Wechsel: Programm zur Bundestagswahl 1998*, Bonn: Bündnis 90/Die Grünen https://www.gruene.de/fileadmin/user_upload/Bilder/Redaktion/30_Jahre_-_Serie/Teil_21_Joschka_Fischer/Wahlprogramm_Bundestagswahl1998.pdf

G. W. Bush, 2006, "Address Before a Joint Session of the Congress on the State of the Union," 31 January, http://www.presidency.ucsb.edu/ws/index.php?pid=65090

———, 2002, "President Announces Clear Skies & Global Climate Change Initiatives," The White House: President G. W. Bush, February 14. http://georgewbush-whitehouse.archives.gov/news/releases/2002/02/20020214-5.html

———, 2001, "Text of a Letter from the President to Senators Hagel, Helms, Craig, and Roberts," The White House, President George W. Bush. http://georgewbush-whitehouse.archives.gov/news/releases/2001/03/20010314.html

B. Buzan, O. Wæver, and J. de Wilde, 1998, *Security: A New Framework for Analysis*, Boulder, CO: Lynne Rienner.

L. K. Caldwell, 1990, *International Environmental Policy: Emergence and Dimensions*, Second Edition, Revised and Updated, Durham: Duke University Press.

C. J. Campbell and J H. Laherrère, 1998, "The End of Cheap Oil," Scientific American, March.

P. Cannavò, 2008, "In the Wake of Katrina: Climate Change and the Coming Crisis of Displacement," in Steve Vanderheiden, ed., *Political Theory and Global*

*Climate Change*, Cambridge, MA: The MIT Press.

R. Carson, *Silent Spring*, 25th Anniversary Edition, 1987, Boston: Houghton Mifflin.（R・カーソン、二〇〇一、『沈黙の春』青樹簗一訳、新潮社）

C. Carraro, 2015, "On the recent US-China agreement on climate change," Carlo Carraro's Blog, The International Center for Climate Governance, 19 January. http://www.carlocarraro.org/en/topics/climate-policy/on-the-recent-us-china-agreement-on-climate-change/

J. Carter, 1980, "The State of the Union Address Delivered before a Joint Session of the Congress," 23 January. http://www.presidency.ucsb.edu/ws/?pid=33079

The Center for Biomass Technology (CBT), 1999, *Danish Energy Policy, Wood for Energy Production: Technology, Environment, Economy*, Second Edition, Energistyrelsen, Miljø-og Energiministeriet and The Center for Biomass Technology. https://www.etde.org/etdeweb/servlets/purl/20035583-cdF85C/webviewable/20035583.pdf

P. S. Chasek, D. L. Downie, and J. W. Brown, 2010, *Global Environmental Politics*. Fifth Edition. Boulder, CO: Westview.

A. Chayes and H. Chayes, 1998, *The New Sovereignty: Compliance with International Regulatory Agreements*, Cambridge, MA: Harvard University Press.

G. Chen, 2012, *China's Climate Policy*. London: Routledge.

J-M. Chevalier, ed., 2009, *The New Energy Crisis: Climate, Economics and Geopolitics*, New York: Palgrave Macmillan.

Civil Society Institute (CSI), 2014, "300+ Groups Urge Climate Scientist Dr. Hansen to Rethink Support of Nuclear Power," ecowatch.com, 9 January. http://ecowatch.com/2014/01/09/urge-hansen-rethink-support-nuclear-power/ 市民社会研究所（ＣＳＩ）と原子力情報資源サービス（ＮＩＲＳ）連名の原文は、以下のサイトに掲載されている。 http://www.nirs.org/climate/background/hansenletter1614.pdf

W. J. Clinton, 1997, "Remarks at the National Geographic Society, October 22, 1997," in *Public Papers of the Presidents, William J. Clinton*, 1997 Vol. 2: 1409. http://www.gpo.gov/fdsys/pkg/PPP-1997-book2/pdf/PPP-1997-book2-doc-pg1408.pdf#page=1

B. Commoner, 1971, *The Closing Circle*, New York: Alfred A. Knopf.（Ｂ・コモナー、一九七二、『なにが環境の危機を招いたか』安部喜也、半谷高久訳、講談社）

Council on Environmental Quality (CEQ) and the Department of State, 1982, *The Global 2000 Report to the President: Entering the Twenty-First Century*. New York: Penguin Books.（経済諮問委員会と国務省、一九八一、『二〇〇〇年の地球』第一・第二分冊、逸見謙三、立花一雄監訳、家の光協会）

Danish Energy Agency (DEA), 2013, *Energy in Denmark 2012: Data, tables, statistics and maps*, DEA (December). http://www.ens.dk/sites/ens.dk/files/about-danish-energy-agency/142557_energy_in_denmark_2012_uk-.pdf

———, 2012a, *Energy Policy in Denmark*, DEA (December). http://www.ens.dk/sites/ens.dk/files/dokumenter/publikationer/downloads/energy_policy_

in_denmark_-_web.pdf

———, 2012b, *Energy Statistics 2011: Data, tables, statistics and maps*, DEA (December). http://www.ens.dk/sites/ens.dk/files/info/facts-figures/energy-statistics-indicators-energy-efficiency/annual-energy-statistics//Energy%20Statistics%202011.pdf

Danish Government, 2013, *The Danish Climate Policy Plan: Towards a Low Carbon Society*, The Danish Ministry of Climate, Energy and Buildings (August). http://www.ens.dk/en/policy/danish-climate-energy-policy

———, 2011a, *Energy Strategy 2050 ? from coal, oil and gas to green energy*, The Danish Ministry of Climate and Energy (February). http://www.ens.dk/sites/ens.dk/files/dokumenter/publikationer/downloads/energy_strategy_2050.pdf

———, 2011b, *Our Future Energy*, The Danish Ministry of Climate, Energy and Buildings (November). http://www.ens.dk/sites/ens.dk/files/dokumenter/publikationer/our_future_energy.pdf

Danish Ministry of Transport and Energy (DMTE), 2005, *Energy Strategy* 2025. http://www.ens.dk/sites/ens.dk/files/dokumenter/publikationer/downloads/energy_strategy_2025.pdf

D. S. Davenport, 2006, *Global Environmental Negotiations and US Interests,* New York: Palgrave.

K. S. Deffeyes, 2001, *Hubbert's Peak: The Impending World Oil Shortage*, Princeton: Princeton University Press.（K・S・ディフェイス、二〇〇七、『石油が消える日—歴史的転換を迎えたエネルギー市場—』安芸淑子訳、パンローリング社）

M. Deutsch, J. Hobohm, L. Krampe, S. Mellahn, V. Rits, and C. Seidel, 2009, *A Renaissance of Nuclear Energy? Analysis of the conditions regarding a worldwide expansion of nuclear energy according to the plans of the nuclear industry and various scenarios of the Nuclear Energy Agency of the OECD*, German Federal Office for Radiation Protection. http://www.prognos.com/fileadmin/pdf/publikationsdatenbank/Prognos_A_Renaissance_of_Nuclear_Energy_final.pdf.

J. Diamond, 2005, *Collapse: How Societies Choose to Fail or Succeed*, New York: Penguin Books.（J・ドラモンド、二〇〇五、『文明崩壊—滅亡と存続の命運を分けるもの上・下』楡井浩一訳、草思社）

D. W. Drezner, 2007, *All Politics is Global: Explaining International Regulatory Regimes*, Princeton: Princeton University Press.

J. S. Dryzek, 2005, *The Politics of the Earth: Environmental Discourses*, Second Edition, Oxford: Oxford University Press.（J・S・ドライゼク、二〇〇七、『地球の政治学—環境をめぐる諸言説—』丸山正次訳、風行社）

The Economist, 2015, "Let There Be Light" (Special Report on Energy and Technology), *The Economist*, January 17th, pp. 1-12.

———, 2014, "Sheiks v Shale," *The Economist*, December 6th-12th, p. 13.

———, 2005, "The Curse of Oil: The Paradox of Plenty," 20th Decepmber. http://www.economist.com/node/5323394

C. Egenhofer, K. Gialoglou, G. Luciani, M. Boots, M. Scheepers, V. Costantini, F. Gracceva, A. Markandya and G. Vicini, 2004, *Market-based Options for Security of Energy Supply*, International Energy Markets (IEM), NOTA DI LAVORO 117, September. http://citeseerx.ist.psu.edu/viewdoc/download?doi=10.1.1.128.2161&rep=rep1&type=pdf

P. R. Ehrlich and A. H. Ehrlich, 1990, *The Population Explosion*, New York: Simon and Schuster.（P・エーリック、A・エーリック、一九九四、『人口が爆発する！—環境・資源・経済の視点から—』水谷美穂訳、新曜社）

L. Elliott, 2005, "The UN's Record on Environmental Governance: An Assessment," in F. Biermann and S. Bauer eds., *A World Environment Organization: Solution or Threat for Effective International Environmental Governance?*, Aldershot: Ashgate, pp. 27-56.

Ethics Commission for a Safe Energy Supply, 2011, "Germany's Energy Transition: A collective Project for the Future," Berlin, 30 May. http://www.bmub.bund.de/themen/atomenergie-strahlenschutz/atomenergie-sicherheit/atomenergie-sicherheit-download/artikel/germanys-energy-transition-a-collective-project-for-the-future-by-the-ethics-commission-for-a-safe-energy-supply/ (Ethik-kommission für Sichere Energieversorgung, 2011, "Deutschlands Energiewende - Ein Gemeinschaftswerk für die Zukunft," Berlin, 30, Mai. http://www.bmbf.de/pubRD/2011_05_30_abschlussbericht_ethikkommission_property_publicationFile.pdf

European Photovoltaic Industry Association (EPIA), 2014, "Market Rrport 2013," March. http://www.epia.org/news/publications/?L=0

EPIA and GREENPEACE, 2011, *Solar Generation 6: Solar Photovoltaic Electricity Empowering the World*, EPIA and GREENPEACE, Brussels/Amsterdam.

European Commission (Commission of the European Communities), 2008, 52008DC0030: Communication from the Commission to the European Parliament, the Council, the European Economic and Social Committee and the Committee of the Regions - 20 20 by 2020 - Europe's climate change opportunity {COM(2008) 13 final} {COM(2008) 16 final} {COM(2008) 17 final} {COM(2008) 18 final} {COM(2008) 19 final}/* COM/2008/0030 final */ http://eur-lex.europa.eu/legal-content/EN/TXT/HTML/?uri=CELEX:52008DC0030&rid=7

European Union (EU), 2010, "Directive 2010/31/EU of the European Parliament and the Council of 19 May 2010 on the Energy Performance of Buildings," *Official Journal of the European Union*, 53.

M. Fauer and J. Lefevere, 2005, "Compliance with Global Environmental Policy," in R. S. Axelrod, D. L. Downie, and N. J. Vig, eds., *The Global Environment: Institutions, Laws, and Policy*, Washington, DC: CQ Press, pp. 163-180.

F. Fischer, 2000, *Citizens, Experts, and the Environment: The Politics of Local Knowledge*, Durham: Duke University Press.

K. Fisher-Vanden, 2000, “International Policy Instrument Prominence in the Climate Change Debate,” in P. G. Harris, *Climate Change and American Foreign Policy*, New York: St. Martin’s Press, pp. 152-157.

E. G. Frankland, 1989, “Federal Republic of Germany: ‘Die Grünen’,” in F. Müller-Rommel ed., *New Politics in Western Europe: The Rise and Success of Green Parties and Alternative Lists*, Boulder: Westview Press, pp. 61-79.

S. Gabriel (Federal Environment Minister of Germany), 2007, “Bali Must Lay the Foundations for the Future,” COP13/MOP3, 13 December.

A. L. George and A. Bennett, 2005, *Case Studies and Theory Development in the Social Sciences*, Cambridge, MA: MIT Press.

A. Giddens, 1999, *Runaway World: How Globalization Is Reshaping Our Lives*, London: Profile Books.（佐和隆光訳、二〇〇一、『暴走する世界』ダイヤモンド社）

D. Goodstein, 2004, *Out of Gas: The End of the Age of Oil*, New York: W.W. Norton.

S. M. Gorelick, 2010, *Oil Panic and the Global Crisis: Predictions and Myths*, Oxford: Wiley-Blackwell.

P. Gourevitch, 1978, “The Second Image Reversed: The International Sources of Domestic Politics,” *International Organization*, Vol. 32, No. 4, pp. 881-912.

J. M. Grieco, 1990, *Cooperation among Nations: Europe, America, and Non-Tariff Barriers to Trade*, Ithaca: Cornell University Press.

M. Grubb with C. Vrolijk and D. Brack, 1999, *The Kyoto Protocol: A Guide and Assessment*. London: RIIA and Earthscan.

A. Grübler, 2010, “The Costs of the French Nuclear Scale-Up: A Case of Negative Learning by Doing,” *Energy Policy*, 38 (9), pp. 5174-5188.

P. M. Haas, 1990, *Saving the Mediterranean: The Politics of International Environmental Cooperation*, New York: Columbia University Press.

P. M. Haas, R. O. Keohane, and M. A. Levy, eds., 1993, *Institution for the Earth: Sources of Effective International Environmental Protection*, Cambridge, MA: MIT Press.

J. E. Hansen, 2014, “Renewable Energy, Nuclear Power and Galileo: Do Scientists Have a Duty to Expose Popular Misconceptions?” http://www.columbia.edu/~jeh1/mailings/2014/20140221_DraftOpinion.pdf

G. Hardin, 1968, “The Tragedy of the Commons,” *Science*, Vol. 162 (13 December), pp. 1243-1248.

P. G. Harris ed., 2009, *Climate Change and Foreign Policy: Case Studies from East to West*. London: Routledge.

M. Hart, 2012, “Shining a Light on U.S.-China Clean Energy Cooperation,” *Center for American Progress*, 9 February. http://www.americanprogress.org/issues/2012/02/china_us_energy.html

S. P. Hays, 1987, *Beauty, Health, and Permanence: Environmental Politics in the United States, 1995-1985*, Cambridge: Cambridge University Press.

———, 1959, *Conservation and the Gospel of Efficiency*, Cambridge, MA: Harvard University Press.

R. L. Hirsch, R. Bezdek, and R. Wendling, 2005, "Peaking of World Oil Production: Impacts, Mitigation, & Risk Management," February (Sponsored by the National Energy Technology Laboratory of the Department of Energy under Contracts No. DE-AM26-99FT40575, Task 21006W and Subcontract Agreement number 7010001197 with Energy and Environment Solutions, LLC.). http://www.netl.doe.gov/publications/others/pdf/oil_peaking_netl.pdf

J. Houghton, 1994, *Global Warming: The Complete Briefing*, Oxford: Lion Publishing plc.

M. K. Hubbert, 1959, "Techniques of Prediction with Application to the Petroleum Industry," presented at the 44th Annual Weeting of the American Association of Petroleum Geologists, Dallas, TX, 17 March: Publication 204, Exploration and Production Research Division of Shell Development Company, Houston, TX. http://www.energycrisis.biz/hubbert/techniquesofprediction.pdf

———, 1956, "Nuclear Energy and the Fossil Fuels," presented at the Spring Meeting of the Southern District Division of Production, American Petroleum Insitutute, Plaza Hotel, San Antonio, TX, 7-9 March: Publication No. 95, Exploration and Production Research Division of Shell Development Company, Houston, TX (June). http://energycrisis.biz/hubbert/1956/1956.pdf

C. Hurst, 2008, "China and Sudan - A Well-Oiled Relationship," *The Cutting Edge*, 28 July. http://www.thecuttingedgenews.com/index.php?article=662&pageid=&pagename=

R. Inglehart, 1990, *Culture Shift in Advanced Society*, Princeton: Princeton University Press.（R・イングルハート、一九九三、『カルチャーシフトと政治変動』村山皓、富沢克、武重雅文訳、東洋経済新報社）

———, 1977, *The Silent Revolution: Changing Values and Political Styles among Western Publics*, Princeton: Princeton University Press.（R・イングルハート、一九七八、『静かなる革命』三宅一郎、金丸輝男、富沢克訳、東洋経済新報社）

International Energy Agency (IEA), 2013a, *World Energy Outlook 2013*, Paris: OECD/IEA.

———, 2013b, *Redrawing the Energy-Climate Map: World Energy Outlook Special Report*, Paris: OECD/IEA.

———, 2013c, *Energy Policies of IEA Countries: Germany*, 2013 Reviw, Paris: OECD/IEA.

———, 2011a, *World Energy Outlook 2011*, Paris: OECD/IEA.

———, 2011b, *Energy Policies of IEA Countries: Denmark, 2011 Review*, Paris: OECD/IEA.

———, 2011c, *World Energy Outlook 2011: Are We Entering A Gloden Age of Gas?* Special Report, Paris: OECD/IEA.

———, 2010, *World Energy Outlook 2010*, Paris: OECD/IEA.

———, 2008a, *Energy Policies of IEA Countries: Japan, 2008 Review*, Paris: OECD/IEA.

———, 2008b, *World Energy Outlook 2008*, Paris: OECD/IEA.

———, 2007, *Energy Security and Climate Policy: Assessing Interactions*, Paris: OECD/IEA.

Intergovernmental Panel on Climate Change (IPCC), 2014a, "Summary for Policymakers," in *Climate 2014: Impact, Adaptation, and Vulnerability. Contribution of Working Group II to the Fifth Asessment Report of the Intergovernmental Panel on Climate Change*. [Field, C.B., V.R. Barros, D.J. Dokken, K.J. Mach, M.D. Mastrandrea, T.E. Bilir, M. Chatterjee, K/L/ Ebi, Y.O. Estrada, R.C. Genova, B. Girma, E.s. Kissel, A.N. Levy, S. MacCracken, P.R. Mastrandrea, and L.L. White (eds.)]. Cambridge University Press, Cambridge, United Kingdom and New York, NY, USA, pp. 1-32. 第Ⅱ業部会報告書のウェブサイト：http://www.ipcc-wg2.gov/AR5/

———, 2014b, "Summary for Policymakers," in *Climate 2014: Mitigation of Climate Change. Contribution of Working Group III to the Fifth Report of the Intergovernmental Panel on Climate Change* [Edenhofer, O., R. Pichs-Madruga, Y. Sokona, E. Farahani, S. Kadner, K. Seyboth, A. Adler, I. Baum, S. Brunner, P. Eickemeier, B. Kriemann, J. Savolainen, S. Schomer, C. von Stechow, T. Zwickel and J. C. Minx (eds.)]. Cambridge University Press, Cambridge, United Kingdom and New York, NY, USA. 第Ⅲ業部会報告書のウェブサイト：http://mitigation2014.org/report/summary-for-policy-makers

———, 2013, "Summary for Policymakers," in *Climate Change 2013: The Physical Science Basis. Contribution of Working Group I to the Fifth Assessment Report of the Intergovernmental Panel on Climate Change* [Stocker, T.F., D. Qin, G.-K. Plattner, M. Tignor, S.K. Allen, J. Boschung, A. Nauels, Y. Xia, V. Bex and P. M. Midgley (eds.)], Cambrodge University Press, Cambridge, United Kingdom and New York, NY, USA. 第Ⅰ作業部会報告書のウェブサイト：http://www.ipcc.ch/report/ar5/wg1/

———, 2011, *Renewable Energy Sources and Climate Change Mitigation*, Special Report of the Intergovernmental Panel on Climate Change [O. Edenhofer, R. Pichs-Madruga, Y. Sokona, K. Seyboth, P. Matschoss, S. Kadner, T. Zwickel, P. Eickemeier, G. Hansen, S. Schlömer, C. vov Stechow (eds)], Cambrodge University Press, Cambridge, United Kingdom and New York, NY, USA.　http://srren.ipcc-wg3.de/report

———, 2007, *Climate Change 2007: Synthesis Report* adopted at IPCC Plenary XXVII, Valencia, Spain, 12-17 November.　http://www.ipcc.ch/pdf/assessment-report/ar4/syr/ar4_syr.pdf

International Union of Conservation of Nature and Natural Resources (IUCN), UN Environment Programme (UNEP) and World Wildlife Fund (WWF), 1980, *World Conservation Strategy: Living Resource Conservation for Sustainable Development*, Gland, Switzerland: IUCN.

P. Jackson, et al., 2004, "Triple Witching Hour for Oil Arrives Early in 2004: But, As Yet, No Real Witches," *CERA Alert*, April.

T. L. Karl, 1997, *The Paradox of Plenty: Oil Booms and Petro-States*, Berkeley: University of California Press.

P. Kennedy, 1993, *Preparing for the Twenty-First Century*, New York: Random House.

R. O. Keohane, 1984, *After Hegemony: Cooperation and Discord in the World Political Economy*, Princeton: Princeton University Press.

R. O. Keohane and J. S. Nye, 1989, *Power and Interdependence*, Boston: Little Brown.

J. W. Kingdom, 1984, *Agendas, Alternatives, and Public Policies*, New York: Harper Collins.

H. Kitschelt, 1990, "New Social Movements and the Decline of Party Organization," in R. J. Dalton and M. Kuechler, eds., *Challenging the Political Order: New Social and Political Movements in Western Democracies*, London: Polity, pp. 181-208.

———, 1986, "Political Opportunity Structures and Political Protest: Anti-Nuclar Movements in Four Democracies," *British Journal of Political Science*, Vol. 16, No. 1, pp. 57-85.

M. T. Klare, 2004, *Blood and Oil: The Dangers and Consequences of America's Growing Dependencu on Importer Petroleum*, New York: Henry Holt and Company.

———, 2001, *Resource Wars: The New Landscape of Global Conflict*, New York: Henry Holt and Company.

Klimakommissionen (Danish Commission on Climate Change Policy), 2010, *Green Energy: The Road to a Danish Energy System without Fossil Fuels* (Summary of the work, results and recommendations of the Danish Commission on Climate Change Policy), 28 September. http://www.ens.dk/sites/ens.dk/files/policy/danish-climate-energy-policy/danish-commission-climate-change-policy/green-energy/green%20energy%20GB%20screen%201page%20v2.pdf

M. Klyza and D. J. Sousa, 2013, *American Environmental Policy: Beyond Gridlock*, Updated and Expanded Edition, Cambridge, MA: The MIT Press.

M. E. Kraft, 2013, "Environmental Policy in Congress," in N. J. Vig and M. E. Kraft eds., *Environmental Policy: New Directions for the 21st Century*, Eighth Edition, Los Angels: Sage & Washington, D.C.: CQ Press, pp. 109-134.

M. E. Kraft and N. J. Vig, 2000, "Environmental Policy from the 1970s to 2000," in N. J. Vig and M. E. Kraft eds., 2000, *Environmental Policy*, Fourth Edition, pp. 1-31.

S. Krasner ed., 1983, *International Regimes*, Ithaca: Cornell University Press.

T. S. Kuhn, 1962, *The Structure of Scientific Revolutions*, 1st. ed., Chicago: University of Chicago Press.（T・S・クーン、一九七一、『科学革命の構造』中山茂訳、みすず書房）

R. Leal-Arcas, 2014, "Paving the way to Paris COP21," *Outreach on Climate Change and Sustainable Development* (a multi-stakeholder magazine), 18 December. http://www.stakeholderforum.org/sf/outreach/index.php/225-cop20-wrap-up/11878-cop20-wu-paving-way-paris-cop21

J. Leggett, 2005, *Half Gone: Oil, Gas, Hot Air and the Global Energy Crisis*, London: Portobello Books.（J・レゲット、二〇〇六、『ピーク・オイル・パニック—迫る石油危機と代替エネルギーの可能性—』益岡賢、植田那美、楠田泰子、リック・タナカ訳、作品社）

A. Leiserowitz, E. Maibach, C. Roser-Renouf, G. Feinberg, and P. Howe, 2012, *Extreme Weather and Climate Change in the American Mind*, Yale University and George Mason Universirty, New Haven, CT: Yale Project on Climate Change Communication.

J. I. Lewis, 2007-08, "China's Strategic Priorities in International Climate Change Negotiations." *The Washington Quarterly*, Vol. 31, No. 1, pp. 155-174.

R. Lizza, 2010, "As the World Burns: How the Senate and the White House missed their best chance to deal with climate change." *The New Yorker*, 11 October. http://www.newyorker.com/reporting/2010/10/11/101011fa_fact_lizza?currentPage=all

B. Lomborg, 2001, *The Skeptical Environmentalist: Measuring the Real State of the World*, Cambridge: Cambridge University Press.

A. B. Lovins and Rocky Mountain Institute (RMI), 2011, *Reinventing Fire: Bold Business Solutions for the New Energy Era*, White River Junction, VT: Chelsea Green Publishing.（A・B・ロビンズとロッキーマウンテン研究所、二〇一二、『新しい火の創造—エネルギーの不安から世界を解放するビジネスの力—』山藤泰訳、ダイヤモンド社）

A. Luta, 2011, "Japan after the Quake: Prospects for Climate Policy," the Fridtjof Nansen Institute, FNI Climate Policy Perspectives 1, October.

M. Lynas, 2009, "How do I know China wrecked the Copenhagen deal? I was in the Room." *The Guardian*. http://www.guardian.co.uk/environment/2009/dec/22/copenhagen-climate-change-mark-lynas

M. C. Lynch, 2003, "Petroleum Resources Pessimism Debunked in Hubbert Modeler's Assessment," *Oil and Gas Journal*, 14 July 14, pp. 38-47.

D. JC MacKay, 2009, *Sustainable Energy ? without the hot air*, Cambridge: Cambridge UIT Ltd.（D・J C・マッケイ、二〇一〇、『持続可能なエネルギー—「数値」で見るその可能性—』村岡克紀訳、産業図書）

M. Madsen, 2010, *Into Eternity*, The Movie, Copenhagen, Magic Hour Films (The DVD version, 2011, London: Dogwoof Ltd).

D. R. Mayhew, *Divided We Govern: Party Control, Lawmaking, and Investigations*, 1946-1990, New Haven: Yale University Press.

J. McCormick, 1989, *The Global Environmental Movement*, London: Belhsaven Press.（J・マコーミック、一九九八、『地球環境運動全史』石弘之、山口裕司訳、岩波書店）

D. H. Meadows, D. L. Meadows, J. Randers and W. W. Behrens III, 1972, *The Limits to Growth: A Report for the Club of Rome's Project on the Predicament of Mankind*, New York: Universe Books.（D・H・メドウズ、D・L・メドウズ、J・ランダーズ、W・W・ベアランズ三世、一九七二、『成長の限界』大来佐武郎監訳、ダイヤモンド社）

J. Mearsheimer, 1994-5, "The False Promise of International Institutions," *International Security* Vol. 19, pp. 5-49.

C. Merchant, 2007, *American Environmental History: An Introduction*, New York: Columbia University Press.

M. A. L. Miller, 1995, *The Third World in Global Environmental Politics*, Boulder, CO: Rienner.

H. V., Milner, 1997, *Interests, Institutions, and Information: Domestic Politics and International Relations*, Princeton: Princeton University Press.

G. Mitchell, 2005, "Problems and Fundamentals of Sustainable Development Indicators," Michael Redcliftt, ed., *Sustainability: Critical Concepts in the Social Sciences, Volume III Sustainability Indicators*, London: Routledge, pp.237-256.

F. Müller-Rommel, 1990, "New Political Movements and 'New Politics' Parties in Western Europe," in R. J. Dalton and M. Kuechler, eds., *Challenging the Political Order: New Social and Political Movements in Western Democracies*, London: Polity, pp. 209-231.

————, 1989, *New Politics in Western Europe: The Rise and Success of Green Parties and Alternative Lists*, Boulder: Westview Press.

J. Muir, 1988, *My First Summer in the Sierra*, San Franscisco: Sierra Club Books.

M. Nerfin ed., 1977, *Another Development: Approaches and Strategies*, Uppsala: Dag Hammarskj?ld Foundation.

B. Obama, 2014, "President Barack Obama's State of the Union Address," The White House, Office of the Press Secretary, 28 January. http://www.whitehouse.gov/the-press-office/2014/01/28/president-barack-obamas-state-union-address

H, Ohta, 2005, "Japan and Global Climate Change: The Intersection of Domestic Politics and Diplomacy," P. G. Harris (ed.), *Confronting Environmental Change in East and Southeast Asia: Eco-politics, Foreign Policy, and Sustainable Development*, London: Earthscan & the UNU Press, pp. 57-71.

————, 2000, "Japanese Environmental Foreign Policy," in T. Inoguchi and P. Jain (eds), *Japanese Foreign Policy Today*, New York: Palgrave, pp. 96-121.

————, 1995, "Japan's Politics and Diplomacy of Climate Change," Ph.D. Dissertation, New York: Columbia University.

H. Ohta, and A. Ishii, 2013, "Disaggregating Effectiveness," in J-F. Morin and A. Orsini, eds., "The Forum: Insights from Global Environmental Governance," *International Studies Review*, Vol. 15, Issue 4, pp. 581-3.

H. Ohta, and Y. Tiberghien, 2015, "Saving the Kyoto Protocol: What Can We Learn from the Experience of Japan-EU Cooperation?" P. Bacon, H. Mayer and H. Nakamura, eds., *The European Union and Japan: A New Chapter in Civilian Power Cooperation?* Surrey, U.K.: Ashgate, pp. 169-184.

S. Oberthür and T. Gehring, eds., 2006, *Institutional Interaction in Global Environmental Governance: Synergy and Conflict among International and EU Policies*, Cambridge, MA: The MIT Press.

R. O'Leary, 2013, "Environmental Policy in the Courts," in N. J. Vig and M. E. Kraft, eds., *Environmental Policy: New Directions for the 21st Century*, Eightth

Edition, Los Angels: Sage and Wshington, D.C.: CQ Press, pp. 135-156.

M. Olson, 1965, *The Logic of Collective Action: Public Goods and the Theory of Groups*, Cambridge, MA: Harvard University Press.

Organization for Economic Cooperation and Development (OECD), 2012, *OECD Economic Outlook*, Vol. 2012/1, Paris: OECD.

K. Orren and S. Skowronek, 2004, *The Search for American Political Development*, Cambridge: Cambridge University Press.

K. A. Oye, ed., 1986, *Cooperation under Anarchy: Hypotheses and Strategies*, Princeton: Princeton University Press.

J. Park, 2000, "Governing Climate Change Policy," in P. G. Harris, *Climate Change and American Foreign Policy*, New York: St. Martin's Press, pp. 79-86.

D. Pearce, A. Markandya, E. Barbier, 1989, *Blueprint for a Green Economy*. London: Earthscan. （D・Wピアス、A・マーカンジャ、E・B・バービア、一九九四、『新しい環境経済学—持続可能な発展の理論—』和田憲昌訳、ダイヤモンド社）

G. Pinchot, 1974/1998, *Breaking New Ground*, Commemorative Edition, Washington, D.C.: Island Press.

T. Poguntke, 1990, "Party Activists versus Voters: Are German Greens Losing Touch with the Electorate?" in W. Rüdig, ed., *Green Politics One 1990*, Carbondale, IL: Southern Illinois University Press, pp. 29-46.

C. Ponting, 1991, *A Green History of the World: The Environment and the Collapse of Great Civilization*, New York: Penguin Books. （C・ポンティング、一九九四、『緑の世界史　上・下』石弘之／京都大学環境史研究会訳、朝日新聞社）

G. Porter, J. W. Brown, and P. S. Chasek, 2000, *Global Environmental Politics*, Third Edition, Boulder, CO: Westview Press.

R. D. Putnam, 1988, "Diplomacy and Domestic Politics: the Logic of Two-level Games," *International Organization*, Vol. 42, No. 3, pp. 427-460.

B. G. Rabe, 2013, "Racing to the Top, the Bottom, or the Middle of the Pack?: The Evolving State Government Role in Environmental Protection," in N. J. Vig and M. E. Kraft, eds., *Environmental Policy: New Directions for the 21st Century*, Eighth Edition, Los Angels: Sage, pp. 30-53.

————, 2004, *Statehouse and Greenhouse: The Emerging Politics of American Climate Change Policy*, Washington, D.C.: Brookings Institution Press.

Renewable Energy Policy Network for the 21st Century (REN21), 2014, *Renewables 2014 Global Status Report*, REN21.　http://www.ren21.net/ren21activities/globalstatusreport.aspx

————, 2013 *Renewables 2013 Global Status Report*, REN21.　http://www.ren21.net/Portals/0/documents/Resources/GSR/2013/GSR2013_lowres.pdf

————, 2011, *Renewables 2011 Global Status Report*, REN21.　http://www.ren21.net/Portals/0/documents/Resources/GSR2011_FINAL.pdf

————, 2010, *Renewables 2010 Global Status Report*, REN21.　http://www.martinot.info/REN21_GSR_2010_full_revised%20Sept2010.pdf

A. C. Revkin, 2013, "To Those Influencing Environmental Policy But Opposed to Nuclear Power," in the Opinion Pages of Dot Earth (dotearth.blogs.nytimes.

com), *The New York Times*, 3 Novemver.　http://dotearth.blogs.nytimes.com/2013/11/03/to-those-influencing-environmental-policy-but-opposed-to-nuclear-power/?_r=0

W. A. Rosenbaum, 2013, “Science, Politics, and Policy at the EPA,” in N. J. Vig and M. E. Kraft, eds., *Environmental Policy: New Directions for the 21st Century*, Eighth Edition, Los Angels: Sage, pp. 158-184.

W. Rüdig, 2000, “Phasing out Nuclear Energy in Germany,” *German Politics*, Vol. 9, No. 3, pp. 43-80.

P. Schabecoff, 1996, *A New Name for Peace: International Environmentalism, Sustainable Development, and Democracy*, Hanover, NH: University Press of New England.（P・シャベコフ、二〇〇三、『地球サミット物語』清水恵、斉藤馨児訳、JCA出版）

S. H. Schneider, 1989, *Global Warming: Are We Entering the Greenhouse Century?* San Francisco: Sierra Club Books.（S・H・シュナイダー、一九九〇、『地球温暖化の時代―気候変化の予測と対策―』、内藤正明、福岡克也監訳、ダイヤモンド社）

M. A. Schreurs, 2002, *Environmental Politics in Japan, Germany and the United States*, Cambridge: Cambridge University Press.（M・A・シュラーズ、二〇〇七、『地球環境問題の比較政治学―日本、ドイツ、アメリカ―』長尾伸一、長岡延孝監訳、岩波書店）

E. F. Schumacher, 1973, *Small Is Beautiful*. New York: Harpercollins.

R. Scott, 1994, *The Histry of the International Energy Agency: The First 20 Years, Volume I Origins and the Structures of the IEA*, Paris: OECD/IED.　http://www.iea.org/media/1ieahistory.pdf

J. K. Sebenius, 1991, “Designing Negotiations toward a New Regime: The Case of Global Warming,” *International Security*, 15, pp. 110-148.

———, 1992, “Challenging Conventional Explanations of International Cooperation: Negotiation Analysis and the Case of Epistemic Communities,” *International Organization* 46, pp. 323-365.

P. Slovic, 1987, “Perception of Risk,” *Science*, 236, pp. 280-285.

V. Smil, 2012, “A Skeptic Looks at Alternative Energy,” the Institute of Electrical and Electronics Engineers (IEEE), *IEEE Spectrum*, 28 June.　http://spectrum.ieee.org/energy/renewables/a-skeptic-looks-at-alternative-energy

M. S. Soroos, 2005, “Global Institutions and the Environment: An Evolutionary Perspective,” R. S. Axelrod, D. L. Downie, and N. J. Vig, eds. (2005), *The Global Environment: Institutions, Law, and Policy*. Washington, D.C.: CQ Press, pp. 21-42.

M. S. Soroos, 1997, *The Endangered Atmosphere: Preserving a Global Commons*, Columbia, SC: University of South Carolina Press.

South Commission, 1990, *The Challenge to the South*, Oxford: Oxford University Press.

D. Sperling, and D. Gordon, 2009, *Two Billion Cars: Driving toward Sustainability*, Oxford: Oxford University Press.

D. F. Sprinz, and T. Vaahtoranta, 1994, "The Interest-Based Explanation of International Environmental Policy," *International Organization*, Vol. 48, No. 1, pp. 77-105.

D. F. Sprinz, D. F. and M. Weiβ, 2001, "Domestic Politics and Global Climate Policy," U. Lutherbacher, and D. F. Sprinz, eds., *International Relations and Global Climate Change*, Cambridge, MA: MIT Press, pp. 67-94.

J. Stelter and Y. Nishida, 2013, *Focus on Energy Security: Costs, Benefits and Financing of Holding Energency Oil Stocks*, IEA Insights Series 2013, Paris: OECD/IEA. http://www.iea.org/publications/insights/FocusOnEnergySecurity_FINAL.pdf

N. Stern, 2007, *The Economics of Climate Change: The Stern Review*, Cambridge: Cambridge University Press.

J. Stiglitz, 2011, "Meltdown: not just a metaphor" (Vested interests cause both our financial system and the nuclear industry to compulsively underestimate risk), *The Guardian* (6 April).　http://www.theguardian.com/commentisfree/cifamerica/2011/apr/06/japan-nuclearpower

S. Strange, 1983, "*Cave! hic dragones*: A Critique of Regime Analysis," pp. 337-354 in Stephen D. Krasner, ed., *International Regimes* (Ithaca: Cornell University Press, 1983).

O. S. Stokke, 2012, *Disaggregating International Regimes : A New Approach to Evaluation and Comparison*, Cambridge, MA : The MIT Press.

Sustainable Development Commission (SDC), 2006, "The Role of Nuclear Power in a Low Carbon Economy," SDC position paper, London: SDC.　http://www.sd-commission.org.uk/publications.php?id=344

P. Tertzakian, 2007, *A Thousand Barrells A Second : The Coming Oil Break Point and the Challenges Facing and Energy Dependent World*, (An updated version) New York: McGraw Hill.（P・ターツァキアン、二〇〇六、『石油　最後の1バレル』東方雅美、渡部典子訳、英治出版）

J. E. Tipton, 2008, "Why did Russia Ratify the Kyoto Protocol? Why the Wait? An Analysis of the Environmental, Economic, and Political Debates," *Slovo*, Vol. 20 No. 2 (Autumn), pp. 67-96.

A. Underdal and O. R. Young eds., 2004, *Regime Consequences: Methodological Challenges and Research Strategies*, Dordrecht, The Netherlands: Kluwer Academic Publishers.

United Nations, 2013, *Millennium Development Goals Report 2013*, New York: United Nations. Available at: http://mdgs.un.org/unsd/mdg/Resources/Static/Products/Progress2013/English2013.pdf.

———, 2010, *Millennium Development Goals Report 2010*, New York: United Nations.

———, 2005, *In Larger Freedom: Towards Development, Security and Human Rights for All* (Report of the Secretary-General to the General Assembly), A/59/2005, March 21.

———, 2004, *A More Secure World: Our Shared Responsibility: Report of the Secretary-General's High-level Panel on Threats, Challenges and Change*, New York: UNDPI.

United Nations Development Programme (UNDP), 1994, *Human Development Report*. Oxford: Oxford University Press.

UN Environmental Programm (UNEP), 2014, *The Emissions Gap Report 2014: A UNEP Synthesis Report*, UNEP, November. http://www.unep.org/publications/ebooks/emissionsgapreport2014/

———, 2013, *The Emissions Gap Report 2013: A UNEP Synthesis Report*, UNEP, November. http://www.unep.org/publications/ebooks/emissionsgapreport2013/

———, 2012, *The Emissions Gap Report 2012: A UNEP Synthesis Report*, UNEP. http://www.unep.org/pdf/2012gapreport.pdf

———, 2011, *The Bridging the Emissions Gap: A UNEP Synthesis Report*, UNEP. http://www.unep.org/pdf/unep_bridging_gap.pdf

———, 2010, *The Emission Gap Report: Are the Copenhagen Accord Pledges Sufficient to Limit Global Warming at to 2 $^{0}$C or 1.5 $^{0}$C?*, A Preliminary Assessment, November. http://www.unep.org/publications/ebooks/emissionsgapreport/pdfs/GAP_REPORT_SUNDAY_SINGLES_LOWRES.pdf

UN Framework Convention on Climate Change (UNFCCC), 2013, "National Greenhouse Gas Inventory Data for the Period 1990-2011," 24 October, FCCC/SBI/2013/19. http://unfccc.int/resource/docs/2013/sbi/eng/19.pdf

———, 2010, *Decision 1/CP.16* "The Cancun Agreements: Outcome of the work of the Ad Hoc Working Group on long-term Cooperative Action under the Convention," FCCC/CP/2010/7/Add.1.

———, 2008, "Bali Action Plan," Decision-1/CP.13, in "Report of the Conference of the Parties on its thirteenth session, held in Bali from 3 to 15 December 2007", FCCC/CP/2007/6/Add.1, Distr.: General, 14 March 2008, pp. 3-7.

———, 2002, FCCC/CP/2001/13/Add.1, 21 January ("The Marrakesh Accords"). http://unfccc.int/resource/docs/cop7/13a01.pdf#page=54

UN Industrial Development Organization(UNIDO), 2010, "Global Industrial Energy Efficiency Benchmarking: A Policy Tool," UNIDO Working Paper, UNIDO, Vienna, Austria.

UN Millennium Project, 2005, *Investing in Development: A Practical Plan to Achieve the Millennium Development Goals* (Report of the Millennium Project to the Secretary-General), January 17, available at: http://www.unmillenniumproject.org/reports/fullreport.htm

United States Department of Energy (USDOE), 2009, *Modern Shale Gas Development in the United States: A Primer*, April, Prepared by Ground Water Protection Council, and ALL Consulting for USDOE and NETL. http://energy.gov/fe/downloads/modern-shale-gas-development-united-states-primer

United States Energy Information Administration (USEIA), 2014, "China (Country anslysis)," EIA, 4 February. http://www.eia.gov/countries/analysisbriefs/China/china.pdf

————, 2012, "World Oill Transit Choleppoints," EIA, 22 August. http://www.eia.gov/countries/analysisbriefs/World_Oil_Transit_Chokepoints/wotc.pdf

————, 2000, "Long Term World Oil Supply," July, EIA, the Department of Energy. http://www.eia.gov/pub/oil_gas/petroleum/presentations/2000/long_term_supply/index.ht

United States General Accounting Office (USGAO), 1991, "Southwest Asia: Cost of Protectin U.S. Interests," Report to the Honorable Bill Alexander, House of Representatives, August. http://archive.gao.gov/d19t9/144832.pdf

United States Geological Survey (USGS), 2012, "An Estimate of Undiscovered Conventional Oil and Gas Resouces of the World, 2012. " http://pubs.usgs.gov/fs/2012/3042/fs2012-3042.pdf

————, 2000, *World Petroleum Assessment 2000: Description and Results*, Executive Summary of USGS Digital Data Series-DDS-60. http://pubs.usgs.gov/dds/dds-060/ESpt2.html

United States Trade Representative (USTR) and the United States Department of Commerce (USDC) (Commerce), 2012, *Subsidies Enforcement: Annual Report to the Congress*, Joint Report of the Office of the USTR and Commerce, February. http://ia.ita.doc.gov/esel/reports/seo2012/seo-annual-report-2012.pdf

N. J. Vig, 2013, "Presidential Powers and Environmental Policy," in N. J. Vig and M. E. Kraft eds., 2013, *Environmental Policy: New Directions for the 21st Century*, Eighth Edition, Los Angels: Sage & Washington, D.C.: CQ Press, pp. 84-108.

————, 2000, "Presidential Leadership and the Environment: From Reagan to Clinton," in N. J. Vig and M. E. Kraft eds., 2000, *Environmental Policy*, Fourth Edition, Washington, D.C.: CQ Press, pp. 98-120.

N. J. Vig and M. E. Kraft eds., 2013, *Environmental Policy: New Directions for the 21st Century*, Eighth Edition, Los Angels: Sage & Washington, D.C.: CQ Press.

————, 2000, *Environmental Policy*, Fourth Edition, Washington, D.C.: CQ Press.

M. Wackernagel, and W. Rees, 1996, *Our Ecological Footprint: Reducing Human Impact on the Earth*, Gabriola Island, BC: New Society Publishers.

J. L. Walker, 1981, "The Diffusion of Knowledge, Policy Communities and Agenda Setting," in J. E. Tropman, M. J. Dluhy, and R. M. Lind, eds., *New Strrategies Perspectives on Social Policy*, New York: Pergamon Press, pp.75-96.

———, 1974, "Performane Gaps, Policy Reserch, and Political Entrepreneurs," in *Policy Studies Journal* 3, Autumn, pp.112-116.

B. Ward, *Spaceship Earth*, 1966, New York: Columbia University Press.

B. Ward and R. Dubos, 1972, *Only One Earth*, New York: W.W. Norton.

S. R. Weart, 2008, *The Discovery of Global Warming*, Revised and Expanded Edition, Cambridge, MA: Harvard University Press.（S・R・ワート、二〇〇五、『温暖化の〈発見〉とは何か』増田耕一、熊井ひろ美訳、みすず書房）

C. Weber, G. Peters, D. Guan, K. Hubacek, 2008, "The Contribution of Chinese Exports to Climate Change." *Energy Policy*, Vol. 36, Issue 9, pp. 3572-3577.

J. Weisman and A. Parker, 2014, "Riding Wave of Discontent, G.O.P. Takes Senate: Election Results: Republicans Win Senate Control With at Least 7 New Seats," *The New York Times*, November 4.

E. B. Weiss and H. K. Jacobson, eds., 2000 *Engaging Countries: Strengthening Compliance with International Environmental Accords*. Cambridge, MA: The MIT Press.

The White House, Office of the Press Secretary, 2014, "U.S.-China Joint Announcement on Climate Change," Beijing, China, 12 November. https://www.whitehouse.gov/the-press-office/2014/11/11/us-china-joint-announcement-climate-change

White House, 2013, *The President's Climate Action Plan*, the Executive Office of the President, June. http://www.whitehouse.gov/sites/default/files/image/president27sclimateactionplan.pdf

World Bank, 2011, *Global Development Horizons 2011—Multipolarity: The New Global Economy*, Washington, D.C.: World Bank. http://go.worldbank.org/0BAB8YNG90

———, 2000, *Global Economic Prospects and the Developing Countries, 2000*, Washington, D.C.: World Bank.

World Commission on the Environment and Development (WCED), 1987, *Our Common Future*, New York: Oxford University Press.（環境と開発に関する世界委員会編、大来佐武郎監修、一九八七、『地球の未来を守るために』環境庁国際環境問題研究会訳、福武書店）

World Energy Council (WEC), 2003, *Drivers of the Energy Scene*, London: WEC.

D. Yergin, 2011, *The Quest: Energy, Security, and the Remaking of the Modern World*, London: Allen Lane.（D・ヤーギン、二〇一二、『探究―エネルギーの世紀―　上・下』伏見威蕃訳、日本経済出版社）

———, 1991, *The Prize: The Epic Quest for Oil, Money and Power*, New York: Simon & Schuster.（D・ヤーギン、一九九一、『石油の世紀―支配者たちの興亡―　上・下』日高義樹・持田直武共訳、日本放送出版協会）

———, 2007, "The Fundamentals of Energy Security," Testimony at the Committee on Foreign Affairs, US House of Representatives, Hearing on "Foreign Policy and National Security Implications of Oil Dependence," March 22. http://democrats.foreignaffairs.house.gov/110/yer032207.htm

Young, 1999, *The Effectiveness of International Environmental Regimes: Causal Connections and Behavioral Mechanisms*, Cambridge, MA: MIT Press.O.

———, 1994, *International Governance: Protecting the Environment in a Stateless Society*, Ithaca: Cornell University Press.

【マ行】



【ヤ行】



【ラ行】



【ワ行】

# 人 名 索 引

※人名を冠した政権、法案等は人名索引に残している。

【ア行】



【カ行】

【ロ】



【ワ】

**【ヒ】**



**【フ】**

【ト】

【ソ】



【タ】

【ス】



【セ】

【サ】

【ケ】



【コ】

【ク】

# 事　項　索　引

※関連する追加語句、略称等は（　）内に、見出し語の一部または全部と同意または類似の別表現は〔　〕内に示した。
※法律、機関名等については、該当国名を略称で示すようにした。

**著者略歴**

**太田　宏**（おおた　ひろし）

1953 年愛知県生まれ。日本大学法学部政治経済学科、上智大学文学部哲学科卒業。コロンビア大学大学院政治学部国際関係学専攻博士課程修了（Ph.D.)、ハーバード大学ライシャワー研究所特別奨学研究員、青山学院大学国際政治経済学部教授を経て現在、早稲田大学国際教養学部教授。


**主要著書**

『震災後に考える一東日本大震災と向き合う 92 の分析と提言』（共著，早稲田大学出版部，2015）

*The European Union and Japan: A New Chapter in Civilian Power Cooperation?*（共著，Ashgate，2015）

『現代の国際政治——ポスト冷戦と 9.11 後の世界への視座』（共著，ミネルヴァ書房，2014）

『日本の外交』第 5 巻（共著，岩波書店，2013）

*Climate Change and Foreign Policy: Case Studies form East to West*（共著，Routledge，2009）

『持続可能な地球環境を未来へ——リオからヨハネスブルグまで』（編著書，2003，大学教育出版）

『グローバル・ガヴァナンス——政府なき秩序の模索』（共著，2001，東京大学出版会）

*Comparative Politics about the Environmental and Energy Policies of Major States: Make a Choice for A Sustainable Society*


**主要国の環境とエネルギーをめぐる比較政治——持続可能社会への選択**

2016 年 1 月 8 日　初版第 1 刷発行　〔検印省略〕

＊定価はカバーに表示してあります





発行者　下田勝司　　印刷・製本　中央精版印刷

東京都文京区向丘 1-20-6　郵便振替 00110-6-37828

〒 113-0023　TEL 03-3818-5521（代）　FAX 03-3818-5514

発行所 株式会社 東信堂

E-Mail tk203444@fsinet.or.jp　URL: http://www.toshindo-pub.com/

Published by TOSHINDO PUBLISHING CO.,LTD.

1-20-6, Mukougaoka, Bunkyo-ku, Tokyo, 113-0023, Japan

ISBN978-4-7989-1324-7 C3031

## 東信堂

| | | |
|---|---|---|
| 国際法新講〔上〕〔下〕 | 田畑茂二郎 | 〔上〕二九〇〇円 〔下〕二七〇〇円 |
| ベーシック条約集〔二〇一五年版〕 | 編集代表 田中・薬師寺・坂元 | 二六〇〇円 |
| ハンディ条約集 | 編集代表 松井芳郎 | 一六〇〇円 |
| 国際環境条約・資料集 | 編集 松井・富岡・田中・薬師寺・坂元・高村・西村 | 八六〇〇円 |
| 国際人権条約・宣言集〔第3版〕 | 編集 松井・薬師寺・坂元・小畑・徳川 | 三八〇〇円 |
| 国際機構条約・資料集〔第2版〕 | 編集代表 香西 茂 安藤仁介 | 三二〇〇円 |
| 判例国際法〔第2版〕 | 編集代表 松井芳郎 | 三八〇〇円 |
| 国際環境法の基本原則 | 松井芳郎 | 三八〇〇円 |
| 国際民事訴訟法・国際私法論集 | 高桑 昭 | 六五〇〇円 |
| 国際機構法の研究 | 中村 道 | 八六〇〇円 |
| 国際海洋法の現代的形成 | 田中則夫 | 六八〇〇円 |
| 国際海峡 | 坂元茂樹編著 | 四六〇〇円 |
| 条約法の理論と実際 | 坂元茂樹 | 四二〇〇円 |
| 国際立法―国際法の法源論 | 村瀬信也 | 六八〇〇円 |
| 日中戦後賠償と国際法 | 浅田正彦 | 五二〇〇円 |
| 国際法〔第2版〕 | 浅田正彦編著 | 二九〇〇円 |
| 小田滋・回想の海洋法 | 小田 滋 | 七六〇〇円 |
| 小田滋・回想の法学研究 | 小田 滋 | 四八〇〇円 |
| 国際法と共に歩んだ六〇年―学者として裁判官として | 小田 滋 | 六八〇〇円 |
| 21世紀の国際法秩序―ポスト・ウェストファリアの展望 | R・フォーク 川崎孝子訳 | 三八〇〇円 |
| 国際法から世界を見る―市民のための国際法入門〔第3版〕 | 松井芳郎 | 二八〇〇円 |
| 国際法／はじめて学ぶ人のための〔新訂版〕 | 大沼保昭 | 三六〇〇円 |
| 国際法学の地平―歴史、理論、実証 | 中川淳司 寺谷広司 編著 | 一二〇〇〇円 |
| 核兵器のない世界へ―理想への現実的アプローチ | 黒澤 満 | 二三〇〇円 |
| 軍縮問題入門〔第4版〕 | 黒澤 満編著 | 二五〇〇円 |
| ワークアウト国際人権法―人権を理解するために | W・ベネデェック編 中坂・徳川編訳 | 三〇〇〇円 |
| 難民問題と『連帯』―EUのダブリン・システムと地域保護プログラム | 中坂恵美子 | 二八〇〇円 |
| 難民問題のグローバル・ガバナンス | 中山裕美 | 三二〇〇円 |

〒113-0023 東京都文京区向丘 1-20-6 TEL 03-3818-5521 FAX03-3818-5514 振替 00110-6-37828
Email tk203444@fsinet.or.jp URL:http://www.toshindo-pub.com/

※定価：表示価格（本体）＋税

東信堂

| | | |
|---|---|---|
| ハンス・ヨナス「回想記」 | H・ヨナス 盛永・木下・馬渕・山本訳 | 四八〇〇円 |
| 責任という原理―科学技術文明のための倫理学の試み（新装版） | H・ヨナス 加藤尚武監訳 | 四八〇〇円 |
| 原子力と倫理―原子力時代の自己理解 | Th・リット 小笠原道雄編 | 一八〇〇円 |
| 科学の公的責任―科学者と私たちに問われていること | Th・リット 小笠原・野平編訳 | 一八〇〇円 |
| 生命科学とバイオセキュリティ―デュアルユース・ジレンマとその対応 | 四ノ宮成祥 河原直人編著 | 二四〇〇円 |
| バイオエシックス入門〔第3版〕 | 今井道夫 香川知晶 編 | 二三八一円 |
| 医学の歴史 | 今井道夫 石渡隆司監訳 | 四六〇〇円 |
| 死の質―エンド・オブ・ライフケア世界ランキング | 丸祐一・小野谷加奈恵・飯田亘之訳 | 一二〇〇円 |
| 生命の神聖性説批判 | H・クーゼ著 飯田・石川・小野谷・片桐・水野訳 | 四六〇〇円 |
| 医療・看護倫理の要点 | 水野俊誠 | 二〇〇〇円 |
| 概念と個別性―スピノザ哲学研究 | 朝倉友海 | 四六四〇円 |
| 〈現われ〉とその秩序―メーヌ・ド・ビラン研究 | 村松正隆 | 三八〇〇円 |
| 省みることの哲学―ジャン・ナベール研究 | 越門勝彦 | 三二〇〇円 |
| ミシェル・フーコー―批判的実証主義と主体性の哲学 | 手塚博 | 三二〇〇円 |
| カンデライオ（ジョルダーノ・ブルーノ著作集 1巻） | 加藤守通訳 | 三二〇〇円 |
| 原因・原理・一者について（ジョルダーノ・ブルーノ著作集 3巻） | 加藤守通訳 | 三二〇〇円 |
| 傲れる野獣の追放（ジョルダーノ・ブルーノ著作集 5巻） | 加藤守通訳 | 四八〇〇円 |
| 英雄的狂気（ジョルダーノ・ブルーノ著作集 7巻） | 加藤守通訳 | 三六〇〇円 |
| 〔哲学への誘い―新しい形を求めて 全5巻〕 | | |
| 哲学の立ち位置 | 松永澄夫・鈴木泉 編 | 三二〇〇円 |
| 哲学の振る舞い | 松永澄夫・村瀬鋼 編 | 三二〇〇円 |
| 社会の中の哲学 | 松永澄夫・高橋克也 編 | 三二〇〇円 |
| 世界経験の枠組み | 松永澄夫・伊佐敷隆弘 編 | 三二〇〇円 |
| 自己 | 松永澄夫・浅田淳一 編 | 三二〇〇円 |
| 画像と知覚の哲学―現象学と分析哲学からの接近 | 小熊正久・清塚邦彦 編著 | 二九〇〇円 |
| 経験のエレメント―体の感覚と物象の知覚・質と空間規定 | 松永澄夫 | 四六〇〇円 |
| 価値・意味・秩序―もう一つの哲学概論：哲学が考えるべきこと | 松永澄夫 | 三九〇〇円 |
| 哲学史を読むⅠ・Ⅱ | 松永澄夫 | 各三八〇〇円 |
| 食を料理する―哲学的考察 | 松永澄夫 | 二〇〇〇円 |
| 言葉の力（音の経験・言葉の力第Ⅰ部） | 松永澄夫 | 二五〇〇円 |
| 音の経験（音の経験・言葉の力第Ⅱ部）―言葉はどのようにして可能となるのか | 松永澄夫 | 二八〇〇円 |

〒113-0023 東京都文京区向丘 1-20-6 TEL 03-3818-5521 FAX03-3818-5514 振替 00110-6-37828
Email tk203444@fsinet.or.jp URL:http://www.toshindo-pub.com/

※定価：表示価格（本体）＋税

## 東信堂

|  |  |  |
|---|---|---|
| オックスフォード キリスト教美術・建築事典 | P&L・マレー著 中森義宗監訳 | 三〇〇〇〇円 |
| イタリア・ルネサンス事典 | J・R・ヘイル編 中森義宗監訳 | 七八〇〇円 |
| 美術史の辞典 | P・デューロ他 中森義宗・清水忠訳 | 三六〇〇円 |
| 書に想い 時代を読む | 河田悌一 | 一八〇〇円 |
| 日本人画工 牧野義雄—平治ロンドン日記 | ますこ ひろしげ | 五四〇〇円 |
| 〔芸術学叢書〕 | | |
| 芸術理論の現在—モダニズムから | 藤枝晃雄 谷川渥 編著 | 三八〇〇円 |
| 絵画論を超えて | 尾崎信一郎 | 四六〇〇円 |
| 美を究め美に遊ぶ—芸術と社会のあわい | 江藤光紀 荻野厚志 田中佳 編著 | 二八〇〇円 |
| バロックの魅力 | 小穴晶子編 | 二六〇〇円 |
| 新版 ジャクソン・ポロック | 藤枝晃雄 | 二六〇〇円 |
| 美学と現代美術の距離—アメリカにおけるその乖離と接近をめぐって | 金悠美 | 三八〇〇円 |
| ロジャー・フライの批評理論—知性と感受性の間で | 要真理子 | 四二〇〇円 |
| レオノール・フィニ—境界を侵犯する新しい種 | 尾形希和子 | 二八〇〇円 |
| いま蘇るブリア＝サヴァランの美味学 | 川端晶子 | 三八〇〇円 |
| 〔世界美術双書〕 | | |
| バルビゾン派 | 井出洋一郎 | 二〇〇〇円 |
| キリスト教シンボル図典 | 中森義宗 | 二三〇〇円 |
| パルテノンとギリシア陶器 | 関隆志 | 二三〇〇円 |
| 中国の版画—唐代から清代まで | 小林宏光 | 二三〇〇円 |
| 象徴主義—モダニズムへの警鐘 | 中村隆夫 | 二三〇〇円 |
| 中国の仏教美術—後漢代から元代まで | 久野美樹 | 二三〇〇円 |
| セザンヌとその時代 | 浅野春男 | 二三〇〇円 |
| 日本の南画 | 武田光一 | 二三〇〇円 |
| 画家とふるさと | 小林忠 | 二三〇〇円 |
| ドイツの国民記念碑—一八一三—一九一三年 | 大原まゆみ | 二三〇〇円 |
| 日本・アジア美術探索 | 永井信一 | 二三〇〇円 |
| インド、チョーラ朝の美術 | 袋井由布子 | 二三〇〇円 |
| 古代ギリシアのブロンズ彫刻 | 羽田康一 | 二三〇〇円 |

〒113-0023 東京都文京区向丘 1-20-6 TEL 03-3818-5521 FAX03-3818-5514 振替 00110-6-37828
Email tk203444@fsinet.or.jp URL:http://www.toshindo-pub.com/

※定価：表示価格（本体）＋税